國家圖書館藏敦煌遺書

中國國家圖書館編

第七十六册　北敦〇五六三七號——北敦〇五七四七號

北京圖書館出版社

圖書在版編目(CIP)數據

國家圖書館藏敦煌遺書・第七十六册/中國國家圖書館編;任繼愈主編. —北京:北京圖書館出版社,2008.2

ISBN 978 -7 -5013 -3228 -1

Ⅰ.國… Ⅱ.①中…②任… Ⅲ.敦煌學 - 文獻 Ⅳ.K870.6

中國版本圖書館 CIP 數據核字(2007)第 178564 號

書　　名　國家圖書館藏敦煌遺書・第七十六册
著　　者　中國國家圖書館編　任繼愈主編
責任編輯　徐　蜀　孫　彦
封面設計　李　璀

出　　版　北京圖書館出版社　(100034　北京西城區文津街 7 號)
發　　行　010 -66139745　66151313　66175620　66126153
66174391(傳真)　66126156(門市部)
E-mail　cbs@ nlc. gov. cn(投稿)　btsfxb@ nlc. gov. cn(郵購)
Website　www. nlcpress. com
經　　銷　新華書店
印　　刷　北京文津閣印務有限責任公司

開　　本　八開
印　　張　55.25
版　　次　2008 年 2 月第 1 版第 1 次印刷
印　　數　1 -250 册(套)

書　　號　ISBN 978 -7 -5013 -3228 -1/K・1455
定　　價　990.00 圓

編輯委員會

主　　編　任繼愈

常務副主編　方廣錩

副 主 編　李際寧　張志清

編委（按姓氏筆畫排列）　王克芬　王姿怡　吳玉梅　胡新英　陳　穎　黄　霞（常務）　程佳羽　劉玉芬

出版委員會

主　任　詹福瑞

副主任　陳　力

委　員（按姓氏筆畫排列）　李　健　姜　紅　郭又陵　徐　蜀　孫　彥

攝製人員（按姓氏筆畫排列）

于向洋　王富生　王遂新　谷韶軍　張　軍　張紅兵　張　陽　曹　宏　郭春紅　楊　勇　嚴　平

原件修整人員（按姓氏筆畫排列）

朱振彬　杜偉生　李　英　胡玉清　胡秀菊　張　平　劉建明

目錄

北敦〇五六三七號　金剛般若波羅蜜經……一
北敦〇五六三八號　正法念處經（兌廢稿）卷六二……七
北敦〇五六三九號A　大方廣入如來智德不思議經……九
北敦〇五六三九號B　新集藏經音義隨函録（兌廢稿）……一一
北敦〇五六四〇號　金光明最勝王經卷二……一六
北敦〇五六四一號　無量壽宗要經……一七
北敦〇五六四二號　佛名經（十六卷本）卷四懺悔文鈔……二〇
北敦〇五六四三號一　述三藏聖教記……二三
北敦〇五六四三號二　大般若波羅蜜多經卷一……二三
北敦〇五六四四號　妙法蓮華經卷五……二三
北敦〇五六四五號　梵網經盧舍那佛說菩薩心地戒品第十卷下……二四
北敦〇五六四六號A　金剛般若波羅蜜經……二五
北敦〇五六四六號B　妙法蓮華經卷四……二七

北敦〇五六四七號　大般若波羅蜜多經卷二六九……二九
北敦〇五六四八號　妙法蓮華經（八卷本）卷八……四一
北敦〇五六四九號　四分律比丘戒本……四五
北敦〇五六五〇號　大般涅槃經（北本）卷三六……四六
北敦〇五六五一號　維摩詰所説經卷中……五九
北敦〇五六五二號　七階佛名經……六〇
北敦〇五六五二號背　沙彌潛智為維那求布施歡喜文（擬）……六三
北敦〇五六五三號　般若波羅蜜多心經（異本）……六五
北敦〇五六五四號　大般若波羅蜜多經卷五六八……六八
北敦〇五六五五號　瑜伽師地論卷一一……六九
北敦〇五六五六號　般若波羅蜜多心經……七〇
北敦〇五六五六號背　天請問經經文雜鈔……七一
北敦〇五六五七號　大般涅槃經（北本）卷一六……七一
北敦〇五六五八號一　佛頂尊勝陀羅尼經（佛陀波利本）序……七三
北敦〇五六五八號二　佛頂尊勝陀羅尼經（佛陀波利本）……七三
北敦〇五六五九號　金剛般若波羅蜜經……七三
北敦〇五六六〇號　大般若波羅蜜多經卷二五〇……七六
北敦〇五六六一號　大般若波羅蜜多經卷三三八……八六
北敦〇五六六二號　妙法蓮華經卷四……八九
北敦〇五六六三號　妙法蓮華經卷二……九三

北敦〇五六六四號　阿彌陀經…………九七
北敦〇五六六五號　摩訶般若波羅蜜經卷一一…………九八
北敦〇五六六六號　瑜伽師地論卷三九…………一〇二
北敦〇五六六七號　妙法蓮華經卷五…………一一〇
北敦〇五六六八號　大般若波羅蜜多經卷二二二…………一一三
北敦〇五六六九號　金光明最勝王經卷二…………一一五
北敦〇五六七〇號　妙法蓮華經卷四…………一一七
北敦〇五六七一號一　妙法蓮華經度量天地品…………一二〇
北敦〇五六七一號二　妙法蓮華經度量天地品…………一二六
北敦〇五六七二號　維摩詰所説經卷上…………一三〇
北敦〇五六七三號　無量壽宗要經…………一四〇
北敦〇五六七三號背一　九九歌鈔（擬）…………一四五
北敦〇五六七三號背二　乾寧三年（八九七）閏二月八日社人詮信母亡轉帖鈔（擬）…………一四四
北敦〇五六七三號背三　敦煌姓氏等習字雜寫（擬）…………一四三
北敦〇五六七四號　妙法蓮華經卷四…………一四六
北敦〇五六七五號　妙法蓮華經卷六…………一四七
北敦〇五六七六號　無量壽宗要經…………一五三
北敦〇五六七七號　妙法蓮華經卷五…………一五六
北敦〇五六七八號　金剛般若波羅蜜經…………一六三
北敦〇五六七九號　佛名經（十六卷本）卷一六…………一六五

北敦〇五六八〇號　妙法蓮華經卷四……一八二
北敦〇五六八一號　妙法蓮華經卷三……一八五
北敦〇五六八二號　無量壽宗要經……一九七
北敦〇五六八三號　大般若波羅蜜多經（兌廢稿）卷二六二……二〇〇
北敦〇五六八三號背　雜經束袟皮（擬）……二〇一
北敦〇五六八四號　延壽命經（小本）……二〇一
北敦〇五六八五號　父母恩重經……二〇三
北敦〇五六八六號　七階佛名經（兌廢稿）……二〇五
北敦〇五六八七號　金剛般若波羅蜜經……二〇六
北敦〇五六八八號　金剛般若波羅蜜經……二一二
北敦〇五六八九號　諸星母陀羅尼經……二一七
北敦〇五六九〇號　金剛般若波羅蜜經……二二〇
北敦〇五六九一號　妙法蓮華經卷四……二二七
北敦〇五六九二號　妙法蓮華經卷二……二二八
北敦〇五六九三號　妙法蓮華經卷六……二三一
北敦〇五六九四號　妙法蓮華經卷二……二三三
北敦〇五六九五號　無量壽宗要經……二三五
北敦〇五六九六號　金剛般若波羅蜜經……二三八
北敦〇五六九七號　金剛般若波羅蜜經……二四二
北敦〇五六九八號　無量壽宗要經……二四五

北敦〇五六九九號　金有陀羅尼經……二四八
北敦〇五七〇〇號　道行般若經（宫本）卷六……二五一
北敦〇五七〇一號　無量壽宗要經……二六一
北敦〇五七〇二號　灌頂章句拔除過罪生死得度經……二六四
北敦〇五七〇三號　金光明最勝王經卷九……二六九
北敦〇五七〇四號　大般若波羅蜜多經（兑廢稿）卷二一〇……二七一
北敦〇五七〇五號　大般若波羅蜜多經（兑廢稿）卷三〇〇……二七二
北敦〇五七〇六號　金剛般若波羅蜜經……二七三
北敦〇五七〇七號　妙法蓮華經卷三……二七五
北敦〇五七〇八號　金有陀羅尼經……二七六
北敦〇五七〇九號　妙法蓮華經卷二……二七九
北敦〇五七一〇號　妙法蓮華經卷一……二九〇
北敦〇五七一一號　維摩詰所説經卷下……二九一
北敦〇五七一二號　金剛般若波羅蜜經……二九二
北敦〇五七一三號　薩婆多毗尼毗婆沙卷六……二九三
北敦〇五七一三號背　四分律删繁補闕行事鈔節鈔（擬）……二九六
北敦〇五七一四號　天地八陽神咒經……二九七
北敦〇五七一五號　長阿含經卷一八……二九八
北敦〇五七一六號　妙法蓮華經卷一……三〇一
北敦〇五七一七號　妙法蓮華經卷六……三〇二

北敦〇五七一八號　金剛般若波羅蜜經……三〇六
北敦〇五七一九號一　毗尼母經卷二……三〇八
北敦〇五七一九號二　毗尼母經卷三……三〇八
北敦〇五七二〇號　摩訶般若波羅蜜經卷二……三〇九
北敦〇五七二一號　小抄……三一一
北敦〇五七二二號　妙法蓮華經卷一……三一七
北敦〇五七二三號　大方廣十輪經卷八……三一八
北敦〇五七二四號　無量壽宗要經……三二五
北敦〇五七二五號　妙法蓮華經卷四……三二八
北敦〇五七二六號　金剛般若波羅蜜經……三三〇
北敦〇五七二七號　禮懺文（擬）……三三四
北敦〇五七二八號　父母恩重經……三三六
北敦〇五七二九號　太子慕魄經……三三七
北敦〇五七三〇號　妙法蓮華經卷三……三四〇
北敦〇五七三一號　妙法蓮華經（八卷本）卷四……三四一
北敦〇五七三二號　大般若波羅蜜多經卷四六六……三四四
北敦〇五七三三號　大般涅槃經（北本　異卷）卷五……三四八
北敦〇五七三四號　善惡因果經……三五二
北敦〇五七三五號　阿彌陀經……三五三
北敦〇五七三六號　妙法蓮華經卷三……三五六

北敦〇五七三七號　無量壽宗要經……三五八
北敦〇五七三八號　妙法蓮華經卷三……三六一
北敦〇五七三九號　妙法蓮華經卷三……三六二
北敦〇五七四〇號　阿彌陀經……三六四
北敦〇五七四一號　妙法蓮華經卷三……三六五
北敦〇五七四二號一　金剛般若波羅蜜經……三六六
北敦〇五七四二號二　金剛經陀羅尼咒……三七二
北敦〇五七四二號三　妙法蓮華經卷七……三七三
北敦〇五七四三號　妙法蓮華經卷一……三七三
北敦〇五七四四號　妙法蓮華經卷三……三八三
北敦〇五七四五號　妙法蓮華經卷二……三八五
北敦〇五七四六號　無量壽宗要經……三八七
北敦〇五七四六號背一　因緣故事集（擬）……三九二
北敦〇五七四六號背二　辭道場讚……三九四
北敦〇五七四七號　大般若波羅蜜多經卷三八一……三九七
著録凡例……一
條記目録……三
新舊編號對照表……二七

須菩提所謂佛法
須菩提於意云何
陁洹果不須菩提
洹名為入流而
是名須陁洹須菩提於意云何斯陁含能作
是念我得斯陁含果不須菩提言不也世尊
何以故斯陁含名一往來而實无往來是名
斯陁含須菩提於意云何阿那含能作是念
我得阿那含果不須菩提言不也世尊何以
故阿那含名為不來而實无來是故名阿那
含須菩提於意云何阿羅漢能作是念我得
阿羅漢道不須菩提言不也世尊何以故
實无有法名阿羅漢世尊若阿羅漢作是念
我得阿羅漢道即為著我人衆生壽者世尊
佛說我得无諍三昧人中最為第一是第一
離欲阿羅漢我不作是念我是離欲阿羅漢
世尊我若作是念我得阿羅漢道世尊則不
說須菩提是樂阿蘭那行者以須菩提實无
所行而名須菩提是樂阿蘭那行
佛告須菩提於意云何如來昔在然燈佛所
於法有所得不世尊如來在然燈佛所於法

離欲阿羅漢我不作是念我是離欲阿羅漢
世尊我若作是念我得阿羅漢道世尊則不
說須菩提是樂阿蘭那行者以須菩提實无
所行而名須菩提是樂阿蘭那行
佛告須菩提於意云何如來昔在然燈佛所
於法有所得不世尊如來在然燈佛所於法
實无所得須菩提於意云何菩薩荘厳佛土
不不也世尊何以故荘厳佛土者則非荘厳
是名荘厳是故須菩提諸菩薩摩訶薩應如
是生清淨心不應住色生心不應住聲香味
觸法生心應无所住而生其心須菩提譬如
有人身如須彌山王於意云何是身為大不
須菩提言甚大世尊何以故佛說非身是名
大身須菩提如恒河中所有沙數如是沙等
恒河於意云何是諸恒河沙寧為多不須菩
提言甚多世尊但諸恒河尚多无數何況其
沙須菩提我今實言告汝若有善男子善女
人以七寶滿尒所恒河沙數三千大千世界
以用布施得福多不須菩提言甚多世尊佛
告須菩提若善男子善女人於此經中乃至
受持四句偈等為他人說而此福德勝前福
德復次須菩提隨說是經乃至四句偈等當
知此處一切世間天人阿脩羅皆應供養如
佛塔廟何況有人盡能受持讀誦須菩提當
知是人成就最上第一希有之法若是經典
所在之處則為有佛若尊重弟子

受持四句偈等為他人說而此福勝前福
德復次須菩提隨說是經乃至四句偈等當
知此處一切世間天人阿脩羅皆應供養如
佛塔廟何況有人盡能受持讀誦須菩提當
知是人成就最上第一希有之法若是經典
所在之處則為有佛若尊重弟子
尒時須菩提白佛言世尊當何名此經我等
云何奉持佛告須菩提是經名為金剛般若
波羅蜜以是名字汝當奉持所以者何須菩
提佛說般若波羅蜜則非般若波羅蜜須菩
提於意云何如來有所說法不須菩提白佛
言世尊如來无所說須菩提於意云何三千
大千世界所有微塵是為多不須菩提言甚
多世尊須菩提諸微塵如來說非微塵是名
微塵如來說世界非世界是名世界須菩提
於意云何可以三十二相見如來不不也世
尊不可以三十二相得見如來何以故如來
說三十二相即是非相是名三十二相須
菩提若有善男子善女人以恒河沙等
身命布施若復有人於此經中乃至受持
四句偈等為他人說其福甚多
尒時須菩提聞說是經深解義趣涕淚悲泣
而白佛言希有世尊佛說如是甚深經典我
從昔來所得慧眼未曾得聞如是之經世尊
若復有人得聞是經信心清淨則生實相當
知是人成就第一希有功德世尊是實相者

BD05637 號　金剛般若波羅蜜經

（13–3）

尒時須菩提聞說是經深解義趣涕淚悲泣
而白佛言希有世尊佛說如是甚深經典我
從昔來所得慧眼未曾得聞如是之經世尊
若復有人得聞是經信心清淨則生實相當
知是人成就第一希有功德世尊是實相者
則是非相是故如來說名實相世尊我今得
聞如是經典信解受持不足為難若當來世
後五百歲其有衆生得聞是經信解受持是
人則為第一希有何以故此人无我相人相
衆生相壽者相所以者何我相即是非相人
相衆生相壽者相即是非相何以故離一切
諸相則名諸佛佛告須菩提如是如是若復
有人得聞是經不驚不怖不畏當知是人甚
為希有何以故須菩提如來說第一波羅蜜
非第一波羅蜜是名第一波羅蜜
須菩提忍辱波羅蜜如來說非忍辱波羅蜜
何以故須菩提如我昔為歌利王割截身體
我於尒時无我相无人相无衆生相无壽者
相何以故我於往昔節節支解時若有我相
人相衆生相壽者相應生瞋恨須菩提又念
過去於五百世作忍辱仙人於尒所世无我
相无人相无衆生相无壽者相是故須菩提
菩薩應離一切相發阿耨多羅三藐三菩提
心不應住色生心不應住聲香味觸法生心
應生无所住心若心有住則為非住是故佛

BD05637 號　金剛般若波羅蜜經

（13–4）

過去於五百世作忍辱仙人於尒所世无我
相无人相无衆生相无壽者相是故須菩提
菩薩應離一切相發阿耨多羅三藐三菩提
心不應住色生心不應住聲香味觸法生心
應生无所住心若心有住則為非住是故佛
說菩薩心不應住色布施須菩提菩薩為利
益一切衆生應如是布施如來說一切諸相
即是非相又說一切衆生則非衆生須菩提
如來是真語者實語者如語者不誑語者不
異語者須菩提如來所得法此法无實无虛
須菩提若菩薩心住於法而行布施如人入
闇則无所見若菩薩心不住法而行布施如
人有目日光明照見種種色須菩提當來之
世若有善男子善女人能於此經受持讀誦
則為如來以佛智慧悉知是人悉見是人皆
得成就无量无邊功德
須菩提若有善男子善女人初日分以恒河
沙等身布施中日分復以恒河沙等身布施
後日分亦以恒河沙等身布施如是无量百
千万億劫以身布施若復有人聞此經典信
心不逆其福勝彼何況書寫受持讀誦為人
解說須菩提以要言之是經有不可思議不
可稱量无邊功德如來為發大乘者說為發
最上乘者說若有人能受持讀誦廣為人說
如來悉知是人悉見是人皆得成就不可量

BD05637 號　金剛般若波羅蜜經　（13–5）

心不逆其福勝彼何況書寫受持讀誦為人
解說須菩提以要言之是經有不可思議不
可稱量无邊功德如來為發大乘者說為發
最上乘者說若有人能受持讀誦廣為人說
如來悉知是人悉見是人皆得成就不可量
不可稱无有邊不可思議功德如是人等則
為荷擔如來阿耨多羅三藐三菩提何以故
須菩提若樂小法者著我見人見衆生見壽
者見則於此經不能聽受讀誦為人解說須
菩提在在處處若有此經一切世間天人阿
脩羅所應供養當知此處則為是塔皆應恭
敬作禮圍繞以諸華香而散其處
復次須菩提若善男子善女人受持讀誦此
經若為人輕賤是人先世罪業應墮惡道以
今世人輕賤故先世罪業則為消滅當得阿
耨多羅三藐三菩提須菩提我念過去无量
阿僧祇劫於然燈佛前得值八百四千万億
那由他諸佛悉皆供養承事无空過者若復
有人於後末世能受持讀誦此經所得功德
於我所供養諸佛功德百分不及一千万億
分乃至筭數譬喻所不能及須菩提若善男
子善女人於後末世有受持讀誦此經所得
功德我若具說者或有人聞心則狂亂狐疑
不信須菩提當知是經義不可思議果報亦
不可思議
尒時須菩提白佛言世尊善男子善女人發

BD05637 號　金剛般若波羅蜜經　（13–6）

子善女人於後末世有受持讀誦此經所得
功德我若具說者或有人聞心則狂亂狐疑
不信須菩提當知是經義不可思議果報亦
不可思議
尒時須菩提白佛言世尊善男子善女人發
阿耨多羅三藐三菩提心云何應住云何降
伏其心佛告須菩提善男子善女人發阿耨
多羅三藐三菩提者當生如是心我應滅度
一切衆生滅度一切衆生已而无有一衆生
實滅度者何以故若菩薩有我相人相衆生
相壽者相則非菩薩所以者何須菩提實无
有法發阿耨多羅三藐三菩提者須菩提於
意云何如來於然燈佛所有法得阿耨多羅
三藐三菩提不不也世尊如我解佛所說義
佛於然燈佛所无有法得阿耨多羅三藐三
菩提佛言如是如是須菩提實无有法如來
得阿耨多羅三藐三菩提
須菩提若有法如來得阿耨多羅三藐三菩
提者然燈佛則不與我受記汝於來世當得
作佛号釋迦牟尼以實无有法得阿耨多
羅三藐三菩提是故然燈佛與我受記作是
言汝於來世當得作佛号釋迦牟尼何以故
如來者即諸法如義若有人言如來得阿耨
多羅三藐三菩提須菩提實无有法佛得阿
耨多羅三藐三菩提須菩提如來所得阿耨

BD05637號 金剛般若波羅蜜經

（13–7）

[illegible]
言汝於來世當得作佛号釋迦牟尼何以故
如來者即諸法如義若有人言如來得阿耨
多羅三藐三菩提須菩提實无有法佛得阿
耨多羅三藐三菩提須菩提如來所得阿耨
多羅三藐三菩提於是中无實无虛是故如
來說一切法皆是佛法須菩提所言一切法
者即非一切法是故名一切法須菩提譬如
人身長大須菩提言世尊如來說人身長大
則非大身是名大身須菩提菩薩亦如是若
作是言我當滅度无量衆生則不名菩薩何
以故須菩提實无有法名為菩薩是故佛
說一切法无我无人无衆生无壽者須菩提
若菩薩作是言我當莊嚴佛土是不名菩薩
何以故如來說莊嚴佛土者即非莊嚴是名
莊嚴須菩提若菩薩通達无我法者如來說
名真是菩薩
須菩提於意云何如來有肉眼不如是世尊
如來有肉眼須菩提於意云何如來有天眼
不如是世尊如來有天眼須菩提於意云何
如來有慧眼不如是世尊如來有慧眼須菩
提於意云何如來有法眼不如是世尊如來
有法眼須菩提於意云何如來有佛眼不如
是世尊如來有佛眼須菩提於意云何恒河
中所有沙佛說是沙不如是世尊如來說是
沙須菩提於意云何如一恒河中所有沙有

BD05637號 金剛般若波羅蜜經

（13–8）

提於意云何如来有法眼不如是世尊如来
有法眼須菩提於意云何如来有佛眼不如
是世尊如来有佛眼須菩提於意云何恒河
中所有沙佛說是沙不如是世尊如来說是
沙須菩提於意云何如一恒河中所有沙有
如是等恒河是諸恒河所有沙數佛世界如
是寧為多不甚多世尊佛告須菩提尒所國
土中所有衆生若干種心如来悉知何以故
如来說諸心皆為非心是名為心所以者何
須菩提過去心不可得現在心不可得未来
心不可得須菩提於意云何若有人滿三千
大千世界七寶以用布施是人以是因緣得
福多不如是世尊此人以是因緣得福甚多
須菩提若福德有實如来不說得福德多以
福德无故如来說得福德多
須菩提於意云何佛可以具足色身見不不也
世尊如来不應以具足色身見何以故如来說
具足色身即非具足色身是名具足色身須
菩提於意云何如来可以具足諸相見不不
也世尊如来不應以具足諸相見何以故如
来說諸相具足即非具足是名諸相具足須
菩提汝等勿謂如来作是念我當有所說法
莫作是念何以故若人言如来有所說法即
為謗佛不能解我所說故須菩提說法者无
法可說是名說法須菩提白佛言世尊佛得

BD05637號　金剛般若波羅蜜經　（13-9）

来說諸相具足即非具足是名諸相具足須
菩提汝等勿謂如来作是念我當有所說法
莫作是念何以故若人言如来有所說法即
為謗佛不能解我所說故須菩提說法者无
法可說是名說法須菩提白佛言世尊佛得
阿耨多羅三藐三菩提為无所得耶如是如
是須菩提我於阿耨多羅三藐三菩提乃至
无有少法可得是名阿耨多羅三藐三菩提
復次須菩提是法平等无有高下是名阿耨
多羅三藐三菩提以无我无人无衆生无壽
者脩一切善法則得阿耨多羅三藐三菩提
須菩提所言善法者如来說非善法是名
善法須菩提若三千大千世界中所有諸須
弥山王如是等七寶聚有人持用布施若人以
此般若波羅蜜經乃至四句偈等受持讀誦
為他人說於前福德百分不及一百千万億
分乃至筭數譬喻所不能及
須菩提於意云何汝等勿謂如来作是念我
當度衆生須菩提莫作是念何以故實无有
衆生如来度者若有衆生如来度者如来則
有我人衆生壽者須菩提如来說有我者則
非有我而凡夫之人以為有我須菩提凡夫
者如来說則非凡夫須菩提於意云何可以
三十二相觀如来不須菩提言如是如是以
三十二相觀如来佛言須菩提若以三十二

BD05637號　金剛般若波羅蜜經　（13-10）

有我人衆生壽者須菩提如來說有我者則
非有我而凡夫之人以為有我須菩提凡夫
者如來說則非凡夫須菩提於意云何可以
三十二相觀如來不須菩提言如是如是以
三十二相觀如來佛言須菩提若以三十二
相觀如來者轉輪聖王則是如來須菩提白
佛言世尊如我解佛所說義不應以三十二
相觀如來尒時世尊而說偈言
若以色見我　以音聲求我　是人行邪道　不能見如來
須菩提汝若作是念如來不以具足相故得阿
耨多羅三藐三菩提須菩提莫作是念如來
不以具足相故得阿耨多羅三藐三菩提須
菩提汝若作是念發阿耨多羅三藐三菩提
者說諸法斷滅相莫作是念何以故發阿
耨多羅三藐三菩提者於法不說斷滅相須
菩提若菩薩以滿恒河沙等世界七寶布施
若復有人知一切法无我得成於忍此菩薩
勝前菩薩所得功德須菩提以諸菩薩不受
福德故須菩提白佛言世尊云何菩薩不受
福德須菩提菩薩所作福德不應貪著是故
說不受福德須菩提若有人言如來若來若
去若坐若卧是人不解我所說義何以故
如來者无所從來亦无所去故名如來
須菩提若善男子善女人以三千大千世界
碎為微塵於意云何是微塵衆寧為多不甚

BD05637號　金剛般若波羅蜜經

（13–11）

說不受福德須菩提若有人言如來若來若
去若坐若卧是人不解我所說義何以故
如來者无所從來亦无所去故名如來
須菩提若善男子善女人以三千大千世界
碎為微塵於意云何是微塵衆寧為多不甚
多世尊何以故若是微塵衆實有者佛則不
說是微塵衆所以者何佛說微塵衆則非微
塵衆是名微塵衆世尊如來所說三千大千
世界則非世界是名世界何以故若世界實
有者則是一合相如來說一合相則非一合
相是名一合相須菩提一合相者則是不可
說但凡夫之人貪著其事
須菩提若人言佛說我見人見衆生見壽者
見須菩提於意云何是人解我所說義不不
也世尊是人不解如來所說義何以故世尊
說我見人見衆生見壽者見即非我見人見
衆生見壽者見是名我見人見衆生見壽者
見須菩提發阿耨多羅三藐三菩提心者於
一切法應如是知如是見如是信解不生法
相須菩提所言法相者如來說即非法相是
名法相須菩提若有人以滿无量阿僧祇世
界七寶持用布施若有善男子善女人發菩
薩心者持於此經乃至四句偈等受持讀誦
為人演說其福勝彼云何為人演說不取於
相如如不動何以故

BD05637號　金剛般若波羅蜜經

（13–12）

見須菩提發阿耨多羅三藐三菩提心者於
一切法應如是知如是見如是信解不生法
相須菩提所言法相者如來說即非法相是
名法相須菩提若有人以滿无量阿僧祇世
界七寶持用布施若有善男子善女人發菩
薩心者持於此經乃至四句偈等受持讀誦
為人演說其福勝彼云何為人演說不取於
相如如不動何以故
一切有為法　如夢幻泡影　如露亦如電　應作如是觀
佛說是經已長老須菩提及諸比丘比丘尼
優婆塞優婆夷一切世間天人阿脩羅聞佛
所說皆大歡喜信受奉行

金剛般若波羅蜜經

BD05637號　金剛般若波羅蜜經　（13–13）

兌

如實思惟觀法无常敗壞變易空无所有无
堅无實此法无常苦空无我先无今有已有還
无一切磨滅如是憶念愛不愛法則知心是
於不愛法不生增嫌於可愛法不生喜樂於
過去法心不係念亦不味著如是善觀意所
樂法於一切意法不念不味不愛不樂諸沙
門婆羅門以知是故於六愛中而得解脫介
時孔雀王以偈頌曰
若以心念心　如實觀於色　其人於色愛　不能亂其心
鼻與境相應　若能不貪著　其人意清淨　鼻過不能亂
智者得舌味　正觀不貪著　其人於味過　不能汙其心
身受種種觸　得之不貪著　其人知觸故　常得安隱樂
於愛不愛法　其意不貪著　善住如太山　是意世所讚
若沙門婆羅門行知是法能離如是六種之愛
佛所讚歎如是孔雀王菩薩為夜摩天兜
率陁天眾說斯真法
復次若沙門婆羅門思惟念法念何等法所
謂第廿一畏於境界畏惡境界不實之見不
得利益若沙門婆羅門如實觀色境界如
眼緣色而生眼識意識決了分別觀察若境界
來生於貪欲如是貪欲境界來惱亂我當生
恐怖若見境界斷欲貪愛而不觀視如所分

BD05638號　正法念處經（兌廢稿）卷六二　（2–1）

時孔雀王以偈頌曰

若以正念心　如實觀於色　其人於色愛　不能亂其心
鼻與境相應　若能不貪著　其人意清淨　鼻過不能亂
智者得舌味　正觀不貪著　其人於味過　不能汙其心
身受種種觸　得之不貪著　其人知觸故　常得安隱樂
於愛不愛法　其意不貪著　善住如太山　是意世所讚

若沙門婆羅門行如是法能離如是六種之愛
佛所讚歎如是孔雀王菩薩為夜摩天說
率陀天眾說斯真法

復次若沙門婆羅門思惟念法念何等法所
謂第廿一畏於境界畏惡境界不實之見不
得利益若沙門婆羅門如實觀色境界如
眼緣色而生眼識意識決了分別觀察若境界
來生於貪欲如是貪欲境界來惱亂我當生
恐怖若見境界斷欲貪愛而不觀視如所分
別意亦如是或貪或瞋皆如實知若煩惱起
如實觀起得无利益現在未來以此煩惱不

BD05638號　正法念處經（兑廢稿）卷六二

（2–2）

或四十年在世説法或見法住或見法滅然佛
曾无異念分別由衆生故自然有是種種事起
文殊師利譬如大風吹閻浮提一切草木枝
葉紛亂東西南北或靡或起草木終无種種
（分別但由風故種種）相生如來亦介常无分別由衆生力於念念中
見有如是無量衆行威儀相起乃至作意
緣諸衆生令介所劫得斷地獄畜生餓鬼閻
羅等趣文殊師利如來成就如是无量微妙功
德文殊師利如來作意一念所緣諸大菩薩
无量百千那由他劫住不思議解脫三昧不
能知其功德邊際文殊師利譬如日輪從大海
出住虛空中放无量億那由他光遍照一切城邑聚
落破大黑暗銷涸洿池增長一切草木藂林
悉令成熟發起一切所作事業光影普入諸
河池中而常未曾離於本事是日雖无種
種分別自然而有是等事現如來亦介出諸
有海住法虛空放无量億智慧光明遍照十方
一切世界滅諸衆生无明翳膜枯竭一切煩惱
濁流令諸衆生善根福慧增長成熟雖同一時
現是衆事亦常湛然本處不動由佛已離
念想分別自然應現是諸相故

BD05639號A　大方廣入如來智德不思議經　（2–1）

河池中而常未曾離於本事是日雖无種
種分別自然而有是等事現如來亦今出諸
有海住法虛空放无量億智慧光明遍照十方
一切世界滅諸衆生无明翳膜枯竭一切煩惱
潤流令諸衆生善根福慧增長成熟雖同一時
現是衆事亦常湛然本處不動由佛已離
念想分別自然應現是諸相故
文殊師利若有善男子善女人於恒河沙劫
以天上味及天妙衣施十方界微塵等一切諸
佛及聲聞衆彼佛滅後為一一佛遍滿十方
一一世界造十方界微塵等塔其塔皆是閻浮
檀金電光摩尼寶相間錯集衆光寶周圍
欄楯寶幢遍建寶鈴流響馳衛旃檀以為
塗香覆以自在摩尼王網其上復有天寶蓋

大莊嚴論三論十卷同帙　第十一卷

肩背 上博盆反下蒲昧反 遝彰 音淨 撾打 上陟花反 喘噬 上音逝正作壁又鄭氏音 蜂虵 上莫朗反下大虵也 班駮 補角反 兩鞭 甸下五結反 平連 打撲 普木反 儜劣 上女耕反 芟燒 上扶文反正作焚 崇箄 上宅耕反下呂玉反 禁制 之世反止也斷也 鞦靮 上兵媚反馬~也正作轡或作轡也又毗~ 截 反車草 禁制 之世反正作剬又端剸二音非也 蛆螫 上知列反下尸亦反也非 刖 音月又五骨五刮二反 抗衡 上口浪反下音行 枷羅 上音加 羅鼻 莫顛反 輒捺 子告反正作躁 婬女 上羊林反又苦耕戶經三反非 訝之 上之忍直忍二反㹻腂也 鄙褻 上悲義反下私列反 今弥 丑忍丑刃二音 入趺 田結反 龍戾 上力董反正作攏 毱多 上求掬反 毱多 同上 毱多 亦同上也 徹 咲 叔妙反 毱多 上求掬反長者名也尸利毱多或云掘多 愁慘 七感反又章草 淬 曲 上惡胡反窊下也正作圩汚二形也 右眄 普莧反顧~也覩也又詔享二音非也 廬 獷 古猛反 或泄 音薛 即閉 音閉又音汗 蚩嗤 上處之反 羸瘠 上力垂反下秦昔反

第十二卷

叛叟 上所蔑反 誓言

花萎

BD05639號B　新集藏經音義隨函録（兌廢稿）　（4–1）

BD05639 號 B　新集藏經音義隨函録（兌廢稿）

（4–2）

菩薩瓔珞本業經二卷同帙

菩薩瓔珞本業經兩卷 上卷 洴沙上蒲丁反 闌

隆力中反 瑕疵才斯反 覩示上音官正作觀也上方經作觀又玉篇音現非義也 不

槁音儒諸經作不儒樂天也 只羅上支叡二音梵言度羅秦言无瞋恨 幷陁音陁 須陁

同上 斯陁含含音 蹬道上之鄧反正作證 无垢音狗正作又垢音彌非也 菡體上力

賞反二世正作兩也下卷云有二法身一果極法身二應化法身 檢攝涉反 㛹觀上奴管反

五陰於今反 樂綺衣綺反 檢攝尸涉反正作攝 下卷 三銖音珠

睡調徒弔反五蓋之一也諸經作掉字 揣食上徒官反 酤酒上古乎反 涕出上他礼反又從世

流慟徒弄反 佛藏經四卷 第一卷 噎咽上于崔反下一見反

為拔扶月反 搽搓上他兮反下都奚反 蘿葯上五口反下息慈反 手承是陵反正作

承 雨渧音的又音帝非 雜糅女右反 如折先擊反 淳濃上常倫反

糟粕上子曹反下普各反 第二卷 秫稔上助庄反下他盍反 粃糠上早履反

下普郎反 蝙蝠上布玄反下方伏反 欲捕蒲故反 布施音施 困溺上尸

言反下奴乎反 輕躁子告反 摩擘補益反正作擘 以踏普化反正作踏 屎

屎上尸音反下奴吊反 毀呰疾遂反 佷戾上侯懇反下力計反 怨鄰宜遲反怨也正

作隙 瘕疵上尸加反下力斯反上又加嫁二音非本用 冒受上莫報反涉也又童墨于也 擭助

(4–3)

BD05639號B 新集藏經音義隨函録(兌廢稿)

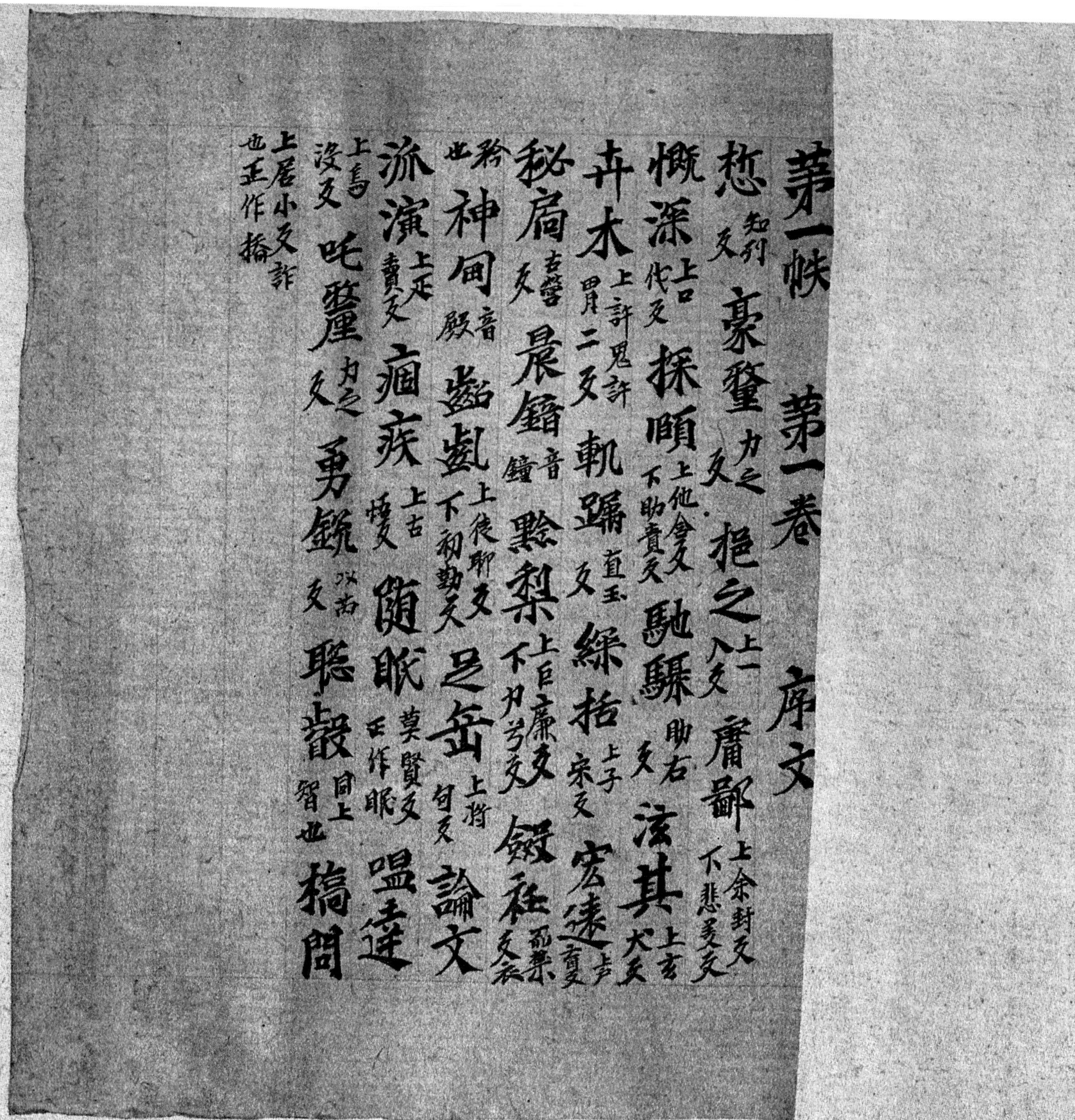

第一帙 第一卷 序文
愸 知列反 豪釐 力之反 挹之 上一入反 膚鄙 上余封反 下悲美反
慨深 上口代反 採賾 上他含反 下助責反 馳驟 助右反 泫其 上玄犬反
卉木 上許胃二反 又許 軌躅 直玉反 綵括 上子宋反 宏遠 上戶育反
秘扃 古螢反 晨鐘 鐘音 黔黎 上巨廉反 下力兮反 斂衽 而禁反 衣衿
矜也 神甸 音殿 齠齔 上徒聊反 下初勤反 足岳 上將句反 論文
流演 上疋責反 痼疾 上古悞反 顚眠 莫賢反 正作眠 嗢達
上烏沒反 吒蠶 力之反 勇銳 以芮反 聰毅 同上 智也 稿問
上居小反 許也 正作撟

BD05639 號 B　新集藏經音義隨函録（兑廢稿）

BD05639號B背　勘記

（1－1）

盡此大地諸山岳　析諸微塵能筭知
毛端滴海尚可量　佛之功德无能數
一切有情皆共讚　世尊名稱諸功德
清淨相好妙莊嚴　不可稱量知分齊
我之所有衆善業　願得速成无上尊
廣說正法利群生　悉令解脫於衆苦
降伏大力魔軍衆　當轉无上正法輪
久住劫數難思議　充足衆生甘露味
猶如過去諸最勝　六波羅蜜皆圓滿
滅諸貪慾及瞋癡　降伏煩惱除衆苦
願我常得宿命智　能憶過去百千生
亦常憶念牟尼尊　得聞諸佛甚深法
願我以斯諸善業　奉事无邊最勝尊
遠離一切不善因　恒得修行真妙法
一切世界諸衆生　悉皆離苦得安樂
所有諸根不具足　令彼身相皆圓滿
若有衆生遭病苦　身形羸瘦无所依
咸令病苦得消除　諸根色力皆充滿
若犯王法當刑戮　衆苦逼迫生憂惱
彼受如斯極苦時　无有歸依能救護

BD05640號　金光明最勝王經卷二

（2–1）

降伏大力魔軍衆　當轉无上正法輪
久住劫數難思議　充足衆生甘露味
猶如過去諸最勝　六波羅蜜皆圓滿
滅諸貪慾及瞋癡　降伏煩惱除衆苦
願我常得宿命智　能憶過去百千生
亦常憶念牟尼尊　得聞諸佛甚深法
願我以斯諸善業　奉事无邊最勝尊
遠離一切不善因　恒得修行真妙法
一切世界諸衆生　悉皆離苦得安樂
所有諸根不具足　令彼身相皆圓滿
若有衆生遭病苦　身形羸瘦无所依
咸令病苦得消除　諸根色力皆充滿
若犯王法當刑戮　衆苦逼迫生憂惱
彼受如斯極苦時　无有歸依能救護
若受鞭杖枷鎖繫　種種苦具切其身
无量百千憂惱時　逼迫身心无蹔樂
皆令得免於繫縛　及以鞭杖苦楚事
將臨刑者得命全　衆苦皆令永除滅
若有衆生飢渴逼　令得種種殊勝味
盲者得視聾者聞　跛者能行瘂能語
貧窮衆生獲寶藏　倉庫盈溢无所乏
皆令得受上妙樂　无一衆生受苦惱

BD05640號　金光明最勝王經卷二

（2–2）

号殊室利
阿耨多羅三藐
於中夭枉横死者衆殊知是
故使人書能盡經卷受持
供養如其命盡復得延年滿足百歲如是
衆生得聞是无量壽智決定王如來一百八名号者益其長壽若有衆生大命將盡憶
念是如來名号更得增壽如是思殊若有善男子善女人欲求長命於是无量壽宗要
一百八名号有得聞者或自書若使人書受持讀誦得如是等果報福德陀羅尼曰
南謨薄伽勃底一 阿波唎蜜多二 阿蔔紇硯娜三 須毗你悉指陀四 囉佐耶五 怛他羯他耶六 怛姪
他唵七 薩婆桑悉迦羅八 波唎輸底九 達磨底十 伽迦娜十一 莎訶某特迦底十二 薩婆婆毗
輸底十三 摩訶娜耶十四 波唎婆唎莎訶十五
世尊復告妙殊室利如是如來一百八名号若有自書或使人書為經卷於讀誦循如其命
盡復滿百年壽終此身後得往生无量福智世界无量壽淨土陀羅尼曰
南謨薄伽勃底一 阿波唎蜜多二 阿蔔紇硯娜三 須毗你悉指陀四 囉佐耶五 怛他羯他耶六 怛姪他
唵七 薩婆桑悉迦羅八 波唎輸底九 達磨底十 伽迦娜十一 莎訶某特迦底十二 薩婆婆毗輸
底十三 摩訶娜耶十四 波唎婆唎莎訶十五
尒時有九十九姟佛等一時同聲說是无量壽宗要經陀羅尼曰 南謨薄伽勃底一 阿波唎
蜜多二 阿蔔紇硯娜三 須毗你悉指陀四 囉佐耶五 怛他羯他耶六 怛姪他唵七 薩婆桑悉迦羅八
波唎輸底九 達磨底十 伽迦娜十一 莎訶某特迦底十二 薩婆婆毗輸底十三 摩訶娜耶十四
波唎婆唎莎訶十五
尒時復有一百四姟佛一時同聲說是无量壽宗要經陀羅尼曰 南謨薄伽勃底一 阿波唎
蜜多二 阿蔔紇硯娜三 須毗你悉指陀四 囉佐耶五 怛他羯他耶六 怛姪他唵七 薩婆桑悉迦羅八 波唎
輸底九 達磨底十 伽迦娜十一 莎訶某特迦底十二 薩婆婆毗輸底十三 摩訶娜耶十四 波唎婆唎莎訶十五
尒時復有七姟佛一時同聲說是无量壽宗要經陀羅尼曰 南謨薄伽勃底一 阿波唎蜜多二
阿蔔紇硯娜三 須毗你悉指陀四 囉佐耶五 怛他羯他耶六 怛姪他唵七 薩婆桑悉迦羅八 波唎輸底九

BD05641 號　無量壽宗要經　　（6–1）

蜜多二 阿蔔紇硯娜三 須毗你悉指陀四 囉佐耶五 怛他羯他耶六 怛姪他唵七 薩婆桑悉迦羅八
波唎輸底九 達磨底十 伽迦娜十一 莎訶某特迦底十二 薩婆婆毗輸底十三 摩訶娜耶十四
波唎婆唎莎訶十五
尒時復有一百姟佛一時同聲說是无量壽宗要經陀羅尼曰 南謨薄伽勃底一 阿波唎
蜜多二 阿蔔紇硯娜三 須毗你悉指陀四 囉佐耶五 怛他羯他耶六 怛姪他唵七 薩婆桑悉迦羅八 波唎
輸底九 達磨底十 伽迦娜十一 莎訶某特迦底十二 薩婆婆毗輸底十三 摩訶娜耶十四 波唎婆唎莎訶十五
尒時復有七十姟佛一時同聲說是无量壽宗要經陀羅尼曰 南謨薄伽勃底一 阿波唎蜜多二
阿蔔紇硯娜三 須毗你悉指陀四 囉佐耶五 怛他羯他耶六 怛姪他唵七 薩婆桑悉迦羅八 波唎輸底九
達磨底十 伽迦娜十一 莎訶某特迦底十二 薩婆婆毗輸底十三 摩訶娜耶十四 波唎婆唎莎訶十五
尒時復有六十五姟佛一時同聲說是无量壽宗要經陀羅尼曰 南謨薄伽勃底一 阿波唎
蜜多二 阿蔔紇硯娜三 須毗你悉指陀四 囉佐耶五 怛他羯他耶六 怛姪他唵七 薩婆桑悉迦羅八 波
唎輸底九 達磨底十 伽迦娜十一 莎訶某特迦底十二 薩婆婆毗輸底十三 摩訶娜耶十四 波唎婆唎莎訶十五
尒時復有五十五姟佛一時同聲說是无量壽宗要經陀羅尼曰
南謨薄伽勃底一 阿波唎蜜多二 阿蔔紇硯娜三 須毗你悉指陀四 囉佐耶五 怛他羯他耶六 怛姪他
唵七 薩婆桑悉迦羅八 波唎輸底九 達磨底十 伽迦娜十一 莎訶某特迦底十二 薩婆婆毗輸底
十三 摩訶娜耶十四 波唎婆唎莎訶十五
尒時復有四十五姟佛一時同聲說是无量壽宗要經陀羅尼曰 南謨薄伽勃底一 阿波
唎蜜多二 阿蔔紇硯娜三 須毗你悉指陀四 囉佐耶五 怛他羯他耶六 怛姪他唵七 薩婆桑悉迦羅八
波唎輸底九 達磨底十 伽迦娜十一 莎訶某特迦底十二 薩婆婆毗輸底十三 摩訶娜耶十四 波唎婆唎莎
訶十五　尒時復有三十六姟佛一時同聲說是无量壽宗要經陀羅尼曰 南謨薄伽
勃底一 阿波唎蜜多二 阿蔔紇硯娜三 須毗你悉指陀四 囉佐耶五 怛他羯他耶六 怛姪他唵七 薩婆桑悉
迦羅八 波唎輸底九 達磨底十 伽迦娜十一 莎訶某特迦底十二 薩婆婆毗輸底十三 摩訶娜耶十四 波
唎婆唎莎訶十五
尒時復有二十五姟佛一時同聲說是无量壽宗要經陀羅尼曰 南謨薄伽勃底一 阿波唎蜜
多二 阿蔔紇硯娜三 須毗你悉指陀四 囉佐耶五 怛他羯他耶六 怛姪他唵七 薩婆桑悉迦羅八 波唎
輸底九 達磨底十 伽迦娜十一 莎訶某特迦底十二 薩婆婆毗輸底十三 摩訶娜耶十四 波
唎婆唎莎訶十五
尒時復有恒河沙姟佛一時同聲說是无量壽宗要經陀羅尼曰 南謨薄伽勃底
阿波唎蜜多二 阿蔔紇硯娜三 須毗你悉指陀四 囉佐耶五 怛他羯他耶六 怛姪他唵七 薩婆桑
悉迦羅八 波唎輸底九 達磨底十 伽迦娜十一 莎訶某特迦底十二 薩婆婆毗輸底十三 摩訶娜耶十四 波
唎婆唎莎訶十五
善男子若有自書寫教人書寫是无量壽宗要經如其命盡復得長壽滿百歲復若

BD05641 號　無量壽宗要經　　（6–2）

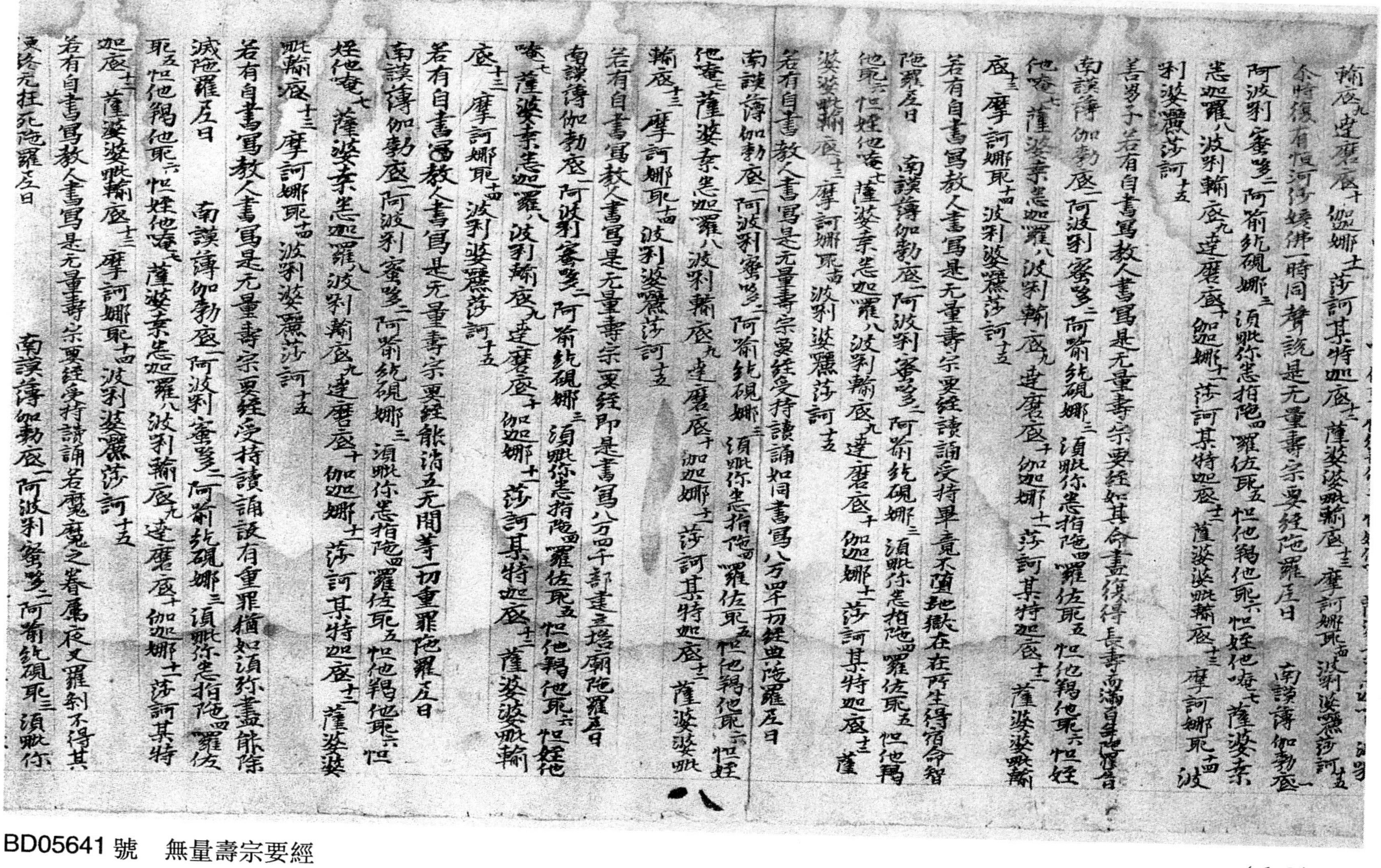

輸底九 達磨底十 伽娜十一 莎訶其特伽底十二 薩婆娑毗輸底十三 摩訶娜耶十四 波唎婆囉莎訶十五
尒時復有恒河沙姟佛一時同聲說是无量壽宗要經陀羅尼曰 南謨薄伽勃底一
阿波唎蜜多二 阿蕍紇硯娜三 須毗你悉指陀四 囉佐耶五 怛他羯他耶六 怛姪他唵七 薩婆桑
悉迦囉八 波唎輸底九 達磨底十 伽娜十一 莎訶其特伽底十二 薩婆娑毗輸底十三 摩訶娜耶十四 波
唎婆囉莎訶十五
善男子若有自書寫教人書寫是无量壽宗要經如其命盡復得長壽而滿百年陀羅尼曰
南謨薄伽勃底一 阿波唎蜜多二 阿蕍紇硯娜三 須毗你悉指陀四 囉佐耶五 怛他羯他耶六 怛姪
他唵七 薩婆桑悉迦囉八 波唎輸底九 達磨底十 伽娜十一 莎訶其特伽底十二 薩婆娑毗輸
底十三 摩訶娜耶十四 波唎婆囉莎訶十五
若有自書寫教人書寫是无量壽宗要經讀誦受持畢竟不墮地獄在在所生得宿命智
陀羅尼曰 南謨薄伽勃底一 阿波唎蜜多二 阿蕍紇硯娜三 須毗你悉指陀四 囉佐耶五 怛他羯
他耶六 怛姪他唵七 薩婆桑悉迦囉八 波唎輸底九 達磨底十 伽娜十一 莎訶其特伽底十二 薩
婆娑毗輸底十三 摩訶娜耶十四 波唎婆囉莎訶十五
若有自書教人書寫是无量壽宗要經受持讀誦如同書寫八万四千一切經典陀羅尼曰
南謨薄伽勃底一 阿波唎蜜多二 阿蕍紇硯娜三 須毗你悉指陀四 囉佐耶五 怛他羯他耶六 怛姪
他唵七 薩婆桑悉迦囉八 波唎輸底九 達磨底十 伽娜十一 莎訶其特伽底十二 薩婆娑毗
輸底十三 摩訶娜耶十四 波唎婆囉莎訶十五
若有自書寫教人書寫是无量壽宗要經即是書寫八万四千部建立塔廟陀羅尼曰
南謨薄伽勃底一 阿波唎蜜多二 阿蕍紇硯娜三 須毗你悉指陀四 囉佐耶五 怛他羯他耶六 怛姪他
唵七 薩婆桑悉迦囉八 波唎輸底九 達磨底十 伽娜十一 莎訶其特伽底十二 薩婆娑毗輸
底十三 摩訶娜耶十四 波唎婆囉莎訶十五
若有自書寫教人書寫是无量壽宗要經能消五无間等一切重罪陀羅尼曰
南謨薄伽勃底一 阿波唎蜜多二 阿蕍紇硯娜三 須毗你悉指陀四 囉佐耶五 怛他羯他耶六 怛
姪他唵七 薩婆桑悉迦囉八 波唎輸底九 達磨底十 伽娜十一 莎訶其特伽底十二 薩婆娑
毗輸底十三 摩訶娜耶十四 波唎婆囉莎訶十五
若有自書寫教人書寫是无量壽宗要經受持讀誦設有重罪猶如須弥盡能除
滅陀羅尼曰 南謨薄伽勃底一 阿波唎蜜多二 阿蕍紇硯娜三 須毗你悉指陀四 囉佐
耶五 怛他羯他耶六 怛姪他唵七 薩婆桑悉迦囉八 波唎輸底九 達磨底十 伽娜十一 莎訶其特
伽底十二 薩婆娑毗輸底十三 摩訶娜耶十四 波唎婆囉莎訶十五
若有自書寫教人書寫是无量壽宗要經受持讀誦若魔魔之眷屬夜叉羅剎不得其
便終无枉死陀羅尼曰 南謨薄伽勃底一 阿波唎蜜多二 阿蕍紇硯耶三 須毗你

BD05641號　無量壽宗要經

（6–3）

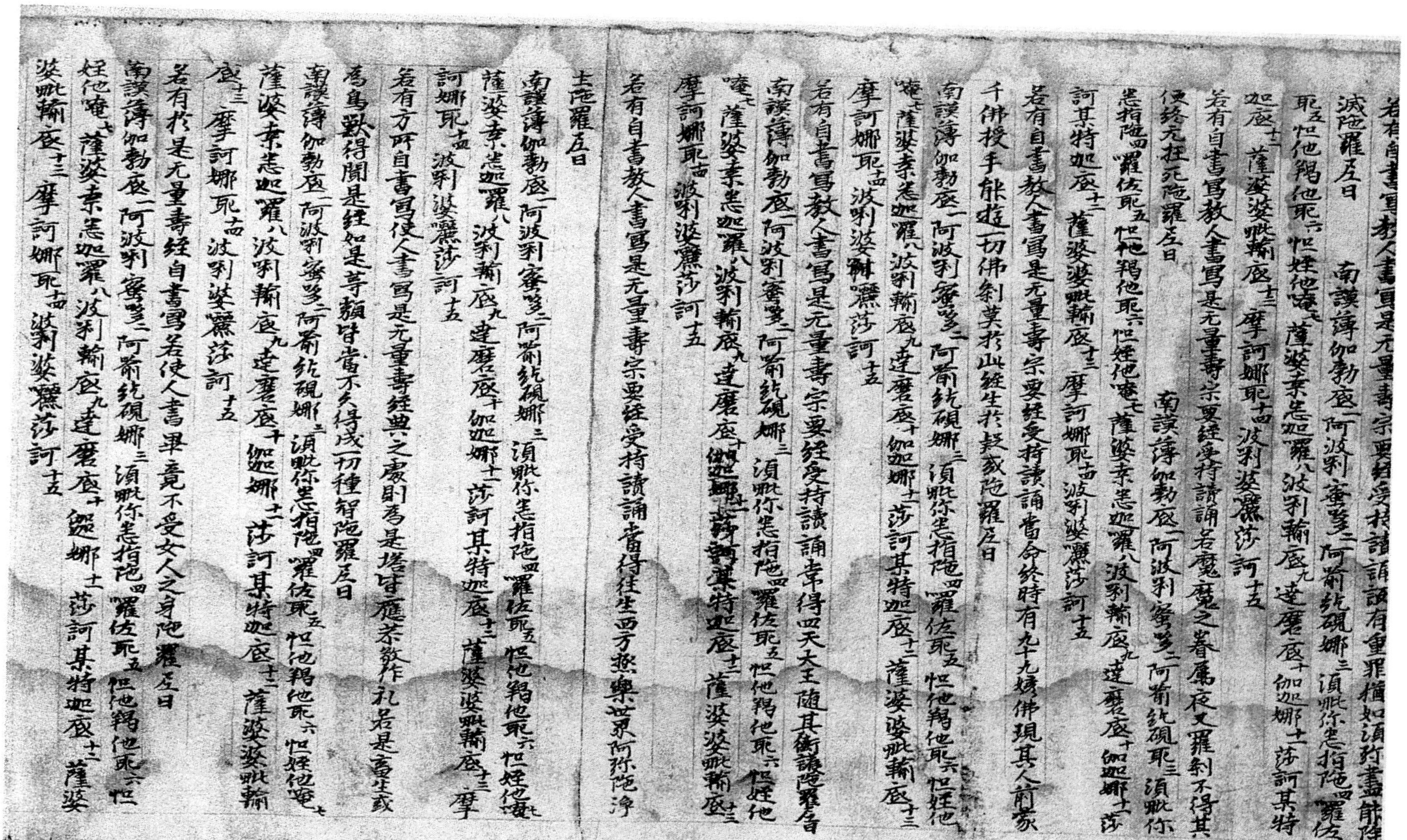

若有自書寫教人書寫是无量壽宗要經受持讀誦設有重罪猶如須弥盡能除
滅陀羅尼曰 南謨薄伽勃底一 阿波唎蜜多二 阿蕍紇硯娜三 須毗你悉指陀四 囉佐
耶五 怛他羯他耶六 怛姪他唵七 薩婆桑悉迦囉八 波唎輸底九 達磨底十 伽娜十一 莎訶其特
伽底十二 薩婆娑毗輸底十三 摩訶娜耶十四 波唎婆囉莎訶十五
若有自書寫教人書寫是无量壽宗要經受持讀誦若魔魔之眷屬夜叉羅剎不得其
便終无枉死陀羅尼曰 南謨薄伽勃底一 阿波唎蜜多二 阿蕍紇硯耶三 須毗你
悉指陀四 囉佐耶五 怛他羯他耶六 怛姪他唵七 薩婆桑悉迦囉八 波唎輸底九 達磨底十 伽娜十一 莎
訶其特伽底十二 薩婆娑毗輸底十三 摩訶娜耶十四 波唎婆囉莎訶十五
若有自書寫教人書寫是无量壽宗要經受持讀誦當命終時有九十九姟佛現其人前來
千佛授手能遊一切佛剎莫於此經生於疑惑陀羅尼曰
南謨薄伽勃底一 阿波唎蜜多二 阿蕍紇硯娜三 須毗你悉指陀四 囉佐耶五 怛他羯他耶六 怛姪他
唵七 薩婆桑悉迦囉八 波唎輸底九 達磨底十 伽娜十一 莎訶其特伽底十二 薩婆娑毗輸底十三
摩訶娜耶十四 波唎婆囉莎訶十五
若有自書寫教人書寫是无量壽宗要經受持讀誦當得四天大王隨其衛護陀羅尼曰
南謨薄伽勃底一 阿波唎蜜多二 阿蕍紇硯娜三 須毗你悉指陀四 囉佐耶五 怛他羯他耶六 怛姪他
唵七 薩婆桑悉迦囉八 波唎輸底九 達磨底十 伽娜十一 莎訶其特伽底十二 薩婆娑毗輸底十三
摩訶娜耶十四 波唎婆囉莎訶十五
若有自書教人書寫是无量壽宗要經受持讀誦當得往生西方極樂世界阿弥陀淨
土陀羅尼曰
南謨薄伽勃底一 阿波唎蜜多二 阿蕍紇硯娜三 須毗你悉指陀四 囉佐耶五 怛他羯他耶六 怛姪他唵七
薩婆桑悉迦囉八 波唎輸底九 達磨底十 伽娜十一 莎訶其特伽底十二 薩婆娑毗輸底十三 摩
訶娜耶十四 波唎婆囉莎訶十五
若有方所自書寫使人書寫是无量壽經典之處則為是塔皆應恭敬作礼若是畜生
為鳥獸得聞是經如是等類皆當不久得成一切種智陀羅尼曰
南謨薄伽勃底一 阿波唎蜜多二 阿蕍紇硯娜三 須毗你悉指陀四 囉佐耶五 怛他羯他耶六 怛姪他唵七
薩婆桑悉迦囉八 波唎輸底九 達磨底十 伽娜十一 莎訶其特伽底十二 薩婆娑毗輸
底十三 摩訶娜耶十四 波唎婆囉莎訶十五
若有於是无量壽經自書寫若使人書畢竟不受女人之身陀羅尼曰
南謨薄伽勃底一 阿波唎蜜多二 阿蕍紇硯娜三 須毗你悉指陀四 囉佐耶五 怛他羯他耶六 怛
姪他唵七 薩婆桑悉迦囉八 波唎輸底九 達磨底十 伽娜十一 莎訶其特伽底十二 薩婆
娑毗輸底十三 摩訶娜耶十四 波唎婆囉莎訶十五

BD05641號　無量壽宗要經

（6–4）

薩婆桒悉迦羅八波唎輸底九達磨底十伽迦娜十一莎訶某特迦底十二薩婆婆毗輸
底十三摩訶娜耶十四波唎婆嚟莎訶十五
若有於是无量壽經自書寫若使人書畢竟不受女人之身陁羅尼曰
南謨薄伽勃底一阿波唎蜜多二阿喻紇硯娜三須毗你悉指陁四羅佐耶五怛他羯他耶六怛
姪他唵七薩婆桒悉迦羅八波唎輸底九達磨底十伽迦娜十一莎訶某特迦底十二薩婆
婆毗輸底十三摩訶娜耶十四波唎婆嚟莎訶十五
若有能於是經少分能惠施者等於三千大千世界滿中七寶布施陁羅尼曰
南謨薄伽勃底一阿波唎蜜多二阿喻紇硯娜三須毗你悉指陁四羅佐耶五怛他羯他耶六怛
姪他唵七薩婆桒悉迦羅八波唎輸底九達磨底十伽迦娜十一莎訶某特迦底十二薩
婆婆毗輸底十三摩訶娜耶十四波唎婆嚟莎訶十五
若有能供養是經者則是供養一切諸經等无有異陁羅尼曰 南謨薄伽勃
底一阿波唎蜜多二阿喻紇硯娜三須毗你悉指陁四羅佐耶五怛他羯他耶六怛姪他唵七
薩婆桒悉迦羅八波唎輸底九達磨底十伽迦娜十一莎訶某特迦底十二薩婆婆毗
輸底十三摩訶娜耶十四波唎婆嚟莎訶十五
如是毗婆尸佛尸弃佛毗舍浮佛俱留孫佛俱那含牟尼佛迦葉佛 釋迦牟
尼佛 若有人以七寶供養如是七佛其福有限書寫受持是无量壽經典所
有功德不可限量陁羅尼曰 南謨薄伽勃底一阿波唎蜜多二阿喻紇
硯娜三須毗你悉指陁四羅佐耶五怛他羯他耶六怛姪他唵七薩婆桒悉迦羅八波唎輸
底九達磨底十伽迦娜十一莎訶某特迦底十二薩婆婆毗輸底十三摩訶娜耶十四波唎
婆嚟莎訶十五 若有七寶等於須弥以用布施其福上能知其限量
是无量壽經典其福不可知數陁羅尼曰
南謨薄伽勃底一阿波唎蜜多二阿喻紇硯娜三須毗你悉指陁四羅佐耶五怛他羯他
耶六怛姪他唵七薩婆桒悉迦羅八波唎輸底九達磨底十伽迦娜十一莎訶某特迦
底十二薩婆婆毗輸底十三摩訶娜耶十四波唎婆嚟莎訶十五
如是四大海水可知滴數是无量壽經典所生果報不可數量陁羅尼曰
南謨薄伽勃底一阿波唎蜜多二阿喻紇硯娜三須毗你悉指陁四羅佐耶五怛他羯他
耶六怛姪他唵七薩婆桒悉迦羅八波唎輸底九達磨底十伽迦娜十一莎訶某特迦底十二
薩婆婆毗輸底十三摩訶娜耶十四波唎婆嚟莎訶十五
若有自書使人書寫是无量壽經典又能護持供養即如恭敬供養一切十方佛土
如来无有異别陁羅尼曰
南謨薄伽勃底一阿波唎蜜多二阿喻紇硯娜三須毗你悉指陁四羅佐耶五怛他羯他

BD05641號　無量壽宗要經

（6–5）

耶六怛姪他唵七薩婆桒悉迦羅八波唎輸底九達磨底十伽迦娜十一莎訶某特迦底十二
薩婆婆毗輸底十三摩訶娜耶十四波唎婆嚟莎訶十五
若有自書使人書寫是无量壽經典又能護持供養即如恭敬供養一切十方佛土
如来无有異别陁羅尼曰
南謨薄伽勃底一阿波唎蜜多二阿喻紇硯娜三須毗你悉指陁四羅佐耶五怛他羯他
耶六怛姪他唵七薩婆桒悉迦羅八波唎輸底九達磨底十伽迦娜十一莎訶某特迦底十二
薩婆婆毗輸底十三摩訶娜耶十四波唎婆嚟莎訶十五
若有人自書使人書寫是无量壽經典又能護持供養即如恭敬供養一切十方佛
土如来无有異别陁羅尼曰
南謨薄伽勃底一阿波唎蜜多二阿喻紇硯娜三須毗你悉指陁四羅佐耶五怛他羯他
耶六怛姪他唵七薩婆桒悉迦羅八波唎輸底九達磨底十伽迦娜十一莎訶某特迦底十二
薩婆婆毗輸底十三摩訶娜耶十四波唎婆嚟莎訶十五
布施力能成正覺　悟布施力人師子　布施力能聲普聞　慈悲階漸最能入
持戒力能成正覺　悟持戒力人師子　持戒力能聲普聞　慈悲階漸最能入
忍辱力能成正覺　悟忍辱力人師子　忍辱力能聲普聞　慈悲階漸最能入
精進力能成正覺　悟精進力人師子　精進力能聲普聞　慈悲階漸最能入
禪定力能成正覺　悟禪定力人師子　禪定力能聲普聞　慈悲階漸最能入
智慧力能成正覺　悟智慧力人師子　智慧力能聲普聞　慈悲階漸最能入
尒時如来說是經已一切世間天人阿脩羅揵闥婆等聞佛所說皆大歡喜信受奉行
佛說无量壽宗要經

BD05641號　無量壽宗要經

（6–6）

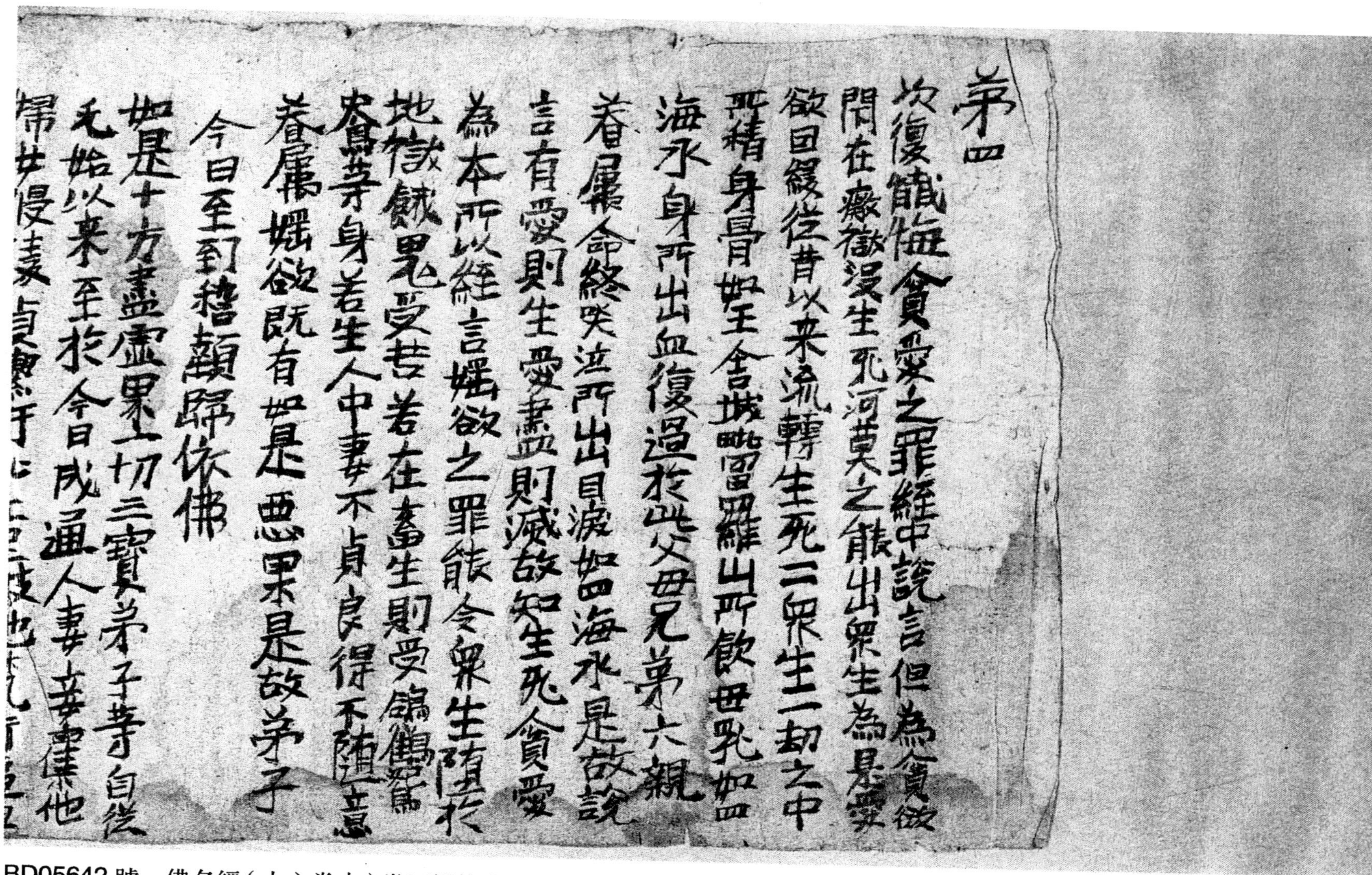
第四
次復懺悔貪愛之罪經中說言但為貪欲
間在癡獄淪生死河莫之能出衆生為是愛
欲因緣從昔以來流轉生死三界生一劫之中
所積身骨如王舍城毗富羅山所飲母乳如四
海水身所出血復過於此父母兄弟六親
眷屬命終哭泣所出目淚如四海水是故說
言有愛則生愛盡則滅故知生死貪愛
為本所以經言婬欲之罪能令衆生墮於
地獄餓鬼受苦若在畜生則受鴿雀鴛
鴦等身若生人中妻不貞良得不隨意
眷屬婬欲既有如是惡果是故弟子
今日至到稽顙歸依佛
如是十方盡虛空界一切三寶弟子等自從
無始以來至於今日或通人妻妾侵他
婦女侵陵貞[illegible]

BD05642號　佛名經（十六卷本）卷四懺悔文鈔

（5–1）

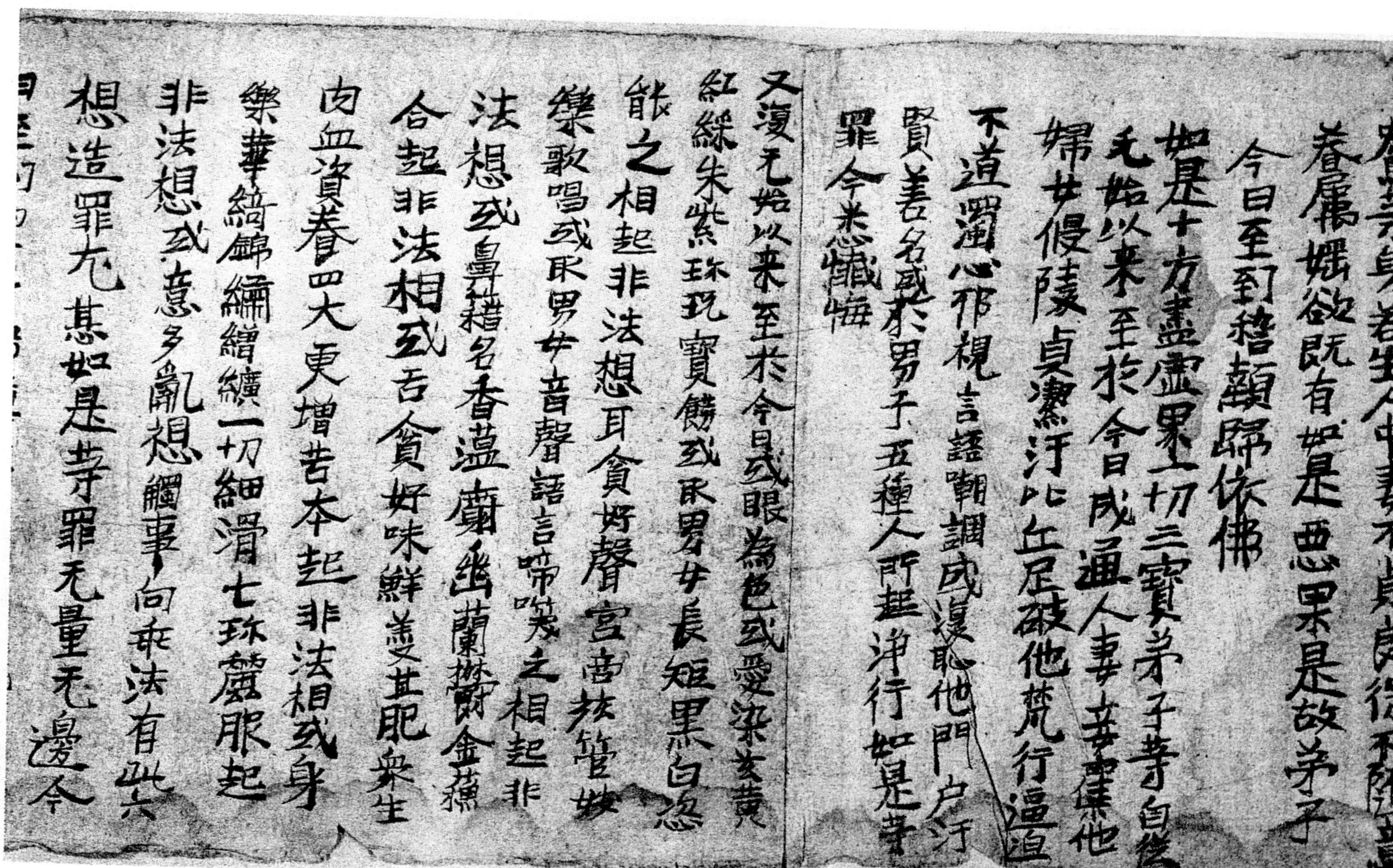
鴦等身若生人中妻不貞良得不隨意
眷屬婬欲既有如是惡果是故弟子
今日至到稽顙歸依佛
如是十方盡虛空界一切三寶弟子等自從
無始以來至於今日或通人妻妾侵他
婦女侵陵貞潔汙比丘尼破他梵行逼
不道濁心邪視言語嘲調或復恥他門戶汙
賢善名或於男子五種人所起淨行如是等
罪今悉懺悔
又復無始以來至於今日或眼為色或愛染玄黃
紅綠朱紫珍玩寶飾或取男女長短黑白姿
態之相起非法想耳貪好聲宮商絲管妓
樂歌唱或取男女音聲語言啼哭之相起非
法想或鼻藉名香薀蘭麝鬱金蘇
合起非法相或舌貪好味鮮美甘肥衆生
肉血資養四大更增苦本起非法相或身
樂華綺錦繡繒纊一切細滑七珍麗服起
非法想或意多亂想觸事向乖法有此六
想造罪尤甚如是等罪無量無邊今
[illegible]

BD05642號　佛名經（十六卷本）卷四懺悔文鈔

（5–2）

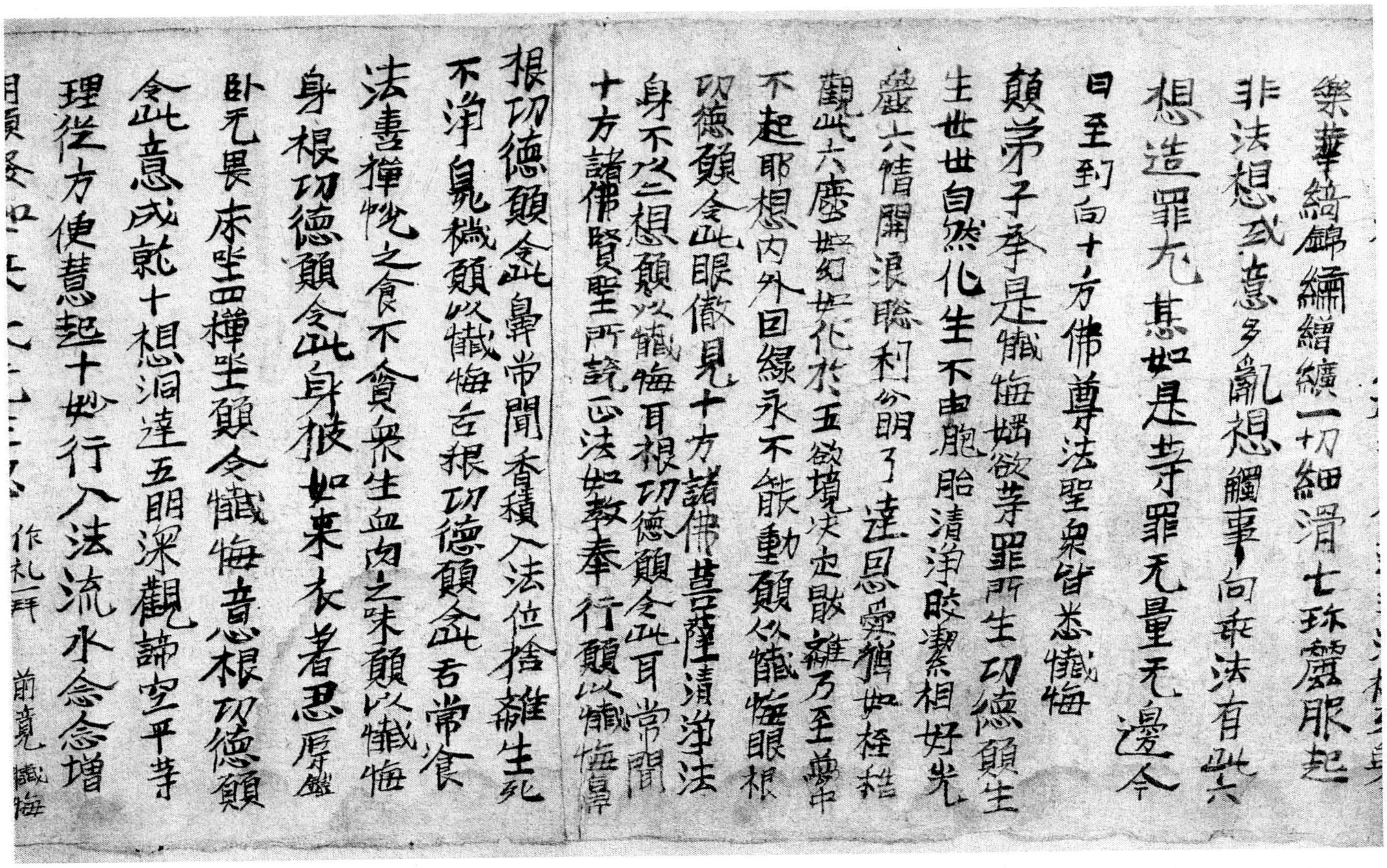

染著綺錦綿縟一切細滑七珍麗服起
非法想或意多亂想觸事向乖法有此六
想造罪无甚如是等罪无量无邊今
日至到向十方佛尊法聖衆皆悉懺悔
願弟子等是懺悔眼等所生功德願生
生世世自然化生不由胞胎清淨皎潔相好光
嚴六情開朗聰利明了達恩愛猶如桎梏
觀此六塵如幻如化於五欲境決定厭離乃至夢中
不起耶想內外因緣永不能動願以懺悔眼根
功德願令此眼徹見十方諸佛菩薩清淨法
身不以二想願以懺悔耳根功德願令此耳常聞
十方諸佛賢聖所說正法如教奉行願以懺悔鼻
根功德願令此鼻常聞香積入法位捨離生死
不淨臭穢願以懺悔舌根功德願令此舌常食
法喜禪悅之食不貪衆生血肉之味願以懺悔
身根功德願令此身被如來衣著忍辱鎧
臥无畏床坐四禪坐願令懺悔意根功德願
令此意成就十想洞達五明深觀諦空平等
理從方便慧起十妙行入法流水念念增
作礼一拜 前竟懺悔

BD05642號　佛名經（十六卷本）卷四懺悔文鈔　（5–3）

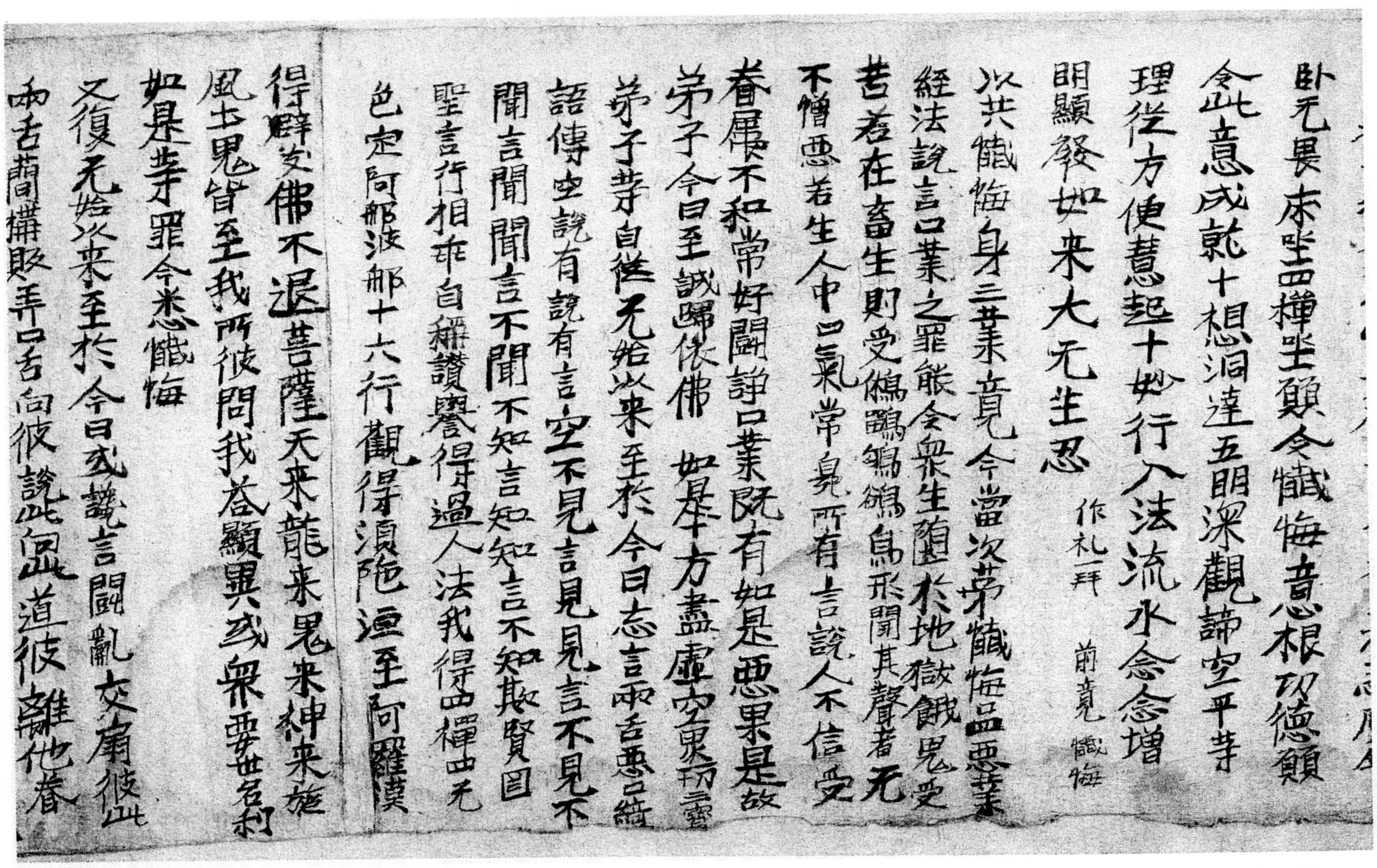

臥无畏床坐四禪坐願令懺悔意根功德願
令此意成就十想洞達五明深觀諦空平等
理從方便慧起十妙行入法流水念念增
明顯發如來大无生忍　作礼一拜　前竟懺悔
次共懺悔身三業竟今當次第懺悔口四惡業
經法說言口業之罪能令衆生墮於地獄餓鬼受
苦若在畜生則受鵂鶹鴝鵒鳥形聞其聲者无
不憎惡若生人中口氣常臭所有言說人不信受
眷屬不和常好鬪諍口業既有如是惡果是故
弟子今日至誠歸依佛　如是十方盡虛空界一切三寶
弟子等自從无始以來至於今日忘言兩舌惡口綺
語傳虛說有說有言空不見言見見言不見不
聞言聞聞言不聞不知言知知言不知欺賢罔
聖言行相乖自稱讚譽得過人法我得四禪四无
色定阿那波那十六行觀得須陀洹至阿羅漢
得辟支佛不退菩薩天來龍來鬼來神來旋
風土鬼皆至我所彼問我答顯異或衆要世名利
如是等罪今悉懺悔
又復无始以來至於今日或讒言鬪亂交扇彼此
兩舌間構敗弄口舌向彼說此向此道彼離他眷

BD05642號　佛名經（十六卷本）卷四懺悔文鈔　（5–4）

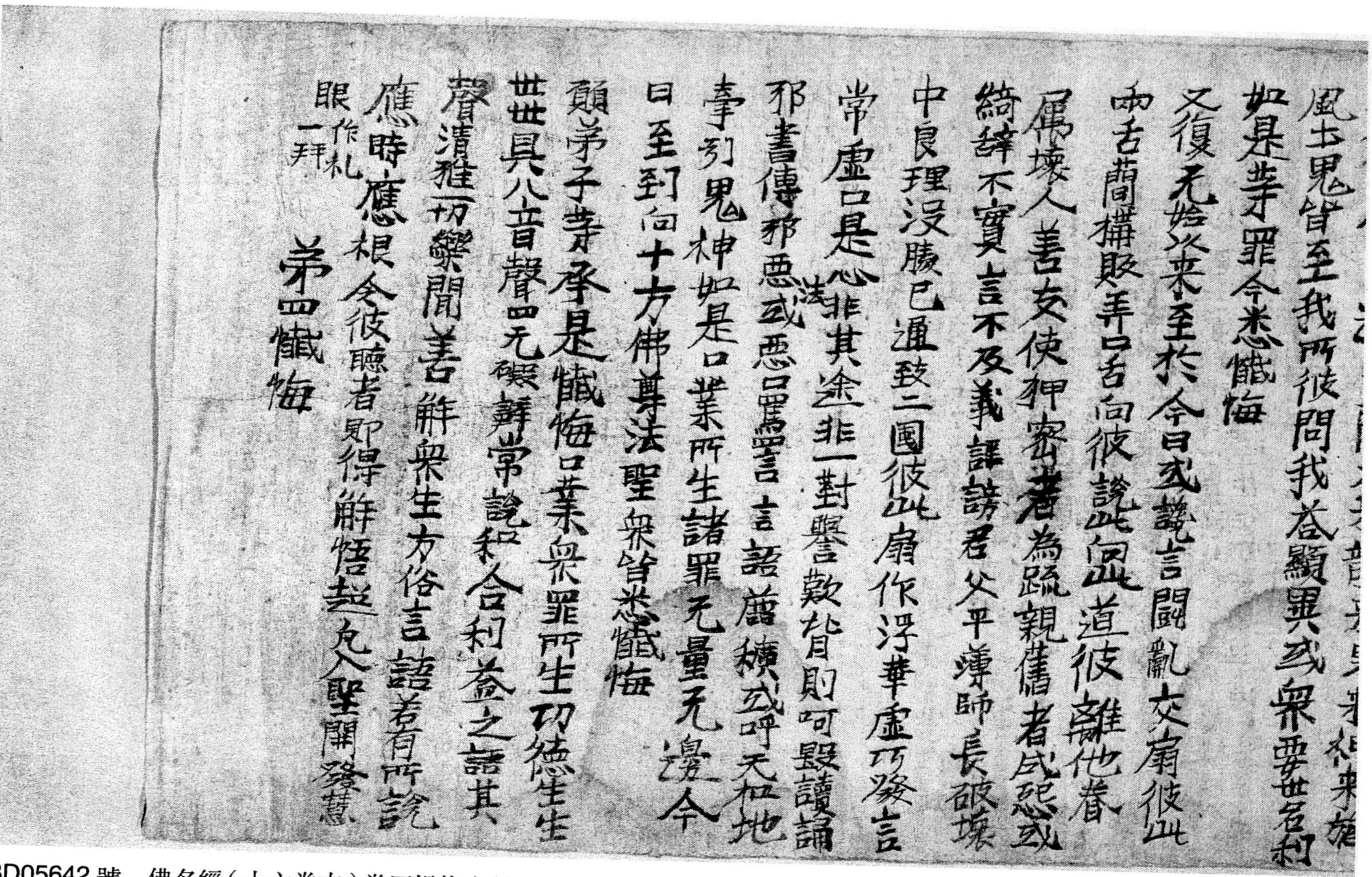

風土鬼皆至我所彼問我荅顯異或衆要世名利
如是等罪今悉懺悔
又復无始以來至於今日或譏言鬪亂交扇彼此
兩舌嚮背攝取弄口舌向彼說此向此道彼離他眷
屬壞人善友使狎密者為疏親儔者成怨或
綺辞不實言不及義誹謗君父平薄師長破壞
中良理没朦已通致二國彼此扇作浮華虛巧發言
常虛口是心非其塗非一對譽歎背則呵毀讀誦
邪書傳邪惡或惡口罵詈言語麤穬或呼天扣地
尋引鬼神如是口業所生諸罪无量无邊今
日至到向十方佛尊法聖衆皆悉懺悔
願弟子等承是懺悔口業衆罪所生功德生生
世世具八音聲四无礙辯常說和合利益之語其
聲清雅一切樂聞善解衆生方俗言語若有所說
應時應根令彼聽者即得解悟超凡入聖開發慧
眼 作礼一拜
第四懺悔

BD05642 號　佛名經（十六卷本）卷四懺悔文鈔

（5–5）

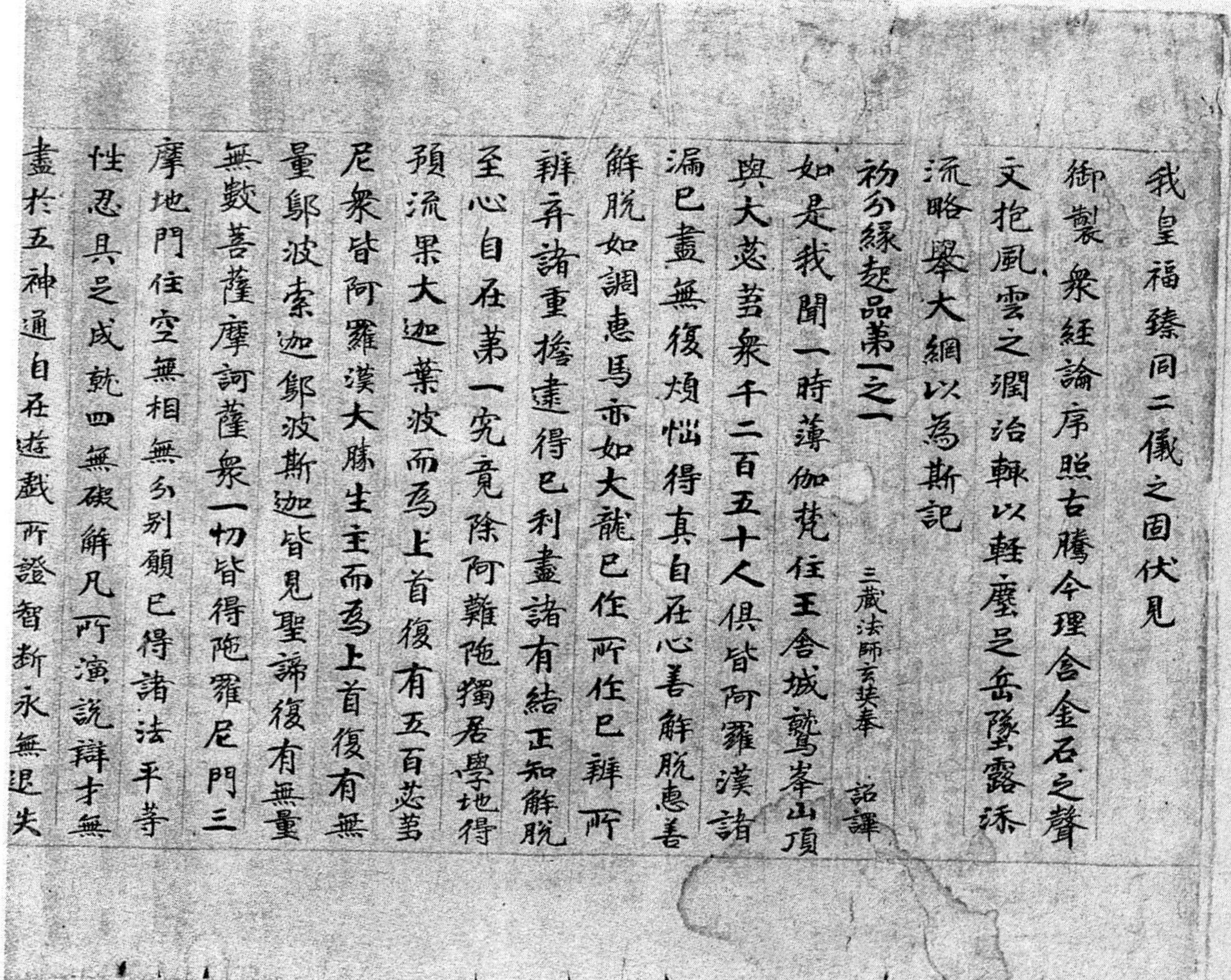

我皇福臻同二儀之固伏見
御製衆經論序照古騰今理含金石之聲
文抱風雲之潤治輙以輕塵足岳墜露添
流略舉大綱以為斯記
初分緣起品第一之一　三藏法師玄奘奉　詔譯
如是我聞一時薄伽梵住王舍城鷲峯山頂
與大苾芻衆千二百五十人俱皆阿羅漢諸
漏已盡無復煩惱得真自在心善解脫慧善
解脫如調慧馬亦如大龍已作所作已辦所
辦弃諸重擔逮得已利盡諸有結正知解脫
至心自在第一究竟除阿難陁獨居學地得
預流果大迦葉波而為上首復有五百苾芻
尼衆皆阿羅漢大勝生主而為上首復有無
量鄔波索迦鄔波斯迦皆見聖諦復有無量
無數菩薩摩訶薩衆一切皆得陁羅尼門三
摩地門住空無相無分別願已得諸法平等
性忍具足成就四無礙解凡所演說辯才無
盡於五神通自在遊戲所證智斷永無退失

BD05643 號 1　述三藏聖教記
BD05643 號 2　大般若波羅蜜多經卷一

（2–1）

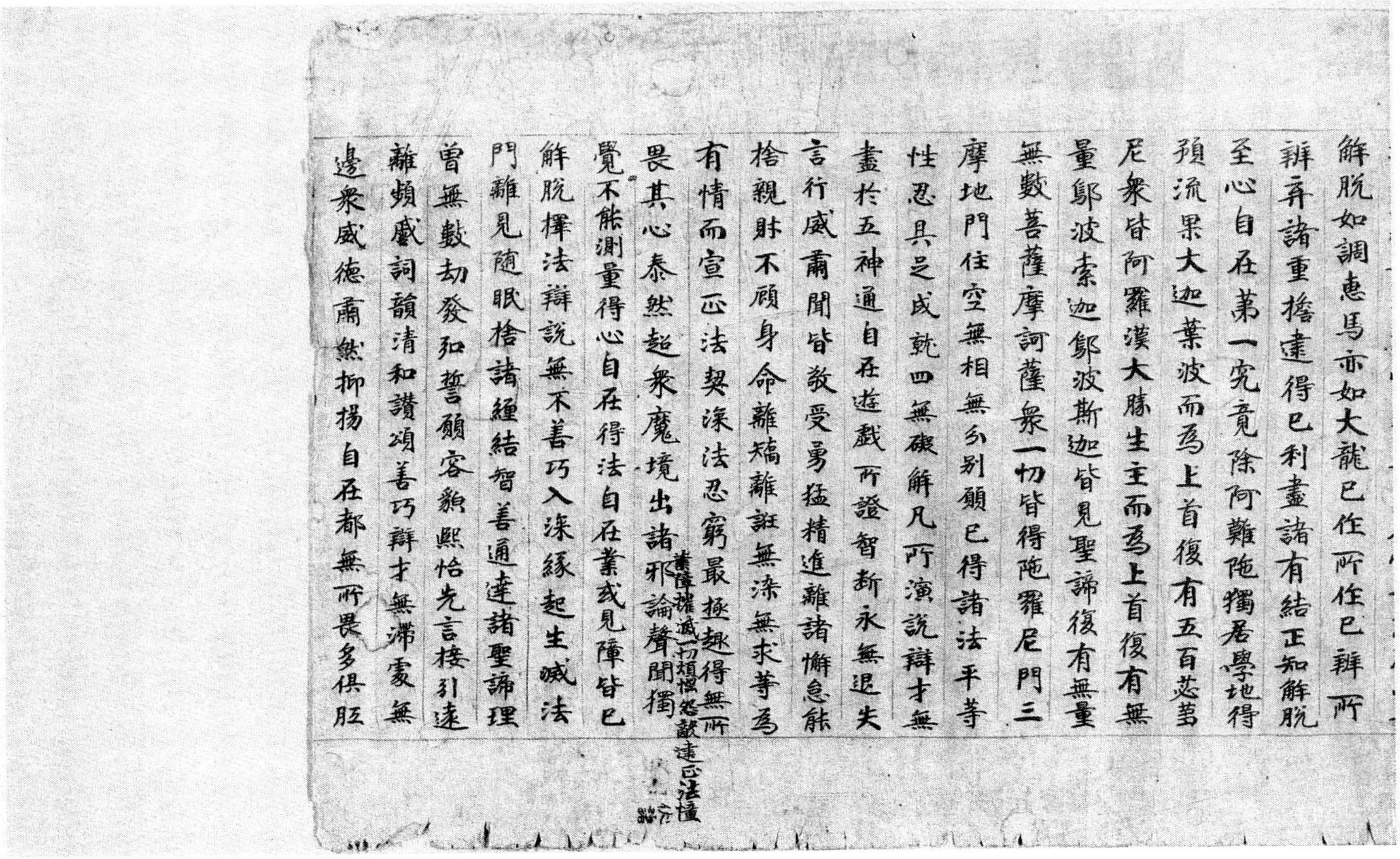

解脫如調慧馬亦如大龍已作所作已辦所
辦弃諸重擔逮得己利盡諸有結正知解脫
至心自在第一究竟除阿難陀獨居學地得
預流果大迦葉波而為上首復有五百苾芻
尼衆皆阿羅漢大勝生主而為上首復有無
量鄔波索迦鄔波斯迦皆見聖諦復有無量
無數菩薩摩訶薩衆一切皆得陀羅尼門三
摩地門住空無相無分別願已得諸法平等
性忍具足成就四無礙解凡所演說辯才無
盡於五神通自在遊戲所證智斷永無退失
言行威肅聞皆敬受勇猛精進離諸懈怠能
捨親財不顧身命離矯離誑無染無求等為
有情而宣正法契深法忍窮最極趣得無所
菩薩摧滅一切煩惱怨敵建正法幢
畏其心泰然超衆魔境出諸邪論聲聞獨
覺不能測量得心自在得法自在業惑見障皆已
解脫擇法辯說無不善巧入深緣起生滅法
門離見隨眠捨諸纏結智善通達諸聖諦理
曾無數劫發弘誓願容貌熙怡先言接引遠
離顰蹙詞韻清和讚頌善巧辯才無滯處無
邊衆威德肅然抑揚自在都無所畏多俱胝

BD05643 號 2　大般若波羅蜜多經卷一　（2–2）

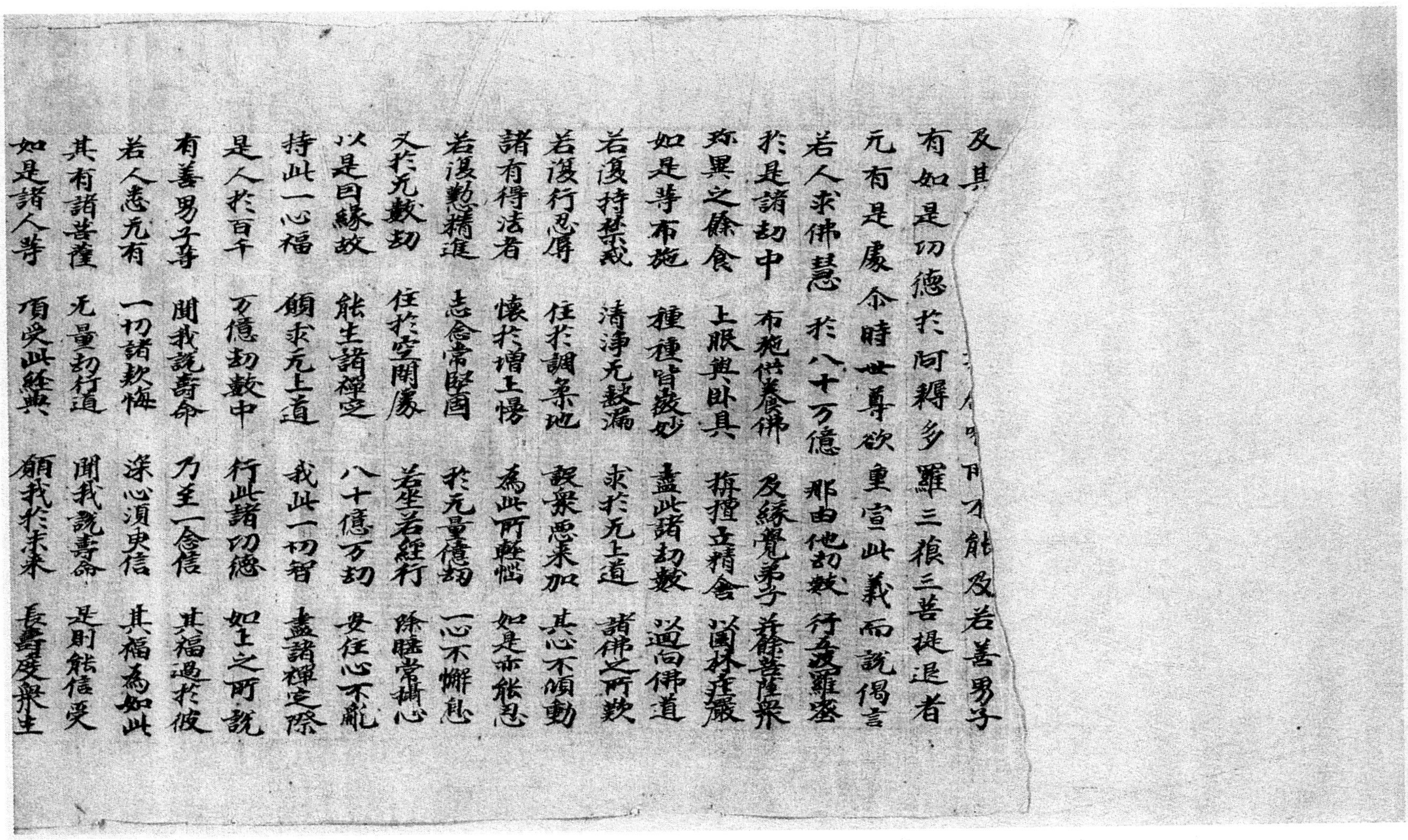

及其[illegible]所不能及若善男子
有如是功德　於阿耨多羅三藐三菩提退者
无有是處　尒時世尊欲重宣此義而說偈言
若人求佛慧　於八十万億　那由他劫數　行五波羅蜜
於是諸劫中　布施供養佛　及緣覺弟子　并諸菩薩衆
珍異之飲食　上服與卧具　栴檀立精舍　以園林莊嚴
如是等布施　種種皆微妙　盡此諸劫數　以迴向佛道
若復持禁戒　清淨无缺漏　求於无上道　諸佛之所歎
若復行忍辱　住於調柔地　設衆惡来加　其心不傾動
諸有得法者　懷於增上慢　為此所輕惱　如是亦能忍
若復懃精進　志念常堅固　於无量億劫　一心不懈息
又於无數劫　住於空閑處　若坐若經行　除睡常攝心
以是因緣故　能生諸禪定　八十億万劫　安住心不亂
持此一心福　願求无上道　我得一切智　盡諸禪定際
是人於百千　万億劫數中　行此諸功德　如上之所說
有善男子等　聞我說壽命　乃至一念信　其福過於彼
若人悉无有　一切諸疑悔　深心須臾信　其福為如此
其有諸菩薩　无量劫行道　聞我說壽命　是則能信受
如是諸人等　頂受此經典　願我於未來　長壽度衆生

BD05644 號　妙法蓮華經卷五　（2–1）

諸有得法者　懷於增上慢　爲此所輕惱　如是亦能忍
若復勤精進　志念常堅固　於无量億劫　一心不懈息
又於无數劫　住於空閑處　若坐若經行　除睡常攝心
以是因緣故　能生諸禪定　八十億万劫　安住心不亂
持此一心福　願求无上道　我得一切智　盡諸禪定際
是人於百千　万億劫數中　行此諸功德　如上之所說
有善男子等　聞我說壽命　乃至一念信　其福過於彼
若人悉无有　一切諸疑悔　深心須臾信　其福爲如此
其有諸菩薩　无量劫行道　聞我說壽命　是則能信受
如是諸人等　頂受此經典　願我於未來　長壽度衆生
如今日世尊　諸釋中之王　道場師子吼　說法无所畏
我等未來世　一切所尊敬　坐於道場時　說壽亦如是
若有深心者　清淨而質直　多聞能總持　隨義解佛語
如是諸人等　於此无有疑
又阿逸多若有聞佛壽命長遠得其言趣是
人所得功德无有限量能起如來无上之慧何況
廣聞是經若教人聞若自持若教人持若自
書若教人書若以華香瓔珞幢幡繒蓋

BD05644號　妙法蓮華經卷五

（2–2）

問者犯輕垢罪
若佛子有佛經律大乘法正見正性正法身而
修習而捨七寶反學邪見二乘外道俗典阿毗曇
書記是斷佛性障道因緣非行菩薩道若故
垢罪
若佛子佛滅度後爲說法主爲僧房主教化
行來主應生慈心善和鬬諍善守三寶物莫无
有而反亂衆鬬諍恣心用三寶物者犯輕垢罪
若佛子先在僧房中住後見客菩薩比丘來入
城邑國王宅舍中乃至夏坐安居處及大會中先
送去飲食供養房舍卧具繩床事事給与
自身及男女身供給所須皆悉与之若有檀越
客僧有利養分僧房主應次第差客僧受
獨受請而不差客僧者僧房主得无量罪畜
沙門非釋種姓若故作者犯輕垢罪
若佛子一切不得受別請利養入己而此利養
別受請者即取十方僧物入己八福田中諸佛聖
父母病人物自己用者犯輕垢罪
若佛子有出家菩薩在家菩薩及一切檀越請

BD05645號　梵網經盧舍那佛說菩薩心地戒品第十卷下

（2–1）

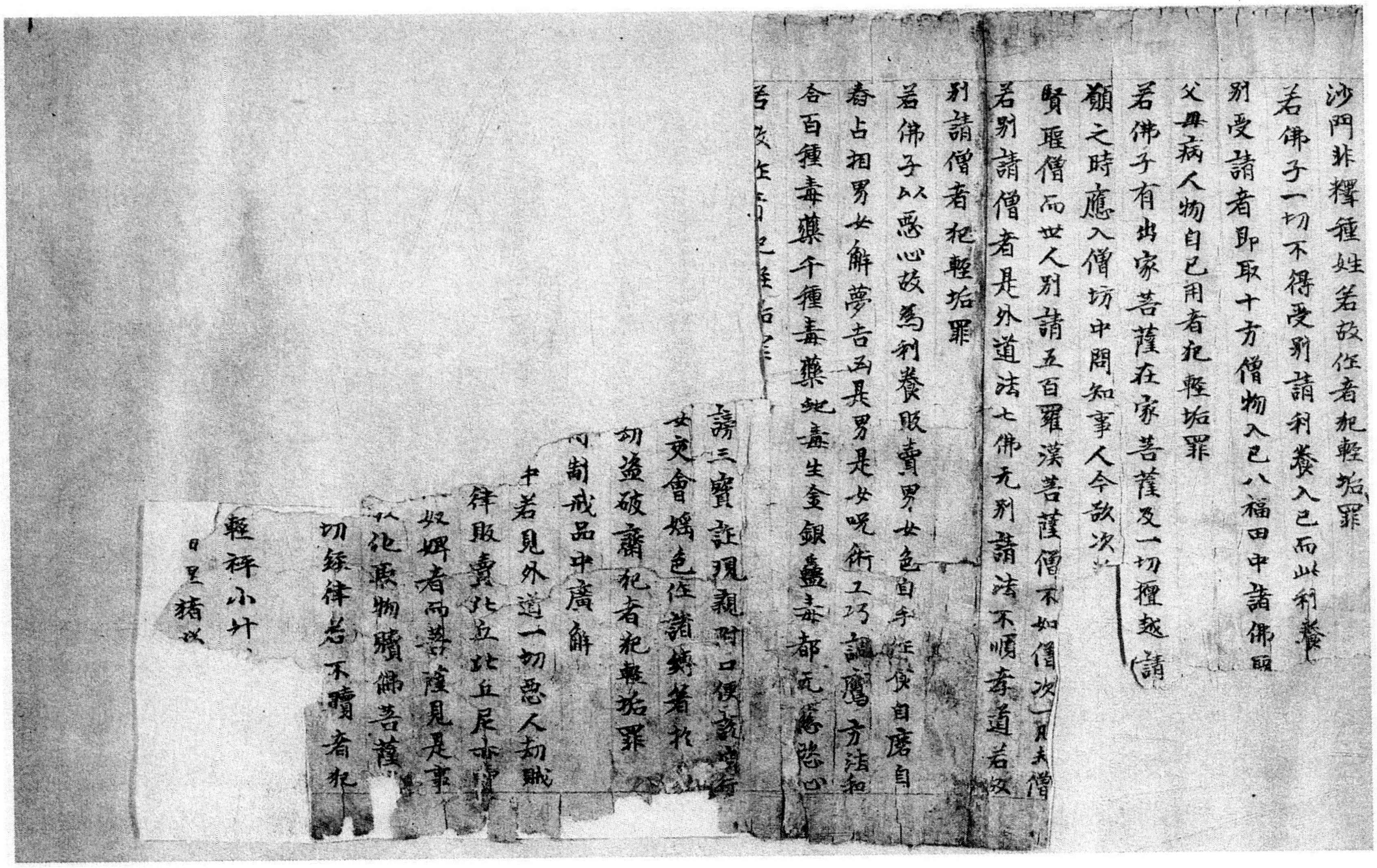
沙門非釋種姓若故作者犯輕垢罪
若佛子一切不得受別請利養入己而此利養
別受請者即取十方僧物入己八福田中諸佛聖
父母病人物自已用者犯輕垢罪
若佛子有出家菩薩在家菩薩及一切檀越請
願之時應入僧坊中問知事人今欲次
賢聖僧而世人別請五百羅漢菩薩僧不如僧次一凡夫僧
若別請僧者是外道法七佛无別請法不順孝道若故
別請僧者犯輕垢罪
若佛子以惡心故為利養販賣男女色自手作食自磨自
舂占相男女解夢吉凶是男是女呪術工巧調鷹方法和
合百種毒藥千種毒藥蛇毒生金銀蠱毒都无慈愍心
若故作者犯輕垢
謗三寶詐現親附口便說空行
女交會婬色作諸縛著於
切盜破齋犯者犯輕垢罪
肉斷戒品中廣解
中若見外道一切惡人劫賊
律販賣比丘比丘尼亦
奴婢者而菩薩見是事
以化惡物贖佛菩薩
切經律若不贖者犯
輕秤小升
日呈猪以

BD05645 號　梵網經盧舍那佛說菩薩心地戒品第十卷下　（2–2）

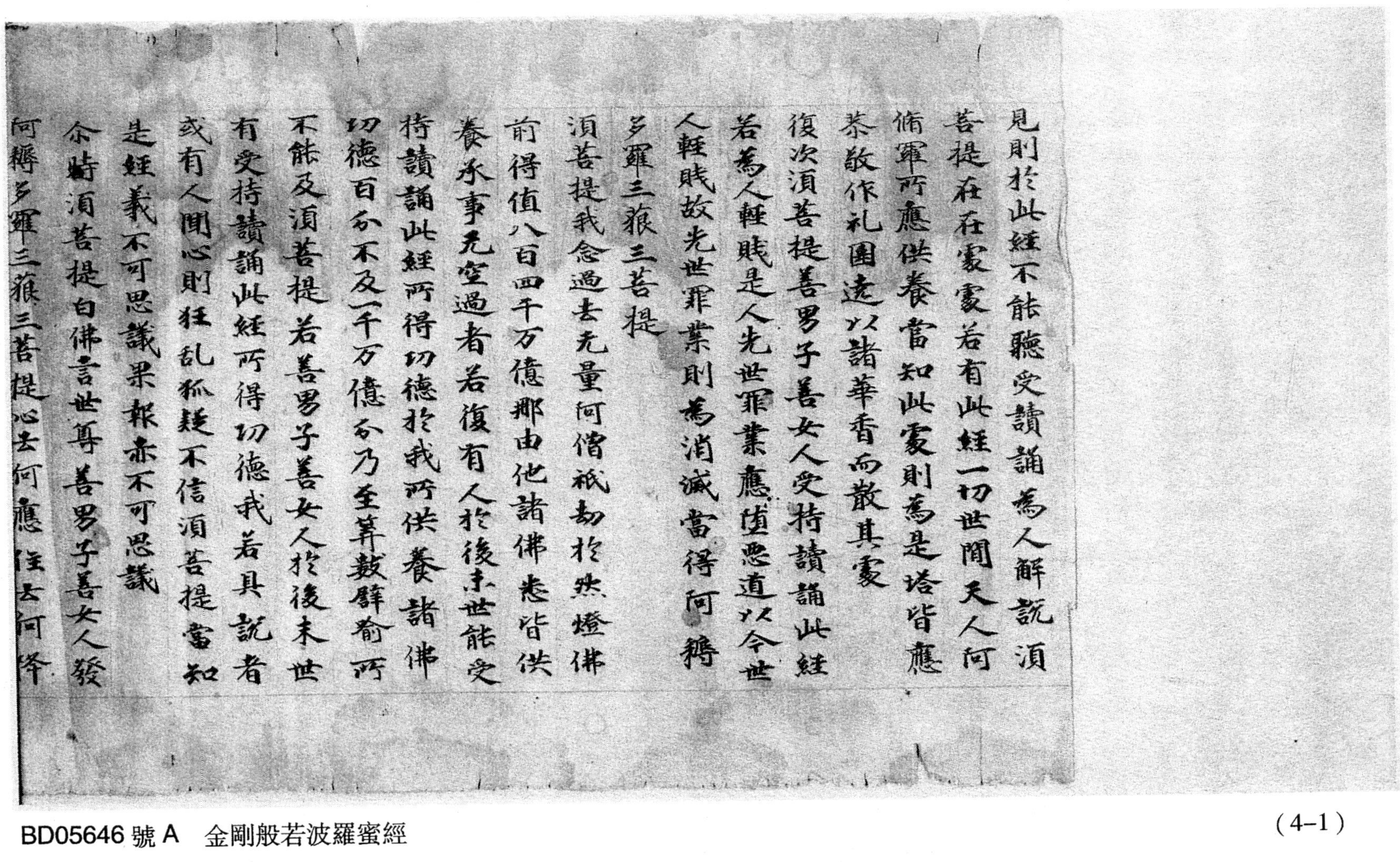
見則於此經不能聽受讀誦為人解說須
菩提在在處處若有此經一切世間天人阿
脩羅所應供養當知此處則為是塔皆應
恭敬作礼圍遶以諸華香而散其處
復次須菩提善男子善女人受持讀誦此經
若為人輕賤是人先世罪業應墮惡道以今世
人輕賤故先世罪業則為消滅當得阿耨
多羅三藐三菩提
須菩提我念過去无量阿僧祇劫於然燈佛
前得值八百四千万億那由他諸佛悉皆供
養承事无空過者若復有人於後末世能受
持讀誦此經所得功德於我所供養諸佛
功德百分不及一千万億分乃至筭數譬喻所
不能及須菩提若善男子善女人於後末世
有受持讀誦此經所得功德我若具說者
或有人聞心則狂亂狐疑不信須菩提當知
是經義不可思議果報亦不可思議
尒時須菩提白佛言世尊善男子善女人發
阿耨多羅三藐三菩提心云何應住云何降

BD05646 號 A　金剛般若波羅蜜經　（4–1）

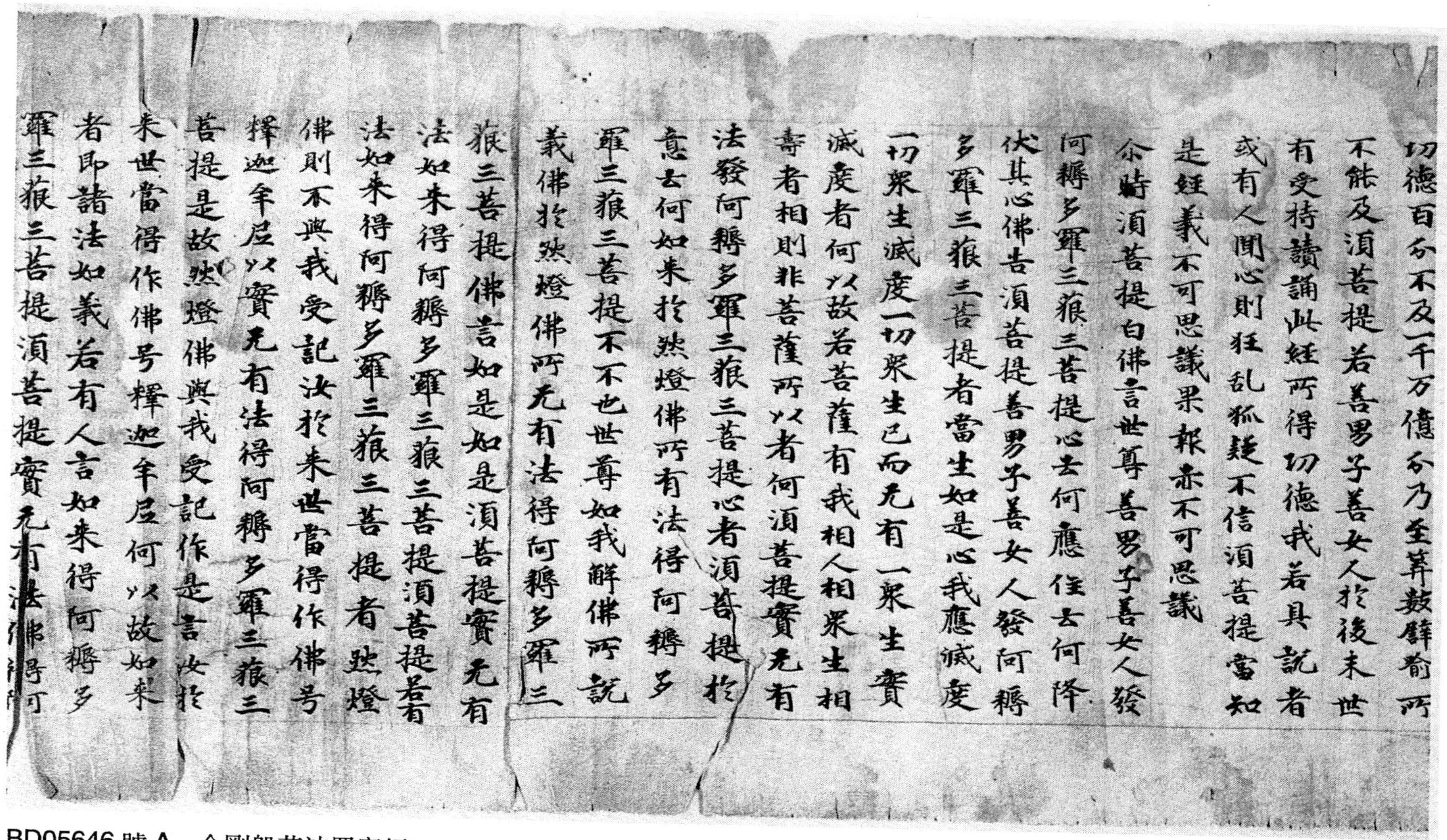

切德百分不及一千万億分乃至筭數譬喻所
不能及須菩提若善男子善女人於後末世
有受持讀誦此經所得功德我若具說者
或有人聞心則狂乱狐疑不信須菩提當知
是經義不可思議果報亦不可思議
尒時須菩提白佛言世尊善男子善女人發
阿耨多羅三藐三菩提心云何應住云何降
伏其心佛告須菩提善男子善女人發阿耨
多羅三藐三菩提者當生如是心我應滅度
一切衆生滅度一切衆生已而无有一衆生實
滅度者何以故若菩薩有我相人相衆生相
壽者相則非菩薩所以者何須菩提實无有
法發阿耨多羅三藐三菩提心者須菩提於
意云何如来於然燈佛所有法得阿耨多
羅三藐三菩提不不也世尊如我解佛所說
義佛於然燈佛所无有法得阿耨多羅三
藐三菩提佛言如是如是須菩提實无有
法如来得阿耨多羅三藐三菩提須菩提若有
法如来得阿耨多羅三藐三菩提者然燈
佛則不與我受記汝於来世當得作佛号
釋迦牟尼以實无有法得阿耨多羅三藐三
菩提是故然燈佛與我受記作是言汝於
来世當得作佛号釋迦牟尼何以故如来
者即諸法如義若有人言如来得阿耨多
羅三藐三菩提須菩提實无有法佛得阿

BD05646 號 A　金剛般若波羅蜜經

（4–2）

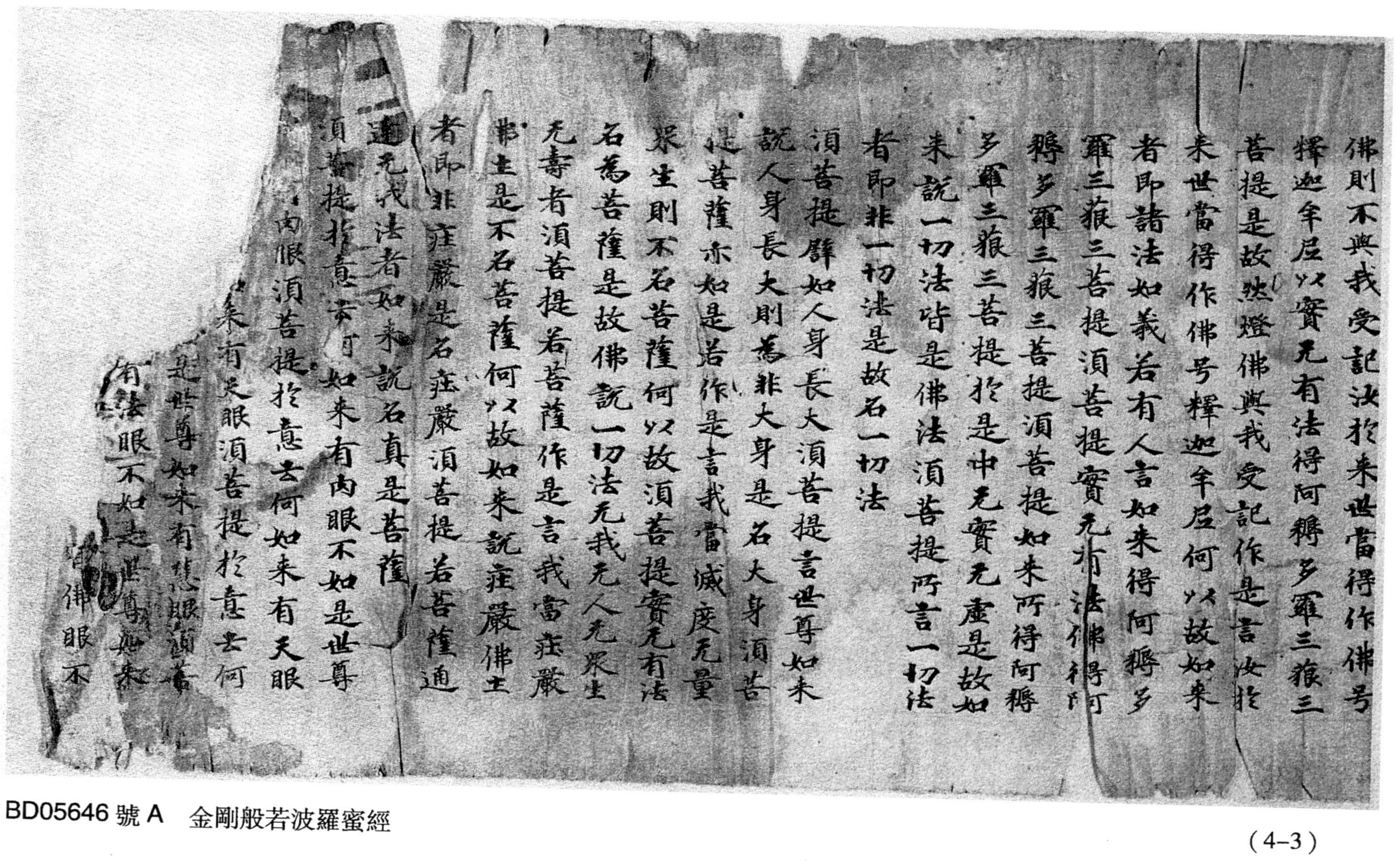

佛則不與我受記汝於来世當得作佛号
釋迦牟尼以實无有法得阿耨多羅三藐三
菩提是故然燈佛與我受記作是言汝於
来世當得作佛号釋迦牟尼何以故如来
者即諸法如義若有人言如来得阿耨多
羅三藐三菩提須菩提實无有法佛得阿
耨多羅三藐三菩提須菩提如来所得阿耨
多羅三藐三菩提於是中无實无虛是故如
来說一切法皆是佛法須菩提所言一切法
者即非一切法是故名一切法
須菩提譬如人身長大須菩提言世尊如来
說人身長大則為非大身是名大身須菩
提菩薩亦如是若作是言我當滅度无量
衆生則不名菩薩何以故須菩提實无有法
名為菩薩是故佛說一切法无我无人无衆生
无壽者須菩提若菩薩作是言我當莊嚴
佛土是不名菩薩何以故如来說莊嚴佛土
者即非莊嚴是名莊嚴須菩提若菩薩通
達无我法者如来說名真是菩薩
須菩提於意云何如来有肉眼不如是世尊
肉眼須菩提於意云何如来有天眼
来有天眼須菩提於意云何
是世尊如来有慧眼須菩
有法眼不如是世尊如来
佛眼不

BD05646 號 A　金剛般若波羅蜜經

（4–3）

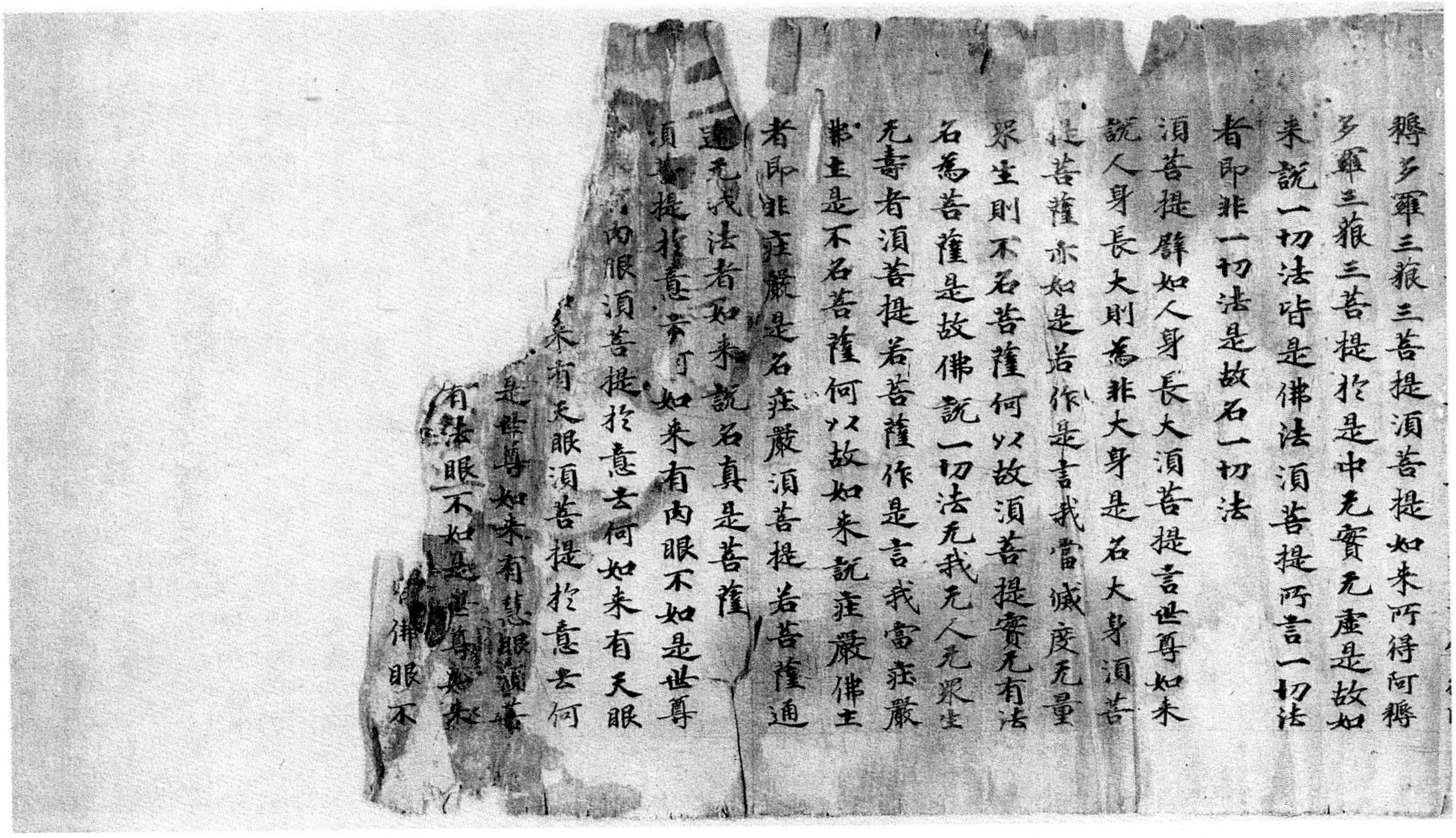

耨多羅三藐三菩提須菩提如来所得阿耨
多羅三藐三菩提於是中无實无虛是故如
来說一切法皆是佛法須菩提所言一切法
者即非一切法是故名一切法
須菩提譬如人身長大須菩提言世尊如来
說人身長大則為非大身是名大身須菩
提菩薩亦如是若作是言我當滅度无量
衆生則不名菩薩何以故須菩提實无有法
名為菩薩是故佛說一切法无我无人无衆生
无壽者須菩提若菩薩作是言我當莊嚴
佛土是不名菩薩何以故如来說莊嚴佛土
者即非莊嚴是名莊嚴須菩提若菩薩通
達无我法者如来說名真是菩薩
須菩提於意云何如来有肉眼不如是世尊
肉眼須菩提於意云何如来有天眼
来有天眼須菩提於意云何
是世尊如来有慧眼須菩
有法眼不如是世尊如来
佛眼不

BD05646 號 A　金剛般若波羅蜜經　（4–4）

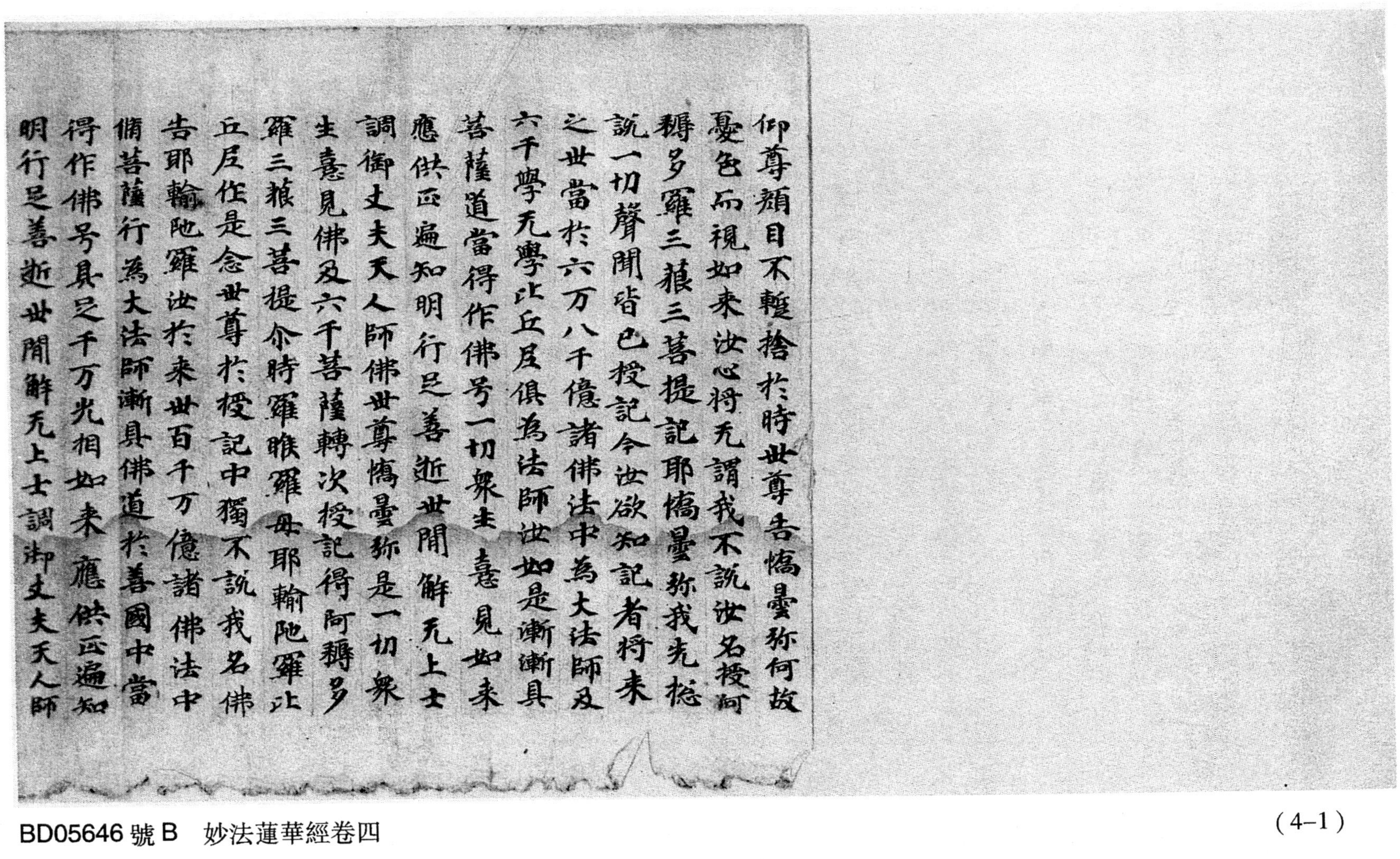

仰尊顔目不暫捨於時世尊告憍曇弥何故
憂色而視如来汝心將无謂我不說汝名授阿
耨多羅三藐三菩提記耶憍曇弥我先揔
說一切聲聞皆已授記今汝欲知記者將来
之世當於六万八千億諸佛法中為大法師及
六千學无學比丘尼俱為法師汝如是漸漸具
菩薩道當得作佛号一切衆生憙見如来
應供正遍知明行足善逝世間解无上士
調御丈夫天人師佛世尊憍曇弥是一切衆
生憙見佛及六千菩薩轉次授記得阿耨多
羅三藐三菩提尒時羅睺羅母耶輸陀羅比
丘尼作是念世尊於授記中獨不說我名佛
告耶輸陀羅汝於来世百千万億諸佛法中
脩菩薩行為大法師漸具佛道於善國中當
得作佛号具足千万光相如来應供正遍知
明行足善逝世間解无上士調御丈夫天人師

BD05646 號 B　妙法蓮華經卷四　（4–1）

生憙見佛及六千菩薩轉次授記得阿耨多
羅三藐三菩提爾時羅睺羅母耶輸陀羅比
丘尼作是念世尊於授記中獨不說我名佛
告耶輸陀羅汝於來世百千萬億諸佛法中
脩菩薩行為大法師漸具佛道於善國中當
得作佛号具足千萬光相如來應供正遍知
明行足善逝世間解无上士調御丈夫天人師
佛世尊佛壽无量阿僧祇劫爾時摩訶波闍
波提比丘尼及耶輸陀羅比丘尼并其眷屬
皆大歡喜得未曾有即於佛前而說偈言
世尊導師　安隱天人　我等聞記　心安具足
諸比丘尼說是偈已白佛言世尊我等亦
能於他方國廣宣此經
爾時世尊視八十萬億那由他諸菩薩摩
訶薩是諸菩薩皆是阿惟越致轉不退法
輪得諸陀羅尼即從座起至於佛前一心合掌
而作是念若世尊告勑我等持說此經者當如
佛教廣宣斯法復作是念佛今默然不見告
勑我當云何時諸菩薩敬順佛意并欲自滿
本願便於佛前作師子吼而發誓言世尊我
等於如來滅後周旋往返十方世界能令衆
生書寫此經受持讀誦解說其義如法脩行
正憶念皆是佛之威力唯願世尊在於他方
遥見守護即時諸菩薩俱同發聲而說偈言
唯願不為慮　於佛滅度後　恐怖惡世中　我等當廣說
有諸无智人　惡口罵詈等　及加刀杖者　我等皆當忍
惡世中比丘　邪智心諂曲　未得謂為得　我慢心充滿
或有阿練若　納衣在空閑　自謂行真道　輕賤人間者

BD05646號B　妙法蓮華經卷四

（4–2）

生書寫此經受持讀誦解說其義如法脩行
正憶念皆是佛之威力唯願世尊在於他方
遥見守護即時諸菩薩俱同發聲而說偈言
唯願不為慮　於佛滅度後　恐怖惡世中　我等當廣說
有諸无智人　惡口罵詈等　及加刀杖者　我等皆當忍
惡世中比丘　邪智心諂曲　未得謂為得　我慢心充滿
或有阿練若　納衣在空閑　自謂行真道　輕賤人間者
貪著利養故　與白衣說法　為世所恭敬　如六通羅漢
是人懷惡心　常念世俗事　假名阿練若　好出我等過
而作如是言　此諸比丘等　為貪利養故　說外道論議
自作此經典　誑惑世間人　為求名聞故　分別於是經
常在大衆中　欲毀我等故　向國王大臣　婆羅門居士
及餘比丘衆　誹謗說我惡　謂是邪見人　說外道論議
我等敬佛故　悉忍是諸惡　為斯所輕言　汝等皆是佛
如此輕慢言　皆當忍受之
濁劫惡世中　多有諸恐怖　惡鬼入其身　罵詈毀辱我
我等敬信佛　當著忍辱鎧　為說是經故　忍此諸難事
我不愛身命　但惜无上道　我等於來世　護持佛所囑
世尊自當知　濁世惡比丘　不知佛方便　隨宜所說法
惡口而顰蹙　數數見擯出　遠離於塔寺　如是等衆惡
念佛告勑故　皆當忍是事
諸聚落城邑　其有求法者　我皆到其所　說佛所囑法
我是世尊使　處衆无所畏　我當善說法　願佛安隱住
我於世尊前　諸來十方佛　發如是誓言　佛自知我心

妙法蓮華經卷第四

BD05646號B　妙法蓮華經卷四

（4–3）

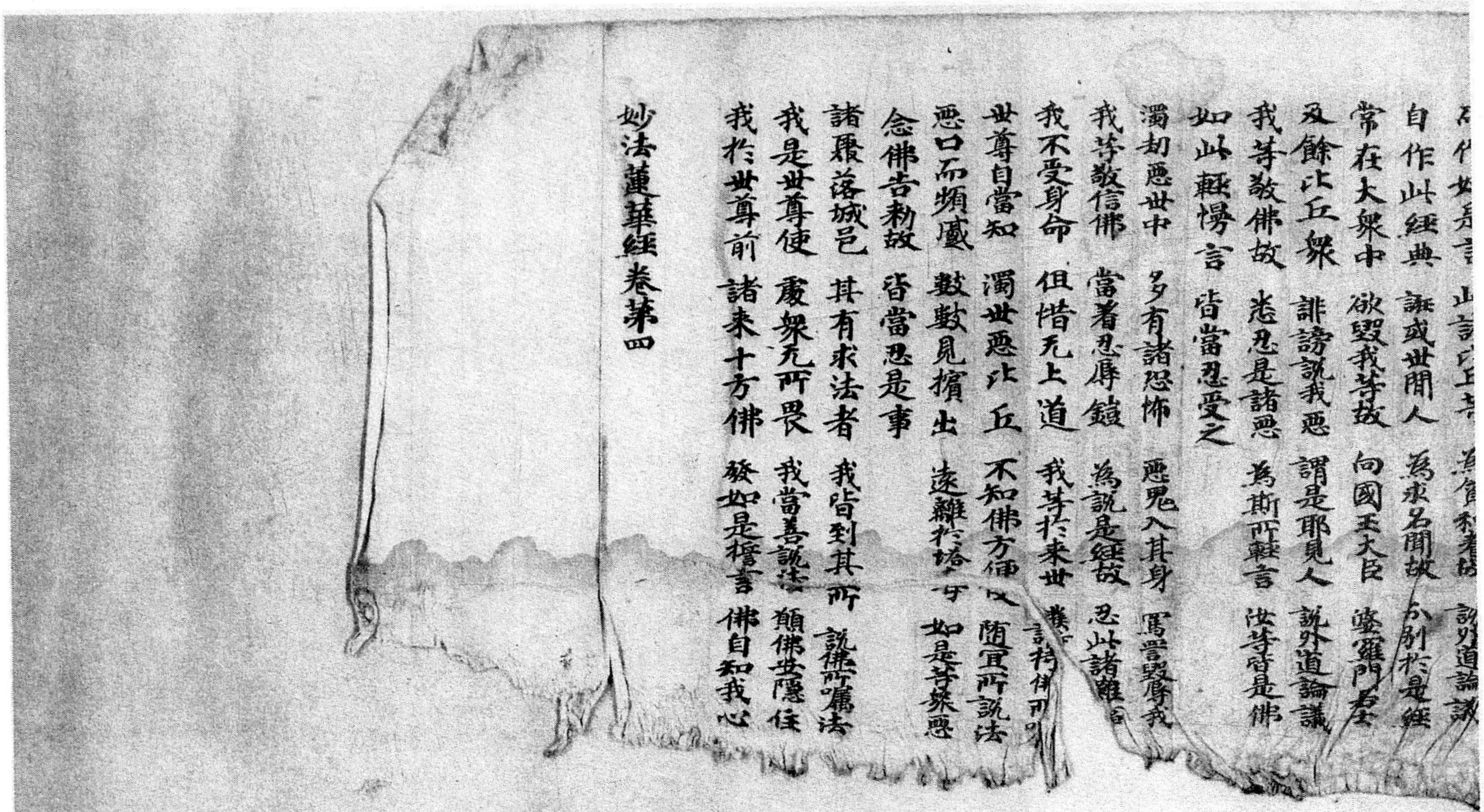
而作如是言　此諸比丘等　為貪利養故　說外道論議
自作此經典　誑惑世間人　為求名聞故　分別於是經
常在大衆中　欲毀我等故　向國王大臣　婆羅門居士
及餘比丘衆　誹謗說我惡　謂是邪見人　說外道論議
我等敬佛故　悉忍是諸惡　為斯所輕言　汝等皆是佛
如此輕慢言　皆當忍受之
濁劫惡世中　多有諸恐怖　惡鬼入其身　罵詈毀辱我
我等敬信佛　當著忍辱鎧　為說是經故　忍此諸難事
我不愛身命　但惜无上道　我等於來世　護持佛所囑
世尊自當知　濁世惡比丘　不知佛方便　隨宜所說法
惡口而顰蹙　數數見擯出　遠離於塔寺　如是等衆惡
念佛告勑故　皆當忍是事
諸聚落城邑　其有求法者　我皆到其所　說佛所囑法
我是世尊使　處衆无所畏　我當善說法　願佛安隱住
我於世尊前　諸來十方佛　發如是誓言　佛自知我心
妙法蓮華經卷第四

BD05646 號 B　妙法蓮華經卷四　　（4–4）

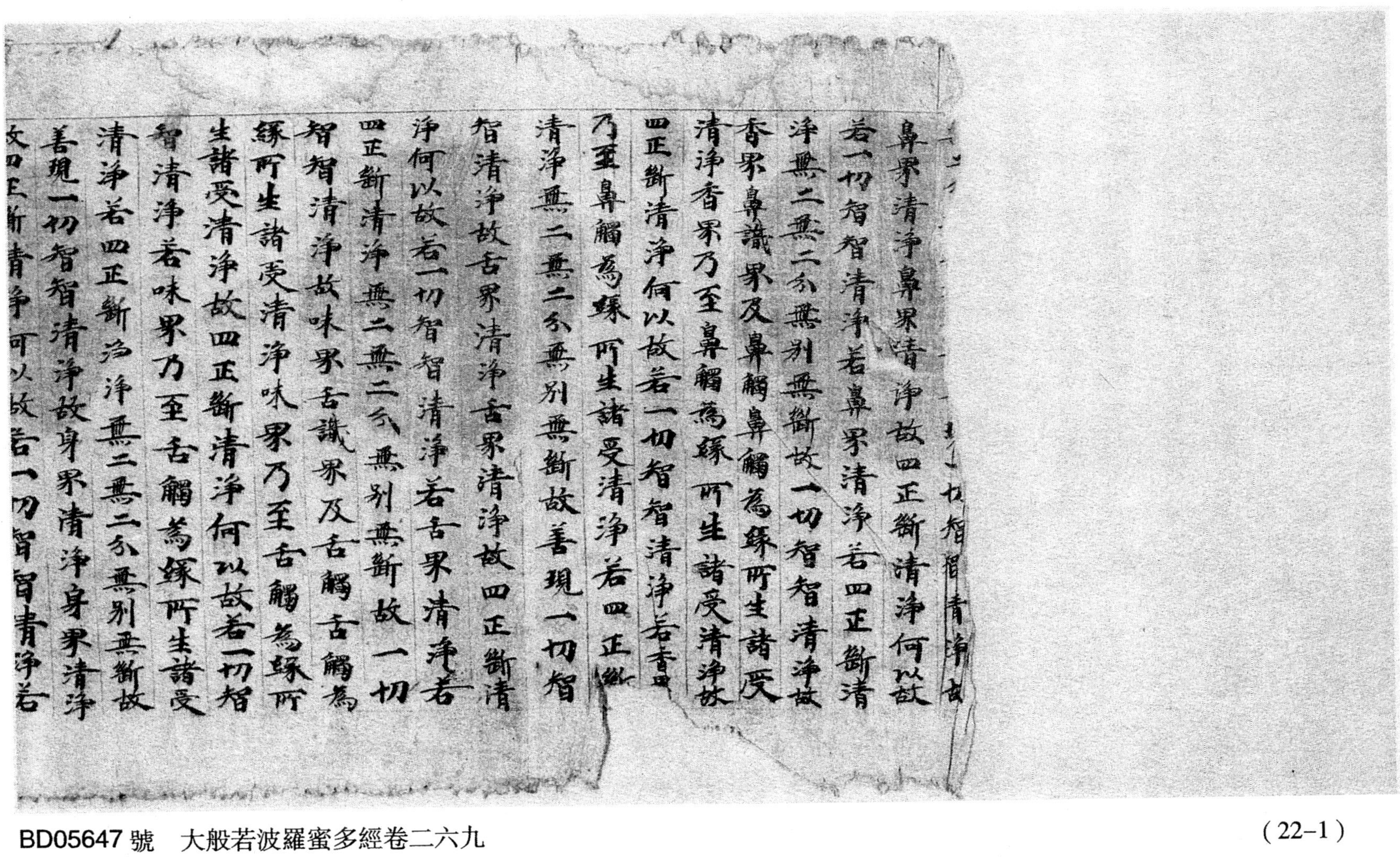
切智智清淨故
鼻界清淨鼻界清淨故四正斷清淨何以故
若一切智智清淨若鼻界清淨若四正斷清
淨無二無二分無別無斷故一切智智清淨故
香界鼻識界及鼻觸鼻觸為緣所生諸受
清淨香界乃至鼻觸為緣所生諸受清淨故
四正斷清淨何以故若一切智智清淨若香界
乃至鼻觸為緣所生諸受清淨若四正斷
清淨無二無二分無別無斷故善現一切智
智清淨故舌界清淨舌界清淨故四正斷清
淨何以故若一切智智清淨若舌界清淨若
四正斷清淨無二無二分無別無斷故一切
智智清淨故味界舌識界及舌觸舌觸為
緣所生諸受清淨味界乃至舌觸為緣所
生諸受清淨故四正斷清淨何以故若一切智
智清淨若味界乃至舌觸為緣所生諸受
清淨若四正斷為淨無二無二分無別無斷故
善現一切智智清淨故身界清淨身界清淨
故四正斷清淨何以故若一切智智清淨若

BD05647 號　大般若波羅蜜多經卷二六九　　（22–1）

緣所生諸受清淨味界乃至舌觸爲緣所
生諸受清淨故四正斷清淨何以故若一切智
智清淨若味界乃至舌觸爲緣所生諸受
清淨若四正斷清淨無二無二分無別無斷故
善現一切智智清淨故身界清淨身界清淨
故四正斷清淨何以故若一切智智清淨若
身界清淨若四正斷清淨無二無二分無別無
斷故一切智智清淨故觸界身識界及身觸
身觸爲緣所生諸受清淨觸界乃至身觸爲
緣所生諸受清淨故四正斷清淨何以故若
一切智智清淨若觸界乃至身觸爲緣所生
諸受清淨若四正斷清淨無二無二分無別
無斷故善現一切智智清淨故意界清淨意
界清淨故四正斷清淨何以故若一切智智清
淨若意界清淨若四正斷清淨無二無二
分無別無斷故一切智智清淨故法界意識
界及意觸意觸爲緣所生諸受清淨法界乃
至意觸爲緣所生諸受清淨故四正斷清淨
何以故若一切智智清淨若法界乃至意觸爲
緣所生諸受清淨若四正斷清淨無二無二
分無別無斷故善現一切智智清淨故地界清
淨地界清淨故四正斷清淨何以故若一切
智智清淨若地界清淨若四正斷清淨無二
無二分無別無斷故一切智智清淨故水火風
空識界清淨水火風空識界清淨故四正
斷清淨何以故若一切智智清淨若水大風

BD05647 號　大般若波羅蜜多經卷二六九

（22–2）

淨地界清淨故四正斷清淨何以故若一切
智智清淨若地界清淨若四正斷清淨無二
無二分無別無斷故一切智智清淨故水火風
空識界清淨水火風空識界清淨故四正
斷清淨何以故若一切智智清淨若水大風
空識界清淨若四正斷清淨無二無二
分無別無斷故善現一切智智清淨故無明
清淨無明清淨故四正斷清淨何以故若一
切智智清淨若無明清淨若四正斷清淨無
二無二分無別無斷故一切智智清淨故行識
名色六處觸受愛取有生老死愁歎苦憂
惱清淨行乃至老死愁歎苦憂惱清淨故四
正斷清淨何以故若一切智智清淨若行乃
至老死愁歎苦憂惱清淨若四正斷清淨無
二無二分無別無斷故
善現一切智智清淨故布施波羅蜜多清淨
布施波羅蜜多清淨故四正斷清淨何以故
若一切智智清淨若布施波羅蜜多清淨若
四正斷清淨無二無二分無別無斷故一切智
智清淨故淨戒安忍精進靜慮般若波羅
蜜多清淨淨戒乃至般若波羅蜜多清淨故
四正斷清淨何以故若一切智智清淨若淨戒
乃至般若波羅蜜多清淨若四正斷清淨無
二無二分無別無斷故善現一切智智清淨故
內空清淨內空清淨故四正斷清淨何以故

BD05647 號　大般若波羅蜜多經卷二六九

（22–3）

四正斷清淨何以故若一切智智清淨若淨戒
乃至般若波羅蜜多清淨若四正斷清淨無
二無二分無別無斷故善現一切智智清淨故
内空清淨内空清淨故四正斷清淨何以故
若一切智智清淨若内空清淨若四正斷
清淨無二無二分無別無斷故一切智智清淨
故外空内外空空空大空勝義空有為空無
為空畢竟空無際空散空無變異空本性
空自相空共相空一切法空不可得空無性空
自性空無性自性空清淨外空乃至無性自
性空清淨故四正斷清淨何以故若一切智
智清淨若外空乃至無性自性空清淨若
四正斷清淨無二無二分無別無斷故善現一
切智智清淨故真如清淨真如清淨故四正
斷清淨何以故若一切智智清淨若真如清
淨若四正斷清淨無二無二分無別無斷
故一切智智清淨故法界法性不虛妄性不
變異性平等性離生性法定法住實際虛
空界不思議界清淨法界乃至不思議界
清淨故四正斷清淨何以故若一切智智清淨若
法界乃至不思議界清淨若四正斷清淨無
二無二分無別無斷故善現一切智智清淨
故苦聖諦清淨苦聖諦清淨故四正斷清淨
何以故若一切智智清淨若苦聖諦清淨若
四正斷清淨無二無二分無別無斷故一切智
智清淨故集滅道聖諦清淨集滅道聖

BD05647 號　大般若波羅蜜多經卷二六九　（22–4）

二無二分無別無斷故善現一切智智清淨
故苦聖諦清淨苦聖諦清淨故四正斷清淨
何以故若一切智智清淨若苦聖諦清淨若
四正斷清淨無二無二分無別無斷故一切智
智清淨故集滅道聖諦清淨集滅道聖
諦清淨故四正斷清淨何以故若一切智智清
淨若集滅道聖諦清淨若四正斷清淨無二
無二分無別無斷故善現一切智智清淨故四
靜慮清淨四靜慮清淨故四正斷清淨何
以故若一切智智清淨若四靜慮清淨若四
正斷清淨無二無二分無別無斷故一切智智
清淨故四無量四無色定清淨四無量四無
色定清淨故四正斷清淨何以故若一切智
智清淨若四無量四無色定清淨若四正
斷清淨無二無二分無別無斷故善現一切
智智清淨故八解脫清淨八解脫清淨故四
正斷清淨何以故若一切智智清淨若八解
脫清淨若四正斷清淨無二無二分無別無斷
故一切智智清淨故八勝處九次第定十遍
處清淨八勝處九次第定十遍處清淨故四
正斷清淨何以故若一切智智清淨若八勝
處九次第定十遍處清淨若四正斷清淨無
二無二分無別無斷故善現一切智智清淨故
四念住清淨四念住清淨故四正斷清淨何
以故若一切智智清淨若四念住清淨若四
正斷清淨無二無二分無別無斷故一切智

BD05647 號　大般若波羅蜜多經卷二六九　（22–5）

處九次第定十遍處清淨若四正斷清淨無
二無二分無別無斷故善現一切智智清淨故
四念住清淨四念住清淨故四正斷清淨何
以故若一切智智清淨若四念住清淨若四
正斷清淨無二無二分無別無斷故一切智
智清淨故四神足五根五力七等覺支八
聖道支清淨四神足乃至八聖道支清淨
故四正斷清淨何以故若一切智智清淨若
四神足乃至八聖道支清淨若四正斷清淨
無二無二分無別無斷故善現一切智智清淨
故空解脫門清淨空解脫門清淨故四正
斷清淨何以故若一切智智清淨若空解脫
門清淨若四正斷清淨無二無二分無別無
斷故一切智智清淨故無相無願解脫門清淨
無相無願解脫門清淨故四正斷清淨何以
故若一切智智清淨若無相無願解脫門清
淨若四正斷清淨無二無二分無別無斷故善
現一切智智清淨故菩薩十地清淨菩薩十地
清淨故四正斷清淨何以故若一切智智清
淨若菩薩十地清淨若四正斷清淨無二
無二分無別無斷故
善現一切智智清淨故五眼清淨五眼清淨
故四正斷清淨何以故若一切智智清淨
若五眼清淨若四正斷清淨無二無二分無
別無斷故一切智智清淨故六神通清淨六
神通清淨故四正斷清淨何以故若一切智智

BD05647 號　大般若波羅蜜多經卷二六九

（22–6）

善現一切智智清淨故五眼清淨五眼清淨
故四正斷清淨何以故若一切智智清淨
若五眼清淨若四正斷清淨無二無二分無
別無斷故一切智智清淨故六神通清淨六
神通清淨故四正斷清淨何以故若一切智智
清淨若六神通清淨若四正斷清淨無二無
二分無別無斷故善現一切智智清淨故佛
十力清淨佛十力清淨故四正斷清淨何以
故若一切智智清淨若佛十力清淨若四正斷
清淨無二無二分無別無斷故一切智智清
淨故四無所畏四無礙解大慈大悲大喜
大捨十八佛不共法清淨四無所畏乃至十
八佛不共法清淨故四正斷清淨何以故若
一切智智清淨若四無所畏乃至十八佛不
共法清淨若四正斷清淨無二無二分無別
無斷故善現一切智智清淨故無忘失法清
淨無忘失法清淨故四正斷清淨何以故若
一切智智清淨若無忘失法清淨若四正
斷清淨無二無二分無別無斷故一切智智清
淨故恒住捨性清淨恒住捨性清淨故四正
斷清淨何以故若一切智智清淨若恒住捨
性清淨若四正斷清淨無二無二分無別無
斷故善現一切智智清淨故一切智清淨一
切智清淨故四正斷清淨何以故若一切智
智清淨若一切智清淨若四正斷清淨無二
無二分無別無斷故一切智智清淨故道相

BD05647 號　大般若波羅蜜多經卷二六九

（22–7）

性清淨若四正斷清淨無二無二分無別無
斷故善現一切智智清淨故一切智清淨一
切智清淨故四正斷清淨何以故若一切智
智清淨若一切智清淨若四正斷清淨無二
無二分無別無斷故一切智智清淨故道相
智一切相智清淨道相智一切相智清淨故
四正斷清淨何以故若一切智智清淨若道
相智一切相智清淨若四正斷清淨無二無
二分無別無斷故善現一切智智清淨故一
切陁羅尼門清淨一切陁羅尼門清淨故四
正斷清淨何以故若一切智智清淨若一切
陁羅尼門清淨若四正斷清淨無二無二分
無別無斷故一切智智清淨故一切三摩地
門清淨一切三摩地門清淨故四正斷清淨
何以故若一切智智清淨若一切三摩地門
清淨若四正斷清淨無二無二分無別無斷
故
善現一切智智清淨故預流果清淨預流果
清淨故四正斷清淨何以故若一切智智清
淨若預流果清淨若四正斷清淨無二無二
分無別無斷故一切智智清淨故一來不還
阿羅漢果清淨一來不還阿羅漢果清淨故
四正斷清淨何以故若一切智智清淨若一
來不還阿羅漢果清淨若四正斷清淨無
二無二分無別無斷故善現一切智智清淨故
獨覺菩提清淨獨覺菩提清淨故四正斷清

四正斷清淨何以故若一切智智清淨若一
來不還阿羅漢果清淨若四正斷清淨無
二無二分無別無斷故善現一切智智清淨故
獨覺菩提清淨獨覺菩提清淨故四正斷清
淨何以故若一切智智清淨若獨覺菩提清
淨若四正斷清淨無二無二分無別無斷故
善現一切智智清淨故一切菩薩摩訶薩行
清淨一切菩薩摩訶薩行清淨故四正斷清
淨何以故若一切智智清淨若一切菩薩摩
訶薩行清淨若四正斷清淨無二無二分無
別無斷故善現一切智智清淨故諸佛無上
正等菩提清淨諸佛無上正等菩提清淨
故四正斷清淨何以故若一切智智清淨若諸佛
無上正等菩提清淨若四正斷清淨無二無
二分無別無斷故
復次善現一切智智清淨故色清淨色清淨
故四神足清淨何以故若一切智智清淨若色
清淨若四神足清淨無二無二分無別無斷
故一切智智清淨故受想行識清淨受想
行識清淨故四神足清淨何以故若一切智智
清淨若受想行識清淨若四神足清淨無二
無二分無別無斷故善現一切智智清淨故眼
處清淨眼處清淨故四神足清淨何以故若
一切智智清淨若眼處清淨若四神足清淨
無二無二分無別無斷故一切智智清淨故

清淨若受想行識清淨若四神足清淨無二
無二分無別無斷故善現一切智智清淨故眼
處清淨眼處清淨故四神足清淨何以故若
一切智智清淨若眼處清淨若四神足清淨
無二無二分無別無斷故一切智智清淨故
耳鼻舌身意處清淨耳鼻舌身意處清
淨故四神足清淨何以故若一切智智清淨
若耳鼻舌身意處清淨若四神足清淨無二
無二分無別無斷故善現一切智智清淨故色
處清淨色處清淨故四神足清淨何以故
若一切智智清淨若色處清淨若四神足清
淨無二無二分無別無斷故一切智智清淨故
聲香味觸法處清淨聲香味觸法處清淨
故四神足清淨何以故若一切智智清淨若
聲香味觸法處清淨若四神足清淨無二無
二分無別無斷故善現一切智智清淨故眼
界清淨眼界清淨故四神足清淨何以故若
一切智智清淨若眼界清淨若四神足清淨
無二無二分無別無斷故一切智智清淨故色
界眼識界及眼觸眼觸為緣所生諸受清
淨色界乃至眼觸為緣所生諸受清淨故四
神足清淨何以故若一切智智清淨若色界
乃至眼觸為緣所生諸受清淨若四神足清
淨無二無二分無別無斷故善現一切智智
清淨故耳界清淨耳界清淨故四神足清淨

BD05647號　大般若波羅蜜多經卷二六九

(22–10)

神足清淨何以故若一切智智清淨若色界
乃至眼觸為緣所生諸受清淨若四神足清
淨無二無二分無別無斷故善現一切智智
清淨故耳界清淨耳界清淨故四神足清淨
何以故若一切智智清淨若耳界清淨若四
神足清淨無二無二分無別無斷故一切智智
清淨故聲界耳識界及耳觸耳觸為緣所
生諸受清淨聲界乃至耳觸為緣所生諸受
清淨故四神足清淨何以故若一切智智清
淨若聲界乃至耳觸為緣所生諸受清淨若
四神足清淨無二無二分無別無斷故善現一
切智智清淨故鼻界清淨鼻界清淨故四
神足清淨何以故若一切智智清淨若鼻界
清淨若四神足清淨無二無二分無別無斷
故一切智智清淨故香界鼻識界及鼻觸鼻
觸為緣所生諸受清淨香界乃至鼻觸為緣
所生諸受清淨故四神足清淨何以故若一切
智智清淨若香界乃至鼻觸為緣所生諸
受清淨若四神足清淨無二無二分無別無
斷故善現一切智智清淨故舌界清淨舌
界清淨故四神足清淨何以故若一切智智
清淨若舌界清淨若四神足清淨無二無二
分無別無斷故一切智智清淨故味界舌識
界及舌觸舌觸為緣所生諸受清淨味界乃
至舌觸為緣所生諸受清淨故四神足清淨

BD05647號　大般若波羅蜜多經卷二六九

(22–11)

界清淨故四神足清淨何以故若一切智智
清淨若舌界清淨若四神足清淨無二無二
分無別無斷故一切智智清淨故味界舌識
界及舌觸舌觸為緣所生諸受清淨味界乃
至舌觸為緣所生諸受清淨故四神足清淨
何以故若一切智智清淨若味界乃至舌觸為
緣所生諸受清淨若四神足清淨無二無二
分無別無斷故善現一切智智清淨故身
界清淨身界清淨故四神足清淨何以故若
一切智智清淨若身界清淨若四神足清淨
無二無二分無別無斷故一切智智清淨故
觸界身識界及身觸身觸為緣所生諸受
清淨觸界乃至身觸為緣所生諸受清淨故四
神足清淨何以故若一切智智清淨若觸界乃
至身觸為緣所生諸受清淨若四神足清
淨無二無二分無別無斷故善現一切智智
清淨故意界清淨意界清淨故四神足清
淨何以故若一切智智清淨若意界清淨若四
神足清淨無二無二分無別無斷故一切智智
清淨故法界意識界及意觸意觸為緣所
生諸受清淨法界乃至意觸為緣所生諸
受清淨故四神足清淨何以故若一切智智
清淨若法界乃至意觸為緣所生諸受
清淨若四神足清淨无二无二分无別无斷
故善現一切智智清淨故地界清淨地界清淨
故四神足清淨何以故若一切智智清淨若地界
清淨若四神足清淨[illegible]

受清淨故四神足清淨何以故若一切智智
清淨若法界乃至意觸為緣所生諸受
清淨若四神足清淨无二无二分无別无斷
故善現一切智智清淨故地界清淨地界清淨
故四神足清淨何以故若一切智智清淨若地界
清淨若四神足清淨无二无二分无別无斷
故一切智智清淨故水火風空識界清淨水
火風空識界清淨故四神足清淨何以故若
一切智智清淨若水火風空識界清淨若四
神足清淨无二无二分无別无斷故善現一
切智智清淨故无明清淨无明清淨故四神
足清淨何以故若一切智智清淨若无明清
淨若四神足清淨无二无二分无別无斷故
一切智智清淨故行識名色六處觸受愛取
有生老死愁歎苦憂惱清淨行乃至老死愁
歎苦憂惱清淨故四神足清淨何以故若一
切智智清淨若行乃至老死愁歎苦憂惱清
淨若四神足清淨无二无二分无別无斷故
善現一切智智清淨故布施波羅蜜多清
布施波羅蜜多清淨故四神足清淨何以故
若一切智智清淨若布施波羅蜜多清淨若
四神足清淨无二无二分无別无斷故一切
智智清淨故淨戒安忍精進靜慮般若波
羅蜜多清淨淨戒乃至般若波羅蜜多清淨
四神足清淨何以故若一切智智清淨若淨
戒乃至般若波羅蜜多清淨若四神足清淨

四神足清淨无二无二分无別无斷故一切
智智清淨故淨戒安忍精進靜慮般若波
羅蜜多清淨淨戒乃至般若波羅蜜多清淨
四神足清淨何以故若一切智智清淨若淨
戒乃至般若波羅蜜多清淨若四神足清淨
无二无二分无別无斷故善現一切智智清
淨故內空清淨內空清淨故四神足清淨何
以故若一切智智清淨若內空清淨若四神
足清淨无二无二分无別无斷故一切智智清
清故外空內外空空空大空勝義空有為
空无為空畢竟空无際空散空无變異
空本性空自相空共相空一切法空不可得
空无性空自性空无性自性空清淨外空乃
至无性自性空清淨故四神足清淨何以故若
一切智智清淨若外空乃至无性自性空清淨
若四神足清淨无二无二分无別无斷故善
現一切智智清淨故真如清淨真如清淨故
四神足清淨何以故若一切智智清淨若真
如清淨若四神足清淨无二无二分无別 无
斷故一切智智清淨故法界法性不虛妄性
不變異性平等性離生性法定法住實
際虛空界不思議界清淨法界乃至不思議
界清淨故四神足清淨何以故若一切智智清淨若
法界乃至不思議界清淨若四神足清淨无
二无二分无別无斷故善現一切智智 清淨
故苦聖諦清淨苦聖諦清淨故四神足清

BD05647號 大般若波羅蜜多經卷二六九

（22–14）

界清淨故四神足清淨何以故若一切智智清淨若
法界乃至不思議界清淨若四神足清淨无
二无二分无別无斷故善現一切智智 清淨
故苦聖諦清淨苦聖諦清淨故四神足清
淨何以故若一切智智清淨若苦聖諦清淨
若四神足清淨无二无二分无別无斷故一
切智智清淨故集滅道聖諦清淨集滅道
聖諦清淨故四神足清淨何以故若一切智
智清淨若集滅道聖諦清淨若四神足清
淨无二无二分无別无斷故善現一切智智清
淨故四靜慮清淨四靜慮清淨故四神足清淨
何以故若一切智智清淨若四靜慮清淨若
四神足清淨无二无二分无別无斷故一切
智智清淨故四无量四无色定清淨四无量
四无色定清淨故四神足清淨何以故若一切
智智清淨若四无量四无色定清淨若四
神足清淨无二无二分无別无斷故善現一
切智智清淨故八解脫清淨八解脫清淨
故四神足清淨何以故若一切智智清淨若八
解脫清淨若四神足清淨无二无二分 无別
无斷故一切智智清淨故八勝處九次第定
十遍處清淨八勝處九次第定十遍處清
淨故四神足清淨何以故若一切智智清淨若
八勝處九次第定十遍處清淨若四神足
清淨无二无二分无別无斷故善現一切智智
清淨故四念住清淨四念住清淨故四神足

BD05647號 大般若波羅蜜多經卷二六九

（22–15）

十遍處清淨八勝處九次第定十遍處清
淨故四神足清淨何以故若一切智智清淨若
八勝處九次第定十遍處清淨若四神足
清淨无二无二分无別无斷故善現一切智智
清淨故四念住清淨四念住清淨故四神足
清淨何以故若一切智智清淨若四念住清
淨若四神足清淨无二无二分无別无斷故
一切智智清淨故四正斷五根五力七等覺
支八聖道支清淨四正斷乃至八聖道支清
淨故四神足清淨何以故若一切智智清淨
若四正斷乃至八聖道支清淨若四神足清
淨无二无二分无別无斷故善現一切智智
清淨故空解脫門清淨空解脫門清淨故
四神足清淨何以故若一切智智清淨若空
解脫門清淨若四神足清淨无二无二分无
別无斷故一切智智清淨故无相无願解脫
門清淨无相无願解脫門清淨故四神足清
淨何以故若一切智智清淨若无相无願解
脫門清淨若四神足清淨无二无二分无別
无斷故善現一切智智清淨故菩薩十地清
淨菩薩十地清淨故四神足清淨何以故若
一切智智清淨若菩薩十地清淨若四神足
清淨无二无二分无別无斷故
善現一切智智清淨故五眼清淨五眼清淨
故四神足清淨何以故若一切智智清淨若五
眼清淨若四神足清淨无二无二分无別无

BD05647號　大般若波羅蜜多經卷二六九　(22–16)

淨菩薩十地清淨故四神足清淨何以故若
一切智智清淨若菩薩十地清淨若四神足
清淨无二无二分无別无斷故
善現一切智智清淨故五眼清淨五眼清淨
故四神足清淨何以故若一切智智清淨若五
眼清淨若四神足清淨无二无二分无別无
斷故一切智智清淨故六神通清淨六神
通清淨故四神足清淨何以故若一切智智
清淨若六神通清淨若四神足清淨无二无
二分无別无斷故善現一切智智清淨故佛
十力清淨佛十力清淨故四神足清淨何以故
若一切智智清淨若佛十力清淨若四神足
清淨无二无二分无別无斷故一切智智清
淨故四无所畏四无礙解大慈大悲大喜大
捨十八佛不共法清淨四无所畏乃至十八
佛不共法清淨故四神足清淨何以故若一
切智智清淨若四无所畏乃至十八佛不
共法清淨若四神足清淨无二无二分无別
无斷故善現一切智智清淨故无忘失法清
淨无忘失法清淨故四神足清淨何以故若
一切智智清淨若无忘失法清淨若四神足
清淨无二无二分无別无斷故一切智智清淨
故恒住捨性清淨恒住捨性清淨故四神足
清淨何以故若一切智智清淨若恒住捨性
清淨若四神足清淨无二无二分无別无斷
故善現一切智智清淨故一切智清淨一切
智清淨故四神足清淨何以故若一切

BD05647號　大般若波羅蜜多經卷二六九　(22–17)

清淨无二无二分无別无斷故一切智智清淨
故恒住捨性清淨恒住捨性清淨故四神足
清淨何以故若一切智智清淨若恒住捨性
清淨若四神足是清淨无二无二分无別无斷
故善現一切智智清淨故一切智智清淨一切
智清淨故四神足是清淨何以故若一切智智
清淨若一切智智清淨若四神足是清淨无二
无二分无別无斷故一切智智清淨故道相
智一切相智清淨道相智一切相智清淨故
四神足是清淨何以故若一切智智清淨若道相
智一切相智清淨若四神足是清淨无二无二分无
別无斷故善現一切智智清淨故一切陁羅
尼門清淨一切陁羅尼門清淨故四神足是清
淨何以故若一切智智清淨若一切陁羅尼門
清淨若四神足是清淨无二无二分无別无斷
故一切智智清淨故一切三摩地門清淨一
切三摩地門清淨故四神足是清淨何以故
若一切智智清淨若一切三摩地門清淨若
四神足是清淨无二无二分无別无斷故
善現一切智智清淨故預流果清淨預流果
清淨故四神足是清淨何以故若一切智智清
淨若預流果清淨若四神足是清淨无二无二
分无別无斷故一切智智清淨故一來不還
阿羅漢果清淨一來不還阿羅漢果清淨故
四神足是清淨何以故若一切智智清淨若一
來不還阿羅漢果清淨若四神足是清淨无二

BD05647號　大般若波羅蜜多經卷二六九

（22–18）

分无別无斷故一切智智清淨故一來不還
阿羅漢果清淨一來不還阿羅漢果清淨故
四神足是清淨何以故若一切智智清淨若一
來不還阿羅漢果清淨若四神足是清淨无二
无二分无別无斷故善現一切智智清淨故
獨覺菩提清淨獨覺菩提清淨故四神足是清
淨何以故若一切智智清淨若獨覺菩提清
淨若四神足是清淨无二无二分无別无斷故善
現一切智智清淨故一切菩薩摩訶薩行清
淨一切菩薩摩訶薩行清淨故四神足是清淨
何以故若一切智智清淨若一切菩薩摩訶
薩行清淨若四神足是清淨无二无二分无別
无斷故善現一切智智清淨故諸佛无上正
等菩提清淨諸佛无上正等菩提清淨
故四神足是清淨何以故若一切智智清淨若
諸佛无上正等菩提清淨若四神足是清淨无
二无二分无別无斷故
復次善現一切智智清淨故色清淨色清淨
故五根清淨何以故若一切智智清淨若色
清淨若五根清淨无二无二分无別无斷故
一切智智清淨故受想行識清淨受想行識
清淨故五根清淨何以故若一切智智清淨
若受想行識清淨若五根清淨无二无二分
无別无斷故善現一切智智清淨故眼處清
淨眼處清淨故五眼清淨何以故若一切智
智清淨若眼處清淨若五根清淨无二无二

BD05647號　大般若波羅蜜多經卷二六九

（22–19）

清淨故五根清淨何以故若一切智智清淨
若受想行識清淨若五根清淨无二无二分
无別无斷故善現一切智智清淨故眼處清
淨眼處清淨故五眼清淨何以故若一切智
智清淨若眼處清淨若五根清淨无二无二
分无別无斷故一切智智清淨故耳鼻舌身
意處清淨耳鼻舌身意處清淨故五根清
淨何以故若一切智智清淨若耳鼻舌身意
處清淨若五根清淨无二无二分无別无斷故
善現一切智智清淨故色處清淨色處清淨
故五根清淨何以故若一切智智清淨若色處
清淨若五根清淨无二无二分无別无斷故一
切智智清淨故聲香味觸法處清淨聲
香味觸法處清淨故五根清淨何以故若
一切智智清淨若聲香味觸法處清淨若五
根清淨无二无二分无別无斷故善現一切智
智清淨故眼界清淨眼界清淨故五根清淨
何以故若一切智智清淨若眼界清淨若
五根清淨无二无二分无別无斷故一切智智
清淨故色界眼識界及眼觸眼觸為緣所生
諸受清淨色界乃至眼觸為緣所生諸受
清淨五根清淨何以故若一切智智清淨若
色界乃至眼觸為緣所生諸受清淨若五根
清淨无二无二分无別无斷故善現一切智智清
淨故耳界清淨耳界清淨故五根清淨
何以故若一切智智清淨若耳界清淨若五

BD05647號　大般若波羅蜜多經卷二六九　（22–20）

諸受清淨色界乃至眼觸為緣所生諸受
清淨五根清淨何以故若一切智智清淨若
色界乃至眼觸為緣所生諸受清淨若五根
清淨无二无二分无別无斷故善現一切智智清
淨故耳界清淨耳界清淨故五根清淨
何以故若一切智智清淨若耳界清淨若五
根清淨无二无二分无別无斷故一切智智
清淨故聲界耳識界及耳觸耳觸為緣所生
諸受清淨聲界乃至耳觸為緣所生諸受
清淨故五根清淨何以故若一切智智清淨若
聲界乃至耳觸為緣所生諸受清淨若五
根清淨无二无二分无別无斷故善現一切智
智清淨故鼻界清淨鼻界清淨故五根清淨
何以故若一切智智清淨若鼻界清淨若五
根清淨无二无二分无別无斷一切智智清
淨故香界鼻識界及鼻觸鼻觸為緣所
生諸受清淨香界乃至鼻觸為緣所生諸受
清淨故五根清淨何以故若一切智智清淨若
香界乃至鼻觸為緣所生諸受清淨若五根清
淨无二无二分无別无斷故善現一切智智清淨故
舌界清淨舌界清淨故五根清淨何以故
若一切智智清淨若舌界清淨若五根清
淨无二无二分无別无斷故一切智智清淨
故味界舌識界及舌觸舌觸為緣所生諸受
清淨味界乃至舌觸為緣所生諸受清淨故
五根清淨何以故若一切智智清淨若味

BD05647號　大般若波羅蜜多經卷二六九　（22–21）

清淨故五根清淨何以故若一切智智清淨若
香界乃至鼻觸為緣所生諸受清淨若五根清
淨无二无二分无別无斷故善現一切智智清淨故
舌界清淨舌界清淨故五根清淨何以故
若一切智智清淨若舌界清淨若五根清
淨无二无二分无別无斷故一切智智清淨
故味界舌識界及舌觸舌觸為緣所生諸受
清淨味界乃至舌觸為緣所生諸受清淨故
五根清淨何以故若一切智智清淨若味
界乃至舌觸為緣所生諸受清淨若五根
清淨无二无二分无別无斷故

大般若波羅蜜多經卷第二百六十九

BD05647 號　大般若波羅蜜多經卷二六九

（22–22）

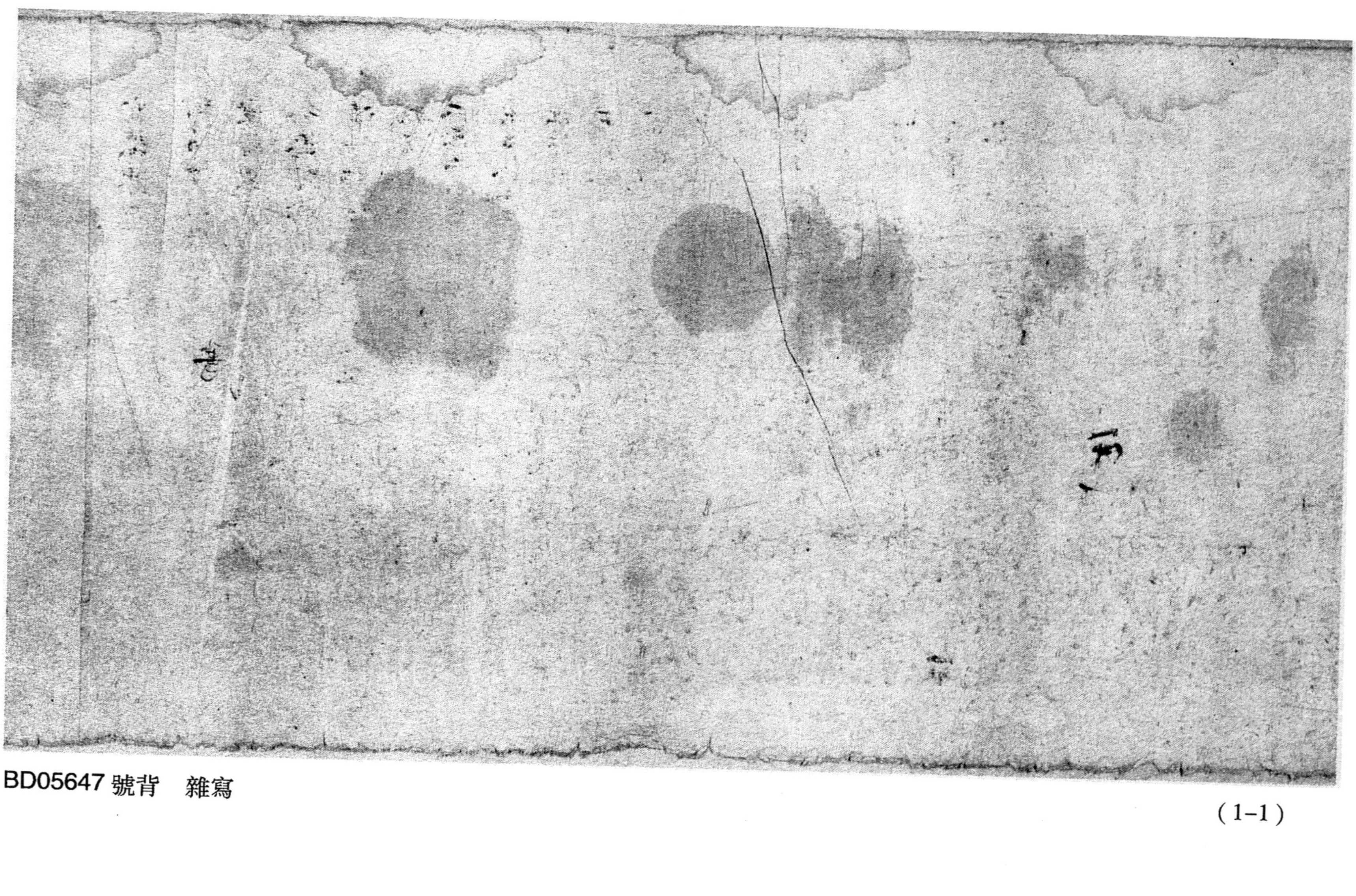

BD05647 號背　雜寫

（1–1）

如優曇波羅值佛復難是脫諸難亦難願聽我出家
母即告言聽汝出家所以者何佛難值故於
是二子白父母言善哉父母願時往詣雲雷
音宿王華智佛所親覲供養所以者何佛難
得值如優曇波羅華又如一眼之龜值浮木
孔而我等宿福深厚生值佛法是故父母當
聽我等令得出家所以者何諸佛難值時亦
難遇彼時妙莊嚴王後宮八万四千人皆悉
堪任受持是法華經淨眼菩薩於法華三昧
久已通達淨藏菩薩已於无量百千万億劫
通達離諸惡趣三昧欲令一切衆生離諸惡
趣故其王夫人得諸佛集三昧能知諸佛秘
密之藏二子如是以方便力善化其父令心
信解好樂佛法於是妙莊嚴王與群臣眷屬
俱淨德夫人與後宮婇女眷屬俱其王二子
與四万二千人俱一時共詣佛所到已頭面
礼足遶佛三帀却住一面
尒時彼佛為王說法示教利喜王大歡悅尒
時妙莊嚴王及其夫人解頸真珠瓔珞價直

BD05648號　妙法蓮華經（八卷本）卷八　（9–1）

信解好樂佛法於是妙莊嚴王與群臣眷屬
俱淨德夫人與後宮婇女眷屬俱其王二子
與四万二千人俱一時共詣佛所到已頭面
礼足遶佛三帀却住一面
尒時彼佛為王說法示教利喜王大歡悅尒
時妙莊嚴王及其夫人解頸真珠瓔珞價直
百千以散佛上於虛空中化成四柱寶臺臺
中有大寶林敷百千万天衣其上有佛結跏
趺坐放大光明尒時妙莊嚴王作是念佛身
希有端嚴殊特成就第一微妙之色時雲雷
音宿王華智佛告四衆言汝等見是妙莊嚴
王於我前合掌立不此王於我法中作比丘
精勤修習助佛道法當得作佛号娑羅樹王
國名大光劫名大高王其娑羅樹王佛有无
量菩薩衆及无量聲聞其國平正功德如是
其王即時以國付弟與夫人二子并諸眷屬
於佛法中出家修道王出家已於八万四千
歲常勤精進修行妙法華經過是已後得一
切淨功德莊嚴三昧即昇虛空高七多羅樹
而白佛言世尊此我二子已作佛事以神通
變化轉我邪心令得安住於佛法中得見世
尊此二子者是我善知識為欲發起宿世善
根饒益我故來生我家
尒時雲雷音宿王華智佛告妙莊嚴王言如
是如是如汝所言若善男子善女人種善根
故世世得值善知識其善知識能作佛事示
教利喜令入阿耨多羅三藐三菩提大王當

BD05648號　妙法蓮華經（八卷本）卷八　（9–2）

根鈍益我故来生我家
尒時雲雷音宿王華智佛告妙莊嚴王言如
是如是如汝所言若善男子善女人種善根
故世世得值善知識其善知識能作佛事示
教利喜令入阿耨多羅三藐三菩提大王當
知善知識者是大因緣所謂化導令得見佛
發阿耨多羅三藐三菩提心大王汝見此二
子不此二子已曾供養六十五百千万億那
由他恒河沙等諸佛親覲恭敬於諸佛所受
持法華經愍念邪見衆生令住正見妙莊嚴
王即從虚空中下而白佛言世尊如来甚希
有以功德智慧故頂上肉髻光明顯照其眼
長廣而紺青色眉間豪相白如珂月齒白齊
密常有光明脣色赤好如頻婆菓
尒時妙莊嚴王讃嘆佛如是等无量百千万
億功德已於如来前一心合掌復白佛言世
尊未曾有也如来之法具足成就不可思議
微妙功德教戒所行安隠快善我從今日不
復自随心行不生邪見憍慢嗔恚諸悪之心
說是語已礼佛而出佛告大衆於意云何妙
莊嚴王豈異人乎今華德菩薩是其浄德夫
人今佛前光照莊嚴相菩薩是哀愍妙莊嚴
王及諸眷屬故於彼中生其二子者今藥王
菩薩藥上菩薩是是藥王藥上菩薩成就如
此諸大功德已於无量百千万億諸佛所殖
衆德本成就不可思議諸善功德若有人識
是二菩薩名字者一切世間諸天人民亦應

BD05648號　妙法蓮華經（八卷本）卷八

（9–3）

王及諸眷屬故於彼中生其二子者今藥王
菩薩藥上菩薩是是藥王藥上菩薩成就如
此諸大功德已於无量百千万億諸佛所殖
衆德本成就不可思議諸善功德若有人識
是二菩薩名字者一切世間諸天人民亦應
礼拜佛說是妙莊嚴王本事品時八万四千
人遠塵離垢於諸法中得法眼浄
妙法蓮華經普賢菩薩勸發品第廿八
尒時普賢菩薩以自在神通威德名聞與大
菩薩无量无邊不可稱數從東方来所經諸
國普皆震動雨寶蓮華作无量百千万億種
種伎樂又與无數諸天龍夜叉乾闥婆阿脩
羅迦樓羅緊那羅摩睺羅伽人非人等大衆
圍遶各現威德神通之力到娑婆世界耆闍崛
山中頭面礼釋迦牟尼佛右遶七匝白佛言
世尊我於寶威德上王佛國遥聞此娑婆世
界說法華經與无量无邊百千万億諸菩薩
衆共来聽受唯願世尊當為說之若善男子
善女人於如来滅後云何能得是法華經佛
告普賢菩薩若善男子善女人成就四法於
如来滅後當得是法華經一者為諸佛護念
二者殖衆德本三者入正定聚四者發救一
切衆生之心善男子善女人如是成就四法
於如来滅後必得是經
尒時普賢菩薩白佛言世尊於後五百歳濁
悪世中其有受持是經典者我當守護除其
衰患令得安隠使无伺求得其便者若魔若

BD05648號　妙法蓮華經（八卷本）卷八

（9–4）

於如来滅後必得是經
尒時普賢菩薩白佛言世尊於後五百歲濁
惡世中其有受持是經典者我當守護除其
衰患令得安隱使无伺求得其便者若魔若
魔子若魔女若魔民若為魔所著者若夜叉
若羅刹若鳩槃荼若毗舍闍若吉蔗若富單
那若韋陁羅等諸惱人者皆不得便是人若
行若立讀誦此經我尒時乘六牙白象王與
大菩薩衆俱詣其所而自現身供養守護安
慰其心亦為供養法華經故是人若坐思惟
此經尒時我復乘白象王現其人前其人若
於法華經有所忘失一句一偈我當教之與
共讀誦還令通利
尒時受持讀誦法華經者得見我身甚大歡
喜轉復精進以見我故即得三昧及陁羅尼
名為旋陁羅尼百千万億旋陁羅尼法音方
便陁羅尼得如是等陁羅尼世尊若後世後
五百歲濁惡世中比丘比丘尼優婆塞優婆
夷求索者受持者讀誦者書寫者欲脩習是
法華經者於三七日中應一心精進滿三七
日已我當乘六牙白象王與无量菩薩而自
圍遶以一切衆生所喜見身現其人前而為
說法示教利喜亦復與其陁羅尼呪得是陁
羅尼故无有非人能破壞者亦不為女人之
所惑乱我身亦自常護是人唯願世尊聽我
說此陁羅尼即於佛前而說呪曰
阿檀地途賣反一檀陁婆地二檀陁婆帝三檀陁鳩舍

BD05648號　妙法蓮華經（八卷本）卷八　（9–5）

圍遶以一切衆生所喜見身現其人前而為
說法示教利喜亦復與其陁羅尼呪得是陁
羅尼故无有非人能破壞者亦不為女人之
所惑乱我身亦自常護是人唯願世尊聽我
說此陁羅尼即於佛前而說呪曰
阿檀地途賣反一檀陁婆地二檀陁婆帝三檀陁鳩舍
隸四檀陁脩陁隸五脩陁隸六脩陁羅婆底七佛
馱波羶祢八薩婆陁羅尼阿婆多尼九薩婆婆
沙阿婆多尼十脩阿婆多尼十一僧伽婆履叉尼十二
僧伽涅伽陁尼十三阿僧祇十四僧伽婆伽地十五帝
隸阿惰僧伽兜略盧遮反波羅帝十六薩婆僧伽三
摩地伽蘭地十七薩婆達摩脩波利刹帝十八薩
婆薩埵樓馱憍舍略阿㝹伽地十九辛阿毗吉利
地帝廿
世尊若有菩薩得聞是陁羅尼者當知普賢
神通之力若法華經行閻浮提有受持者應
作此念皆是普賢威神之力若有受持讀誦
正憶念解其義趣如說脩行當知是人行普
賢行於无量无邊諸佛所深種善根為諸如
来手摩其頭若但書寫是人命終當生忉利
天上是時八万四千天女作衆伎樂而来迎
之其人即著七寶冠於婇女中娛樂快樂何
况受持讀誦正憶念解其義趣如說脩行若
有人受持讀誦解其義趣是人命終為千佛
授手令不恐怖不墮惡趣即往兜率天上弥
勒菩薩所弥勒菩薩有三十二相大菩薩衆
所共圍遶有百千万億天女眷屬而於中生

BD05648號　妙法蓮華經（八卷本）卷八　（9–6）

之其人即著七寶冠於婇女中娛樂快樂何
況受持讀誦正憶念解其義趣如說修行若
有人受持讀誦解其義趣是人命終為千佛
授手令不恐怖不墮惡趣即往兜率天上彌
勒菩薩所彌勒菩薩有三十二相大菩薩眾
所共圍遶有百千万億天女眷屬而於中生
有如是等功德利益是故智者應當一心自
書若使人書受持讀誦正憶念如說修行世
尊我今以神通力守護是經於如來滅後閻
浮提內廣令流布使不斷絕
尒時釋迦牟尼佛讚言善哉善哉普賢汝能
護助是經令多所眾生安樂利益汝已成就
不可思議功德深大慈悲從久遠來發阿耨
多羅三藐三菩提意而能作是神通之願守
護是經我當以神通力守護能受持普賢菩
薩名者普賢若有受持讀誦正憶念修習書
寫是法華經者當知是人則見釋迦牟尼佛
如從佛口聞此經典當知是人供養釋迦牟
尼佛當知是人佛讚善哉當知是人為釋迦
牟尼佛手摩其頭當知是人為釋迦牟尼佛
衣之所覆如是之人不復貪著世樂不好外
道經書手筆亦復不喜親近其人及諸惡者
若屠兒若畜豬羊雞狗若獵師若衒賣女色
是人心意質直有正憶念有福德力是人不
為三毒所惱亦復不為嫉妬我慢邪慢增上
慢所惱是人少欲知足能脩普賢之行
普賢若如來滅後後五百歲若有人見受持

BD05648號　妙法蓮華經（八卷本）卷八

（9–7）

道經書手筆亦復不喜親近其人及諸惡者
若屠兒若畜豬羊雞狗若獵師若衒賣女色
是人心意質直有正憶念有福德力是人不
為三毒所惱亦復不為嫉妬我慢邪慢增上
慢所惱是人少欲知足能脩普賢之行
普賢若如來滅後後五百歲若有人見受持
讀誦法華經者應作是念此人不久當詣道
場破諸魔眾得阿耨多羅三藐三菩提轉法
輪擊法鼓吹法螺雨法雨當坐天人大眾之
中師子法坐上普賢若於後世受持讀誦是
經典者是人不復貪著衣服臥具飲食資生
之物所願不虛亦於現世得其福報若有人
輕毀之言汝狂人耳空作是行終无所獲如
是罪報當世世无眼若有供養讚歎之者當
於今世得現果報若復見有受持是經者出
其過惡若實若不實此人現世得白癩病若
有輕笑之者當世世牙齒踈缺醜脣平鼻手
脚繚戾眼目角睞身體臭穢惡瘡膿血水腹
短氣諸惡重病是故普賢若見受持是經典
者當起遠迎當如敬佛說是普賢勸發品時恒
河沙等无量无邊菩薩得百千万億旋陀羅尼
三千大千世界微塵等諸菩薩具普賢道佛
說是經時普賢等諸菩薩舍利弗等諸聲聞
及諸天龍人非人等一切大會皆大歡喜受
持佛語作礼而去

BD05648號　妙法蓮華經（八卷本）卷八

（9–8）

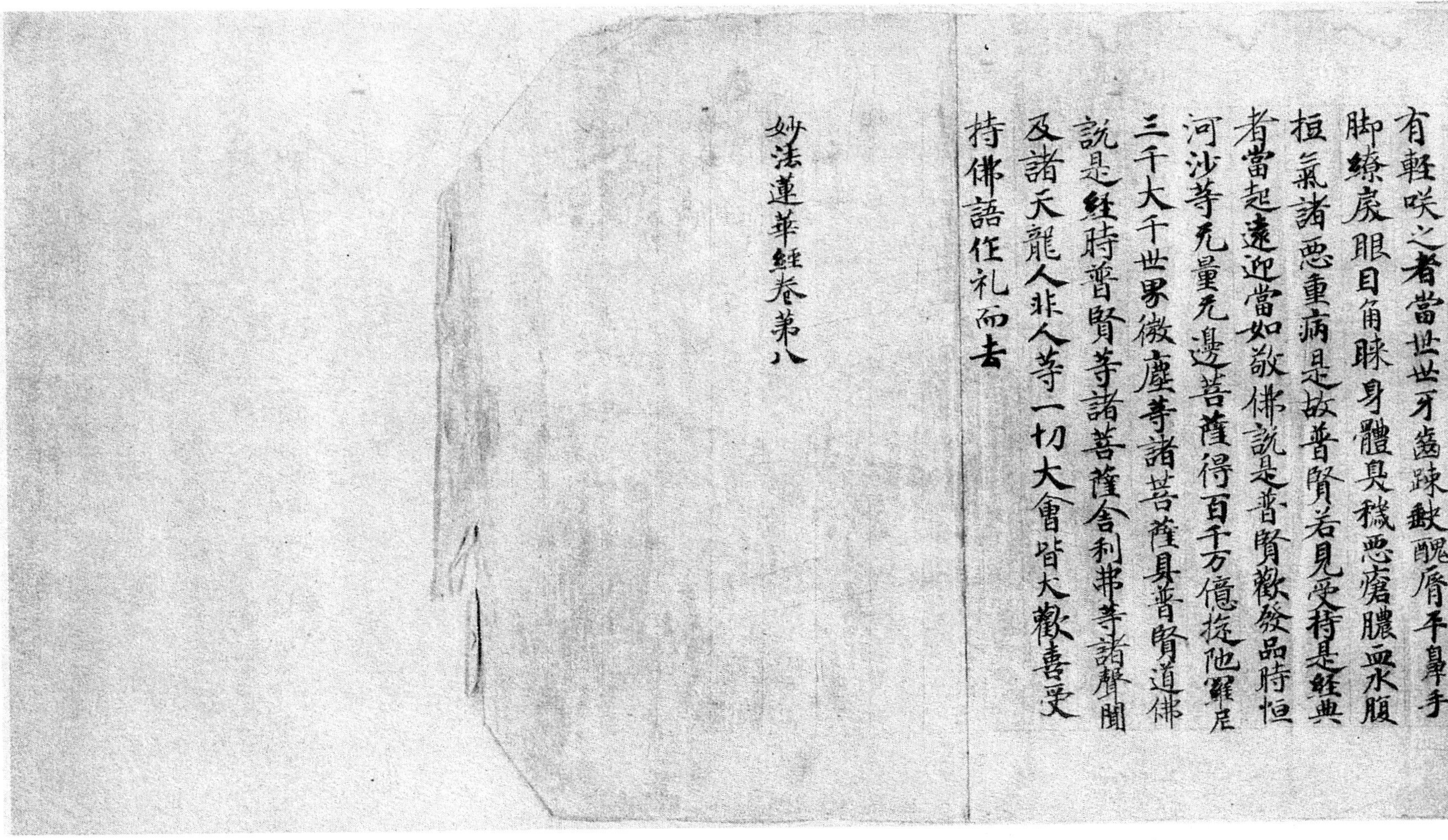

有輕咲之者當世世牙齒踈缺醜脣平鼻手
脚繚戾眼目角睞身體臭穢惡瘡膿血水腹
短氣諸惡重病是故普賢若見受持是經典
者當起遠迎當如敬佛說是普賢勸發品時恒
河沙等无量无邊菩薩得百千万億旋陁羅尼
三千大千世界微塵等諸菩薩具普賢道佛
說是經時普賢等諸菩薩舍利弗等諸聲聞
及諸天龍人非人等一切大會皆大歡喜受
持佛語作礼而去

妙法蓮華經卷第八

BD05648 號　妙法蓮華經（八卷本）卷八　　（9–9）

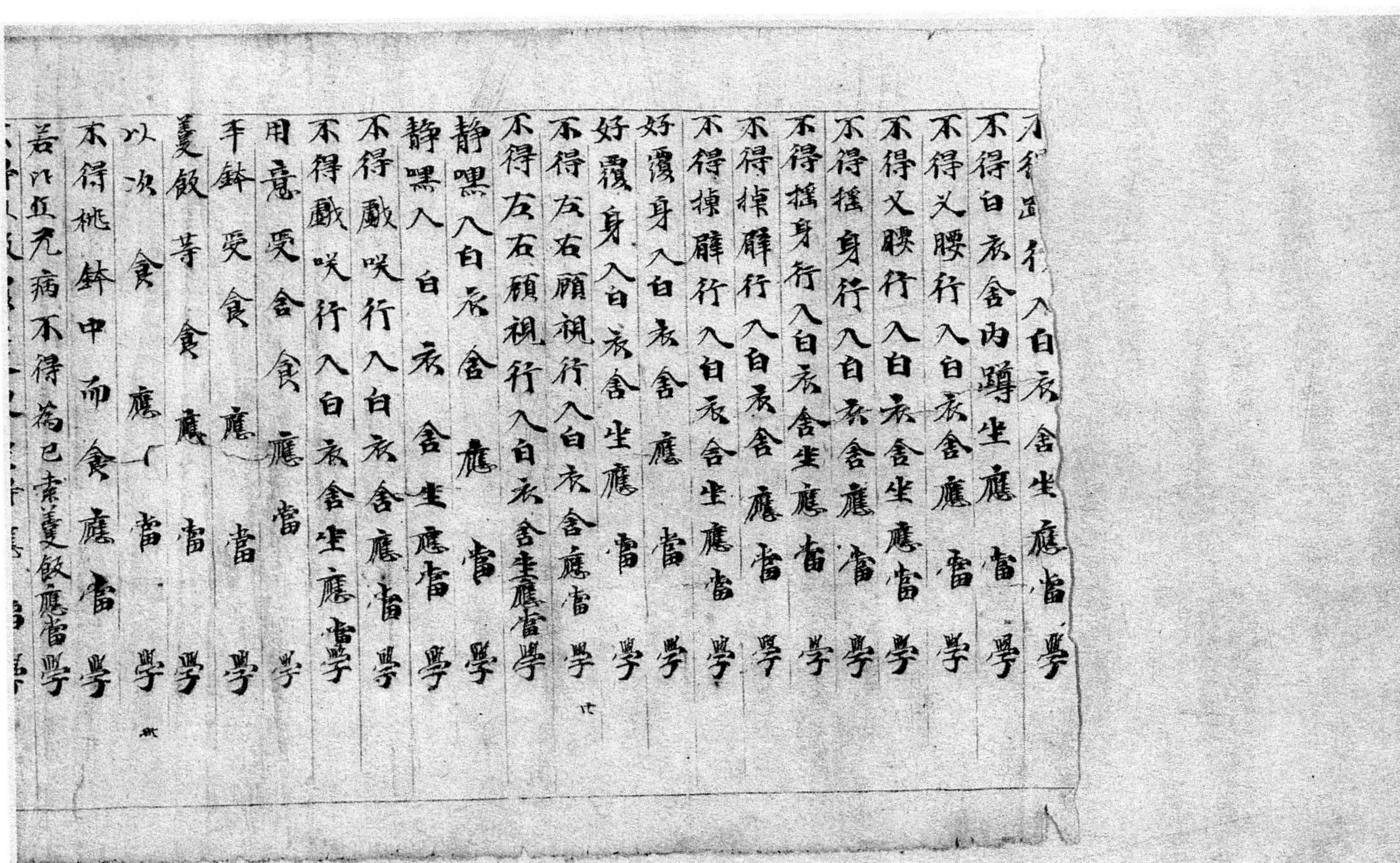

不得跳行入白衣舍坐應當學
不得白衣舍內蹲坐應當學
不得叉腰行入白衣舍應當學
不得叉腰行入白衣舍坐應當學
不得搖身行入白衣舍應當學
不得掉臂行入白衣舍坐應當學
不得掉臂行入白衣舍應當學
好覆身入白衣舍坐應當學
好覆身入白衣舍應當學
不得左右顧視行入白衣舍坐應當學
不得左右顧視行入白衣舍應當學
靜嘿入白衣舍應當學
靜嘿入白衣舍坐應當學
不得戲咲行入白衣舍應當學
不得戲咲行入白衣舍坐應當學
用意受食應當學
平鉢受食應當學
羹飯等食應當學
以次食應當學
不得挑鉢中而食應當學
若比丘无病不得爲己索羹飯應當學

BD05649 號　四分律比丘戒本　　（2–1）

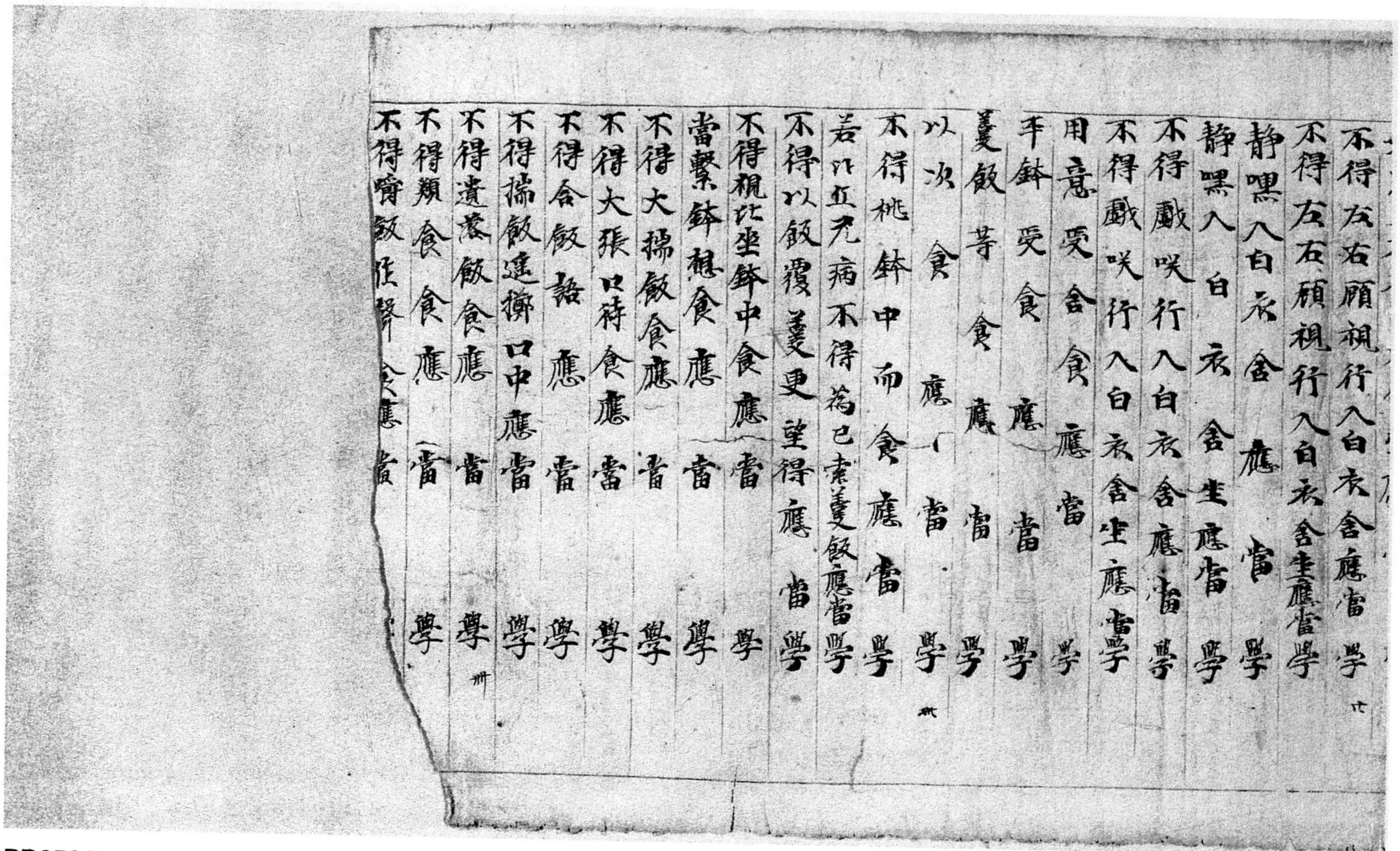

不得左右顧視行入白衣舍應當學
不得左右顧視行入白衣舍坐應當學
靜嘿入白衣舍應當學
靜嘿入白衣舍坐應當學
不得戲咲行入白衣舍應當學
不得戲咲行入白衣舍坐應當學
用意受食應當學
平鉢受食應當學
羹飯等食應當學
以次食應當學
不得桃鉢中而食應當學
若比丘无病不得爲己索羹飯應當學
不得以飯覆羹更望得應當學
不得視比坐鉢中食應當學
當繫鉢想食應當學
不得大摶飯食應當學
不得大張口待食應當學
不得含飯語應當學
不得摶飯遥擲口中應當學
不得遺落飯食應當學
不得頰食食應當學
不得嚼飯作聲食應當

BD05649 號　四分律比丘戒本

（2–2）

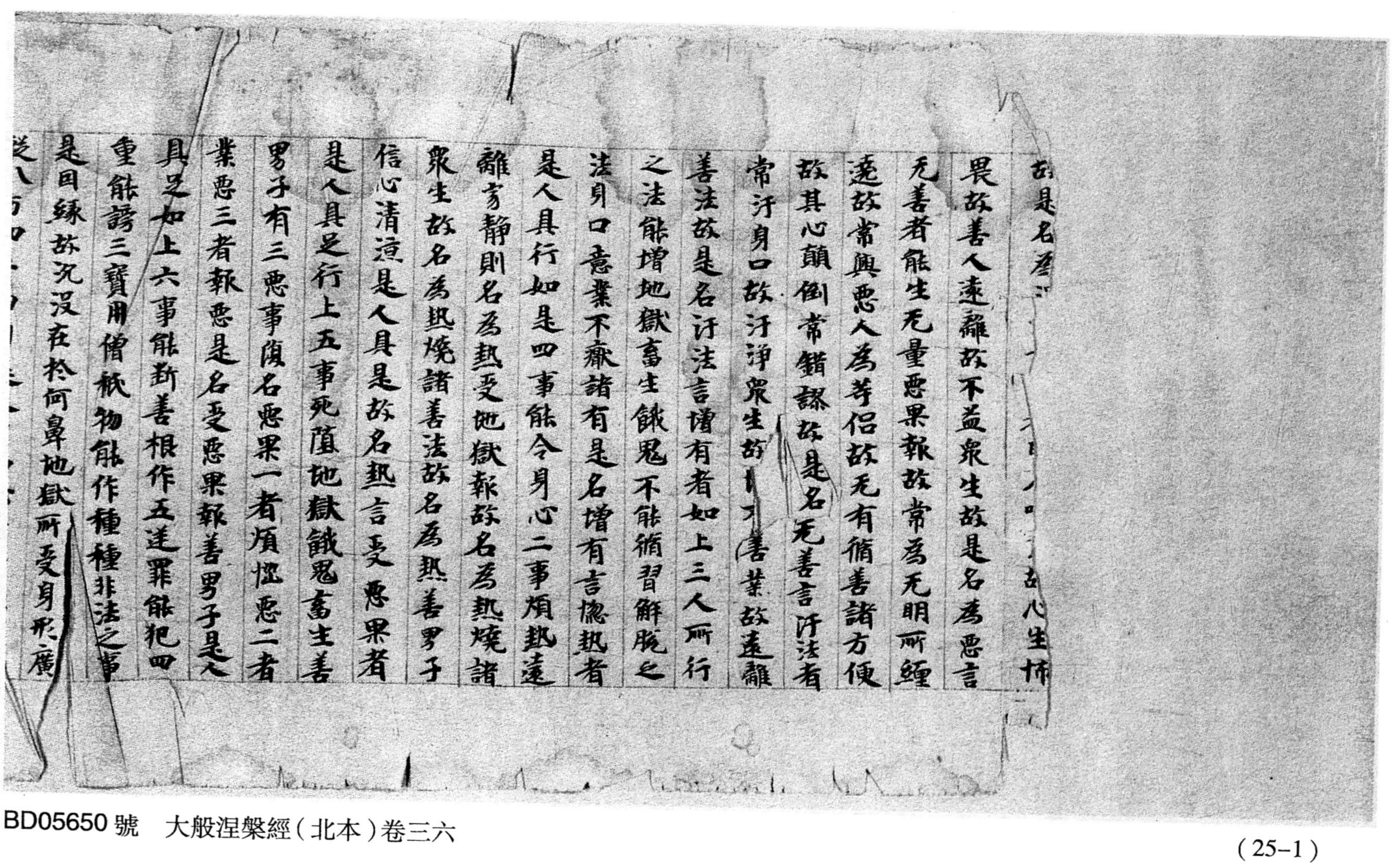

故是名麤……故心生怖
畏故善人遠離故不益衆生故是名爲惡言
无善者能生无量惡果報故常爲无明所纏
遶故常與惡人爲等侶故无有循善諸方便
故其心顛倒常錯謬故是名无善言汙法者
常汙身口故汙淨衆生故[illegible]不善業故遠離
善法故是名汙法言増有者如上三人所行
之法能増地獄畜生餓鬼不能循習解脫之
法身口意業不癡諸有是名増有言憹熱者
是人具行如是四事能令身心二事煩熱遠
離寂靜則名爲熱受地獄報故名爲熱燒諸
衆生故名爲熱燒諸善法故名爲熱善男子
信心清淨是人具足故名熱言受惡果者
是人具足行上五事死墮地獄餓鬼畜生善
男子有三惡事復名惡果一者煩惱惡二者
業惡三者報惡是名受惡果報善男子是人
具足如上六事能斷善根作五逆罪能犯四
重能謗三寶用僧祇物能作種種非法之事
是因緣故沉没在於阿鼻地獄所受身形廣
[illegible]

BD05650 號　大般涅槃經（北本）卷三六

（25–1）

是人具足行上五事死墮地獄餓鬼畜生善
男子有三惡事復名惡果一者煩惱惡二者
業惡三者報惡是名受惡果報善男子是人
具足如上六事能斷善根作五逆罪能犯四
重能謗三寶用僧祇物能作種種非法之事
是因緣故沉沒在於阿鼻地獄所受身形廣
縱八万四千由旬是人身口心業重故不能
得出何以故其心不能生善法故雖有无量
諸佛出世不聞不見是名常沒如恒河中大
魚善男子我雖復說一闡提等名為常沒復
有常沒非一闡提何者耶是如人為有脩施
戒善是名常沒善男子有四善事獲得惡果
何等為四一者為勝他故讀誦經典二者為
利養故受持禁戒三者為他屬故而行布施
四者為於非想非非想處故繫念思惟是四
善事得惡果報若人脩習如是四事是名沒
已還出出已還沒何故名沒樂三有故何故
名出以見明故明者即是聞戒施之何故還
沒增長耶見生憍慢故是故我於經中說偈
若有眾生樂三有　為有造作善惡業
是人迷失涅槃道　是名暫出還復沒
行於黑闇生死海　雖得解脫雜煩惱
是人還受惡果報　是名暫出還復沒
善男子如彼大魚因見光故暫得出水其身
重故還復沉沒如上二人亦復如是善男子
或復有人樂著三有是名為沒得聞如是大

是人迷失涅槃道　是名暫出還復沒
行於黑闇生死海　雖得解脫雜煩惱
是人還受惡果報　是名暫出還復沒
善男子如彼大魚因見光故暫得出水其身
重故還復沉沒如上二人亦復如是善男子
或復有人樂著三有是名為沒得聞如是大
涅槃經生於信心是名為出何因緣故名之
為出聞是經已遠離惡法脩習善法是名為
出是人雖信亦不具足何因緣故信不具足
是人雖信大般涅槃常樂我淨言如來身无
常无我无樂无淨如來則有二種涅槃一者
有為二者无為有為涅槃无常樂我淨无為
涅槃有常樂我淨雖信佛性是眾生有不必
一切皆悉有之是故名為信不具足善男子
信有二種一者信二者求如是之人雖復有
信不能推求是故名為信不具足信復有二
一從聞生二從思生是人信心從聞而生不
從思生是故名為信不具足復有二種一信
有道二信得者是人信心唯信有道都不信
有得道之人是故名為信不具足復有二種
一者信正二者信耶言有因果有佛法僧是
名信正言无因果三寶性異信諸耶語富蘭
那等是名信耶是人雖信佛法僧寶不信三
寶同一性相雖信因果不信得者是故名為
信不具足是人成就不具足信所受禁戒亦
不具足何因緣故名不具足因不具　故所得

耶等是名信耶是人雖信佛法僧寶不信三
寶同一性相雖信因果不信得者是故名為
信不具足是人成就不具足信所受禁戒之
不具足何因緣故名不具足因不具故所得
禁戒之不具足復何因緣名不具足戒有二
種一威儀戒二從戒戒是人唯具威儀等戒
不具戒戒是故名為戒不具足復有二種一
者作戒二者无作戒是人唯具作戒不具无
作是故名為戒不具足復有二種一從身口
得扵正命二從身口不得正命是人雖從身
口不得正命是故名為戒不具足復有二種
一者求戒二者捨戒是人唯具求有之戒不
得捨戒是故名為戒不具足復有二種一者
隨有二者隨道是人唯具隨有之戒不具隨
道是故名為戒不具足復有二種一者善戒
二者惡戒身口意善是名善戒牛戒狗戒是
名惡戒是人深信是二種戒俱有善果是故
名為戒不具足是人不具信戒二事所循多
聞之不具足云何名為聞不具足如来所說
十二部經唯信六部不信六部是故名為聞
不具足雖復受持是六部經不能讀誦為他
解說无所利益是故名為聞不具足又復受
是六部經已為論議故為勝他故為利養故
為諸有故持讀誦說是故名為聞不具足善
男子我於經中說聞具足云何具足若有比

BD05650號　大般涅槃經（北本）卷三六

（25–4）

解說无所利益是故名為聞不具足又復受
是六部經已為論議故為勝他故為利養故
為諸有故持讀誦說是故名為聞不具足善
男子我於經中說聞具足云何具足若有比
丘身口意善先能供養和上諸師有德之人
是諸師等扵是人所生愛念心以是因緣教
授經法是人至心受持誦習持誦習已獲得
智慧得智慧已能善思惟如法而住善思惟
已則得正義得正義已身心寂靜身心寂靜
已則生喜心喜心因緣心則得定因得定故
得正知見正知見已扵諸有中心生厭悔悔
諸有故能得解脫是人无有如是等事是故
名為聞不具足是人不具如是三事施之不
具施有二種一者財施二者法施是人雖復
行扵財施為求有故雖行法施之不具足何
以故秘不盡說畏他勝故是故名為施不具
之財法二施各有二種一者聖二者非聖聖
者施已不求果報非聖施已求扵果報聖者
法施為增長法非聖法施為增諸有如是之
人為增財故而行財施為增有故而行法施
是故名為施不具足復次是人受六部經見
受法者而供給之不受法者則不供給是故
名為施不具足是人不具如上四事所循智
慧之不具足智慧之性性能分別是人不能
分別如来是常无常如来扵此涅槃經中說

BD05650號　大般涅槃經（北本）卷三六

（25–5）

是故名為施不具足復次是人受六部經見
受法者而供給之不受法者則不供給是故
名為施不具足是人不具如上四事所循智
慧之不具足智慧之性性能分別是人不能
分別如來是常無常如來於此涅槃經中說
言如來即是解脫解脫即是如來如來即是
涅槃涅槃即是解脫於是義中不能分別梵
行即是如來如來即是慈悲喜捨慈悲喜捨
即是解脫解脫即是涅槃涅槃即是慈悲喜
捨於是義中不能分別是故名為智不具足
復次不能分別佛性即是如來如來即是一
切不共之法不共之法即是解脫解脫即是
涅槃涅槃即是不共之法於是義中不能分
別是故名為智不具足復次不能分別四諦
苦集滅道不能分別四真諦故不知聖行不
知聖行故不知如來不知如來故不知解脫
不知解脫故不知涅槃是故名為智不具足
是人不具如是五事有二種一增善法二增
惡法云何名為增長惡法是人不見已不具
足自言具足而生著心於同行中自謂為勝
是故親近同已惡友既親近已復得更聞不
具足法聞已心喜其心深著起於憍慢多行
放逸因放逸故親近在家〻衆聞說在家之
事遠離清淨出家之法以是因緣增長惡法
增惡法故身口意等起不淨業三業不淨故

BD05650號　大般涅槃經(北本)卷三六　(25–6)

是故親近同已惡友既親近已復得更聞不
具足法聞已心喜其心深著起於憍慢多行
放逸因放逸故親近在家〻衆聞說在家之
事遠離清淨出家之法以是因緣增長惡法
增惡法故身口意等起不淨業三業不淨故
增長地獄畜生餓鬼是名暫出還沒
沒者我佛法中其誰是耶謂提婆達多瞿和
離比丘挽手比丘善星比丘低舍比丘滿宿
比丘慈地比丘尼曠野比丘尼方比丘尼慢
比丘尼淨潔長者求有優婆塞舍勒釋種象
長者名稱優婆塞光明優婆夷難陀優婆夷
軍優婆塞鈴優婆夷如是等人名為暫出還
沒譬如大魚見明故出身重故沒第二之人
深自知見行不具足不具足故求近善友近
善友故樂諮未聞聞已樂受受已樂善思惟
善思惟已能如法住如法住故增長善法增
善法故終不復沒是名為住我佛法中其誰
是耶謂舍利弗大目揵連阿若憍陳如等五
比丘耶舍等五比丘阿㝹樓陁童子迦葉摩
訶迦葉十力迦葉廣瞿曇彌比丘尼波吒羅
華比丘尼勝比丘尼實義比丘尼意比丘尼
跋陁比丘尼淨比丘尼不退轉比丘尼頻婆
娑羅王郁伽長者須達多長者釋摩男貧須
達多鼠狼長者子名稱長者具足長者師子
將軍優波離長者刀長者無畏優婆夷善住

BD05650號　大般涅槃經(北本)卷三六　(25–7)

跋陁比丘尼淨比丘尼不退轉比丘尼頻婆
娑羅王郁伽長者須達多長者釋摩男貧須
達多㝡狼長者子名稱長者具足長者師子
將軍優波離長者刀長者无畏優婆夷善住
優婆夷愛法優婆夷勇健優婆夷天得優婆
夷善生優婆夷具身優婆夷牛得優婆夷曠
野優婆夷摩訶斯那優婆夷如是等比丘比
丘尼優婆塞優婆夷得名為住云何為住常
樂覩見善光明故以是因緣若佛出世若不
出世如是等人終不造惡是名為住如坻弥
魚樂見光明不沉不沒如是等衆亦復如是
是故我扵經中說偈
若人善能分別義　至心求扵沙門果
若能呵嘖一切有　是人名為如法住
若能供養无量佛　則能无量世循道
若受世樂不放逸　是人名為如法住
親近善友聽正法　內善思惟如法住
樂見光明循習道　獲得解脫安隱住
善男子智不具足凡有五事是人知已求近
善友如是善友當觀是人貪欲瞋恚愚癡思
覺何者偏多若知是人貪欲多者即應為說
不淨觀法瞋恚多者為說慈悲思覺多者教
令數息著我多者當為分析十八界等是人
聞已至心受持受持已如法循行如法行
已次第獲得四念處觀身受心法得是觀已
次第復觀十二因緣如是觀已次得□□

BD05650 號　大般涅槃經（北本）卷三六

（25–8）

不淨觀法瞋恚多者為說慈悲思覺多者教
令數息著我多者當為分析十八界等是人
聞已至心受持受持已如法循行如法行
已次第獲得四念處觀身受心法得是觀已
次第復觀十二因緣如是觀已次得煖法迦
葉菩薩白佛言世尊一切衆生悉有煖法何
以故如佛所說三法和合名為衆生一壽二
煖三識若從是義一切衆生應先有煖云何
如来說言煖法因善友生佛言善男子如汝
所問有煖法者一切衆生至一闡提皆悉有
之如我今者所說煖法要因方便然後乃得
本无今有以是義故非諸衆生一切先有是
故汝今不應難言一切衆生皆有煖法善男
子如是煖法是色界法非欲界有若言一切
衆生有者欲界衆生亦皆應有欲界无故當
知一切不必都有善男子色界雖有非一切
有何以故我弟子有外道則无以是義故一
切衆生不必都有善男子一切外道唯有六
行我諸弟子具足十六是十六行一切衆生
不必都有迦葉菩薩白佛言世尊所言煖法
云何名煖為自性故煖為他故煖佛言善男
子如是煖法自性是煖非他故煖迦葉菩薩
言世尊如来先說馬師滿宿无有煖法何以
故扵三寶所无信心故是故无煖當知信心
即是煖法善男子信非煖法何以故因扵信

BD05650 號　大般涅槃經（北本）卷三六

（25–9）

行我諸弟子具足十六是十六行一切衆生
不久都有迦葉菩薩白佛言世尊所言煖法
云何名煖爲自性故煖爲他故煖佛言善男
子如是煖法自性是煖非他故煖迦葉菩薩
言世尊如来先說馬師滿宿无有煖法何以
故於三寶所无信心故是故无煖當知信心
即是煖法善男子信非煖法何以故因於信
心後得煖故善男子夫煖法者即是智慧何
以故觀四諦故是故名之爲十六行行即是
智善男子如汝所問何因緣故名爲煖者善
男子夫煖法者即是八聖道之火相故名爲
煖善男子譬如攢火先有煖氣次有火生後
則烟出是无漏道之復如是煖者即是十六
行也火者即是須陁洹果烟者即是脩道斷
結迦葉菩薩復白佛言世尊如是煖法之是
有法之是有爲是法報得色界五陰是故名
有是因緣故復名有爲若是有爲云何能爲
无漏道相佛言善男子如是如是如汝所說
善男子如是煖法雖是有爲有法還能破壞
有爲有法是故能爲无漏道相善男子如人
乘馬之愛之築煖心之尒愛故受生厭故觀
行是故雖復有法有爲能與彼正道作相
得煖法人七十三種欲界十種是人具足一
切煩惱從斷一分至于九分如欲界初禪乃
至无所有處之復如是是名七十三種如是

BD05650號　大般涅槃經（北本）卷三六　（25–10）

乘馬之愛之築煖心之尒愛故受生厭故觀
行是故雖復有法有爲能與彼正道作相
得煖法人七十三種欲界十種是人具足一
切煩惱從斷一分至于九分如欲界初禪乃
至无所有處之復如是是名七十三種如是
等人得煖法已則不復能斷於善根作五逆
罪犯四重禁是人二種一遇善友二遇惡友
遇惡友者輙出還没遇善友者遍觀四方觀
四方者即是頂法是法雖復性是五陰之緣
四諦是故得名遍觀四方得頂法已次得忍
法是忍之尒性之五陰之緣四諦是人次得
世第一法是法雖復性是五陰之緣四諦是
人次第得苦法忍忍性是慧緣於一諦如是
忍法緣一諦已乃至見斷煩惱得須陁洹果
是名第四遍觀四方四方者即是四諦迦葉
菩薩白佛言世尊如佛先說須陁洹人所斷
煩惱猶如縱廣卌里水其餘在者如一毛渧
此中云何說斷三結名須陁洹一者我見二
者非因見因三者疑因世尊何因緣故名須
陁洹遍觀四方復何因緣名須陁洹復何因
緣說須陁洹翁以錯魚佛言善男子須陁洹
人雖復能斷无量煩惱此三重故之攝一切
須陁洹人所斷結故善男子譬如大王出遊
巡時雖有四兵世人但言王来王去何以故
世間重故是三煩惱之復如是何因緣故名

BD05650號　大般涅槃經（北本）卷三六　（25–11）

緣說須陁洹翁以鍇魚佛言善男子須陁洹
人雖復能斷无量煩惱此三重故亦攝一切
須陁洹人所斷結故善男子辟如大王出遊
巡時雖有四兵世人但言王來王去何以故
世間重故是三煩惱亦復如是何因緣故名
之為重一切衆生常所起故微難識故是故
名重如是三結難可斷故能為一切煩惱因
故是三對治之怨敵故謂戒定慧善男子有
諸衆生聞須陁洹能斷如是无量煩惱則生
退心便作是言衆生云何能斷如是无量煩
惱是故如来方便說三如汝所問何因緣故
須陁洹人翁觀四方善男子須陁洹人觀於
四諦獲得四事一者住堅固道二者能遍觀
察三者能如實知見四者能壞大怨堅固道
者是須陁洹所有五根无能動者是故名為
住堅固道能遍觀者悉能呵嘖內外煩惱如
實見者即是忍智壞大怨者謂四顛倒如汝
所問何因緣故名須陁洹者善男子須名无
漏陁洹名脩習脩習无漏故名須陁洹善男
子復有須者名流流有二種一者順流二者
逆流以逆流故名須陁洹迦葉菩薩言世尊
若從是義何因緣故斯陁含人阿那含人阿
羅漢人不得名為須陁洹耶善男子從須陁
洹乃至諸佛亦得名為須陁洹若斯陁含乃
至諸佛无須陁洹云何得名斯陁含乃至諸

逆流以逆流故名須陁洹迦葉菩薩言世尊
若從是義何因緣故斯陁含人阿那含人阿
羅漢人不得名為須陁洹耶善男子從須陁
洹乃至諸佛亦得名為須陁洹若斯陁含乃
至諸佛无須陁洹云何得名斯陁含乃至諸
佛一切衆生名有二種一者舊二者客凡夫
之時有世名字既得道已更為立名名須陁
洹以先得故名須陁洹以後得故名斯陁含
是人亦名須陁洹亦名斯陁含乃至佛亦復
如是善男子流有二種一者解脫二者涅槃
一切聖人皆有是二亦可得名須陁洹亦名
斯陁含乃至佛亦復如是善男子須陁洹者
亦名菩薩何以故菩薩者即是盡智及无生
智須陁洹人亦復求盡如是二智是故當知
須陁洹人得名菩薩須陁洹人亦得名覺何
以故正覺見道斷煩惱故正覺因果故正覺
共道及不共道故斯陁含乃至阿羅漢亦復
如是善男子是須陁洹凡有二種一者利根
二者鈍根鈍根之人人天七反是鈍根人復
有五種或有六五四三二種利根之人現在
獲得須陁洹果至阿羅漢果
善男子如汝所問何因緣故須陁洹人以翁
鍇魚者善男子鍇魚有四事一者骨細故輕
二者有翅故輕三者樂見光明四者銜物堅
持須陁洹人亦有四事言骨細者翁煩惱微

獲得須陁洹果至阿羅漢果
善男子如汝所問何因緣故須陁洹人以翁
錯魚者善男子錯魚有四事一者骨細故輕
二者有翅故輕三者樂見光明四者銜物堅
持須陁洹人亦有四事言骨細者煩惱微
言有翅者翁舍摩他毗婆舍那樂見光明翁
於見道銜物堅持翁聞如來說无常苦无我
不淨堅持不捨猶如魔王化作佛像首羅長
者見已心驚魔見長者其心動已即語長者
我先所說四真諦者是說不真今當為汝更
說五諦六陰十三入十九界長者聞已尋觀
法相都无此理是故堅持其心不動迦葉菩
薩白佛言世尊是須陁洹先得道故名須陁
洹以初果故名須陁洹若先得道名須陁洹
者得苦法忍時何故不得名須陁洹乃名為
向若以初果名須陁洹外道之人先斷煩惱
至无所有處循无漏道得阿那含果何故不
名為須陁洹善男子以初果故名須陁洹如
汝所問外道之人先斷煩惱至无所有處循
无漏道得阿那含何故不名須陁洹者善男
子以初果故名須陁洹是人尒時具足八智
及十六行迦葉言世尊得阿那含亦復如是
亦得八智具十六行何故不得名須陁洹善
男子有漏十六行有二種一者共二者不共
无漏十六行亦有二種一者向果二者得果

子以初果故名須陁洹是人尒時具足八智
及十六行迦葉言世尊得阿那含亦復如是
亦得八智具十六行何故不得名須陁洹善
男子有漏十六行有二種一者共二者不共
无漏十六行亦有二種一者向果二者得果
八智亦二一者向果二者得果須陁洹人捨
共十六行得不共十六行捨向果八智得果
八智阿那含人則不如是是故初果名須陁
洹善男子須陁洹人緣於四諦阿那含人唯
緣一諦是故初果名須陁洹以是因緣翁以
錯魚遍觀已行行者即是斯陁含人繫心循
道為斷貪欲瞋癡憍慢如彼錯魚遍觀方已
為食故行行已復住翁阿那含得食已住是
阿那含凡有二種一者現在得阿那含進循
即得阿羅漢果二者貪著色界无色界中寂
靜三昧是人不受欲界身故名阿那含是阿
那含復有五種一者中般涅槃二者受身般
涅槃三者行般涅槃四者无行般涅槃五者
上流般涅槃復有六種五種如上加現在般
涅槃復有七種六種如上加无色界般涅槃
行般涅槃復有二種或受二身或受四身若
受二身是名利根若受四身是名鈍根復有
二種一者精進无自在之二者懈怠有自在
之復有二種一者具精進之二者不具是二
善男子欲界衆生有二種業一者作業二受

行般涅槃復有二種或受二身或受四身若
受二身是名利根若受四身是名鈍根復有
二種一者精進无自在之二者懈怠有自在
之復有二種一者具精進之二者不具是二
善男子欲界衆生有二種業一者作業二受
生業中涅槃者雖有作業无受生業是故於
中而般涅槃捨欲界身未至色界以利根故
於中涅槃是中涅槃阿那含人有四種心一
者非學非无學二者學三者无學四者非學
非无學入於涅槃云何復名中般涅槃善男
子是阿那含四種心中二是涅槃二非涅槃
是故名為中般涅槃受身涅槃復有二種一
者作業二者生業是人捨欲界身受色界身
精懃循道盡其壽命入於涅槃迦葉菩薩言
世尊若言盡壽入涅槃者云何而言受身涅
槃佛言善男子是人受身然後乃斷三界煩
惱是故名為受身涅槃善男子行般涅槃者
常循行道有為三昧力故能斷煩惱入於涅
槃是名行般涅槃无行般涅槃者是人之知
當得涅槃是故懈怠之以有為三昧力故壽
盡則得入於涅槃是名无行般涅槃上流般
涅槃者若有人得第四禪已是人生於初禪
愛心以是因緣退生初禪是有二流一煩惱
流二者道流以道流故是人壽盡生二禪愛
以愛因緣生於二禪至第四禪之復如是是

BD05650號　大般涅槃經（北本）卷三六

（25–16）

盡則得入於涅槃是名无行般涅槃上流般
涅槃者若有人得第四禪已是人生於初禪
愛心以是因緣退生初禪是有二流一煩惱
流二者道流以道流故是人壽盡生二禪愛
以愛因緣生於二禪至第四禪之復如是是
四禪中復有二種一者入无色界二者入五
淨居如是二人一樂三昧二樂智慧樂智慧
者入五淨居樂三昧者入无色界如是二人
一者循第四禪有五階差二者不循云何為
五下中上上中上上上循上上者處无小天循
上中者處善見天循上品者處善可見天循
中品者處无熱天循下品者處少廣天如是
二人一樂論議二樂寂靜樂寂靜者入无色
界樂論議者處五淨居復有二種一者循熏
禪二者不循熏禪循熏禪者入五淨居不循
熏禪者生无色界盡其壽命而般涅槃是名
上流般涅槃若欲入於无色界者則不能循
四禪五差若循四禪五差則能呵嘖无色界
之迦葉菩薩白佛言世尊中涅槃者則是利
根若利根者何不現在入涅槃耶何故欲界
有中涅槃色界則无。
佛言善男子是人現在四大羸劣不能循道
雖有比丘四大康健无有房舍飲食衣服卧
具醫藥衆緣不具是故不得現在般涅善男
子我昔一時在舍衛國阿那邠坻精舍有一

BD05650號　大般涅槃經（北本）卷三六

（25–17）

有中涅槃色界有
佛言善男子是人現在四大羸劣不能循道
雖有比丘四大康健无有房舍飲食衣服卧
具醫藥衆緣不具是故不得現在般涅槃善男
子我昔一時在舍衛國阿那邠坻精舍有一
比丘來至我所作如是言世尊我常循道而
不能得須陁洹果至阿羅漢果我時即告阿
難言汝今當爲如是比丘具諸所須尒時阿
難將是比丘至祇陁林与好房舍是時比丘
語阿難言大德唯願爲我莊嚴房舍淨潔循
治七寶嚴麗懸繒幡蓋阿難言世間貧者乃
名沙門我當云何能辨是事是比丘言大德
若能爲我作者善哉若不能者我當還
往至世尊所尒時阿難即往佛所作如是言
世尊向者比丘從我求索種種莊嚴七寶幡
蓋不審是事當云何耶我於尒時復告阿難
汝今還去隨比丘意所須之物爲辨具之尒
時阿難即還房中爲是比丘事事具之比丘
得已繫念循道不久即得須陁洹果至阿羅
漢果善男子无量衆生應入涅槃以所乏故
妨乱其心是故不得善男子復有衆生多善
教化其心忘務不能得之是故不得現在涅
槃善男子如汝所問何因緣故捨欲界身有
中涅槃色界无者善男子是人觀於欲界煩
惱因緣有二一者內二者外而色界中无外因
緣欲界復有二種愛心一者欲愛二者色愛

BD05650號　大般涅槃經（北本）卷三六　（25–18）

教化其心忘務不能得之是故不得現在涅
槃善男子如汝所問何因緣故捨欲界身有
中涅槃色界无者善男子是人觀於欲界煩
惱因緣有二一者內二者外而色界中无外因
緣欲界復有二種愛心一者欲愛二者色愛
觀是二愛至心呵嘖既呵嘖已得入涅槃是
欲界中能得呵嘖諸麁煩惱所謂慳貪瞋妬
无慙无愧以是因緣能得涅槃又欲界道其
性勇健何以故得向果故是故欲界有中涅
槃色界中无善男子中涅槃者凡有三種謂
上中下上者捨身未離欲界便得涅槃中者
始離欲界未至色界便得涅槃下者離欲界
已至色界邊乃得涅槃喻以錯魚得食已住
是人亦尒云何名住處在色界及无色界得
受身故是故名住不受欲界人天地獄畜生
餓鬼是故名住已斷无量諸煩惱結餘少在
故是故名住復何因緣名之爲住終不造作
共凡夫事是故名住自无所畏不令他畏是
故名住遠離二愛慳貪瞋恚是故名住善男
子到彼岸者喻阿羅漢辟支佛菩薩佛猶如
神龜水陸俱行何因緣故喻之以龜善藏五
根故是阿羅漢乃至諸佛亦復如是善覆五
根是故喻龜言水陸者水喻世間陸喻出世
是諸聖等亦復如是能觀一切惡煩惱故到
於彼岸是故喻以水陸俱行善男子如恒河
中七種衆生雖有魚龜之名不離[illegible]

BD05650號　大般涅槃經（北本）卷三六　（25–19）

神龜水陸俱行何因緣故喻之以龜善藏五
根故是阿羅漢乃至諸佛亦復如是善覆五
根是故喻龜言水陸者水喻世間陸喻出世
是諸聖等亦復如是能觀一切悪煩惱故到
於彼岸是故喻以水陸俱行善男子如恒河
中七種衆生雖有魚龜之名不離於水如是
微妙大涅槃中從一闡提上至諸佛雖有異
名然亦不離於佛性水善男子是七衆生若
善法若不善法若方便道若解脫道若次第
道若因若果悉是佛性是名如来随自意語
迦葉菩薩言世尊若有因則有果若无因則
无果涅槃名果常故无因若无因者云何名
果而是涅槃亦名沙門名沙門果云何沙門
云何沙門果善男子一切世間有七種果一
者方便果二者報恩果三者親近果四者餘
殘果五者平等果六者果報果七者遠離果
方便果者如世間人秋多收穫咸相謂言得
方便果方便果者名業行果如是果者有二
種因一者近因二者遠因近因者所謂種子
遠因者謂水糞人功是名方便果報恩果者
如世間人供養父母父母咸言我今已得恩
養之果子能報恩名之為果如是果者因亦
二種一者近因二者遠因近因者即是父母過
去純善之業遠者即是所生孝子是名報果
恩親近果者譬如有人親近善友或得須陁

BD05650號　大般涅槃經（北本）卷三六

（25–20）

養之果子能報恩名之為果如是果者因亦
二種一者近因二者遠因近因者即是父母過
去純善之業遠者即是所生孝子是名報果
恩親近果者譬如有人親近善友或得須陁
洹果至阿羅漢果是人唱言我今已得親近
果報如是果者因有二種一者近因二者遠
因近者信心遠者善友是名親近果餘殘果
者如因不殺得第三身延年益壽是名殘果
如是果者有二種因一者近因二者遠因近
者即是身口意淨遠者是延年益壽是名殘
果平等果者謂世間器如是果者亦有二種
因一者近因二者遠因近因者所謂衆生循
十善業遠因者所謂三灾是名平等果果報
果者如人獲得清淨身已循身口意清淨三
業是人便說我得報果如是果者因有二種
一者近因二者遠因近因者所謂現在身口
意淨遠因者所謂過去身口意淨是名果報
果遠離果者即是涅槃離諸煩惱一切善業
是涅槃因復有二種一者近因二者遠因近
因者即是三解脫門遠因者即无量世所循
善法善男子如世間法或說生因或說了因
出世之法亦復如是亦說生因亦說了因善
男子三解脫門三十七品能為一切煩惱作
不生生因亦為涅槃而作了因善男子遠離煩
惱則得了了見於涅槃是故涅槃唯有了因

BD05650號　大般涅槃經（北本）卷三六

（25–21）

出世之法亦復如是亦說生因亦說了因善
男子三解脫門三十七品能為一切煩惱作
不生生因亦為涅槃而作了因善男子遠離
惱則得了了見於涅槃是故涅槃唯有了因
无有生因善男子如汝所問云何沙門云何
沙門果者善男子沙門那者即八正道沙門
果者從道畢竟永斷一切貪瞋癡等是名沙
門沙門果迦葉菩薩言世尊何因緣故八正
道者名沙門那善男子世言沙門名之為乏
那者名道如是道者斷一切乏斷一切道以
是義故名八正道為沙門那從是道中獲得
果故名沙門果善男子又沙門那者如世間
人有樂靜者亦名沙門如是道者亦復如是
能令行者離身口意惡耶命等得樂寂靜是
故名之為沙門那善男子如世下人能作上
人是名沙門如是道者亦復如是能令下人
作上人故是故得名為沙門那善男子阿羅
漢人脩是道者得沙門果是故得名到於彼
岸阿羅漢果者即是无學五分法身戒定慧
解脫解脫知見因是五分得到彼岸是故名
為到於彼岸到彼岸故而自說言我生已盡
梵行已立所作已辦更不受有善男子是阿
羅漢永斷三世生因緣故是故自說我生已
盡亦斷三果五陰身故復言我生已盡所脩
梵行已畢竟故是故唱言梵行已立又捨學

為到於彼岸到彼岸故而自說言我生已盡
梵行已立所作已辦更不受有善男子是阿
羅漢永斷三世生因緣故是故自說我生已
盡亦斷三果五陰身故復言我生已盡所脩
梵行已畢竟故是故唱言梵行已立又捨學
道亦名已立如本所求今日已得是故唱言
所作已辦脩道得果亦言已辦獲得盡智无
生智故唱言我生已盡盡諸有結以是義故
名阿羅漢得到彼岸如阿羅漢辟支佛亦復
如是菩薩及佛具足成就六波羅蜜名到彼
岸是佛菩薩得阿耨多羅三藐三菩提已名
為具足六波羅蜜何以故得六波羅蜜果故
以得果故名為具足善男子是七衆生不脩身
不脩戒不脩心不脩慧不能脩習如是四事
則能造作五逆重罪能斷善根犯四重禁謗
佛法僧是故得名為常沉沒善男子是七人
中有能親近善知識者至心聽受如来正法
內善思惟如法而住精勤脩習身戒心慧是
故得名度生死河到於彼岸若有說言一闡
提人得阿耨多羅三藐三菩提者是名深著
若言不得是名虛妄善男子是七種人或有
一人具七或有七人各一善男子若有心口
異相異說言一闡提得阿耨多羅三藐三菩
提者當知是人謗佛法僧若人心口異相異
說言一闡提不得阿耨多羅三藐三菩提是
人亦名謗佛法僧善男子若有說言入聖道

一人具七或有七人各一善男子若有心口
異相異說言一闡提得阿耨多羅三藐三菩
提者當知是人謗佛法僧若人心口異相異
說言一闡提不得阿耨多羅三藐三菩提是
人之名謗佛法僧善男子若有說言八聖道
分凡夫所得是人之名謗佛法僧若有說言
八聖道分非凡夫得是人之名謗佛法僧善男
子若有說言一切衆生定有佛性定无佛性
是人之名謗佛法僧善男子是故我於契經
中說有二種人謗佛法僧一者不信瞋恚心
故二者雖信不解義故善男子若人信心无
有智慧是人則能增長无明若有智慧无有
信心是人則能增長耶見善男子不信之人
瞋恚心故說言无有佛法僧寶信者无慧顛
倒解義令聞法者謗佛法僧善男子是故我
說不信之人瞋恚心故有信之人无智慧故是
人能謗佛法僧寶善男子若有說言一闡提
等未生善法便得阿耨多羅三藐三菩提是
人之名謗佛法僧若復有言一闡提人捨一
闡提於異身中得阿耨多羅三藐三菩提是
人之名謗佛法僧若復說言一闡提人能生
善根生善根已相續不斷得阿耨多羅三藐
三菩提故言一闡提得阿耨多羅三藐三菩
提當知是人不謗三寶善男子若有人言一
切衆生定有佛性常樂我淨不作不生煩惱

BD05650號　大般涅槃經（北本）卷三六

（25–24）

三菩提故言一闡提得阿耨多羅三藐三菩
提當知是人不謗三寶善男子若有人言一
切衆生定有佛性常樂我淨不作不生煩惱
因緣故不可見當知是人謗佛法僧若有說
言一切衆生都无佛性猶如兔角從方便生
本无今有已有還无當知是人謗佛法僧若
有說言衆生佛性非有如虛空非无如兔角
何以故虛空常故兔角无故是故得言亦有
亦无有故破兔角无故破虛空如是說者不
謗三寶善男子夫佛性者不名一法不名十
法不名百法不名千法不名万法未得阿耨多
羅三藐三菩提時一切善不善无記盡名佛
性如來或時因中說果果中說因是名如來
隨自意語隨自意語故名爲如來如來隨意
語故名阿羅呵隨意語故名三藐三佛陁

大般涅槃經卷苐卅六

BD05650號　大般涅槃經（北本）卷三六

（25–25）

吾不能昇維摩詰言唯舍
如来作礼乃可得坐於是新發意菩薩及大
弟子即為須弥燈王如来作礼便得坐師子
座舍利弗言居士未曾有也如是小室乃容
受此高廣之座於毗耶離城无所妨礙又於
閻浮提聚落城邑及四天下諸天龍王鬼神
宮殿亦不迫迮維摩詰言唯舍利弗諸佛菩
薩有解脫名不可思議若菩薩住是解脫者
以須弥之高廣内芥子中无所增減須弥山
王本相如故而四天王忉利諸天不覺不知
已之所入唯應度者乃見須弥入芥子中是
名不可思議解脫法門又以四大海水入一
毛孔不嬈魚鼈黿鼉水性之屬而彼大海本
相如故諸龍鬼神阿脩羅等不覺不知已之
所入於此衆生亦无所嬈又舍利弗住不可
思議解脫菩薩斷取三千大千世界如陶家
輪著右掌中擲過恒河沙世界之外其中衆
生不覺不知已之所往又復還置本處都不
使人有往来想而此世界本相如故又舍利
弗或有衆生樂久住世而可度者菩薩即演
七日以為一劫令彼衆生謂之一劫或有衆

BD05651 號　維摩詰所說經卷中

（3–1）

所入於此衆生亦无所嬈又舍利弗住不可
思議解脫菩薩斷取三千大千世界如陶家
輪著右掌中擲過恒河沙世界之外其中衆
生不覺不知已之所往又復還置本處都不
使人有往来想而此世界本相如故又舍利
弗或有衆生樂久住世而可度者菩薩即演
七日以為一劫令彼衆生謂之一劫或有衆
生不樂久住而可度者菩薩即促一劫以為
七日令彼衆生謂之七日又舍利弗住不可
思議解脫菩薩以一切佛土嚴飾之事集在
一國示於衆生又菩薩以一佛土衆生置之
右掌飛到十方遍示一切而不動本處又舍
利弗十方衆生供養諸佛之具菩薩於一毛
孔皆令得見又十方國土所有日月星宿於
一毛孔普使見之又舍利弗十方世界所有
諸風菩薩悉能吸著口中而身无損外諸樹
木亦不摧折又十方世界劫盡燒時以一切
火内於腹中火事如故而不為害又於下方
過恒河沙无數世界如持針鋒舉一棗葉而
无所嬈又舍利弗住不可思議解脫菩薩能
以神通現作佛身或現辟支佛身或現聲聞
身或現帝釋身或現梵王身或現世主身或
現轉輪王身又十方世界所有衆聲上中下
音皆能變之令作佛聲演出无常苦空无我
之音及十方諸佛所說種種之法皆於其中
普令得聞舍利弗我今略說菩薩不可思議

BD05651 號　維摩詰所說經卷中

（3–2）

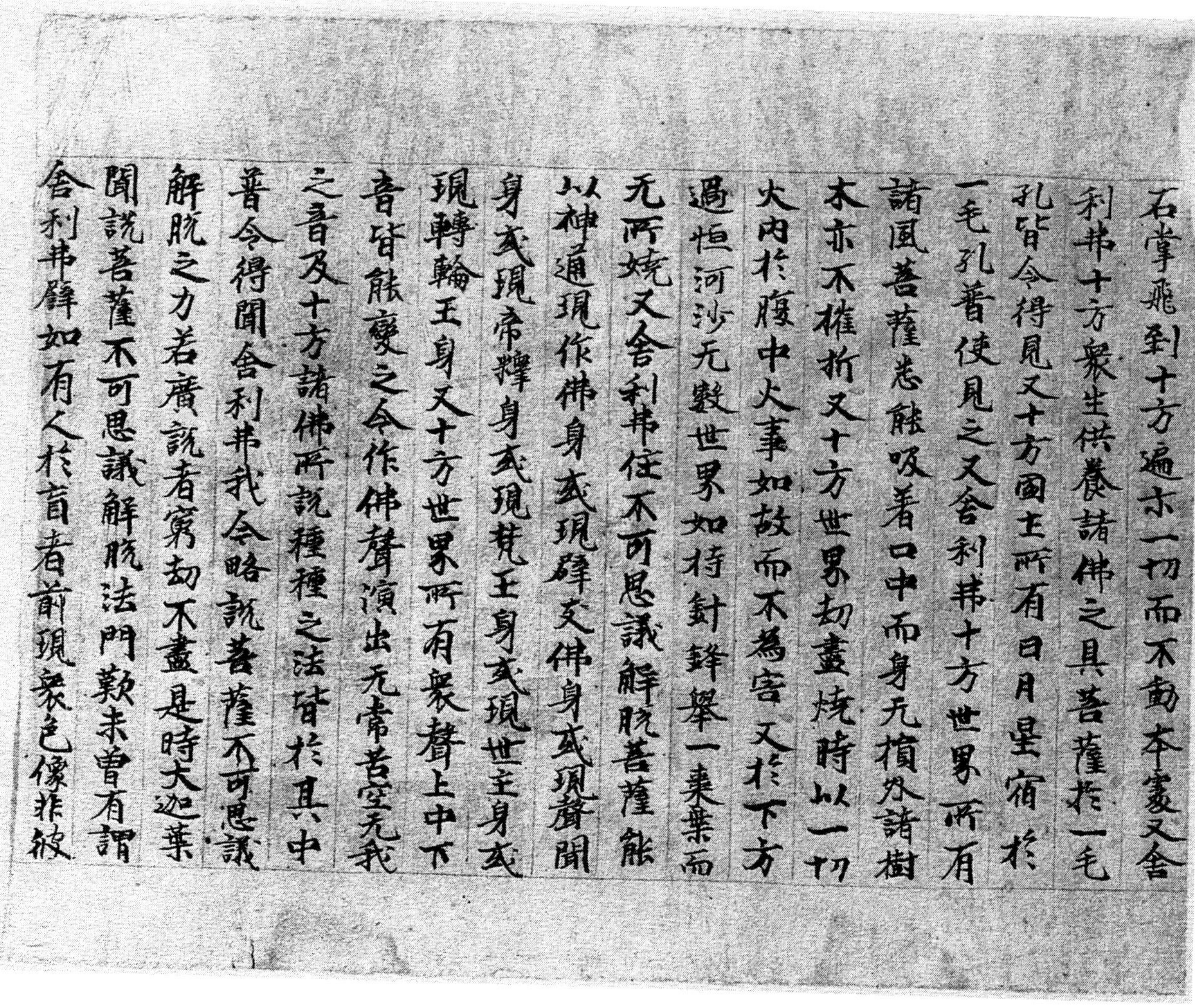

石掌飛到十方遍示一切而不動本處又舍
利弗十方衆生供養諸佛之具菩薩於一毛
孔皆令得見又十方國土所有日月星宿於
一毛孔普使見之又舍利弗十方世界所有
諸風菩薩悉能吸著口中而身无損外諸樹
木亦不摧折又十方世界劫盡燒時以一切
火内於腹中火事如故而不爲害又於下方
過恒河沙无數世界如持針鋒舉一棗葉而
无所嬈又舍利弗住不可思議解脫菩薩能
以神通現作佛身或現辟支佛身或現聲聞
身或現帝釋身或現梵王身或現世主身或
現轉輪王身又十方世界所有衆聲上中下
音皆能變之令作佛聲演出无常苦空无我
之音及十方諸佛所說種種之法皆於其中
普令得聞舍利弗我今略說菩薩不可思議
解脫之力若廣說者窮劫不盡是時大迦葉
聞說菩薩不可思議解脫法門歎未曾有謂
舍利弗譬如有人於盲者前現衆色像非彼

BD05651 號　維摩詰所說經卷中

（3–3）

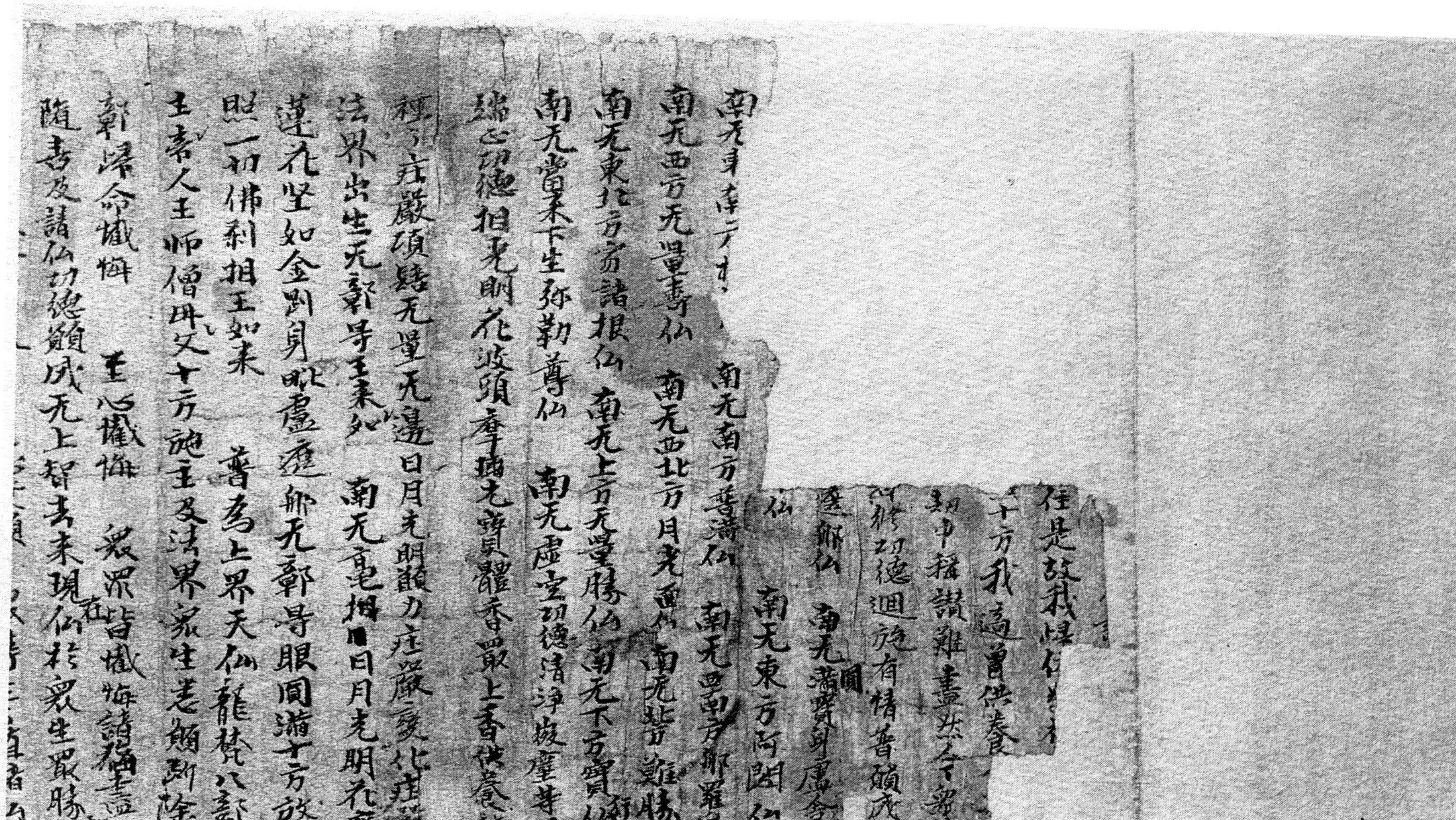

住是故我歸依仏
十方我遍曾供養
劫中稱讚難盡然今
所修功德迴施有情普願成仏
遮那仏　南无滿賢身盧舍那仏
仏　南无東方阿閦仏
南无東南方　南无南方普滿仏　南无西南方那羅延仏
南无西方无量壽仏　南无西北方月光面仏　南无北方難勝仏
南无東北方方諸根仏　南无上方无量勝仏　南无下方寶仰仏
南无當來下生彌勒尊仏　南无虛空功德清淨微塵等目
端正功德相光明花波頭摩瑠光寶身體香最上香供養訖
種種莊嚴頂髻无量无邊日月光明願力莊嚴變化莊嚴
法界出生无鄣礙王如來　南无毫相日月光明花寶
蓮花堅如金剛身毗盧遮那无鄣礙眼圓滿十方放光
照一切佛刹相王如來　普為上界天仙龍梵八部
王帝人王師僧父母文十方施主及法界衆生悉願斷除諸
鄣歸命懺悔　至心懺悔　衆罪皆懺悔諸福盡隨喜
隨喜及諸仏功德願成无上智去來現在仏於衆生最勝

BD05652 號　七階佛名經

（5–1）

蓮花堅如金剛身毗盧遮那无鄣号眼圓滿十方放光
照一切佛刹相王如来
王者人王師僧父母十方施主及法界衆生悉願斷除諸
鄣歸命懺悔　　至心懺悔　　衆罪皆懺悔諸福盡隨
隨喜及諸仏功徳願成无上智去来現在仏於衆生最勝
徳海歸依合掌礼　　至心發願　願々衆等生々值諸仏世
求聞解脫意弘誓平等度衆生畢竟速成无上
道發願已歸命礼三寶　　一切普誦　處世界　如虚空
如蓮花　不著水　心清淨　超於彼　稽首礼无上尊
說偈發願　以此功徳普及於一切我等与衆生皆共成
佛道　　一切恭敬自歸依仏當願衆生躰解大
道發无上意　　自歸依法當願衆生深入經藏智恵
如海　　自歸依僧當願衆生統理大衆一切无㝵
願諸衆生諸悪莫作諸善奉行自淨其意是諸仏
教和南一切賢聖　　白衆等聽說黄昏无常偈
人間忩々營衆務不覺年命日夜去如燈風中滅難
期忙々六道无定趣未解脫出苦海云何安然不驚
懼各聞強健有力時自策勵自求常住
初夜偈煩惱深无底生死海无邊度苦船未立云何
樂睡眠々々當覺悟勿令睡覆心用猛勤精進菩提道
自然　中夜偈　汝等勿抱臭屍臥種々不淨假名
身如得重病箭入體衆苦痛安可眠　後夜偈
時光千流轉忽至五更初　无常念々至　恒与死
王居　午時偈　人生不精進喻若樹无根菜花至

BD05652 號　七階佛名經　（5–2）

樂睡眠々々當覺悟勿令睡覆心用猛勤精進菩提道
自然　中夜偈　汝等勿抱臭屍臥種々不淨假名
身如得重病箭入體衆苦痛安可眠　後夜偈
時光千流轉忽至五更初　无常念々至　恒与死
王居　午時偈　人生不精進喻若樹无根菜花至
日中能得幾時鮮花亦不久鮮色亦非常好人命如
須臾難可保令勸諸衆等勤求無上道　諸行无常是
生滅法生滅々已寂滅為樂如来證涅槃永斷於生死
若能至心聽常壽无量樂　常樂
寅朝礼　敬礼毗盧遮那仏　敬礼盧舍仏　敬礼釋迦牟
尼仏　敬礼東方善徳仏　敬礼東南方无憂徳仏　敬礼南
方旃檀徳仏　敬礼西南方宝施仏　敬礼西方无量明仏
敬礼西北方花徳仏　敬礼北方相徳仏　敬礼東北方三乘
行仏　敬礼上方廣衆徳仏　敬礼下方明徳仏　敬礼當来
下生弥勒尊仏　敬礼過現未来十方三世一切諸仏
敬礼舍利形像宝塔　敬礼十二部尊經甚深法藏　敬礼
諸大菩薩摩訶薩衆　敬礼聲聞緣覺一切賢聖　為天龍
八部諸善神王敬礼常住三寶　為過現諸師恆為道乎敬礼
常住三寶　為常主聖化无窮敬礼常住三寶　為太子
諸王不逐万葉敬礼常住三寶　為師僧父母及善知識敬礼
常住三寶　為十方施主六度圓滿礼敬常住三寶
為受苦衆生願皆離苦敬礼常住三寶　為國處安寧法
輪常轉敬礼常住三寶　為法界有情礼仏懺悔

BD05652 號　七階佛名經　（5–3）

八部諸善神王敬礼常住三寶　為過現諸師恒為道手敬礼
常住三寶　為帝主聖化無窮敬礼常住三寶　為太子
諸王不延万葉敬礼常住三寶　為師僧父母及善知識敬礼
常住三寶　為十方施主六度自滿礼敬常住三寶
為受苦衆生願皆離苦敬礼常住三寶　為國度安寧法
輪常轉敬礼常住三寶　為法界有情礼仏懺悔
至心懺悔　十方无量仏所知無不盡我今悉於前發露
重諸惡三三合九衆從三煩惱起今身若前身有罪皆懺悔
於三惡道中若應壽業保願得今身常不入惡道壽懺悔
已歸命礼三寶　至心勸請　十方諸如来現在成道者我請轉
法輪安樂諸衆生十方一切仏若欲舍壽命我今頭面礼勸
請令久住勸請以歸命礼三寶　至心隨喜　所有布施福持
戒循禪惠從身口意生去来今所有集學三乘人具足一乘
者无量人天福衆等皆隨喜以歸命礼三寶　至心迴向
我所作福業一切皆和合為度群生故改迴向仏道罪應
如是懺勸請隨喜福迴向於菩提迴向以歸命礼三寶
至心發願　願諸衆生悉發菩提心計心常思念十方一切仏復
願諸衆生永破諸煩惱了了見仏性猶如妙得等　發願以歸命
礼三寶　白衆等聽說寅朝清淨偈　欲求寂滅樂當學沙
門法衣食支身命精麁隨衆得　諸衆等寅朝清淨各既
六念　第一念仏願得仏身　第二念法法輪常轉　第三念僧頭陀苦行

BD05652號　七階佛名經

(5–4)

已歸命礼三寶　至心勸請　十方諸如来現在成道者我請轉
法輪安樂諸衆生十方一切仏若欲舍壽命我今頭面礼勸
請令久住勸請以歸命礼三寶　至心隨喜　所有布施福持
戒循禪惠從身口意生去来今所有集學三乘人具足一乘
者无量人天福衆等皆隨喜以歸命礼三寶　至心迴向
我所作福業一切皆和合為度群生故改迴向仏道罪應
如是懺勸請隨喜福迴向於菩提迴向以歸命礼三寶
至心發願　願諸衆生悉發菩提心計心常思念十方一切仏復
願諸衆生永破諸煩惱了了見仏性猶如妙得等　發願以歸命
礼三寶　白衆等聽說寅朝清淨偈　欲求寂滅樂當學沙
門法衣食支身命精麁隨衆得　諸衆等寅朝清淨各既
六念　第一念仏願得仏身　第二念法法輪常轉　第三念僧頭陀苦行
第四念戒諸根清淨　第五念施捨根清淨　第六念天大般涅槃
東宋遲起蘇浮水人

BD05652號　七階佛名經

(5–5)

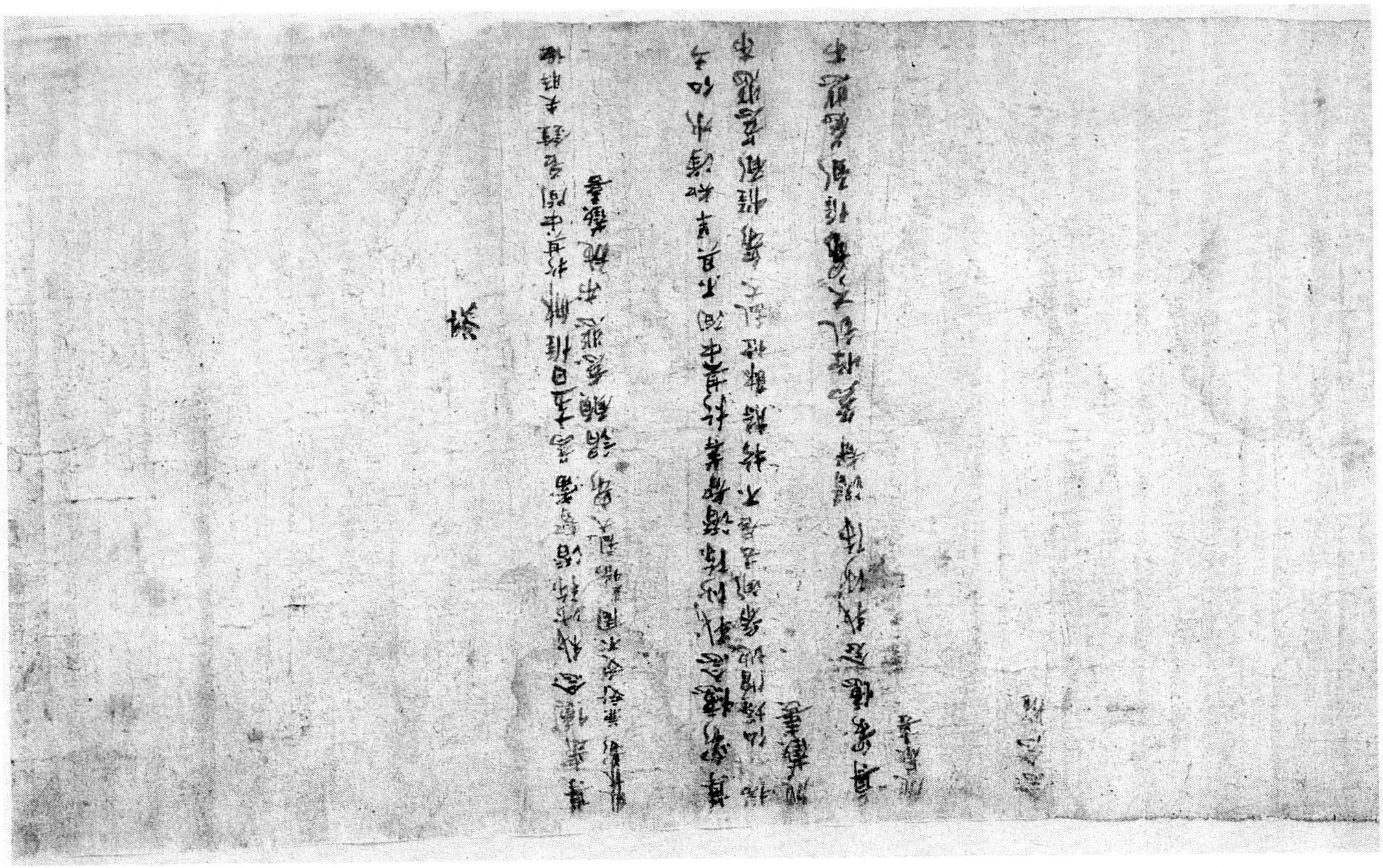

BD05652 號背　沙彌濬智為維那求布施歡喜文（擬）　（3–1）

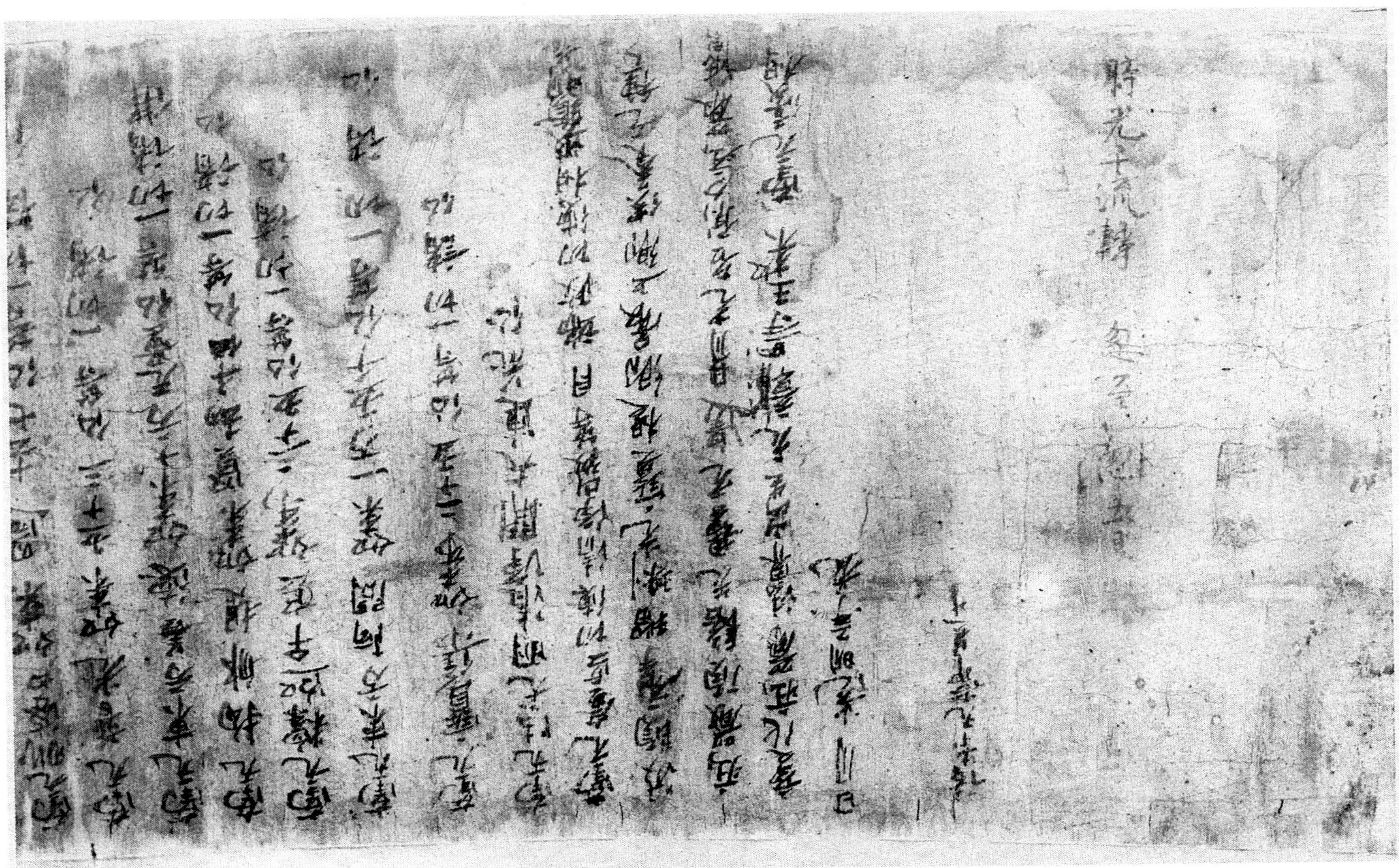

BD05652 號背　雜寫　（3–2）

BD05652號背　雜寫

（3-3）

般若波羅蜜多心經
如是我聞一時薄伽梵住王舍城鷲峯山
中與大苾蒭衆及諸菩薩摩訶薩俱尒
時世尊入諸法平等甚深顯了三摩地復
於尒時觀自在菩薩行深般若波羅蜜多
時照見五蘊體空時具壽舍利子承佛威力
白觀自在菩薩曰若善男子善女人欲修行
甚深般若波羅蜜多者應云何修學作是
語已觀自在菩薩摩訶薩答具壽舍利子
言若善男子善女人欲修行甚深般若波羅
蜜多時照見五蘊體空度一切苦厄舍利子色
不異空空不異色色即是空空即是色受想
行識亦復如是舍利子是諸法空相不生不
滅不垢不淨不增不減是故空中無色無受

BD05653號　般若波羅蜜多心經（異本）

（3–1）

於尒時觀自在菩薩行深般若波羅蜜多
時照見五蘊體空時具壽舍利子承佛威力
白觀自在菩薩曰若善男子善女人欲修行
甚深般若波羅蜜多者應云何修學作是
語已觀自在菩薩摩訶薩答具壽舍利子
言若善男子善女人欲修行甚深般若波羅
蜜多時照見五蘊體空度一切苦厄舍利子色
不異空空不異色色即是空空即是色受想
行識亦復如是舍利子是諸法空相不生不
滅不垢不淨不增不減是故空中無色無受
想行識無眼耳鼻舌身意無色聲香味觸
法無眼界乃至無意識界無無明亦無無明
盡乃至無老死亦無老死盡無苦集滅道無
智亦無德以無所得故菩提薩埵依般若波
羅蜜多故心無罣礙無罣礙故無有恐怖遠離
顛倒夢想究竟涅槃三世諸佛依般若波羅
蜜多故得阿耨多羅三藐三菩提故知般若波
羅蜜多是大神呪是大明呪是无上呪是无等等
呪能除一切苦真實不虛故說般若波羅蜜多
呪即說呪曰
究竟究竟　到彼究竟　到彼齊究竟　菩提之畢竟
揭帝揭帝　波羅揭帝　波羅僧揭帝　菩提薩婆訶
舍利子菩薩摩訶薩依如是修學甚深般若
波羅蜜多尒時世尊從三昧起告觀自在菩
薩曰善哉善哉善男子應如是修學一切如
来亦應隨喜時薄伽梵說是語已具壽舍
利子及觀自在菩薩摩訶薩一切世間天人
阿修羅乾闥婆等聞佛所說皆大歡喜
信受奉行

BD05653號　般若波羅蜜多心經（異本）

（3–2）

法無眼界乃至無意識界無無明亦無無明
盡乃至無老死亦無老死盡無苦集滅道無
智亦無德以無所得故菩提薩埵依般若波
羅蜜多故心無罣礙無罣礙故無有恐怖遠離
顛倒夢想究竟涅槃三世諸佛依般若波羅
蜜多故得阿耨多羅三藐三菩提故知般若波
羅蜜多是大神呪是大明呪是无上呪是无等等
呪能除一切苦真實不虛故說般若波羅蜜多
呪即說呪曰
究竟究竟　到彼究竟　到彼齊究竟　菩提之畢竟
揭帝揭帝　波羅揭帝　波羅僧揭帝　菩提薩婆訶
舍利子菩薩摩訶薩依如是修學甚深般若
波羅蜜多尒時世尊從三昧起告觀自在菩
薩曰善哉善哉善男子應如是修學一切如
來亦應隨喜時薄伽梵說是語已具壽舍
利子及觀自在菩薩摩訶薩一切世間天人
阿修羅乾闥婆等聞佛所說皆大歡喜
信受奉行
般若波羅蜜多心經一卷

BD05653號　般若波羅蜜多心經（異本）　（3–3）

大般若波羅蜜多經卷第五百六十八

三藏法師玄奘奉　詔譯

第六分法界品第四之二

尒時最勝復白佛言世尊云何諸菩薩摩訶
薩行深般若波羅蜜多爲度有情亦現諸相
佛告最勝天王當知甚深般若波羅蜜多相
不可得諸菩薩相亦不可得但由方便善巧
威力爲有情類亦現入胎乃至涅槃種種化
相何以故諸天計常謂無墮落是故菩薩行
深般若波羅蜜多方便善巧爲破彼執亦現
入胎曰令彼天起無常念世間最勝最高無
等於欲不染尚有墮落况餘天衆而得常耶
是故皆應勿復放逸勤加精進繫念脩道如
見日輪尚有隱沒即知螢火不得久住復有
諸天放逸著樂不脩正法恣情遊戲雖與菩
薩同處天宮不往礼拜不諮受法各作是念

BD05654 號　大般若波羅蜜多經卷五六八

（2–1）

不可得諸菩薩相亦不可得但由方便善巧
威力爲有情類亦現入胎乃至涅槃種種化
相何以故諸天計常謂無墮落是故菩薩行
深般若波羅蜜多方便善巧爲破彼執亦現
入胎曰令彼天起無常念世間最勝最高無
等於欲不染尚有墮落况餘天衆而得常耶
是故皆應勿復放逸勤加精進繫念脩道如
見日輪尚有隱沒即知螢火不得久住復有
諸天放逸著樂不脩正法恣情遊戲雖與菩
薩同處天宮不往礼拜不諮受法各作是念
今且受樂明詣菩薩當受法要共相謂言我
興菩薩常此同住脩行何晚是故菩薩行深
般若波羅蜜多勤脩精進如救頭然破放逸
行亦現墮落如是亦現有二因緣一令諸天
離放逸故二令有情咸得見故世間復有下
劣有情善根少故不堪見佛戍無上覺轉妙
法輪菩薩爲彼亦現嬰兒及住童子後宮遊
戲菩薩若住餘像說法後宮女人則不信樂
是故亦現嬰兒童子有高行人常能離俗菩
薩爲彼亦現出家復有天人作如是念端坐
受樂不得聖道菩薩爲彼亦現苦行亦爲降

BD05654 號　大般若波羅蜜多經卷五六八

（2–2）

瑜伽師地論卷第十一　弥勒菩薩說　沙門玄奘奉詔譯
本地分中三摩呬多地第六之一
已說有尋有伺等三地云何三摩呬多地嗢柁
南曰
揔標與安立　作意相差別　攝諸經宗要　最後
眾雜義
若略說三摩呬多地當知由揔標故安立故
作意差別故相差別故略攝諸經宗要等
故云何揔標謂此地中略有四種一者靜慮二
者解脫三者等持四者等至靜慮者謂四
靜慮一從離生有尋有伺靜慮二從定生
无尋无伺靜慮三離喜靜慮四捨念清淨靜
慮解脫者謂八解脫一有色觀諸色解脫二內无
色想觀外諸色解脫三淨解脫身作證具足
住解脫四空无邊處解脫五識无邊處解脫
六无所有處解脫七非想非非想處解脫八
想受滅身作證具足住解脫等持者謂三三

BD05655號　瑜伽師地論卷一一

（2–1）

作意差別故相差別故略攝諸經宗要等
故云何揔標謂此地中略有四種一者靜慮二
者解脫三者等持四者等至靜慮者謂四
靜慮一從離生有尋有伺靜慮二從定生
无尋无伺靜慮三離喜靜慮四捨念清淨靜
慮解脫者謂八解脫一有色觀諸色解脫二內无
色想觀外諸色解脫三淨解脫身作證具足
住解脫四空无邊處解脫五識无邊處解脫
六无所有處解脫七非想非非想處解脫八
想受滅身作證具足住解脫等持者謂三三
摩地一空二无願三无相復有三種謂有尋
有伺无尋唯伺无尋无伺復有三種謂小大
无量復有二種謂一分脩具分脩復有三種
謂喜俱行樂俱行捨俱行復有四種謂四
脩定復有五種謂五聖智三摩地復有五種
謂聖五支三摩地復有有因有具聖正三摩地
復有金剛喻三摩地復有有學无學非學
非无學等三摩地等至者謂五現見三摩
鉢底八勝處三摩鉢底十遍處三摩鉢底四

BD05655號　瑜伽師地論卷一一

（2–2）

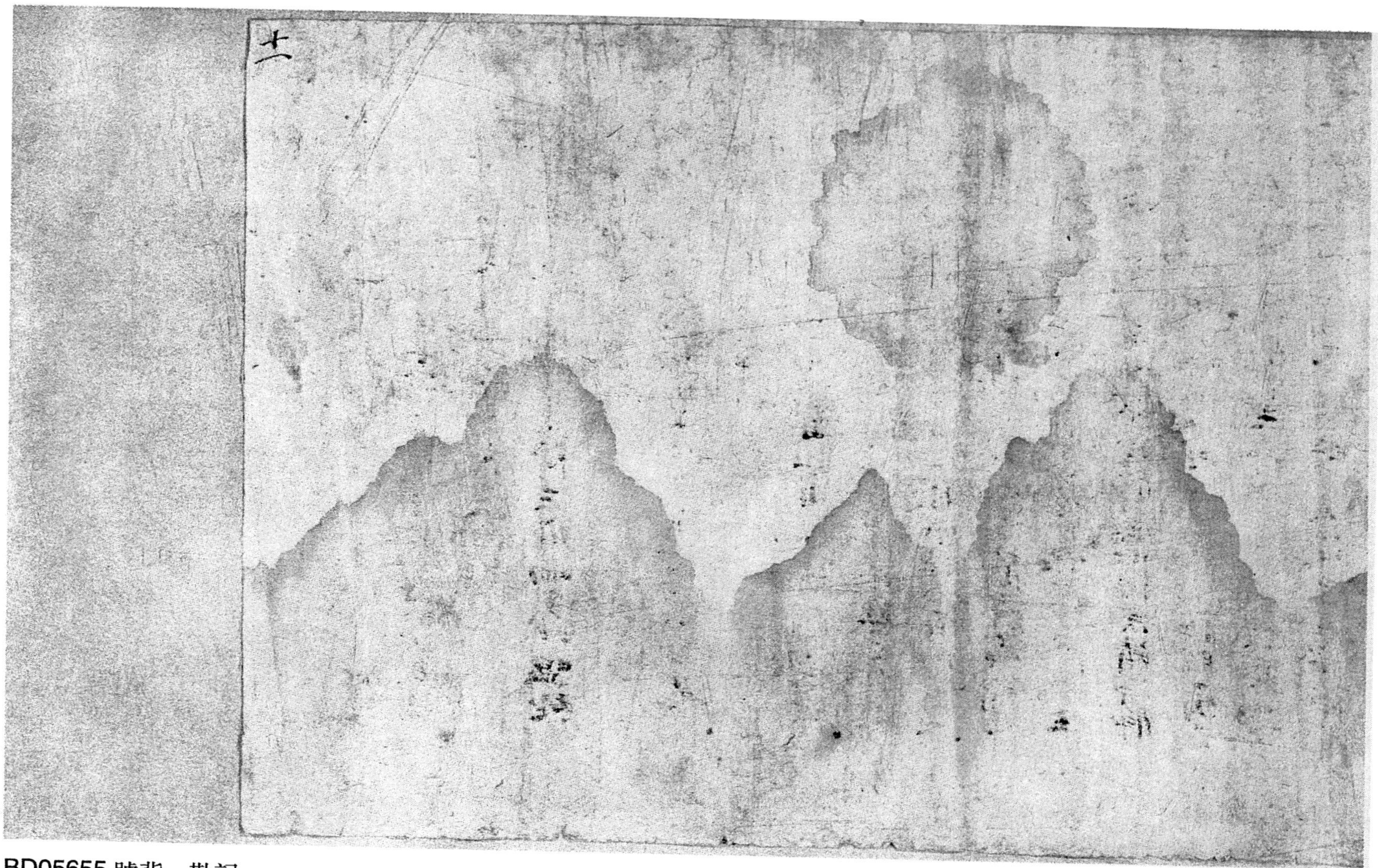
十一

BD05655 號背　勘記

（1–1）

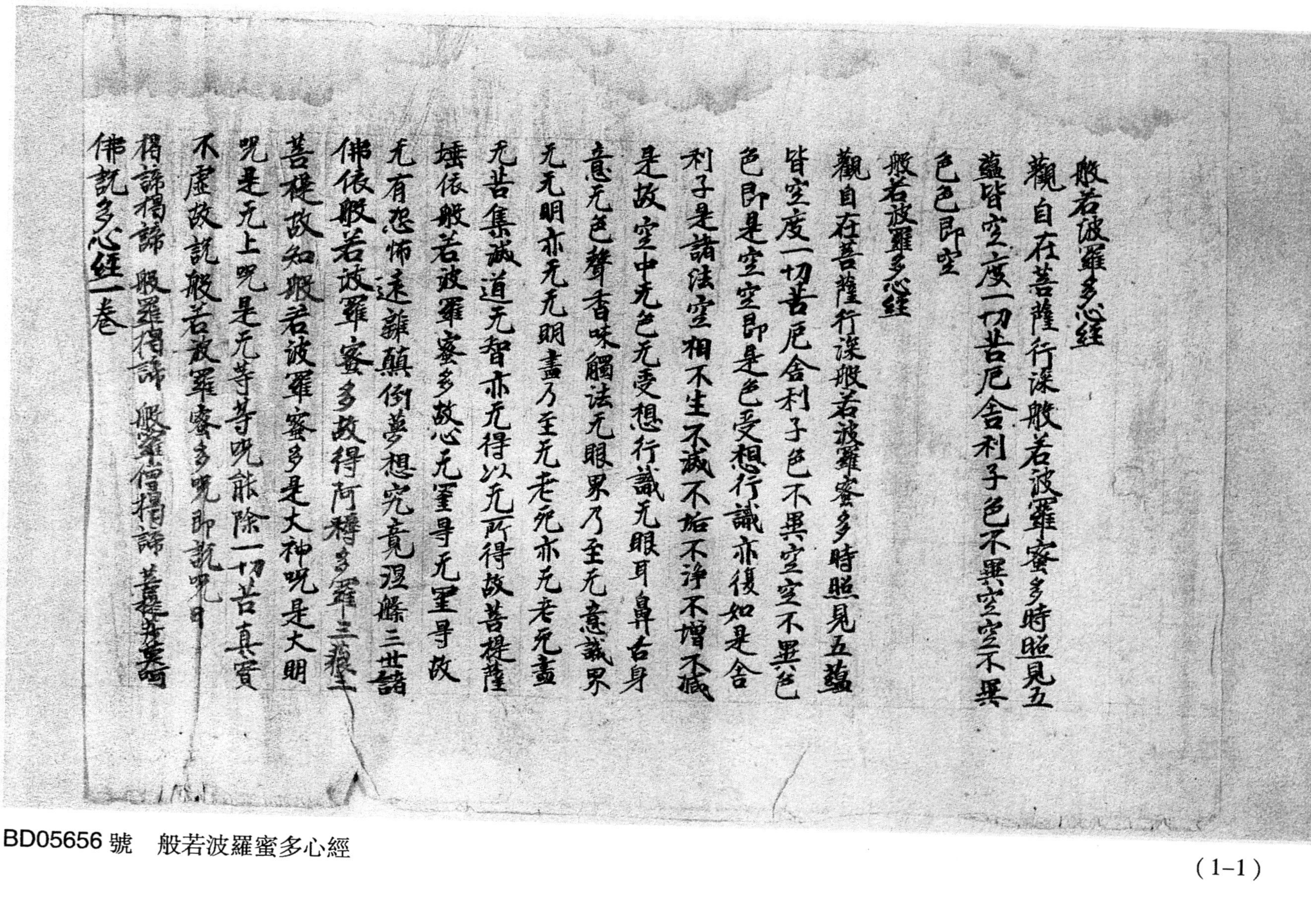
般若波羅蜜多心經
觀自在菩薩行深般若波羅蜜多時照見五
蘊皆空度一切苦厄舍利子色不異空空不異
色色即空
般若波羅蜜多心經
觀自在菩薩行深般若波羅蜜多時照見五蘊
皆空度一切苦厄舍利子色不異空空不異色
色即是空空即是色受想行識亦復如是舍
利子是諸法空相不生不滅不垢不淨不增不減
是故空中无色无受想行識无眼耳鼻舌身
意无色聲香味觸法无眼界乃至无意識界
无无明亦无无明盡乃至无老死亦无老死盡
无苦集滅道无智亦无得以无所得故菩提薩
埵依般若波羅蜜多故心无罣㝵无罣㝵故
无有恐怖遠離顛倒夢想究竟涅槃三世諸
佛依般若波羅蜜多故得阿耨多羅三藐三
菩提故知般若波羅蜜多是大神呪是大明
呪是无上呪是无等等呪能除一切苦真實
不虛故說般若波羅蜜多呪即說呪曰
揭諦揭諦　般羅揭諦　般羅僧揭諦　菩提薩婆訶
佛說多心經一卷

BD05656 號　般若波羅蜜多心經

（1–1）

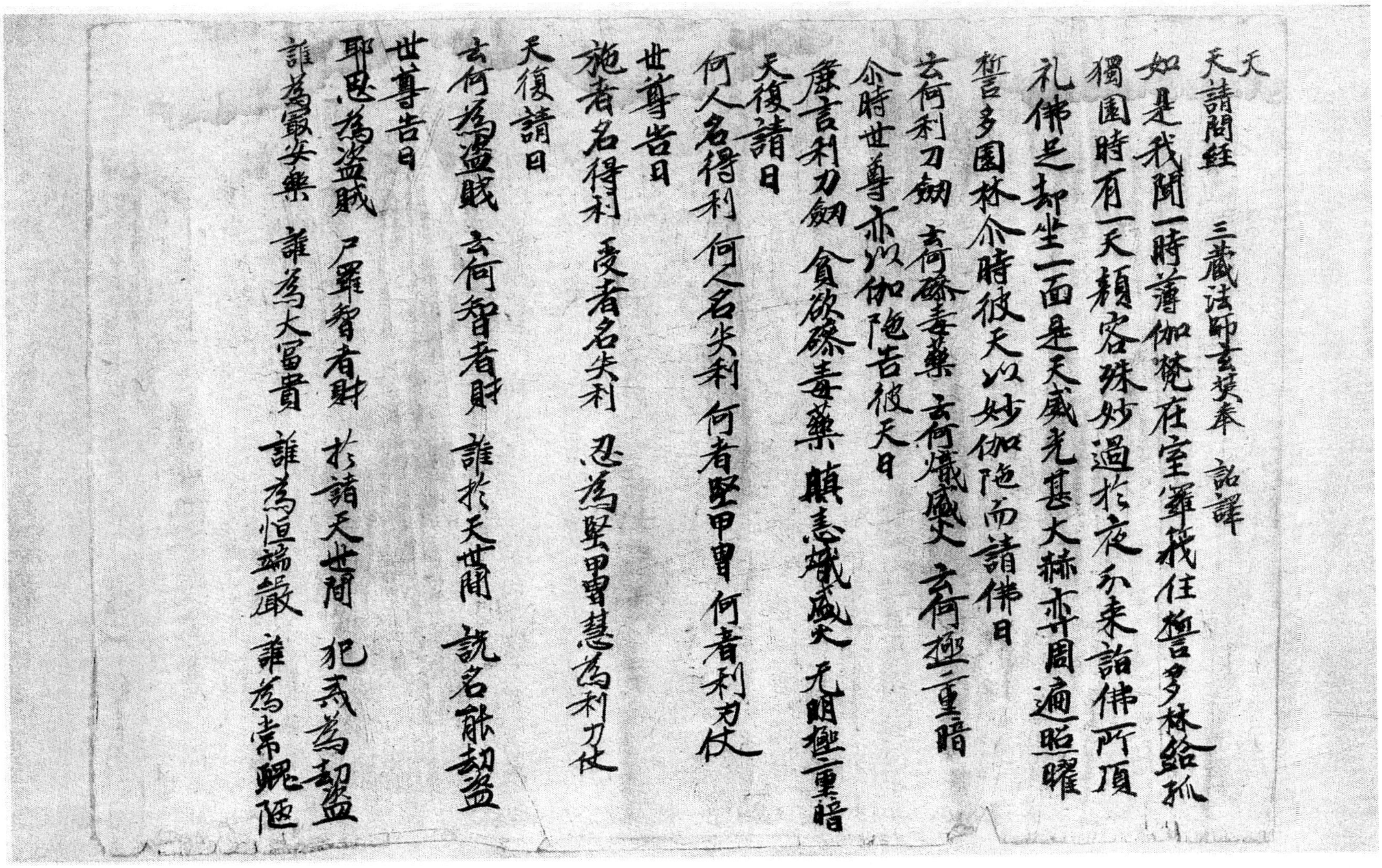
天
天請問經　三藏法師玄奘奉　詔譯
如是我聞一時薄伽梵在室羅筏住誓多林給孤
獨園時有一天顏容殊妙過於夜分來詣佛所頂
礼佛足却坐一面是天威光甚大赫弈周遍照曜
誓多園林尒時彼天以妙伽陀而請佛曰
云何利刀劍　云何𠍿毒藥　云何熾盛火　云何極重暗
尒時世尊亦以伽陀告彼天曰
廉言利刀劍　貪欲𠍿毒藥　瞋恚熾盛火　无明極重暗
天復請曰
何人名得利　何人名失利　何者堅甲胄　何者利刀仗
世尊告曰
施者名得利　受者名失利　忍為堅甲胄　慧為利刀仗
天復請曰
云何為盜賊　云何智者財　誰於天世間　説名能劫盜
世尊告曰
耶思為盜賊　尸羅智者財　於諸天世間　犯戒為劫盜
誰為最安樂　誰為大富貴　誰為恒端嚴　誰為常醜陋

BD05656 號背　天請問經經文雜鈔　（1–1）

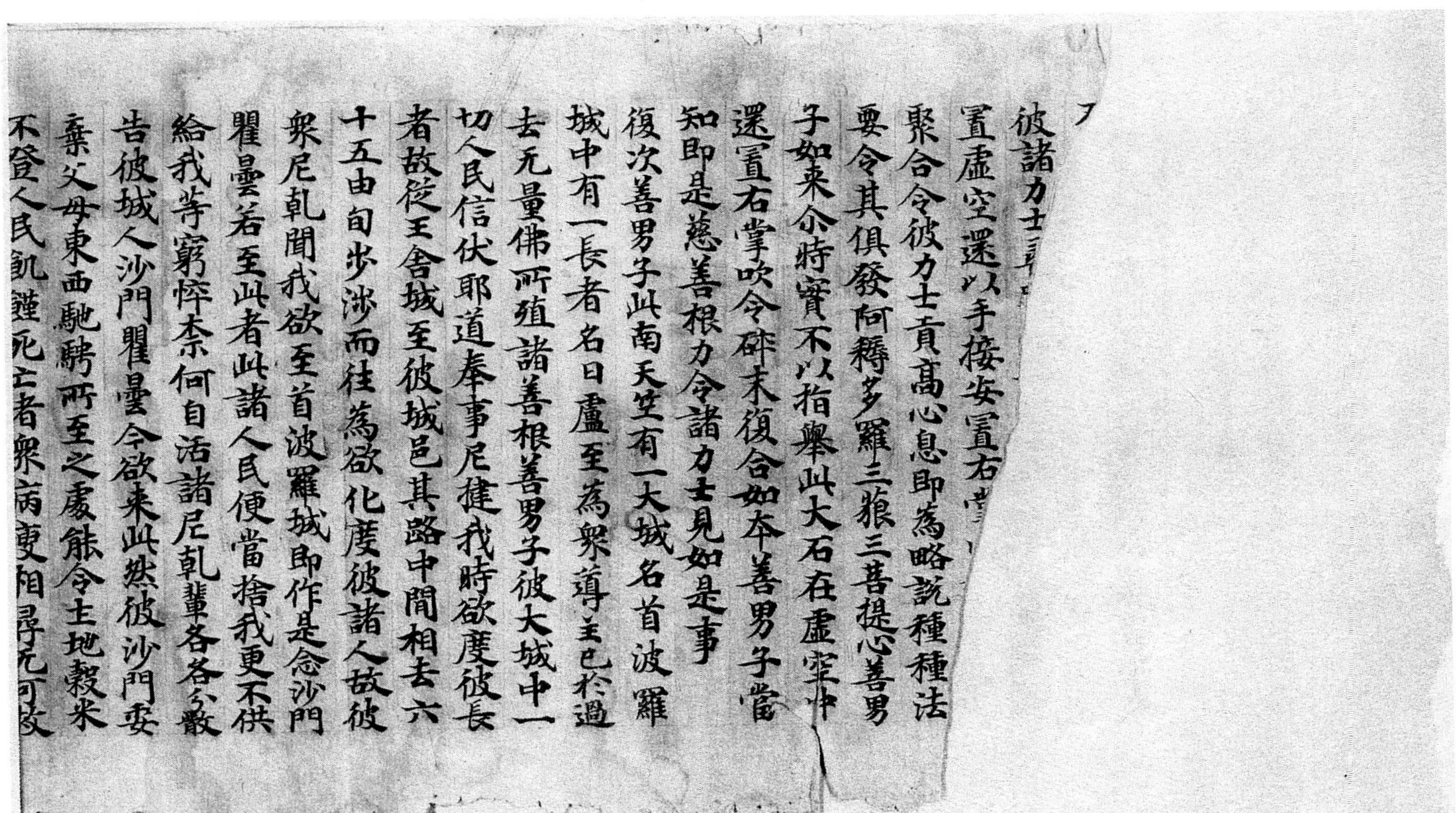
彼諸力士尋
置虛空還以手接安置右
聚合令彼力士貢高心息即為略説種種法
要令其俱發阿耨多羅三藐三菩提心善男
子如來尒時實不以指舉此大石在虛空中
還置右掌吹令碎末復合如本善男子當
知即是慈善根力令諸力士見如是事
復次善男子此南天竺有一大城名首波羅
城中有一長者名曰盧至為衆導主已於過
去无量佛所殖諸善根善男子彼大城中一
切人民信伏耶道奉事尼揵我時欲度彼長
者故從王舍城至彼城邑其路中間相去六
十五由旬步涉而往為欲化度彼諸人故彼
衆尼乾聞我欲至首波羅城即作是念沙門
瞿曇若至此者此諸人民便當捨我更不供
給我等窮悴柰何自活諸尼乾輩各各分散
告彼城人沙門瞿曇今欲來此然彼沙門要
棄父母東西馳騁所至之處能令土地穀米
不登人民飢饉死亡者衆病瘦相尋无可救

BD05657 號　大般涅槃經（北本）卷一六　（3–1）

衆尼乾聞我欲至首波羅城即作是念沙門
瞿曇若至此者此諸人民便當捨我更不供
給我等窮悴柰何自活諸尼乾輩各各分散
告彼城人沙門瞿曇今欲来此然彼沙門委
棄父母東西馳騁所至之處能令土地穀米
不登人民飢饉死亡者衆病瘦相尋无可救
解瞿曇无頼純將諸悪羅刹鬼神以為侍從
无父无母孤窮之人而来諮啓為作門徒所
可教詔純説虚空随其至處初无安樂彼人
聞已即懷怖畏頭面敬礼尼揵子足白言大
師我等今者當設何計尼揵答言沙門瞿曇
性好叢林流泉清水外設有者宜應破壞汝
等便可相與出城諸有之處斫伐令盡莫使
有遺流泉井池悉置糞屎堅閉城門各嚴器
杖當壁防護彼設来者莫令得前若不前者
汝當安隱我等亦當作種種術令彼瞿曇復
道還去彼諸人民聞是語已敬諾施行斬伐
樹木汙厚諸水莊嚴器杖牢自防護善男子
我於尒時至彼城已不見一切樹木叢林唯
見諸人莊嚴器杖當壁自守見是事已尋生
憐愍慈心向之所有樹木還生如本復更生
長其餘諸樹不可稱計河池井泉其水清淨
盈滿其中如青瑠璃生衆雜華弥覆其上變
其城壁為紺瑠璃城内人民悉得徹見我及
大衆門自開闢无能制者所嚴器杖變成雜

BD05657號　大般涅槃經（北本）卷一六

（3–2）

樹木汙厚諸水莊嚴器杖牢自防護善男子
我於尒時至彼城已不見一切樹木叢林唯
見諸人莊嚴器杖當壁自守見是事已尋生
憐愍慈心向之所有樹木還生如本復更生
長其餘諸樹不可稱計河池井泉其水清淨
盈滿其中如青瑠璃生衆雜華弥覆其上變
其城壁為紺瑠璃城内人民悉得徹見我及
大衆門自開闢无能制者所嚴器杖變成雜
華盧至長者而為上首與其人民俱共相随
来至我所我即為説種種法要令彼諸人一
切皆發阿耨多羅三藐三菩提心善男子我
於尒時實不化作種種樹木清淨流水盈滿
河池變其本城為紺瑠璃令彼人民徹見於
我開其城門器杖為華善男子當知皆是
慈善根力能令彼人見如是事
復次善男子舍衛城有婆羅門女姓婆私吒
唯有一子愛之甚重遇病命終尒時女人愁
毒入心狂亂失性裸身无恥遊行四衢啼哭
失聲唱言子子汝何處去周遍城邑无有疲
已而是女人已於先佛殖衆德本善男子我

BD05657號　大般涅槃經（北本）卷一六

（3–3）

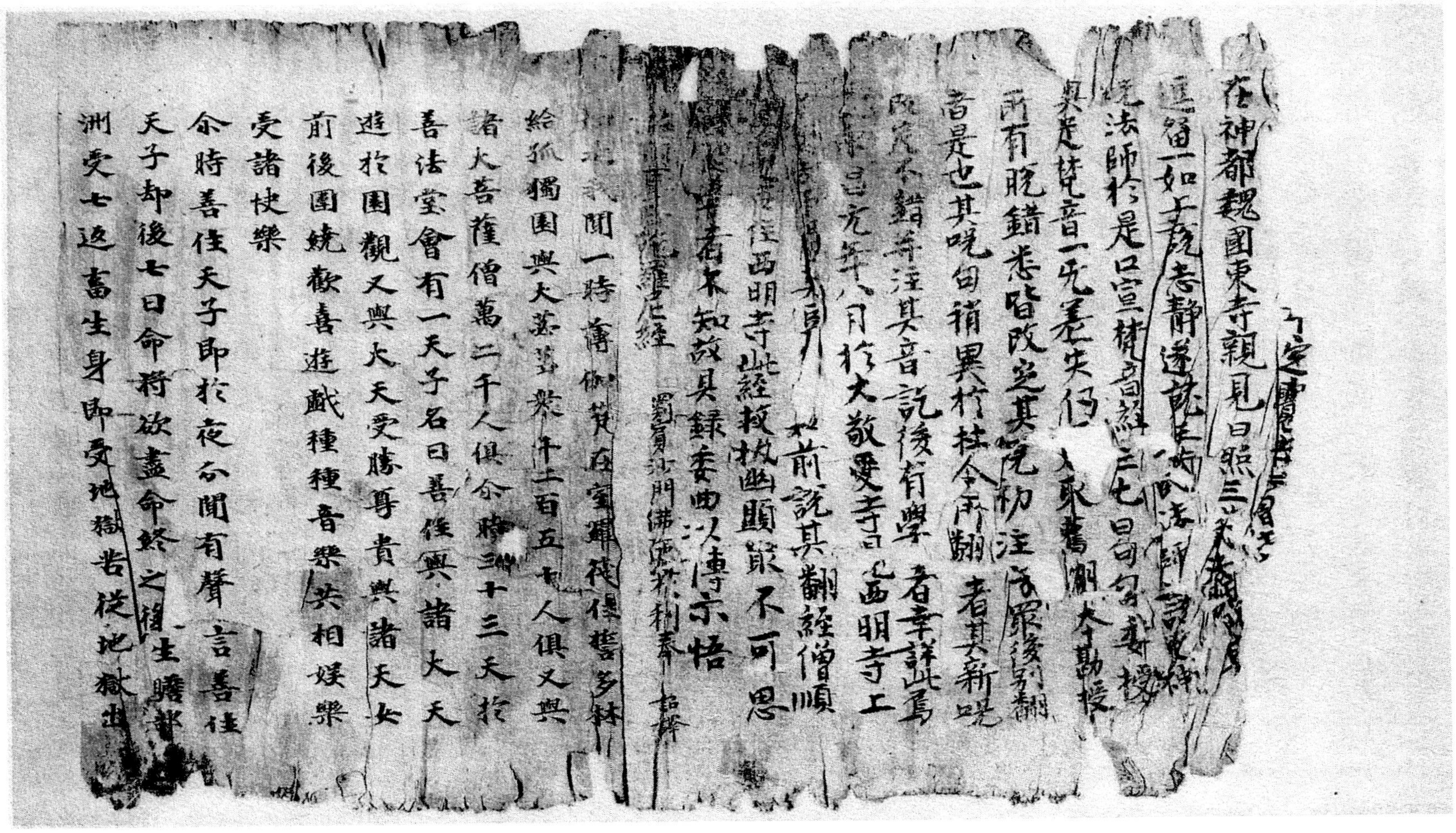

在神都魏國東寺親見日照三藏法師
逗留一如上說志靜遂就三藏法師諮受神
咒法師於是口宣梵音經二七日句句委授
具足梵音一无差失仍更取舊翻本勘授
所有脫錯悉皆改定其咒初注云最後別翻
音是也其咒句稍異於杜令所翻者其新咒
改定不錯并注其音訖後有學者幸詳此焉
[illegible]昌元年八月於大敬愛寺見西明寺上
座[illegible]前說其翻經僧順
貞見在西明寺此經救拔幽顯最不可思
議恐學者不知故具錄委曲以傳示悟

佛頂尊勝陀羅尼經

罽賓沙門佛陀波利奉 詔譯

如是我聞一時薄伽梵在室羅筏住誓多林
給孤獨園與大苾芻眾千二百五十人俱又與
諸大菩薩僧萬二千人俱尒時三十三天於
善法堂會有一天子名曰善住與諸大天
遊於園觀又與大天受勝尊貴與諸天女
前後圍繞歡喜遊戲種種音樂共相娛樂
受諸快樂
尒時善住天子即於夜分聞有聲言善住
天子却後七日命將欲盡命終之後生贍部
洲受七返畜生身即受地獄苦從地獄出

BD05658 號 1　佛頂尊勝陀羅尼經（佛陀波利本）序　（1–1）

BD05658 號 2　佛頂尊勝陀羅尼經（佛陀波利本）

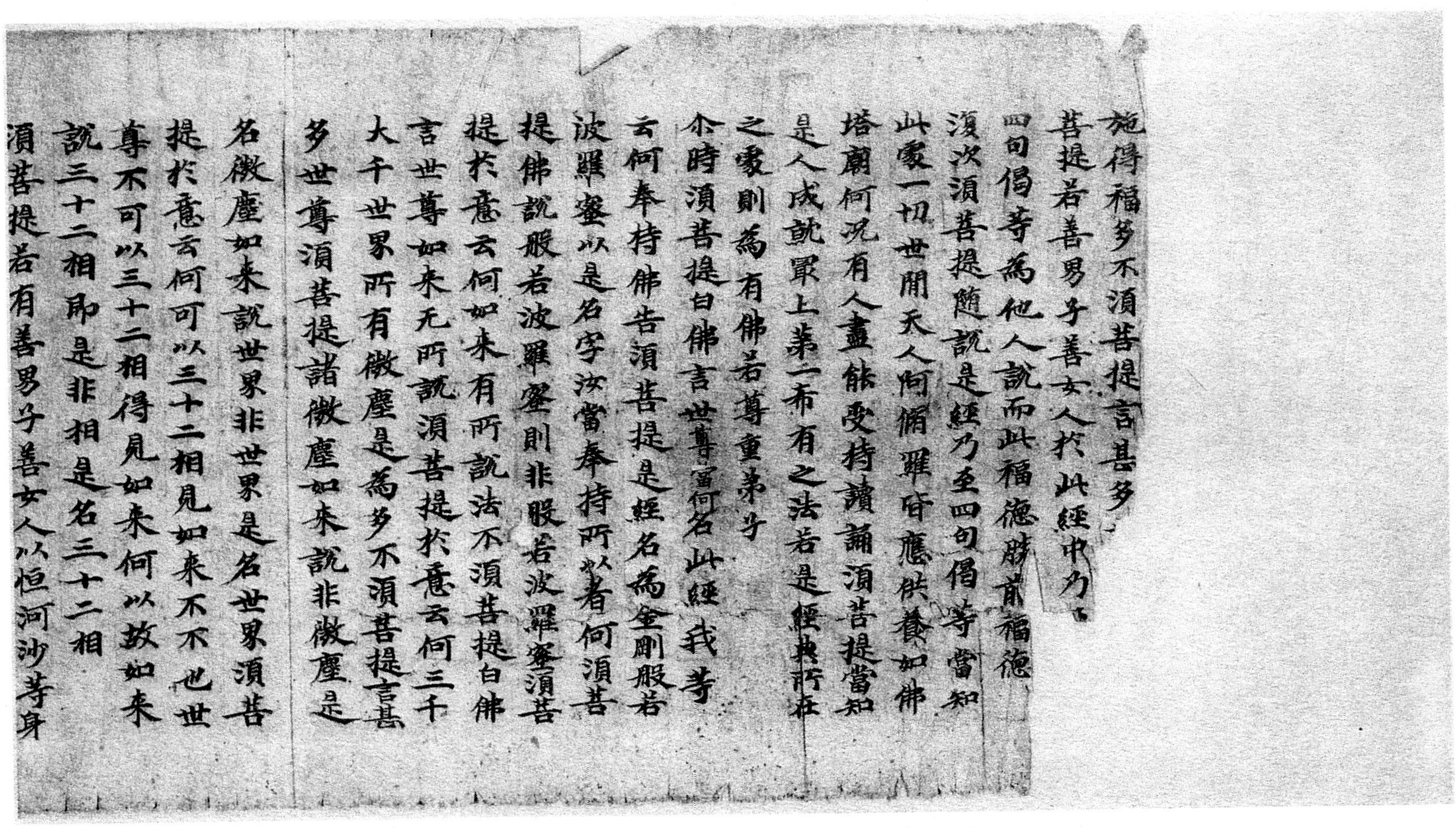

施得福多不須菩提言甚多
菩提若善男子善女人於此經中乃
四句偈等為他人說而此福德勝前福德
復次須菩提隨說是經乃至四句偈等當知
此處一切世間天人阿脩羅皆應供養如佛
塔廟何況有人盡能受持讀誦須菩提當知
是人成就最上第一希有之法若是經典所在
之處則為有佛若尊重弟子
尒時須菩提白佛言世尊當何名此經我等
云何奉持佛告須菩提是經名為金剛般若
波羅蜜以是名字汝當奉持所以者何須菩
提佛說般若波羅蜜則非般若波羅蜜須菩
提於意云何如來有所說法不須菩提白佛
言世尊如來无所說須菩提於意云何三千
大千世界所有微塵是為多不須菩提言甚
多世尊須菩提諸微塵如來說非微塵是
名微塵如來說世界非世界是名世界須菩
提於意云何可以三十二相見如來不不也世
尊不可以三十二相得見如來何以故如來
說三十二相即是非相是名三十二相
須菩提若有善男子善女人以恒河沙等身

BD05659 號　金剛般若波羅蜜經　（5–1）

多世尊須菩提諸微塵如来說非微塵是
名微塵如来說世界非世界是名世界須菩
提於意云何可以三十二相見如来不不也世
尊不可以三十二相得見如来何以故如来
說三十二相即是非相是名三十二相
須菩提若有善男子善女人以恒河沙等身
命布施若復有人於此經中乃至受持四句
偈等為他人說其福甚多
尒時須菩提聞說是經深解義趣涕淚悲泣
而白佛言希有世尊佛說如是甚深經典我
從昔来所得慧眼未曾得聞如是之經世尊
若復有人得聞是經信心清淨則生實相當
知是人成就第一希有功德世尊是實相者
則是非相是故如来說名實相世尊我今得
聞如是經典信解受持不足為難若當来世
後五百歲其有衆生得聞是經信解受持
是人則為第一希有何以故此人无我相人相
衆生相壽者相所以者何我相即是非相人
相衆生相壽者相即是非相何以故離一切
諸相則名諸佛
佛告須菩提如是如是若復有人得聞是經
不驚不怖不畏當知是人甚為希有何以故
須菩提如来說第一波羅蜜非第一波羅蜜
是名第一波羅蜜
須菩提忍辱波羅蜜如来說非忍辱波羅蜜
何以故須菩提如我昔為歌利王割截身體

BD05659 號　金剛般若波羅蜜經

（5–2）

不驚不怖不畏當知是人甚為希有何以故
須菩提如来說第一波羅蜜非第一波羅蜜
是名第一波羅蜜
須菩提忍辱波羅蜜如来說非忍辱波羅蜜
何以故須菩提如我昔為歌利王割截身體
我於尒時无我相无人相无衆生相无壽者
相何以故我於往昔節節支解時若有我相
人相衆生相壽者相應生瞋恨須菩提又念
過去於五百世作忍辱仙人於尒所世无我
相无人相无衆生相无壽者相是故須菩提
菩薩應離一切相發阿耨多羅三藐三菩提
心不應住色生心不應住聲香味觸法生心
應生无所住心若心有住則為非住是故佛
說菩薩心不應住色布施須菩提菩薩為
利益一切衆生應如是布施如来說一切諸相
即是非相又說一切衆生則非衆生
須菩提如来是真語者實語者如語者不誑
語者不異語者須菩提如来所得法此法无
實无虛
須菩提若菩薩心住於法而行布施如人入
闇則无所見若菩薩心不住法而行布施如
人有目日光明照見種種色
須菩提當来之世若善男子善女人能於此
經受持讀誦則為如来以佛智慧悉知是人
悉見是人皆得成就无量无邊功德
須菩提若有善男子善女人初日分以恒河

BD05659 號　金剛般若波羅蜜經

（5–3）

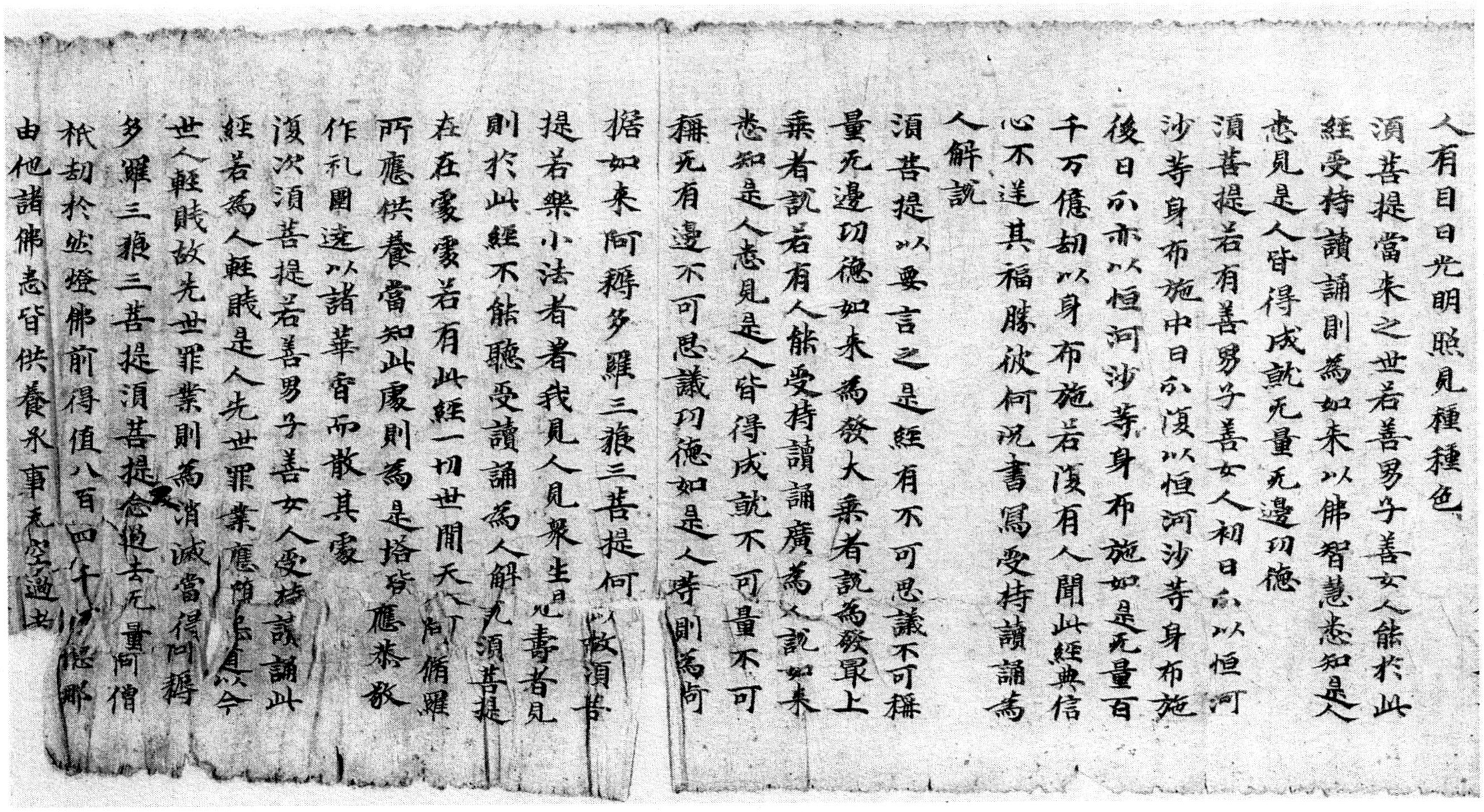

人有目日光明照見種種色
須菩提當來之世若善男子善女人能於此
經受持讀誦則爲如來以佛智慧悉知是人
悉見是人皆得成就无量无邊功德
須菩提若有善男子善女人初日分以恒河
沙等身布施中日分復以恒河沙等身布施
後日分亦以恒河沙等身布施如是无量百
千万億劫以身布施若復有人聞此經典信
心不逆其福勝彼何况書寫受持讀誦爲
人解說
須菩提以要言之是經有不可思議不可稱
量无邊功德如來爲發大乘者說爲發最上
乘者說若有人能受持讀誦廣爲人說如來
悉知是人悉見是人皆得成就不可量不可
稱无有邊不可思議功德如是人等則爲荷
擔如來阿耨多羅三藐三菩提何以故須菩
提若樂小法者著我見人見衆生見壽者見
則於此經不能聽受讀誦爲人解說須菩提
在在處處若有此經一切世間天人阿脩羅
所應供養當知此處則爲是塔皆應恭敬
作礼圍遶以諸華香而散其處
復次須菩提若善男子善女人受持讀誦此
經若爲人輕賤是人先世罪業應墮惡道以今
世人輕賤故先世罪業則爲消滅當得阿耨
多羅三藐三菩提須菩提我念過去无量阿僧
祇劫於然燈佛前得值八百四千万億那
由他諸佛悉皆供養承事无空過者

BD05659 號　金剛般若波羅蜜經　（5–4）

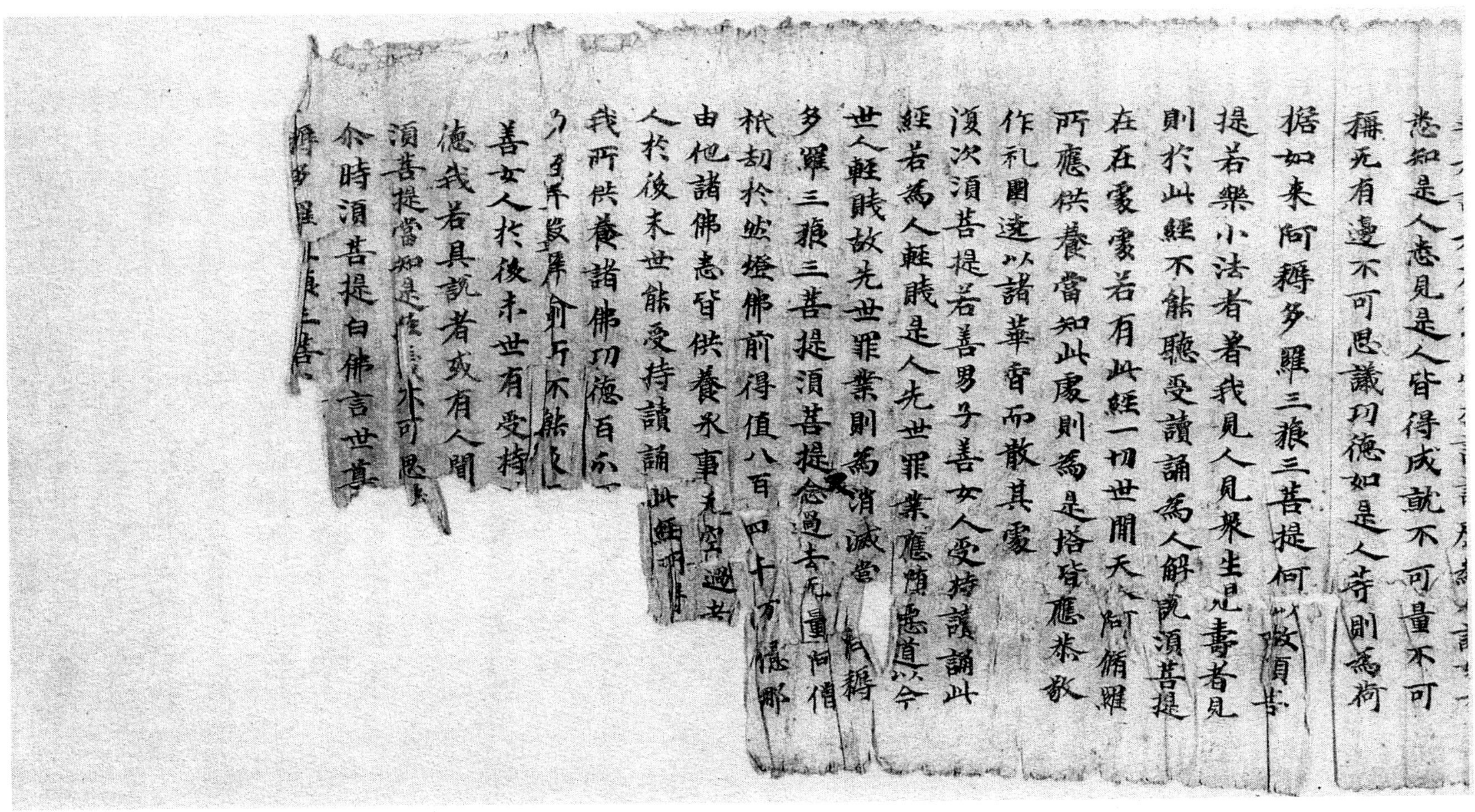

悉知是人悉見是人皆得成就不可量不可
稱无有邊不可思議功德如是人等則爲荷
擔如來阿耨多羅三藐三菩提何以故須菩
提若樂小法者著我見人見衆生見壽者見
則於此經不能聽受讀誦爲人解說須菩提
在在處處若有此經一切世間天人阿脩羅
所應供養當知此處則爲是塔皆應恭敬
作礼圍遶以諸華香而散其處
復次須菩提若善男子善女人受持讀誦此
經若爲人輕賤是人先世罪業應墮惡道以今
世人輕賤故先世罪業則爲消滅當得阿耨
多羅三藐三菩提須菩提我念過去无量阿僧
祇劫於然燈佛前得值八百四千万億那
由他諸佛悉皆供養承事无空過者
人於後末世能受持讀誦此經所
我所供養諸佛功德百分不
乃至筭數譬喻所不能及
善女人於後末世有受持
德我若具說者或有人聞
須菩提當知是經義不可思
尒時須菩提白佛言世尊
耨多羅三藐三菩

BD05659 號　金剛般若波羅蜜經　（5–5）

切智智清淨若水大
清淨无二无二分无別无[…]
智清淨故无明清淨无[…]
何以故若一切智智清[…]
空清淨无二[无]二分无別
清[…]
[…]故行識名色六處觸
愁歎苦憂惱清淨行乃至
清淨故大空清淨何以故[…]
若行乃至老死愁歎苦憂惱
淨无二无二分无別无斷故
善現一切智智清淨故布施波羅蜜[…]
布施波羅蜜多清淨故大空清淨何以故若
一切智智清淨若布施波羅蜜多清淨若大
空清淨无二无二分无別无斷故一切智[智]
清淨故淨戒安忍精進靜慮般若波羅蜜多
清淨淨戒乃至般若波羅蜜多清淨故大空
清淨何以故若一切智智清淨若淨戒乃至
般若波羅蜜多清淨若大空清淨无二无二
分无別无斷故善現一切智智淨清故內空
清淨內空清淨故大空清淨何以故若一切
智智清淨若內空清淨若大空清淨无二无
二分无別无斷故一切智智清淨故外空內

BD05660號　大般若波羅蜜多經卷二五〇

（21–1）

清淨淨戒乃至般若波羅蜜多清淨故大空
清淨何以故若一切智智清淨若淨戒乃至
般若波羅蜜多清淨若大空清淨无二无二
分无別无斷故善現一切智智淨清故內空
清淨內空清淨故大空清淨何以故若一切
智智清淨若內空清淨若大空清淨无二无
二分无別无斷故一切智智清淨故外空內
外空空空勝義空有為空无為空畢竟空无
際空散空无變異空本性空自空共相空
一切法空不可得空无性空自性空无性自
性空清淨外空乃至无性自性空清淨故大
空清淨何以故若一切智智清淨若外空乃
至无性自性空清淨若大空清淨无二无二
分无別无斷故善現一切智智清淨故真如
清淨真如清淨故大空清淨何以故若一切
智智清淨若真如清淨若大空清淨无二无
二分无別无斷故一切智智清淨故法界法
性不虛妄性不變異性平等性離生性法定
法住實際虛空界不思議界清淨法界乃至
不思議界清淨故大空清淨何以故若一切
智智清淨若法界乃至不思議界清淨若大
空清淨无二无二分无別无斷故善現一切
智智清淨故苦聖諦清淨苦聖諦清淨故大
空清淨何以故若一切智智清淨若苦聖諦
清淨若大空清淨无二无二分无別无斷故
一切智智清淨故集滅道聖諦清淨集滅道

BD05660號　大般若波羅蜜多經卷二五〇

（21–2）

空清淨无二无二分无別无斷故善現一切
智智清淨故苦聖諦清淨苦聖諦清淨故大
空清淨何以故若一切智智清淨若苦聖諦
清淨若大空清淨无二无二分无別无斷故
一切智智清淨故集滅道聖諦清淨集滅道
聖諦清淨故大空清淨何以故若一切智智
清淨若集滅道聖諦清淨若大空清淨无二
无二分无別无斷故善現一切智智清淨故
四靜慮清淨四靜慮清淨故大空清淨何以
故若一切智智清淨若四靜慮清淨若大空
清淨无二无二分无別无斷故一切智智清
淨故四无量四无色定清淨四无量四无色定
清淨故大空清淨何以故若一切智智清
淨若四无量四无色定清淨若大空清淨无
二无二分无別无斷故善現一切智智清淨
故八解脫清淨八解脫清淨故大空清淨何以
故若一切智智清淨若八解脫清淨若大
空清淨无二无二分无別无斷故一切智智
清淨故八勝處九次第定十遍處清淨八勝
處九次第定十遍處清淨故大空清淨何以
故若一切智智清淨若八勝處九次第定十
遍處清淨若大空清淨无二无二分无別无
斷故善現一切智智清淨故四念住清淨四
念住清淨故大空清淨何以故若一切智智
清淨若四念住清淨若大空清淨无二无二
分无別无斷故一切智智清淨故四正斷四

BD05660號　大般若波羅蜜多經卷二五〇　（21–3）

遍處清淨若大空清淨无二无二分无別无
斷故善現一切智智清淨故四念住清淨四
念住清淨故大空清淨何以故若一切智智
清淨若四念住清淨若大空清淨无二无二
分无別无斷故一切智智清淨故四正斷四
神足五根五力七等覺支八聖道支清淨四
正斷乃至八聖道支清淨故大空清淨何以
故若一切智智清淨若四正斷乃至八聖道
支清淨若大空清淨无二无二分无別无斷
故善現一切智智清淨故空解脫門清淨空
解脫門清淨故大空清淨何以故若一切智
智清淨若空解脫門清淨若大空清淨无二
无二分无別无斷故一切智智清淨故无相
无願解脫門清淨无相无願解脫門清淨故
大空清淨何以故若一切智智清淨若无相
无願解脫門清淨若大空清淨无二无二分
无別无斷故善現一切智智清淨故菩薩十
地清淨菩薩十地清淨故大空清淨何以故
若一切智智清淨若菩薩十地清淨若大空
清淨无二无二分无別无斷故
善現一切智智清淨故五眼清淨五眼清淨
故大空清淨何以故若一切智智清淨若五
眼清淨若大空清淨无二无二分无別无斷
故一切智智清淨故六神通清淨六神通清
淨故大空清淨何以故若一切智智清淨若
六神通清淨若大空清淨无二无二分无別

BD05660號　大般若波羅蜜多經卷二五〇　（21–4）

故大空清淨何以故若一切智智清淨若五
眼清淨若大空清淨无二无二分无別无斷
故一切智智清淨故六神通清淨六神通清
淨故大空清淨何以故若一切智智清淨若
六神通清淨若大空清淨无二无二分无別
无斷故善現一切智智清淨故佛十力清淨
佛十力清淨故大空清淨何以故若一切智
智清淨若佛十力清淨若大空清淨无二无
二分无別无斷故一切智智清淨故四无所
畏四无礙解大慈大悲大喜大捨十八佛不
共法清淨四无所畏乃至十八佛不共法清
淨故大空清淨何以故若一切智智清淨若
四无所畏乃至十八佛不共法清淨若大空
清淨无二无二分无別无斷故善現一切智
智清淨故无忘失法清淨无忘失法清淨故
大空清淨何以故若一切智智清淨若无忘
失法清淨若大空清淨无二无二分无別无
斷故一切智智清淨故恒住捨性清淨恒住
捨性清淨故大空清淨何以故若一切智智
清淨若恒住捨性清淨若大空清淨无二无
二分无別无斷故善現一切智智清淨故一
切智清淨一切智清淨故大空清淨何以故
若一切智智清淨若一切智清淨若大空清
淨无二无二分无別无斷故一切智智清淨
故道相智一切相智清淨道相智一切相智
清淨故大空清淨何以故若一切智智清淨
若道相智一切智清淨若大空清淨无二

BD05660號　大般若波羅蜜多經卷二五〇

（21–5）

若一切智智清淨若一切智清淨若大空清
淨无二无二分无別无斷故一切智智清淨
故道相智一切相智清淨道相智一切相智
清淨故大空清淨何以故若一切智智清淨
若道相智一切智智清淨若大空清淨无二
无二分无別无斷故善現一切智智清淨故
一切陁羅尼門清淨一切陁羅尼門清淨故
大空清淨何以故若一切智智清淨若一切
陁羅尼門清淨若大空清淨無二無二分無
別無斷故一切智智清淨故一切三摩地門
清淨一切三摩地門清淨故大空清淨何以
故若一切智智清淨若一切三摩地門清淨
若大空清淨無二無二分無別無斷故
善現一切智智清淨故預流果清淨預流果
清淨故大空清淨何以故若一切智智清淨
若預流果清淨若大空清淨無二無二分無
別無斷故一切智智清淨故一來不還阿羅
漢果清淨一來不還阿羅漢果清淨故大空
清淨何以故若一切智智清淨若一來不還
阿羅漢果清淨若大空清淨无二无二分无
別无斷故善現一切智智清淨故獨覺菩
提清淨獨覺菩提清淨故大空清淨何以故若
一切智智清淨若獨覺菩提清淨若大空清
淨无二无二分无別无斷故善現一切智智
清淨故一切菩薩摩訶薩行清淨一切菩薩
摩訶薩行清淨故大空清淨何以故若一切

BD05660號　大般若波羅蜜多經卷二五〇

（21–6）

提清淨獨覺菩提清淨故大空清淨何以故若
一切智智清淨若獨覺菩提清淨若大空清
淨无二无二分无別无斷故善現一切智智
清淨故一切菩薩摩訶薩行清淨一切菩薩
摩訶薩行清淨故大空清淨何以故若一切
智智清淨若一切菩薩摩訶薩行清淨若大
空清淨无二无二分无別无斷故善現一切
智智清淨故諸佛无上正等菩提清淨諸佛
无上正等菩提清淨故大空清淨何以故若
一切智智清淨若諸佛无上正等菩提清淨
若大空清淨无二无二分无別无斷故
復次善現一切智智清淨故色清淨色清淨
故勝義空清淨何以故若一切智智清淨若
色清淨若勝義空清淨无二无二分无別无
斷故一切智智清淨故受想行識清淨受想
行識清淨故勝義空清淨何以故若一切智
智清淨若受想行識清淨若勝義空清淨
无二无二分无別无斷故善現一切智智清淨
故眼處清淨眼處清淨故勝義空清淨何以
故若一切智智清淨若眼處清淨若勝義空
清淨无二无二分无別无斷故一切智智清
淨故耳鼻舌身意處清淨耳鼻舌身意處
清淨故勝義空清淨何以故若一切智智清
淨若耳鼻舌身意處清淨若勝義空清淨无二
无二分无別无斷故善現一切智智清淨故
色處清淨色處清淨故勝義空清淨何以故

清淨故勝義空清淨何以故若一切智智清
淨若耳鼻舌身意處清淨若勝義空清淨无二
无二分无別无斷故善現一切智智清淨故
色處清淨色處清淨故勝義空清淨何以故
若一切智智清淨若色處清淨若勝義空清
淨无二无二分无別无斷故一切智智清淨
故聲香味觸法處清淨聲香味觸法處清淨
故勝義空清淨何以故若一切智智清淨若
聲香味觸法處清淨若勝義空清淨无二无
二分无別无斷故善現一切智智清淨故眼
界清淨眼界清淨故勝義空清淨何以故若
一切智智清淨若眼界清淨若勝義空清淨
无二无二分无別无斷故一切智智清淨故
色界眼識界及眼觸眼觸為緣所生諸受清
淨色界乃至眼觸為緣所生諸受清淨故勝
義空清淨何以故若一切智智清淨若色界
乃至眼觸為緣所生諸受清淨若勝義空清
淨无二无二分无別无斷故善現一切智智
清淨故耳界清淨耳界清淨故勝義空清淨
何以故若一切智智清淨若耳界清淨若勝
義空清淨无二无二分无別无斷故一切智
智清淨故聲界耳識界及耳觸耳觸為緣
所生諸受清淨聲界乃至耳觸為緣所生諸受
清淨故勝義空清淨何以故若一切智智清
淨若聲界乃至耳觸為緣所生諸受清淨若
勝義空清淨无二无二分无別无斷故善現
一切智智清淨故鼻界清淨鼻界清淨故

智清淨故聲界耳識界及耳觸耳觸為緣
所生諸受清淨聲界乃至耳觸為緣所生諸受
清淨故勝義空清淨何以故若一切智智清
淨若聲界乃至耳觸為緣所生諸受清淨若
勝義空清淨无二无二分无別无斷故善現
一切智智清淨故鼻界清淨鼻界清淨故
勝義空清淨何以故若一切智智清淨若鼻
界清淨若勝義空清淨无二无二分无別无斷
故一切智智清淨故香界鼻識界及鼻觸鼻
觸為緣所生諸受清淨香界乃至鼻觸為緣
所生諸受清淨故勝義空清淨何以故若一
切智智清淨若香界乃至鼻觸為緣所生諸
受清淨若勝義空清淨无二无二分无別无
斷故善現一切智智清淨故舌界清淨舌界
清淨故勝義空清淨何以故若一切智智清
淨若舌界清淨若勝義空清淨无二无二分
无別无斷故一切智智清淨故味界舌識界
乃舌觸舌觸為緣所生諸受清淨味界乃至
舌觸為緣所生諸受清淨故勝義空清淨何
以故若一切智智清淨若味界乃至舌觸為
緣所生諸受清淨若勝義空清淨无二无二
分无別无斷故義現一切智智清淨故身界
清淨身界清淨故勝義空清淨何以故若一
切智智清淨若身界清淨若勝義空清淨无
二无二分无別无斷故一切智智清淨故觸
界身識界及身觸身觸為緣所生諸受清淨
觸界乃至身觸為緣所生諸受清淨故勝義

BD05660 號　大般若波羅蜜多經卷二五〇

（21–9）

清淨身界清淨故勝義空清淨何以故若一
切智智清淨若身界清淨若勝義空清淨无
二无二分无別无斷故一切智智清淨故觸
界身識界及身觸身觸為緣所生諸受清淨
觸界乃至身觸為緣所生諸受清淨故勝義
空清淨何以故若一切智智清淨若觸界乃
至身觸為緣所生諸受清淨若勝義空清淨
无二无二分无別无斷故善現一切智智清
淨故意界清淨意界清淨故勝義空清淨
何以故若一切智智清淨若意界清淨若勝
義空清淨无二无二分无別无斷故一切智智
清淨故法界意識界及意觸意觸為緣所生
諸受清淨法界乃至意觸為緣所生諸受清
淨故義空清淨何以故若一切智智清淨
若法界乃至意觸為緣所生諸受清淨若勝
義空清淨无二无二分无別无斷故善現一
切智智清淨故地界清淨地界清淨故勝義
空清淨何以故若一切智智清淨若地界清
淨若勝義空清淨无二无二分无別无斷故
一切智智清淨故水火風空識界清淨水火
風空識界清淨故勝義空清淨何以故若一
切智智清淨若水火風空識界清淨若勝義
空清淨无二无二分无別无斷故義現一切
智智清淨故无明清淨无明清淨故勝義空
清淨何以故若一切智智清淨若无明清淨
若勝義空清淨无二无二分无別无斷斷故一

BD05660 號　大般若波羅蜜多經卷二五〇

（21–10）

風空識界清淨故勝義空清淨何以故若一
切智智清淨若水火風空識界清淨若勝義
空清淨无二无二分无別无斷故善現一切
智智清淨故无明清淨无明清淨故勝義空
清淨何以故若一切智智清淨若无明清淨
若勝義空清淨无二无二分无別无斷故一
切智智清淨故行識名色六處觸受愛取有
生老死愁歎苦憂惱清淨行乃至老死愁歎
苦憂惱清淨故勝義空清淨何以故若一切
智智清淨若行乃至老死愁歎苦憂惱清淨
若勝義空清淨无二无二分无別无斷故
善現一切智智清淨故布施波羅蜜多清淨
布施波羅蜜多清淨故勝義空清淨何以故
若一切智智清淨若布施波羅蜜多清淨若
勝義空清淨无二无二分无別无斷故一切
智智清淨故淨戒安忍精進靜慮般若波羅
蜜多清淨淨戒乃至般若波羅蜜多清淨故
勝義空清淨何以故若一切智智清淨若淨
戒乃至般若波羅蜜多清淨若勝義空清
淨无二无二分无別无斷故善現一切智智
清淨故內空清淨內空清淨故勝義空清淨
何以故若一切智智清淨若內空清淨若勝
義空清淨无二无二分无別无斷故一切智智
清淨故外空內外空空空大空有為空无為
空畢竟空无際空散空无變異空本性空自
相空共相空一切法空不可得空无性空自
性空无性自性空清淨外空乃至无性自性

義空清淨无二无二分无別无斷故一切智智
清淨故外空內外空空空大空有為空无為
空畢竟空无際空散空无變異空本性空自
相空共相空一切法空不可得空无性空自
性空无性自性空清淨外空乃至无性自性
空清淨故勝義空清淨何以故若一切智智
清淨若外空乃至无性自性空清淨若勝義
空清淨无二无二分无別无斷故善現一切
智智清淨故真如清淨真如清淨故勝義空
清淨何以故若一切智智清淨若真如清淨
若勝義空清淨无二无二分无別无斷故一
切智智清淨故法界法性不虛妄性不變異
性平等性離生性法定法住實際虛空界不
思議界清淨法界乃至不思議界清淨故勝
義空清淨何以故若一切智智清淨若法界
乃至不思議界清淨若勝義空清淨无二无二
分无別无斷故善現一切智智清淨故苦
聖諦清淨苦聖諦清淨故勝義空清淨何以
故若一切智智清淨若苦聖諦清淨若勝義
空清淨无二无二分无別无斷故一切智智
清淨故集滅道聖諦清淨集滅道聖諦清
淨故勝義空清淨何以故若一切智智清淨若
集滅道聖諦清淨若勝義空清淨无二无二
分无別无斷故善現一切智智清淨故四靜
慮清淨四靜慮清淨故勝義空清淨何以故

淨故勝義空清淨何以故若一切智智清淨若
集滅道聖諦清淨若勝義空清淨无二无二
分无別无斷故善現一切智智清淨故四靜
慮清淨四靜慮清淨故勝義空清淨何以故
若一切智智清淨若四靜慮清淨若勝義空
清淨无二无二分无別无斷故一切智智清
淨故四无量四无色定清淨四无量四无色
定清淨故勝義空清淨何以故若一切智智
清淨若四无量四无色定清淨若勝義空清
淨无二无二分无別无斷故善現一切智智清
淨故八解脫清淨八解脫清淨故勝義空
清淨何以故若一切智智清淨若八解脫清
淨若勝義空清淨无二无二分无別无斷故
一切智智清淨故八勝處九次第定十遍處
清淨八勝處九次第定十遍處清淨故勝義
空清淨何以故若一切智智清淨若八勝處
九次第定十遍處清淨若勝義空清淨无二
无二分无別无斷故善現一切智智清淨故
四念住清淨四念住清淨故勝義空清淨何
以故若一切智智清淨若四念住清淨若勝
義空清淨无二无二分无別无斷故一切智
智清淨故四正斷四神足五根五力七等覺
支八聖道支清淨四正斷乃至八聖道支清
淨故勝義空清淨何以故若一切智智清淨
若四正斷乃至八聖道支清淨若勝義空清
淨无二无二分无別无斷故善現一切智智

BD05660 號　大般若波羅蜜多經卷二五〇

（21–13）

智清淨故四正斷四神足五根五力七等覺
支八聖道支清淨四正斷乃至八聖道支清
淨故勝義空清淨何以故若一切智智清淨
若四正斷乃至八聖道支清淨若勝義空清
淨无二无二分无別无斷故善現一切智智
清淨故空解脫門清淨空解脫門清淨故
勝義空清淨何以故若一切智智清淨若空
解脫門清淨若勝義空清淨无二无二分无
別无斷故一切智智清淨故无相无願解脫
門清淨无相无願解脫門清淨故勝義空清淨
何以故若一切智智清淨若无相无願解脫門
清淨若勝義空清淨无二无二分无別无
斷故善現一切智智清淨故菩薩十地清淨
菩薩十地清淨故勝義空清淨何以故若一
切智智清淨若菩薩十地清淨若勝義空清
淨无二无二分无別无斷故
善現一切智智清淨故五眼清淨五眼清淨
故勝義空清淨何以故若一切智智清淨若
五眼清淨若勝義空清淨无二无二分无別
无斷故一切智智清淨故六神通清淨六神
通清淨故勝義空清淨何以故若一切智智
清淨若六神通清淨若勝義空清淨无二无
二分无別无斷故善現一切智智清淨故佛
十力清淨佛十力清淨故勝義空清淨何以
故若一切智智清淨若佛十力清淨若勝義
空清淨无二无二分无別无斷故一切智智

BD05660 號　大般若波羅蜜多經卷二五〇

（21–14）

清淨若六神通清淨若勝義空清淨无二无
二分无別无斷故善現一切智智清淨故佛
十力清淨佛十力清淨故勝義空清淨何以
故若一切智智清淨若佛十力清淨若勝義
空清淨无二无二分无別无斷故一切智智
清淨故四无所畏四无礙解大慈大悲大喜
大捨十八佛不共法清淨四无所畏乃至十
八佛不共法清淨故勝義空清淨何以故若
一切智智清淨若四无所畏乃至十八佛不
共法清淨若勝義空清淨无二无二分无別
无斷故善現一切智智清淨故无忘失法清
淨无忘失法清淨故勝義空清淨何以故若
一切智智清淨若无忘失法清淨若勝義
空清淨无二无二分无別无斷故一切智智清
淨故恒住捨性清淨恒住捨性清淨故勝義
空清淨何以故若一切智智清淨若恒住捨
性清淨若勝義空清淨无二无二分无別
无斷故
善現一切智智清淨故一切智清淨一切智
清淨故勝義空清淨何以故若一切智智清
淨若一切智清淨若勝義空清淨无二无二
分无別无斷故一切智智清淨故道相智一
切相智清淨道相智一切相智清淨故勝
義空清淨何以故若一切智智清淨若道相
智一切相智清淨若勝義空清淨无二无二
无別无斷故善現一切智智清淨故一切陁

淨若一切智智清淨若勝義空清淨无二无二
分无別无斷故一切智智清淨故道相智一
切相智清淨道相智一切相智清淨故勝
義空清淨何以故若一切智智清淨若道相
智一切相智清淨若勝義空清淨无二无二
无別无斷故善現一切智智清淨故一切陁
羅尼門清淨一切陁羅尼門清淨故勝義空
清淨何以故若一切智智清淨若一切陁羅
尼門清淨若勝義空清淨无二无二分无別
无斷故一切智智清淨故一切三摩地門清
淨一切三摩地門清淨故勝義空清淨何以
故若一切智智清淨若一切三摩地門清淨
若勝義空清淨无二无二分无別无斷故
善現一切智智清淨故預流果清淨預流果
清淨故勝義空清淨何以故若一切智智清
淨若預流果清淨若勝義空清淨无二无二
分无別无斷故一切智智清淨故一來不還
阿羅漢果清淨一來不還阿羅漢果清淨故
勝義空清淨何以故若一切智智清淨若一
來不還阿羅漢果清淨若勝義空清淨无二
无二分无別无斷故善現一切智智清淨故
獨覺菩提清淨獨覺菩提清淨故勝義空清
淨何以故若一切智智清淨若獨覺菩提清
淨若勝義空清淨无二无二分无別无斷故
善現一切智智清淨故一切菩薩摩訶薩行
清淨一切菩薩摩訶薩行清淨故勝義空清
淨何以故若一切智智清淨若一切菩薩摩

淨何以故若一切智智清淨若獨覺菩提清
淨若勝義空清淨无二无二分无別无斷故
善現一切智智清淨故一切菩薩摩訶薩行
清淨一切菩薩摩訶薩行清淨故勝義空清
淨何以故若一切智智清淨若一切菩薩摩
訶薩行清淨若勝義空清淨无二无二分
无別无斷故善現一切智智清淨故諸佛无
上正等菩提清淨諸佛无上正等菩提清
淨故勝義空清淨何以故若一切智智清淨若
諸佛无上正等菩提清淨若勝義空清淨
无二无二分无別无斷故
復次善現一切智智清淨故色清淨色清淨
故有為空清淨何以故若一切智智清淨若
色清淨若有為空清淨无二无二分无別
无斷故一切智智清淨故受想行識清淨受
想行識清淨故有為空清淨何以故若一切
智智清淨若受想行識清淨若有為空
清淨无二无二分无別无斷故善現一切智智
清淨故眼處清淨眼處清淨故有為空清
淨何以故若一切智智清淨若眼處清淨若
為空清淨无二无二分无別无斷故一切智智
清淨故耳鼻舌身意處清淨耳鼻舌身意處
清淨故有為空清淨何以故若一切智智清
淨若耳鼻舌身意處清淨若有為空清淨
无二无二分无別无斷故善現一切智智清淨
故色處清淨色處清淨故有為空清淨何以

BD05660 號　大般若波羅蜜多經卷二五〇

（21–17）

清淨故耳鼻舌身意處清淨耳鼻舌身意處
清淨故有為空清淨何以故若一切智智清
淨若耳鼻舌身意處清淨若有為空清淨
无二无二分无別无斷故善現一切智智清淨
故色處清淨色處清淨故有為空清淨何以
故若一切智智清淨若色處清淨若有為空
清淨无二无二分无別无斷故一切智智清淨
故聲香味觸法處清淨聲香味觸法處
清淨故有為空清淨何以故若一切智智清
淨若聲香味觸法處清若有為空清淨无
无二无分无別无斷故善現一切智智清淨故眼
界清淨眼界清淨故有為空清淨何以故若
一切智智清淨若眼界清淨若有為空清淨无
二无二分无別无斷故一切智智清淨故色
界眼識界及眼觸眼觸為緣所生諸受清淨
色界乃至眼觸為緣所生諸受清淨故有為
空清淨何以故若一切智智清淨若色界乃
至眼觸為緣所生諸受清淨若有為空清淨
无二无二分无別无斷故善現一切智智清
淨故耳界清淨耳界清淨故有為空清淨何
以故若一切智智清淨若耳清淨若有為
空清淨无二无二分无別无斷故一切智智
清淨故聲界耳識界及耳觸耳觸為緣所生
諸受清淨聲界乃至耳觸為緣所生諸受清
淨故有為空清淨何以故若一切智智清淨
若聲界乃至耳觸為緣所生諸受清淨若有

BD05660 號　大般若波羅蜜多經卷二五〇

（21–18）

空清淨无二无二分无別无斷故一切智智
清淨故聲界耳識界及耳觸耳觸爲緣所生
諸受清淨聲界乃至耳觸爲緣所生諸受清
淨故有爲空清淨何以故若一切智智清淨
若聲界乃至耳觸爲緣所生諸受清淨若有
爲空清淨无二无二分无別无斷故善現一
切智智清淨故鼻界清淨鼻界清淨故有爲
空清淨何以故若一切智智清淨若鼻界清
淨若有爲空清淨无二无二分无別无斷故
一切智智清淨故香界鼻識界及鼻觸鼻觸
爲緣所生諸受清淨香界乃至鼻觸爲緣所
生諸受清淨故有爲空清淨何以故若一切
智智清淨若香界乃至鼻觸爲緣所生諸受
清淨若有爲空清淨无二无二分无別无斷
斷故善現一切智智清淨故舌界清淨舌界清
淨故有爲空清淨何以故若一切智智清淨
若舌界清淨若有爲空清淨无二无二分无
別无斷故一切智智清淨故味界舌識界及
舌觸舌觸爲緣所生諸受清淨味界乃至舌
觸爲緣所生諸受清淨故有爲空清淨何以
故若一切智智清淨若味界乃至舌觸爲緣
所生諸受清淨若有爲空清淨无二无二分
无別无斷故善現一切智智清淨故身界清
清身界清淨故有爲空清淨何以故若一切
智智清淨若身界清淨若有爲空清淨无
二无二分无別无斷故一切智智清淨故觸界
身識界及身觸身觸爲緣所生諸受清淨觸

BD05660號　大般若波羅蜜多經卷二五〇　（21–19）

故若一切智智清淨若味界乃至舌觸爲緣
所生諸受清淨若有爲空清淨无二无二分
无別无斷故善現一切智智清淨故身界清
清身界清淨故有爲空清淨何以故若一切
智智清淨若身界清淨若有爲空清淨无
二无二分无別无斷故一切智智清淨故觸界
身識界及身觸身觸爲緣所生諸受清淨觸
界乃至身觸爲緣所生諸受清淨故有爲空
清淨何以故若一切智智清淨若觸界乃至
身觸爲緣所生諸受清淨若有爲空清淨无
二无二分无別无斷故善現一切智智清淨
故意界清淨意界清淨故有爲空清淨何
以故若一切智智清淨若意界清淨若有爲
空清淨无二无二分无別无斷故一切智智清
淨故法界意識界及意觸意觸爲緣所生諸
受清淨法界乃至意觸爲緣所生諸受清淨
故有爲空清淨何以故若一切智智清淨若
法界乃至意觸爲緣所生諸受清淨若有爲
空清淨无二无二分无別无斷故

大般若波羅蜜多經卷第二百五十

題冲

BD05660號　大般若波羅蜜多經卷二五〇　（21–20）

以故若一切智智清淨若若意界清淨若有為
空清淨无二无二分无別无斷故一切智智清
淨故法界意識界及意觸意觸為緣所生諸
受清淨法界乃至意觸為緣所生諸受清淨
故有為空清淨何以故若一切智智清淨若
法界乃至意觸為緣所生諸受清淨若有為
空清淨无二无二分无別无斷故
大般若波羅蜜多經卷第二百五十
遊神

BD05660號　大般若波羅蜜多經卷二五〇

（21–21）

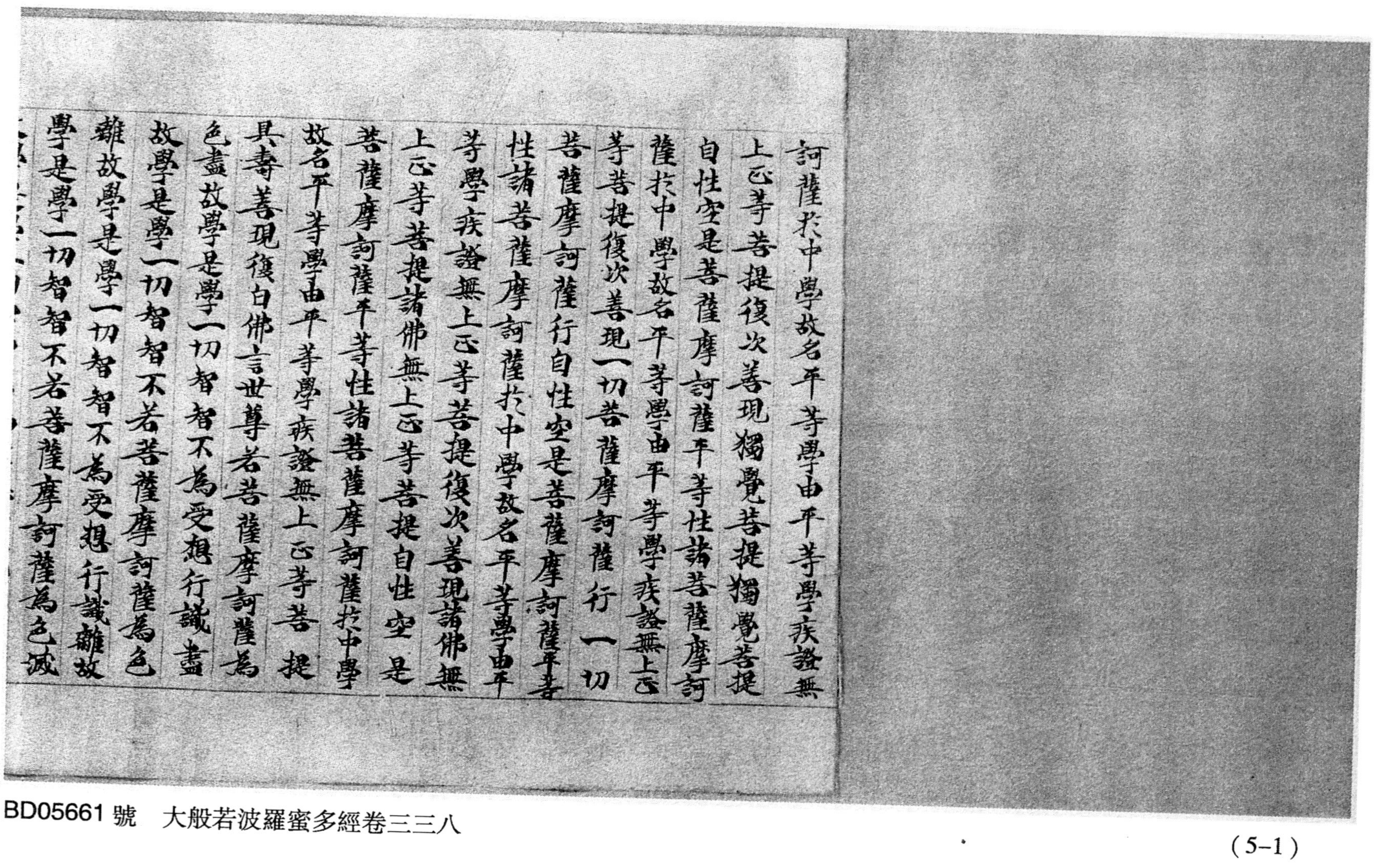
訶薩於中學故名平等學由平等學疾證無
上正等菩提復次善現獨覺菩提獨覺菩提
自性空是菩薩摩訶薩平等性諸菩薩摩訶
薩於中學故名平等學由平等學疾證無上正
等菩提復次善現一切菩薩摩訶薩行一切
菩薩摩訶薩行自性空是菩薩摩訶薩平等
性諸菩薩摩訶薩於中學故名平等學由平
等學疾證無上正等菩提復次善現諸佛無
上正等菩提諸佛無上正等菩提自性空是
菩薩摩訶薩平等性諸菩薩摩訶薩於中學
故名平等學由平等學疾證無上正等菩提
具壽善現復白佛言世尊若菩薩摩訶薩為
色盡故學是學一切智智不為受想行識盡
故學是學一切智智不若菩薩摩訶薩為色
離故學是學一切智智不為受想行識離故
學是學一切智智不若菩薩摩訶薩為色滅

BD05661號　大般若波羅蜜多經卷三三八

（5–1）

菩薩摩訶薩[illegible]菩薩摩訶薩於中學
故名平等學由平等學疾證無上正等菩提
具壽善現復白佛言世尊若菩薩摩訶薩爲
色盡故學是學一切智智不爲受想行識盡
故學是學一切智智不若菩薩摩訶薩爲色
離故學是學一切智智不爲受想行識離故
學是學一切智智不若菩薩摩訶薩爲色滅
故學是學一切智智不爲受想行識滅故學
是學一切智智不若菩薩摩訶薩爲色無生
故學是學一切智智不爲受想行識無生故
學是學一切智智不若菩薩摩訶薩爲色無
滅故學是學一切智智不爲受想行識無滅
故學是學一切智智不若菩薩摩訶薩爲色
本来寂靜故學是學一切智智不爲受想行
識本来寂靜故學是學一切智智不若菩薩
摩訶薩爲色自性涅槃故學是學一切智智
不爲受想行識自性涅槃故學是學一切智
智不

世尊若菩薩摩訶薩爲眼處盡故學是學一
切智智不爲耳鼻舌身意處盡故學是學一
切智智不若菩薩摩訶薩爲眼處離故學是
學一切智智不爲耳鼻舌身意處離故學是
學一切智智不若菩薩摩訶薩爲眼處滅故
學是學一切智智不爲耳鼻舌身意處滅故
學是學一切智智不若菩薩摩訶薩爲眼處
無生故學是學一切智智不爲耳鼻舌身意
處無生故學是學一切智智不若菩薩摩訶

BD05661號　大般若波羅蜜多經卷三三八　（5–2）

學一切智智不爲耳鼻舌身意處離故學是
學一切智智不若菩薩摩訶薩爲眼處滅故
學是學一切智智不爲耳鼻舌身意處滅故
學是學一切智智不若菩薩摩訶薩爲眼處
無生故學是學一切智智不爲耳鼻舌身意
處無生故學是學一切智智不若菩薩摩訶
薩爲眼處無滅故學是學一切智智不爲耳
鼻舌身意處無滅故學是學一切智智不若
菩薩摩訶薩爲眼處本来寂靜故學是學一
切智智不爲耳鼻舌身意處本来寂靜故學
是學一切智智不若菩薩摩訶薩爲眼處自
性涅槃故學是學一切智智不爲耳鼻舌身
意處自性涅槃故學是學一切智智不

世尊若菩薩摩訶薩爲色處盡故學是學一
切智智不爲聲香味觸法處盡故學是學一
切智智不若菩薩摩訶薩爲色處離故學是
學一切智智不爲聲香味觸法處離故學是
學一切智智不若菩薩摩訶薩爲色處滅故
學是學一切智智不爲聲香味觸法處滅故
學是學一切智智不若菩薩摩訶薩爲色處
無生故學是學一切智智不爲聲香味觸法
處無生故學是學一切智智不若菩薩摩訶
薩爲色處無滅故學是學一切智智不爲聲
香味觸法處無滅故學是學一切智智不若
菩薩摩訶薩爲色處本来寂靜故學是學一
切智智不爲聲香味觸法處本来寂靜故學

BD05661號　大般若波羅蜜多經卷三三八　（5–3）

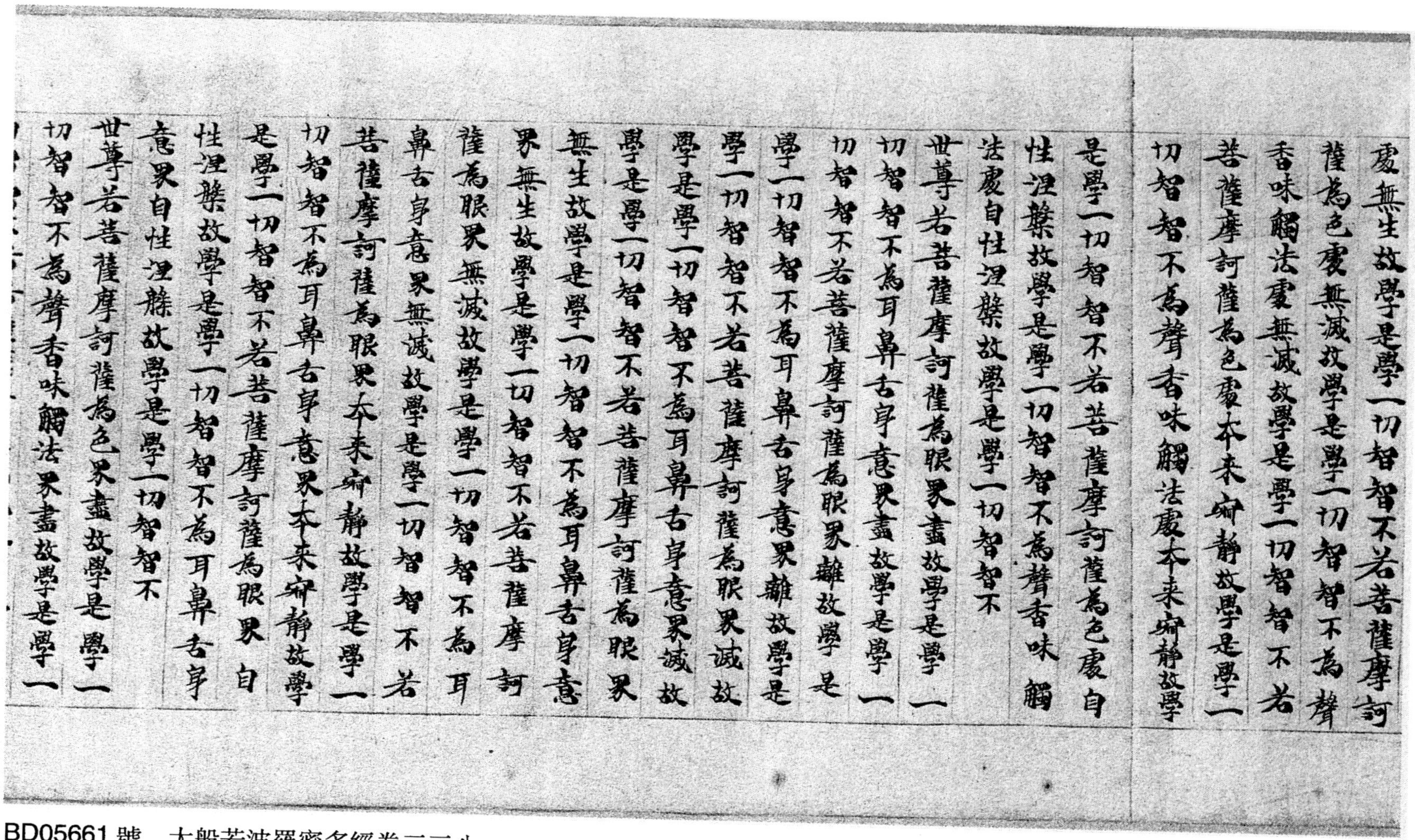

處無生故學是學一切智智不若菩薩摩訶
薩為色處無滅故學是學一切智智不為聲
香味觸法處無滅故學是學一切智智不若
菩薩摩訶薩為色處本來寂靜故學是學一
切智智不為聲香味觸法處本來寂靜故學
是學一切智智不若菩薩摩訶薩為色處自
性涅槃故學是學一切智智不為聲香味觸
法處自性涅槃故學是學一切智智不
世尊若菩薩摩訶薩為眼界盡故學是學一
切智智不為耳鼻舌身意界盡故學是學一
切智智不若菩薩摩訶薩為眼界離故學是
學一切智智不為耳鼻舌身意界離故學是
學一切智智不若菩薩摩訶薩為眼界滅故
學是學一切智智不為耳鼻舌身意界滅故
學是學一切智智不若菩薩摩訶薩為眼界
無生故學是學一切智智不為耳鼻舌身意
界無生故學是學一切智智不若菩薩摩訶
薩為眼界無滅故學是學一切智智不為耳
鼻舌身意界無滅故學是學一切智智不若
菩薩摩訶薩為眼界本來寂靜故學是學一
切智智不為耳鼻舌身意界本來寂靜故學
是學一切智智不若菩薩摩訶薩為眼界自
性涅槃故學是學一切智智不為耳鼻舌身
意界自性涅槃故學是學一切智智不
世尊若菩薩摩訶薩為色界盡故學是學一
切智智不為聲香味觸法界盡故學是學一

BD05661 號　大般若波羅蜜多經卷三三八

（5–4）

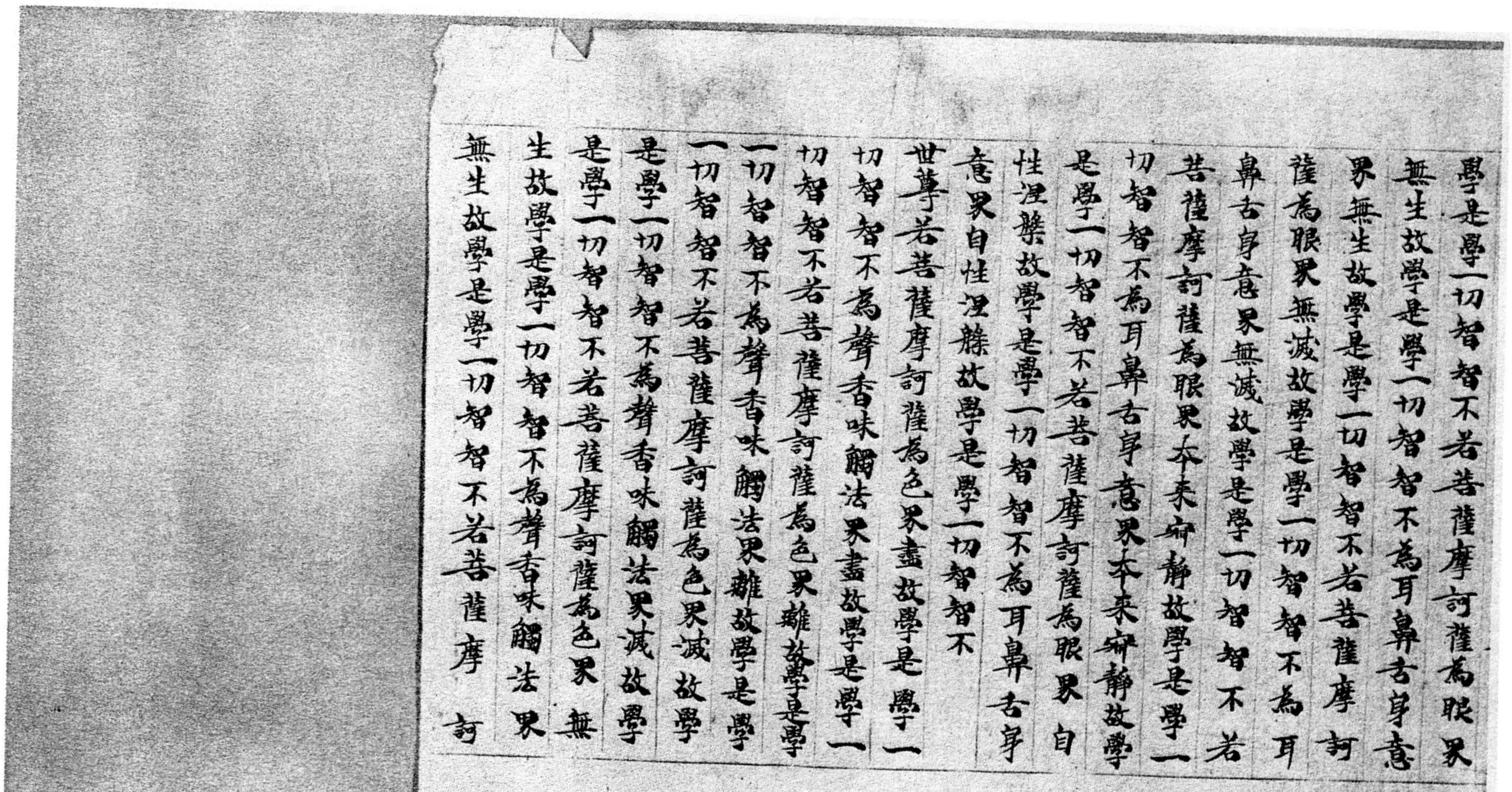

學是學一切智智不若菩薩摩訶薩為眼界
無生故學是學一切智智不為耳鼻舌身意
界無生故學是學一切智智不若菩薩摩訶
薩為眼界無滅故學是學一切智智不為耳
鼻舌身意界無滅故學是學一切智智不若
菩薩摩訶薩為眼界本來寂靜故學是學一
切智智不為耳鼻舌身意界本來寂靜故學
是學一切智智不若菩薩摩訶薩為眼界自
性涅槃故學是學一切智智不為耳鼻舌身
意界自性涅槃故學是學一切智智不
世尊若菩薩摩訶薩為色界盡故學是學一
切智智不為聲香味觸法界盡故學是學一
切智智不若菩薩摩訶薩為色界離故學是學
一切智智不為聲香味觸法界離故學是學
一切智智不若菩薩摩訶薩為色界滅故學
是學一切智智不為聲香味觸法界滅故學
是學一切智智不若菩薩摩訶薩為色界無
生故學是學一切智智不為聲香味觸法界
無生故學是學一切智智不若菩薩摩訶

BD05661 號　大般若波羅蜜多經卷三三八

（5–5）

…歡喜得未曾有尒

…陳如等欲重此義而說偈言

我等聞无上　安隱授記聲　歡喜未曾有　礼无量智佛

今於世尊前　自悔諸過咎　於无量佛寶　得少涅槃分

如无智愚人　便自以為足　譬如貧窮人　往至親友家

其家甚大富　具設諸餚饍　以无價寶珠　繫著內衣裏

嘿與而捨去　時臥不覺知　是人既已起　遊行詣他國

求衣食自濟　資生甚艱難　得少便為足　更不願好者

不覺內衣裏　有无價寶珠　與珠之親友　後見此貧人

苦切責之已　示以所繫珠　貧人見此珠　其心大歡喜

富有諸財物　五欲而自恣　我等亦如是　世尊於長夜

常愍見教化　令種无上願　我等无智故　不覺亦不知

得少涅槃分　自足不求餘　今佛覺悟我　言非實滅度

得佛无上慧　尒乃為真滅　我今從佛聞　授記莊嚴事

及轉次受決　身心遍歡喜

妙法蓮華經授學无學人記品第九

尒時阿難羅睺羅而作是念我等自思惟
設得受記不亦快乎即從座起到於佛前頭
面礼足俱白佛言世尊我等於此亦應有分
唯有如來我等所歸又我等為一切世間天
人阿脩羅所見知識阿難常為侍者護持法
藏羅睺羅是佛之子若佛見授阿耨多羅三

BD05662號　妙法蓮華經卷四

（9–1）

設得受記不亦快乎即從座起到於佛前頭
面礼足俱白佛言世尊我等於此亦應有分
唯有如來我等所歸又我等為一切世間天
人阿脩羅所見知識阿難常為侍者護持法
藏羅睺羅是佛之子若佛見授阿耨多羅三
藐三菩提記者我願既滿衆望亦足尒時學
无學聲聞弟子二千人皆從座起偏袒右肩
到於佛前一心合掌瞻仰世尊如阿難羅睺
羅所願住立一面尒時佛告阿難汝於來世
當得作佛号山海慧自在通王如來應供正
遍知明行足善逝世間解无上士調御丈夫
天人師佛世尊當供養六十二億諸佛護持
法藏然後得阿耨多羅三藐三菩提教化二
十千万億恒河沙諸菩薩等令成阿耨多羅
三藐三菩提國名常立勝幡其土清淨瑠璃
為地劫名妙音遍滿其佛壽命无量千万億
阿僧祇劫若人於千万億无量阿僧祇劫中
筭數校計不能得知正法住世倍於壽命像
法住世復倍正法阿難是山海慧自在通王
佛為十方无量千万億恒河沙等諸佛如來
所共讚歎稱其功德尒時世尊欲重宣此義
而說偈言

我今僧中說　阿難持法者　當供養諸佛　然後成正覺

号曰山海慧　自在通王佛　其國土清淨　名常立勝幡

教化諸菩薩　其數如恒沙　佛有大威德　名聞滿十方

壽命无有量　以愍衆生故　正法倍壽命　像法復倍是

如恒河沙等　无數諸衆生　於此佛法中　種佛道因緣

BD05662號　妙法蓮華經卷四

（9–2）

我今僧中說　阿難持法者　當供養諸佛　然後成正覺
號曰山海慧　自在通王佛　其國土清淨　名常立勝幡
教化諸菩薩　其數如恒沙　佛有大威德　名聞滿十方
壽命无有量　以愍衆生故　正法倍壽命　像法復倍是
如恒河沙等　无數諸衆生　於此佛法中　種佛道因緣
尒時會中新發意菩薩八千人咸作是念我
等尚不聞諸大菩薩得如是記有何因緣而
諸聲聞得如是決尒時世尊知諸菩薩心之
所念而告之曰諸善男子我與阿難等於空
王佛所同時發阿耨多羅三藐三菩提心阿
難常樂多聞我常勤精進是故我已得成阿
耨多羅三藐三菩提而阿難護持我法亦護
將來諸佛法藏教化成就諸菩薩衆其本願
如是故獲斯記阿難面於佛前自聞授記及
國土莊嚴所願具足心大歡喜得未曾有即
時憶念過去无量千萬億諸佛法藏通達无
㝵如今所聞亦識本願尒時阿難而說偈言
世尊甚希有　令我念過去　无量諸佛法　如今日所聞
我今无復疑　安住於佛道　方便爲侍者　護持諸佛法
尒時佛告羅睺羅汝於來世當得作佛號蹈
七寶華如來應供正遍知明行足善逝世間
解无上士調御丈夫天人師佛世尊當供養
十世界微塵等數諸佛如來常爲諸佛而作
長子猶如今也是蹈七寶華佛國土莊嚴壽
命劫數所化弟子正法像法亦如山海慧自
在通王如來无異亦爲此佛而作長子過是
已後當得阿耨多羅三藐三菩提尒時世尊

BD05662號　妙法蓮華經卷四

（9–3）

十世界微塵等數諸佛如來常爲諸佛而作
長子猶如今也是蹈七寶華佛國土莊嚴壽
命劫數所化弟子正法像法亦如山海慧自
在通王如來无異亦爲此佛而作長子過是
已後當得阿耨多羅三藐三菩提尒時世尊
欲重宣此義而說偈言
我爲太子時　羅睺爲長子　我今成佛道　受法爲法子
於未來世中　見无量億佛　皆爲其長子　一心求佛道
羅睺羅密行　唯我能知之　現爲我長子　以示諸衆生
无量億千萬　功德不可數　安住於佛法　以求无上道
尒時世尊見學无學二千人其意柔軟寂然
清淨一心觀佛佛告阿難汝見是學无學二
千人不唯然已見阿難是諸人等當供養五
十世界微塵數諸佛如來恭敬尊重護持法
藏末後同時於十方國各得成佛皆同一号
名曰寶相如來應供正遍知明行足善逝世
間解无上士調御丈夫天人師佛世尊壽命
一劫國土莊嚴聲聞菩薩正法像法皆悉同
等尒時世尊欲重宣此義而說偈言
是二千聲聞　今於我前住　悉皆與授記　未來當成佛
所供養諸佛　如上說塵數　護持其法藏　後當成正覺
各於十方國　悉同一名号　俱時坐道場　以證无上慧
皆名爲寶相　國土及弟子　正法與像法　悉等无有異
咸以諸神通　度十方衆生　名聞普周遍　漸入於涅槃
尒時學无學二千人聞佛授記歡喜踊躍而
說偈言
世尊慧燈明　我聞授記音　心歡喜充滿　如甘露見灌

BD05662號　妙法蓮華經卷四

（9–4）

中無衆寶相　國土及弟子　正法與像法　悉等無有異
咸以諸神通　度十方衆生　名聞普周遍　漸入於涅槃
尒時學無學二千人聞佛授記歡喜踊躍而
說偈言
世尊慧燈明　我聞授記音　心歡喜充滿　如甘露見灌
妙法蓮華經法師品第十
尒時世尊因藥王菩薩告八万大士藥王汝
見是大衆中無量諸天龍王夜叉乾闥婆阿
脩羅迦樓羅緊那羅摩睺羅伽人與非人及
比丘比丘尼優婆塞優婆夷求聲聞者求辟
支佛者求佛道者如是等類咸於佛前聞妙
法華經一偈一句乃至一念隨喜者我皆與授
記當得阿耨多羅三藐三菩提佛告藥王
又如來滅度之後若有人聞妙法華經乃至
一偈一句一念隨喜者我亦與授阿耨多羅
三藐三菩提記若復有人受持讀誦解說書
寫妙法華經乃至一偈於此經卷敬視如佛
種種供養華香瓔珞末香塗香燒香繒蓋幢
幡衣服伎樂乃至合掌恭敬藥王當知是諸
人等已曾供養十万億佛於諸佛所成就大
願愍衆生故生此人間藥王若有人問何等
衆生於未來世當得作佛應示是諸人等於
未來世必得作佛何以故若善男子善女人
於法華經乃至一句受持讀誦解說書寫種
種供養經卷華香瓔珞末香塗香燒香繒蓋
幢幡衣服伎樂合掌恭敬是人一切世間所
應瞻奉應以如來供養而供養之當知此人

BD05662號　妙法蓮華經卷四　（9–5）

未來世必得作佛何以故若善男子善女人
於法華經乃至一句受持讀誦解說書寫種
種供養經卷華香瓔珞末香塗香燒香繒蓋
幢幡衣服伎樂合掌恭敬是人一切世間所
應瞻奉應以如來供養而供養之當知此人
是大菩薩成就阿耨多羅三藐三菩提哀愍
衆生願生此間廣演分別妙法華經何況盡
能受持種種供養者藥王當知是人自捨清
淨業報於我滅度後愍衆生故生於惡世廣
演此經若是善男子善女人我滅度後能竊
為一人說法華經乃至一句當知是人則如
來使如來所遣行如來事何況於大衆中廣
為人說藥王若有惡人以不善心於一劫中
現於佛前常毀罵佛其罪尚輕若人以一惡
言毀呰在家出家讀誦法華經者其罪甚重
藥王其有讀誦法華經者當知是人以佛莊
嚴而自莊嚴則為如來肩所荷擔其所至方
應隨向礼一心合掌恭敬供養尊重讚歎華
香瓔珞末香塗香燒香繒蓋幢幡衣服餚饌
作諸伎樂人中上供而供養之應持天寶而
以散之天上寶聚應以奉獻所以者何是人
歡喜說法須臾聞之即得究竟阿耨多羅三
藐三菩提故尒時世尊欲重宣此義而說偈
言
若欲住佛道　成就自然智　常當勤供養　受持法華者
其有欲疾得　一切種智慧　當受持是經　并供養持者
若有能受持　妙法華經者　當知佛所使　愍念諸衆生

BD05662號　妙法蓮華經卷四　（9–6）

若欲住佛道　成就自然智　常當勤供養　受持法華者
其有欲疾得　一切種智慧　當受持是經　并供養持者
若有能受持　妙法華經者　當知佛所使　愍念諸衆生
諸有能受持　妙法華經者　捨於清淨土　愍衆故生此
當知如是人　自在所欲生　能於此惡世　廣說無上法
應以天華香　及天寶衣服　天上妙寶聚　供養說法者
吾滅後惡世　能持是經者　當合掌禮敬　如供養世尊
上饌衆甘美　及種種衣服　供養是佛子　冀得須臾聞
若能於後世　受持是經者　我遣在人中　行於如來事
若於一劫中　常懷不善心　作色而罵佛　獲無量重罪
其有讀誦持　是法華經者　須臾加惡言　其罪復過彼
有人求佛道　而於一劫中　合掌在我前　以無數偈讚
由是讚佛故　得無量功德　歎美持經者　其福復過彼
於八十億劫　以最妙色聲　及與香味觸　供養持經者
如是供養已　若得須臾聞　則應自欣慶　我今獲大利
藥王今告汝　我所說諸經　而於此經中　法華最第一
尒時佛復告藥王菩薩摩訶薩我所說經典
无量千萬億已說今說當說而於其中此法華
經最為難信難解藥王此經是諸佛祕要之
藏不可分布妄授與人諸佛世尊之所守護從
昔已來未曾顯說而此經者如來現在猶多
怨嫉況滅度後藥王當知如來滅後其能書
持讀誦供養為他人說者如來則為以衣
覆之又為他方現在諸佛之所護念是人有
大信力及志願力諸善根力當知是人與如
來共宿則為如來手摩其頭藥王在在處處

BD05662號　妙法蓮華經卷四

（9–7）

藏不可分布妄授與人諸佛世尊之所守護從
昔已來未曾顯說而此經者如來現在猶多
怨嫉況滅度後藥王當知如來滅後其能書
持讀誦供養為他人說者如來則為以衣
覆之又為他方現在諸佛之所護念是人有
大信力及志願力諸善根力當知是人與如
來共宿則為如來手摩其頭藥王在在處處
若說若讀若誦若書若經卷所住處皆應起
七寶塔極令高廣嚴飾不須復安舍利所以
者何此中已有如來全身此塔應以一切華
香瓔珞繒蓋幢幡伎樂歌頌供養恭敬尊重
讚歎若有人得見此塔禮拜供養當知是等
皆近阿耨多羅三藐三菩提藥王多有人在
家出家行菩薩道若不能得見聞讀誦書持
供養是法華經者當知是人未善行菩薩道
若有得聞是經典者乃能善行菩薩之道其
有衆生求佛道者若見若聞是法華經聞已
信解受持者當知是人得近阿耨多羅三藐
三菩提藥王譬如有人渴乏須水於彼高原
穿鑿求之猶見乾土知水尚遠施功不已轉
見濕土遂漸至泥其心決定知水必近菩薩
亦復如是若未聞未解未能修習是法華經
當知是人去阿耨多羅三藐三菩提尚遠若
得聞解思惟修習必知得近阿耨多羅三藐
三菩提所以者何一切菩薩阿耨多羅三藐
三菩提皆屬此經此經開方便門示真實相

BD05662號　妙法蓮華經卷四

（9–8）

若有得聞是經典者乃能善行菩薩之道
有眾生求佛道者若見若聞是法華經聞已
信解受持者當知是人得近阿耨多羅三藐
三菩提藥王譬如有人渴乏須水於彼高原
穿鑿求之猶見乾土知水尚遠施功不已轉
見濕土遂漸至泥其心決定知水必近菩薩
亦復如是若未聞未解未能修習是法華經
當知是人去阿耨多羅三藐三菩提尚遠若
得聞解思惟修習必知得近阿耨多羅三藐
三菩提所以者何一切菩薩阿耨多羅三藐
三菩提皆屬此經此經開方便門示真實相
是法華經藏深固幽遠无人能到今佛教化
成就菩薩而為開示藥王若有菩薩聞是法
華經驚疑怖畏當知是為新發意菩薩若聲
聞人聞是經驚疑怖畏當知是為增上慢者
藥王若有善男子善女人如來滅後欲為四
眾說是法華經者云何應說是善男子善女
人入如來室著如來衣坐如來座尒乃應為
四眾廣說斯經如來室者一切眾生中大慈
悲心是如來衣者柔和忍辱心是如來座者
一切法空是安住是中然後以不懈怠心為

BD05662 號　妙法蓮華經卷四　　（9–9）

若狗野干　其形頊瘦　黧黮疥癩　人所觸嬈
又復為人　之所惡賤　常困飢渴　骨肉枯竭
生受楚毒　死被瓦石　斷佛種故　受斯罪報
若作駝驢　或生驢中　身常負重　加諸杖捶
但念水草　餘無所知　謗斯經故　獲罪如是
有作野干　來入聚落　身體疥癩　又無一目
為諸童子　之所打擲　受諸苦痛　或時致死
於此死已　更受蟒身　其形長大　五百由旬
聾騃無足　宛轉腹行　為諸小虫　之所唼食
晝夜受苦　無有休息　謗斯經故　獲罪如是
若得為人　諸根闇鈍　矬陋攣躄　盲聾背傴
有所言說　人不信受　口氣常臭　鬼魅所著
貧窮下賤　為人所使　多病痟瘦　无所依怙
雖親附人　人不在意　若有所得　尋復忘失
若修醫道　順方治病　更增他疾　或復致死
若自有病　无人救療　設服良藥　而復增劇

BD05663 號　妙法蓮華經卷二　　（7–1）

有所言說　人不信受　口氣常臭　鬼魅所著
貧窮下賤　為人所使　多病痟瘦　无所依怙
雖親附人　人不在意　若有所得　尋復忘失
若脩醫道　順方治病　更增他疾　或復致死
若自有病　无人救療　設服良藥　而復增劇
若他反逆　抄劫竊盜　如是等罪　橫羅其殃
如斯罪人　永不見佛　衆聖之王　說法教化
如斯罪人　常生難處　狂聾心亂　永不聞法
於无數劫　如恒河沙　生輒聾瘂　諸根不具
常處地獄　如遊園觀　在餘惡道　如己舍宅
駝驢猪狗　是其行處　謗斯經故　獲罪如是
若得為人　聾盲瘖瘂　貧窮諸衰　以自莊嚴
水腫乾痟　疥癩癰疽　如是等病　以為衣服
身常臭處　垢穢不淨　深著我見　增益瞋恚
婬欲熾盛　不擇禽獸　謗斯經故　獲罪如是
告舍利弗　謗斯經者　若說其罪　窮劫不盡
以是因緣　我故語汝　无智人中　莫說此經
若有利根　智慧明了　多聞強識　求佛道者
如是之人　乃可為說　若人曾見　億百千佛
殖諸善本　深心堅固　如是之人　乃可為說
若人精進　常脩慈心　不惜身命　乃可為說
若人恭敬　無有異心　離諸凡愚　獨處山澤
如是之人　乃可為說　又舍利弗　若見有人
捨惡知識　親近善友　如是之人　乃可為說
若見佛子　持戒清潔　如淨明珠　求大乘經
如是之人　乃可為說　若人無瞋　質直柔軟
常愍一切　恭敬諸佛　如是之人　乃可為說

BD05663號　妙法蓮華經卷二

（7–2）

若人恭敬　無有異心　離諸凡愚　獨處山澤
如是之人　乃可為說　又舍利弗　若見有人
捨惡知識　親近善友　如是之人　乃可為說
若見佛子　持戒清潔　如淨明珠　求大乘經
如是之人　乃可為說　若人無瞋　質直柔軟
常愍一切　恭敬諸佛　如是之人　乃可為說
復有佛子　於大衆中　以清淨心　種種因緣
譬喻言辭　說法無礙　如是之人　乃可為說
若有比丘　為一切智　四方求法　合掌頂受
但樂受持　大乘經典　乃至不受　餘經一偈
如是之人　乃可為說　如人至心　求佛舍利
如是求經　得已頂受　其人不復　志求餘經
亦未曾念　外道典籍　如是之人　乃可為說
告舍利弗　我說是相　求佛道者　窮劫不盡
如是等人　則能信解　汝當為說　妙法華經

妙法蓮華經信解品第四

尒時慧命須菩提摩訶迦旃延摩訶迦葉摩
訶目揵連從佛所聞未曾有法世尊授舍利
弗阿耨多羅三藐三菩提記發希有心歡喜
踊躍即從座起整衣服偏袒右肩右膝著地
一心合掌曲躬恭敬瞻仰尊顏而白佛言我
等居僧之首年並朽邁自謂已得涅槃無所
堪任不復進求阿耨多羅三藐三菩提世尊
往昔說法既久我時在座身體疲懈但念空
无相無作於菩薩法遊戲神通淨佛國土成就
衆生心不喜樂所以者何世尊令我等出
於三界得涅槃證又今我等年已朽邁於佛
教化菩薩阿耨多羅三藐三菩提不生一[illegible]

BD05663號　妙法蓮華經卷二

（7–3）

往昔說法既久我時在座身體疲懈但念空
无相無作於菩薩法遊戲神通淨佛國土成就
衆生心不喜樂所以者何世尊令我等出
於三界得涅槃證又今我等年已朽邁於佛
教化菩薩阿耨多羅三藐三菩提不生一念
好樂之心我等今於佛前聞授聲聞阿耨多
羅三藐三菩提記心甚歡喜得未曾有不謂
於今忽然得聞希有之法深自慶幸獲大善
利無量珍寶不求自得世尊我等今者樂說
譬喻以明斯義譬若有人年既幼稚捨父逃
逝久住他國或十二十至五十歲年既長大
加復窮困馳騁四方以求衣食漸漸遊行遇
向本國其父先來求子不得中止一城其家
大富財寶无量金銀琉璃珊瑚虎珀頗梨珠
等其諸倉庫悉皆盈溢多有僮僕臣佐吏民
象馬車乘牛羊無數出入息利乃遍他國商
估賈客亦甚衆多時貧窮子遊諸聚落經
歷國邑遂到其父所止之城父每念子與子離
別五十餘年而未曾向人說如此事但自思
惟心懷悔恨自念老朽多有財物金銀珍寶
倉庫盈溢無有子息一旦終沒財物散失
無所委付是以慇懃每憶其子復作是念我
若得子委付財物坦然快樂無復憂慮世尊
尒時窮子傭賃展轉遇到父舍住立門側遙見
其父踞師子牀寶几承足諸婆羅門剎利居士
皆恭敬圍繞以真珠瓔珞價直千万莊嚴
其身吏民僮僕手執白拂侍立左右覆以寶

BD05663號　妙法蓮華經卷二

（7–4）

若得子委付財物坦然快樂無復憂慮世尊
尒時窮子傭賃展轉遇到父舍住立門側遙見
其父踞師子牀寶几承足諸婆羅門剎利居士
皆恭敬圍繞以真珠瓔珞價直千万莊嚴
其身吏民僮僕手執白拂侍立左右覆以寶
長垂諸華旛香水灑地散衆名華羅列寶物
出內取與有如是等種種嚴飾威德特尊窮
子見父有大力勢即懷恐怖悔來至此竊作是
念此或是王或是王等非我傭力得物之處
不如往至貧里肆力有地衣食易得若久住
此或見逼迫強使我作作是念已疾走而去
時富長者於師子座見子便識心大歡喜
即作是念我財物庫藏今有所付我常思念
此子無由見之而忽自來甚適我願我雖年
朽猶故貪惜即遣傍人急追將還尒時使者
疾走往捉窮子驚愕稱怨大喚我不相犯
何爲見捉使者執之逾急強牽將還于時窮
子自念無罪而被囚執此必定死轉更惶怖悶
絕躄地父遙見之而語使言不須此人強將
來以冷水灑面令得醒悟莫復與語所以者
何父知其子志意下劣自知豪貴爲子所難
審知是子而以方便不語他人云是我子使
者語之我今放汝隨意所趣窮子歡喜得
未曾有從地而起往至貧里以求衣食尒時
長者將欲誘引其子而設方便密遣二人形
色憔悴無威德者汝可詣彼徐語窮子此有
作處倍與汝直窮子若許將來使作若言

BD05663號　妙法蓮華經卷二

（7–5）

何父知其子志意下劣自知豪貴為子所難
審知是子而以方便不語他人云是我子使
者語之我今放汝隨意所趣窮子歡喜得
未曾有從地而起往至貧里以求衣食尒時
長者將欲誘引其子而設方便密遣二人形
色顦顇無威德者汝可詣彼徐語窮子此有
作處倍與汝直窮子若許將來使作若言
欲何所作便可語之雇汝除糞我等二人亦共
汝作時二使人即求窮子既已得之具陳上
事尒時窮子先取其價尋與除糞其父見
子愍而恠之又以他日於窓牖中遥見子身羸
瘦顦顇糞土塵坌汙穢不淨即脫瓔珞細
耎上服嚴飾之具更著麁弊垢膩之衣塵
土坌身右手執持除糞之器狀有所畏語諸
作人汝等勤作勿得懈息以方便故得近其子
後復告言咄男子汝常此作勿復餘去當加汝
價諸有所須瓫器米麵鹽酢之屬莫自疑難
亦有老弊使人須者相給好自安意我如汝
父勿復憂慮所以者何我年老大而汝少壯
汝常作時無有欺怠瞋恨怨言都不見汝有
此諸惡如餘作人自今已後如所生子即時長
者更與作字名之為兒尒時窮子雖欣此遇
猶故自謂客作賤人由是之故於二十年中
常令除糞過是已後心相體信入無難然
其所止猶在本處世尊尒時長者有疾自知
將死不久語窮子言我今多有金銀珍寶
倉庫盈溢其中多少所應取與汝悉知之我

BD05663號　妙法蓮華經卷二

（7–6）

瘦顦顇糞土塵坌汙穢不淨即脫瓔珞細
耎上服嚴飾之具更著麁弊垢膩之衣塵
土坌身右手執持除糞之器狀有所畏語諸
作人汝等勤作勿得懈息以方便故得近其子
後復告言咄男子汝常此作勿復餘去當加汝
價諸有所須瓫器米麵鹽酢之屬莫自疑難
亦有老弊使人須者相給好自安意我如汝
父勿復憂慮所以者何我年老大而汝少壯
汝常作時無有欺怠瞋恨怨言都不見汝有
此諸惡如餘作人自今已後如所生子即時長
者更與作字名之為兒尒時窮子雖欣此遇
猶故自謂客作賤人由是之故於二十年中
常令除糞過是已後心相體信入無難然
其所止猶在本處世尊尒時長者有疾自知
將死不久語窮子言我今多有金銀珍寶
倉庫盈溢其中多少所應取與汝悉知之我
心如是當體此意所以者何今我與汝便為
不異宜加用心無令漏失尒時窮子即受教

BD05663號　妙法蓮華經卷二

（7–7）

是稱讚不可思議切德一切諸佛所護念經
舍利弗北方世界有焰肩佛最勝音佛難沮
佛日生佛網明佛如是等恒河沙數諸佛各於
其國出廣長舌相遍覆三千大千世界說誠
實言汝等衆生當信是讚讚不可思議功德
一切諸佛所護念經
舍利弗下方世界有師子佛名聞佛名光佛
達摩佛法幢佛持法佛如是等恒河沙數諸
佛各於其國出廣長舌相遍覆三千大千世
界說誠實言汝等衆生當信是稱讚不可思
議功德一切諸佛所護念經
舍利弗上方世界有梵音佛宿王佛香上佛
香光佛大焰肩佛雜色寶華嚴身佛娑
羅樹王佛寶華德佛見一切義佛如須弥山
佛如是等恒河沙數諸佛各於其國出廣長舌
相遍覆三千大千世界說誠實言汝等衆生
當信是稱讚不可思議功德一切諸佛所護念
經

BD05664號　阿彌陀經　（3–1）

羅樹王佛寶華德佛見一切義佛如須弥山
佛如是等恒河沙數諸佛各於其國出廣長舌
相遍覆三千大千世界說誠實言汝等衆生
當信是稱讚不可思議功德一切諸佛所護念
經
舍利弗於汝意云何何故名一切諸佛所護念
經舍利弗若有善男子善女人聞是諸佛所
說名及經名者是諸善男子善女人皆為一
切諸佛共所護念皆得不退轉於阿耨多羅
三藐三菩提是故舍利弗汝等當信受我語
及諸佛所說舍利弗若有人已發願今發願當
發願欲生阿弥陀佛國者是諸人等皆得不退
轉於阿耨多羅三藐三菩提於彼國土若已
生若今生若當生是故舍利弗諸善男子善
女人若有信者應當發願生彼國土舍利弗
如我今者稱讚諸佛不可思議功德彼諸佛
等亦稱說我不可思議功德而作是言釋迦牟
尼佛能為甚難希有之事能於娑婆國土
五濁惡世劫濁見濁煩惱濁衆生濁命濁
中得阿耨多羅三藐三菩提為諸衆生說是
一切世間難信之法舍利弗當知我於五濁惡
世行此難事得阿耨多羅三藐三菩提為一
切世間說此難信之法是為甚難佛說此經
已舍利弗及諸比丘一切世間天人阿修羅等
聞佛所說歡喜信受作礼而去

BD05664號　阿彌陀經　（3–2）

世行此難事得阿耨多羅三藐三菩提為一
切世間說此難信之法是為甚難佛說此經
已舍利弗及諸比丘一切世間天人阿脩羅等
聞佛所說歡喜信受作礼而去

佛說阿弥陁經

BD05664號　阿彌陀經

(3–3)

十故世尊般若波
眼痴闇故世尊般若波羅
蜜能示導墮耶道衆生離二邊故世尊般若
波羅蜜是一切種智一切煩惱及習斷故世
尊般若波羅蜜諸菩薩摩訶薩母能生諸佛
法故世尊般若波羅蜜不生不滅自相空故
世尊般若波羅蜜遠離生死非常非滅故世
尊般若波羅蜜无破者作護施一切珎寶故
世尊般若波羅蜜具足力无能破壞故世尊
般若波羅蜜能轉三轉十二行法輪一切諸
法不轉不還故世尊般若波羅蜜能示諸法
性无法有法空故世尊應云何供養般若波
羅蜜佛言當如供養世尊礼般若波羅蜜當
如礼世尊何以故世尊不異般若波羅蜜般
若波羅蜜不異世尊世尊即是般若波羅蜜
般若波羅蜜即是世尊是般若波羅蜜中出
生諸佛菩薩辟支佛阿羅漢阿那含斯陁含
須陁洹般若波羅蜜中生十善道四禪四无
量心四无色定五神通內空乃至无法有法

BD05665號　摩訶般若波羅蜜經卷一一

(8–1)

如是世尊何以故世尊不異般若波羅蜜般
若波羅蜜不異世尊世尊即是般若波羅蜜
般若波羅蜜即是世尊是般若波羅蜜中出
生諸佛菩薩辟支佛阿羅漢阿那含斯陀含
須陁洹般若波羅蜜中生十善道四禪四无
量心四无色定五神通内空乃至无法有法
空四念處乃至八聖道分是般若波羅蜜中
生佛十力十八不共法大慈大悲一切種智
尒時釋提桓因心念何因緣故舍利弗問是
事念已語舍利弗何因緣故問是事舍利弗
語釋提桓因言憍尸迦諸菩薩摩訶薩為般
若波羅蜜守護以方便力故於過去未來現
在諸佛從初發心乃至法住於其中間所作
善根一切和合隨喜迴向阿耨多羅三藐三
菩提以是因緣故我問是事憍尸迦菩薩摩
訶薩般若波羅蜜勝檀波羅蜜尸羅波羅蜜
羼提波羅蜜毗梨耶波羅蜜禪波羅蜜辟如
生盲人若百若千若百千万无前導不能趣
道入城憍尸迦五波羅蜜亦如是離般若波
羅蜜如盲无導不能趣道不得得一切智憍
尸迦若五波羅蜜得般若波羅蜜將導是時
五波羅蜜名為有眼般若波羅蜜將導波羅
蜜名字釋提桓因語舍利弗如所言般若波
羅蜜將導五波羅蜜故得波羅蜜名字舍利
弗若无檀波羅蜜五波羅蜜不得波羅蜜名
字若无尸羅波羅蜜羼提波羅蜜毗梨耶波

BD05665號　摩訶般若波羅蜜經卷一一　（8–2）

五波羅蜜名為有眼般若波羅蜜將導波羅
蜜名字釋提桓因語舍利弗如所言般若波
羅蜜將導五波羅蜜故得波羅蜜名字舍利
弗若无檀波羅蜜五波羅蜜不得波羅蜜名
字若无尸羅波羅蜜羼提波羅蜜毗梨耶波
羅蜜禪波羅蜜五波羅蜜不得波羅蜜名字
若尒者何以故獨讚般若波羅蜜舍利弗言
如是如是憍尸迦无檀波羅蜜五波羅蜜不
得波羅蜜名字无尸羅波羅蜜羼提波羅蜜
毗梨耶波羅蜜禪波羅蜜五波羅蜜不得波
羅蜜名字但菩薩摩訶薩住般若波羅蜜中
能具足檀波羅蜜尸羅波羅蜜羼提波羅蜜
毗梨耶波羅蜜禪波羅蜜以是故憍尸迦般
若波羅蜜於五波羅蜜中最上第一最妙无
上无與等舍利弗白佛言世尊云何應生般
若波羅蜜佛告舍利弗色不生故般若波羅
蜜生受想行識不生故般若波羅蜜生檀波
羅蜜不生故般若波羅蜜生乃至禪波羅蜜
不生故般若波羅蜜生内空乃至无法有法
空四念處乃至八聖道分佛十力乃至一切
智一切種智不生故般若波羅蜜生如是諸
法不生故般若波羅蜜應生舍利弗言世尊
云何色不生故般若波羅蜜生乃至一切諸
法不生故般若波羅蜜應生佛言色不起不
生不得不失故乃至一切諸法不起不生不

BD05665號　摩訶般若波羅蜜經卷一一　（8–3）

[illegible]如是諸
法不生故般若波羅蜜應生舍利弗言世尊
云何色不生故般若波羅蜜生乃至一切諸
法不生故般若波羅蜜應生佛言色不起不
生不得不失故乃至一切諸法不起不生不
得不失故般若波羅蜜生舍利弗白佛言如
是生般若波羅蜜與何等法合佛言无所合
以是故得名般若波羅蜜世尊不合何等法
佛言不與不善法合不與善法合不與世間
法合不與出世間法合不與有漏法合不與
无漏法合不與有罪法合不與无罪法合不
與有為法合不與无為法合何以故般若波
羅蜜不為得法故生以是故於諸法无所合
尒時釋提桓因白佛言世尊是般若波羅蜜
亦不合薩婆若佛言如是憍尸迦般若波羅
蜜亦不合薩婆若亦不得釋提桓因言世尊
云何般若波羅蜜亦不合薩婆若亦不得佛
言般若波羅蜜不如名字不如相不如起作
法合釋提桓因言今云何合佛言若菩薩摩
訶薩如不取不受不住不著不斷如是合亦
无所合如是憍尸迦般若波羅蜜一切法合
亦无所合尒時釋提桓因白佛言未曾有也
世尊是般若波羅蜜為一切法不起不生不
得不失故生須菩提白佛言世尊若菩薩摩
訶薩行般若波羅蜜時作是念般若波羅蜜

BD05665號　摩訶般若波羅蜜經卷一一

（8–4）

亦无所合尒時釋提桓因白佛言未曾有也
世尊是般若波羅蜜為一切法不起不生不
得不失故生須菩提白佛言世尊若菩薩摩
訶薩行般若波羅蜜時作是念般若波羅蜜
若一切法合若不合是菩薩摩訶薩則捨般
若波羅蜜遠離般若波羅蜜佛告須菩提復
有因緣菩薩摩訶薩捨般若波羅蜜遠離般
若波羅蜜若菩薩摩訶薩作是念是般若波
羅蜜无所有空虛不堅固菩薩摩訶薩則捨
般若波羅蜜遠離般若波羅蜜須菩提以
是因緣故捨離般若波羅蜜須菩提白佛言
世尊信般若波羅蜜為信何法佛言須菩提
信般若波羅蜜則不信色不信受想行識不
信眼乃至意不信色乃至法不信眼界乃至
意識界不信檀波羅蜜尸羅波羅蜜羼提波
羅蜜毗梨耶波羅蜜禪波羅蜜不信內空乃
至无法有法空不信四念處乃至八聖道分
不信佛十力乃至十八不共法不信須陁洹
果斯陁含果阿那含果阿羅漢果辟支佛道
不信菩薩道不信阿耨多羅三藐三菩提乃
至一切種智須菩提白佛言世尊云何信般
若波羅蜜時不信色乃至一切種智佛告須
菩提色不可得故信般若波羅蜜不信色乃
至一切種智不可得故信般若波羅蜜不信

BD05665號　摩訶般若波羅蜜經卷一一

（8–5）

不信菩薩道不信阿耨多羅三藐三菩提乃
至一切種智須菩提白佛言世尊云何信衆
若波羅蜜時不信色乃至一切種智佛告須
菩提色不可得故信般若波羅蜜不信色乃
至一切種智不可得故信般若波羅蜜不信
一切種智以是故須菩提信般若波羅蜜時
不信色乃至不信一切種智須菩提白佛言
世尊是般若波羅蜜名為摩訶波羅蜜須菩
提何因緣故是般若波羅蜜名為摩訶波羅
蜜須菩提言世尊是般若波羅蜜不作色大
不作色小受想行識不作大不作小眼乃至
意色乃至法眼識界乃至意識界不作大不
作小檀波羅蜜乃至禪波羅蜜不作大不作
小內空乃至无法有法空不作大不作小四
念處乃至阿耨多羅三藐三菩提不作大不
作小諸佛法不作大不作小諸佛不作大不
作小是般若波羅蜜不作色合不作色散受
想行識不作合不作散乃至諸佛不作合不
作散色不作无量不作非无量乃至諸佛不
作无量〻不作非无量色不作廣不作狹不
乃諸佛不作廣不作狹不作色有力不作色
无力乃至諸佛不作有力不作无力世尊以
是因緣故是般若波羅蜜名摩訶波羅蜜世
尊若新發意菩薩摩訶薩遠離般若波羅蜜
遠離禪波羅蜜遠離毗梨耶波羅蜜遠離羼
提波羅蜜遠離尸羅波羅蜜遠離檀波羅蜜

BD05665號　摩訶般若波羅蜜經卷一一　　（8–6）

无力乃至諸佛不作有力不作无力世尊以
是因緣故是般若波羅蜜名摩訶波羅蜜世
尊若新發意菩薩摩訶薩遠離般若波羅蜜
遠離禪波羅蜜遠離毗梨耶波羅蜜遠離羼
提波羅蜜遠離尸羅波羅蜜遠離檀波羅蜜
如是念是般若波羅蜜不作色大不作色小
乃至諸佛不作大不作小色不作合不作散
不作色无量不作色非无量不作色有力不
作色无力乃至諸佛不作有力不作无力世
尊菩薩摩訶薩若如是知是為不行般若波
羅蜜何以故是非般若波羅蜜相所謂作色
大小乃至諸佛作大小色有力无力乃至諸
佛有力无力世尊是菩薩摩訶薩用有所得
故有大過失所謂行般若波羅蜜時作色大
作色小乃至諸佛作有力作无力何以故有
所得相者无阿耨多羅三藐三菩提所以者
何衆生不生故般若波羅蜜〻不生色不生
故般若波羅蜜不生乃至佛不生故般若波
羅蜜不生衆生性无故般若波羅蜜性无色
性无故般若波羅蜜性无乃至佛性无故般
若波羅蜜性无衆生非法故般若波羅蜜非
法色非法故般若波羅蜜非法乃至佛非法
故般若波羅蜜非法衆生空故般若波羅蜜
空色空故般若波羅蜜空乃至佛空故般若
波羅蜜空衆生離故般若波羅蜜離色離故

BD05665號　摩訶般若波羅蜜經卷一一　　（8–7）

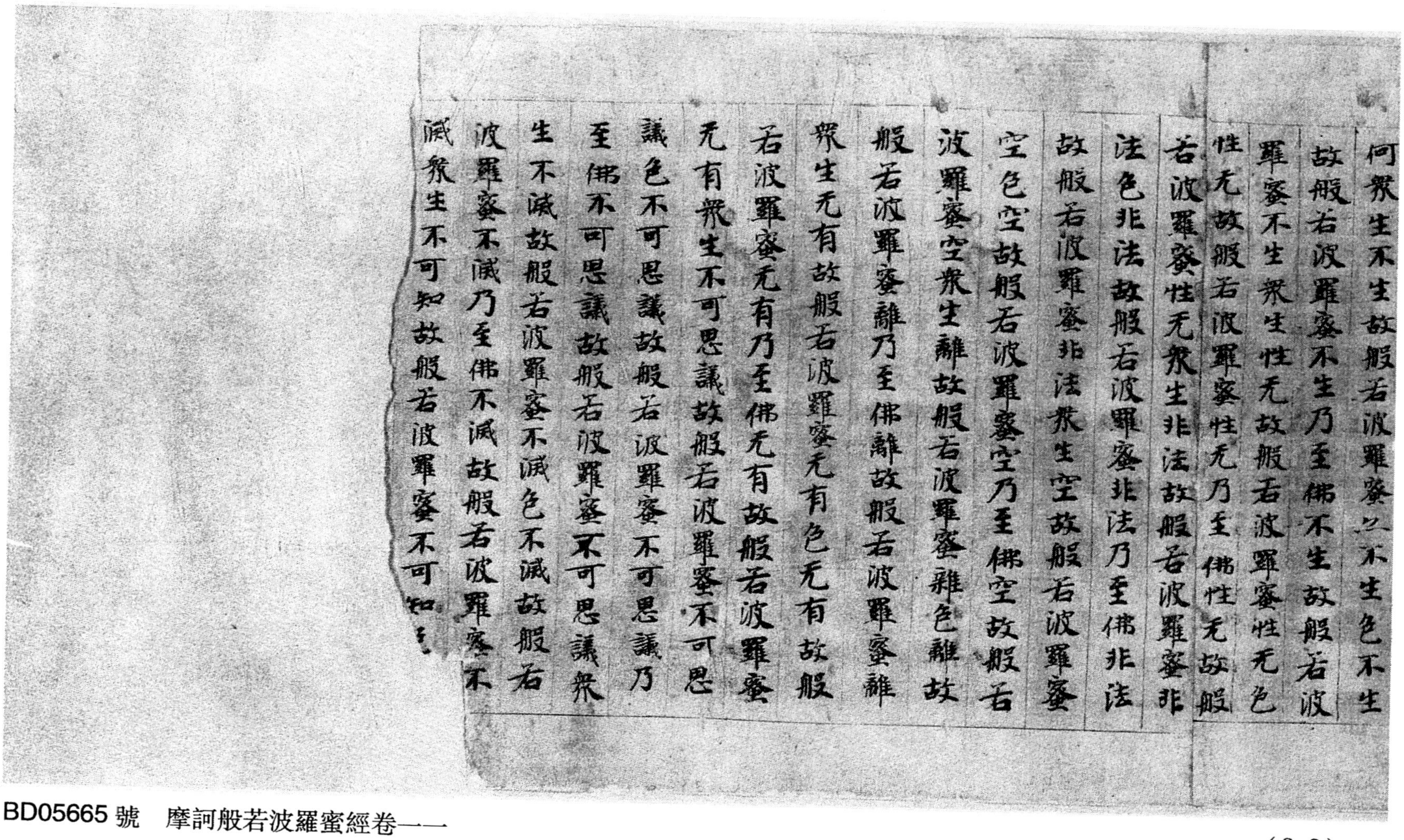
何衆生不生故般若波羅蜜亦不生色不生
故般若波羅蜜不生乃至佛不生故般若波
羅蜜不生衆生性无故般若波羅蜜性无色
性无故般若波羅蜜性无乃至佛性无故般
若波羅蜜性无衆生非法故般若波羅蜜非
法色非法故般若波羅蜜非法乃至佛非法
故般若波羅蜜非法衆生空故般若波羅蜜
空色空故般若波羅蜜空乃至佛空故般若
波羅蜜空衆生離故般若波羅蜜離色離故
般若波羅蜜離乃至佛離故般若波羅蜜離
衆生无有故般若波羅蜜无有色无有故般
若波羅蜜无有乃至佛无有故般若波羅蜜
无有衆生不可思議故般若波羅蜜不可思
議色不可思議故般若波羅蜜不可思議乃
至佛不可思議故般若波羅蜜不可思議衆
生不滅故般若波羅蜜不滅色不滅故般若
波羅蜜不滅乃至佛不滅故般若波羅蜜不
滅衆生不可知故般若波羅蜜不可知

BD05665 號　摩訶般若波羅蜜經卷一一

（8–8）

BD05666 號　瑜伽師地論卷三九

（13–1）

有所逼迫損害他諸有情戲樂等具有來求者是諸菩薩皆
不施與若復種種象馬車輿若衣服莊嚴妙飲食習歌
舞等又諸樂器塗飾香鬘採玩衆具園林樓觀舍宅侍
女習學種種工巧業處如是一切戲樂等具為欲令其於
菩薩所轉增淨信心有來求者悉皆施與又諸菩
薩若有病者來求非量非宜飲食亦不施與若有衆
生食飽滿已於多饌皆數復來求珍妙飲食亦不施與若諸
衆生醉亂顛狂所逼欲殺害自身食毒墜巖投溺赴火自
害不應施其所欲又諸菩薩若有來求父母師長定不應施
何以故諸菩薩於其父母尊重師長能養育教有恩者於
於長夜中常恩頂戴不生厭倦恒持自身繫屬隨順任所居
處種種賣尚自不敢竊憶施心何況顯然施來求者又諸菩
薩若作國王灌頂自在統領方域於自國界所有衆庶終不抑
奪取餘妻子而轉施餘唯持村邑聚落此土或分或以用布
施而皆須其恩化汝亦宜然又諸菩薩於自妻子奴婢僕使親
識眷屬若不先以正言曉喻令其歡喜終不強逼令其直受僕施
來求者雖復先以正言曉喻令其歡喜生樂欲心而不施與怨
家惡友藥叉羅剎凶暴業者不以妻子形容柔弱族性男女
施來求者令作奴婢又諸菩薩若有上品逼惱衆生藥行種種
暴惡業者來求王位終不施與若彼暴惡損侍伽羅先居王
位菩薩有力尚應廢黜況當施與又諸菩薩終不侵奪父
母妻子奴婢僕使親戚眷屬所有財物持用布施亦不逼惱
又母妻子奴婢僕使親戚眷屬以所施物施來求者又諸菩薩以
其正法以無卒暴積集財物而行惠施不以非法不以卒暴亦
不逼迫損惱於他而行惠施又諸菩薩若在諸佛聖教出家終
不違越所有學處而惠施又諸菩薩行布施時普於一切有情
起平等心住福田想而行惠施終不分別怨親中庸有
德有德有失劣等勝品有苦有樂品類差別又諸菩薩如先

BD05666號　瑜伽師地論卷三九

（13–2）

又母妻子奴婢僕使親戚眷屬以所施物施來求者又諸菩薩以
其正法以無卒暴積集財物而行惠施不以非法不以卒暴亦
不逼迫損惱於他而行惠施又諸菩薩若在諸佛聖教出家終
不違越所有學處而惠施又諸菩薩行布施時普於一切有情
起平等心住福田想而行惠施終不分別怨親中庸有
德有德有失劣等勝品有苦有樂品類差別又諸菩薩如先
所許如先所許終無減少雜來求者唯有施彼或等或增
又諸菩薩終無先許勝妙物後施下劣唯有先許下劣財物
若有勝妙後施勝妙又諸菩薩不以異意不以憤怒損濁之心而行
惠施又諸菩薩終不施已而自稱讚告言我於汝所曾行
如是如是惠施稱受長養攝扶於汝又諸菩薩於早晨者行
布施時尚無不敬捺而與況於有德又諸菩薩若來求者妄
住種種綺祀邪行埋舉躁擾不自防護專行罵詈瞋忿訶責
終不於彼輕懱邪行帶厭倦心而行惠施雖即於彼了知諂誑
煩惱所縈令改本性深更安住憐愍之心而行惠施又諸菩薩
不由惡見妄有執取而行惠施謂如廣有大暴惡祠祀不計邪
生布施為法亦不妄取吉祥瑞應想相扶而行布施又諸
菩薩終不妄計唯一切種極善清淨而行惠施即是世間及出
世間離一切清淨唯審了知所行布施但是離欲清淨資
糧又諸菩薩不觀其果而行布施一切布施皆為迴向速證無
上正等菩提又諸菩薩善如實了知一切品類所行布施一切
品類施果異熟隨生住解不由他緣非他所引而行布施諸
施飲食能感大力施諸衣服能感妙色施諸車乘能感快
樂施諸車乘能感快樂施諸燈明能感淨眼如是等類廣
說應知又諸菩薩不為怖畏自身貧窮而行布施
唯由悲愍衆生普集而行布施又諸菩薩於來求者
終不施與不合儀物謂施出家者餘殘飲食或諸便穢
涕唾變吐膿血不淨所雜所染又不告白不令覺知如無淨

BD05666號　瑜伽師地論卷三九

（13–3）

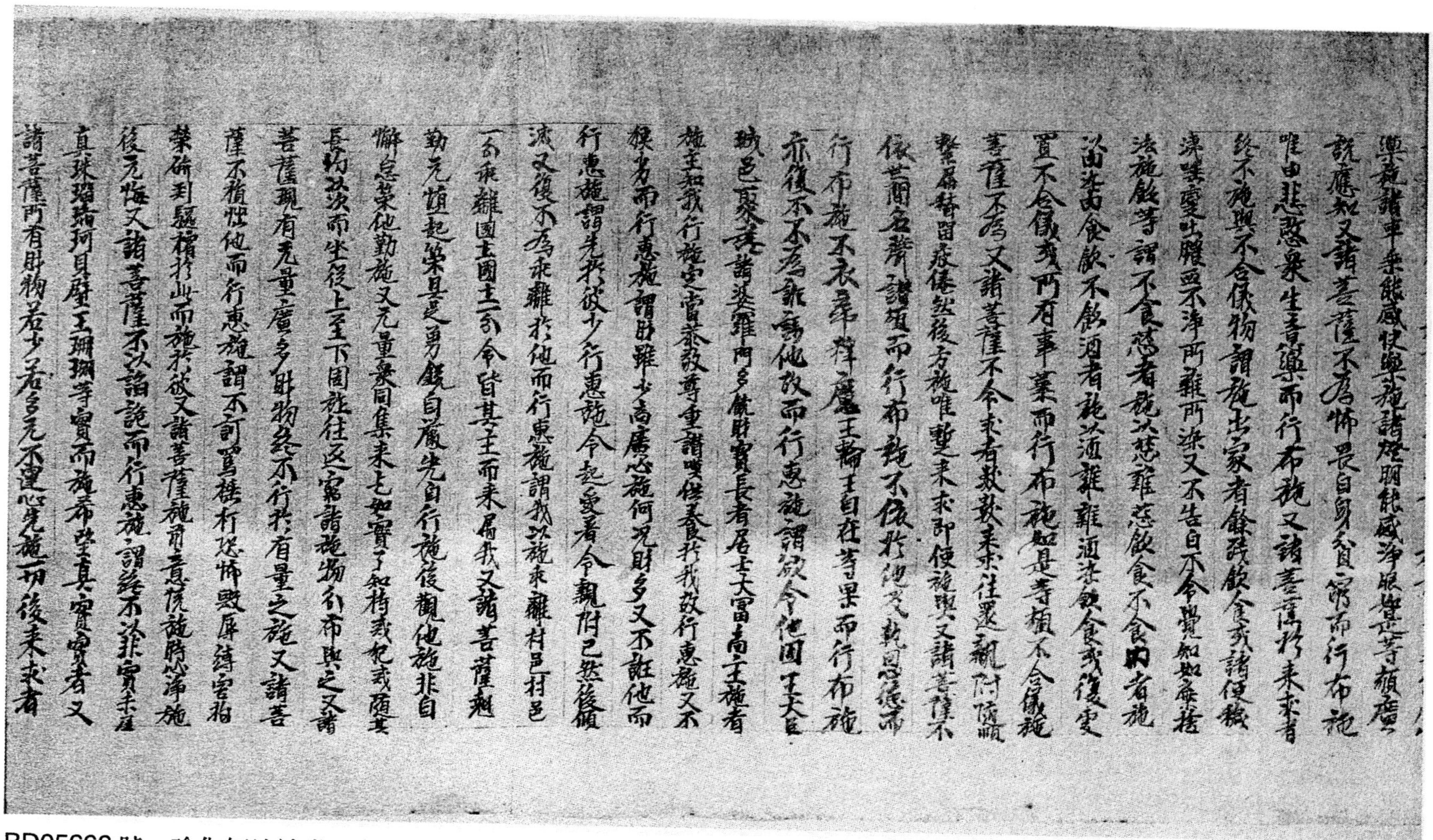

樂施諸車乘能感快樂施諸燈明能感淨眼當知是等顛倒
說應知又諸菩薩不為怖畏自身貧窮而行布施
唯由悲愍眾生意樂而行布施又諸菩薩於來求者
終不施與不合儀物謂施出家者餘殘飲食或諸便穢
洟唾嘔吐膿血不淨所雜所染又不告白不令覺知如廢捨
法施飲等謂不食葱者施以葱雜葱飲食不食肉者施
以肉染肉食飲不飲酒者施以酒雜雜酒染飲食或復更
置不合儀式所有事業而行布施如是等類不合儀施
菩薩不為又諸菩薩不令求者數數來求往還親附隨順
瞻侍稽留疲倦然後方施唯暫來求即便施與又諸菩薩不
依世間名譽讚頌而行布施不依於他反報恩德而
行布施不求帝釋魔王輪王自在等果而行布施
亦復不求為誑惑他故而行惠施謂欲令他國王大臣
城邑聚落諸婆羅門多饒財寶長者居士大富商主施者
施主知我行施當恭敬尊重讚嘆供養於我故行惠施又不
損害而行惠施謂財雖少而廣心施何況財多又不誑他而
行惠施謂先於彼少行惠施令起愛著令親附已然後饋
流又復不為乖離於他而行惠施謂我以施乖離村邑村邑
一分乖離國土國土一分令皆其主而來屬我又諸菩薩興
勤無慎起業具足勇銳自應先自行施後勸他施非自
懈怠策他勤施又無量眾同集來乞如實了知稱彼所宜或隨其
長幼以次而坐從上至下周旋往返審諦施物行布與之又諸
菩薩現有無量廣多財物終不行於有量之施又諸菩
薩不損惱他而行惠施謂不訶罵捶打迫怖毀辱譏害指
策斫刺驅擯於他而施於彼又諸菩薩施前意悅施時心淨施
後無悔又諸菩薩不以諂詭而行惠施謂終不以非實末尼
真珠琉璃珂貝璧玉珊瑚等寶而施希望真實寶者又
諸菩薩所有財物若少若多無不運心先施一切後來求者

BD05666 號　瑜伽師地論卷三九

（13–4）

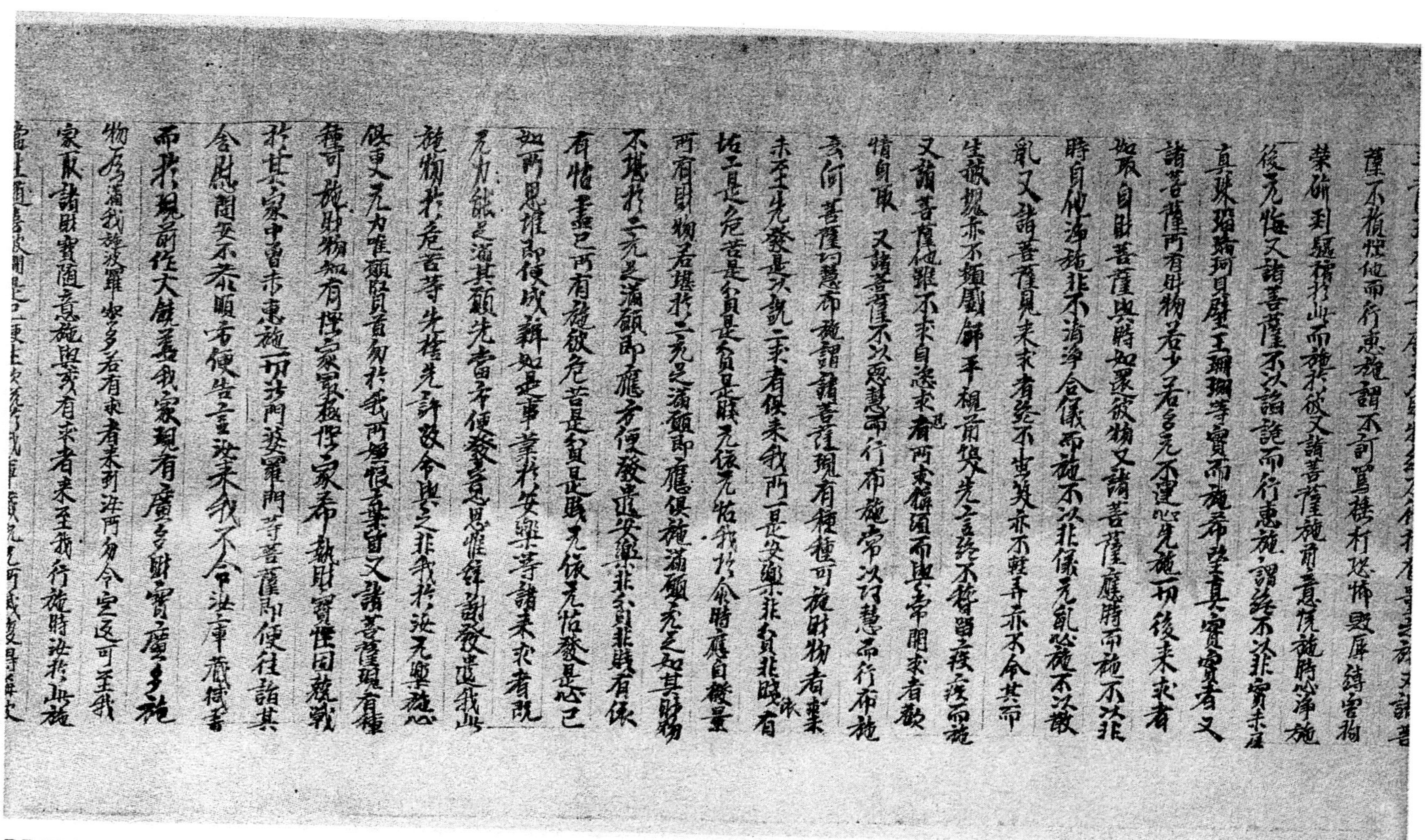

又諸菩
薩不損惱他而行惠施謂不訶罵捶打迫怖毀辱譏害指
策斫刺驅擯於他而施於彼又諸菩薩施前意悅施時心淨施
後無悔又諸菩薩不以諂詭而行惠施謂終不以非實末尼
真珠琉璃珂貝璧玉珊瑚等寶而施希望真實寶者又
諸菩薩所有財物若少若多無不運心先施一切後來求者
如取自財菩薩與時如還彼物又諸菩薩應時而施不以非
時自他淨施非不清淨合儀而施不以無亂心施不以散
亂又諸菩薩見來求者終不嗤笑亦不輕弄亦不令其而
生羞愧亦不顰蹙舒手覩前發先言終不稽留疲倦而施
又諸菩薩他雖不求自恣求者所求須而與常開求者欲
情自取　又諸菩薩不以惡慧而行布施常以巧慧而行布施
云何菩薩巧慧布施謂諸菩薩現有種種可施財物者來
未至先發是以說二求者俱來我所一是安樂非貧非賤有
二是危苦是貧是賤無依無怙我於今時應自稱量
所有財物若堪於二無足滿願即應俱施滿願無乏如其財物
不堪於二無足滿願即應方便發遣安樂非貧非賤有依
有怙盡己所有施彼危苦是貧是賤無依無怙發是心已
如所思擇即便成辦如是事業於安樂等諸來求者說
無力能足滿其願先當方便發言思惟辭謝發遣我此
施物於危苦等先審先許故令與之非我於汝無樂施心
然更無力唯願賢首勿於我所起嫌恨業又諸菩薩現有種
種可施財物如有慳家家族慳家希執財寶慳固鬪戰
於其家中曾未惠施一切沙門婆羅門等菩薩即便往詣其
舍慰問安不恭順者便告言汝來我不令汝庫藏損耗
而於現前作大饒益我家現有廣多財寶廣多施
物為滿我施波羅蜜多若有求者來到汝所勿令空返可至我
家取諸財寶隨意施與或有求者來至我所行施時汝於此施
當生隨喜[illegible]

BD05666 號　瑜伽師地論卷三九

（13–5）

舍恩聞言不柔順者便告言汝來我不令汝庫藏損害
而於現前作大饒益我家現有廣多財寶廣多施
物為滿我等波羅蜜多若有求者來到汝所勿令空返可至我
家取諸財寶隨意施與或有求者來至我所行施時汝於此施
當生隨喜彼聞是已便生欣悅於我庫藏既無所減復得稱彼
善男子心數應隨順成辦所作菩薩如是令彼漸種當來調伏
慳善種子由慧為先善巧方便令漸修習自捨下品無貪
進得中品依中無貪進得上品又諸菩薩若親教師及軌範師
共住弟子同梵行者性是慳貪類或性雖非慳貪種類而闕資
財所欲遺之善菩薩欲寄佛法僧田樹備布施種植業事時持所
施物與彼令作己自不為菩薩如是巧慧方便自所生福彌更致多
復令一類同梵行者調伏所有慳貪煩惱亦令一類樂善法者所願
滿足攝受有情成熟有情又諸菩薩現有種種多可施財物見諸
來者有希求相知其心已隨彼所樂悉皆施與復有商人為性矯
作欲行欺誑菩薩菩薩知已而權其過不令他知況觸於彼稱滿其願
令無羞愧踊躍無畏歡喜而去復有矯誑
欺誑菩薩初不覺知後時乃覺雖復覺知不以此事舉發彼
人終不呵責為作憶念俱悲生愍於彼於我所悋行如是不與取
事我今隨喜令彼無罪如是等類當知名為菩薩現有可施
財物巧慧而施又諸菩薩若現無有可施財物先所串習欲
世間工巧業處作意現前少用功力多集財寶施諸眾生是
諸菩薩或復為他種種美妙善巧言詞宣說正法令貧苦
者有樂行施況富樂者令慳貪者猶能惠施況習施者或
有淨信多饒財寶常樂家數數忘者往彼求索令其布
施或欲惠捨備施業時躬詣其處勸無情起策具足深心
歡喜隨力隨能身語助令施求者得善滿足以彼施時事
力闕或惡伎擾或隨所宜或不柔教或念忘失由失由善明
故數數過者無智足菩薩現無財寶巧慧方便而行布施此說

BD05666號　瑜伽師地論卷三九　（13–6）

施或欲惠捨備施業時躬詣其處勸無情起策具足深心
歡喜隨力隨能身語助令施求者得善滿足以彼施時事
力闕或惡伎擾或隨所宜或不柔教或念忘失由失由善明
故數數過者無智足菩薩現無財寶巧慧方便而行布施此說
乃至未證增上清淨意樂若諸菩薩已證增上清淨意
樂如已雜得超諸惡趣是生生之處雜得無盡財寶又
諸菩薩終不口授求過外道所有邪法亦不施彼所寫經典
知性多貪求欲衒賣經卷等者亦不施與知欲秘藏亦不施
與知欲求不求勝智亦不施與求勝智者自了
知於經卷等其義已辦即隨所樂如應施與若自了
知於經卷等其義未辦為辦義故恒自披讀如是菩
薩若見其餘有經卷等即應方便持去施與或復書
寫而施與之若不見餘有餘經卷等亦無力能更為書
寫即應審諦觀察自心勿我於法慳吝纏心不能施耶勿我於
法別意所欲不欲施耶為我於法有勝所須不應施耶如是
審諦觀察心已若自了知我於此法少有慳纏別意所欲而不
施者即作是心我今決定應行法施設我由此行法施故於
現法中成癡鈍不忍煩惱尚應法施況今闕之少智資糧
又觀察已若自了知我於此法無少慳纏亦無別意但為
成辦勝所須義不應施者菩薩爾時應更思付我持此
法施於彼者為為植害自煩惱邪為圓滿智資糧邪為
為愛念諸眾生邪既思付已便正了知我都不見自有煩惱
見不施彼此經卷等現法當來我智資糧展增勝非施於
彼速此功德但於當來損減法利非曲已覺慧若不施彼
便能修集利益安樂一切眾生方便智即為愛念此一眾生
及餘一切若施於彼唯成愛念此一眾生非餘一切菩薩如是如是
如實知已施彼者無罪無犯亦不違越菩薩不忍真言遣未
求者謂我不能惠施於汝要當施設方便善巧賺貽發遣云

BD05666號　瑜伽師地論卷三九　（13–7）

彼速此功德但於當來薄饒法利非豐覺慧若不施彼彼
便能脩集利益安樂一切衆生巧方便智即為愛念此一衆生
及餘一切若施於彼唯成愛念此一衆生非餘一切菩薩如是如是
如實知已施彼求者无罪无悔亦不違越菩薩不忍真言違來
淨戒云何菩薩方便不施謂諸菩薩
求者謂我不能惠施於汝要當施設方便善巧勝發遣云
何施設方便善巧謂諸菩薩先於所畜一切資具一切施物為作
淨故以淨意樂捨與十方諸佛菩薩譬如苾芻於己衣物為作
淨故捨與親教軌師等如是菩薩淨施因緣雖復蓄積
種上妙一切資具一切施物猶得名為安住聖種生无量福常
於此福多恩惟故於一切時隨逐增長恒於一切作淨施物如
佛菩薩所寄護持見來求者即應觀察若隨所欲作淨施
物惠施彼時稱當道理應作是念諸佛菩薩无有少物於諸
衆生而不施者如是知已取淨施物施來求者令所願滿若
觀施時不稱道理即應念先作淨法告言賢首如是等物
是他所有不許施汝更言辭方便發遣或持餘物二倍三
倍奉敬施與然後發遣令彼了知菩薩於此非慳貪故不欲
施我定當於此經卷等法不自在故不施於我當知是名善
薩巧慧而行法施
又諸菩薩於一切施謂法施財施
无畏施若異門若體相若釋名若因果差別如實了知而行惠
施當知亦名菩薩巧慧而行布施 又諸菩薩於諸有怨以慈
意樂而行惠施於諸有苦以悲意樂而行惠施於諸有德以喜
意樂而行慧施於諸有恩親善同意以捨意樂而行慧施當
知亦名菩薩巧慧而行布施 又諸菩薩善於其施障及彼對治如
實了知此中施障略有四種一先未串習二施物匱闕三耽著上妙
可意財物四觀見當來大財果而深欣樂若諸菩薩現有種種
可施財物雖見求者正現在前而於惠施心不趣入菩薩爾時即以正
慧速疾通達是我於施先未串習所作過失復以妙慧如是通
達我於先世決定於施曾未串習致令今世現有種種可施財物雖

知亦名菩薩巧慧而行布施又諸菩薩善於其施障及彼對治如
實了知此中施障略有四種一先未串習二施物匱闕三耽著上妙
可意財物四觀見當來大財果而深欣樂若諸菩薩現有種種
可施財物雖見求者正現在前而於惠施心不趣入菩薩爾時即以正
慧速疾通達是我於施先未串習所作過失復以妙慧如是通
達我於先世決定於施曾未串習致令今世現有種種可施財物雖
見求者正現在前而於惠施心不趣入若於今世不攝思擇而行施
者復於未世定當增背所應行施菩薩如是正通達已用此施障對
治為緣方勵思擇而行惠施能不隨逐先未串習所作過失自在而
行又諸菩薩若見求者正現在前由諸財物有匱闕故於其惠施
心不趣入菩薩爾時即以正慧速疾通達如是過失障施因緣忍受
遣之所作衆苦方勵思擇起悲愍心而行惠施作如是念我由宿
業有過失故或由現在繫屬他故今我具受衆多猛利飢
渴等苦不能饒益一切衆生故我今者由行惠施因饒益他於現
法中受種種苦乃至致死如是行施猶為寵勝非空發遣諸來
求者况當更有諸菜葉等可以活命菩薩如是忍受遣之所
作衆苦而行惠施又諸菩薩若見求者正現在前由可施物甚
悅意故最上妙故於行惠施心不趣入菩薩爾時即以正慧速疾
通達是我於妙著所作過失我今於苦發起虛妄樂相顛倒由
此能生當來衆苦於此顛倒了知故為欲斷除方勵思擇用
此財物而行惠施又諸菩薩若行施已於當施果廣大財利
見勝功德深生欣樂不求无上正等菩提菩薩爾時即以正慧
速疾通達是邪果見所作過失如實觀察一切諸行皆不堅牢
一切諸行皆念念滅所受用果速疾滅盡速疾離散如是觀時
即能斷滅欣樂邪果之見諸所行施一切迴向无上菩提如是
菩薩四種施障當知四種能對治智對治於彼一者覺悟二者忍
受衆苦三者了達知顛倒四者見一切行性不堅牢是諸菩薩由前
三種能對治智決定堪能正行惠施由後一種能對治智能

一切諸行皆念念滅所受用果速疾滅盡速疾離散如是觀時
即能斷滅能生欲樂希果之見諸所行施一切迴向无上菩提如是
菩薩四種施障當知四種能對治智對治於彼一者覺悟二者忍
受眾苦三者遍知顛倒四者見一切行性不堅牢是諸菩薩由前
三種能對治智決定現能正行惠施由後一種能對治智能
正攝受施福勝果當知亦名菩薩巧慧而行布施
又諸菩薩内居閑靜由淨意樂淳厚淨信分別勝解數數緣念
種種上妙无量財寶以勝解力於諸眾生起行慧施由此因緣
是諸菩薩以少功用生无量福當知亦名菩薩巧慧而行布
施如是妙慧大慧菩薩巧慧行施總略義者由有財无財
施所攝故如是由法施故由无畏施故由勝意樂施故由施
障對治智施故由增上意樂勝解施故當知是名略說諸菩
薩不共行施如是廣說救四眾事菩薩所行一切施差別
相已自斯已後即於一切施差別相中分出所餘難行施等
一切差別應當了知　云何菩薩難行施當知此施略有三種
謂若諸菩薩財物尠少自忍貧苦慧施於他是名菩薩第
一難行施若諸菩薩所可愛物或性珍愛或著或長時串習
或有上品是或最上妙物極生耽著能自開解慧施於
他是名菩薩第二難行施若諸菩薩極大艱辛所獲財
物慧施於他是名菩薩第三難行施　云何菩薩
一切門施當知此略有四相謂諸菩薩或自財物或觀化
他所得財物或施親屬又施妻子奴婢作使善友大臣
親戚眷屬或復施與他來求者如是四相是名菩薩一切
門施　云何菩薩善士所行名善士施當知此施略有五相謂菩
薩淨信而施恭敬而施自手而施應時而施不損惱他而行
惠施如是五相是名菩薩善士所行名善士施云何菩薩一切種
施當知此施有十三相一无依施二廣大施三觀喜施四數數施
五田器施六非田器施七一切物施八一切處施九一切時

親戚眷屬或復施與他來求者如是四相是名菩薩一切
門施　云何菩薩善士所行名善士施當知此施略有五相謂菩
薩淨信而施恭敬而施自手而施應時而施不損惱他而行
惠施如是五相是名菩薩善士所行名善士施云何菩薩一切種
施當知此施有十三相一无依施二廣大施三觀喜施四數數施
五田器施六非田器施七一切物施八一切處施九一切時
施十无罪施十一有情物施十二方便主物施十三種相當知是名
菩薩一切種施　云何菩薩遂求施當知此施有八種相謂諸菩
薩遺之飲食而求之者施以飲以飲食遺之車乘而求之者
施以車乘遺之衣服而求之者施以衣服遺之嚴具而求之者
施以嚴具遺之種種資生什物而求之者施以種種資生什物遺
之種種塗飾香鬘而求之者施以種種塗飾香鬘遺之舍
宅而求之者施以舍宅遺之光明而求之者施以光明如
是八相是名菩薩遂求施　云何菩薩此世他世樂施當知
此施略有九相謂財施无畏施法施總說名為能令眾生此世
他樂財施者謂以上妙清淨如法財物而行惠施調伏慳吝垢
而行惠施調伏積藏垢而行慧施調伏慳吝垢者謂捨財物
執著調伏積藏垢者謂捨受用執著无畏施者謂濟拔師
子虎狼鬼魅等畏拔濟王賊等畏拔濟水火等畏法施者
謂无倒說法稱理說法勸脩學處如是一切總說九相是名
菩薩能令眾生此世他世樂施此中財施无畏施及此差
別能令眾生此世安樂法施及差別能令眾生後世安樂
云何菩薩清淨施當知此施有十種相一不留滯施二不執
取三不積聚施四不高舉施五无所依施六不退弱施七
不下劣施八无向背施九不望報恩施十不希果熟施　云何
不留滯施謂諸菩薩見來求者亟現在前速疾惠施不作留滯謂諸
菩薩求者疾望得財如諸菩薩速希惠施云何不執取施
謂諸菩薩不以妄見執取於施或執此施空无有果或執

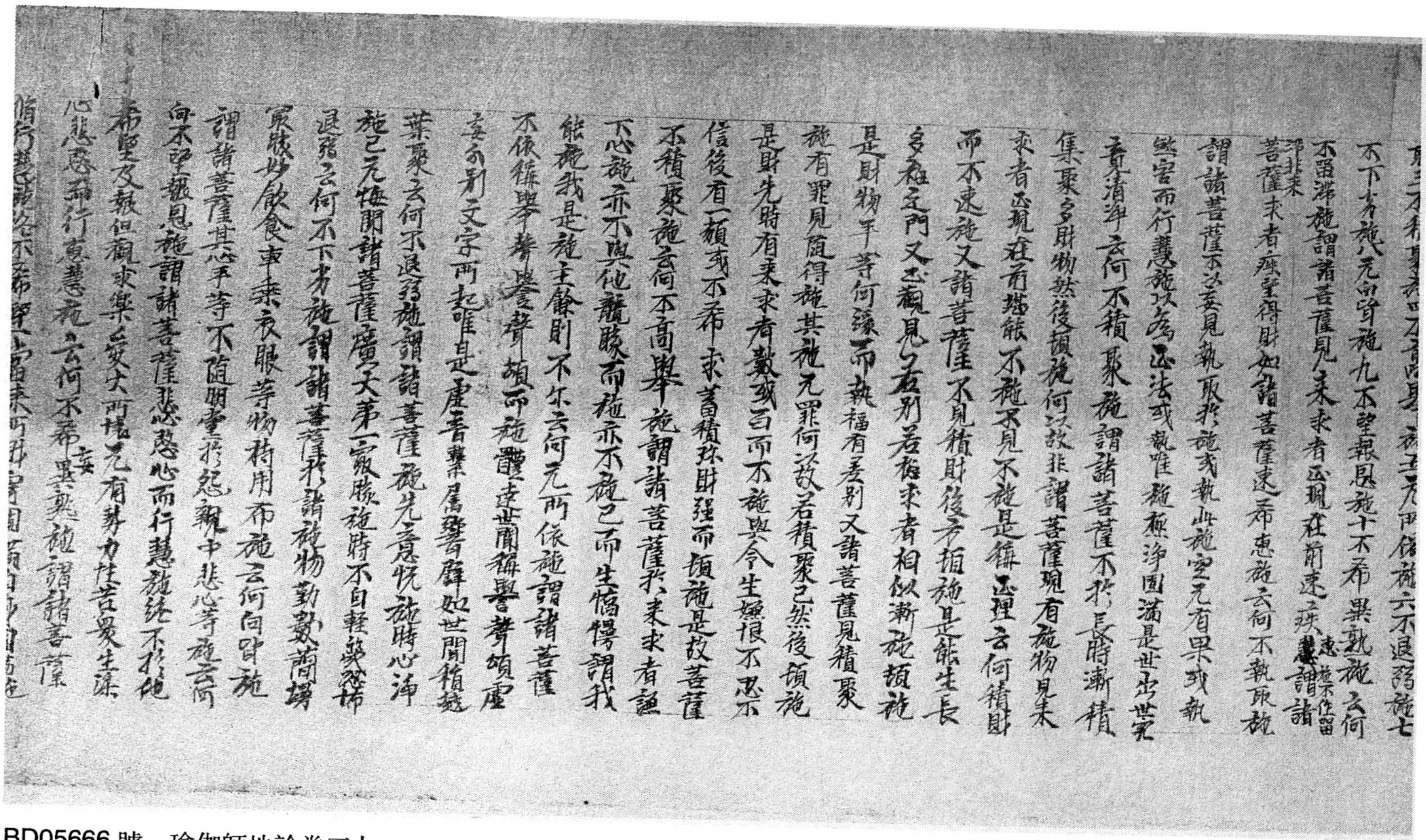
施三不積聚施四不高舉施五无所依施六不退弱施七
不下劣施八无向背施九不望報恩施十不希異熟施云何
不留滯施謂諸菩薩見未來求者正現在前速疾惠施不作留滯謂諸
菩薩求者來望得財如諸菩薩速希惠施云何不執取施
謂諸菩薩不以妄見執取於施或執此施定无有果或執
然害而行惠施以為正法或執唯施極淨圓滿是世出世究
竟清淨云何不積聚施謂諸菩薩不於長時漸積
集聚多財物然後頓施何以故非諸菩薩現有施物見來
求者正現在前堪能不施不見不施是稱正理云何積財
而不速施又諸菩薩不見積財後方揔施是能生長
多施之門又正觀見乃有別若彼來者相似漸施頓施
是財物平等何緣而執福有差別又諸菩薩見積聚
施有罪見隨得施其施无罪何以故若積聚已然後頓施
是財先時有來求者數或百而不施與令生嫌恨不忍不
信後有一類或不希求蓄積珍財强而頓施是故菩薩
不積聚施云何不高舉施謂諸菩薩於來求者謙
下心施亦不與他角勝而施亦不施已而生憍慢謂我
能施我是施主餘則不尔云何无所依施謂諸菩薩
不依稱譽聲讚頌而施亦不依世間稱譽聲頌廬
舍所別文字所起唯是虚音聲屬聲譬如世間稍越
葉聚云何不退弱施謂諸菩薩施先意悅施時心淨
施已无悔聞諸菩薩廣大第一最勝施時不自輕蔑恐怖
退弱云何不下劣施謂諸菩薩於諸施物勤數簡擇
最勝妙飲食車乘衣服等物持用布施云何向背施
謂諸菩薩其心平等不隨朋黨於怨親中悲心等施云何
向不望報恩施謂諸菩薩悲愍心而行惠施終不於他
希望反報但觀求樂乏受大所攝无有勢力住苦衆生深
心悲愍而行惠施云何不希異熟施謂諸菩薩
脩行惠施終不希望當來所欲財寶圓滿自身圓滿

BD05666 號　瑜伽師地論卷三九

（13–12）

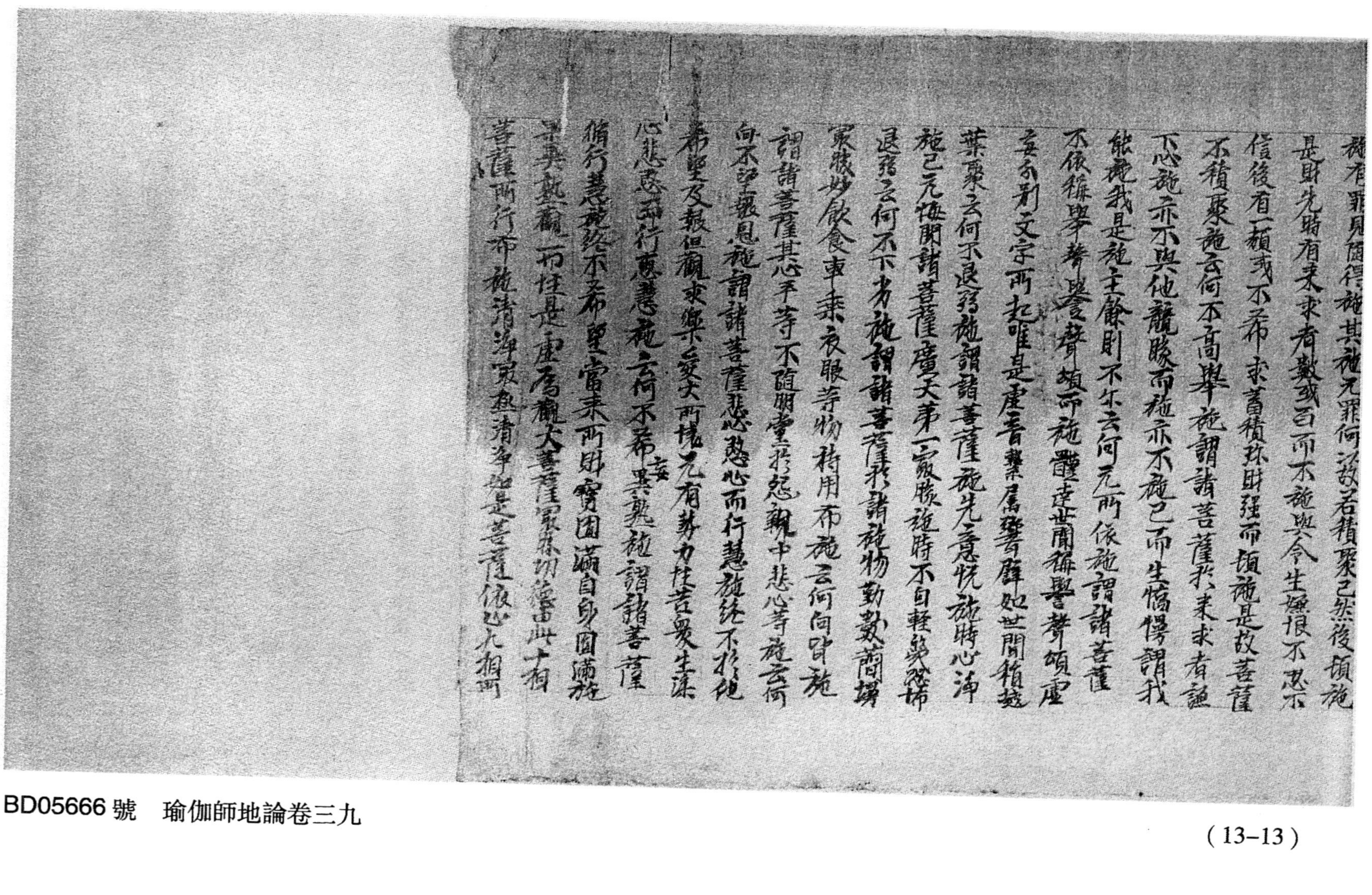
施有罪見隨得施其施无罪何以故若積聚已然後頓施
是財先時有來求者數或百而不施與令生嫌恨不忍不
信後有一類或不希求蓄積珍財强而頓施是故菩薩
不積聚施云何不高舉施謂諸菩薩於來求者謙
下心施亦不與他角勝而施亦不施已而生憍慢謂我
能施我是施主餘則不尔云何无所依施謂諸菩薩
不依稱譽聲讚頌而施亦不依世間稱譽聲頌廬
舍所別文字所起唯是虚音聲屬聲譬如世間稍越
葉聚云何不退弱施謂諸菩薩施先意悅施時心淨
施已无悔聞諸菩薩廣大第一最勝施時不自輕蔑恐怖
退弱云何不下劣施謂諸菩薩於諸施物勤數簡擇
最勝妙飲食車乘衣服等物持用布施云何向背施
謂諸菩薩其心平等不隨朋黨於怨親中悲心等施云何
向不望報恩施謂諸菩薩悲愍心而行惠施終不於他
希望反報但觀求樂乏受大所攝无有勢力住苦衆生深
心悲愍而行惠施云何不希異熟施謂諸菩薩
脩行惠施終不希望當來所欲財寶圓滿自身圓滿施
果異熟而住是處為觀大菩提果攝一切當由此十相
菩薩所行布施清淨寂靜清淨當知是菩薩依止九相所

BD05666 號　瑜伽師地論卷三九

（13–13）

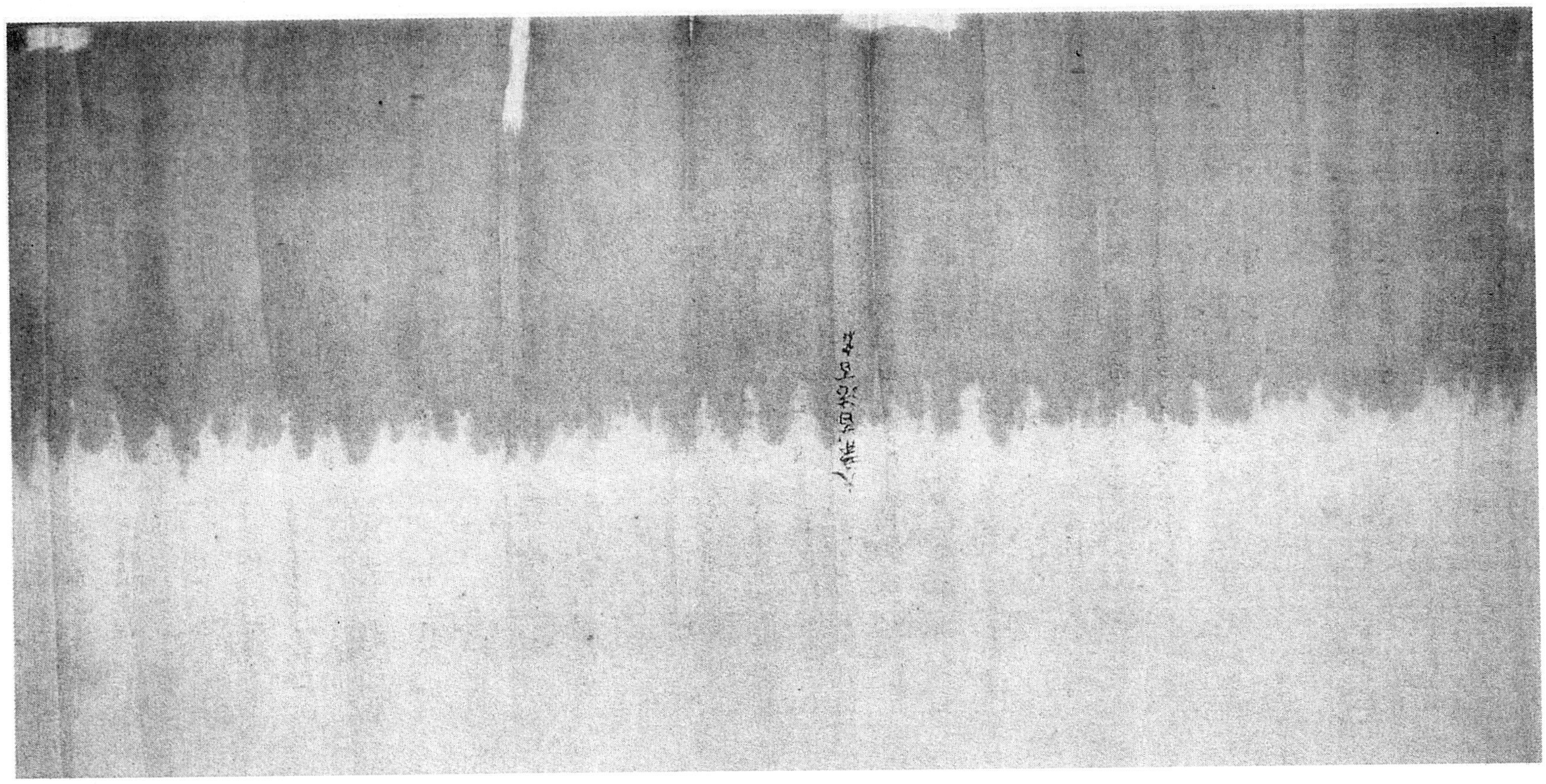

BD05666 號背　題記　　（2–1）

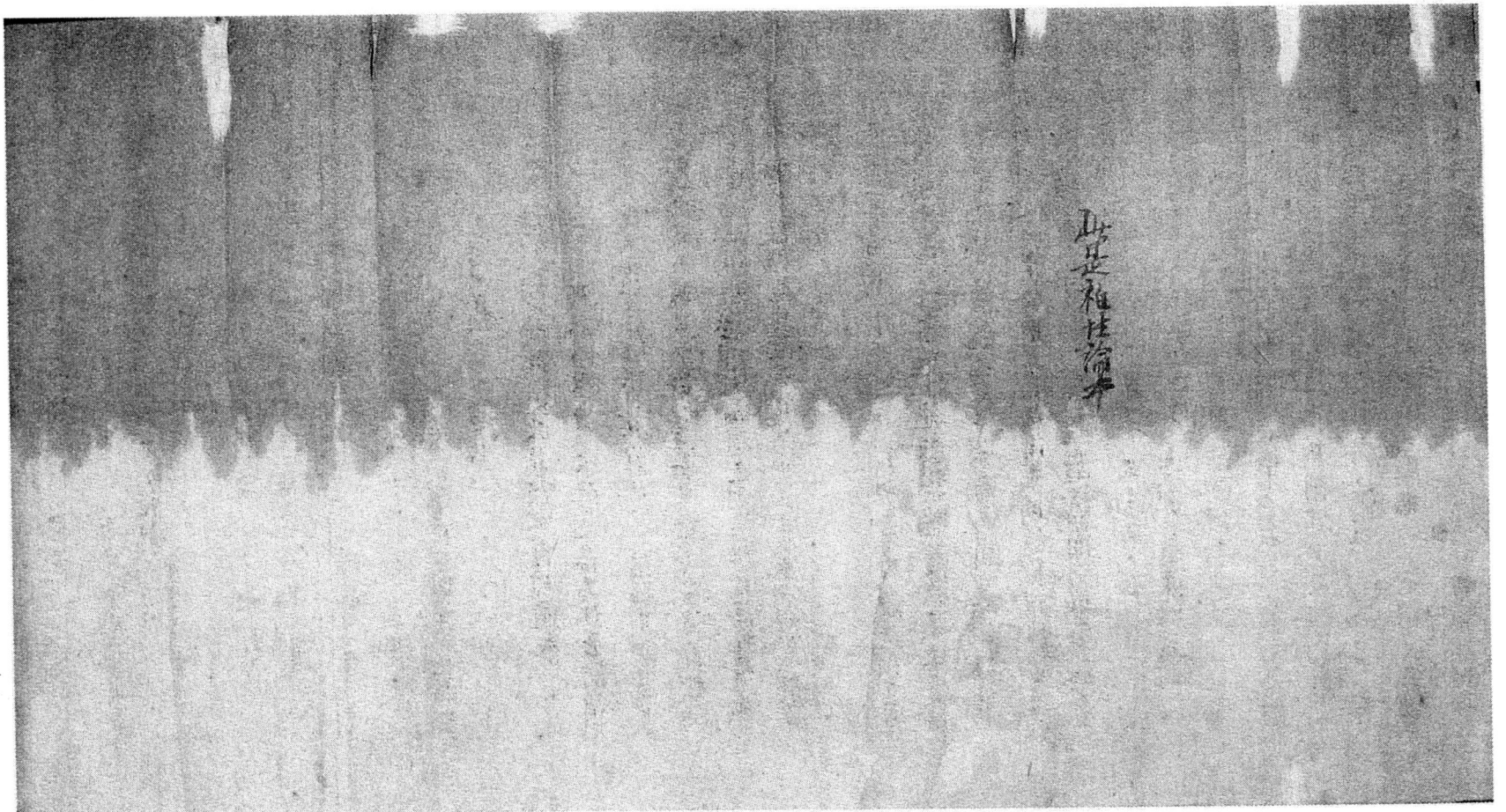

BD05666 號背　題記　　（2–2）

[illegible]
利若菩薩摩訶薩於後惡世欲說是經當
四法一者安住菩薩行處親近處能為
演說是經文殊師利云何名菩薩摩訶
薩行處若菩薩摩訶薩住忍辱地柔和善順
而不卒暴心亦不驚又復於法无所行而觀
諸法如實相亦不行不分別是名菩薩摩訶
薩行處云何名菩薩摩訶薩親近處菩薩摩
訶薩不親近國王王子大臣官長不親近諸
外道梵志尼揵子等及造世俗文筆讚詠外
書及路伽耶陁逆路伽耶陁者亦不親近諸有
凶戲相扠相撲及那羅等種種變現之戲
又不親近旃陁羅及畜猪羊雞狗田獵魚捕
諸惡律儀如是人等或時來者則為說法无
所希望又不親近求聲聞比丘比丘尼優婆
塞優婆夷亦不問訊若於房中若經行處若
在講堂中不共住止或時來者隨宜說法无
所悕求文殊師利又菩薩摩訶薩不應於女
人身取能生欲想相而為說法亦不樂見若

BD05667號　妙法蓮華經卷五

（6–1）

諸惡律儀如是人等或時來者則為說法无
所希望又不親近求聲聞比丘比丘尼優婆
塞優婆夷亦不問訊若於房中若經行處若
在講堂中不共住止或時來者隨宜說法无
所悕求文殊師利又菩薩摩訶薩不應於女
人身取能生欲想相而為說法亦不樂見若
入他家不與小女處女寡女等共語亦復不
近五種不男之人以為親厚不獨入他家若
有因緣須獨入時但一[illegible]
法不露齒笑不現胸臆乃至為法猶不親厚
況復餘事不樂畜年少弟子沙彌小兒亦不
樂與同師常好坐禪在於閑處修攝其心文
殊師利是名初親近處復次菩薩摩訶薩觀
一切法空如實相不顛倒不動不退不轉如虛
空无所有性一切語言道斷不生不出不
起无名无相實无所有无量无邊无礙无障
但以因緣有從顛倒生故說常樂觀如是法
相是名菩薩摩訶薩第二親近處尒時世尊
欲重宣此義而說偈言
若有菩薩　於後惡世　无怖畏心　欲說是經
應入行處　及親近處　常離國王　及國王子
大臣官長　凶險戲者　及旃陁羅　外道梵志
亦不親近　增上慢人　貪著小乘　三藏學者
破戒比丘　名字羅漢　及比丘尼　好戲笑者
深著五欲　求現滅度　[illegible]親近
若是人等　以好心來　到菩薩所

BD05667號　妙法蓮華經卷五

（6–2）

亦不親近 增上慢人 貪著小乘 三藏學者
破戒比丘 名字羅漢 及比丘尼 好戲咲者
深著五欲 求現滅度 [illegible] 親近
若是人等 以好心來 到菩薩所 [illegible]
菩薩則以 无所畏心 不懷悕望 而為說法
寡女處女 及諸不男 皆勿親近 以為親厚
亦莫親近 屠兒魁膾 畋獵漁捕 為利殺害
販肉自活 衒賣女色 如是之人 皆勿親近
凶險相撲 種種嬉戲 諸婬女等 盡勿親近
莫獨屏處 為女說法 若說法時 无得戲咲
入里乞食 將一比丘 若无比丘 一心念佛
是則名為 行處近處 以此二處 能安樂說
又復不行 上中下法 有為无為 實不實法
亦不分別 是男是女 不得諸法 不知不見
是則名為 菩薩行處 一切諸法 空无所有
无有常住 亦无起滅 是名智者 所親近處
顛倒分別 諸法有无 是實非實 是生非生
在於閑處 脩攝其心 安住不動 如須弥山
觀一切法 皆无所有 猶如虛空 无有堅固
不生不出 不動不退 常住一相 是名近處
若有比丘 於我滅後 入是行處 及親近處
說斯經時 无有怯弱 菩薩有時 入於靜室
以正憶念 隨義觀法 從禪定起 為諸國王
王子臣民 婆羅門等 開化演暢 說斯經典
其心安隱 无有怯弱 文殊師利 是名菩薩

若有比丘 於我滅後 入是行處 及親近處
說斯經時 无有怯弱 菩薩有時 入於靜室
以正憶念 隨義觀法 從禪定起 為諸國王
王子臣民 婆羅門等 開化演暢 說斯經典
其心安隱 无有怯弱 文殊師利 是名菩薩
安住初法 能於後世 說法華經
又文殊師利 如來滅後 於末法中 欲說是經
應住安樂行 若口宣說 若讀經時 不樂說人
及經典過 亦不輕慢 諸餘法師 不說他人好
惡長短 於聲聞人 亦不稱名 說其過惡 亦不
稱名讚歎其美 又亦不生 怨嫌之心 善脩如
是安樂心故 諸有聽者 不逆其意 有所難問
不以小乘法荅 但以大乘 而為解說 令得一
切種智 尒時世尊 欲重宣此義 而說偈言
菩薩常樂 安隱說法 於清淨地 而施床座
以油塗身 澡浴塵穢 著新淨衣 內外俱淨
安處法座 隨問為說 若有比丘 及比丘尼
諸優婆塞 及優婆夷 國王王子 群臣士民
以微妙義 和顏為說 若有難問 隨義而荅
因緣譬喻 敷演分別 以是方便 皆使發心
漸漸增益 入於佛道 除嬾惰意 及懈怠想
離諸憂惱 慈心說法 晝夜常說 无上道教
以諸因緣 无量譬喻 開示眾生 咸令歡喜
衣服卧具 飲食醫藥 而於其中 无所悕望
但一心念 說法因緣 願成佛道 令眾亦尒
是則大利 安樂供養 我滅度後 若有比丘

漸漸增益 入於佛道 除嬾惰意 及懈怠想
離諸憂惱 慈心說法 晝夜常說 无上道教
以諸因緣 无量譬喻 開示衆生 咸令歡喜
衣服卧具 飲食醫藥 而於其中 无所悕望
但一心念 說法因緣 願成佛道 令衆亦尒
是則大利 安樂供養 我滅度後 若有比丘
能演說斯 妙法華經 心无嫉恚 諸惱障礙
亦无憂愁 及罵詈者 又无怖畏 加刀杖等
亦无擯出 安住忍故 智者如是 善脩其心
能住安樂 如我上說 其人功德 千万億劫
筭數譬喻 說不能盡
又文殊師利菩薩摩訶薩於後末世法欲滅
時受持讀誦斯經典者无懷嫉妬諂誑之心
亦勿輕罵學佛道者求其長短若比丘比丘
尼優婆塞優婆夷求聲聞者求辟支佛者求
求菩薩道者无得惱之令其疑悔語其人言汝
等去道甚遠終不能得一切種智所以者何
汝是放逸之人於道懈怠故又亦不應戲論
諸法有所諍競當於一切衆生起大悲想於
諸如來起慈父想於諸菩薩起大師想於十
方諸大菩薩常應深心恭敬礼拜於一切衆
生平等說法以順法故不多不少乃至深愛
法者亦不為多說文殊師利是菩薩摩訶薩
於後末世法欲滅時有成就是第三安樂行
者說是法時无能惱亂得好同學共讀誦是
經亦得大衆而來聽受聽已能持持已能誦

BD05667號　妙法蓮華經卷五

（6–5）

又文殊師利菩薩摩訶薩於後末世法欲滅
時受持讀誦斯經典者无懷嫉妬諂誑之心
亦勿輕罵學佛道者求其長短若比丘比丘
尼優婆塞優婆夷求聲聞者求辟支佛者求
求菩薩道者无得惱之令其疑悔語其人言汝
等去道甚遠終不能得一切種智所以者何
汝是放逸之人於道懈怠故又亦不應戲論
諸法有所諍競當於一切衆生起大悲想於
諸如來起慈父想於諸菩薩起大師想於十
方諸大菩薩常應深心恭敬礼拜於一切衆
生平等說法以順法故不多不少乃至深愛
法者亦不為多說文殊師利是菩薩摩訶薩
於後末世法欲滅時有成就是第三安樂行
者說是法時无能惱亂得好同學共讀誦是
經亦得大衆而來聽受聽已能持持已能誦
書供養經卷恭
謂

BD05667號　妙法蓮華經卷五

（6–6）

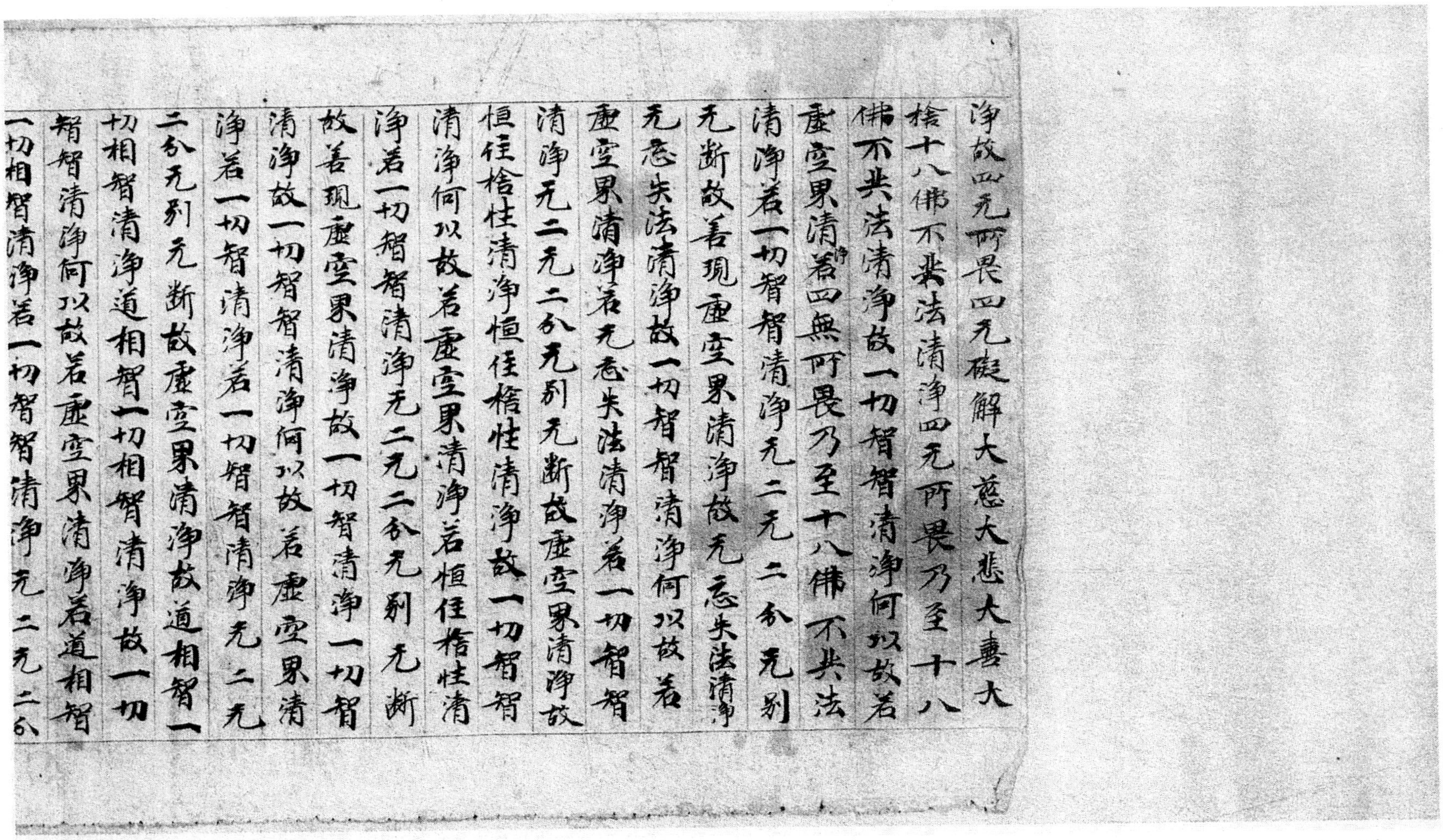

淨故四无所畏四无礙解大慈大悲大喜大
捨十八佛不共法清淨四无所畏乃至十八
佛不共法清淨故一切智智清淨何以故若
虛空界清淨若四無所畏乃至十八佛不共法
清淨若一切智智清淨无二无二分无別
无斷故善現虛空界清淨故无忘失法清淨
无忘失法清淨故一切智智清淨何以故若
虛空界清淨若无忘失法清淨若一切智智
清淨无二无二分无別无斷故虛空界清淨故
恒住捨性清淨恒住捨性清淨故一切智智
清淨何以故若虛空界清淨若恒住捨性清
淨若一切智智清淨无二无二分无別无斷
故善現虛空界清淨故一切智清淨一切智
清淨故一切智智清淨何以故若虛空界清
淨若一切智清淨若一切智智清淨无二无
二分无別无斷故虛空界清淨故道相智一
切相智清淨道相智一切相智清淨故一切
智智清淨何以故若虛空界清淨若道相智
一切相智清淨若一切智智清淨无二无二分

BD05668 號　大般若波羅蜜多經卷二二二　（5–1）

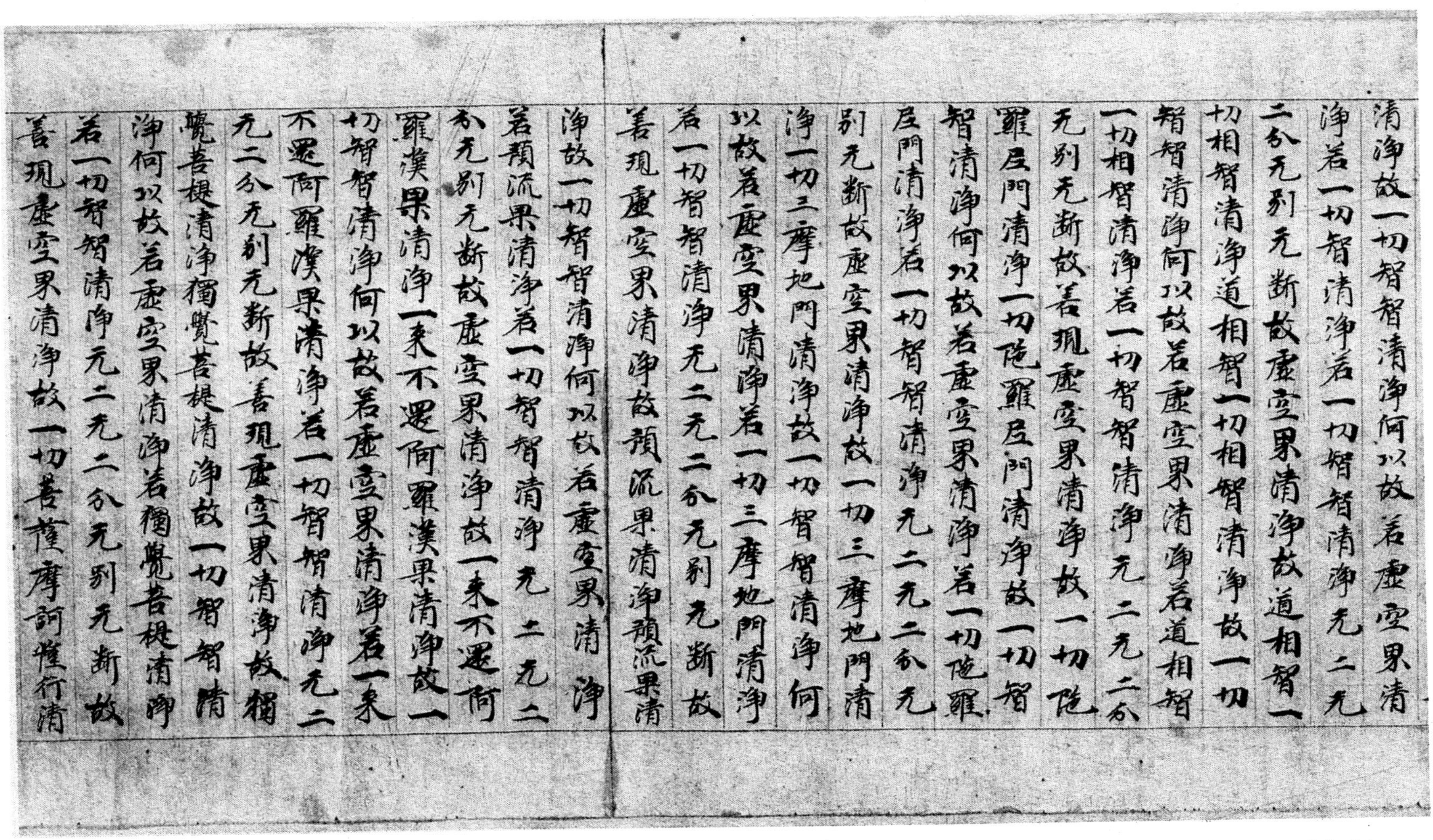

清淨故一切智智清淨何以故若虛空界清
淨若一切智智清淨若一切智智清淨无二无
二分无別无斷故虛空界清淨故道相智一
切相智清淨道相智一切相智清淨故一切
智智清淨何以故若虛空界清淨若道相智
一切相智清淨若一切智智清淨无二无二分
无別无斷故善現虛空界清淨故一切陁
羅尼門清淨一切陁羅尼門清淨故一切智
智清淨何以故若虛空界清淨若一切陁羅
尼門清淨若一切智智清淨无二无二分无
別无斷故虛空界清淨故一切三摩地門清
淨一切三摩地門清淨故一切智智清淨何
以故若虛空界清淨若一切三摩地門清淨
若一切智智清淨无二无二分无別无斷故
善現虛空界清淨故預流果清淨預流果清
淨故一切智智清淨何以故若虛空界清淨
若預流果清淨若一切智智清淨无二无二
分无別无斷故虛空界清淨故一來不還阿
羅漢果清淨一來不還阿羅漢果清淨故一
切智智清淨何以故若虛空界清淨若一來
不還阿羅漢果清淨若一切智智清淨无二
无二分无別无斷故善現虛空界清淨故獨
覺菩提清淨獨覺菩提清淨故一切智智清
淨何以故若虛空界清淨若獨覺菩提清淨
若一切智智清淨无二无二分无別无斷故
善現虛空界清淨故一切菩薩摩訶薩行清

BD05668 號　大般若波羅蜜多經卷二二二　（5–2）

不還向預流果清淨若一切智智清淨无二
无二分无別无斷故善現虛空界清淨故獨
覺菩提清淨獨覺菩提清淨故一切智智清
淨何以故若虛空界清淨若獨覺菩提清淨
若一切智智清淨无二无二分无別无斷故
善現虛空界清淨故一切菩薩摩訶薩行清
淨一切菩薩摩訶薩行清淨故一切智智清
淨何以故若虛空界清淨若一切菩薩摩訶
薩行清淨若一切智智清淨无二无二分无
別无斷故善現虛空界清淨故諸佛无上正
等菩提清淨諸佛无上正等菩提清淨故一
切智智清淨何以故若虛空界清淨若諸佛
无上正等菩提清淨若一切智智清淨无二
无二分无別无斷故
復次善現不思議界清淨故色清淨色清淨
故一切智智清淨何以故若不思議界清淨
若色清淨若一切智智清淨无二无二分无
別无斷故不思議界清淨故受想行識清淨
受想行識清淨故一切智智清淨何以故若
不思議界清淨若受想行識清淨若一切智
智清淨无二无二分无別无斷故善現不思
議界清淨故眼處清淨眼處清淨故一切智
智清淨何以故若不思議界清淨若眼處清
淨若一切智智清淨无二无二分无別无斷
故不思議界清淨故耳鼻舌身意處清淨耳
鼻舌身意處清淨故一切智智清淨何以故
若不思議界清淨若耳鼻舌身意處清淨若

智清淨何以故若不思議界清淨若眼處清
淨若一切智智清淨无二无二分无別无斷
故不思議界清淨故耳鼻舌身意處清淨耳
鼻舌身意處清淨故一切智智清淨何以故
若不思議界清淨若耳鼻舌身意處清淨若
一切智智清淨无二无二分无別无斷故善現
不思議界清淨故色處清淨色處清淨故
一切智智清淨何以故若不思議界清淨若
色處清淨若一切智智清淨无二无二分无
別无斷故不思議界清淨故聲香味觸法處
清淨聲香味觸法處清淨故一切智智清淨
何以故若不思議界清淨若聲香味觸法處
清淨若一切智智清淨无二无二分无別无
斷故善現不思議界清淨故眼界清淨眼界
清淨故一切智智清淨何以故若不思議界
清淨若眼界清淨若一切智智清淨无二无
二分无別无斷故不思議界清淨故色界眼
識界及眼觸眼觸爲緣所生諸受清淨色界
乃至眼觸爲緣所生諸受清淨故一切智智
清淨何以故若不思議界清淨若色界乃至
眼觸爲緣所生諸受清淨若一切智智清淨
无二无二分无別无斷故善現不思議界清
淨故耳界清淨耳界清淨故一切智智清淨
何以故若不思議界清淨若耳界清淨若一
切智智清淨无二无二分无別无斷故不思
議界清淨故聲界耳識界及耳觸耳觸爲緣
所生諸受清淨聲界乃至耳觸爲緣所生諸

何以故若不思議界清淨若聲香味觸法處
清淨若一切智智清淨无二无二分无別无
斷故善現不思議界清淨故眼界清淨眼界
清淨故一切智智清淨何以故若不思議界
清淨若眼界清淨若一切智智清淨无二无
二分无別无斷故不思議界清淨故色界眼
識界及眼觸眼觸為緣所生諸受清淨色界
乃至眼觸為緣所生諸受清淨故一切智智
清淨何以故若不思議界清淨若色界乃至
眼觸為緣所生諸受清淨若一切智智清淨
无二无二分无別无斷故善現不思議界清
淨故耳界清淨耳界清淨故一切智智清淨
何以故若不思議界清淨若耳界清淨若一
切智智清淨无二无二分无別无斷故不思
議界清淨故聲界耳識界及耳觸耳觸為緣
所生諸受清淨聲界乃至耳觸為緣所生諸
受清淨故一切智智清[illegible]思議界
清淨若聲界乃至耳觸[illegible]生諸受清

BD05668號　大般若波羅蜜多經卷二二二　　（5–5）

金光明最勝王經分別三身品第三 二　三藏法師義淨奉　制譯
尒時虛空藏菩薩摩訶薩在大衆中從座而
起偏袒右肩右膝著地合掌恭敬頂礼佛足
以上微妙金寶之花寶幢幡蓋而為供養白
佛言世尊云何菩薩摩訶薩於諸如來甚深
秘密如法脩行佛言善男子諦聽諦聽善思
念之吾當為汝分別解說
善男子一切如來有三種身云何為三　一者
化身二者應身三者法身如是三身具足攝
受阿耨多羅三藐三菩提若正了知速出生
死云何菩薩了知三身善男子如來昔在脩
行地中為一切衆生脩種種法如是脩習至
脩行滿脩行力故得大自在自在力故隨衆
生意隨衆生行隨衆生界悉皆了別不待時
不過時處相應時相應行相應說法相應現
種種身是名化身善男子云何菩薩了知應
身謂諸如來為諸菩薩得通達故說於真諦
為令解了生死涅槃是一味故為除身見衆
生怖畏歡喜故為无邊佛法而作本故如實

BD05669號　金光明最勝王經卷二　　（3–1）

不過時處相應時相應行相應說法相應現
種種身是名化身善男子云何菩薩了知應
身謂諸如来為諸菩薩得通達故說於真諦
為令解了生死涅槃是一味故為除身見衆
生怖畏歡喜故為无邊佛法而作本故如實
相應如如如如智本願力故是身得現具三
十二相八十種好項背圓光是名應身善男
子云何菩薩摩訶薩了知法身為除諸煩惱
等障為具諸善法故唯有如如如如智是名
法身前二種身是假名身此第三身是真實
有為前二身而作根本何以故離法如如離
无分別智一切諸佛无有別法一切諸佛智
慧具足一切煩惱究竟滅盡得清淨佛地是
故法如如如如智攝一切佛法
復次善男子一切諸佛利益自他至於究竟
自利益者是法如如利益他者是如如智能
於自他利益之事而得自在成就種種无邊
用故是故分別一切佛法有无量无邊種種
差別善男子譬如依止妄想思惟說種種煩
惱說種種業因種種果報如是依法如如如
如智說種種佛法說種種獨覺法說種種聲
聞法依法如如依如如智一切佛法自在成就
是為第一不可思議譬如畫畫空作莊嚴具
是難思議如是依法如如依如如智成就佛
法亦難思議善男子云何法如如如如智二
无分別而得自在事業成就善男子譬如如
来入於涅槃願自在故種種事業皆得成就
法如如如如智自在事業亦復如是

BD05669號　金光明最勝王經卷二

(3–2)

惱說種種業因種種果報如是依法如如如
如智說種種佛法說種種獨覺法說種種聲
聞法依法如如依如如智一切佛法自在成就
是為第一不可思議譬如畫畫空作莊嚴具
是難思議如是依法如如依如如智成就佛
法亦難思議善男子云何法如如如如智二
无分別而得自在事業成就善男子譬如如
来入於涅槃願自在故種種事業皆得成就
法如如如如智自在事業亦復如是
復次菩薩摩訶薩入无心定依前願力從禪
定起作衆事業如是二法无有分別自在事
成善男子譬如日月无有分別亦如水鏡
无有分別光明亦无分別三種和合得有影
生如是法如如如如智亦无分別以願自在故
衆生有感現應化身如日月影和合出現復
次善男子譬如无量无邊水鏡依於光故
空影得現種種異相空者即是无相善男子
如是受化諸弟子等是法身影以願力故於
二種身現種種相於法身地无有異相善男

BD05669號　金光明最勝王經卷二

(3–3)

實佛當還本土釋迦牟尼佛告智積曰善男
子且待須臾此有菩薩名文殊師利可與相
見論說妙法可還本土尒時文殊師利坐千
葉蓮華大如車輪俱來菩薩亦坐寶華從於
大海娑竭龍宮自然踊出住虛空中詣靈鷲
山從蓮華下至於佛所頭面敬礼二世尊足
脩敬已畢往智積所共相慰問却坐一面智
積菩薩問文殊師利仁往龍宮所化衆生其
數幾何文殊師利言其數无量不可稱計非
口所宣非心所測且待須臾自當有證所言
未竟无數菩薩坐寶蓮華從海踊出詣靈鷲
山住在虛空此諸菩薩皆是文殊師利之所
化度具菩薩行皆共論說六波羅蜜本聲聞
人在虛空中說聲聞行今皆脩行大乘空義
文殊師利謂智積曰於海教化其事如是尒
時智積菩薩以偈讚曰
大智德勇健 化度无量衆 今此諸大會 及我皆已見
演暢實相義 開闡一乘法 廣度諸群生 令速成菩提
文殊師利言我於海中唯常宣說妙法華經
智積問文殊師利言此經甚深微妙諸經中
寶世所希有頗有衆生勤加精進脩行此經

BD05670號　妙法蓮華經卷四　（5–1）

文殊師利謂智積曰於海教化其事如是尒
時智積菩薩以偈讚曰
大智德勇健 化度无量衆 今此諸大會 及我皆已見
演暢實相義 開闡一乘法 廣度諸群生 令速成菩提
文殊師利言我於海中唯常宣說妙法華經
智積問文殊師利言此經甚深微妙諸經中
寶世所希有頗有衆生勤加精進脩行此經
速得佛不文殊師利言有娑竭羅龍王女年
始八歲智慧利根善知衆生諸根行業得陁
羅尼諸佛所說甚深祕藏悉能受持深入禪
定了達諸法於剎那頃發菩提心得不退轉
辯才无礙慈念衆生猶如赤子功德具足心
念口演微妙廣大慈悲仁讓志意和雅能至
菩提智積菩薩言我見釋迦如來於无量劫
難行苦行積功累德求菩薩道未曾止息觀
三千大千世界乃至无有如芥子許非是菩
薩捨身命處爲衆生故然後乃得成菩提道
不信此女於須臾頃便成正覺言論未訖時
龍王女忽現於前頭面礼敬却住一面以偈
讚曰
深達罪福相 遍照於十方 微妙淨法身 具相三十二
以八十種好 用莊嚴法身 天人所戴仰 龍神咸恭敬
一切衆生類 无不宗奉者 又聞成菩提 唯佛當證知
我闡大乘教 度脫苦衆生
時舍利弗語龍女言汝謂不久得无上道是

BD05670號　妙法蓮華經卷四　（5–2）

深達罪福相　遍照於十方　微妙淨法身　具相三十二
以八十種好　用莊嚴法身　天人所戴仰　龍神咸恭敬
一切衆生類　无不宗奉者　又聞成菩提　唯佛當證知
我闡大乘教　度脫苦衆生
時舍利弗語龍女言汝謂不久得无上道是
事難信所以者何女身垢穢非是法器云何
能得无上菩提佛道懸曠經无量劫勤苦積
行具脩諸度然後乃成又女人身猶有五障
一者不得作梵天王二者帝釋三者魔王四
者轉輪聖王五者佛身云何女身速得成佛
尒時龍女有一寶珠價直三千大千世界持
以上佛佛即受之龍女謂智積菩薩尊者舍
利弗言我獻寶珠世尊納受是事疾不荅言
甚疾女言以汝神力觀我成佛復速於此當
時衆會皆見龍女忽然之間變成男子具菩
薩行即往南方无垢世界坐寶蓮華成等正
覺三十二相八十種好普為十方一切衆生
演說妙法尒時娑婆世界菩薩聲聞天龍八
部人與非人皆遥見彼龍女成佛普為時會
人天說法心大歡喜悉遥敬礼无量衆生聞
法解悟得不退轉无量衆生得受道記无垢
世界六反震動娑婆世界三千衆生住不退
地三千衆生發菩提心而得受記智積菩薩
及舍利弗一切衆會嘿然信受
妙法蓮華經勸持品第十三

BD05670號　妙法蓮華經卷四

（5–3）

人天說法心大歡喜悉遥敬礼无量衆生聞
法解悟得不退轉无量衆生得受道記无垢
世界六反震動娑婆世界三千衆生住不退
地三千衆生發菩提心而得受記智積菩薩
及舍利弗一切衆會嘿然信受
妙法蓮華經勸持品第十三
尒時藥王菩薩摩訶薩及大樂說菩薩摩訶
薩與二万菩薩眷屬俱皆於佛前作是誓言
唯願世尊不以為慮我等於佛滅後當奉持
讀誦說此經典後惡世衆生善根轉少多增
上慢貪利供養增不善根遠離解脫雖難可
教化我等當起大忍力讀誦此經持說書寫
種種供養不惜身命尒時衆中五百阿羅漢
得受記者白佛言世尊我等亦自誓願於異
國土廣說此經復有學无學八千人得受記
者從座而起合掌向佛作是誓言世尊我等
亦當於他國土廣說此經所以者何是娑婆
國中人多弊惡懷增上慢功德淺薄瞋濁諂
曲心不實故尒時佛姨母摩訶波闍波提比
丘尼與學无學比丘尼六千人俱從座而起
一心合掌瞻仰尊顏目不暫捨於時世尊告
憍曇彌何故憂色而視如來汝心將无謂我
不說汝名授阿耨多羅三藐三菩提記耶憍
曇彌我先捴說一切聲聞皆已授記今汝欲
知記者將來之世當於六万八千億諸佛法
中為大法師及六千學无學比丘尼俱為法

BD05670號　妙法蓮華經卷四

（5–4）

國土廣說此經復有學无學八千人得受記
者從座而起合掌向佛作是誓言世尊我等
亦當於他國土廣說此經所以者何是娑婆
國中人多弊惡懷增上慢功德淺薄瞋濁諂
曲心不實故尒時佛姨母摩訶波闍波提比
丘尼與學无學比丘尼六千人俱從座而起
一心合掌瞻仰尊顏目不暫捨於時世尊告
憍曇彌何故憂色而視如來汝心將无謂我
不說汝名授阿耨多羅三狼三菩提記耶憍
曇彌我先惣說一切聲聞皆已授記今汝欲
知記者將來之世當於六万八千億諸佛法
中為大法師及六千學无學比丘尼俱為法
師汝如是漸漸具菩薩道當得作佛号一切
衆生憙見如來應供正遍知明行足善逝世
間解无上士調御丈夫天人師佛世尊憍曇
彌是一切衆生憙見佛及六千菩薩轉次授
記得阿耨多羅三狼三菩提尒時羅睺羅母

BD05670號　妙法蓮華經卷四　（5–5）

者皆不由父母胞胎各各皆當蓮華化生珂玻琡衣自然
着體若欲食時有七鉢器所謂金銀琉璃車渠馬惱珊
瑚虎珀諸妙寶鉢如是之鉢隨其時節自然而現百味
天厨充滿其中馨香苾馥食之甘美身心柔軟氣力調和
身體平正端嚴妙微聡明智慧高才明達神通功德
不可思議初生之時各各皆有阿玻琡衣在其身體又
其衣隨身長大至於年老不着餘衣如是清淨實是
大樂北欝單越一切衆生雖有男女无有婬欲男從父
膝而生女從母膝化生須衣架上而取須食有粳米飯皆
長七寸隨其時節自生盂中如是諸食不施功力食之
甘美氣力充實身體安寧无有病苦皆是清淨亦為
大樂東弗于逮无量衆生雖為田殖耕[illegible]无有[illegible]詭於
時課領亦无怨家水火賊盜自作自得无有尊者如是
安穩亦無憂惱西拘耶尼閻浮提內一切衆生不問貧
富貴賤好醜有能端心捨家弃俗行作沙門脩口四過
讓持禁戒清淨具足无缺漏者隨意所願得生其中
北欝單越閻浮衆生亦復不問貧富貴賤善惡好醜
有能脩持行受五戒一月六齋一年三長[illegible]弗[illegible]醜

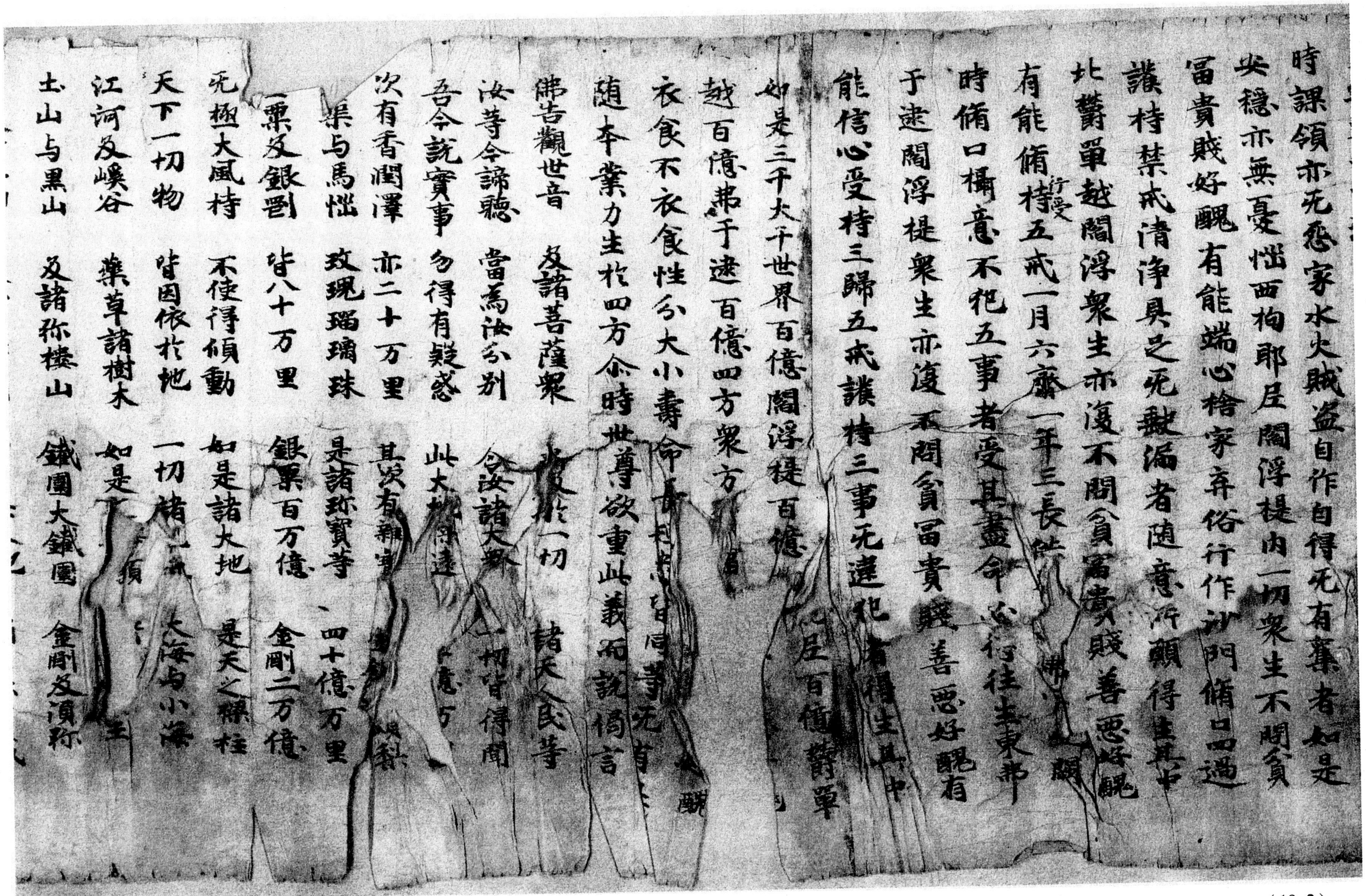
時課領亦无悉家水火賊盜自作自得无有篡者如是
安穩亦無憂惱西枸耶尼閻浮提内一切衆生不問貧
富貴賤好醜有能端心捨家弃俗行作沙門脩口四過
護持禁戒清淨具足无缺漏者隨意所願得生其中
北欝單越閻浮衆生亦復不問貧富貴賤善惡好醜
有能脩持行受五戒一月六齋一年三長齋 佛……願
時脩口攝意不犯五事者受其盡命心行往生東弗
于逮閻浮提衆生亦復不問貧富貴賤善惡好醜有
能信心受持三歸五戒護持三事无違犯者得生其中
如是三千大千世界百億閻浮提百億……尼百億欝單
越百億弗于逮百億四方衆方……
衣食不衣食性分大小壽命長短皆同等无有……醜
隨本業力生於四方尒時世尊欲重此義而說偈言
佛告觀世音 及諸菩薩衆 及於一切 諸天人民等
汝等今諦聽 當為汝分別 今汝諸大衆 一切皆得聞
吾今說實事 勿得有疑惑 此大地深遠 ……億万
次有香潤澤 亦二十万里 其次有雜寶 ……
渠与馬惱 玫瑰瑠璃珠 是諸珎寶等 四十億万里
一粟及銀鋼 皆八十万里 銀粟百万億 金剛二万億
无極大風持 不使得傾動 如是諸大地 是天之樑柱
天下一切物 皆因依於地 一切諸…… 大海与小海
江河及嶸谷 藥草諸樹木 如是……損 ……
土山与黑山 及諸珎樓山 鐵圍大鐵圍 金剛及須弥

(10–2)

BD05671號1 妙法蓮華經度量天地品

一粟及銀銅　皆八十万里　銀粟百万億　金剛二万億
无極大風持　不使得傾動　如是諸大地　是天之梯柱
天下一切物　皆因依於地　一切諸流〻　大海与小海
江河及嵠谷　藥草諸樹木　如是[illegible]　[illegible]至
土山与黑山　及諸弥樓山　鐵圍大鐵圍　金剛及須弥
并及於一切　衆妙七寶山　皆因此大地　踊出珎寶城
又諸須弥山　於諸山中王　四寶踊出地　高出於世間
何等〻為四　南名為琉璃　西名為頗[illegible]　[illegible]為馬瑙
東名為黃金　故名為四寶　琉璃光[illegible]　[illegible]南方
衆生得見者　諸名為清天　頗梨光炎色　天下皆悉白
馬瑙与黃金　隨色而照曜　其四寶光明　照曜於四方
一切衆生見　皆言謂為天　讃世四天王　皆依止而住
无量寶宮殿　去地百万里　王及諸男女　身長二十里
一切皆悉壽　八万七千歲　衣服諸飲食　各各皆自然
閻浮諸衆生　孝養父母者　盡其受命已　必得生此間
諸聖轉輪王　亦依止此山　七寶諸宮殿　去地二百万
王及諸男女　群臣眷屬等　一切皆當壽　二十五万歲
身長二十里　衣食皆自然　尒時轉輪王　乘大千寶烏
遊行四天下　教化於一切　天下諸衆生　脩行於十善
讀誦法華經　必得生於彼　衣服諸飲食　必得无有異
有切利諸天　居在須弥頂　其中諸天人　自在受快樂
壽命於一切　衣食皆自然　閻浮諸衆生　若有能[illegible]
五戒十善行　讀誦法華然　勤行於精進　供養於諸佛
晝夜常一心　奉持於經戒　清淨无漏[illegible]　必得此生天
[illegible]及皆[illegible]　一切皆自然　[illegible]

BD05671 號 1　妙法蓮華經度量天地品

讀誦法華經　必得生於彼　衣服諸飲食　[illegible]淨无有異
有切利諸天　居在須弥頂　其中諸天人　自在受快樂
壽命於一切　衣食皆自然　閻浮諸衆生　若有能[illegible]
五戒十善行　讀誦法華然　勤行於精進　供養於諸佛
晝夜常一心　奉持於經戒　清淨无缺漏　必得此生天
衣服諸飲食　一切皆自然　此天名第一　[illegible]如第三
第四兼第五　乃至第六天　壽命轉轉倍　衣食亦如是
第七及第八　乃至第二十　其壽命劫數　轉轉而增倍
其中諸天人　不復須衣食　但見色聞憶　自[illegible]而飽滿
其身清淨意　心無所味着　功德智慧力　不可导稱量
神通力自在　无有諸障导　若有能受持　如[illegible]
得解其義趣　如說而脩行　勤行供養佛　及供養經[illegible]
晝夜護禁戒　清淨具足者　隨其心所願　必得生彼間
功德神通力　悉等无有異　其第二十一　及至有頂天
而於是中間　无有諸天人　諸佛菩薩等　於[illegible]心住
其受命劫數　不可得思議　其天地相去　百千億由旬
日月去於地　八十億万里　諸星宿去地　皆七十億万
其次須弥山　縱廣有三百　三十六万里　高下亦如是
閻浮提縱廣　其數有三百　三十六万里　四方拘耶尼
其縱廣四百　四十八万里　清淨无瑕穢　上方欝單越
縱廣於六百　六十四万里　无有諸煩惱　弗于逮縱廣
五百五万里　金剛大鐵圍　高二百万里　其小鐵圍山
高百二十里　大海廣五千　深於三千里　小海千五百

（10–4）

BD05671號1　妙法蓮華經度量天地品

其縱廣四百　四十八万里　清淨无瑕穢　上方爵巢起
縱廣於六百　六十四万里　无有諸煩惱　弗于逮縱廣
五百五万里　金剛大鐵圍　高二百万里　其小鐵圍山
高百二十里　大海廣五千　深於三千里　小海千五百
其水深一千　大江八十里　水深於四十　小江廣卅
深於二十里　其何廣三里　深於一里半　其日月周圍
一千七百里　大星百二十　中星廣八十　其小星等
皆四十五里　觀世音當知　天下有四時　寒熱及調和
是事何因緣　日行於三道　冬行於南道　夏行於北
春秋行中道　是故令天下　調和无寒熱　黃金水精日
白銀琉璃月　及諸星宿等　悉皆爲白銀　於上有諸天
皆爲白銀身　隨諸星大小　於上而出息　夏行於北道
盡退於水精　黃金而出現　金剛及火車　皆悉而徐
故是天下熱　冬行於南道　攜去於火車　盡退於黃金
水精而出現　以冰車助之　是故天下寒　月在於天中
照曜於天下　而有生滅相　是故何因緣　阿須輪王等
而曲知於月　自以於身手　轉側而翻覆　自於初生時
而現於瑠璃　少出於白銀　隱蔽於琉璃　而漸見白銀
至於十五日　琉璃盡隱沒　出見於白銀　是故天下明
過十五日已　漸漸而復轉　隱蔽於白銀　漸見於琉璃
至於三十日　白銀悉皆沒　琉璃皆出現　是故天下暗
是大三千界　一切百億天　壽命及劫數　多少與次第

至於十五日　琉璃盡隱沒　亦見於白銀　是故天下明
過十五日已　漸漸而復轉　隱蔽於白銀　漸見於琉璃
至於三十日　白銀悉皆沒　琉璃皆亦現　是故天下暗
是大三千界　一切百億天　壽命及劫數　多少與次第
若食若不食　悉皆同平等　百億須彌山　高下及大小
四方諸大地　闊狹與多少　鐵圍大鐵圍　諸大海水等
小海江河水　高下及深淺　如是種種事　悉等无有異
百億諸日月　高下及周圍　寒熱與明暗　一切皆同等
天下諸衆生　性分及大小　衣食不衣食　貧富与貴賤
受樂及受苦　長短与好醜　善惡業力報　在於四方生
三千世界中　一切皆如是　觀世音菩薩　聞佛說是已
心懷大歡喜　以偈而讚言　稱讚言善哉　善哉无上尊
我常遊諸國　饒益於衆生　下至阿鼻獄　上至有頂天
盡皆入其中　現身爲說法　而未知天地　深淺及遠近
我等於今日　得聞佛所說　心皆大歡喜　无有諸疑惑

妙法蓮華經卷第九

天寶三載九月十七日玉門行人在此襟經廿日有餘於微寫了有人受持讀誦楚客除
罪万万劫記之
同襟人馬希晏　其人是河東郡　桑泉縣　上柱國樊客記

罪万万劫記之

同謀人馬希旻

其人是河東郡

桑泉縣

上柱國吳宕記

妙法華經度量天地品第廿五

尒時觀世音菩薩摩訶薩從座而起整衣服偏袒右肩

頭面着地為佛作礼胡跪合掌而白佛言世尊我等无量

諸菩薩衆并及一切諸天人等以於佛前願聞諸法數竅

說妙法華經心淨踊躍得未曾有重白佛言世尊我常

晝夜周旋往返十方一切无量世界教化衆生未知天

地深淺近遠唯願世尊為我解說令我大衆悉皆得聞

尒時佛告觀世音菩薩摩訶薩及於恒河沙諸菩薩等

汝今諦聽善思念之吾當為汝分別解說如此大地深二

十億万里次有潤澤亦深二十億万里次有金銀琉璃車璖

馬瑙珊瑚虎珀諸妙珎寶深四十億万里次有金粟深介

億万里次有銀金剛亦深八十億万里次有銀粟深百億萬

里次有金剛深二百億万里下有无極大風稱其天地不使

傾動其大地者是天之梁柱何以故天下所有一切萬物皆

因於地及餘一切山林江河大海小海坑潤井谷卉木叢林

藥草諸樹皆因地生長土山黑山小鐵圍山弥樓山及金

億万里次有銀金剄亦深八十億万里次有銀粟深百億萬
里次有金剄深二百億万里下有无極大風稱其天地不使
傾動其大地者是天之梁柱何以故天下所有一切萬物皆
因於地及餘一切山林江河大海小海坑澗井谷卉木叢林
藥草諸樹皆因地生長土山黒山小鐵圍山祢樓山及金
剛山須弥山等如是一切衆妙寶諸山中王四寶踊成高
山皆因大地踊出弥寶而共合成（一切諸妙寶山）
又須弥山王四寶踊成高出一切諸世間上何等為四面南名瑠
璃西名頗梨北名馬瑙東名黄金四寶光炎照曜四方天下衆
生共相瞻見謂名為天須弥山者是四天王護世四鎮依止而
住何等為四須弥山南有无量七寶宮殿去地百万里中有
天王名毗留勒叉身長二十里壽命八万七千歳衣食自然
其中男女壽命俱等亦身長二十里衣食自然閻浮提內
有一切衆生能受持三歸五戒孝養父母恭敬師長奉事
三尊死為失者得生其中（須弥山西有无量七寶宮殿去地百万里中有天王名毗留勒博叉亦身長二十里壽命八万七千歳衣食自然其中亦有男女身長廿里閻浮提內一切衆生有能受持三歸五戒孝養父母恭敬師長奉事三尊死者得生其中）
須弥山[illegible]皆有无量七寶宮殿去地亦尒中有天王名毗沙門
身長二十里壽命八万七千歳亦衣食自然其中亦有男女身
長二十里閻浮提內一切衆生有能受持三歸五戒孝養父
母恭敬師長奉事三尊者得生其中
須弥山東有无量七寶宮殿亦去百万里中有天王名提頭賴
吒及諸男女壽命多少人身長短及諸衣食皆悉同等閻
浮提內一切衆生有能脩行三歸五戒恭敬孝父母者得生其中
轉輪聖王所住之處亦有无量七寶宮殿去地二百万里時

BD05671 號 2　妙法蓮華經度量天地品

長二十里閻浮提内一切衆生有能受持三歸五戒孝養父
母恭敬師長奉事三尊者得生其中
須弥山東有无量七寶金殿亦去百万里中有天王名提頭賴
吒及諸男女壽命多少人身長短及諸衣食皆悉同等閻
浮提内一切衆生有能脩行三歸五戒恭敬孝養父母者得生其中
轉輪聖王所住之處亦有无量七寶金殿去地二百万里時
轉輪王及諸男女并及一切群臣眷屬皆身長二十里壽命
二十五万歲衣食自然轉輪聖王及諸王子一切皆乘寶大
像遊行四天下教化衆生一切衆生有能受持三歸五戒脩十
善行不犯諸惡受持讀誦妙法華經隨意所願得生其
中亦身長二十里壽命二十五万歲衣食自然無所乏少
須弥山上名忉利天此天弟一壽命一劫其中天人亦身長二十里
一切皆受自然快樂衣食自然閻浮提内一切衆生若有受持
五戒十善懃行精進供養諸佛受持讀誦妙法華經晝
夜一心奉持經戒清淨具足无違失者盡其受命隨意
所願得生其中亦受无量自在快樂
其第二天壽命二劫衣食自然其中亦有男女身長二十里
受持五戒十善得生其中
其第三天壽命四劫衣食自然其中亦有男女身長二十里受持
五戒十善得生其中
其第四天壽命八劫衣食自然其中亦有男女身長二十里受
持五戒十善得生其中
其第五天壽命[illegible]

所願得生其中亦受无量自在快樂
其第二天壽命二劫衣食自然其中亦有男女身長二十里
受持五戒十善得生其中
其第三天壽命四劫衣食自然其中亦有男女身長二十里受持
五戒十善得生其中
其第四天壽命八劫衣食自然其中亦有男女身長二十里受
持五戒十善得生其中
其第五天壽十六劫衣食自然其中亦有男女身長二十里
受持五戒十善得生其中
其第六天壽命三十二劫衣食自然其中亦有男女身長二十
里受持五戒十善得生其中
其第七天壽命六十四劫其中天人見食即飽亦有男女身長
二十里受持五戒十善得生其中
其第八天壽命一百五十六劫見食即飽其中亦有男女身
長二十里受持五戒十善得生其中

當執持正法攝諸長幼
獲俗利不以喜悅遊諸四衢
以法救護一切入講論處導以
堂誘開童蒙入諸婬舍示欲之過入諸酒
肆立其志若在長者長者中尊為說勝
若在居士居士中尊斷其貪著若在刹利刹利
中尊教以忍辱若在婆羅門婆羅門中尊
除其我慢若在大臣大臣中尊教以正法若
在王子王子中尊示以忠孝若在內官內官
中尊化政宮女若在庶民庶民中尊令興福
力若在梵天梵天中尊誨以勝慧若在帝
釋帝釋中尊示現无常若在護世護世中尊
護諸衆生長者維摩詰以如是等无量方便饒
益衆生其以方便現身有疾以其疾故國王
大臣長者居士婆羅門等及諸王子并餘官
屬无數千人皆往問疾其往者維摩詰因以
身疾廣為說法諸仁者是身无常无强无力

BD05672號　維摩詰所說經卷上

（20–1）

力若在梵天梵天中尊誨以勝慧若在帝
釋帝釋中尊示現无常若在護世護世中尊
護諸衆生長者維摩詰以如是等无量方便饒
益衆生其以方便現身有疾以其疾故國王
大臣長者居士婆羅門等及諸王子并餘官
屬无數千人皆往問疾其往者維摩詰因以
身疾廣為說法諸仁者是身无常无强无力
无堅速朽之法不可信也為苦為惱衆病所
集諸仁者如此身明智者所不怙是身如聚沫
不可撮摩是身如泡不得久立是身如炎從
渴愛生是身如芭蕉中无有堅是身如幻從
顛倒起是身如夢為虛妄見是身如影從業
緣現是身如響屬諸因緣是身如浮雲須臾
變滅是身如電念念不住是身无住為如地
是身无我為如火是身无壽為如風是身无
人為如水是身不實四大為家是身為空離
我我所是身无知如草木瓦礫是身无作風
力所轉是身不淨穢惡充滿是身為虛偽雖
假以澡浴衣食必歸磨滅是身為災百一病
惱是身如丘井為老所逼是身无定為要當
死是身如毒蛇如怨賊如空聚陰界諸入所共
合成諸仁者此可患厭當樂佛身所以者何
佛身者即法身也從无量功德智慧生從
戒定慧解脫解脫知見生從慈悲喜捨生從
布施持戒忍辱柔和懃行精進禪定解脫三
昧多聞智慧諸波羅蜜生從方便生從六通

BD05672號　維摩詰所說經卷上

（20–2）

合成諸仁者此可患厭當樂佛身所以者何
佛身者即法身也從无量功德智慧生從
戒定慧解脫解脫知見生從慈悲喜捨生從
布施持戒忍辱柔和懃行精進禪定解脫三
昧多聞智慧諸波羅蜜生從方便生從六通
生從三明生從卅七道品生從止觀生從十力
四无所畏十八不共法生從斷一切不善法
集一切善法生從真實生從不放逸生從如
是无量清淨法生如來身諸仁者欲得佛身
斷一切衆生病者當發阿耨多羅三藐三菩
提心如是長者維摩詰為諸問疾者如應說
法令无數千人皆發阿耨多羅三藐三菩提
心

弟子品第三

尒時長者維摩詰自念寢疾于林世尊大慈
寧不垂愍佛知其意即告舍利弗汝行詣維
摩詰問疾舍利弗白佛言世尊我不堪任詣
彼問疾所以者何憶念我昔曾於林中宴坐
樹下時維摩詰來謂我言唯舍利弗不必是
坐為宴坐也夫宴坐者不於三界而現身意是
為宴坐不起滅定而現諸威儀是為宴坐不
捨道法而現凡夫事是為宴坐心不住內亦
不在外是為宴坐於諸見不動而脩行三十
七品是為宴坐不斷煩惱而入涅槃是為宴
坐若能如是坐者佛所印可時我世尊聞是

為宴坐不起滅定而現諸威儀是為宴坐不
捨道法而現凡夫事是為宴坐心不住內亦
不在外是為宴坐於諸見不動而脩行三十
七品是為宴坐不斷煩惱而入涅槃是為宴
坐若能如是坐者佛所印可時我世尊聞是
語嘿然而止不能加報故我不任詣彼問疾
佛告大目揵連汝行詣維摩詰問疾目連白
佛言世尊我不堪任詣彼問疾所以者何憶
念我昔入毗耶離大城於里巷中為諸居士
說法時維摩詰來謂我言唯大目連為白
衣居士諸法不當如仁者所說夫說法者當如
法說法无衆生離衆生垢故法无有我離我
垢故法无壽命離生死故法无有人前後際
斷故法常寂然滅諸相故法離於相无所緣
故法无名字言語斷故法无有說離覺觀故
法无形相如虛空故法无戲論畢竟空故法
无我所離我所故法无分別離諸識故法无
有比无相待故法不屬因不在緣故法同法
性入諸法故法隨於如无所隨故法住實際
諸邊不動故法无動搖不依六塵故法无去
來常不住故法順空隨无相應无作法離好
醜法无增損法无生滅法无所歸法過眼耳
鼻舌身心法无高下法常住不動法離一切
觀行唯大目連法相如是豈可說乎夫說法
者无說无示其聽法者无聞无得譬如幻士

來常不住故法順空隨无相應无作法離好
醜法无增損法无生滅法无所歸法過眼耳
鼻舌身心法无高下法常住不動法離一切
觀行唯大目連法相如是豈可說乎夫說法
者无說无示其聽法者无聞无得譬如幻士
為幻人說法當建是意而為說法當了衆生
根有利鈍善於知見无所罣礙以大悲心讚
于大乘念報佛恩不斷三寶然後說法維摩
詰說是法時八百居士發阿耨多羅三藐三
菩提心我无此辯是故不任詣彼問疾
佛告大迦葉汝行詣維摩詰問疾迦葉白佛
言世尊我不堪任詣彼問疾所以者何憶念
我昔於貧里而行乞食時維摩詰來謂我言
唯大迦葉有慈悲心而不能普捨豪富從貧
乞迦葉住平等法應次行乞食為不食故應
行乞食為壞和合相故應取揣食為不受故
應受彼食以空聚想入於聚落所見色與盲
等所聞聲與響等所嗅香與風等所食味不
分別受諸觸如智證知諸法如幻相无自性无
他性本自不然今則无滅迦葉若能不捨八
邪入八解脫以邪相入正法以一食施一切
供養諸佛及衆賢聖然後可食如是食者非
有煩惱非離煩惱非入定意非起定意非
住世間非住涅槃其有施者无大福无小福

BD05672 號　維摩詰所說經卷上

(20–5)

邪入八解脫以邪相入正法以一食施一切
供養諸佛及衆賢聖然後可食如是食者非
有煩惱非離煩惱非入定意非起定意非
住世間非住涅槃其有施者无大福无小福
不為益不為損是為正入佛道不依聲聞迦
葉若如是食為不空食人之施也時我世尊聞
說是語得未曾有即於一切菩薩深起敬心
復作是念斯有家名辯才智慧乃能如是其
誰不發阿耨多羅三藐三菩提心我從是來
不復勸人以聲聞辟支佛行是故不任詣彼
問疾
佛告須菩提汝行詣維摩詰問疾須菩提白
佛言世尊我不堪任詣彼問疾所以者何憶
念我昔入其舍從乞食時維摩詰取我鉢盛
滿飯謂我言唯須菩提若能於食等者諸法
亦等諸法等者於食亦等如是行乞乃可取
食若須菩提不斷婬怒癡亦不與俱不壞於
身而隨一相不滅癡愛起於明脫以五逆相
而得解脫亦不解不縛不見四諦非不見諦
非得果非凡夫非離凡夫法非聖人非不聖人
雖成就一切法而離諸法相乃可取食若
須菩提不見佛不聞法彼外道六師富蘭那
迦葉末迦梨拘賒梨子删闍夜毗羅胝子阿
耆多翅舍欽婆羅迦羅鳩馱迦栴延尼揵陀
若提子等是汝之師因其出家彼師所墮汝

BD05672 號　維摩詰所說經卷上

(20–6)

雖成就一切法而離諸法相乃可取食若
須菩提不見佛不聞法彼外道六師富蘭那
迦葉末迦梨拘賒梨子那夜毗羅胝子阿
耆多翅舍欽婆羅迦羅鳩馱迦旃延尼揵陀
若提子等是汝之師因其出家彼師所墮汝
亦隨墮乃至可取食若須菩提入諸邪見不到
彼岸住於八難不得无難同於煩惱離清淨
法汝得无諍三昧一切衆生亦得是定其施
汝者不名福田供養汝者墮三惡道為與衆
魔共一手作諸勞侶汝與衆魔及諸塵勞等
无有異於一切衆生而有怨心謗諸佛毀於
法不入衆數終不得滅度汝若如是乃可取食
時我世尊聞此語茫然不識是何言不知以
何荅便置鉢欲出其舍維摩詰言唯須菩提
取鉢勿懼於意云何如來所作化人若以是
事詰寧有懼不我言不也維摩詰言一切諸
法如幻化相汝今不應有所懼也所以者何
一切言說不離是相至於智者不著文字故
无所懼何以故文字性離无有文字是則解
脫解脫相者則諸法也維摩詰說是語時二
百天子得法眼淨故我不任詣彼問疾
佛告富樓那彌多羅尼子汝行詣維摩詰問
疾富樓那白佛言世尊我不堪任詣彼問疾
所以者何憶念我昔於大林中在一樹下為
諸新學比丘說法時維摩詰來謂我言唯富

BD05672號　維摩詰所說經卷上　（20–7）

佛告富樓那彌多羅尼子汝行詣維摩詰問
疾富樓那白佛言世尊我不堪任詣彼問疾
所以者何憶念我昔於大林中在一樹下為
諸新學比丘說法時維摩詰來謂我言唯富
樓那先當入定觀此人心然後說法无以穢
食置於寶器當知是比丘心之所念无以琉
璃同彼水精汝不能知衆生根原无得發起
以小乘法彼自无創勿傷之也欲行大道莫
示小徑无以大海內於牛跡无以日光等彼
螢火富樓那此比丘久發大乘心中忘此意
如何以小乘法而教導之我觀小乘智慧微
淺猶如盲人不能分別一切衆生根之利鈍
時維摩詰即入三昧令此比丘自識宿命曾
於五百佛所殖衆德本迴向阿耨多羅三藐
三菩提即時豁然還得本心於是諸比丘稽
首礼維摩詰足時維摩詰因為說法於阿耨
多羅三藐三菩提不復退轉我念聲聞不觀
人根不應說法是故不任詣彼問疾
佛告摩訶迦旃延汝行詣維摩詰問疾迦旃
延白佛言世尊我不堪任詣彼問疾所以者
何憶念昔者佛為諸比丘略說法要我即於
後敷演其義謂无常義苦義空義无我義
寂滅義時維摩詰來謂我言唯迦旃延无以生
滅心行說實相法迦旃延諸法畢竟不生不
滅是无常義五受陰洞達空无所起是苦義

BD05672號　維摩詰所說經卷上　（20–8）

何憶念昔者佛爲諸比丘略說法要我即於
後敷演其義謂无常義苦義空義无我義
寂滅義時維摩詰來謂我言唯迦旃延无以生
滅心行說實相法迦旃延諸法畢竟不生不
滅是无常義五受陰洞達空无所起是苦義
諸法究竟无所有是空義於我无我而不二
是无我義法本不然今則无滅是寂滅義說
是法時彼諸比丘心得解脫故我不任詣彼
問疾
佛告阿那律汝行詣維摩詰問疾阿那律白
佛言世尊我不堪任詣彼問疾所以者何憶
念我昔於一處經行時有梵王名曰嚴淨與
万梵俱放淨光明來詣我所稽首作礼問我
言幾何阿那律天眼所見我即答言仁者吾
見此釋迦牟尼佛土三千大千世界如觀掌
中阿摩勒菓時維摩詰來謂我言唯阿那律
天眼所見爲作相耶无作相耶假使作相則與
外道五通等若无作相即是无爲不應有見
世尊我時嘿然彼諸梵聞其言得未曾有即
爲作礼而問曰世孰有真天眼者維摩詰言
有佛世尊得真天眼常在三昧悉見諸佛國不
以二相於是嚴淨梵王及其眷屬五百梵天
皆發阿耨多羅三藐三菩提心礼維摩詰足
已忽然不現故我不任詣彼問疾
佛告優波離汝行詣維摩詰問疾優波離白

BD05672 號　維摩詰所說經卷上

(20-9)

以二相於是嚴淨梵王及其眷屬五百梵天
皆發阿耨多羅三藐三菩提心礼維摩詰足
已忽然不現故我不任詣彼問疾
佛告優波離汝行詣維摩詰問疾優波離白
佛言世尊我不堪任詣彼問疾所以者何憶
念昔者有二比丘犯律行以爲恥不敢問佛
來問我言唯優波離我等犯律誠以爲恥
不敢問佛願解疑悔得免斯咎我即爲其如法
解說時維摩詰來謂我言唯優波離无重增
此二比丘罪當直除滅勿擾其心所以者何
彼罪性不在內不在外不在中間如佛所說
心垢故衆生垢心淨故衆生淨心亦不在內
不在外不在中間如其心然罪垢亦然諸法
亦然不出於如如優波離以心相得解脫時
寧有垢不我言不也維摩詰言一切衆生心
相无垢亦復如是唯優波離妄想是垢无妄
相是淨顛倒是垢无顛倒是淨取我是垢不
取我是淨優波離一切法生滅不住如幻如電
諸法不相待乃至一念不住諸法皆妄見如
夢如炎如水中月如鏡中像以妄想生其知
此者是名奉律其知此者是名善解於是二
比丘言上智哉是優波離所不及持律之上
而不能說我即答言自捨如來未有聲聞及
菩薩能制其樂說之辯其智慧明達爲若此
也時二比丘疑悔即除發阿耨多羅三藐三

BD05672 號　維摩詰所說經卷上

(20-10)

此者是名奉律其知此者是名善解於是二
比丘言上智哉是優波離所不及持律之上
而不能說我即答言自捨如來未有聲聞及
菩薩能制其樂說之辯其智慧明達為若此
也時二比丘疑悔即除發阿耨多羅三藐三
菩提心作是願言令一切衆生皆得是辯故我
不任詣彼問疾
佛告羅睺羅汝行詣維摩詰問疾羅睺羅白
佛言世尊我不堪任詣彼問疾所以者何憶
念昔時毗耶離諸長者子來詣我所稽首作
作礼問我言唯羅睺羅汝佛之子捨轉輪王
位出家為道其出家者有何等利我即如法
為說出家功德之利時維摩詰來謂我言唯
羅睺羅不應說出家功德之利所以者何无
利无功德是為出家有為法者可說有利有
功德夫出家者為无為法无為法中无利无
功德羅睺羅出家者无彼无此亦无中間離
六十二見處於涅槃智者所受聖所行處降伏
衆魔度五道淨五眼得五力立五根不惱於
彼離衆雜惡摧諸外道超越假名出於淤泥无
繫着无我所无所受无擾乱內懷喜護彼意
隨禪定離衆過若能如是是真出家於是維
摩詰語諸長者子汝等於正法中宜共出家
所以者何佛世難值諸長者子言居士我聞
佛言父母不聽不得出家維摩詰言然汝等

BD05672 號　維摩詰所說經卷上　（20–11）

繫着无我所无所受无擾乱內懷喜護彼意
隨禪定離衆過若能如是是真出家於是維
摩詰語諸長者子汝等於正法中宜共出家
所以者何佛世難值諸長者子言居士我聞
佛言父母不聽不得出家維摩詰言然汝等
便發阿耨多羅三藐三菩提心是即出家是
即具足尒時卅二長者子皆發阿耨多羅三
藐三菩提心故我不任詣彼問疾
佛告阿難汝行詣維摩詰問疾阿難白佛言
世尊我不堪任詣彼問疾所以者何憶念昔
時世尊身小有疾當用牛乳我即持鉢詣大
婆羅門家門下立時維摩詰來謂我言唯阿
難何為晨朝持鉢住此我言居士世尊身
小有疾當用牛乳故來至此維摩詰言止止
阿難莫作是語如來身者金剛之體諸惡已
斷衆善普會當有何疾當有何惱嘿往阿難
勿謗如來莫使異人聞此麁言令无大威德
諸天及他方淨土諸來菩薩得聞斯語阿難
轉輪聖王以少福故尚得无病豈況如來无
量福會普勝者我行矣阿難勿使我等受斯
恥也外道梵志若聞此語當作是念何名為師
自疾不能救而能救諸疾人可密速去勿使
人聞當知阿難諸如來身即是法身非思欲
身佛為世尊過於三界佛身无漏諸漏已盡
佛身无為不墮諸數如此之身當有何疾時
我世尊實懷慚愧得无近佛而謬聽耶即聞

BD05672 號　維摩詰所說經卷上　（20–12）

自疾不能救而能救諸疾人可密速去勿使
人聞當知阿難諸如來身即是法身非思欲
身佛為世尊過於三界佛身无漏諸漏已盡
佛身无為不墮諸數如此之身當有何疾時
我世尊實懷慙愧得无近佛而謬聽耶即聞
空中聲曰阿難如居士言但為佛出五濁惡
世現行斯法度脫衆生行矣阿難取乳勿慙
世尊維摩詰智慧辯才為若此也是故不任
詣彼問疾如是五百大弟子各各向佛說其
本緣稱述維摩詰所言皆曰不任詣彼問疾

菩薩品第四

於是佛告弥勒菩薩汝行詣維摩詰問疾弥
勒白佛言世尊我不堪任詣彼問疾所以者
何憶念我昔為兜率天王及其眷屬說不退
轉地之行時維摩詰來謂我言弥勒世尊授
仁者記一生當得阿耨多羅三藐三菩提為
用何生得受記乎過去耶未來耶現在耶若
過去生過去生已滅若未來生未來生未至
若見在生見在生无住如佛所說比丘汝今
即時亦生亦老亦滅若以无生得受記者无
生即是正位於正位中亦无受記亦无得阿
耨多羅三藐三菩提云何弥勒受一生記乎
為從如生得受記耶為從如滅得受記耶若
以如生得受記者如无有生若以如滅得受
記者如无有滅一切衆生皆如也一切法亦如

BD05672 號　維摩詰所說經卷上

（20–13）

即時亦生亦老亦滅若以无生得受記者无
生即是正位於正位中亦无受記亦无得阿
耨多羅三藐三菩提云何弥勒受一生記乎
為從如生得受記耶為從如滅得受記耶若
以如生得受記者如无有生若以如滅得受
記者如无有滅一切衆生皆如也一切法亦如
也衆聖賢亦如也至於弥勒亦如也若弥
勒得受記者一切衆生亦應受記所以者何
夫如者不二不異若弥勒得阿耨多羅三藐
三菩提者一切衆生皆亦應得所以者何一
切衆生即菩提相若弥勒得滅度者一切衆生
亦當滅度所以者何諸佛知一切衆生畢竟
寂滅即涅槃相不復更滅是故弥勒无以此
法誘諸天子實无發阿耨多羅三藐三菩提
心者亦无退者弥勒當令此諸天子捨於分
別菩提之見所以者何菩提者不可以身得
不可以心得寂滅是菩提滅諸相故不覩是
菩提離諸緣故不行是菩提无憶念故斷是
菩提捨諸見故離是菩提離諸妄想故鄣是
菩提鄣諸願故不入是菩提无貪著故順是
菩提順於如故住是菩提住法性故至是菩
提至實際故不二是菩提離意法故等是菩
提等虛空故无為是菩提无生住滅故知是菩
提了衆生心行故不會是菩提諸入不會
故不合是菩提離煩惱習故无處是菩提无

BD05672 號　維摩詰所說經卷上

（20–14）

菩提鄣諸願故不入是菩提无貪著故順是
菩提順於如故住是菩提住法性故至是菩
提至實際故不二是菩提離意法故等是菩
提等虛空故无為是菩提无生住滅故知是菩
提了衆生心行故不會是菩提諸入不會
故不合是菩提離煩惱習故无處是菩提无
形色故假名是菩提名字空故如化是菩提
无取捨故无亂是菩提常自静故善寂是菩
提性清淨故无取是菩提離攀緣故无異是
菩提諸法等故无比是菩提无可喻故微妙
是菩提諸法難知故世尊維摩詰說是法
時二百天子得无生法忍故我不任詣彼問
疾

佛告光嚴童子汝行詣維摩詰問疾光嚴白
佛言世尊我不堪任詣彼問疾所以者何憶
念我昔出毗耶離大城時維摩詰方入城我
即為作礼而問言居士從何所來荅我言吾
從道場來我問道場者何所是荅曰直心是
道場无虛假故發行是道場能辦事故深心
是道場增益功德故菩提心是道場无錯謬
故布施是道場不望報故持戒是道場得願
具故忍辱是道場於諸衆生心无閡故精進
是道場不懈退故禪定是道場心調柔故智
慧是道場現見諸法故慈是道場等衆生故
悲是道場忍疲苦故喜是道場悅樂法故捨
是道場增愛斷故神通是道場成就六通故

故布施是道場不望報故持戒是道場得願
具故忍辱是道場於諸衆生心无閡故精進
是道場不懈退故禪定是道場心調柔故智
慧是道場現見諸法故慈是道場等衆生故
悲是道場忍疲苦故喜是道場悅樂法故捨
是道場增愛斷故神通是道場成就六通故
解脫是道場能背捨故方便是道場教化衆
生故四攝是道場攝衆生故多聞是道場如
聞行故伏心是道場正觀諸法故卅七道品
是道場捨有為法故四諦是道場不誑世
間故緣起是道場无明乃至老死皆无盡故
諸煩惱是道場知如實故衆生是道場知无
我故一切法是道場知諸法空故降魔是道
場不傾動故三界是道場无所趣故師子吼是
道場无所畏故力无畏不共法是道場无諸
過故三明是道場无餘礙故一念知一切法是
道場成就一切智故如是善男子菩薩若
應諸波羅蜜教化衆生諸有所作舉足下足
當知皆從道場來住於佛法矣說是法時五
百天子皆發阿耨多羅三藐三菩提心故我
不任詣彼問疾

佛告持世菩薩汝行詣維摩詰問疾持世白
佛言世尊我不堪任詣彼問疾所以者何憶
念我昔住於静室時魔波旬從万二千天女
狀如帝釋鼓樂絃歌來詣我所與其眷屬稽
首我足合掌恭敬於一面立我意謂是帝釋

佛告持世菩薩汝行詣維摩詰問疾持世白
佛言世尊我不堪任詣彼問疾所以者何憶
念我昔住於靜室時魔波旬從万二千天女
狀如帝釋鼓樂弦歌来詣我所與其眷屬稽
首我足合掌恭敬於一面立我意謂是帝釋
而語之言善来憍尸迦雖福應有不當自恣
當觀五欲无常以求善本於身命財而脩堅
法即語我言正士受是万二千天女可備掃
灑我言憍尸迦无以此非法之物要我沙門
釋子此非我宜所言未訖維摩詰来謂我言
非帝釋也是為魔来嬈固汝耳即語魔言是
諸女等可以與我如我應受魔即驚懼念維
摩詰將无惱我欲隱形去而不能隱盡其神力
亦不得去即聞空中聲曰波旬以女與之乃可
得去魔以畏故俛仰而與尒時維摩詰語
諸女言魔以汝等與我汝今皆當發阿耨多
羅三藐三菩提心即隨所應而為說法令發
道意復言汝等已發道意有法樂可以自娛
不應復樂五欲樂也天女即問何謂法樂荅
言樂常信佛樂欲聽法樂供養衆樂離五
欲樂觀五陰如怨賊樂觀四大如毒虵樂觀內
入如空聚樂隨護道意樂饒益衆生樂敬養
師樂廣行施樂堅持戒樂忍辱柔和樂懃集
善根樂神通不亂樂離垢明慧樂廣菩提心
樂降伏衆魔樂斷諸煩惱樂淨佛國土樂成
就相好故脩諸功德樂嚴飾道場樂聞深法

BD05672號　維摩詰所說經卷上

(20–17)

入如空聚樂隨護道意樂饒益衆生樂敬養
師樂廣行施樂堅持戒樂忍辱柔和樂懃集
善根樂神通不亂樂離垢明慧樂廣菩提心
樂降伏衆魔樂斷諸煩惱樂淨佛國土樂成
就相好故脩諸功德樂嚴飾道場樂聞深法
不畏樂三脫門不樂非時樂近同學樂於非
同學中心无恚礙樂將護惡知識樂近善知
識樂心喜清淨樂脩无量道品之法是為菩
薩法樂於是波旬告諸女言我欲與汝俱還
天宮諸女言以我等與此居士有法樂我等
甚樂不復樂五欲樂也魔言居士可捨此女
一切所有施於彼者是為菩薩維摩詰言我
已捨矣汝便將去令一切衆生得法願具足於
是諸女問維摩詰我等云何止於魔宮維
摩詰言諸姉有法門名无盡燈汝等當學无
盡燈者譬如一燈然百千燈冥者皆明明終
不盡如是諸姉夫一菩薩開導百千衆生令
發阿耨多羅三藐三菩提心於其道意亦不滅
盡隨所說法而自增益一切善法是名无盡
燈也汝等雖住魔宮以是无盡燈令无數
天子天女發阿耨多羅三藐三菩提心者為
報佛恩亦大饒益一切衆生尒時天女頭面
礼維摩詰足隨魔還宮忽然不現世尊維
摩詰有如是自在神力智慧辯才故我不
任詣彼問疾

BD05672號　維摩詰所說經卷上

(20–18)

礼維摩詰足隨還宮忽然不現世尊維
摩詰有如是自在神力智慧辯才故我不
任詣彼問疾
佛告長者子善得汝行詣維摩詰問疾善得
白佛言世尊我不堪任詣彼問疾所以者何
憶念我昔自於父舍設大施會供養一切沙
門婆羅門及諸外道貧窮下賤孤獨乞人期
滿七日時維摩詰來入會中謂我言長者
子夫大施會不當如汝所設當為法施之會何
用是財施會為我言居士何謂法施之會法
施會者无前无後一時供養一切衆生是名
法施之會何謂也謂以菩提起於慈心以救
衆生起大悲心以持正法起於喜心以攝智
慧行於捨心以攝慳貪起檀波羅蜜以化犯
戒起尸羅波羅蜜以无我法起羼提波羅蜜
以離身心相起毗梨耶波羅蜜以菩提相起
禪波羅蜜以一切智起般若波羅蜜教化衆生
而起於空不捨有為法而起无相示現受生
而起无作護持正法起方便力以度衆生起
四攝法以敬事一切起除慢法於身命財起
三堅法於六念中起思念法於六和敬起質
直心正行善法起於淨命心淨歡喜起近賢
聖不憎惡人起調伏心以出家法起於深心
以如說行起於多聞以无諍法起空閑處趣
向佛慧起於宴坐解衆生縛起修行地以具
相好及淨佛土起福德業知一切衆生心念

BD05672號　維摩詰所說經卷上　（20–19）

聖不憎惡人起調伏心以出家法起於深心
以如說行起於多聞以无諍法起空閑處趣
向佛慧起於宴坐解衆生縛起修行地以具
相好及淨佛土起福德業知一切衆生心念
如應說法起於智業知一切法不取不捨入
一相門起於慧業斷一切煩惱一切鄣礙一
切不善法起一切善業以得一切智慧一切
善法起於一切助佛道法如是善男子是為
法施之會若菩薩住是法施會者為大施
主亦為一切世間福田世尊維摩詰說是法時
婆羅門衆二百人皆發阿耨多羅三
菩提心我時心得清淨嘆未曾有稽首礼
摩詰足即解瓔珞價直百千以上之
我言居士願必納受隨意所與維摩
受瓔珞分作二分持一分施此會中
乞人持一分奉彼難勝如來一切
光明國土難勝如來又見珠瓔
成四柱寶臺四面嚴飾不相鄣蔽
現神變作是言若施主等心
人猶如如來福田之相无所分
求果報是則名曰具足
人見是神力聞其所說
三菩提心我不任詣彼
各各向說其本緣稱
不任詣彼問疾

維摩詰經卷上

BD05672號　維摩詰所說經卷上　（20–20）

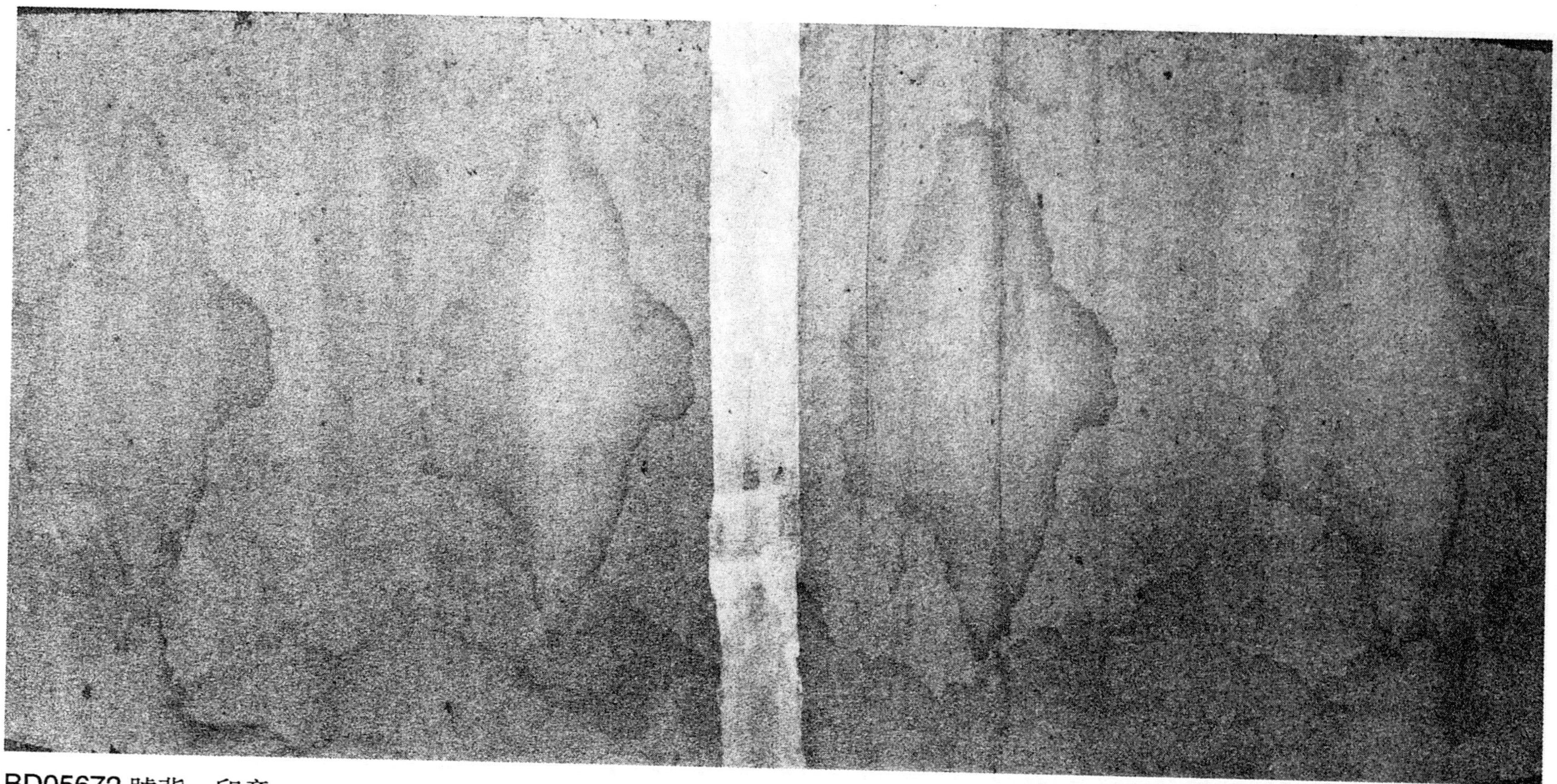

BD05672 號背　印章

(1–1)

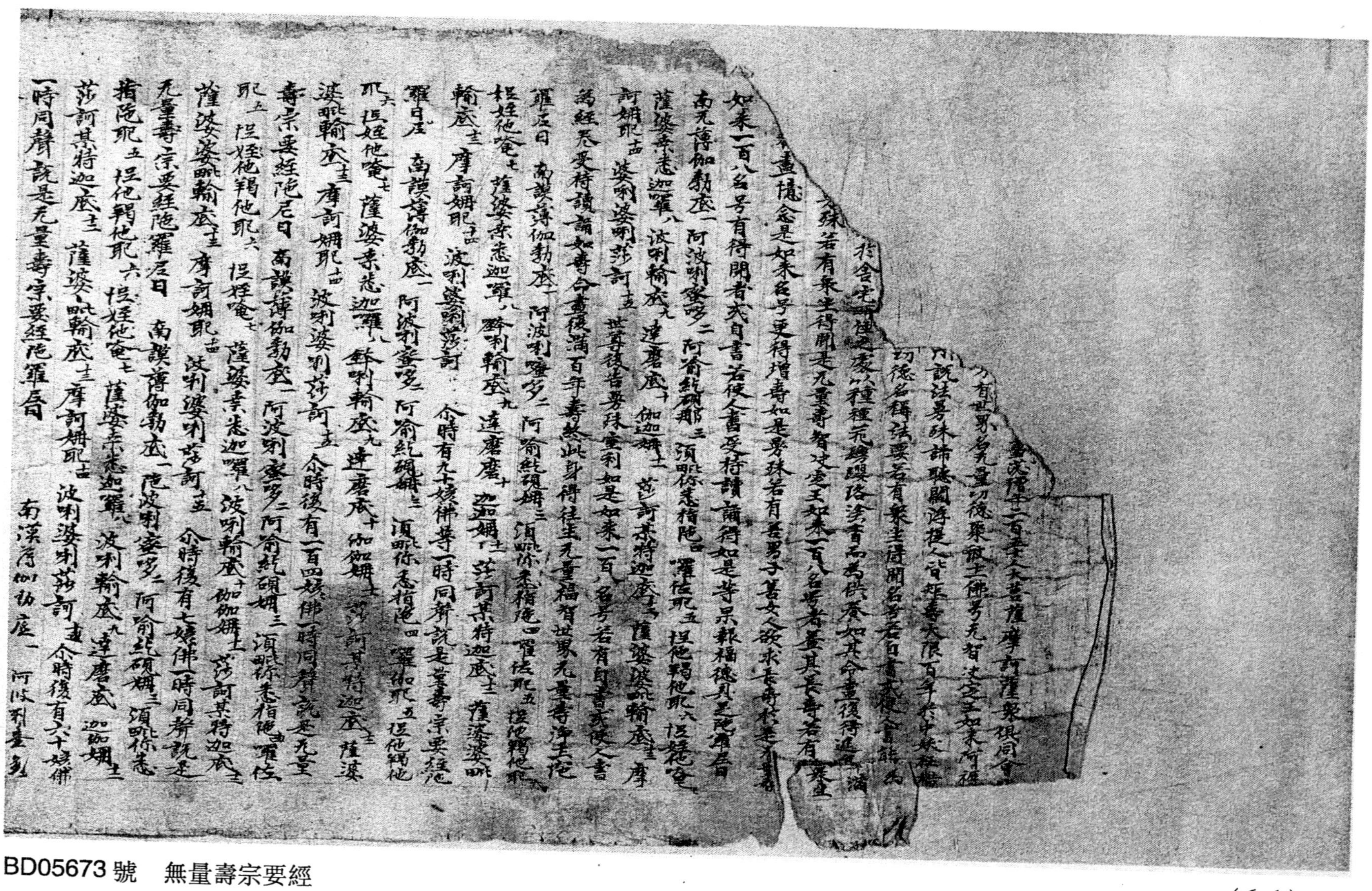

BD05673 號　無量壽宗要經

(6–1)

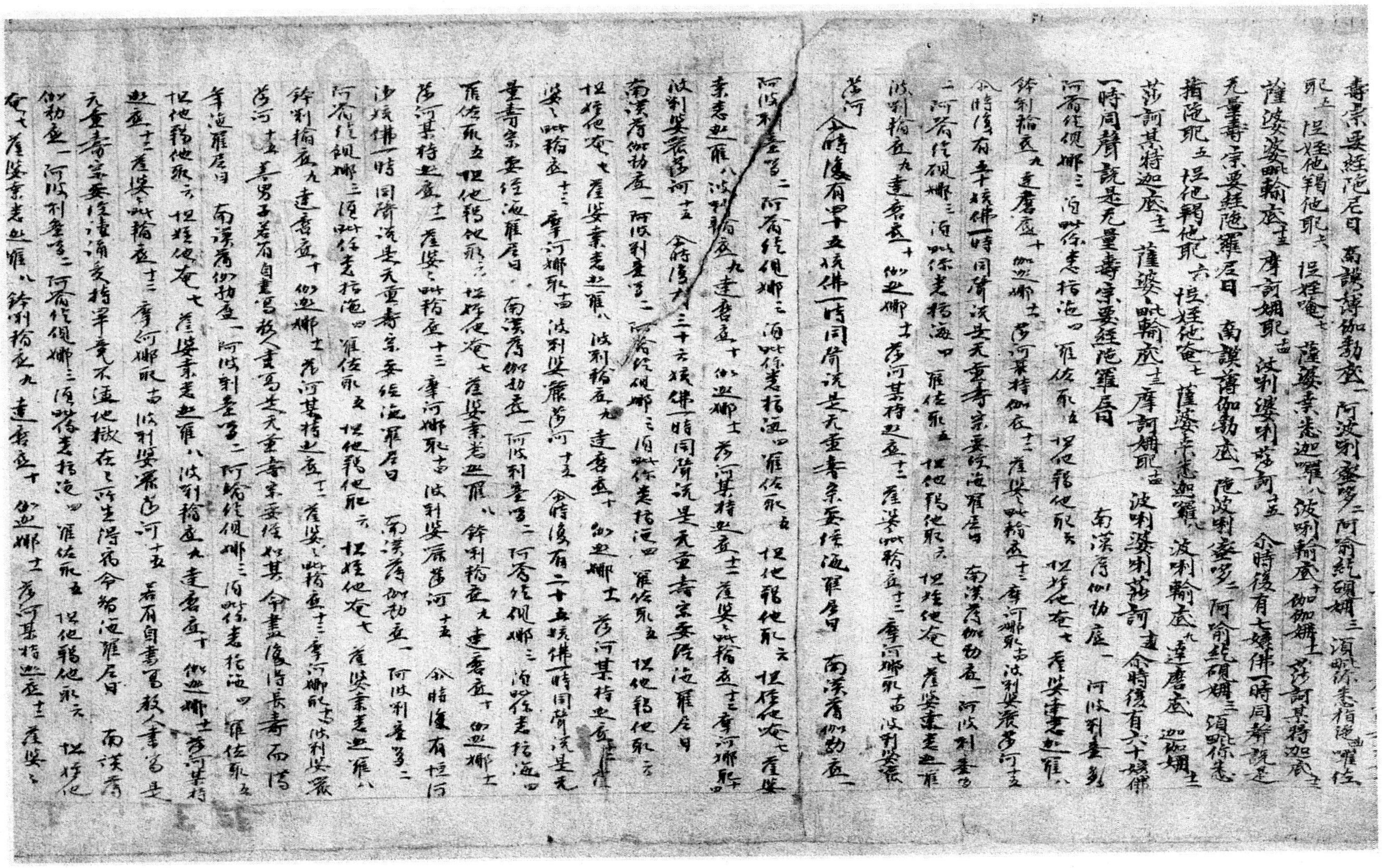

BD05673 號　無量壽宗要經　　（6–2）

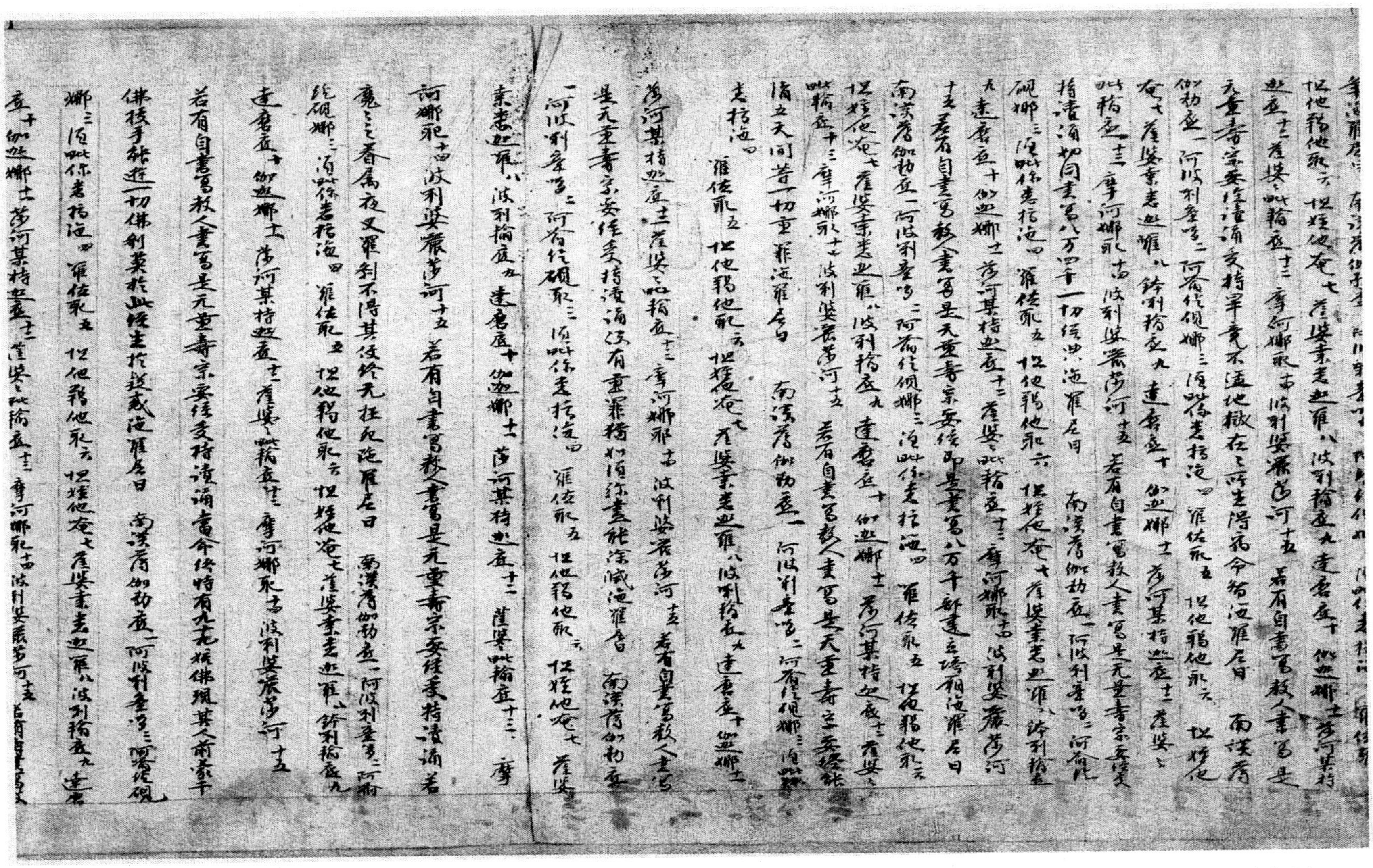

BD05673 號　無量壽宗要經　　（6–3）

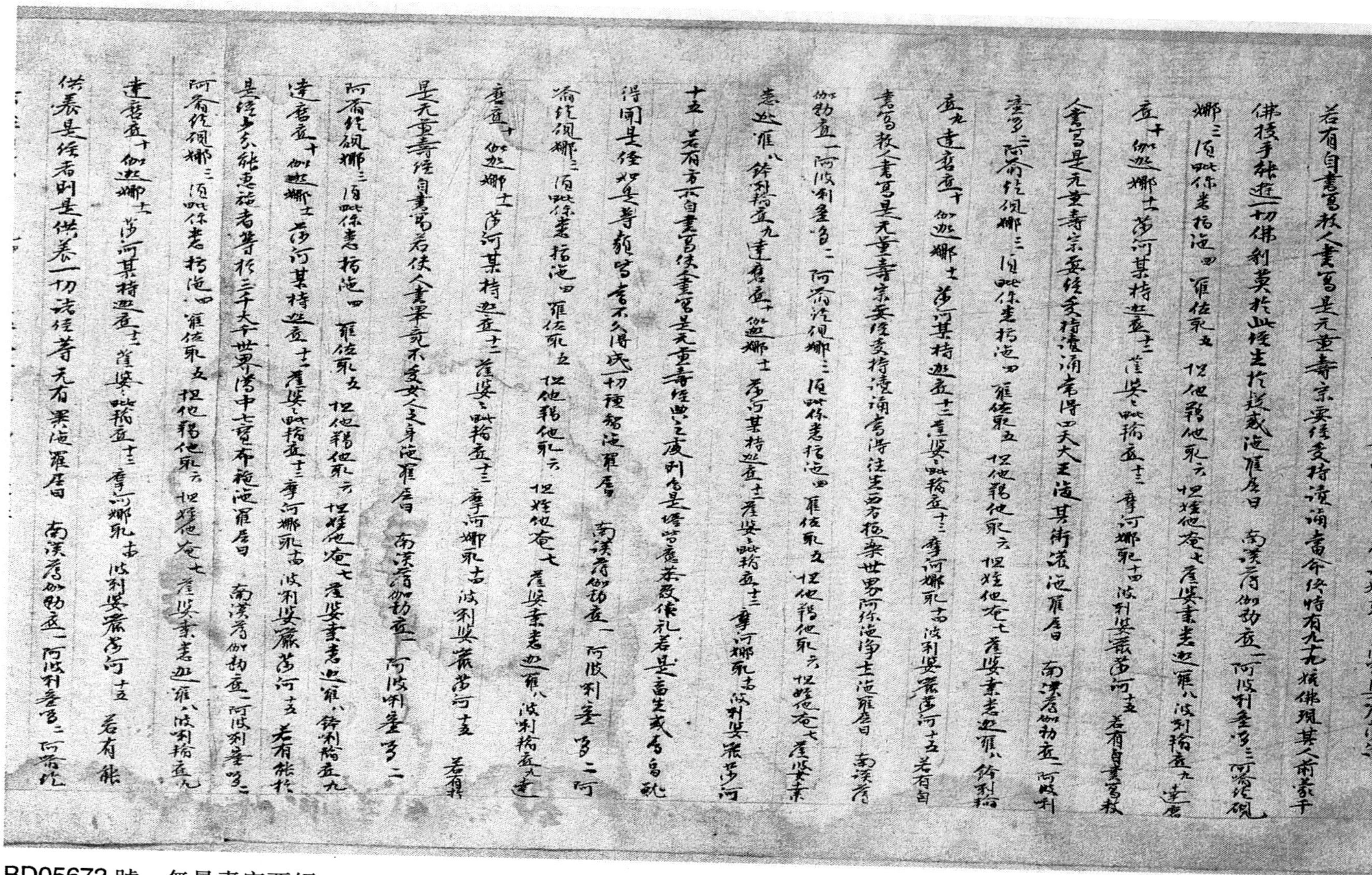

若有自書寫教人書寫是无量壽宗要經受持讀誦當命終時有九十九殑伽佛現其人前來授手
佛授手往遊一切佛剎莫於此經生於疑惑南謨薄伽勃底一阿波唎蜜多二阿喻紇硯
娜三須毗你失指陀四囉佐耶五怛他羯他耶六怛姪他唵七薩婆桑塞迦囉八波唎輸底九達磨
底十伽迦娜十一莎訶娑特迦底十二薩婆婆毗輸底十三摩訶娜耶十四波唎婆囉莎訶十五若有自書寫教
人書寫是无量壽宗要經受持讀誦者得四天大王隨其衛護南謨薄伽勃底一阿波唎
蜜多二阿喻紇硯娜三須毗你失指陀四囉佐耶五怛他羯他耶六怛姪他唵七薩婆桑塞迦囉八波唎輸
底九達磨底十伽迦娜十一莎訶娑特迦底十二薩婆婆毗輸底十三摩訶娜耶十四波唎婆囉莎訶十五若有自
書寫教人書寫是无量壽宗要經受持讀誦當得往生西方極樂世界阿彌陀淨土南謨薄
伽勃底一阿波唎蜜多二阿喻紇硯娜三須毗你失指陀四囉佐耶五怛他羯他耶六怛姪他唵七薩婆桑
塞迦囉八波唎輸底九達磨底十伽迦娜十一莎訶娑特迦底十二薩婆婆毗輸底十三摩訶娜耶十四波唎婆囉莎訶
十五若有方不自書寫使人書寫是无量壽經典之處則為是塔皆當恭敬作禮若是畜生或鳥
得聞是經如是等類皆不久得成一切種智南謨薄伽勃底一阿波唎蜜多二阿
喻紇硯娜三須毗你失指陀四囉佐耶五怛他羯他耶六怛姪他唵七薩婆桑塞迦囉八波唎輸底九達
磨底十伽迦娜十一莎訶娑特迦底十二薩婆婆毗輸底十三摩訶娜耶十四波唎婆囉莎訶十五若有
是无量壽經自書寫若使人書寫究竟不受女人之身南謨薄伽勃底一阿波唎蜜多二
阿喻紇硯娜三須毗你失指陀四囉佐耶五怛他羯他耶六怛姪他唵七薩婆桑塞迦囉八波唎輸底九
達磨底十伽迦娜十一莎訶娑特迦底十二薩婆婆毗輸底十三摩訶娜耶十四波唎婆囉莎訶十五若有能於
是經少分能惠施者是等於三千大千世界滿中七寶布施南謨薄伽勃底一阿波唎蜜多二
阿喻紇硯娜三須毗你失指陀四囉佐耶五怛他羯他耶六怛姪他唵七薩婆桑塞迦囉八波唎輸底九
達磨底十伽迦娜十一莎訶娑特迦底十二薩婆婆毗輸底十三摩訶娜耶十四波唎婆囉莎訶十五若有能
供養是經者則是供養一切法經等无有異南謨薄伽勃底一阿波唎蜜多二阿喻紇

BD05673 號　無量壽宗要經

（6–4）

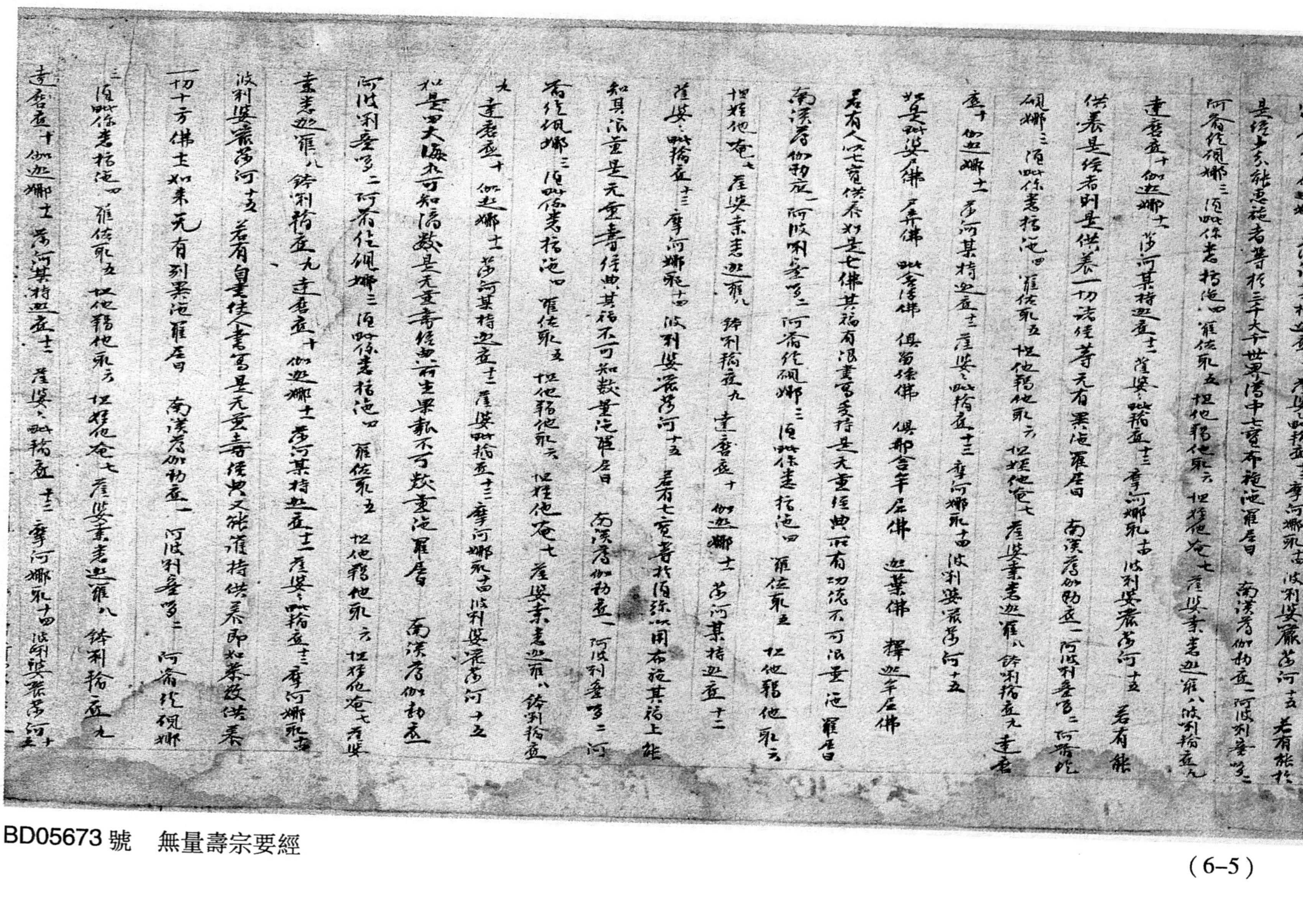

達磨底十伽迦娜十一莎訶娑特迦底十二薩婆婆毗輸底十三摩訶娜耶十四波唎婆囉莎訶十五若有能於
是經少分能惠施者是等於三千大千世界滿中七寶布施南謨薄伽勃底一阿波唎蜜多二
阿喻紇硯娜三須毗你失指陀四囉佐耶五怛他羯他耶六怛姪他唵七薩婆桑塞迦囉八波唎輸底九
達磨底十伽迦娜十一莎訶娑特迦底十二薩婆婆毗輸底十三摩訶娜耶十四波唎婆囉莎訶十五若有能
供養是經者則是供養一切法經等无有異南謨薄伽勃底一阿波唎蜜多二阿喻紇
硯娜三須毗你失指陀四囉佐耶五怛他羯他耶六怛姪他唵七薩婆桑塞迦囉八波唎輸底九達磨
底十伽迦娜十一莎訶娑特迦底十二薩婆婆毗輸底十三摩訶娜耶十四波唎婆囉莎訶十五
婆尸佛　尸棄佛　毗舍浮佛　拘留孫佛　拘那含牟尼佛　迦葉佛　釋迦牟尼佛
若有人以七寶供養如是七佛其福有限書寫受持是无量壽經典所有功德不可限量
南謨薄伽勃底一阿波唎蜜多二阿喻紇硯娜三須毗你失指陀四囉佐耶五怛他羯他耶六
怛姪他唵七薩婆桑塞迦囉八波唎輸底九達磨底十伽迦娜十一莎訶娑特迦底十二
薩婆婆毗輸底十三摩訶娜耶十四波唎婆囉莎訶十五若有七寶等於須弥山用布施其福上能
知其限量是无量壽經典其福不可知數量南謨薄伽勃底一阿波唎蜜多二阿
喻紇硯娜三須毗你失指陀四囉佐耶五怛他羯他耶六怛姪他唵七薩婆桑塞迦囉八波唎輸底
九達磨底十伽迦娜十一莎訶娑特迦底十二薩婆婆毗輸底十三摩訶娜耶十四波唎婆囉莎訶十五
如是四大海水可知渧數是无量壽經所生果報不可數量南謨薄伽勃底一
阿波唎蜜多二阿喻紇硯娜三須毗你失指陀四囉佐耶五怛他羯他耶六怛姪他唵七薩婆
桑塞迦囉八波唎輸底九達磨底十伽迦娜十一莎訶娑特迦底十二薩婆婆毗輸底十三摩訶娜耶十四波唎婆
囉莎訶十五若有自書寫教人書寫是无量壽經典受持供養即如恭敬供養
一切十方佛土如來无有別異南謨薄伽勃底一阿波唎蜜多二阿喻紇硯娜
三須毗你失指陀四囉佐耶五怛他羯他耶六怛姪他唵七薩婆桑塞迦囉八波唎輸底九
達磨底十伽迦娜十一莎訶娑特迦底十二薩婆婆毗輸底十三摩訶娜耶十四波唎婆囉莎訶十五

BD05673 號　無量壽宗要經

（6–5）

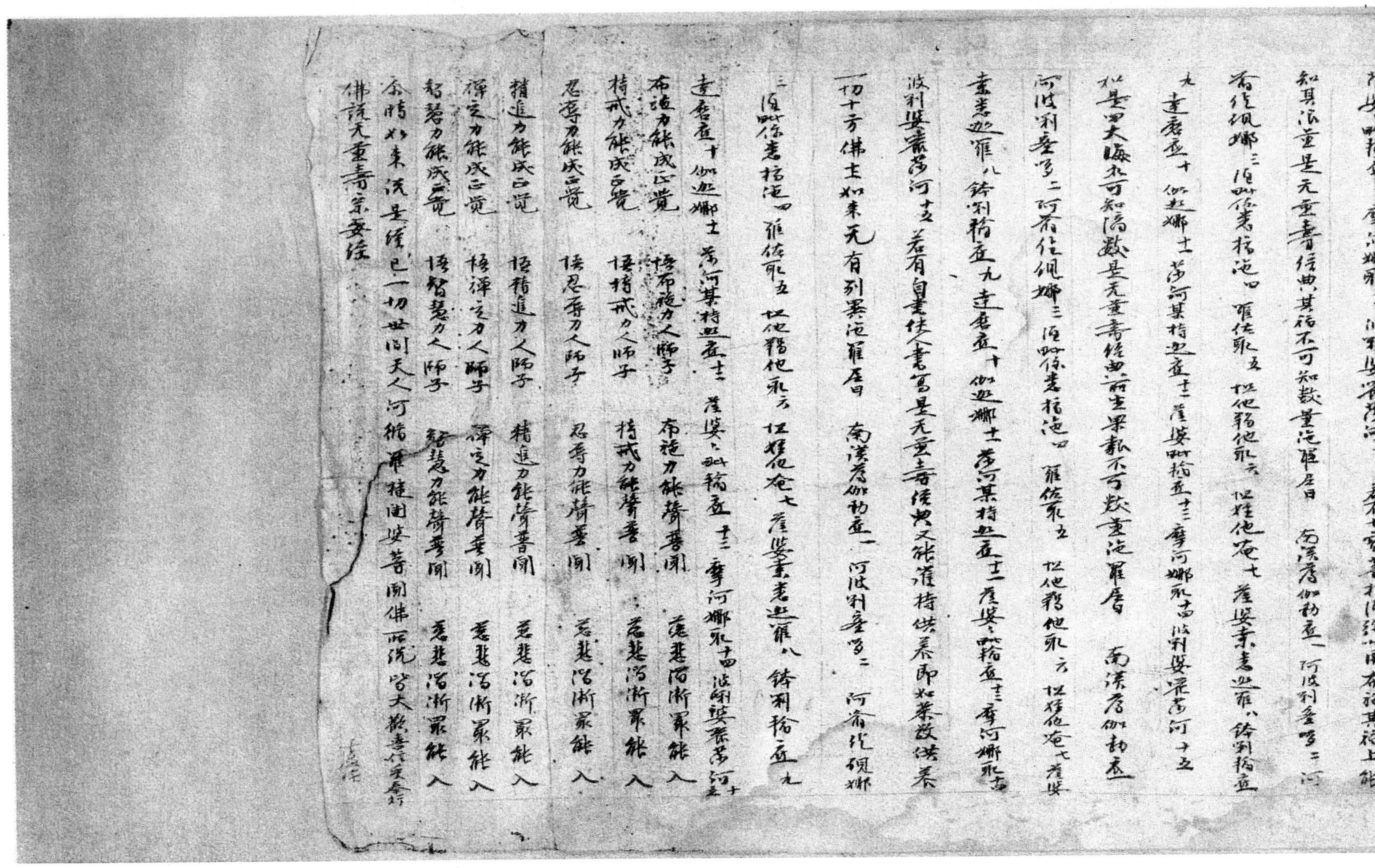

BD05673號　無量壽宗要經　　（6–6）

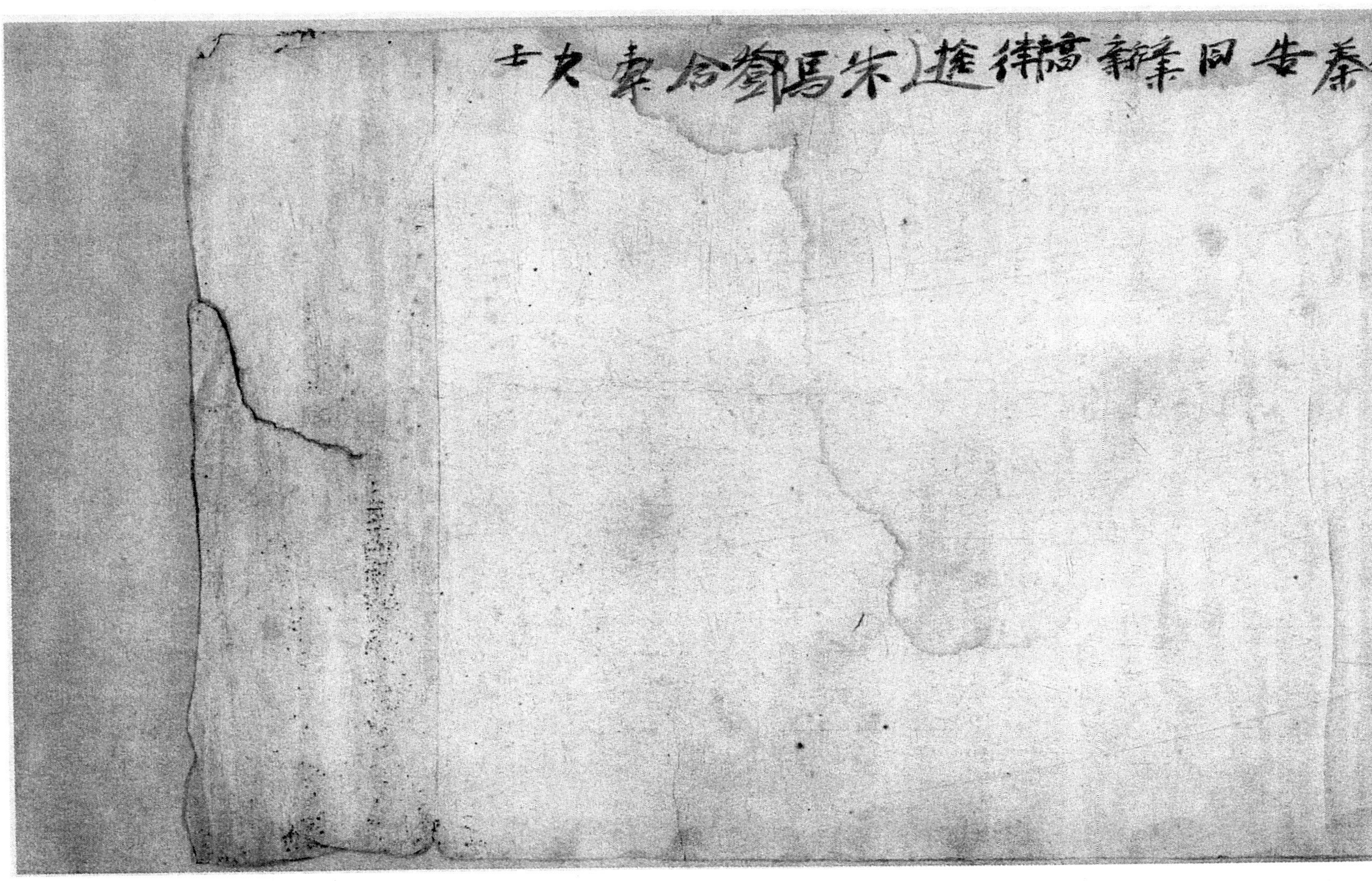

BD05673號背 3　敦煌姓氏等習字雜寫（擬）　　（5–1）

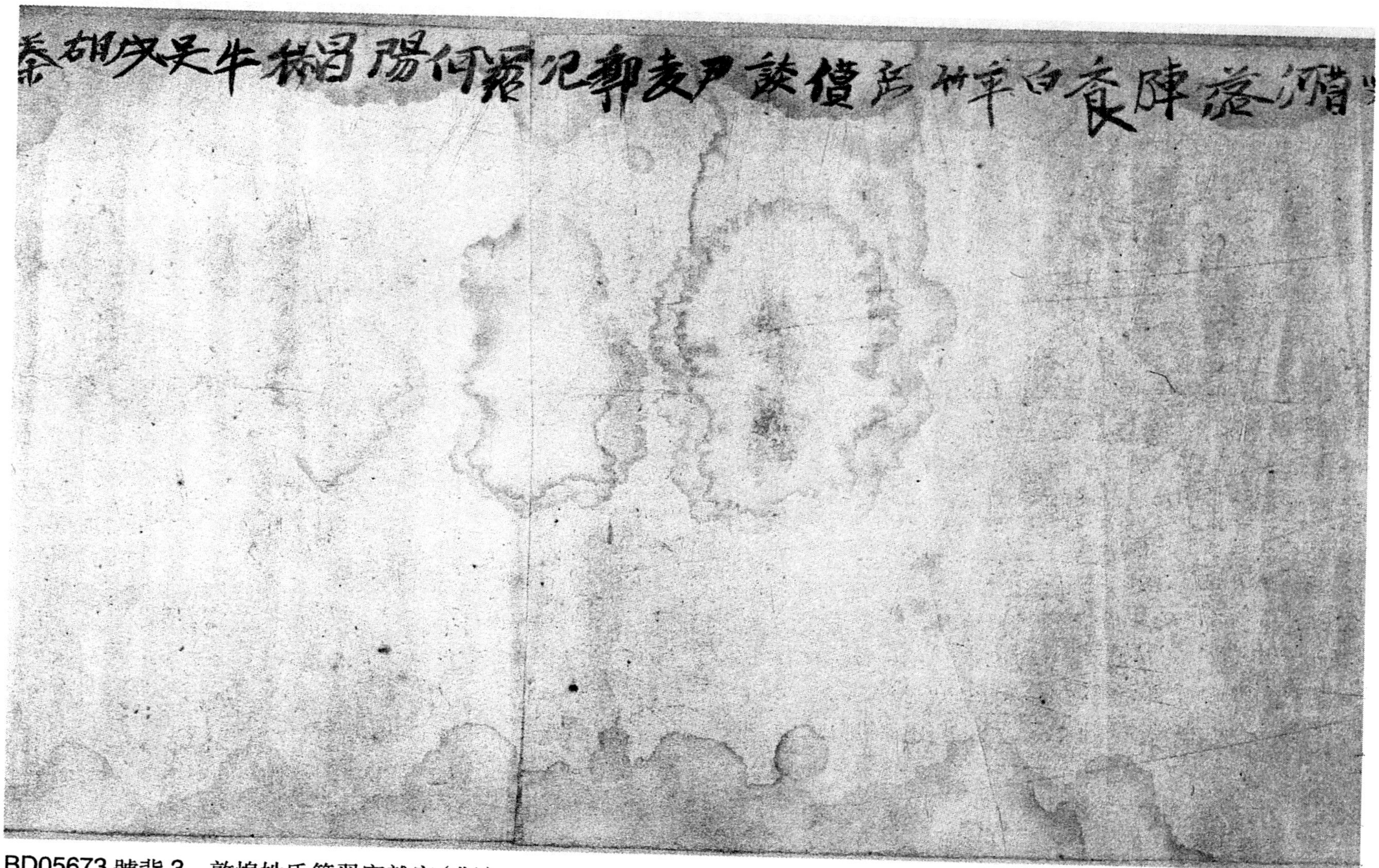

BD05673 號背 3　敦煌姓氏等習字雜寫（擬）

（5–2）

BD05673 號背 3　敦煌姓氏等習字雜寫（擬）

（5–3）

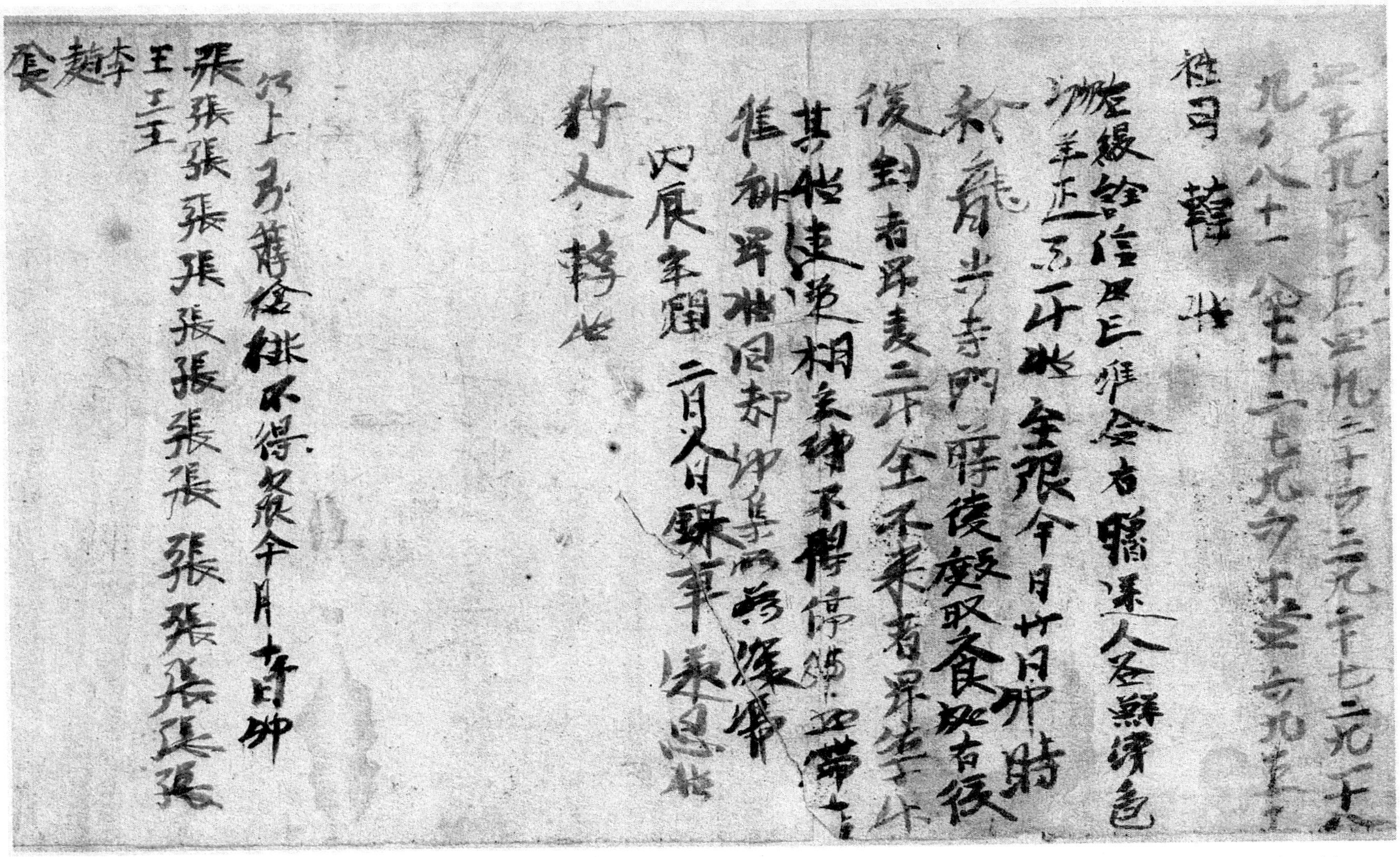

BD05673 號背 1　九九歌鈔（擬）　（5–4）
BD05673 號背 2　乾寧三年（八九七）閏二月八日社人詮信母亡轉帖鈔（擬）
BD05673 號背 3　敦煌姓氏等習字雜寫（擬）

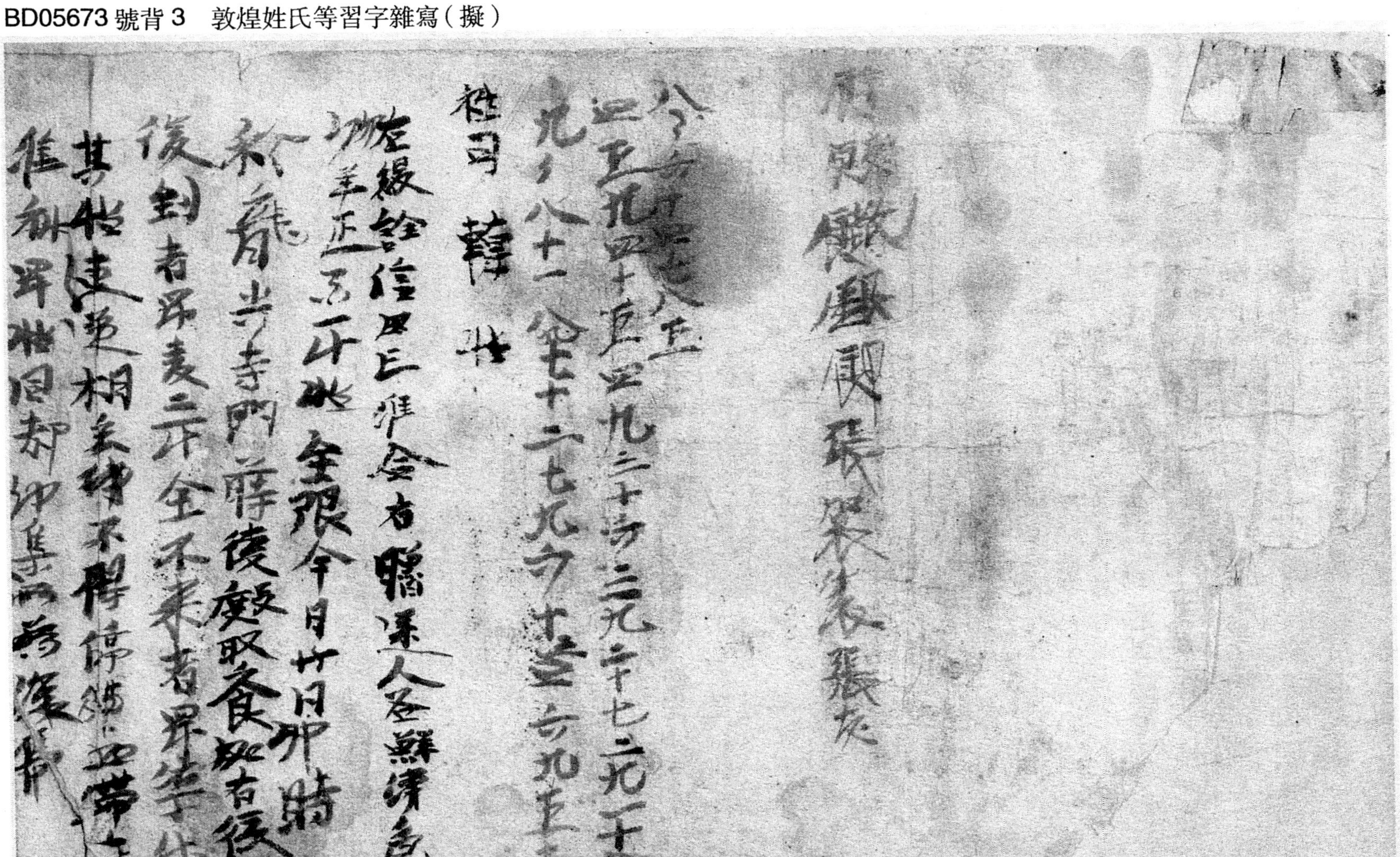

BD05673 號背 1　九九歌鈔（擬）　（5–5）
BD05673 號背 2　乾寧三年（八九七）閏二月八日社人詮信母亡轉帖鈔（擬）

到於佛前一心合掌瞻仰世尊如阿難羅睺
羅所願住立一面尒時佛告阿難汝於来世
當得作佛号山海慧自在通王如来應供正
遍知明行足善逝世間解无上士調御丈夫
天人師佛世尊當供養六十二億諸佛護持
法藏然後得阿耨多羅三藐三菩提教化二
十千万億恒河沙諸菩薩等令成阿耨多羅
三藐三菩提國名常立勝幡其土清淨瑠璃
為地劫名妙音遍滿其佛壽命无量千万億
阿僧祇劫若人於千万億无量阿僧祇劫中
筭數挍計不能得知正法住世倍於壽命像
法住世復倍正法阿難是山海慧自在通王
佛為十方无量千万億恒河沙等諸佛如来
所共讚歎稱其功德尒時世尊欲重宣此義
而說偈言

我今僧中說　阿難持法者　當供養諸佛　然後成正覺
号曰山海慧　自在通王佛　其國土清淨　名常立勝幡
教化諸菩薩　其數如恒沙　佛有大威德　名聞滿十方
壽命无有量　以愍衆生故　正法倍壽命　像法復倍是
如恒河沙等　无數諸衆生　於此佛法中　種佛道因緣

尒時會中新發意菩薩八千人咸作是念我

BD05674號　妙法蓮華經卷四

（3–1）

所共讚歎稱其功德尒時世尊欲重宣此義
而說偈言

我今僧中說　阿難持法者　當供養諸佛　然後成正覺
号曰山海慧　自在通王佛　其國土清淨　名常立勝幡
教化諸菩薩　其數如恒沙　佛有大威德　名聞滿十方
壽命无有量　以愍衆生故　正法倍壽命　像法復倍是
如恒河沙等　无數諸衆生　於此佛法中　種佛道因緣

尒時會中新發意菩薩八千人咸作是念我
等尚不聞諸大菩薩得如是記有何因緣而
諸聲聞得如是决尒時世尊知諸菩薩心之
所念而告之曰諸善男子我與阿難等於空
王佛所同時發阿耨多羅三藐三菩提心阿
難常樂多聞我常勤精進是故我已得成阿
耨多羅三藐三菩提而阿難護持我法亦護
將来諸佛法藏教化成就諸菩薩衆其本願
如是故獲斯記阿難面於佛前自聞授記及
國土莊嚴所願具足心大歡喜得未曾有即
時憶念過去无量千万億諸佛法藏通達无
㝵如今所聞亦識本願尒時阿難而說偈言

世尊甚希有　令我念過去　无量諸佛法　如今日所聞
我今无復疑　安住於佛道　方便為侍者　護持諸佛法

尒時佛告羅睺羅汝於来世當得作佛号蹈
七寶華如来應供正遍知明行足善逝世間
解无上士調御丈夫天人師佛世尊當供養
十世界微塵等數諸佛如来常為諸佛而作
長子猶如今也是蹈七寶華佛國土莊嚴壽
命劫數所化弟子正法像法亦如山海慧自
在通王如来无異亦為此佛而作長子過是

BD05674號　妙法蓮華經卷四

（3–2）

尒時佛告羅睺羅汝於來世當得作佛号蹈
七寶華如来應供正遍知明行足善逝世間
解无上士調御丈夫天人師佛世尊當供養
十世界微塵等數諸佛如来常為諸佛而作
長子猶如今世是蹈七寶華佛國土莊嚴壽
命劫數所化弟子正法像法亦如山海慧自
在通王如来无異亦為此佛而作長子過是
已後當得阿耨多羅三藐三菩提尒時世尊
欲重宣此義而說偈言
我為太子時　羅睺為長子　我今成佛道　受法為法子
於未来世中　見无量億佛　皆為其長子　一心求佛道
羅睺羅密行　唯我能知之　現為我長子　以示諸衆生
无量億千万　功德不可數　安住於佛法　以求无上道
尒時世尊見學无學二千人其意柔軟寂然
清淨一心觀佛佛告阿難汝見是學无學二
千人不唯然已見阿難是諸人等當供養五
十世界微塵數諸佛如来恭敬尊重護持法
藏末後同時於十方國各得成佛皆同一号
名曰寶相如来應供正遍知明行足善逝世
間解无上士調御丈夫天人師佛世尊壽命
一劫國土莊嚴聲聞菩薩正法像法皆悉同
等尒時世尊欲重宣此義而說偈言

BD05674 號　妙法蓮華經卷四　（3–3）

如是展轉教　至于
如有大施主　供給无量衆　具滿八十歲　隨意之所欲
見彼衰老相　髮白而面皺　齒踈形枯竭　念其死不久
我今應當教　令得於道果　即為方便說　涅槃真實法
世皆不牢固　如水沫泡焰　汝等咸應當　疾生猒離心
諸人聞是法　皆得阿羅漢　具足六神通　三明八解脫
最後第五十　聞一偈隨喜　是人福勝彼　不可為譬喻
如是展轉聞　其福尚无量　何况於法會　初聞隨喜者
若有勸一人　將引聽法華　言此經深妙　千万劫難遇
即受教往聽　乃至須臾聞　斯人之福報　今當分別說
世世无口患　齒不踈黃黑　脣不厚褰缺　无有可惡相
舌不乾黑短　鼻高脩且直　額廣而平正　面目悉端嚴
為人所憙見　口氣无臭穢　優鉢華之香　常從其口出
若故詣僧坊　欲聽法華經　須臾聞歡喜　今當說其福
後生天人中　得妙象馬車　珍寶之輦轝　及乘天宮殿
若於講法處　勸人坐聽經　是福因緣得　釋梵轉輪座
何况一心聽　解說其義趣　如說而脩行　其福不可限
妙法蓮華經法師功德品第十九
尒時佛告常精進菩薩摩訶薩若善男子善
女人受持是法華經若讀若誦若解說若書
寫是人當得八百眼功德千二百耳功德八
百鼻功德千二百舌功德八百身功德千二

BD05675 號　妙法蓮華經卷六　（12–1）

若於講法處　勸人坐聽經　是福因緣得　釋梵轉輪座
何况一心聽　解說其義趣　如說而脩行　其福不可限
妙法蓮華經法師功德品第十九
尒時佛告常精進菩薩摩訶薩若善男子善
女人受持是法華經若讀若誦若解說若書
寫是人當得八百眼功德千二百耳功德八
百鼻功德千二百舌功德八百身功德千二
百意功德以是功德莊嚴六根皆令清淨是
善男子善女人父母所生清淨肉眼見於三
千大千世界內外所有山林河海下至阿鼻
地獄上至有頂亦見其中一切衆生及業因
緣果報生處悉見悉知尒時世尊欲重宣此
義而說偈言
若於大衆中　以无所畏心　說是法華經　汝聽其功德
是人得八百　功德殊勝眼　以是莊嚴故　其目甚清淨
父母所生眼　悉見三千界　內外弥樓山　須弥及鐵圍
并諸餘山林　大海江河水　下至阿鼻獄　上至有頂處
其中諸衆生　一切皆悉見　雖未得天眼　肉眼力如是
復次常精進若善男子善女人受持此經若
讀若誦若解說若書寫得千二百耳功德以
是清淨耳聞三千大千世界下至阿鼻地獄
上至有頂其中內外種種語言音聲象聲馬
聲牛聲車聲啼哭聲愁歎聲螺聲鼓聲鍾聲
鈴聲咲聲語聲男聲女聲童子聲童女聲法
聲非法聲苦聲樂聲凡夫聲聖人聲喜聲不
喜聲天聲龍聲夜叉聲乾闥婆聲阿脩羅聲
迦樓羅聲緊那羅聲摩睺羅伽聲火聲水聲
風聲地獄聲畜生聲餓鬼聲比丘聲比丘尼
聲聲聞聲辟支佛聲菩薩聲佛聲以要言之
三千大千世界中一切內外所有諸聲雖未

BD05675號　妙法蓮華經卷六

（12–2）

聲非法聲苦聲樂聲凡夫聲聖人聲喜聲不
喜聲天聲龍聲夜叉聲乾闥婆聲阿脩羅聲
迦樓羅聲緊那羅聲摩睺羅伽聲火聲水聲
風聲地獄聲畜生聲餓鬼聲比丘聲比丘尼
聲聲聞聲辟支佛聲菩薩聲佛聲以要言之
三千大千世界中一切內外所有諸聲雖未
得天耳以父母所生清淨常耳皆悉聞知如
是分別種種音聲而不壞耳根尒時世尊欲
重宣此義而說偈言
父母所生耳　清淨无濁穢　以此常耳聞　三千世界聲
象馬車牛聲　鍾鈴螺鼓聲　琴瑟箜篌聲　簫笛之音聲
清淨好歌聲　聽之而不著　无數種人聲　聞悉能解了
又聞諸天聲　微妙之歌音　及聞男女聲　童男童女聲
山川嶮谷中　迦陵頻伽聲　命命等諸鳥　悉聞其音聲
地獄衆苦痛　種種楚毒聲　餓鬼飢渴逼　求索飲食聲
諸阿脩羅等　居在大海邊　自共語言時　出于大音聲
如是說法者　安住於此間　遙聞是衆聲　而不壞耳根
十方世界中　禽獸鳴相呼　其說法之人　於此悉聞之
其諸梵天上　光音及遍淨　乃至有頂天　言語之音聲
法師住於此　悉皆得聞之　一切比丘衆　及諸比丘尼
若讀誦經典　若為他人說　法師住於此　悉皆得聞之
復有諸菩薩　讀誦於經法　若為他人說　撰集解其義
如是諸音聲　悉皆得聞之　諸佛大聖尊　教化衆生者
於諸大衆中　演說微妙法　持此法華者　悉皆得聞之
三千大千界　內外諸音聲　下至阿鼻獄　上至有頂天
皆聞其音聲　而不壞耳根　其耳聰利故　悉能分別知
持是法華者　雖未得天耳　但用所生耳　功德已如是
復次常精進若善男子善女人受持是經若
讀若誦若解說若書寫成就八百鼻功德以
是清淨鼻根聞於三千大千世界上下內外

BD05675號　妙法蓮華經卷六

（12–3）

三千大千界 內外諸音聲 下至阿鼻獄 上至有頂天
皆聞其音聲 而不壞耳根 其耳聰利故 悉能分別知
持是法華者 雖未得天耳 但用所生耳 功德已如是
復次常精進 若善男子善女人受持是經 若
讀若誦若解說若書寫 成就八百鼻功德 以
是清淨鼻根 聞於三千大千世界上下內外
種種諸香 須曼那華香 闍提華香 末利華香
瞻蔔華香 波羅羅華香 赤蓮華香 青蓮華香
白蓮華香 華樹香 菓樹香 栴檀香 沈水香 多
摩羅跋香 多伽羅香 及千万種和香 若末 若
丸 若塗香 持是經者於此間住 悉能分別 又
復別知眾生之香 象香 馬香 牛羊等香 男香
女香 童子香 童女香 及草木叢林香 若近 若
遠 所有諸香 悉皆得聞 分別不錯 持是經者
雖住於此 亦聞天上諸天之香 波利質多羅
拘鞞陀羅樹香 及曼陀羅華香 摩訶曼陀
羅華香 曼殊沙華香 摩訶曼殊沙華香 栴檀 沈
水 種種末香 諸雜華香 如是等天香和合所
出之香 无不聞知 又聞諸天身香 釋提桓因
在勝殿上 五欲娛樂嬉戲時香 若在妙法堂
上 為忉利諸天說法時香 若於諸園遊戲時
香 及餘天等男女身香 皆悉遙聞 如是展轉
乃至梵世 上至有頂諸天身香 亦皆聞之 并
聞諸天所燒之香 及聲聞香 辟支佛香 菩薩
香 諸佛身香 亦皆遙聞 知其所在 雖聞此香
然於鼻根不壞不錯 若欲分別為他人說 憶
念不謬 尔時世尊欲重宣此義而說偈言
是人鼻清淨 於此世界中 若香若臭物 種種悉聞知
須曼那闍提 多摩羅栴檀 沈水及桂香 種種華菓香
及知眾生香 男子女人香 說法者遠住 聞香知所在

BD05675號　妙法蓮華經卷六　（12–4）

香 諸佛身香 亦皆遙聞 知其所在 雖聞此香
然於鼻根不壞不錯 若欲分別為他人說 憶
念不謬 尔時世尊欲重宣此義而說偈言
是人鼻清淨 於此世界中 若香若臭物 種種悉聞知
須曼那闍提 多摩羅栴檀 沈水及桂香 種種華菓香
及知眾生香 男子女人香 說法者遠住 聞香知所在
大勢轉輪王 小轉輪及子 群臣諸宮人 聞香知所在
身所著珍寶 及地中寶藏 轉輪王寶女 聞香知所在
諸人嚴身具 衣服及瓔珞 種種所塗香 聞則知其身
諸天若行坐 遊戲及神變 持是法華者 聞香悉能知
諸樹華菓實 及穌油香氣 持經者住此 悉知其所在
諸山深嶮處 栴檀樹華敷 眾生在中者 聞香皆能知
鐵圍山大海 地中諸眾生 持經者聞香 悉知其所在
阿脩羅男女 及其諸眷屬 鬬諍遊戲時 聞香皆能知
曠野險隘處 師子象虎狼 野牛水牛等 聞香知所在
若有懷妊者 未辯其男女 无根及非人 聞香悉能知
以聞香力故 知其初懷妊 成就不成就 安樂產福子
以聞香力故 知男女所念 染欲癡恚心 亦知脩善者
地中眾伏藏 金銀諸珍寶 銅器之所盛 聞香悉能知
種種諸瓔珞 无能識其價 聞香知貴賤 出處及所在
天上諸華等 曼陀曼殊沙 波利質多樹 聞香悉能知
天上諸宮殿 上中下差別 眾寶華莊嚴 聞香悉能知
天園林勝殿 諸觀妙法堂 在中而娛樂 聞香悉能知
諸天若聽法 或受五欲時 來往行坐臥 聞香悉能知
天女所著衣 好華香莊嚴 周旋遊戲時 聞香悉能知
如是展轉上 乃至於梵世 入禪出禪者 聞香悉能知
光音遍淨天 乃至于有頂 初生及退沒 聞香悉能知
諸比丘眾等 於法常精進 若坐若經行 及讀誦經法
或在林樹下 專精而坐禪 持經者聞香 悉知其所在
菩薩志堅固 坐禪若讀誦 或為人說法 聞香悉能知

BD05675號　妙法蓮華經卷六　（12–5）

天女所著衣 好華香莊嚴 周旋遊戲時 聞香悉能知
如是展轉上 乃至於梵世 入禪出禪者 聞香悉能知
光音遍淨天 乃至于有頂 初生及退沒 聞香悉能知
諸比丘衆等 於法常精進 若坐若經行 及讀誦經法
或在林樹下 專精而坐禪 持經者聞香 悉知其所在
菩薩志堅固 坐禪若讀誦 或為人說法 聞香悉能知
在在方世尊 一切所恭敬 愍衆而說法 聞香悉能知
衆生在佛前 聞經皆歡喜 如法而脩行 聞香悉能知
雖未得菩薩 无漏法生鼻 而是持經者 先得此鼻相
復次常精進若善男子善女人受持是經若
讀若誦若解說若書寫得千二百舌功德若
好若醜若美不美及諸苦澁物在其舌根皆
變成上味如天甘露无不美者若以舌根於
大衆中有所演說出深妙聲能入其心皆令
歡喜快樂又諸天子天女釋梵諸天聞是深
妙音聲有所演說言論次第皆悉來聽及諸
龍龍女夜叉夜叉女乾闥婆乾闥婆女阿脩
羅阿脩羅女迦樓羅迦樓羅女緊那羅緊那
羅女摩睺羅伽摩睺羅伽女為聽法故皆來
親近恭敬供養及比丘比丘尼優婆塞優婆
夷國王王子群臣眷屬小轉輪王大轉輪王
七寶千子內外眷屬乘其宮殿俱來聽法以
是菩薩善說法故婆羅門居士國內人民盡
其形壽隨侍供養又諸聲聞辟支佛菩薩諸
佛常樂見之是人所在方面諸佛皆向其處
說法悉能受持一切佛法又能出於深妙法
音尒時世尊欲重宣此義而說偈言
是人舌根淨 終不受惡味 其有所食噉 悉皆成甘露
以深淨妙音 於大衆說法 以諸因緣喻 引導衆生心
聞者皆歡喜 設諸上供養 諸天龍夜叉 及阿脩羅等

說法悉能受持一切佛法又能出於深妙法
音尒時世尊欲重宣此義而說偈言
是人舌根淨 終不受惡味 其有所食噉 悉皆成甘露
以深淨妙音 於大衆說法 以諸因緣喻 引導衆生心
聞者皆歡喜 設諸上供養 諸天龍夜叉 及阿脩羅等
皆以恭敬心 而共來聽法 是說法之人 若欲以妙音
遍滿三千界 隨意即能至 大小轉輪王 及千子眷屬
合掌恭敬心 常來聽受法 諸天龍夜叉 羅剎毗舍闍
亦以歡喜心 常樂來供養 梵天王魔王 自在大自在
如是諸天衆 常來至其所 諸佛及弟子 聞其說法音
常念而守護 或時為現身
復次常精進若善男子善女人受持是經若
讀若誦若解說若書寫得八百身功德得清
淨身如淨瑠璃衆生憙見其身淨故三千大
千世界衆生生時死時上下好醜生善處惡
處悉於中現及鐵圍山大鐵圍山弥樓山摩
訶弥樓山等諸山及其中衆生悉於中現下
至阿鼻地獄上至有頂所有及衆生悉於中
現若聲聞辟支佛菩薩諸佛說法皆於身中
現其色像尒時世尊欲重宣此義而說偈言
若持法華者 其身甚清淨 如彼淨瑠璃 衆生皆憙見
又如淨明鏡 悉見諸色像 菩薩於淨身 皆見世所有
唯獨自明了 餘人所不見 三千世界中 一切諸群萌
天人阿脩羅 地獄鬼畜生 如是諸色像 皆於身中現
諸天等宮殿 乃至於有頂 鐵圍及弥樓 摩訶弥樓山
諸大海水等 皆於身中現 諸佛及聲聞 佛子菩薩等
若獨若在衆 說法悉皆現 雖未得无漏 法性之妙身
以清淨常體 一切於中現
復次常精進若善男子善女人如來滅後受
持是經若讀若誦若解說若書寫得千二百

諸大海水等 皆於身中現 諸佛及聲聞 佛子菩薩等
若獨若在衆 說法悉皆現 雖未得无漏 法性之妙身
以清淨常體 一切於中現
復次常精進若善男子善女人如来滅後受
持是經若讀若誦若解說若書寫得千二百
意功德以是清淨意根乃至聞一偈一句通
達无量无邊之義解是義已能演說一句一
偈至於一月四月乃至一歲諸所說法隨其
義趣皆與實相不相違背若說俗間經書治
世語言資生業等皆順正法三千大千世界
六趣衆生心之所行心所動作心所戲論皆
悉知之雖未得无漏智慧而其意根清淨如
此是人有所思惟籌量言說皆是佛法无不
真實亦是先佛經中所說尒時世尊欲重宣
此義而說偈言
是人意清淨 明利无穢濁 以此妙意根 知上中下法
乃至聞一偈 通達无量義 次第如法說 月四月至歲
是世界內外 一切諸衆生 若天龍及人 夜叉鬼神等
其在六趣中 所念若干種 持法華之報 一時皆悉知
十方无數佛 百福莊嚴相 為衆生說法 悉聞能受持
思惟无量義 說法亦无量 終始不忘錯 以持法華故
悉知諸法相 隨義識次第 達名字語言 如所知演說
此人有所說 皆是先佛法 以演此法故 於衆无所畏
持法華經者 意根淨若斯 雖未得无漏 先有如是相
是人持此經 安住希有地 為一切衆生 歡喜而愛敬
能以千万種 善巧之語言 分別而說法 持法華經故
妙法蓮華經常不輕菩薩品第廿
尒時佛告得大勢菩薩摩訶薩汝今當知若
比丘比丘尼優婆塞優婆夷持法華經者若
有惡口罵詈誹謗獲大罪報如前所說其所

BD05675號 妙法蓮華經卷六 （12–8）

能以千万種 善巧之語言 分別而說法 持法華經故
妙法蓮華經常不輕菩薩品第廿
尒時佛告得大勢菩薩摩訶薩汝今當知若
比丘比丘尼優婆塞優婆夷持法華經者若
有惡口罵詈誹謗獲大罪報如前所說其所
得功德如向所說眼耳鼻舌身意清淨得大
勢乃往古昔過无量无邊不可思議阿僧祇
劫有佛名威音王如来應供正遍知明行足
善逝世間解无上士調御丈夫天人師佛世
尊劫名離衰國名大成其威音王佛於彼世
中為天人阿脩羅說法為求聲聞者說應四
諦法度生老病死究竟涅槃為求辟支佛者
說應十二因緣法為諸菩薩因阿耨多羅三
藐三菩提說應六波羅蜜法究竟佛慧得大
勢是威音王佛壽四十万億那由他恒河沙
劫正法住世劫數如一閻浮提微塵像法住
世劫數如四天下微塵其佛饒益衆生已然
後滅度正法像法滅盡之後於此國土復有
佛出亦号威音王如来應供正遍知明行足
善逝世間解无上士調御丈夫天人師佛世
尊如是次第有二万億佛皆同一号最初威
音王如来既已滅度正法滅後於像法中增
上慢比丘有大勢力尒時有一菩薩比丘名
常不輕得大勢以何因緣名常不輕是比丘
凡有所見若比丘比丘尼優婆塞優婆夷皆
悉礼拜讚歎而作是言我深敬汝等不敢輕
慢所以者何汝等皆行菩薩道當得作佛而
是比丘不專讀誦經典但行礼拜乃至遠見
四衆亦復故往礼拜讚歎而作是言我不敢
輕於汝等汝等皆當作佛故四衆之中有生

BD05675號 妙法蓮華經卷六 （12–9）

悉礼拜讚歎而作是言我深敬汝等不敢軽
慢所以者何汝等皆行菩薩道當得作佛而
是比丘不專讀誦經典但行礼拜乃至遠見
四衆亦復故往礼拜讚歎而作是言我不敢
軽於汝等汝等皆當作佛故四衆之中有生
瞋恚心不淨者悪口罵詈言是无智比丘從
何所来自言我不軽汝而與我等受記當得
作佛我等不用如是虚妄受記如此經歷多
年常被罵詈不生瞋恚常作是言汝當作佛
說是語時衆人或以杖木瓦石而打擲之避
走遠住猶高聲唱言我不敢軽於汝等汝等
皆當作佛以其常作是語故增上慢比丘比
丘尼優婆塞優婆夷号之為常不軽是比丘
臨欲終時於虚空中具聞威音王佛先所說
法華經二十千万億偈悉能受持即得如上
眼根清淨耳鼻舌身意根清淨得是六根清
淨已更增壽命二百万億那由他歳廣為人
說是法華經於時增上慢四衆比丘比丘尼
優婆塞優婆夷軽賤是人為作不軽名者見
其得大神通力樂說辯力大善寂力聞其所
說皆信伏隨從是菩薩復化千万億衆令住
阿耨多羅三藐三菩提命終之後得值二千
億佛皆号日月燈明於其法中說是法華經
以是因緣復值二千億佛同号雲自在燈王
於此諸佛法中受持讀誦為諸四衆說此經
典故得是常眼清淨耳鼻舌身意諸根清淨
於四衆中說法心无所畏得大勢是常不軽
菩薩摩訶薩供養如是若干諸佛恭敬尊重
讚歎種諸善根於後復值千万億佛亦於諸
佛法中說是經典功徳成就當得作佛得大

BD05675號　妙法蓮華經卷六

(12–10)

億佛皆号日月燈明於其法中說是法華經
以是因緣復值二千億佛同号雲自在燈王
於此諸佛法中受持讀誦為諸四衆說此經
典故得是常眼清淨耳鼻舌身意諸根清淨
於四衆中說法心无所畏得大勢是常不軽
菩薩摩訶薩供養如是若干諸佛恭敬尊重
讚歎種諸善根於後復值千万億佛亦於諸
佛法中說是經典功徳成就當得作佛得大
勢於意云何尒時常不軽菩薩豈異人乎則
我身是若我於宿世不受持讀誦此經為他
人說者不能疾得阿耨多羅三藐三菩提我
於先佛所受持讀誦此經為人說故疾得阿
耨多羅三藐三菩提得大勢彼時四衆比丘
比丘尼優婆塞優婆夷以瞋恚意軽賤我故
二百億劫常不值佛不聞法不見僧千劫於
阿鼻地獄受大苦惱畢是罪已復遇常不軽
菩薩教化阿耨多羅三藐三菩提得大勢於
汝意云何尒時四衆常軽是菩薩者豈異人
乎今此會中跋陀婆羅等五百菩薩師子月
等五百比丘尼思佛等五百優婆塞皆於阿
耨多羅三藐三菩提不退轉者是得大勢當
知是法華經大饒益諸菩薩摩訶薩能令至
於阿耨多羅三藐三菩提是故諸菩薩摩訶
薩於如来滅後常應受持讀誦解說書寫是
經尒時世尊欲重宣此義而說偈言
過去有佛 号威音王 神智无量 將導一切
天人龍神 所共供養 是佛滅後 法欲盡時
有一菩薩 名常不軽 時諸四衆 計着於法
不軽菩薩 往到其所 而語之言 我不軽汝
汝等行道 皆當作佛 諸人聞已 軽毁罵詈

BD05675號　妙法蓮華經卷六

(12–11)

等五百比丘尼思佛等五百優婆塞皆於阿
耨多羅三藐三菩提不退轉者是得大勢當
知是法華經大饒益諸菩薩摩訶薩能令至
於阿耨多羅三藐三菩提是故諸菩薩摩訶
薩於如來滅後常應受持讀誦解說書寫是
經尒時世尊欲重宣此義而說偈言
過去有佛号威音王神智无量將導一切
天人龍神所共供養是佛滅後法欲盡時
有一菩薩名常不輕時諸四衆計着於法
不輕菩薩往到其所而語之言我不輕汝
汝等行道皆當作佛諸人聞已輕毀罵詈
不輕菩薩能忍受之其罪畢已臨命終時
得聞此經六根清淨神通力故增益壽命
復為諸人廣說是經諸着法衆皆蒙菩薩
教化成就令住佛道不輕命終值无數佛
說是經故得无量福漸具功德疾成佛道
彼時不輕則我身是時四部衆着法之者
聞不輕言汝當作佛以是因緣值无數佛
此會菩薩五百之衆并及四部清信士女
今於我前聽法者是我於前世勸是諸人
聽受斯經第一之法開示教人令住
世世受持如是經典億億万劫至
時乃得聞是法華經億億万劫
諸佛世尊時說是經是故
聞如是經勿生疑惑
世世值佛疾成佛

BD05675號　妙法蓮華經卷六　　（12–12）

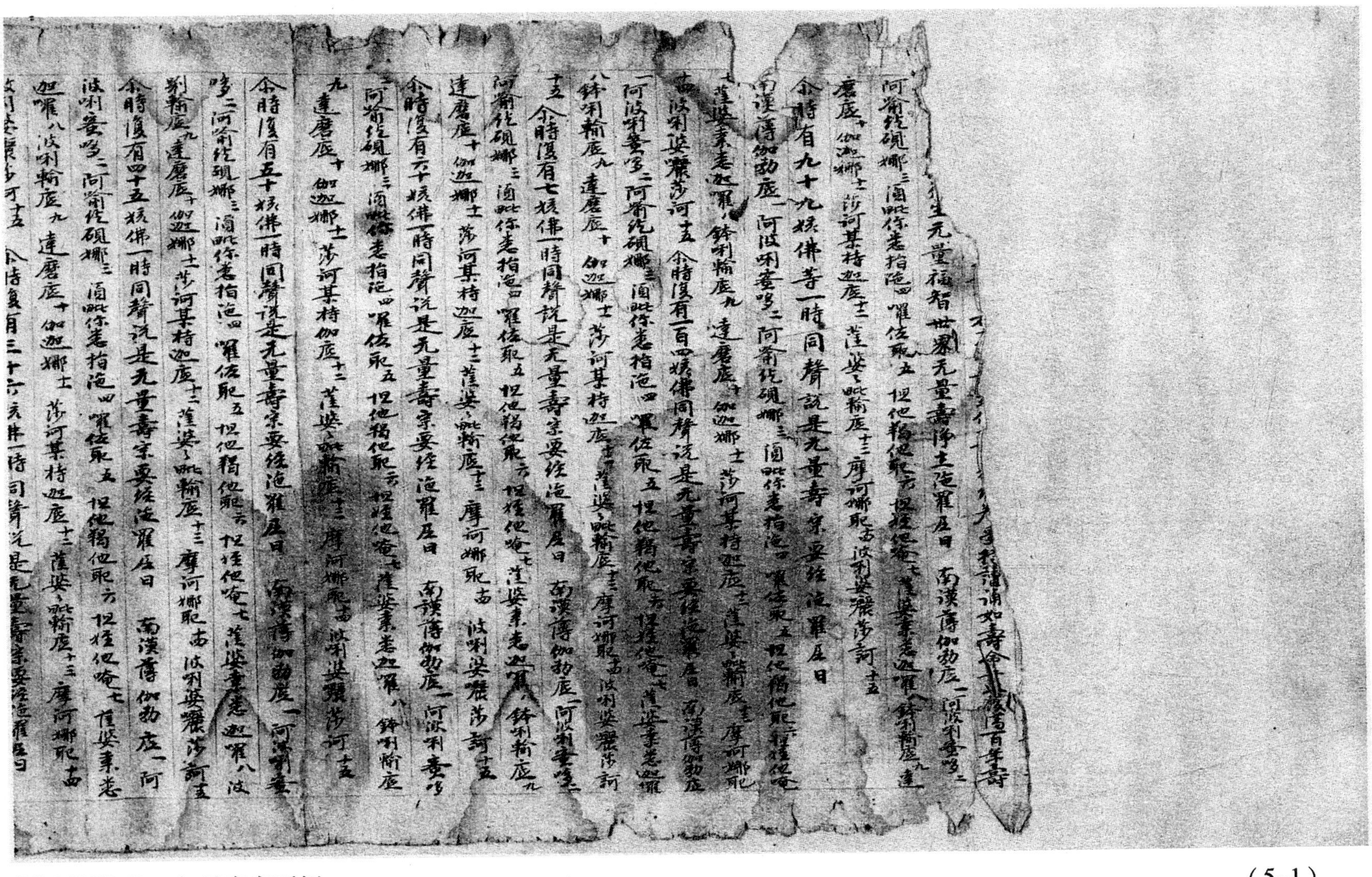

…讀誦如壽命…百年壽
…生无量福智世界无量壽淨土陁羅尼曰　南謨薄伽勃底一　阿波唎蜜哆二
阿喻紇硯娜三　蘇毗你悉指陁四　囉佐耶五　怛他羯他耶六　怛姪他唵七　薩婆桑悉迦囉八　鉢唎輸底九　達
磨底十　伽伽娜十一　莎訶某持伽底十二　薩婆毗輸底十三　摩訶娜耶十四　波唎婆攞莎訶十五
尒時有九十九姟佛一時同聲說是无量壽宗要經陁羅尼曰
南謨薄伽勃底一　阿波唎蜜哆二　阿喻紇硯娜三　蘇毗你悉指陁四　囉佐耶五　怛他羯他耶六　怛姪他唵七
薩婆桑悉迦囉八　鉢唎輸底九　達磨底十　伽伽娜十一　莎訶某持伽底十二　薩婆毗輸底十三　摩訶娜耶
十四　波唎婆攞莎訶十五　尒時復有一百四姟佛同聲說是无量壽宗要經陁羅尼曰　南謨薄伽勃底
一　阿波唎蜜哆二　阿喻紇硯娜三　蘇毗你悉指陁四　囉佐耶五　怛他羯他耶六　怛姪他唵七　薩婆桑悉迦囉
八　鉢唎輸底九　達磨底十　伽伽娜十一　莎訶某持伽底十二　薩婆毗輸底十三　摩訶娜耶十四　波唎婆攞莎訶十五
尒時復有七十七姟佛一時同聲說是无量壽宗要經陁羅尼曰　南謨薄伽勃底一　阿波唎蜜哆二
阿喻紇硯娜三　蘇毗你悉指陁四　囉佐耶五　怛他羯他耶六　怛姪他唵七　薩婆桑悉迦囉八　鉢唎輸底九
達磨底十　伽伽娜十一　莎訶某持伽底十二　薩婆毗輸底十三　摩訶娜耶十四　波唎婆攞莎訶十五
尒時復有六十五姟佛一時同聲說是无量壽宗要經陁羅尼曰　南謨薄伽勃底一　阿波唎蜜哆二
阿喻紇硯娜三　蘇毗你悉指陁四　囉佐耶五　怛他羯他耶六　怛姪他唵七　薩婆桑悉迦囉八　鉢唎輸底九
達磨底十　伽伽娜十一　莎訶某持伽底十二　薩婆毗輸底十三　摩訶娜耶十四　波唎婆攞莎訶十五
尒時復有五十姟佛一時同聲說是无量壽宗要經陁羅尼曰　南謨薄伽勃底一　阿波唎蜜
哆二　阿喻紇硯娜三　蘇毗你悉指陁四　囉佐耶五　怛他羯他耶六　怛姪他唵七　薩婆桑悉迦囉八　波
唎輸底九　達磨底十　伽伽娜十一　莎訶某持伽底十二　薩婆毗輸底十三　摩訶娜耶十四　波唎婆攞莎訶十五
尒時復有四十五姟佛一時同聲說是无量壽宗要經陁羅尼曰　南謨薄伽勃底一　阿
波唎蜜哆二　阿喻紇硯娜三　蘇毗你悉指陁四　囉佐耶五　怛他羯他耶六　怛姪他唵七　薩婆桑悉
迦囉八　波唎輸底九　達磨底十　伽伽娜十一　莎訶某持伽底十二　薩婆毗輸底十三　摩訶娜耶十四
波唎婆攞莎訶十五　尒時復有三十六姟佛一時同聲說是无量壽宗要經陁羅尼曰

BD05676號　無量壽宗要經　　（5–1）

尒時復有五十姟佛一時同聲說是无量壽宗要經陁羅尼曰 南謨薄伽勃底一 阿波唎蜜
哆二 阿喻紇硯娜三 須毗你悉指陀四 囉佐耶五 怛他羯他耶六 怛姪他唵七 薩婆桑悉迦囉八 波
唎輸底九 達磨底十 伽迦娜十一 莎訶某持迦底十二 薩婆婆毗輸底十三 摩訶娜耶十四 波唎婆囉莎訶十五
尒時復有四十五姟佛一時同聲說是无量壽宗要經陁羅尼曰 南謨薄伽勃底一 阿
波唎蜜哆二 阿喻紇硯娜三 須毗你悉指陀四 囉佐耶五 怛他羯他耶六 怛姪他唵七 薩婆桑悉
迦囉八 波唎輸底九 達磨底十 伽迦娜十一 莎訶某持迦底十二 薩婆婆毗輸底十三 摩訶娜耶十四
波唎婆囉莎訶十五 尒時復有三十六姟佛一時同聲說是无量壽宗要經陁羅尼曰
南謨薄伽勃底一 阿波唎蜜哆二 阿喻紇硯娜三 須毗你悉指陀四 囉佐耶五 怛他羯他耶六 怛姪
他唵七 薩婆桑悉迦囉八 波唎輸底九 達磨底十 伽迦娜十一 莎訶某持迦底十二 薩婆婆
毗輸底十三 摩訶娜耶十四 波唎婆囉莎訶十五 尒時復有二十五姟佛一時同聲說是无
量壽宗要經陁羅尼曰 南謨薄伽勃底一 阿波唎蜜哆二 阿喻紇硯娜三 須毗你悉指陀四
囉佐耶五 怛他羯他耶六 怛姪他唵七 薩婆桑悉迦囉八 鉢唎輸底九 達磨底十 伽迦娜十一
莎訶某持迦底十二 薩婆婆毗輸底十三 摩訶娜耶十四 波唎婆囉莎訶十五 尒時復有恒河
沙姟佛一時同聲說是无量壽宗要經陁羅尼曰 南謨薄伽勃底一 阿波唎蜜哆
二 阿喻紇硯娜三 須毗你悉指陀四 囉佐耶五 怛他羯他耶六 怛姪他唵七 薩婆桑悉迦囉八
鉢唎輸底九 達磨底十 伽迦娜十一 莎訶某持迦底十二 薩婆婆毗輸底十三 摩訶娜耶十四 波唎婆囉
莎訶十五 善男子若有自書寫教人書寫是无量壽宗要經如其命盡復得長壽而滿
年陁羅尼曰 南謨薄伽勃底一 阿波唎蜜哆二 阿喻紇硯娜三 須毗你悉指陀四 囉佐耶五
怛他羯他耶六 怛姪他唵七 薩婆桑悉迦囉八 波唎輸底九 達磨底十 伽迦娜十一 莎訶某持
迦底十二 薩婆婆毗輸底十三 摩訶娜耶十四 波唎婆囉莎訶十五 若有自書寫教人書寫是
无量壽宗要經讀誦受持畢竟不遠地獄在在所生得宿命智陁羅尼曰 南謨薄伽
勃底一 阿波唎蜜哆二 阿喻紇硯娜三 須毗你悉指陀四 囉佐耶五 怛他羯他耶六 怛姪他唵
七 薩婆桑悉迦囉八 鉢唎輸底九 達磨底十 伽迦娜十一 莎訶某持迦底十二 薩婆婆毗輸底
十三 摩訶娜耶十四 波唎婆囉莎訶十五 若有自書寫教人書寫是无量壽宗要經受持
讀誦如同書寫八万四千一切經典陁羅尼曰 南謨薄伽勃底一 阿波唎蜜哆二 阿喻紇硯娜
三 須毗你悉指陀四 囉佐耶五 怛他羯他耶六 怛姪他唵七 薩婆桑悉迦囉八 鉢唎輸底九 達
磨底十 伽迦娜十一 莎訶某持迦底十二 薩婆婆毗輸底十三 摩訶娜耶十四 波唎婆囉莎訶十五
若有自書寫教人書寫是无量壽宗要經即是書寫八万四千部建立塔廟陁羅尼曰
南謨薄伽勃底一 阿波唎蜜哆二 阿喻紇硯娜三 須毗你悉指陀四 囉佐耶五 怛他羯他耶六
怛姪他唵七 薩婆桑悉迦囉八 波唎輸底九 達磨底十 伽迦娜十一 莎訶某持迦底十二 薩婆婆

BD05676 號　無量壽宗要經

（5–2）

磨底十 伽迦娜十一 莎訶某持迦底十二 薩婆婆毗輸底十三 摩訶娜耶十四 波唎婆囉莎訶十五
若有自書寫教人書寫是无量壽宗要經即是書寫八万四千部建立塔廟陁羅尼曰
南謨薄伽勃底一 阿波唎蜜哆二 阿喻紇硯娜三 須毗你悉指陀四 囉佐耶五 怛他羯他耶六
怛姪他唵七 薩婆桑悉迦囉八 波唎輸底九 達磨底十 伽迦娜十一 莎訶某持迦底十二 薩婆婆
毗輸底十三 摩訶娜耶十四 波唎婆囉莎訶十五 若有自書寫教人書寫是无量壽宗要經能消
五无間等一切重罪陁羅尼曰 南謨薄伽勃底一 阿波唎蜜哆二 阿喻紇硯娜三 須毗你悉指陀四
囉佐耶五 怛他羯他耶六 怛姪他唵七 薩婆桑悉迦囉八 波唎輸底九 達磨底十 伽迦娜十一 莎訶
某持迦底十二 薩婆婆毗輸底十三 摩訶娜耶十四 波唎婆囉莎訶十五 若有自書寫教人書寫
是无量壽宗要經受持讀誦從有重罪猶如須彌盡能除滅陁羅尼曰 南謨薄伽勃底
一 阿波唎蜜哆二 阿喻紇硯耶三 須毗你悉指陀四 囉佐耶五 怛他羯他耶六 怛姪他唵七 薩婆
桑悉迦囉八 波唎輸底九 達磨底十 伽迦娜十一 莎訶某持迦底十二 薩婆婆毗輸底十三 摩訶娜
耶十四 波唎婆囉莎訶十五 若有自書寫教人書寫是无量壽宗要經受持讀誦若魔魔
之眷屬夜叉羅剎不得其便終无枉死陁羅尼曰 南謨薄伽勃底一 阿波唎蜜哆二 阿喻紇硯
娜三 須毗你悉指陀四 囉佐耶五 怛他羯他耶六 怛姪他唵七 薩婆桑悉迦囉八 鉢唎輸底九 達
磨底十 伽迦娜十一 莎訶某持迦底十二 薩婆婆毗輸底十三 摩訶娜耶十四 波唎婆囉莎訶十五
若有自書寫教人書寫是无量壽宗要經受持讀誦當命終時有九十九姟佛現其人前
萬千佛授手能遊一切佛剎莫於此經生於疑惑陁羅尼曰 南謨薄伽勃底一 阿波唎蜜哆二 阿喻
紇硯娜三 須毗你悉指陀四 囉佐耶五 怛他羯他耶六 怛姪他唵七 薩婆桑悉迦囉八 波唎輸底九 達磨底
十 伽迦娜十一 莎訶某持迦底十二 薩婆婆毗輸底十三 摩訶娜耶十四 波唎婆囉莎訶十五 若有自書寫教人
書寫是无量壽宗要經受持讀誦常得四天大王隨其衛護陁羅尼曰 南謨薄伽勃底一 阿波唎蜜哆
二 阿喻紇硯娜三 須毗你悉指陀四 囉佐耶五 怛他羯他耶六 怛姪他唵七 薩婆桑悉迦囉八 鉢唎輸底九
達磨底十 伽迦娜十一 莎訶某持迦底十二 薩婆婆毗輸底十三 摩訶娜耶十四 波唎婆囉莎訶十五 若有自書
寫教人書寫是无量壽宗要經受持讀誦當得往生西方極樂世界阿彌陁淨土陁羅尼曰 南謨
薄伽勃底一 阿波唎蜜哆二 阿喻紇硯娜三 須毗你悉指陀四 囉佐耶五 怛他羯他耶六 怛姪他唵七 薩婆
桑悉迦囉八 鉢唎輸底九 達磨底十 伽迦娜十一 莎訶某持迦底十二 薩婆婆毗輸底十三 摩訶娜耶十四 波唎婆囉莎
訶十五 若有方所自書寫使人書寫是无量壽經典之處則為是塔皆應恭敬作禮若是畜生或
鳥獸得聞是經如是等類皆當不久得成一切種智陁羅尼曰 南謨薄伽勃底一 阿波唎蜜哆二
阿喻紇硯娜三 須毗你悉指陀四 囉佐耶五 怛他羯他耶六 怛姪他唵七 薩婆桑悉迦囉八 波唎輸底九 達
磨底十 伽迦娜十一 莎訶某持迦底十二 薩婆婆毗輸底十三 摩訶娜耶十四 波唎婆囉莎訶十五 若有於是
无量壽經自書寫若使人書畢竟不受女人之身陁羅尼曰 南謨薄伽勃底一 阿波唎蜜哆二

BD05676 號　無量壽宗要經

（5–3）

靺悉迦嚟八 鉢唎輸底九 達磨底十 伽迦娜十一 莎訶某特迦底十二 薩婆毗輸底十三 摩訶娜耶十四 波唎婆嚟莎
訶十五 若有方所自書寫使人書寫是无量壽經典之處則為是塔皆應恭敬作礼若是畜生或禽
鳥斆得聞是經如是等類皆當不久得成一切種智陁羅尼曰 南謨薄伽勃底一 阿波唎蜜多二
阿喻紇硯娜三 須毗你悉指陁四 囉佐耶五 怛他羯他耶六 怛姪他唵七 薩婆桑悉迦嚟八 波唎輸底九 達
磨底十 伽伽娜十一 莎訶某特迦底十二 薩婆毗輸底十三 摩訶娜耶十四 波唎婆嚟莎訶十五 若有於是
无量壽經自書寫若使人書畢竟不受女人之身陁羅尼曰 南謨薄伽勃底一 阿波唎蜜多二
阿喻紇硯娜三 須毗你悉指陁四 囉佐耶五 怛他羯他耶六 怛姪他唵七 薩婆桑悉迦嚟八 鉢唎輸底九
達磨底十 伽迦娜十一 莎訶某特迦底十二 薩婆毗輸底十三 摩訶娜耶十四 波唎婆嚟莎訶十五 若有能
是經少分能惠施者等於三千大千世界滿中七寶布施陁羅尼曰 南謨薄伽勃底一 阿波唎蜜多二
阿喻紇硯娜三 須毗你悉指陁四 囉佐耶五 怛他羯他耶六 怛姪他唵七 薩婆桑悉迦嚟八 波唎輸底九
達磨底十 伽迦娜十一 莎訶某特迦底十二 薩婆毗輸底十三 摩訶娜耶十四 波唎婆嚟莎訶十五 若有能
供養是經者則是供養一切諸經等无有異陁羅尼曰 南謨薄伽勃底一 阿波唎蜜多二 阿喻紇
硯娜三 須毗你悉指陁四 囉佐耶五 怛他羯他耶六 怛姪他唵七 薩婆桑悉迦嚟八 鉢唎輸底九 達
磨底十 伽迦娜十一 莎訶某特迦底十二 薩婆毗輸底十三 摩訶娜耶十四 波唎婆嚟莎訶十五 若有
如是毗婆尸佛 尸弃佛 毗舍浮佛 俱留孫佛 俱那含牟尼佛 迦葉佛 釋迦牟尼佛 若有
人以七寶供養如是七佛其福有限書寫受持是无量經典所有功德不可限量陁羅
尼曰 南謨薄伽勃底一 阿波唎蜜多二 阿喻紇硯娜三 須毗你悉指陁四 囉佐耶五 怛他羯他
耶六 怛姪他唵七 薩婆桑悉迦嚟八 鉢唎輸底九 達磨底十 伽迦娜十一 莎訶某特迦底十二
薩婆毗輸底十三 摩訶娜耶十四 波唎婆嚟莎訶十五 若有七寶等於須彌以用布施其福上能
知其限量是无量壽經典其福不可知數量陁羅尼曰 南謨薄伽勃底一 阿波唎蜜多二 阿喻
紇硯娜三 須毗你悉指陁四 囉佐耶五 怛他羯他耶六 怛姪他唵七 薩婆桑悉迦嚟八 鉢唎輸底九
達磨底十 伽迦娜十一 莎訶某特迦底十二 薩婆毗輸底十三 摩訶娜耶十四 波唎婆嚟莎訶十五
如是四大海水可知滴數是无量壽經典所生果報不可數量陁羅尼曰 南謨薄伽勃底
一 阿波唎蜜多二 阿喻紇硯娜三 須毗你悉指陁四 囉佐耶五 怛他羯他耶六 怛姪他唵七 薩婆桑
悉迦嚟八 鉢唎輸底九 達磨底十 伽迦娜十一 莎訶某特迦底十二 薩婆毗輸底十三 摩訶娜耶十四
波唎婆嚟莎訶十五 若有自書寫使人書寫是无量壽經典又能護持供養即如恭敬供養
一切十方佛土如來无有別異陁羅尼曰 南謨薄伽勃底一 阿波唎蜜多二 阿喻紇硯娜三
須毗你悉指陁四 囉佐耶五 怛他羯他耶六 怛姪他唵七 薩婆桑悉迦嚟八 鉢唎輸底九 達磨
底十 伽迦娜十一 莎訶某特迦底十二 薩婆毗輸底十三 摩訶娜耶十四 波唎婆嚟莎訶十五
布施力能成正覺 悟布施力人師子 布施力能聲善聞 慈悲消漸衆能入

BD05676號　無量壽宗要經　（5–4）

尼曰 南謨薄伽勃底一 阿波唎蜜多二 阿喻紇硯娜三 須毗你悉指…
耶六 怛姪他唵七 薩婆桑悉迦嚟八 鉢唎輸底九 達磨底十 伽迦娜十一 莎訶某特迦底十二
薩婆毗輸底十三 摩訶娜耶十四 波唎婆嚟莎訶十五 若有七寶等於須彌以用布施其福上能
知其限量是无量壽經典其福不可知數量陁羅尼曰 南謨薄伽勃底一 阿波唎蜜多二 阿喻
紇硯娜三 須毗你悉指陁四 囉佐耶五 怛他羯他耶六 怛姪他唵七 薩婆桑悉迦嚟八 鉢唎輸底九
達磨底十 伽迦娜十一 莎訶某特迦底十二 薩婆毗輸底十三 摩訶娜耶十四 波唎婆嚟莎訶十五
如是四大海水可知滴數是无量壽經典所生果報不可數量陁羅尼曰 南謨薄伽勃底
一 阿波唎蜜多二 阿喻紇硯娜三 須毗你悉指陁四 囉佐耶五 怛他羯他耶六 怛姪他唵七 薩婆桑
悉迦嚟八 鉢唎輸底九 達磨底十 伽迦娜十一 莎訶某特迦底十二 薩婆毗輸底十三 摩訶娜耶十四
波唎婆嚟莎訶十五 若有自書寫使人書寫是无量壽經典又能護持供養即如恭敬供養
一切十方佛土如來无有別異陁羅尼曰 南謨薄伽勃底一 阿波唎蜜多二 阿喻紇硯娜三
須毗你悉指陁四 囉佐耶五 怛他羯他耶六 怛姪他唵七 薩婆桑悉迦嚟八 鉢唎輸底九 達磨
底十 伽迦娜十一 莎訶某特迦底十二 薩婆毗輸底十三 摩訶娜耶十四 波唎婆嚟莎訶十五
布施力能成正覺 悟布施力人師子 布施力能聲善聞 慈悲消漸衆能入
持戒力能成正覺 悟持戒力人師子 持戒力能聲善聞 慈悲消漸衆能入
忍辱力能成正覺 悟忍辱力人師子 忍辱力能聲善聞 慈悲消漸衆能入
精進力能成正覺 悟精進力人師子 精進力能聲善聞 慈悲消漸衆能入
禪定力能成正覺 悟禪定力人師子 禪定力能聲善聞 慈悲消漸衆能入
智慧力能成正覺 悟智慧力人師子 智慧力能聲善聞 慈悲消漸衆能入
尒時如來說是經已一切世間天人阿脩羅揵闥婆等聞
佛所說皆大歡喜信受奉行
佛說无量壽宗要經

黄諒

BD05676號　無量壽宗要經　（5–5）

佛未久乃能作此大功德事
我等雖復信佛隨宜所說佛所出言未曾虛
妄佛所知者皆悉通達然諸新發意菩薩於
佛滅後若聞是語或不信受而起破法罪業
因緣唯然世尊願為解說除我等疑及未來
世諸善男子聞此事已亦不生疑尒時彌勒
菩薩欲重宣此義而說偈言
佛昔從釋種　出家近伽耶　坐於菩提樹　尒來尚未久
此諸佛子等　其數不可量　久已行佛道　住神通智力
善學菩薩道　不染世間法　如蓮華在水　從地而踊出
皆起恭敬心　住於世尊前　是事難思議　云何而可信
佛得道甚近　所成就甚多　願為除衆疑　如實分別說
譬如少壯人　年始二十五　示人百歲子　髮白而面皺
是等我所生　子亦說是父　父少而子老　舉世所不信
世尊亦如是　得道來甚近　是諸菩薩等　志固无怯弱
從无量劫來　而行菩薩道　巧於難問答　其心无所畏
忍辱心決定　端正有威德　十方佛所讚　善能分別說

BD05677號　妙法蓮華經卷五

（15–1）

佛得道甚近　所成就甚多　願為除衆疑　如實分別說
譬如少壯人　年始二十五　示人百歲子　髮白而面皺
是等我所生　子亦說是父　父少而子老　舉世所不信
世尊亦如是　得道來甚近　是諸菩薩等　志固无怯弱
從无量劫來　而行菩薩道　巧於難問答　其心无所畏
忍辱心決定　端正有威德　十方佛所讚　善能分別說
不樂在人衆　常好在禪定　為求佛道故　於下空中住
我等從佛聞　於此事无疑　願佛為未來　演說令開解
若有於此經　生疑不信者　即當墮惡道　願今為解說
是无量菩薩　云何於少時　教化令發心　而住不退地

妙法蓮華經如來壽量品第十六

尒時佛告諸菩薩及一切大衆諸善男子汝
等當信解如來誠諦之語復告大衆汝等當
信解如來誠諦之語是時菩薩大衆彌勒為
首合掌白佛言世尊唯願說之我等當信受
佛語如是三白已復言唯願說之我等當信
受佛語尒時世尊知諸菩薩三請不止而告
之言汝等諦聽如來秘密神通之力一切世
間天人及阿脩羅皆謂今釋迦牟尼佛出釋
氏宮去伽耶城不遠坐於道場得阿耨多羅
三藐三菩提然善男子我實成佛已來无量
无邊百千万億那由他劫譬如五百千万億
那由他阿僧祇三千大千世界假使有人末
為微塵過於東方五百千万億那由他阿僧
祇國乃下一塵如是東行盡是微塵諸善男
子於意云何是諸世界可得思惟挍計知其

BD05677號　妙法蓮華經卷五

（15–2）

三藐三菩提然善男子我實成佛已來无量
无邊百千万億那由他劫譬如五百千万億
那由他阿僧祇三千大千世界假使有人末
爲微塵過於東方五百千万億那由他阿僧
祇國乃下一塵如是東行盡是微塵諸善男
子於意云何是諸世界可得思惟挍計知其
數不弥勒菩薩等俱白佛言世尊是諸世界
无量无邊非筭數所知亦非心力所及一切
聲聞辟支佛以无漏智不能思惟知其限數
我等住阿惟越致地於是事中亦所不達世
尊如是諸世界无量无邊尒時佛告大菩薩
衆諸善男子今當分明宣語汝等是諸世界
若著微塵及不著者盡以爲塵一塵一劫我
成佛已來復過於此百千万億那由他阿僧
祇劫自從是來我常在此娑婆世界說法教
化亦於餘處百千万億那由他阿僧祇國導
利衆生諸善男子於是中間我說燃燈佛等
又復言其入於涅槃如是皆以方便分別諸
善男子若有衆生來至我所我以佛眼觀其
信等諸根利鈍隨所應度處處自說名字不
同年紀大小亦復現言當入涅槃又以種種
方便說微妙法能令衆生發歡喜心諸善男
子如來見諸衆生樂於小法德薄垢重者爲
是人說我少出家得阿耨多羅三藐三菩提
然我實成佛已來久遠若斯但以方便教化
衆生令入佛道作如是說諸善男子如來所
演經典皆爲度脫衆生或說己身或說他身
或示己身或示他身或示己事或示他事諸

BD05677號　妙法蓮華經卷五　（15–3）

子如來見諸衆生樂於小法德薄垢重者爲
是人說我少出家得阿耨多羅三藐三菩提
然我實成佛已來久遠若斯但以方便教化
衆生令入佛道作如是說諸善男子如來所
演經典皆爲度脫衆生或說己身或說他身
或示己身或示他身或示己事或示他事諸
所言說皆實不虛所以者何如來如實知見
三界之相无有生死若退若出亦无在世及
滅度者非實非虛非如非異不如三界見於
三界如斯之事如來明見无有錯謬以諸衆
生有種種性種種欲種種行種種憶想分別
故欲令生諸善根以若干因緣譬喻言辭種
種說法所作佛事未曾暫廢如是我成佛已
來甚大久遠壽命无量阿僧祇劫常住不滅
諸善男子我本行菩薩道所成壽命今猶未
盡復倍上數然今非實滅度而便唱言當取
滅度如來以是方便教化衆生所以者何若
佛久住於世薄德之人不種善根貧窮下賤
貪著五欲入於憶想妄見網中若見如來常
在不滅便起憍恣而懷猒怠不能生難遭之
想恭敬之心是故如來以方便說比丘當知
諸佛出世難可值遇所以者何諸薄德人過
无量百千万億劫或有見佛或不見者以此
事故我作是言諸比丘如來難可得見斯衆
生等聞如是語必當生於難遭之想心懷戀
慕渴仰於佛便種善根是故如來雖不實滅
[illegible]

BD05677號　妙法蓮華經卷五　（15–4）

諸佛出世難可值遇所以者何諸薄德人過
无量百千万億劫或有見佛或不見者以此
事故我作是言諸比丘如來難可得見斯衆
生等聞如是語必當生於難遭之想心懷戀
慕渴仰於佛便種善根是故如來雖不實滅
而言滅度又善男子諸佛如來法皆如是爲
度衆生皆實不虛譬如良醫智慧聰達明練
方藥善治衆病其人多諸子息若十二十乃
至百數以有事緣遠至餘國諸子於後飲他
毒藥藥發悶亂宛轉于地是時其父還來歸
家諸子飲毒或失本心或不失者遙見其父
皆大歡喜拜跪問訊善安隱歸我等愚癡誤
服毒藥願見救療更賜壽命父見子等苦惱
如是依諸經方求好藥草色香美味皆悉具
足擣篩和合與子令服而作是言此大良藥
色香美味皆悉具足汝等可服速除苦惱无
復衆患其諸子中不失心者見此良藥色香
俱好即便服之病盡除愈餘失心者見其父
來雖亦歡喜問訊求索治病然與其藥而不
肯服所以者何毒氣深入失本心故於此好
色香藥而謂不美父作是念此子可愍爲毒
所中心皆顛倒雖見我喜求索救療如是好
藥而不肯服我今當設方便令服此藥即作
是言汝等當知我今衰老死時已至是好良
藥今留在此汝可取服勿憂不差作是教已
復至他國遣使還告汝父已死是時諸子聞

BD05677號　妙法蓮華經卷五

（15–5）

色香藥而謂不美父作是念此子可愍爲毒
所中心皆顛倒雖見我喜求索救療如是好
藥而不肯服我今當設方便令服此藥即作
是言汝等當知我今衰老死時已至是好良
藥今留在此汝可取服勿憂不差作是教已
復至他國遣使還告汝父已死是時諸子聞
父背喪心大憂惱而作是念若父在者慈愍
我等能見救護今者捨我遠喪他國自惟孤
露无復恃怙常懷悲感心遂醒悟乃知此藥
色味香美即取服之毒病皆愈其父聞子悉
已得差尋便來歸咸使見之諸善男子於意
云何頗有人能說此良醫虛妄罪不不也世
尊佛言我亦如是成佛已來无量无邊百千
万億那由他阿僧祇劫爲衆生故以方便力
言當滅度亦无有能如法說我虛妄過者尒
時世尊欲重宣此義而說偈言
自我得佛來　所經諸劫數　无量百千万　億載阿僧祇
常說法教化　无數億衆生　令入於佛道　尒來无量劫
爲度衆生故　方便現涅槃　而實不滅度　常住此說法
我常住於此　以諸神通力　令顛倒衆生　雖近而不見
衆見我滅度　廣供養舍利　咸皆懷戀慕　而生渴仰心
衆生既信伏　質直意柔軟　一心欲見佛　不自惜身命
時我及衆僧　俱出靈鷲山　我時語衆生　常在此不滅
以方便力故　現有滅不滅　餘國有衆生　恭敬信樂者
我復於彼中　爲說无上法　汝等不聞此　但謂我滅度
我見諸衆生　沒在於苦惱　故不爲現身　令其生渴仰

BD05677號　妙法蓮華經卷五

（15–6）

時我及衆僧　俱出靈鷲山　我時語衆生　常在此不滅
以方便力故　現有滅不滅　餘國有衆生　恭敬信樂者
我復於彼中　為說无上法　汝等不聞此　但謂我滅度
我見諸衆生　沒在於苦惱　故不為現身　令其生渴仰
因其心戀慕　乃出為說法　神通力如是　於阿僧祇劫
常在靈鷲山　及餘諸住處　衆生見劫盡　大火所燒時
我此土安隱　天人常充滿　園林諸堂閣　種種寶莊嚴
寶樹多華菓　衆生所遊樂　諸天擊天鼓　常作衆伎樂
雨曼陀羅華　散佛及大衆　我淨土不毀　而衆見燒盡
憂怖諸苦惱　如是悉充滿　是諸罪衆生　以惡業因緣
過阿僧祇劫　不聞三寶名　諸有脩功德　柔和質直者
則皆見我身　在此而說法　或時為此衆　說佛壽无量
久乃見佛者　為說佛難值　我智力如是　慧光照无量
壽命无數劫　久脩業所得　汝等有智者　勿於此生疑
當斷令永盡　佛語實不虛　如醫善方便　為治狂子故
實在而言死　无能說虛妄　我亦為世父　救諸苦患者
為凡夫顛倒　實在而言滅　以常見我故　而生憍恣心
放逸著五欲　墮於惡道中　我常知衆生　行道不行道
隨應所可度　為說種種法　每自作是意　以何令衆生
得入无上道　速成就佛身

妙法蓮華經分別功德品第十七

尒時大會聞佛說壽命劫數長遠如是无量
无邊阿僧祇衆生得大饒益於時世尊告彌
勒菩薩摩訶薩阿逸多我說是如來壽命長
遠時六百八十万億那由他恒河沙衆生得

尒時大會聞佛說壽命劫數長遠如是无量
无邊阿僧祇衆生得大饒益於時世尊告彌
勒菩薩摩訶薩阿逸多我說是如來壽命長
遠時六百八十万億那由他恒河沙衆生得
无生法忍復千倍菩薩摩訶薩得聞持陀羅
尼門復有一世界微塵數菩薩摩訶薩得樂
說无礙辯才復有一世界微塵數菩薩摩訶
薩得百千万億无量旋陀羅尼復有三千大千
世界微塵數菩薩摩訶薩能轉不退法輪復
有二千中國土微塵數菩薩摩訶薩能轉清
淨法輪復有小千國土微塵數菩薩摩訶薩
八生當得阿耨多羅三藐三菩提復有四四
天下微塵數菩薩摩訶薩四生當得阿耨多
羅三藐三菩提復有三四天下微塵數菩薩
摩訶薩三生當得阿耨多羅三藐三菩提復
有二四天下微塵數菩薩摩訶薩二生當得
阿耨多羅三藐三菩提復有一四天下微塵
數菩薩摩訶薩一生當得阿耨多羅三藐三
菩提復有八世界微塵數衆生皆發阿耨多
羅三藐三菩提心佛說是諸菩薩摩訶薩得
大法利時於虛空中雨曼陀羅華摩訶曼陀
羅華以散无量百千万億寶樹下師子座上
諸佛并散七寶塔中師子座上釋迦牟尼佛
及久滅度多寶如來亦散一切諸大菩薩及
四部衆又雨細末栴檀沈水香等於虛空中

大法利時於虛空中雨曼陀羅華摩訶曼陀
羅華以散无量百千万億寶樹下師子座上
諸佛幷散七寶塔中師子座上釋迦牟尼佛
及久滅度多寶如来亦散一切諸大菩薩及
四部衆又雨細末栴檀沉水香等於虛空中
天鼓自鳴妙聲深遠又雨千種天衣垂諸瓔
珞真珠瓔珞摩尼珠瓔珞如意珠瓔珞遍於
九方衆寶香爐燒无價香自然周至供養大
會一一佛上有諸菩薩執持幡蓋次第而上
至于梵天是諸菩薩以妙音聲歌无量頌讚
歎諸佛尒時弥勒菩薩從座而起偏袒右肩
合掌向佛而說偈言

佛說希有法 昔所未曾聞 世尊有大力 壽命不可量
无數諸佛子 聞世尊分別 說得法利者 歡喜充遍身
或住不退地 或得陁羅尼 或无閡樂說 万億旋總持
或有大千界 微塵數菩薩 各各皆能轉 不退之法輪
或有中千界 微塵數菩薩 各各皆能轉 清淨之法輪
復有小千界 微塵數菩薩 餘各八生在 當得成佛道
復有四三二 如是四天下 微塵諸菩薩 隨數生成佛
或一四天下 微塵數菩薩 餘有一生在 當成一切智
如是等衆生 聞佛壽長遠 得无量无漏 清淨之果報
復有八世界 微塵數衆生 聞佛說壽命 皆發无上心
世尊說无量 不可思議法 多有所饒益 如虛空无邊
雨天曼陁羅 摩訶曼陁羅 釋梵如恒沙 无數佛土來
雨栴檀沉水 繽紛而亂墜 如鳥飛空下 供散於諸佛

BD05677號　妙法蓮華經卷五

（15–9）

或一四天下 微塵數菩薩 餘有一生在 當成一切智
如是等衆生 聞佛壽長遠 得无量无漏 清淨之果報
復有八世界 微塵數衆生 聞佛說壽命 皆發无上心
世尊說无量 不可思議法 多有所饒益 如虛空无邊
雨天曼陁羅 摩訶曼陁羅 釋梵如恒沙 无數佛土來
雨栴檀沉水 繽紛而亂墜 如鳥飛空下 供散於諸佛
天鼓虛空中 自然出妙聲 天衣千万種 旋轉而來下
衆寶妙香爐 燒无價之香 自然悉周遍 供養諸世尊
其大菩薩衆 執七寶幡蓋 高妙万億種 次第至梵天
一一諸佛前 寶幢懸勝幡 亦以千万偈 歌詠諸如來
如是種種事 昔所未曾有 聞佛壽无量 一切皆歡喜
佛名聞十方 廣饒益衆生 一切具善根 以助无上心

尒時佛告弥勒菩薩摩訶薩阿逸多其有衆
生聞佛壽命長遠如是乃至能生一念信解
所得功德无有限量若有善男子善女人為
阿耨多羅三藐三菩提於八十万億那由他
劫行五波羅蜜檀波羅蜜尸羅波羅蜜羼提
波羅蜜毗梨耶波羅蜜禪波羅蜜除般若波
羅蜜以是功德比前功德百分千分百千万
億分不及其一乃至筭數譬喻所不能知若
善男子有如是功德於阿耨多羅三藐三菩
提退者无有是處尒時世尊欲重宣此義而
說偈言

若人求佛慧 於八十万億 那由他劫數 行五波羅蜜
於是諸劫中 布施供養佛 及緣覺弟子 幷諸菩薩衆
珍異之飲食 上服與臥具 栴檀立精舍 以園林莊嚴

BD05677號　妙法蓮華經卷五

（15–10）

提退者无有是處尒時世尊欲重宣此義而
說偈言
若人求佛慧　於八十万億　那由他劫數　行五波羅蜜
於是諸劫中　布施供養佛　及緣覺弟子　并諸菩薩衆
珍異之飲食　上服與卧具　栴檀立精舍　以園林莊嚴
如是等布施　種種皆微妙　盡此諸劫數　以迴向佛道
若復持禁戒　清淨无缺漏　求於无上道　諸佛之所歎
若復行忍辱　住於調柔地　設衆惡來加　其心不傾動
諸有得法者　懷於增上慢　為此所輕惱　如是亦能忍
若復懃精進　志念常堅固　於无量億劫　一心不懈息
又於无數劫　住於空閑處　若坐若經行　除睡常攝心
以是因緣故　能生諸禪定　八十億万劫　安住心不亂
持此一心福　願求无上道　我得一切智　盡諸禪定際
是人於百千　万億劫數中　行此諸功德　如上之所說
有善男女等　聞我說壽命　乃至一念信　其福過於彼
若人悉无有　一切諸疑悔　深心須臾信　其福為如此
其有諸菩薩　无量劫行道　聞我說壽命　是則能信受
如是諸人等　頂受此經典　願我於未來　長壽度衆生
如今日世尊　諸釋中之王　道場師子吼　說法无所畏
我等未來世　一切所尊敬　坐於道場時　說壽亦如是
若有深心者　清淨而質直　多聞能總持　隨義解佛語
如是諸人等　於此无有疑
又阿逸多若有聞佛壽命長遠解其言趣是
人所得功德无有限量能起如來无上之慧
何況廣聞是經若教人聞若自持若教人持
若自書若教人書若以華香瓔珞幢幡繒蓋

BD05677號　妙法蓮華經卷五　（15–11）

如是諸人等　於此无有疑
又阿逸多若有聞佛壽命長遠解其言趣是
人所得功德无有限量能起如來无上之慧
何況廣聞是經若教人聞若自持若教人持
若自書若教人書若以華香瓔珞幢幡繒蓋
香油蘇燈供養經卷是人功德无量无邊能
生一切種智阿逸多若善男子善女人聞我
說壽命長遠深心信解則為見佛常在耆闍
崛山共大菩薩諸聲聞衆圍繞說法又見此
娑婆世界其地瑠璃坦然平正閻浮檀金以
界八道寶樹行列諸臺樓觀皆悉寶成其菩
薩衆咸處其中若有能如是觀者當知是為
深信解相又復如來滅後若聞是經而不毀
呰起隨喜心當知已為深信解相何況讀誦
受持之者斯人則為頂戴如來阿逸多是善
男子善女人不須為我復起塔寺及作僧坊
以四事供養衆僧所以者何是善男子善女
人受持讀誦是經典者為已起塔造立僧坊
供養衆僧則為以佛舍利起七寶塔高廣漸
小至于梵天懸諸幡蓋及衆寶鈴華香瓔珞
末香塗香燒香衆鼓伎樂簫笛箜篌種種儛
戲以妙音聲歌唄讚頌則為於无量千万億
劫作是供養已阿逸多若我滅後聞是經典
有能受持若自書若教人書則為起立僧坊
以赤栴檀作諸殿堂三十有二高八多羅樹

BD05677號　妙法蓮華經卷五　（15–12）

末香塗香燒香衆鼓伎樂簫笛箜篌種種儛
戲以妙音聲歌唄讚頌則爲於无量千万億
劫作是供養已阿逸多若我滅後聞是經典
有能受持若自書若教人書則爲起立僧坊
以赤栴檀作諸殿堂三十有二高八多羅樹
高廣嚴好百千比丘於其中止園林流池經
行禪窟衣服飲食床褥湯藥一切樂具充滿
其中如是僧坊堂閣若干百千万億其數无
量以此現前供養於我及比丘僧是故我說
如來滅後若有受持讀誦爲他人說若自書
若教人書供養經卷不須復起塔寺及造僧
坊供養衆僧況復有人能持是經兼行布施
持戒忍辱精進一心智慧其德最勝无量无
邊譬如虛空東西南北四維上下无量无邊
是人功德亦復如是无量无邊疾至一切種
智若人讀誦受持是經爲他人說若自書若
教人書復能起塔及造僧坊供養讚歎聲聞
衆僧亦以百千万億讚歎之法讚歎菩薩功
德又爲他人種種因緣隨義解說此法華經
復能清淨持戒與柔和者而共同止忍辱无瞋
志念堅固常貴坐禪得諸深定精進勇猛攝諸善
法利根智慧善荅問難阿逸多若我滅後諸善男子
善女人受持讀誦是經典者復有如是諸善功德當
知是人已趣道場近阿耨多羅三藐三菩提坐道樹
下阿逸多是善男子若坐若立若行處此中便應
起塔一切天人皆應供養如佛之塔尒時世尊欲重

BD05677號　妙法蓮華經卷五

（15–13）

法利根智慧善荅問難阿逸多若我滅後諸善男子
善女人受持讀誦是經典者復有如是諸善功德當
知是人已趣道場近阿耨多羅三藐三菩提坐道樹
下阿逸多是善男子若坐若立若行處此中便應
起塔一切天人皆應供養如佛之塔尒時世尊欲重
宣此義而說偈言
若我滅度後　能奉持此經　斯人福无量　如上之所說
是則爲具足　一切諸供養　以舍利起塔　七寶而莊嚴
表剎甚高廣　漸小至梵天　寶鈴千万億　風動出妙音
又於无量劫　而供養此塔　華香諸瓔珞　天衣衆伎樂
燃香油酥燈　周帀常照明　惡世法末時　能持是經者
則爲已如上　具足諸供養　若能持此經　則如佛現在
以牛頭栴檀　起僧坊供養　堂有三十二　高八多羅樹
上饌妙衣服　床臥皆具足　百千衆住處　園林諸流池
經行及禪窟　種種皆嚴好　若有信解心　受持讀誦書
若復教人書　及供養經卷　散華香末香　以須曼瞻蔔
阿提目多伽　薰油常燃之　如是供養者　得无量功德
如虛空无邊　其福亦如是　況復持此經　兼布施持戒
忍辱樂禪定　不瞋不惡口　恭敬於塔廟　謙下諸比丘
遠離自高心　常思惟智慧　有問難不瞋　隨順爲解說
若能行是行　功德不可量　若見此法師　成就如是德
應以天華散　天衣覆其身　頭面接足禮　生心如佛想
又應作是念　不久詣道樹　得无漏无爲　廣利諸人天
其所住止處　經行若坐臥　乃至說一偈　是中應起塔
莊嚴令妙好　種種以供養　佛子住此地　則是佛受用

BD05677號　妙法蓮華經卷五

（15–14）

上饌妙衣服　床臥皆具足　百千眾住處　園林諸流池
經行及禪窟　種種皆嚴好　若有信解心　受持讀誦書
若復教人書　及供養經卷　散華香末香　以須曼瞻蔔
阿提目多伽　薰油常燃之　如是供養者　得无量功德
如虛空无邊　其福亦如是　況復持此經　兼布施持戒
忍辱樂禪定　不瞋不惡口　恭敬於塔廟　謙下諸比丘
遠離自高心　常思惟智慧　有問難不瞋　隨順為解說
若能行是行　功德不可量　若見此法師　成就如是德
應以天華散　天衣覆其身　頭面接足禮　生心如佛想
又應作是念　不久詣道樹　得无漏无為　廣利諸人天
其所住止處　經行若坐臥　乃至說一偈　是中應起塔
莊嚴令妙好　種種以供養　佛子住此地　則是佛受用
常在於其中　經行及坐臥

妙法蓮華經卷第五

BD05677 號　妙法蓮華經卷五　　（15–15）

……德
……四句偈等當知
此處一切世間天人阿脩羅皆應供養如佛
塔廟何況有人盡能受持讀誦須菩提當
知是人成就最上第一希有之法若是經典
所在之處則為有佛若尊重弟子
尒時須菩提白佛言世尊當何名此經我等
云何奉持佛告須菩提是經名為金剛般若
波羅蜜以是名字汝當奉持所以者何須菩
提佛說般若波羅蜜則非般若波羅蜜須菩
提於意云何如來有所說法不須菩提白佛
言世尊如來无所說須菩提於意云何三千
大千世界所有微塵是為多不須菩提言甚
多世尊須菩提諸微塵如來說非微塵是名
微塵如來說世界非世界是名世界須菩提
於意云何可以三十二相見如來不不也世
尊不可以三十二相得見如來何以故如來說
三十二相即是非相是名三十二相須菩提
若有善男子善女人以恒河沙等身命布
施若復有人於此經中乃至受持四句偈等
為他人說其福甚多

BD05678 號　金剛般若波羅蜜經　　（4–1）

於意云何可以三十二相見如來不不也世
尊不可以三十二相得見如來何以故如來說
三十二相即是非相是名三十二相須菩提
若有善男子善女人以恒河沙等身命布
施若復有人於此經中乃至受持四句偈等
為他人說其福甚多
尒時須菩提聞說是經深解義趣涕淚悲泣
而白佛言希有世尊佛說如是甚深經典我
從昔來所得慧眼未曾得聞如是之經世尊
若復有人得聞是經信心清淨則生實相當
知是人成就第一希有功德世尊是實相者
則是非相是故如來說名實相世尊我今得
聞如是經典信解受持不足為難若當來世
後五百歲其有眾生得聞是經信解受持是
人則為第一希有何以故此人无我相人相
眾生相壽者相所以者何我相即是非相人
相眾生相壽者相即是非相何以故離一切
諸相則名諸佛
佛告須菩提如是如是若復有人得聞是經
不驚不怖不畏當知是人甚為希有何以故
須菩提如來說第一波羅蜜非第一波羅蜜
是名第一波羅蜜
須菩提忍辱波羅蜜如來說非忍辱波羅蜜
何以故須菩提如我昔為歌利王割截身體
我於尒時无我相无人相无眾生相无壽者

BD05678號　金剛般若波羅蜜經

（4–2）

不驚不怖不畏當知是人甚為希有何以故
須菩提如來說第一波羅蜜非第一波羅蜜
是名第一波羅蜜
須菩提忍辱波羅蜜如來說非忍辱波羅蜜
何以故須菩提如我昔為歌利王割截身體
我於尒時无我相无人相无眾生相无壽者
相何以故我於往昔節節支解時若有我相
人相眾生相壽者相應生瞋恨須菩提又念
過去於五百世作忍辱仙人於尒所世无我相
无人相无眾生相无壽者相是故須菩提
菩薩應離一切相發阿耨多羅三藐三菩提心
不應住色生心不應住聲香味觸法生心應
生无所住心若心有住則為非住是故佛
說菩薩心不應住色布施須菩提菩薩為利
益一切眾生應如是布施如來說一切諸相即
是非相又說一切眾生則非眾生須菩提如
來是真語者實語者如語者不誑語者不
異語者須菩提如來所得法此法无實无虛
須菩提若菩薩心住於法而行布施如人入
闇則无所見若菩薩心不住法而行布施如
人有目日光明照見種種色須菩提當來之
世若有善男子善女人能於此經受持讀誦
則為如來以佛智慧悉知是人悉見是人皆
得成就无量无邊功德
須菩提若有善男子善女人初日分以恒河

BD05678號　金剛般若波羅蜜經

（4–3）

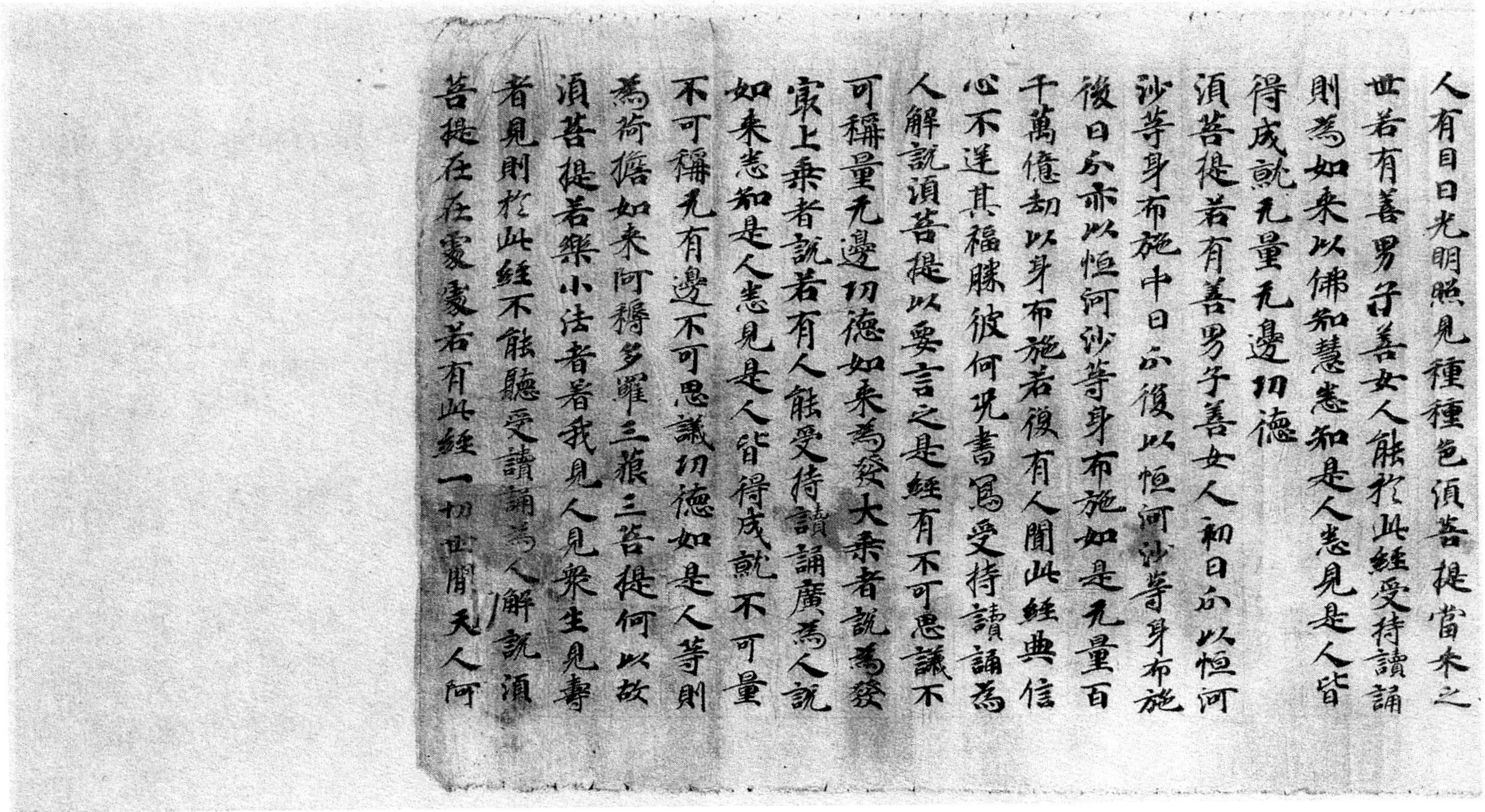

人有目日光明照見種種色須菩提當來之
世若有善男子善女人能於此經受持讀誦
則為如來以佛智慧悉知是人悉見是人皆
得成就无量无邊功德
須菩提若有善男子善女人初日分以恒河
沙等身布施中日分復以恒河沙等身布施
後日分亦以恒河沙等身布施如是无量百
千萬億劫以身布施若復有人聞此經典信
心不逆其福勝彼何況書寫受持讀誦為
人解說須菩提以要言之是經有不可思議不
可稱量无邊功德如來為發大乘者說為發
最上乘者說若有人能受持讀誦廣為人說
如來悉知是人悉見是人皆得成就不可量
不可稱无有邊不可思議功德如是人等則
為荷擔如來阿耨多羅三藐三菩提何以故
須菩提若樂小法者著我見人見眾生見壽
者見則於此經不能聽受讀誦為人解說須
菩提在在處處若有此經一切世間天人阿

BD05678號　金剛般若波羅蜜經　（4–4）

佛說佛名經卷第十六
南无眾自在佛　南无月面佛
南无日面佛　南无聲勝佛
南无梵面佛　南无梵天佛
南无因陁羅難兜幢佛　南无善清月勝成就王佛
南无智光明佛　南无无垢稱王佛

BD05679號　佛名經（十六卷本）卷一六　（34–1）

佛說佛名經卷第十六
南无衆自在佛　南无日月面佛
南无日面佛　南无聲勝佛
南无梵面佛　南无梵天佛
南无因陁羅雞兜幢佛　南无善思惟月勝成就佛
南无智光明佛　南无无垢稱王佛
南无樂說莊嚴雲德佛　南无妙聲佛
南无清淨白无垢月勝王佛　南无平等意佛
南无樂說聲佛　南无无垢月佛
南无无垢清淨金色決定光明威德王佛
南无寶光明輪王佛　南无智通佛
南无不可數發精進決定佛　南无山積佛
南无因陁羅雞兜幢王佛　南无善住娑羅王佛
南无波頭摩勝佛　南无善住堅固王佛
南无日月光佛　南无波頭摩光佛
南无波頭摩勝出佛　南无大通佛
南无大通智勝佛　南无无邊智佛
南无多寶佛　南无孔雀降伏一切佛
南无日月无垢光明佛　南无蓮華无垢寶華佛
南无雲妙鼓聲王佛
南无住持水聲善星宿王華嚴通佛
南无无垢身佛　南无鄢伽鍮羅勝佛
南无智照佛
南无現一切德光明奮迅王佛
南无照光明莊嚴奮迅王佛
南无月明佛　南无光月普照佛

BD05679號　佛名經（十六卷本）卷一六

（34–2）

南无无垢身佛　南无鄢伽鍮羅勝佛
南无智照佛
南无現一切德光明奮迅王佛
南无照光明莊嚴奮迅王佛
南无月明佛　南无光明普照佛
南无寶莊嚴佛　南无散華佛
南无普然燈佛　南无普華佛
從此以上一万二千三百佛十二部經一切賢聖
南无普光明勝山王佛
南无善住功德摩尼山王佛
南无无明王佛　南无不可降伏幢佛
南无勝功德佛　南无世間自在佛
南无普華佛　南无香根佛
南无虛空輪清淨王佛
南无勝明波頭摩敷身佛
南无一切寶摩尼王佛　南无寶光明日月輪智佛
南无威德精聲王佛　南无大導師佛
南无樂說山佛　南无住佛
南无師子鳥奮迅佛　南无功德王光明佛
南无功德幢佛　南无功德住佛
南无聖天佛　南无寶幢佛
南无金剛合佛　南无一切勝佛
南无安隱色佛　南无妙行佛
南无波婆羅娑伽羅佛　南无弗波難兜佛
南无妙色佛　南无脩盧遮那佛

BD05679號　佛名經（十六卷本）卷一六

（34–3）

南无聖天佛　南无寶幢佛
南无金剛合佛　南无一切勝佛
南无安隱色佛　南无妙行佛
南无波婆羅婆伽羅佛　南无弗波難兜佛
南无妙色佛　南无脩盧遮那佛
南无梨師掘多佛　南无破煩惱佛
南无妙佛　南无敷華佛
南无弗迦羅佛　南无善光佛
南无吉佛　南无師子威德佛
南无住智德佛　南无娑那多香佛
南无齊法廣稱佛　南无諦沙佛
南无世間喜佛　南无廣光明佛
南无寶稱佛　南无寶威德佛
南无善華佛　南无真聲佛
南无善行色佛　南无微笑眼佛
南无功德山佛　南无雲聲佛
南无妙色佛　南无命威德佛
南无勝步行佛　南无世間求佛
南无降伏怨佛　南无供養佛
南无喜莊嚴佛　南无舍尸難兜佛
南无弗若功德光佛　南无大威德佛
南无等寶蓋佛　南无那羅延佛
南无成就行佛　南无離優佛
南无无垢喜佛　南无无垢光明佛
南无厚堅固佛　南无无垢雲王佛

南无弗若功德光佛　南无大威德佛
南无等寶蓋佛　南无那羅延佛
南无成就行佛　南无離優佛
南无无垢喜佛　南无无垢光明佛
南无厚堅固佛　南无无垢雲王佛
南无勝護佛　南无梵功德天王佛
南无虛空步佛　南无妙智佛
南无法寶佛　南无不空見佛
南无難降伏光佛　南无月光佛
南无月佛　南无普光明佛
南无寶勝佛　南无普觀佛
南无不可數見佛　南无通佛
南无清淨光明寶佛　南无无垢辟佛
南无善洗淨无垢成就无邊功德勝王佛
南无義成就佛　南无第一然燈佛
南无功德寶勝佛　南无无垢光明佛
南无樂說莊嚴佛　南无无垢月難兜稱佛
南无鉤蘇摩莊嚴佛　南无火步佛
南无寶上佛　南无无畏觀佛
南无師子奮迅佛　南无離畏佛
從此以上一万二千四百佛十二部經一切賢聖
南无不怯弱離驚怖佛
南无金王威德佛　南无梵勝天王佛
南无善月佛　南无光明王佛
南无難兜稱佛　南无閻浮光明佛
南无多摩羅跋旃檀香佛

從此以上一万二千四百佛十二部經一切賢聖
南无不怯弱離驚怖佛
南无金王威德佛　南无梵勝天王佛
南无善月佛　南无光明王佛
南无難勝稱佛　南无閻浮光明佛
南无多摩羅跋旃檀香佛
南无不動佛　南无弥留山佛
南无師子聲佛　南无師子幢佛
南无住虛空佛　南无常入涅槃佛
南无因陁羅幢佛　南无甘露佛
南无除一切世間怨佛　南无得度佛
南无弥留劫佛　南无多摩羅跋旃檀香佛
南无雲自在佛　南无能破一切驚怖畏佛
南无普光明佛　南无法光明佛
南无海住持奮迅通佛　南无法虛空勝王佛
南无七寶波頭摩步佛　南无寶雞兜佛
南无一切衆生愛見佛　南无滿足百千光明幢佛
南无娑羅自在王佛　南无法莊嚴王佛
南无普一寶蓋佛　南无星宿佛
南无普光明奮迅王佛　南无法莊嚴王佛
南无燈　佛　南无堅精進佛
南无法照光佛　南无住清淨眼佛
南无善住淨境界佛　南无月山佛
南无畢竟莊嚴无邊功德王佛
南无離諸煩惱佛

BD05679 號　佛名經（十六卷本）卷一六

（34–6）

南无燈　佛　南无堅精進佛
南无法照光佛　南无住清淨眼佛
南无善住淨境界佛　南无月山佛
南无畢竟莊嚴无邊功德王佛
南无離諸煩惱佛
南无不空見佛　南无智上光明佛
南无成就无垢无邊清淨功德勝王佛
南无寶勝智威德莊嚴自在王佛
南无清淨光佛　南无數華娑羅自在王佛
南无大華敷王佛　南无月輪清淨佛
南无寂靜月聲王佛　南无无邊發精進住勝佛
南无波頭摩勝佛　南无法雞兜佛
南无然燈佛　南无功德雞兜佛
南无功德成佛　南无聖天佛
南无寶山佛　南无金剛山佛
南无一切勝佛　南无普香佛
南无善華佛　南无善勝佛
南无功德山佛　南无勝成就佛
南无拘隣佛　南无善眼佛
南无頭陁羅吒佛　南无善生佛
南无梵勝佛　南无寂靜佛
南无梵德佛　南无因陁羅幢佛
南无月色佛　南无无垢色佛
南无无染佛　南无勝龍佛
南无龍天佛　南无金光明佛
南无衆[illegible]因陁羅王

BD05679 號　佛名經（十六卷本）卷一六

（34–7）

南无□□□□佛　南无善生佛
南无梵勝佛　南无寂静佛
南无梵德佛　南无因陁羅幢佛
南无月色佛　南无无垢色佛
南无无染佛　南无勝龍佛
南无龍天佛　南无金光明佛
南无勝聲因陁羅王佛　南无善須弥山佛
南无善色藏佛　南无火光佛
南无威德因陁羅佛　南无地迦佛
南无瑠璃華佛　南无勝瑠璃金光明佛
南无月勝佛　南无日吼佛
南无散華莊嚴光明佛
南无娑伽羅勝智奮迅通佛
南无水光明佛　南无大香行光明佛
南无離一切瞋恨意佛　南无寶勝佛
從此以上一万二千五百佛十二部經一切賢聖
南无勝積佛　南无勝山佛
南无住持多劫德通法佛　南无日月瑠璃光佛
南无心善攝華勝佛　南无日月佛
南无日光佛　南无華鬘色王佛
南无鋼備弥多通佛　南无水月光明佛
南无破无明闇佛　南无普蓋寶佛
南无增長法樂佛　南无種師子聲增長吼佛
南无梵自在龍吼佛　南无世間自在佛
南无世間自在王佛　南无難勝佛
南无寶作佛　南无□□聲佛

BD05679號　佛名經（十六卷本）卷一六　（34–8）

南无鋼備□□佛　南无水月光明佛
南无破无明闇佛　南无普蓋寶佛
南无增長法樂佛　南无種師子聲增長吼佛
南无梵自在龍吼佛　南无世間自在佛
南无世間自在王佛　南无難勝佛
南无寶作佛　南无甘露聲佛
南无勝光佛　南无龍天佛
南无增上力佛　南无无垢光佛
南无師子佛　南无世間增上佛
南无德山佛　南无人王佛
南无華勝佛　南无德无畏佛
南无能平等作佛　南无金剛步佛
南无初發心離諸畏一切煩惱勝德佛
南无寶光明光焰佛　南无離諸魔疑佛
南无初發心成就不退輪勝佛
南无寶蓋勝光明佛　南无能教化諸菩薩佛
南无初發心金剛斷一切煩惱染佛
南无降伏煩惱佛　南无勝光明王佛
南无三昧手勝佛　南无波頭摩上勝佛
南无日光輪明佛　南无日輪光明勝佛
南无均寶蓋佛　南无增上三昧奮迅佛
南无寶花普照勝佛　南无最妙波頭摩步佛
南无寶輪光明勝德佛　南无寶藏佛
南无寶勝佛　南无寶燈王佛
南无堅精進思惟義佛　南无普光明稱佛
南无慈莊嚴功德稱佛　南无稱一切衆生念勝功德佛

BD05679號　佛名經（十六卷本）卷一六　（34–9）

南无寶花普照勝佛　南无最妙波頭摩步佛
南无寶輪光明勝德佛　南无寶藏佛
南无寶勝佛　南无寶燈王佛
南无堅精進思惟義佛　南无普光明稱佛
南无慈莊嚴功德稱佛　南无稱一切衆生念勝功德佛
南无吉稱功德佛　南无畢竟斷悕稱勝佛
南无廣光明佛　南无樂説莊嚴思惟佛
南无无垢月離光稱佛　南无鉤觜摩莊嚴光明佛
南无寶稱佛　南无无畏觀佛
南无師子力奮迅佛　南无伽鄰歌王光明佛
南无賢作佛　南无无垢光明佛
南无功德寶光明佛　南无精進力成就佛
南无善清淨光佛　南无得尊一切縛佛
南无无垢波頭摩藏勝佛　南无得无障导力解脫佛
南无十方稱名光畏佛　南无金剛勢佛
南无大寶衆佛
南无遍功德莊嚴威德王劫佛
南无功德寶山佛　南无説一切莊嚴勝佛
南无遍樂説莊嚴成就智佛
南无千雲雷聲王佛
南无妙金色光明威德勝照佛
南无種種威德王劫佛
南无阿僧祇億劫成就智佛
南无清淨金虛空雷光明佛
南无普光明佛　南无功德多寶海王佛

BD05679 號　佛名經（十六卷本）卷一六

（34–10）

南无種種威德王劫佛
南无阿僧祇億劫成就智佛
南无清淨金虛空雷光明佛
南无普光明佛　南无功德多寶海王佛
南无不空功德佛
南无照一切處佛　南无妙鼓聲佛
南无法自在佛　南无普見佛
南无大炎聚佛　南无光明幢佛
南无智難勝佛　南无婆羅胎佛
從此以上一万二千六百佛十二部經一切賢聖
南无寶尸棄佛　南无波頭摩藏佛
南无一切勝佛　南无婆伽羅佛
南无波頭摩藏佛　南无婆羅自在王佛
南无華佛　南无勝稱佛
次礼十二部尊經大藏法輪
南无五恐怖佛　南无父母因緣經
南无内外无爲經　南无五失蓋經
南无浮木經　南无内外六波羅蜜經
南无佛土莊嚴律經　南无鬼子母經
南无難龍王經　南无佛説菩薩經
南无觀行移四事經　南无難提和羅經
南无佛有百比丘經　南无旃陀越經
南无光世音大勢至受決經　南无梅有八事經
南无佛從上所行卅偈經　南无目連上淨居士經
南无佛在竹園經　南无堅心經

BD05679 號　佛名經（十六卷本）卷一六

（34–11）

南无佛有百比丘经　南无旃陁越经
南无光世音大勢至受决经　南无梅有八事经
南无佛從上所行卅偈经　南无目連上淨居士经
南无佛在竹園经　南无堅心经
南无目佉经　南无佛告舍利弗经
次礼十方諸大菩薩
南无日慧世界堅固林菩薩
南无梵慧世界智林菩薩
南无因陁羅世界法慧菩薩
南无蓮花世界一切慧菩薩
南无衆寶世界勝慧菩薩
南无優鉢羅世界功德慧菩薩
南无妙行世界精進慧菩薩
南无善行世界善慧菩薩
南无歡喜世界智慧菩薩
南无星宿世界真寶慧菩薩
南无无欲慈世界无上慧菩薩
南无虛空世界堅固慧菩薩
南无堅固寶世界金剛幢菩薩
南无堅固寶王世界幢菩薩
南无堅固寶王世界幢菩薩
南无堅固金世界夜光幢菩薩
南无堅固摩尼世界智幢菩薩
南无堅固金剛世界寶幢菩薩
南无堅固蓮華世界精進幢菩薩

南无堅固寶王世界幢菩薩
南无堅固金世界夜光幢菩薩
南无堅固摩尼世界智幢菩薩
南无堅固金剛世界寶幢菩薩
南无堅固蓮華世界精進幢菩薩
南无堅固青蓮華世界離垢菩薩
南无堅固旃檀世界真寶幢菩薩
南无堅固香世界法幢菩薩
南无淨世界念意菩薩
次礼聲聞緣覺一切賢聖
南无香辟支佛　南无有香辟支佛
南无見人飛騰辟支佛　南无可波羅辟支佛
南无奈摩利辟支佛　南无月淨辟支佛
南无善智辟支佛　南无循陁羅辟支佛
南无善法辟支佛　南无應求辟支佛
南无蹋求辟支佛　南无大勢辟支佛
南无循行不著辟支佛　南无離捨辟支佛
南无寶辟支佛　南无不可比辟支佛
南无歡喜辟支佛　南无喜辟支佛
南无十二波羅蜜辟支佛　南无隨喜辟支佛
南无十面石婆羅辟支佛　南无大身辟支佛
礼三寶已次復懺悔
弟子今以揔相懺悔一切諸業今當次第更
須二別相懺悔若揔若別若麁若細若輕
若重若說不說品類相從願皆消滅別相

弟子今以慈相懺悔一切諸業今當次第更
須二別相懺悔若捴若別若麁若細若輕
若重若說不說品類相從願皆消滅別相
懺者先懺身三次懺口四其餘諸障次第
稽顙身三業者第一殺害如經所明恕己
可為喻勿殺勿行杖雖復禽獸之殊保命
畏死其事是一若尋此衆生无始以來或
是我父母兄弟六親眷屬以業因緣輪迴
六道出生入死改形易報不復相識而今
興害食噉其肉傷慈之甚是故佛語設
得餘食當如飢世食子肉想何況食噉此
魚肉也又言為利殺衆生以錢網衆肉二俱
是惡業死墮叫呼地獄故如殺害及以食
噉罪深海過重丘岳然弟子等无始巳來
不遇善友皆為此業是故經言殺害之罪
能令衆生墮於地獄餓鬼受苦若在畜生
則受虎豹豺狼鷹鷂等身或受毒蛇蝮蝎等
身常懷惡心或受麞鹿熊羆等身常懷恐
怖若生人中得二種果報一者多病二者短命
殺害食噉既有如是无量種種諸惡果報
是故弟子至到稽顙歸依佛
南无東方滅諸怖畏佛　南无南方日月燈明佛
南无西方覺華光佛　南无北方發功德佛
南无東南方除衆感膏佛　南无西南方无生自在佛
南无西北方大神通王佛　南无東北方空離垢心佛

BD05679號　佛名經（十六卷本）卷一六

（34–14）

是故弟子至到稽顙歸依佛
南无東方滅諸怖畏佛　南无南方日月燈明佛
南无西方覺華光佛　南无北方發功德佛
南无東南方除衆感膏佛　南无西南方无生自在佛
南无西北方大神通王佛　南无東北方空離垢心佛
南无下方同像空无佛　南无上方瑞藏勝佛
如是十方盡虛空界一切三寶至心歸命常
住三寶
弟子自從无始以來至於今日有此心識常
懷慘毒无慈愍心或因貪起殺因瞋因癡及
以慢殺或興惡方便誓殺願殺及以呪殺或
破決湖池焚燒山野田獵魚捕或因風放火
飛鷹放犬惱害一切如是等罪今悉懺悔至
心歸命常住三寶
或以檻穽坑撥杈戟弓弩彈射飛鳥走獸
之類或以罘網罾釣撈漉水性魚鼈黿鼉
蝦蜆螺蚌濕居之屬使水陸之與空行藏竄无
地或畜養雞猪牛羊犬豕鵝鴨之屬自供庖
厨或貨他宰殺使哀聲未盡毛羽脫落鱗
甲傷毀身首分離骨肉銷碎剝裂屠割炮燒
煮炙楚毒酸切橫加无辜但取一時之快口得
味甚實不過三寸舌根而已然其罪報殃
咎累劫如是等罪今日至誠皆悉懺悔至心
歸命常住三寶
又復无始以來至於今日或復興師相伐壃
場交諍兩陣相向更相殺害或自殺教殺聞

BD05679號　佛名經（十六卷本）卷一六

（34–15）

貪着楚毒酸切搥加无辜但取一時之快口得
味甚責不過三寸舌根而已然其罪報殃
备墨劫如是等罪今日至誠皆悉懺悔至心
歸命常住三寶
又復无始以来至於今日或復興師相伐壃
場交諍兩陣相向更相殺害或自煞教煞聞
煞歡喜或習屠鱠倩為刑戮烹宰他命行於
不忍或恣忿怒揮戈擧刃或斬或刺或推著
坑壍或以水沉溺或塞穴壞巢土石磓砌或以
車馬雷轢踐蹹一切衆生如是等罪无量无
邊今日發露皆悉懺悔至心歸命常住三寶
又復无始以来或墮胎破卵毒藥蠱道傷煞
衆生墾土掘地種殖田園養蠶煑繭傷煞滋
甚或打撲蚊蚋掐嚙蚤虱或燒除糞掃開決
溝渠枉害一切或噉菓實或用穀米或水或
菜擿煞衆生或然樵薪或路燈燭焚諸虫類
或食醬酢不看搖動或寫湯水澆煞虫蟻如
是乃至行住坐卧四威儀中恒常傷煞飛空
著地細微衆生弟子以凡夫識暗不覺不知
今日發露皆悉懺悔至心歸命常住三寶
又復弟子无始以来至於今日或以鞭杖枷鎖
桁械壓拉考掠打擲手脚蹴蹹的縛籠繫
斷絶水穀如是種種諸惡方便苦惱衆生今
日至誠向十方佛尊法聖衆皆悉懺悔委
歸命常住三寶
[illegible]

BD05679號　佛名經（十六卷本）卷一六　（34–16）

[illegible]
桁械壓拉考掠打擲手脚蹴蹹的縛籠繫
斷絶水穀如是種種諸惡方便苦惱衆生今
日至誠向十方佛尊法聖衆皆悉懺悔委
歸命常住三寶
願弟子等承是懺悔煞害等罪所生功德生
生世世得金剛身壽命无窮永離怨憎无
煞害想於諸衆生得一子地若見危難急
厄之者不惜身命方便救解令得解脫然後
為說微妙正法使諸衆生覩形見影皆蒙安
樂聞名聽聲恐怖悉除至心歸命常住三寶
佛說罪業報應教化地獄經
復有衆生五根不具何罪所致佛言以前世
時飛鷹走狗彈射鳥獸或破其頭或斷其
足生滅羽翼故獲斯罪
復有衆生癵躄背僂腰髖不隨跛蹇手㧊
不能行步何罪所致佛言以前世時為人道
剋行道安鏘或施射弋陷墜衆生前後非一故
獲斯罪
復有衆生為諸獄卒執鞕其身枷桁苦厄不
能得免何罪所致佛言以前世時納捕衆生
籠繫六畜或為宰主令長貪取民物枉
鏨良善怨訴无所故獲斯罪
復有衆生或顛或癡或狂或騃不別好醜何
罪所致佛言以前世時飲酒醉亂犯卅六失
後得[illegible]

BD05679號　佛名經（十六卷本）卷一六　（34–17）

能得勉何罪所致佛言以前世時納捕衆生
籠繫六畜或爲宰主令長貪取民物枉
繫良善怨訴无所故獲斯罪
復有衆生或顛或癡或狂或騃不別好醜何
罪所致佛言以前世時飲酒醉亂犯卅六失
後得癡身如似醉人不別尊卑故獲斯罪
南无見寶佛　南无智弥留佛
南无龍德佛　南无勝行佛
南无星宿佛　南无大莊嚴佛
南无光明王佛　南无能人佛
南无自在山佛　南无日面佛
南无善意佛　南无龍勝佛
南无弗沙佛　南无藥王佛
從此以上一万二千七百佛十二部經一切賢聖
南无師子山佛　南无住持勝功德佛
南无飲甘露佛　南无放炎佛
南无山佛　南无護世間供養佛
南无多伽羅尸棄佛　南无難勝佛
南无大燈佛　南无波頭摩上佛
南无法幢佛　南无能然燈佛
南无難勝佛　南无難可意佛
南无真聲佛　南无妙聲佛
南无婆羅步佛　南无寶炎佛
南无愛見佛　南无須弥劫佛
南无旃檀光佛　南无日光佛

BD05679號　佛名經（十六卷本）卷一六

（34–18）

南无難勝佛　南无難可意佛
南无真聲佛　南无妙聲佛
南无婆羅步佛　南无寶炎佛
南无愛見佛　南无須弥劫佛
南无旃檀光佛　南无日光佛
南无藥樹勝佛　南无覺佛
南无記佛　南无愛作佛
南无作无畏佛　南无波頭摩寶吉佛
南无勝德佛　南无无垢佛
南无照佛　南无无煩惱佛
南无善来佛　南无善光佛
南无金色佛　南无能作光明佛
南无清淨佛　南无得脫佛
南无迦陵頻伽聲佛　南无能与法佛
南无善護諸門佛　南无得意佛
南无離愛佛　南无未生寶佛
南无善護諸根佛　南无梵聲佛
南无勝聲佛　南无妙聲佛
南无大慧佛　南无无諸濁佛
南无不可動佛　南无樂解脫佛
南无勝二足佛　南无具足功德莊嚴佛
南无相莊嚴佛　南无拘牟陀語佛
南无不可降伏語佛　南无常相應語佛
南无示聲安隱衆生佛　南无婆羅華佛
南无金枝華佛　南无拘牟陀相佛

BD05679號　佛名經（十六卷本）卷一六

（34–19）

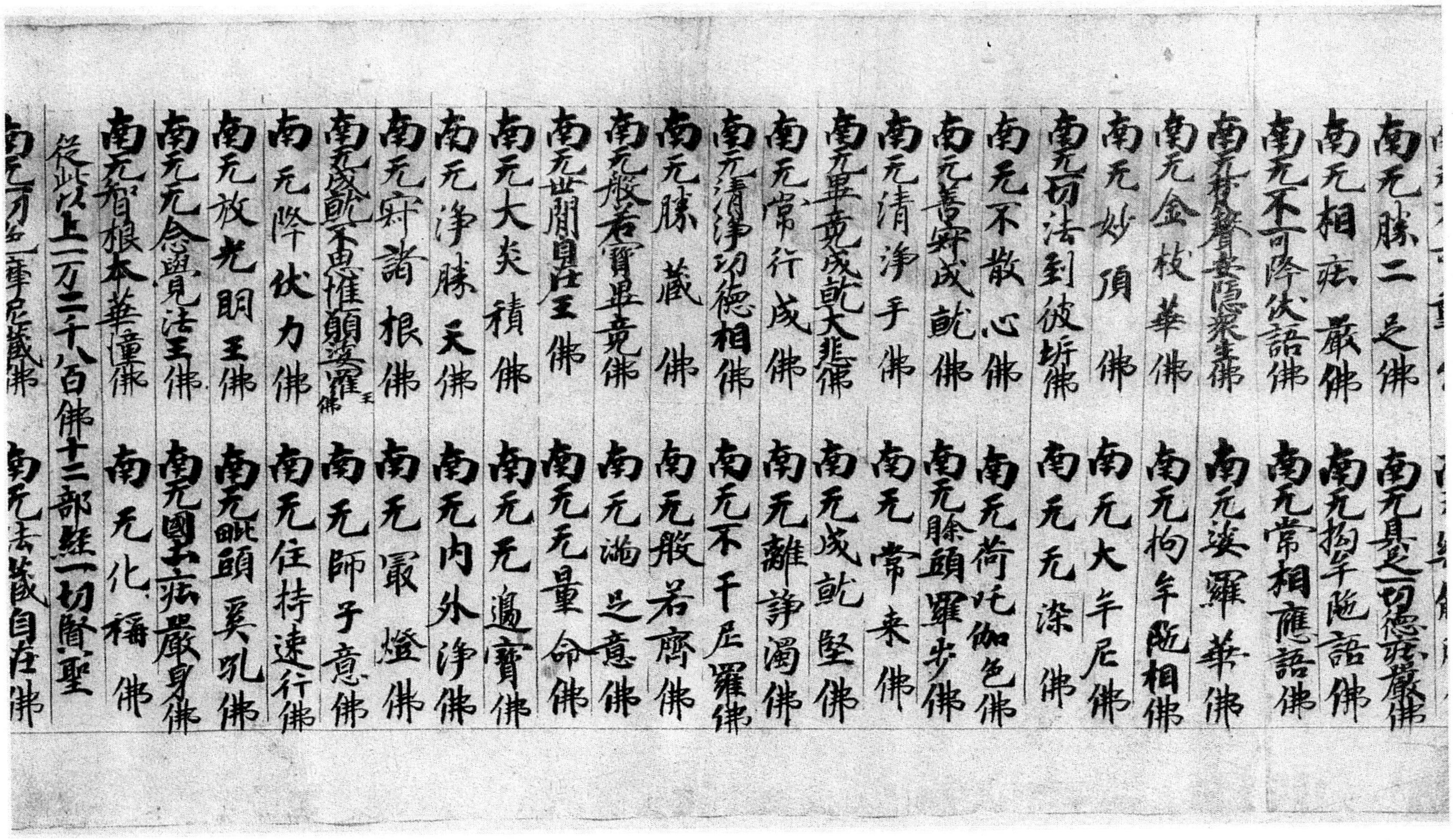
南无勝二足佛　南无具足一切德莊嚴佛
南无相莊嚴佛　南无拘牟隨語佛
南无不可降伏語佛　南无常相應語佛
南无梵聲無隱衆生佛　南无婆羅華佛
南无金枝華佛　南无拘牟隨相佛
南无妙頂佛　南无无染佛
南无一切法到彼岸佛　南无大牟尼佛
南无不散心佛　南无荷陀伽色佛
南无善寂成就佛　南无腧頭羅步佛
南无清淨手佛　南无常來佛
南无畢竟成就大悲佛　南无成就堅佛
南无常行成佛　南无離諍濁佛
南无清淨一切德相佛　南无不千尼羅佛
南无勝藏佛　南无般若齊佛
南无般若寶畢竟佛　南无滿足意佛
南无世間自在王佛　南无无量命佛
南无大炎積佛　南无无邊寶佛
南无淨勝天佛　南无內外淨佛
南无寂諸根佛　南无最燈佛
南无盛就不思惟頭婆羅王佛　南无師子意佛
南无降伏力佛　南无住持速行佛
南无放光明王佛　南无毗頭奚吼佛
南无无念覺法王佛　南无國土莊嚴身佛
南无智根本華幢佛　南无化稱佛
從此以上一万二千八百佛十二部經一切賢聖
南无一切世摩尼藏佛　南无法藏自在佛

BD05679號　佛名經（十六卷本）卷一六　（34–20）

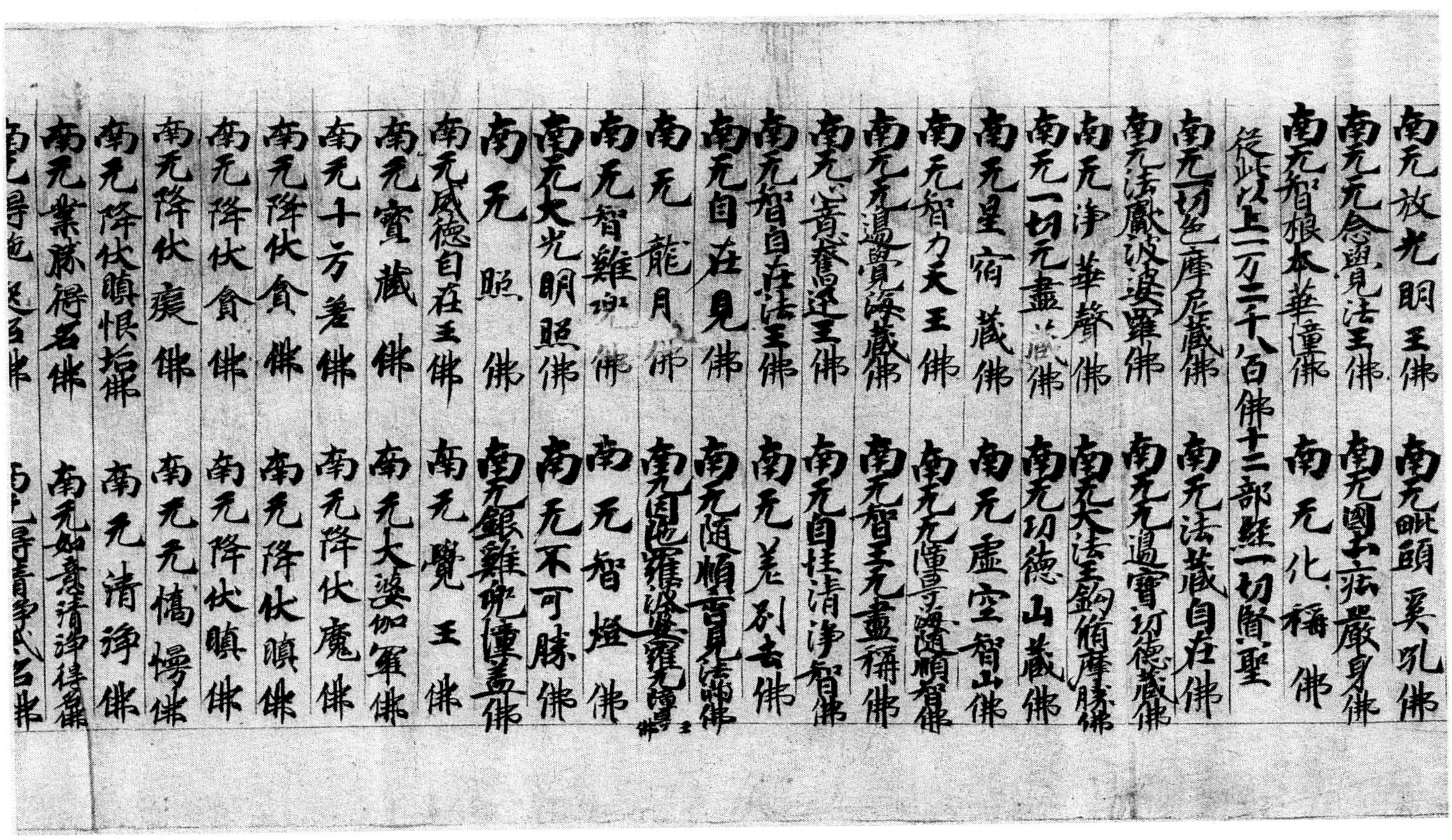
南无放光明王佛　南无毗頭奚吼佛
南无无念覺法王佛　南无國土莊嚴身佛
南无智根本華幢佛　南无化稱佛
從此以上一万二千八百佛十二部經一切賢聖
南无一切世摩尼藏佛　南无法藏自在佛
南无法勝波婆羅佛　南无无邊寶一切德藏佛
南无淨華聲佛　南无大法王鉤循摩勝佛
南无一切无盡藏佛　南无一切德山藏佛
南无星宿藏佛　南无虛空智山佛
南无智力天王佛　南无无障导隨順智佛
南无无邊覺海藏佛　南无智王无盡稱佛
南无心音奮迅王佛　南无自性清淨智佛
南无智自在法王佛　南无差別去佛
南无自在見佛　南无隨順音見法師佛
南无龍月佛　南无因陀羅婆羅无障导王佛
南无智雞兜佛　南无智燈佛
南无大光明照佛　南无不可勝佛
南无照佛　南无銀雞兜幢蓋佛
南无威德自在王佛　南无覺王佛
南无寶藏佛　南无大婆伽羅佛
南无十方差佛　南无降伏魔佛
南无降伏貪佛　南无降伏瞋佛
南无降伏貪佛　南无降伏瞋佛
南无降伏癡佛　南无无憍慢佛
南无降伏瞋恨指佛　南无清淨佛
南无業勝得名佛　南无如意清淨得名佛

BD05679號　佛名經（十六卷本）卷一六　（34–21）

南无降伏貪佛 南无降伏瞋佛
南无降伏癡佛 南无无憍慢佛
南无降伏瞋恨垢佛 南无清淨佛
南无業縛得名佛 南无如意清淨得名佛
南无得施起名佛 南无得清淨戒名佛
南无起忍辱成就佛 南无得起精進名佛
南无得起禪名佛 南无得起般若名佛
南无成就施不可思議名佛
南无成就戒不可思議名佛
南无成就禪不可思議名佛
南无成就般若不可思議佛
南无行成就得名佛
南无成就陁羅尼清淨得名佛
南无陁羅尼色清淨得名佛
南无陁羅尼施清淨得名佛
南无空无我自在得名佛 南无眼陁羅尼自在佛
南无耳陁羅尼自在佛 南无鼻陁羅尼自在佛
南无舌陁羅尼自在佛 南无身陁羅尼自在佛
南无意陁羅尼自在佛 南无色陁羅尼自在佛
南无聲陁羅尼自在佛 南无香陁羅尼自在佛
南无味陁羅尼自在佛 南无觸陁羅尼自在佛
南无法陁羅尼自在佛 南无地陁羅尼自在佛
南无水陁羅尼自在佛 南无火陁羅尼自在佛
南无風陁羅尼自在佛 南无苦自在佛
南无集自在佛 南无滅自在佛

BD05679號　佛名經（十六卷本）卷一六

（34–22）

南无味陁羅尼自在佛 南无觸陁羅尼自在佛
南无法陁羅尼自在佛 南无地陁羅尼自在佛
南无水陁羅尼自在佛 南无火陁羅尼自在佛
南无風陁羅尼自在佛 南无苦自在佛
南无集自在佛 南无滅自在佛
南无道自在佛 南无陰自在佛
南无果自在佛 南无入自在佛
南无三世自在佛 南无陁羅尼華自在佛
南无吉光明佛 南无香燈光自在光明佛
南无法幢佛 南无師子奮佛
南无胎藏佛 南无法明敷身佛
南无一切通光佛 南无月智佛
南无妙勝佛 南无賢勝佛
南无普滿佛 南无普賢佛
南无那羅延王佛 南无成就一切義佛
南无住持威德佛 南无无畏觀佛
從此以上一万二千九百佛十二部經一切賢聖
南无如是等現在過去未來无量无邊佛
南无十千同名滿足佛 南无三万同名龍聖佛
南无二千同名拘隣佛 南无十八同名寶體法王佛
南无十八億同名日月燈佛 南无十五百同名大威德佛
南无一万五千同名歡喜佛 南无八万四千百同名龍王佛
南无一万五千同名日佛 南无一万八千同名娑羅王佛
南无万八千同名因陁羅幢王佛 南无八千同名善光佛
南无八百同名寂滅佛 南无其億十一万佛
九千五百同名佛此皆未名百千万劫不可

BD05679號　佛名經（十六卷本）卷一六

（34–23）

南无一万五千同名歡喜佛　南无八万四千同名龍王佛
南无一万五千同名日佛　南无一万八千同名娑羅王佛
南无一万八千同名因陀羅幢王佛　南无八千同名善光佛
南无八百同名寂滅佛　南无六億十一万佛
九千五百同名佛此諸佛名百千万劫不可
聞如憂曇鉢華若人受持讀誦此諸佛名畢
竟遠離諸煩惱
舍利弗應當敬礼波頭摩勝如來佛
南无寂王佛　南无佛
南无天光佛　南无德山佛
南无勝上佛　南无娑羅王佛
南无淨王佛　南无大慧梁佛
南无須弥佛　南无大智慧須慧佛
南无寶作佛　南无寶藏佛
南无破金剛佛　南无賢智不動佛
南无香普佛　南无甘露命佛
南无難勝佛　南无月光佛
南无日照佛　南无智難兜佛
南无大師子佛　南无弥留山佛
南无香光佛　南无德山佛
南无大光佛　南无阿摩羅藏佛
南无寶圓佛　南无金剛藏佛
南无優波羅藏佛　南无大日佛
南无橋梁載佛　南无月勝佛
南无樂堅固佛　南无不可思議法身佛

南无大光佛　南无阿摩羅藏佛
南无寶圓佛　南无金剛藏佛
南无優波羅藏佛　南无大日佛
南无橋梁載佛　南无月勝佛
南无樂堅固佛　南无不可思議法身佛
南无勝藏佛　南无不空王佛
南无金剛无㝵智佛　南无寶炎佛
南无除施燈佛　南无降伏一切怨佛
南无自在佛　南无大智真聲佛
南无般若香爲佛
舍利弗若善男子善女人聞此諸佛名
受持讀誦不生疑者是人八千億劫不入地
獄不入畜生不入鬼道不生邊地不生貧窮
家不生下賤家常生天人豪貴之處常得
歡喜適樂无㝵常得一切世間尊重供
養乃至得大涅槃
舍利弗汝等應當敬礼不可嫌身佛
南无稱聲佛　南无稱威德佛
南无稱名佛　南无葉陀佛
南无聲炎佛　南无聲分勇猛佛
南无智勝佛　南无智善智佛
南无梵勝佛　南无淨婆藪佛
南无淨佛　南无淨天佛
南无淨聲佛　南无梵自在佛
南无威德佛　南无毗摩勝佛
南无毗摩意佛　南无毗摩面佛

南无淨佛　南无淨天佛
南无淨聲佛　南无梵自在佛
南无威德佛　南无毗摩勝佛
南无毗摩意佛　南无毗摩面佛
南无毗摩聲佛　南无无邊聲佛
南无寶見佛　南无善明月佛
南无深聲佛　南无放聲佛
南无驚怖魔力聲佛　南无淨眼佛
南无无邊眼佛　南无普眼佛
南无勝眼佛　南无不可行佛
南无寂勝佛　南无善寂心佛
南无善寂根佛　南无善寂意佛
南无善寂德佛　南无善住佛
南无眾自在王佛　南无大自在佛
南无眾解脫佛　南无法幢佛
從此以上一万三千佛十二部經一切賢聖
南无法山佛　南无法勝佛
南无法體佛　南无法力佛
南无法勇猛佛　南无法體決定佛
南无第二劫八十億同名法體決定佛
舍利弗若善男子善女人受持是佛名畢
竟不入地獄速得三昧
舍利弗過是佛名无量无邊阿僧祇劫有
佛名人自在聲汝當歸命彼人自在聲佛
壽命七十千万劫住世初會三億聲聞眾
集八十那由他千万菩薩眾集皆得諸神通

BD05679號　佛名經（十六卷本）卷一六

（34–26）

竟不入地獄速得三昧
舍利弗過是佛名无量无邊阿僧祇劫有
佛名人自在聲汝當歸命彼人自在聲佛
壽命七十千万劫住世初會三億聲聞眾
集八十那由他千万菩薩眾集皆得諸神通
具四无㝵道達一切空到彼岸我若无量劫
住世說彼佛大會國土莊嚴如大海水中一渧之
分
次禮十二部尊經大藏法輪
南无文殊師利五體悔過經
南无閑居經
南无大愛道受戒經　南无文陀竭經
南无分和檀王經　南无度世經
南无解无常經　南无大善權經
南无要真經　南无八念經
南无大本藏經　南无照明三昧經
南无八正道經　南无大六向拜經
南无胡般泥洹經　南无諸神呪經
南无大愛道泥洹經　南无本相猗致經
南无六淨經　南无十思惟經
南无流攝經　南无六十二見經
次禮十方諸大菩薩
南无淨世界陀羅尼自在王菩薩
南无善見世界堅固莊嚴菩薩
南无淨光世界功德山王菩薩

BD05679號　佛名經（十六卷本）卷一六

（34–27）

南无流攝經　南无六十二見經
次礼十方諸大菩薩
南无淨世界陁羅尼自在王菩薩
南无善見世界堅固莊嚴菩薩
南无淨光世界功德山王菩薩
南无淨世界法慧菩薩
南无淨光世界山王菩薩
南无淨光世界師子吼菩薩
南无淨光世界弥勒菩薩
南无淨光世界功德聚菩薩
南无好成世界智積菩薩
南无寂靜世界進淨菩薩
南无善信淨菩薩　現在西北方菩薩名
南无旃檀香世界普明菩薩
南无旃檀香世界大光菩薩
南无金剛世界法首菩薩
南无思惟樹世界善首菩薩
南无雜闍寘世界光曜內菩薩
南无日慧世界福德王菩薩
南无星宿世界然燈菩薩
南无旃檀香世界海慧菩薩
南无意入世界无量華貽垂跃菩薩
南无金色世界文殊師利菩薩
南无樂色世界覺首菩薩
南无華色世界財首菩薩

南无意入世界无量華貽垂跃菩薩
南无金色世界文殊師利菩薩
南无樂色世界覺首菩薩
南无華色世界財首菩薩
南无瞻蔔華色世界寶首菩薩
次礼聲聞緣覺一切賢聖
南无脩行不著辟支佛　南无難措辟支佛
南无寶辟支佛　南无不可比辟支佛
南无歡喜辟支佛　南无喜辟支佛
南无隨喜辟支佛
南无十二婆羅墮辟支佛
南无十同名婆羅辟支佛
南无大身辟支佛
南无同菩提辟支佛　南无摩訶男辟支佛
南无心上辟支佛　南无跃淨辟支佛
南无善快辟支佛　南无園陁辟支佛
南无吉沙辟支佛　南无優波吉辟支佛
南无斷有辟支佛　南无優波支羅辟支佛
礼三寶已次復懺悔
次懺刧盜之業經中說言若物屬他所守
護於此物中一草一葉不與不取何况盜
竊但自衆生唯見現在利故以種種非道
而取致使未來受此殃累是故經言刧盜之
罪能令衆生墮於地獄餓鬼受苦若在畜
生則受牛馬驢騾駱駞等形以其所有身

護於此物中一草一葉不與不取何況盜
竊但自眾生唯見現在利故以種種非道
而取致使未來受此殃累是故經言劫盜之
罪能令眾生墮於地獄餓鬼受苦若在畜
生則受牛馬驢騾駱駝等形以其所有身
力血肉償他宿債若生人中為他奴婢衣不
蔽形食不充命貧寒困苦人理殆盡劫盜既有
如是苦報是故弟子今日至到稽首歸依於
佛
南无東方壞諸煩惱佛
南无南方妙音自在佛
南无西方大雲光佛
南无北方雲自在佛
南无東南方无緣莊嚴佛
南无西南方過諸魔界佛
南无西北方見无恐懼佛
南无東北方一切德嚴佛
南无下方妙善住王佛
南无上方蓮華藏光佛
如是十方盡虛空界一切三寶至心歸命常
住三寶
弟子自從无始以來至於今日或盜他財寶
興刃強奪或自怙恃逼迫而取或恃公威或假
勢力高桁大械枉砷良善吞納奸貨考直為
曲為此因緣身羅憲網或任邪治或領他財物

BD05679號　佛名經（十六卷本）卷一六

（34-30）

弟子自從无始以來至於今日或盜他財寶
興刃強奪或自怙恃逼迫而取或恃公威或假
勢力高桁大械枉砷良善吞納奸貨考直為
曲為此因緣身羅憲網或任邪治或領他財物
假公益私侵私益公損彼利此損此利彼
割他自饒口與心悋或竊沒租估偷度關稅
匿公課輸藏隱使役如是等罪今悉懺
悔至心歸命常住三寶
或是佛法僧物不與而取或經像物或治營
塔寺物或供養常住僧物或擬招提僧物
或盜取誤用恃勢不還或自借或貸人或
復換貨漏忘或三寶无分混亂雜用或以
眾物穀米樵薪鹽豉醬酢菜茹菓實錢
帛竹木繒綵幡蓋香花油燭隨情逐意
或自用或與人或摘佛華菓用僧鬘物
因三寶財私自利己如是等罪无量无邊
今日慚愧皆悉懺悔至心歸命常住三寶
又復无始以來至于今日或作周旋朋友師
僧同學父母兄弟六親眷屬共住同止百
一所須更相欺罔或於鄉鄰比近親離拓
牆侵他地宅改標易相虜略田園因公託
私奪人邸店及以毛野如是等罪今悉懺悔
至心歸命常住三寶
又復无始以來或攻城破邑燒村壞柵偷
賣良民誘他奴婢或復枉砷无罪之人使其
形俎血刃身破遠謀家業破散骨肉生離六

BD05679號　佛名經（十六卷本）卷一六

（34-31）

私棄人邪店及以乇野如是等罪今悉懺悔
至心歸命常住三寶
又復无始以來或因城破邑燒村壞柵偷
賣良民誘他奴婢或復枉砌无罪之人使其
形骸血刃身被徒鏁家業破散骨肉生離分
張異域生死隔絕如是等罪无量无邊今
悉至心皆盡懺悔至心歸命常住三寶
又復无始以來至於今日或商侶博貨邪店
市易輕稱小斗減割尺寸盜竊分銖欺罔
圭合以賤易好以短換長巧欺百端希望豪
利如是等罪今悉懺悔至心歸命常住三
寶
又復无始以來至於今日穿窬牆壁斷道
抄掠抵捍債息負精違要面欺心口或非道
陵棄鬼神禽獸四生之物或假託卜相取人
財寶如是乃至以利求利惡求多求无厭无
足如是等罪无量无邊不可說盡今日向十
方佛尊法聖衆皆悉懺悔至心歸命常
住三寶
願弟子等承是懺悔劫盜等罪所生功德
生生世世得如意寶常雨七珍上妙衣服百
味甘露種種湯藥隨意所須應念即至一切
衆生无偷棄想一切皆能少欲知足不耽不
染常樂專施行急濟道頭目髓腦捨身如棄
涕唾迴向滿足波羅蜜至心歸命常住三寶

BD05679號　佛名經（十六卷本）卷一六　（34–32）

生生世世得如意寶常雨七珍上妙衣服百
味甘露種種湯藥隨意所須應念即至一切
衆生无偷棄想一切皆能少欲知足不耽不
染常樂專施行急濟道頭目髓腦捨身如棄
涕唾迴向滿足波羅蜜至心歸命常住三寶
佛說罪業報應教化地獄經
復有衆生其形短小陰藏甚大挽之身皮皆
復進引行步坐臥以之為妙何罪所致佛言
以前世時於市販賣自譽己物毀辱他財躝升
抖斗蹋稱前後故獲斯罪
復有衆生其形甚醜身黑如漆兩目復青
高類俱堆匾面平鼻兩眼黃赤牙齒踈缺口
氣腥臭矬短癰腫大腹遠寬脚復了戾腰
脊低勃費衣健食惡瘡膿血水腫干消疥癩
癰疽種種諸惡集在其身雖親附人人不在
意若他作罪橫羅其殃永不見佛永不聞
法永不識僧何罪所致佛言以前世時坐
為子不孝父母為臣不忠其君為上不接其
下為下不敬其上用交不實其信鄉黨不以
其齒朝廷不以其爵心意顛倒无有期度不
信三尊煞君害師伐國掠民攻城破塢偷寇
過盜惡業非一美己惡人侵陵孤老誣謗賢
善輕慢尊長欺誑下賤一切罪業集俱犯
之衆生業報故獲斯罪
佛名經卷第十六

BD05679號　佛名經（十六卷本）卷一六　（34–33）

癰疽種種諸惡集在其身雖親附人人不在
意若他作罪橫羅其殃永不見佛永不聞
法永不識僧何罪所致佛言以前世時坐
為子不孝父母為臣不忠其君為上不接其
下為下不敬其上朋友不實其信鄉黨不以
其齒朝廷不以其爵心意顛倒无有期度不
信三尊煞君害師伐國掠民攻城破塢偷塞
過盜惡業非一美己惡人侵陵孤老誣謗賢
善輕慢尊長欺誑下賤一切罪業集俱犯
之眾生業報故獲斯罪

佛名經卷第十六

BD05679號　佛名經（十六卷本）卷一六

（34–34）

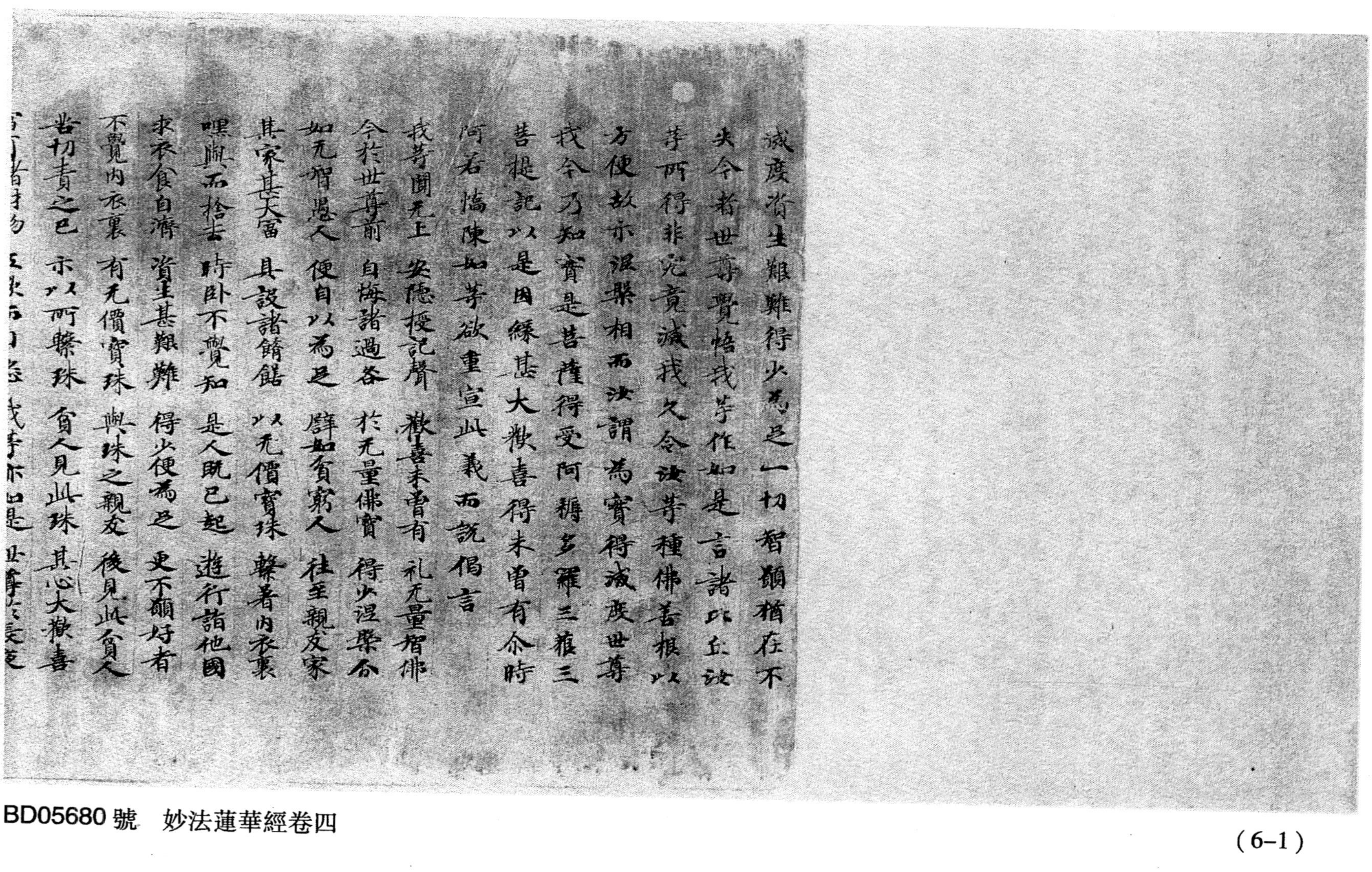

滅度資生艱難得少為足一切智願猶在不
失今者世尊覺悟我等作如是言諸比丘汝
等所得非究竟滅我久令汝等種佛善根以
方便故示涅槃相而汝謂為實得滅度世尊
我今乃知實是菩薩得受阿耨多羅三藐三
菩提記以是因緣甚大歡喜得未曾有尒時
阿若憍陳如等欲重宣此義而說偈言
我等聞无上　安隱授記聲　歡喜未曾有　礼无量智佛
今於世尊前　自悔諸過咎　於无量佛寶　得少涅槃分
如无智愚人　便自以為足　譬如貧窮人　往至親友家
其家甚大富　具設諸餚饍　以无價寶珠　繫著內衣裏
嘿與而捨去　時臥不覺知　是人既已起　遊行詣他國
求衣食自濟　資生甚艱難　得少便為足　更不願好者
不覺內衣裏　有无價寶珠　與珠之親友　後見此貧人
苦切責之已　示以所繫珠　貧人見此珠　其心大歡喜
富有諸財物　五欲而自恣　我等亦如是　世尊於長夜

BD05680號　妙法蓮華經卷四

（6–1）

其家甚大富　具設諸餚饍　以无價寶珠　繫著內衣裏
嘿與而捨去　時卧不覺知　是人既已起　遊行詣他國
求衣食自濟　資生甚艱難　得少便為足　更不願好者
不覺內衣裏　有无價寶珠　與珠之親友　後見此貧人
苦切責之已　示以所繫珠　貧人見此珠　其心大歡喜
富有諸財物　五欲而自恣　我等亦如是　世尊於長夜
常愍見教化　令種无上願　我等无智故　不覺亦不知
得少涅槃分　自足不求餘　今佛覺悟我　言非實滅度
得佛无上慧　尒乃為真滅　我今從佛聞　授記莊嚴事
及轉次受決　身心遍歡喜

妙法蓮華經授學无學人記品第九

尒時阿難羅睺羅而作是念我等每自思惟
設得受記不亦快乎即從座起到於佛前頭
面禮足俱白佛言世尊我等於此亦應有分
唯有如來我等所歸又我等為一切世間天
人阿修羅所見知識阿難常為侍者護持法
藏羅睺羅是佛之子若佛見授阿耨多羅三
藐三菩提記者我願既滿衆望亦足尒時學
无學聲聞弟子二千人皆從座起偏袒右肩
到於佛前一心合掌瞻仰世尊如阿難羅睺
羅所願住立一面尒時佛告阿難汝於來世
當得作佛号山海慧自在通王如來應供正
遍知明行足善逝世間解无上士調御丈夫
天人師佛世尊當供養六十二億諸佛護持
法藏然後得阿耨多羅三藐三菩提教化二
十千万億恒河沙諸菩薩等令成阿耨多羅

BD05680號　妙法蓮華經卷四　（6–2）

羅所願住立一面尒時佛告阿難汝於來世
當得作佛号山海慧自在通王如來應供正
遍知明行足善逝世間解无上士調御丈夫
天人師佛世尊當供養六十二億諸佛護持
法藏然後得阿耨多羅三藐三菩提教化二
十千万億恒河沙諸菩薩等令成阿耨多羅
三藐三菩提國名常立勝幡其土清淨瑠璃
為地劫名妙音遍滿其佛壽命无量千万億
阿僧祇劫若人於千万億无量阿僧祇劫中
筭數校計不能得知正法住世倍於壽命像
法住世復倍正法阿難是山海慧自在通王
佛為十方无量千万億恒河沙等諸佛如來
所共讚歎稱其功德尒時世尊欲重宣此義
而說偈言
我今僧中說　阿難持法者　當供養諸佛　然後成正覺
号曰山海慧　自在通王佛　其國土清淨　名常立勝幡
教化諸菩薩　其數如恒沙　佛有大威德　名聞滿十方
壽命无有量　以愍衆生故　正法倍壽命　像法復倍是
如恒河沙等　无數諸衆生　於此佛法中　種佛道因緣
尒時會中新發意菩薩八千人咸作是念我
等尚不聞諸大菩薩得如是記有何因緣而
諸聲聞得如是決尒時世尊知諸菩薩心之
所念而告之曰諸善男子我與阿難等於空
王佛所同時發阿耨多羅三藐三菩提心阿
難常樂多聞我常勤精進是故我已得成阿
耨多羅三藐三菩提而阿難護持我法亦護
將來諸佛法藏教化成就諸菩薩衆其本願

BD05680號　妙法蓮華經卷四　（6–3）

所念而告之曰諸善男子我與阿難等於空
王佛所同時發阿耨多羅三藐三菩提心阿
難常樂多聞我常勤精進是故我已得成阿
耨多羅三藐三菩提而阿難護持我法亦護
將來諸佛法藏教化成就諸菩薩衆其本願
如是故獲斯記阿難面於佛前自聞授記及
國土莊嚴所願具足心大歡喜得未曾有即
時憶念過去无量千万億諸佛法藏通達无
礙如今所聞亦識本願尒時阿難而説偈言
世尊甚希有　令我念過去　无量諸佛法　如今日所聞
我今无復疑　安住於佛道　方便爲侍者　護持諸佛法
尒時佛告羅睺羅汝於來世當得作佛号蹈
七寶華如來應供正遍知明行足善逝世間
解无上士調御丈夫天人師佛世尊當供養
十世界微塵等數諸佛如來常爲諸佛而作
長子猶如今也是蹈七寶華佛國土莊嚴壽
命劫數所化弟子正法像法亦如山海慧自
在通王如來无異亦爲此佛而作長子過是
已後當得阿耨多羅三藐三菩提尒時世尊
欲重宣此義而説偈言
我爲太子時　羅睺爲長子　我今成佛道　受法爲法子
於未來世中　見无量億佛　皆爲其長子　一心求佛道
羅睺羅密行　唯我能知之　現爲我長子　以示諸衆生
无量億千万　功德不可數　安住於佛法　以求无上道
尒時世尊見學无學二千人其意柔軟寂然
清淨一心觀佛佛告阿難汝見是學无學二

BD05680號　妙法蓮華經卷四

（6–4）

於未來世中　見无量億佛　皆爲其長子　一心求佛道
羅睺羅密行　唯我能知之　現爲我長子　以示諸衆生
无量億千万　功德不可數　安住於佛法　以求无上道
尒時世尊見學无學二千人其意柔軟寂然
清淨一心觀佛佛告阿難汝見是學无學二
千人不唯然已見阿難是諸人等當供養五
十世界微塵數諸佛如來恭敬尊重護持法
藏末後同時於十方國各得成佛皆同一号
名曰寶相如來應供正遍知明行足善逝世
間解无上士調御丈夫天人師佛世尊壽命
一劫國土莊嚴聲聞菩薩正法像法皆悉同
等尒時世尊欲重宣此義而説偈言
是二千聲聞　今於我前住　悉皆與受記　未來當成佛
所供養諸佛　如上説塵數　護持其法藏　後當成正覺
各於十方國　悉同一名号　倶時坐道場　以證无上慧
皆名爲寶相　國土及弟子　正法與像法　悉等无有異
咸以諸神通　度十方衆生　名聞普周遍　漸入於涅槃
尒時學无學二千人聞佛授記歡喜踊躍而
説偈言
世尊慧燈明　我聞授記音　心歡喜充滿　如甘露見灌

妙法蓮華經法師品第十

尒時世尊因藥王菩薩告八万大士汝
見是大衆中无量諸天龍王夜叉乾闥婆阿
脩羅迦樓羅緊那羅摩睺羅伽人與非人及
比丘比丘尼優婆塞優婆夷求聲聞者求辟
支佛者求佛道者如是等類咸於佛前聞妙

BD05680號　妙法蓮華經卷四

（6–5）

妙法蓮華經法師品第十
尒時世尊因藥王菩薩告八万大士藥王汝
見是大衆中无量諸天龍王夜叉乾闥婆阿
脩羅迦樓羅緊那羅摩睺羅伽人與非人及
比丘比丘尼優婆塞優婆夷求聲聞者求辟
支佛者求佛道者如是等類咸於佛前聞妙
法華經一偈一句乃至一念隨喜者我皆與
受記當得阿耨多羅三藐三菩提佛告藥王
又如來滅度之後若有人聞妙法華經乃至
一偈一句一念隨喜者我亦與受阿耨多羅
三藐三菩提記若復有人受持讀誦解說書
寫妙法華經乃至一偈於此經卷敬視如佛
種種供養華香瓔珞末香塗香燒香繒蓋幢
幡衣服伎樂乃至合掌恭敬藥王當知是諸
人等已曾供養十万億佛於諸佛所成就大
願愍衆生故生此人間藥王若有人問何等
衆生於未來世當得作佛應示是諸人等於
未來世必得作佛何以故若善男子善女人
於法華經乃至一句受持讀誦解說書寫種

BD05680號　妙法蓮華經卷四

（6–6）

…智慧　如海一渧
我雨法雨　充滿世間　一味之法　隨力脩行
如彼叢林　藥草諸樹　隨其大小　漸增茂好
諸佛之法　常以一味　令諸世間　普得具足
漸次脩行　皆得道果
聲聞緣覺　處於山林　住最後身　聞法得果
是名藥草　各得增長
若諸菩薩　智慧堅固　了達三界　求最上乘
是名小樹　而得增長
復有住禪　得神通力　聞諸法空　心大歡喜
放无數光　度諸衆生　是名大樹　而得增長
如是迦葉　佛所說法　譬如大雲　以一味雨
潤於人華　各得成實
迦葉當知　以諸因緣　種種譬喻　開示佛道
是我方便　諸佛亦然
今為汝等　說最實事　諸聲聞衆　皆非滅度
汝等所行　是菩薩道　漸漸脩學　悉當成佛
妙法蓮華經授記品第六
尒時世尊說是偈已告諸大衆唱如是言我
此弟子摩訶迦葉於未來世當得奉覲三百
万億諸佛世尊供養恭敬尊重讚歎廣宣諸

BD05681號　妙法蓮華經卷三

（23–1）

今為汝等　說最實事　諸聲聞衆　皆非滅度
汝等所行　是菩薩道　漸漸脩學　悉當成佛

妙法蓮華經授記品第六

尒時世尊說是偈已告諸大衆唱如是言我
此弟子摩訶迦葉於未來世當得奉覲三百
万億諸佛世尊供養恭敬尊重讚歎廣宣諸
佛无量大法於最後身得成為佛名曰光明
如來應供正遍知明行足善逝世間解无上
士調御丈夫天人師佛世尊國名光德劫名
大莊嚴佛壽十二小劫正法住世廿小劫像
法亦住廿小劫國界嚴飾无諸穢惡瓦礫荊
棘便利不淨其土平正无有高下坑坎堆阜
瑠璃為地寶樹行列黃金為繩以界道側散
諸寶華周遍清淨其國菩薩无量千億諸聲
聞衆亦復无量无有魔事雖有魔及魔民
皆護佛法尒時世尊欲重宣此義而說偈言
告諸比丘　我以佛眼　見是迦葉　於未來世
過无數劫　當得作佛
而於來世　供養奉覲　三百万億　諸佛世尊
為佛智慧　淨脩梵行
供養最上　兩足尊已　脩集一切　无上之慧
於最後身　得成為佛
其土清淨　瑠璃為地　多諸寶樹　行列道側
金繩界道　見者歡喜　常出好香　散衆名花
種種奇妙　以為莊嚴　其地平正　无有丘坑
諸菩薩衆　不可稱計　其心調柔　逮大神通
奉持諸佛　大乘經典

其土清淨　瑠璃為地　多諸寶樹　行列道側
金繩界道　見者歡喜　常出好香　散衆名花
種種奇妙　以為莊嚴　其地平正　无有丘坑
諸菩薩衆　不可稱計　其心調柔　逮大神通
奉持諸佛　大乘經典
諸聲聞衆　无漏後身　法王之子　亦不可計
乃以天眼　不能數知
其佛當壽　十二小劫　正法住世　二十小劫
像法亦住　二十小劫　光明世尊　其事如是
尒時大目揵連須菩提摩訶迦旃延等皆悉
悚慄一心合掌瞻仰世尊目不暫捨即共同
聲而說偈言
大雄猛世尊　諸釋之法王　哀愍我等故　而賜佛音聲
若知我深心　見為授記者　如以甘露灑　除熱得清涼
如從飢國來　忽遇大王饍　心猶懷疑懼　未敢即便食
若復得王教　然後乃敢食
我等亦如是　每惟小乘過　不知當云何　得佛无上慧
雖聞佛音聲　言我等作佛　心尚懷憂懼　如未敢便食
若蒙佛授記　尒乃快安樂
大雄猛世尊　常欲安世間　願賜我等記　如飢須教食
尒時世尊知諸大弟子心之所念告諸比丘
是須菩提於當來世奉覲三百万億那由
他佛供養恭敬尊重讚歎常脩梵行具菩薩
道於最後身得成為佛号曰名相如來應供
正遍知明行足善逝世間解无上士調御丈夫
天人師佛世尊劫名有寶國名寶生其土平
正頗梨為地寶樹莊嚴无諸丘坑沙礫荊棘
便利之穢寶華覆地周遍清淨其土人民皆

他佛供養恭敬尊重讚嘆常脩梵行具菩薩
道於最後身得成為佛号曰名相如來應供
正遍知明行足善逝世間解无上士調御丈夫
天人師佛世尊劫名有寶國名寶生其土平
正頗梨為地寶樹莊嚴无諸丘坑砂礫荊棘
便利之穢寶華覆地周遍清淨其土人民皆
處寶臺珎妙樓閣聲聞弟子无量无邊筭
數譬喻所不能知諸菩薩衆无數千万億那
由他佛壽十二小劫正法住世廿小劫像法
亦住廿小劫其佛常處虛空為衆說法度脫
无量菩薩及聲聞衆尒時世尊欲重宣此義
而說偈言
諸比丘衆　今告汝等　皆當一心　聽我所說
我大弟子　須菩提者　當得作佛　号曰名相
當供无數　万億諸佛　隨佛所行　漸具大道
最後身得　三十二相　端政殊妙　猶如寶山
其佛國土　嚴淨苐一　衆生見者　无不愛樂
佛於其中　度无量衆
其佛法中　多諸菩薩　皆悉利根　轉不退轉
彼國常以　菩薩莊嚴
諸聲聞衆　不可稱數　皆得三明　具六神通
住八解脫　有大威德
其佛說法　現於无量　神通變化　不可思議
諸天人民　數如恒沙　皆共合掌　聽受佛語其
佛當壽十二小劫　正法住世二十小劫　像法
亦住二十小劫

BD05681號　妙法蓮華經卷三　（23–4）

住八解脫　有大威德
其佛說法　現於无量　神通變化　不可思議
諸天人民　數如恒沙　皆共合掌　聽受佛語其
佛當壽十二小劫　正法住世二十小劫　像法
亦住二十小劫
尒時世尊復告諸比丘衆我今語汝是大迦
旃延於當來世以諸供具供養奉覲八千億
佛恭敬尊重諸佛滅後各起塔廟高千由旬
縱廣正等五百由旬以金銀瑠璃車𤦲馬瑙
真珠玫瑰七寶合成衆華瓔珞塗香末香燒
香繒蓋幢幡供養塔廟過是已後當復供
養二万億佛亦復如是供養是諸佛已具菩
薩道當得作佛号曰閻浮那提金光如來應
供正遍知明行足善逝世間解无上士調御
丈夫天人師佛世尊其土平正頗梨為地寶
樹莊嚴黃金為繩以界道側妙華覆地周遍
清淨見者歡喜无四惡道地獄餓鬼畜生阿
脩羅道多有天人諸聲聞衆及諸菩薩无量
万億莊嚴其國佛壽十二小劫正法住世廿小
劫像法亦住廿小劫尒時世尊欲重宣此義
而說偈言
諸比丘衆　皆一心聽　如我所說　真實无異
是迦旃延　當以種種　妙好供具　供養諸佛
諸佛滅後　起七寶塔　亦以華香　供養舍利
其最後身　得佛智慧　成等正覺　國土清淨
度脫无量　万億衆生　皆為十方　之所供養
佛之光明　无能勝者　其佛号曰　閻浮金光

BD05681號　妙法蓮華經卷三　（23–5）

是迦旃延　當以種種　妙好供具　供養諸佛
諸佛滅後　起七寶塔　亦以華香　供養舍利
其最後身　得佛智慧　成等正覺　國土清淨
度脫无量　万億衆生　皆為十方　之所供養
佛之光明　无能勝者　其佛号曰　閻浮金光
菩薩聲聞　斷一切有　无量无數　莊嚴其國
尒時世尊復告大衆我今語汝是大目揵連
當以種種供具供養八千諸佛恭敬尊重
諸佛滅後各起塔廟高千由旬縱廣正等五百
由旬以金銀瑠璃車𤦲馬瑙真珠玫瑰七寶
合成衆華瓔珞塗香末香燒香繒蓋幢幡以
用供養過是已後當復供養二百万億諸佛
亦復如是當得成佛号曰多摩羅跋栴檀香
如來應供正遍知明行足善逝世間解无上
士調御丈夫天人師佛世尊劫名喜滿國名
意樂其土平正頗梨為地寶樹莊嚴散真珠
華周遍清淨見者歡喜多諸天人菩薩聲聞
其數无量佛壽廿四小劫正法住世卌小劫
像法亦住卌小劫尒時世尊欲重宣此義而
說偈言
我此弟子　大目揵連　捨是身已　得見八千
二百万億　諸佛世尊　為佛道故　供養恭敬
於諸佛所　常脩梵行　於无量劫　奉持佛法
諸佛滅後　起七寶塔
長表金剎　華香伎樂　而以供養　諸佛塔廟
漸漸具足　菩薩道已　於意樂國　而得作佛
号多摩羅　栴檀之香

BD05681號　妙法蓮華經卷三

(23–6)

二百万億　諸佛世尊　為佛道故　供養恭敬
於諸佛所　常脩梵行　於无量劫　奉持佛法
諸佛滅後　起七寶塔
長表金剎　華香伎樂　而以供養　諸佛塔廟
漸漸具足　菩薩道已　於意樂國　而得作佛
号多摩羅　栴檀之香
其佛壽命　二十四劫　常為天人　演說佛道
聲聞无量　如恒河沙　三明六通　有大威德
菩薩无數　志固精進　於佛智慧　皆不退轉
佛滅度後　正法當住　四十小劫　像法亦尒
我諸弟子　威德具足　其數五百　皆當授記
於未來世　咸得成佛
我及汝等　宿世因緣　吾今當說　汝等善聽

妙法蓮華經化城喻品第七

佛告諸比丘乃往過去无量无邊不可思議
阿僧祇劫尒時有佛名大通智勝如來應供
正遍知明行足善逝世間解无上士調御丈
夫天人師佛世尊其國名好成劫名大相諸
比丘彼佛滅度已來甚大久遠譬如三千大
千世界所有地種假使有人磨以為墨過東
方千國土乃下一點大如微塵又過千國土
復下一點如是展轉盡地種墨於汝等意
云何是諸國土若算師若算師弟子能得邊
際知其數不不也世尊諸比丘是人所經國
土若點不點盡末為塵一塵一劫彼佛滅度
已來復過是數无量无邊百千万億阿僧祇
劫我以如來知見力故觀彼久遠猶若今日

BD05681號　妙法蓮華經卷三

(23–7)

云何是諸國土若筭師若筭弟子能得邊
際知其數不不也世尊諸比丘是人所逕國
土若點不點盡抹為塵一塵一劫彼佛滅度
已來復過是數无量无邊百千万億阿僧祇
劫我以如來知見力故觀彼久遠猶若今日
尒時世尊欲重宣此義而說偈言
我念過去世　无量无邊劫　有佛兩足尊　名大通智勝
如人以力磨　三千大千土　盡此諸地種　皆悉以為墨
過於千國土　乃下一塵點　如是展轉點　盡此諸塵墨
如是諸國土　點與不點等　復盡抹為塵　一塵為一劫
此諸微塵數　其劫復過是　彼佛滅度來　如是无量劫
如來无导智　知彼佛滅度　及聲聞菩薩　如見今滅度
諸比丘當知　佛智淨微妙　无漏无所导　通達无量劫
佛告諸比丘大通智勝佛壽五百卌万億那
由他劫其佛本坐道場破魔軍已垂得阿耨
多羅三藐三菩提而諸佛法不現在前如是
一小劫乃至十小劫結跏趺坐身心不動而
諸佛法猶不在前尒時忉利諸天先為彼佛
於菩提樹下敷師子坐高一由旬佛於此坐
當得阿耨多羅三藐三菩提適坐此坐時諸
梵天王雨衆天華面百由旬香風時來吹去
萎華更雨新者如是不絕滿十小劫供養於
佛乃至滅度常雨此華四王諸天為供養佛
常擊天鼓其餘諸天作天伎樂滿十小劫至
于滅度亦復如是諸比丘大通智勝佛過十
小劫諸佛之法乃現在前成阿耨多羅三藐
三菩提其佛未出家時有十六子其第一者

BD05681號　妙法蓮華經卷三　（23–8）

常擊天鼓其餘諸天作天伎樂滿十小劫至
于滅度亦復如是諸比丘大通智勝佛過十
小劫諸佛之法乃現在前成阿耨多羅三藐
三菩提其佛未出家時有十六子其第一者
名曰智積諸子各有種種珍異玩好之具聞
父得成阿耨多羅三藐三菩提皆捨所珍往
詣佛所諸母涕泣而隨送之其祖轉輪聖王
與一百大臣及餘百千万億人民皆共圍遶
隨至道場咸欲親近大通智勝如來供養恭
敬尊重讚嘆到已頭面礼足遶佛畢一心合
掌瞻仰世尊以偈頌曰
大威德世尊　為度衆生故　於无量億歲　尒乃得成佛
諸願已具足　善哉吉无上
世尊甚希有　一坐十小劫　身體及手足　靜然安不動
其心常惔怕　未曾有散亂　究竟永寂滅　安住无漏法
今者見世尊　安隱成佛道　我等得善利　稱慶大歡喜
衆生常苦惱　盲瞑无導師　不識苦盡道　不知求解脫
長夜增惡趣　減損諸天衆　從冥入於冥　永不聞佛名
今佛得最上　安隱无漏道　我等及天人　為得最大利
是故咸稽首　歸命无上尊
尒時十六王子偈讚佛已勸請世尊轉於法
輪咸作是言世尊說法多所安隱憐愍饒益
諸天人民重說偈言
世雄无等倫　百福自莊嚴　得无上智慧　願為世間說
度脫於我等　及諸衆生類　為分別顯示　令得是智慧
若我等得佛　衆生亦復然
世尊知衆生　深心之所念　亦知所行道　又知智慧力

BD05681號　妙法蓮華經卷三　（23–9）

[illegible]
諸天人民重說偈言
世雄无等倫　百福自莊嚴　得无上智慧　願為世間說
度脫於我等　及諸衆生類　為分別顯示　令得是智慧
若我等得佛　衆生亦復然
世尊知衆生　深心之所念　亦知所行道　又知智慧力
欲樂及脩福　宿命所行業　世尊悉知已　當轉无上輪
佛告諸比丘大通智勝佛得阿耨多羅三藐
三菩提時十方各五百万億諸佛世界六種
震動其國中間幽冥之處日月威光所不能
照而皆大明其中衆生各得相見咸作是言
此中云何忽生衆生又其國界諸天宮殿乃
至梵宮六種震動大光普照遍滿世界勝諸
天光尒時東方五百万億諸國土中梵天宮
殿光明照曜倍於常明諸梵天王各作是念
今者宮殿光明昔所未有以何因緣而現此
相是時諸梵天王即各相詣共議此事而彼
衆中有一大梵天王名救一切為諸梵衆而
說偈言
我等諸宮殿　光明昔未有　此是何因緣　宜各共求之
為大德天王　為佛出世間　而此大光明　遍照於十方
尒時五百万億國土諸梵天王與宮殿俱各
以衣裓盛諸天華共詣西方推尋是相見大
通智勝如來處于道場菩提樹下坐師子坐
諸天龍王乾闥婆緊那羅摩睺羅伽人非人
等恭敬圍遶及見十六王子請佛轉法輪即
時諸梵天王頭面礼佛遶百千帀即以天華
而散佛上其所散華如須彌山并以供養佛

BD05681號　妙法蓮華經卷三

（23–10）

[illegible]
以衣裓盛諸天華共詣西方推尋是相見大
通智勝如來處于道場菩提樹下坐師子坐
諸天龍王乾闥婆緊那羅摩睺羅伽人非人
等恭敬圍遶及見十六王子請佛轉法輪即
時諸梵天王頭面礼佛遶百千帀即以天華
而散佛上其所散華如須彌山并以供養佛
菩提樹其菩提樹高十由旬華供養已各以
宮殿奉上彼佛而作是言唯見哀愍饒益我
等所獻宮殿願垂納處時諸梵天王即於佛
前一心同聲以偈頌曰
世尊甚希有　難可得值遇　具无量功德　能救護一切
天人之大師　哀愍於世間　十方諸衆生　普皆蒙饒益
我等所從來　五百万億國　捨深禪定樂　為供養佛故
我等先世福　宮殿甚嚴飾　今以奉世尊　唯願哀納受
尒時諸梵天王偈讚佛已各作是言唯願世
尊轉於法輪度脫衆生開涅槃道時諸梵天
王一心同聲而說偈言
世雄兩足尊　唯願演說法　以大慈悲力　度苦惱衆生
尒時大通智勝如來嘿然許之
又語比丘東南方五百万億國土諸大梵王
各自見宮殿光明照曜昔所未有歡喜踊躍
生希有心即各相詣共議此事而彼衆中有
一大梵天王名曰大悲為諸梵衆而說偈言
是事何因緣　而現如此相　我等諸宮殿　光明昔未有
為大德天王　為佛出世間　未曾見此相　當共一心求
過千万億土　尋光共推之　多是佛出世　度脫苦衆生
尒時五百万億諸梵天王與宮殿俱各以衣

BD05681號　妙法蓮華經卷三

（23–11）

生希有心所各相詣共議此事而彼衆中有
一大梵天王名曰大悲為諸梵衆而說偈言
是事何因緣　而現如此相　我等諸宮殿　光明昔未有
為大德天生　為佛出世間　未曾見此相　當共一心求
過千万億土　尋光共推之　多是佛出世　度脫苦衆生
尒時五百万億諸梵天王與宮殿俱各以衣
裓盛諸天華共詣西北方推尋是相見大通
智勝如來處于道場菩提樹下坐師子坐諸
天龍王乾闥婆緊那羅摩睺羅伽人非人等
恭敬圍遶及見十六王子請佛轉法輪時諸
梵天王頭面礼佛遶百千匝即以天華而散
佛上所散之華如須弥山并以供養佛菩提
樹華供養已各以宮殿奉上彼佛而作是言
唯見哀愍饒益我等所獻宮殿願垂納處尒
時諸梵天王即於佛前一心同聲以偈頌曰
聖主天中天　迦陵頻伽聲　哀愍衆生者　我等今敬礼
世尊甚希有　久遠乃一現　一百八十劫　空過无有佛
三惡道充滿　諸天衆減少　今佛出於世　為衆生作眼
世間所歸趣　救護於一切　為衆生之父　哀愍饒益者
我等宿福慶　今得值世尊
尒時諸梵天王偈讚佛已各作是言唯願世
尊哀愍一切轉於法輪度脫衆生時諸梵天
王一心同聲而說偈言
大聖轉法輪　顯示諸法相　度苦惱衆生　令得大歡喜
衆生聞是法　得道若生天　諸惡道減少　忍善者增益
尒時大通智勝如來默然許之
又諸比丘南方五百万億國土諸大梵王各

大聖轉法輪　顯示諸法相　度苦惱衆生　令得大歡喜
衆生聞是法　得道若生天　諸惡道減少　忍善者增益
尒時大通智勝如來默然許之
又諸比丘南方五百万億國土諸大梵王各
自見宮殿光明照曜昔所未有歡喜踊躍生
希有心即各相詣共議此事以何因緣我等
宮殿有此光曜而彼衆中有一大梵天王名
曰妙法為諸梵衆而說偈言
我等諸宮殿　光明甚威曜　此非无因緣　是相宜求之
過於百千劫　未曾見是相　為大德天生　為佛出世間
尒時五百万億諸梵天王與宮殿俱各以衣
裓盛諸天華共詣北方推尋是相見大通智
勝如來處于道場菩提樹下坐師子坐諸天
龍王乾闥婆緊那羅摩睺羅伽人非人等恭
敬圍遶及見十六王子請佛轉法輪時諸梵
天王頭面礼足遶百千匝即以天華而散佛
上所散之華如須弥山并以供養佛菩提樹
華供養已各以宮殿奉上彼佛而作是言唯
見哀愍饒益我等所獻宮殿願垂納處尒
時諸梵天王即於佛前一心同聲以偈頌曰
世尊甚難見　破諸煩惱者　過百三十劫　今乃得一見
諸飢渴衆生　以法雨充滿　昔所未曾覩　无量智慧者
如優曇波羅　今日乃值遇
我等諸宮殿　蒙光故嚴飾　世尊大慈悲　唯願垂納受
尒時諸梵天王偈讚佛已各作是言唯願世
尊轉於法輪令一切世間諸天魔梵沙門婆
羅門皆獲安隱而得度脫時諸梵天王一心

如優曇波羅　今日乃值遇
我等諸宮殿　蒙光故嚴飾　世尊大慈悲　唯願垂納受
尒時諸梵天王偈讃佛已各作是言唯願世
尊轉於法輪令一切世間諸天魔梵沙門婆
羅門皆獲安隱而得度脫時諸梵天王一心
同聲而說偈言
唯願天人尊　轉無上法輪　擊于大法鼓　而吹大法螺
普雨大法雨　度無量衆生　我等咸歸請　當演深遠音
尒時大通智勝如來默然許之西南方乃至
下方亦復如是
尒時上方五百万億國土諸大梵王皆悉自
覩所止宮殿光明威耀昔所未有歡喜踊躍
生希有心即各相詣共議此事以何因緣我
等宮殿有斯光明而彼衆中有一大梵天王
名曰尸棄為諸梵衆而說偈言
今以何因緣　我等諸宮殿　威德光明耀　嚴飾未曾有
如是之妙相　昔所不聞見　為大德天生　為佛出世間
尒時五百万億諸梵天王與宮殿俱各以衣
祴盛諸天華共詣下方推尋此相見大通智
勝如來處于道場菩提樹下坐師子座諸天
龍王乾闥婆緊那羅摩睺羅伽人非人等恭
敬圍繞及見十六王子請佛轉法輪時諸梵
天王頭面礼佛繞百千匝即以天華而散佛
上所散之華如須彌山并以供養佛菩提樹
華供養已各以宮殿奉上彼佛而作是言唯
見哀愍饒益我等所獻宮殿願垂納處時諸
梵天王即於佛前一心同聲以偈頌曰

BD05681號　妙法蓮華經卷三

(23–14)

敬圍繞及見十六王子請佛轉法輪時諸梵
天王頭面礼佛繞百千匝即以天華而散佛
上所散之華如須彌山并以供養佛菩提樹
華供養已各以宮殿奉上彼佛而作是言唯
見哀愍饒益我等所獻宮殿願垂納處時諸
梵天王即於佛前一心同聲以偈頌曰
善哉見諸佛　救世之聖尊　能於三界獄　勉出諸衆生
普智天人尊　哀愍群萠類　能開甘露門　廣度於一切
於昔無量劫　空過無有佛　世尊未出時　十方常闇冥
三惡道增長　阿脩羅亦盛　諸天衆轉減　死多墮惡道
不從佛聞法　常行不善事　色力及智慧　斯等皆減少
罪業因緣故　失樂及樂想
住於邪見法　不識善儀則　不蒙佛所化　常墮於惡道
佛為世間眼　久遠時乃出　哀愍諸衆生　故現於世間
超出成正覺　我等甚欣慶　及餘一切衆　喜歎未曾有
我等諸宮殿　蒙光故嚴飾　今以奉世尊　唯垂哀納受
願以此功德　普及於一切　我等與衆生　皆共成佛道
尒時五百万億諸梵天王偈讃佛已各白佛
言唯願世尊轉於法輪多所安隱多所度脫
時諸梵天王而說偈言
世尊轉法輪　擊甘露法鼓　度苦惱衆生　開示涅槃道
唯願受我請　以大微妙音　哀愍而敷演　無量劫集法
尒時大通智勝如來受十方諸梵天王及十
六王子請即時三轉十二行法輪若沙門婆
羅門若天魔梵及餘世間所不能轉謂是苦
是苦集是苦滅是苦滅道及廣說十二因緣

BD05681號　妙法蓮華經卷三

(23–15)

唯願受我請　以大微妙音　哀愍而敷演　无量劫集法
尒時大通智勝如來受十方諸梵天王及十
六王子請即時三轉十二行法輪若沙門婆
羅門若天魔梵及餘世間所不能轉謂是苦
是苦集是苦滅是苦滅道及廣說十二因緣
法无明緣行行緣識識緣名色名色緣六入
六入緣觸觸緣受受緣愛愛緣取取緣有有
緣生生緣老死憂悲苦惱无明滅則行滅行
滅則識滅識滅則名色滅名色滅則六入滅
六入滅則觸滅觸滅則受滅受滅則愛滅愛
滅則取滅取滅則有滅有滅則生滅生滅則
老死憂悲苦惱滅佛於天人大衆之中說是
法時六百万億那由他人以不受一切法故而
於諸漏心得解脫皆得深妙禪定三明六通
具八解脫第二第三第四說法時千万億恒
河沙那由他等衆生亦以不受一切法故而
於諸漏心得解脫從是已後諸聲聞衆无量
无邊不可稱數尒時十六王子皆以童子出
家而為沙弥諸根通利智慧明了已曾供養
百千万億諸佛淨脩梵行求阿耨多羅三藐
三菩提俱白佛言世尊是諸无量千万億
大德聲聞皆已成就世尊亦當為我等說阿
耨多羅三藐三菩提法我等聞已皆共脩學
世尊我等志願如來知見深心所念佛自證
知尒時轉輪聖王所將衆中八万億人見十
六王子出家亦求出家王即聽許尒時彼佛
受沙弥請過二万劫已乃於四衆之中說是

BD05681號　妙法蓮華經卷三　（23-16）

耨多羅三藐三菩提法我等聞已皆共脩學
世尊我等志願如來知見深心所念佛自證
知尒時轉輪聖王所將衆中八万億人見十
六王子出家亦求出家王即聽許尒時彼佛
受沙弥請過二万劫已乃於四衆之中說是
大乘經名妙法蓮華教菩薩法佛所護念說
是經已十六沙弥為阿耨多羅三藐三菩提
故皆共受持諷誦通利說是經時十六菩薩
沙弥皆悉信受聲聞衆中亦有信解其餘
衆生千万億種皆生疑惑佛說是經於八千劫
未曾休廢說此經已即入靜室住於禪定八
万四千劫是時十六菩薩沙弥知佛入室寂
然禪定各昇法座亦於八万四千劫為四部
衆廣說分別妙法華經一一皆度六百万億
那由他恒河沙等衆生示教利喜令發阿耨
多羅三藐三菩提大通智勝佛過八万四千
劫已從三昧起往詣法座安詳而坐普告大
衆是十六菩薩沙弥甚為希有諸根通利智
慧明了已曾供養无量千万億數諸佛於諸
佛所常脩梵行受持佛智開示衆生令入其
中汝等皆當數數親近而供養之所以者何
若聲聞辟支佛及諸菩薩能信是十六菩薩
所說經法受持不毀者是人皆當得阿耨多
羅三藐三菩提如來之慧佛告諸比丘是十
六菩薩常樂說是妙法蓮華經一一菩薩所
化六百万億那由他恒河沙等衆生世世所
生與菩薩俱從其聞法悉皆信解以此因緣

BD05681號　妙法蓮華經卷三　（23-17）

所說經法受持不毀者是人皆當得阿耨多
羅三藐三菩提如來之慧佛告諸比丘是十
六菩薩常樂說是妙法蓮華經一一菩薩所
化六百万億那由他恒河沙等眾生世世所
生與菩薩俱從其聞法悉皆信解以此因緣
得值四万億諸佛世尊于今不盡諸比丘我
今語汝彼佛弟子十六沙弥今皆得阿耨多
羅三藐三菩提於十方國土現在說法有无
量百千万億菩薩聲聞以為眷屬其二沙弥
東方作佛一名阿閦在歡喜國二名須弥頂
東南方二佛一名師子音二名師子相南方
二佛一名虛空住二名常滅西南方二佛一
名帝相二名梵相西方二佛一名阿弥陁二
名度一切世間苦惱西北方二佛一名多摩
羅跋栴檀香神通二名須弥相北方二佛一
名雲自在二名雲自在王東北方佛名壞一
切世間怖畏第十六我釋迦牟尼佛於娑婆
國土成阿耨多羅三藐三菩提諸比丘我等
為沙弥時各各教化无量百千億万恒河沙
眾等生從我聞法為阿耨多羅三藐三菩提
此諸眾生于今有住聲聞地者我常教化阿
耨多羅三藐三菩提是諸人等應以是法漸
入佛道所以者何如來智慧難信難解尒時
所化无量恒河沙等眾生者汝等諸比丘及
我滅度後未來世中聲聞弟子是也我滅度
後復有弟子不聞是經不知不覺菩薩所行
自於所得功德生滅度想當入涅槃我於餘

耨多羅三藐三菩提是諸人等應以是法漸
入佛道所以者何如來智慧難信難解尒時
所化无量恒河沙等眾生者汝等諸比丘及
我滅度後未來世中聲聞弟子是也我滅度
後復有弟子不聞是經不知不覺菩薩所行
自於所得功德生滅度想當入涅槃我於餘
國作佛更有異名是人雖生滅度之想入於
涅槃而於彼土求佛智慧得聞是經唯以佛
乘而得滅度更无餘乘除諸如來方便說法
諸比丘若如來自知涅槃時到眾又清淨信
信解堅固了達空法深入禪定便集諸菩薩及
聲聞眾為說是經世間无有二乘而得滅度
唯一佛乘得滅度耳比丘當知如來方便深
入眾生之性知其志樂小法深著五欲為是
等故說於涅槃是人若聞則便信受譬如五
百由旬險難惡道曠絕无人怖畏之處若有
多眾欲過此道至珍寶處有一導師聰慧明
達善知險道通塞之相將導眾人欲過此難
所將人眾中路懈退白導師言我等疲極而
復怖畏不能復進前路猶遠今欲退還導師
多諸方便而作是念此等可愍云何捨大珍
寶而欲退還作是念已以方便力於險道中
過三百由旬化作一城告眾人言汝等勿怖
莫得退還今是大城可於中止隨意所作若
入是城快得安隱若能前至寶所亦可得去
是時疲極之眾心大歡喜歎未曾有我等今
者免斯惡道快得安隱於是眾人前入化城
生已度想生安隱想尒時導師知此人眾无

過三百由旬化作一城告眾人言汝等勿怖
莫得退還今此大城可於中止隨意所作若
入是城快得安隱若能前至寶所亦可得去
是時疲極之眾心大歡喜歎未曾有我等今
者免斯惡道快得安隱於是眾人前入化城
生已度想生安隱想爾時導師知此人眾既
得止息无復疲惓即滅化城語眾人言汝等
去來寶處在近向者大城我所化作為止息
耳諸比丘如來亦復如是今為汝等作大導
師知諸生死煩惱惡道險難長遠應去應
度若眾生但聞一佛乘者則不欲見佛不欲親
近便作是念佛道長遠久受懃苦乃可得成
佛知是心怯弱下劣以方便力而於中道為
止息故說二涅槃若眾生住於二地如來爾
時即便為說汝等所作未辦汝所住地近於
佛慧當觀察籌量所得涅槃非真實也但是
如來方便之力於一佛乘分別說三如彼導
師為止息故化作大城既知息已而告之言
寶處在近此城非實我化作耳爾時世尊欲
重宣此義而說偈言

大通智勝佛　十劫坐道場　佛法不現前　不得成佛道
諸天神龍王　阿脩羅眾等　常雨於天華　以供養彼佛
諸天擊天鼓　并作眾伎樂　香風吹萎華　更雨新好者
過十小劫已　乃得成佛道　諸天及世人　心皆懷踊躍
彼佛十六子　皆與其眷屬　千万億圍遶　俱行至佛所
頭面禮佛足　而請轉法輪　聖師子法雨　充我及一切
世尊甚難值　久遠時一現　為覺悟群生　震動於一切

諸天擊天鼓　并作眾伎樂　香風吹萎華　更雨新好者
過十小劫已　乃得成佛道　諸天及世人　心皆懷踊躍
彼佛十六子　皆與其眷屬　千万億圍遶　俱行至佛所
頭面禮佛足　而請轉法輪　聖師子法雨　充我及一切
世尊甚難值　久遠時一現　為覺悟群生　震動於一切
東方諸世界　五百万億國　梵宮殿光曜　昔所未曾有
諸梵見此相　尋來至佛所　散華以供養　并奉上宮殿
請佛轉法輪　以偈而讚歎　佛知時未至　受請嘿然坐
三方及四維　上下亦復爾　散華奉宮殿　請佛轉法輪
世尊甚難值　願以大慈悲　廣開甘露門　轉无上法輪
无量慧世尊　受彼眾人請　為宣種種法　四諦十二緣
无明至老死　皆從生緣有　如是眾過患　汝等應當知
宣暢是法時　六百万億姟　得盡諸苦際　皆成阿羅漢
第二說法時　千万恒沙眾　於諸法不受　亦得阿羅漢
從是後得道　其數无有量　万億劫筭數　不能得其邊
時十六王子　出家作沙弥　皆共請彼佛　演說大乘法
我等及營從　皆當成佛道　願得如世尊　慧眼第一淨
佛知童子心　宿世之所行　以无量因緣　種種諸譬喻
說六波羅蜜　及諸神通事　分別真實法　菩薩所行道
說是法華經　如恒河沙偈　彼佛說經已　靜室入禪定
一心一處坐　八万四千劫
是諸沙弥等　知佛禪未出　為无量億眾　說佛无上慧
各各坐法坐　說是大乘經　於佛宴寂後　宣揚助法化
一一沙弥等　所度諸眾生　有六百万億　恒河沙等眾
彼佛滅度後　是諸聞法者　在在諸佛土　常與師俱生
是十六沙弥　具足行佛道　今現在十方　各得成正覺
爾時聞法者　各在諸佛所　其有住聲聞　漸教以佛道

說是法華經　如恒河沙偈　彼佛說經已　靜室入禪定
一心一處坐　八万四千劫
是諸沙弥等　知佛禪未出　為无量億衆　說佛无上慧
各各坐法座　說是大乘經　於佛宴寂後　宣揚助法化
一一沙弥等　所度諸衆生　有六百万億　恒河沙等衆
彼佛滅度後　是諸聞法者　在在諸佛土　常與師俱生
是十六沙弥　具足行佛道　今現在十方　各得成正覺
尒時聞法者　各在諸佛所　其有住聲聞　漸教以佛道
我在十六數　曾亦為汝說　是故以方便　引汝趣佛慧
以是本因緣　今說法華經　令汝入佛道　慎勿懷驚懼
譬如險惡道　迥絕多毒獸　又復无水草　人所怖畏處
无數千万衆　欲過此險道　其路甚曠遠　經五百由旬
時有一導師　強識有智慧　明了心決定　在險濟衆難
衆人皆疲惓　而白導師言　我等今頓乏　於此欲退還
導師作是念　此輩甚可愍　如何欲退還　而失大珍寶
尋時思方便　當設神通力　化作大城郭　莊嚴諸舍宅
周通有園林　渠流及浴池　重門高樓閣　男女皆充滿
即作是化已　慰衆言勿懼　汝等入此城　各可隨所樂
諸人既入城　心皆大歡喜　皆生安隱想　自謂已得度
導師知息已　集衆而告言　汝等當前進　此是化城耳
我見汝疲極　中道欲退還　故以方便力　權化作此城
汝今勤精進　當共至寶所
我亦復如是　為一切導師　見諸求道者　中路而懈廢
不能度生死　煩惱諸險道　故以方便力　為息說涅槃
言汝等苦滅　所作皆已辦　既知到涅槃　皆得阿羅漢
尒乃集大衆　為說真實法　諸佛方便力　分別說三乘
唯有一佛乘　息處故說二

BD05681號　妙法蓮華經卷三

（23–22）

周通有園林　渠流及浴池　重門高樓閣　男女皆充滿
即作是化已　慰衆言勿懼　汝等入此城　各可隨所樂
諸人既入城　心皆大歡喜　皆生安隱想　自謂已得度
導師知息已　集衆而告言　汝等當前進　此是化城耳
我見汝疲極　中道欲退還　故以方便力　權化作此城
汝今勤精進　當共至寶所
我亦復如是　為一切導師　見諸求道者　中路而懈廢
不能度生死　煩惱諸險道　故以方便力　為息說涅槃
言汝等苦滅　所作皆已辦　既知到涅槃　皆得阿羅漢
尒乃集大衆　為說真實法　諸佛方便力　分別說三乘
唯有一佛乘　息處故說二
今為汝說實　汝所得非滅　為佛一切智　當發大精進
汝證一切智　十力等佛法　具三十二相　乃是真實滅
諸佛之導師　為息說涅槃　既知是息已　引入於佛慧

妙法蓮華經卷第三

BD05681號　妙法蓮華經卷三

（23–23）

大乘无量壽經
如是我聞一時薄伽梵在舍衛國祇樹給孤獨園與大苾芻僧千二百
五十人大菩薩摩訶薩衆俱同會坐尒時世尊復告曼殊室利
童子曼殊上方有世界名无量功德聚彼土有佛号无量智決定王如來阿耨
多羅三藐三菩提現為衆生開示說經曼殊師聽南閻浮提人當短壽
大限百年於中殀枉橫死者衆曼殊如是无量壽如來功德名稱法要若
有衆生得聞名号若自書或使人書寫為經卷受持讀誦若於舍宅所
住之處以種種花鬘瓔珞塗香末香而為供養如其命盡復得延年滿足
百歲如是曼殊若有衆生得聞是无量壽智決定王如來一百八名号者益
其長壽若有衆生大命將盡憶念是如來名号更得增壽如是曼殊若有
善男子善女人欲求長命於是无量壽如來一百八名号有得聞者或自
書若使人書受持讀誦得如是等果報福德具足陁羅尼曰南謨薄伽勃底一阿
波唎蜜哆二阿喻紇硯娜三須毗你悉指陁四囉佐耶五怛他羯他耶六怛姪他唵七薩婆桑悉迦
囉八波唎輸底九達磨底十伽伽娜十一莎訶其特迦底十二薩婆婆毗輸底十三摩訶娜耶十四
波唎婆囉莎訶十五　世尊復告曼殊室利如是如來一百名号有自書或使人書
為經卷受持讀誦如壽命盡復滿百年壽終於此身後得往生无量福智
世界无量壽淨土陁羅尼曰　南謨薄伽勃底一阿波唎蜜哆二阿喻紇硯娜
須毗你悉指陁四囉佐耶五怛他羯他耶六怛姪他唵七薩婆桑悉迦囉八波唎輸底
達磨底十伽伽娜十一莎訶其特迦底十二薩婆婆毗輸底十三摩訶娜耶十四波唎婆囉莎訶
尒時有九十九殑伽沙佛一時同聲說是无量壽宗要經陁羅尼曰　南謨薄伽勃底
阿波唎蜜哆二阿喻紇硯娜三須毗你悉指陁四囉佐耶五怛他羯他耶六怛姪他唵七薩婆桑悉迦囉
波唎輸底九達磨底十伽伽娜十一莎訶其特迦底十二薩婆婆毗輸底十三摩訶娜耶十四

BD05682號　無量壽宗要經　（5–1）

為經卷受持讀誦如壽命盡復滿百年壽終於此身後得往生无量福智
世界无量壽淨土陁羅尼曰　南謨薄伽勃底一阿波唎蜜哆二阿喻紇硯娜
須毗你悉指陁四囉佐耶五怛他羯他耶六怛姪他唵七薩婆桑悉迦囉八波唎輸底
達磨底十伽伽娜十一莎訶其特迦底十二薩婆婆毗輸底十三摩訶娜耶十四波唎婆囉莎訶
尒時有九十九殑伽沙佛一時同聲說是无量壽宗要經陁羅尼曰　南謨薄伽勃底
阿波唎蜜哆二阿喻紇硯娜三須毗你悉指陁四囉佐耶五怛他羯他耶六怛姪他唵七薩婆桑悉迦囉
波唎輸底九達磨底十伽伽娜十一莎訶其特迦底十二薩婆婆毗輸底十三摩訶娜耶十四波唎婆囉莎訶
尒時復有一百四殑伽沙佛一時同聲說是无量壽宗要經陁羅尼曰　南謨薄伽勃底一阿波
唎蜜哆二阿喻紇硯娜三須毗你悉指陁四囉佐耶五怛他羯他耶六怛姪他唵七薩婆桑悉迦囉八波唎
輸底九達磨底十伽伽娜十一莎訶其特迦底十二薩婆婆毗輸底十三摩訶娜耶十四　波唎婆囉莎訶十五
尒時復有七殑伽沙佛一時同聲說是无量壽宗要經陁羅尼曰　南謨薄伽勃底一阿波唎蜜
哆二阿喻紇硯娜三須毗你悉指陁四囉佐耶五怛他羯他耶六怛姪他唵七薩婆桑悉迦囉八波唎輸底
達磨底十伽伽娜十一莎訶其特迦底十二薩婆婆毗輸底十三摩訶娜耶十四　波唎婆囉莎訶十五
尒時復有六十五殑伽沙佛一時同聲說是无量壽宗要經陁羅尼曰　南謨薄伽勃底一阿波
唎蜜哆二阿喻紇硯娜三須毗你悉指陁四囉佐耶五怛他羯他耶六怛姪他唵七薩婆桑悉迦囉八波唎
輸底九達磨底十伽伽娜十一莎訶其特迦底十二薩婆婆毗輸底十三摩訶娜耶十四　波唎婆囉莎訶
尒時復有五十五殑伽沙佛一時同聲說是无量壽宗要經陁羅尼曰　南謨薄伽勃底
阿波唎蜜哆二阿喻紇硯娜三須毗你悉指陁四囉佐耶五怛他羯他耶六怛姪他唵七薩婆桑悉迦囉
波唎輸底九達磨底十伽伽娜十一莎訶其特迦底十二薩婆婆毗輸底十三摩訶娜耶十四　波唎婆囉莎訶十五
尒時復有四十五殑伽沙佛一時同聲說是无量壽宗要經陁羅尼曰　南謨薄伽勃底一阿波唎
蜜哆二阿喻紇硯娜三須毗你悉指陁四囉佐耶五怛他羯他耶六怛姪他唵七薩婆桑悉迦囉八波唎輸底
達磨底十伽伽娜十一莎訶其特迦底十二薩婆婆毗輸底十三摩訶娜耶十四　波唎婆囉莎訶十五
尒時復有三十六殑伽沙佛一時同聲說是无量壽宗要經陁羅尼曰　南謨薄伽勃底一阿波唎
蜜哆二阿喻紇硯娜三須毗你悉指陁四囉佐耶五怛他羯他耶六怛姪他唵七薩婆桑悉迦囉八波唎輸底
達磨底十伽伽娜十一莎訶其特迦底十二薩婆婆毗輸底十三摩訶娜耶十四　波唎婆囉莎訶十五
尒時復有二十五殑伽沙佛一時同聲說是无量壽宗要經陁羅尼曰　南謨薄伽勃底一阿波唎
蜜哆二阿喻紇硯娜三須毗你悉指陁四囉佐耶五怛他羯他耶六怛姪他唵七薩婆桑悉迦囉八波唎輸
底九達磨底十伽伽娜十一莎訶其特迦底十二薩婆婆毗輸底十三摩訶娜耶十四　波唎婆囉莎訶十五
尒時復有恒河沙殑佛一時同聲說是无量壽宗要經陁羅尼曰　南謨薄伽勃底一阿
波唎蜜哆二阿喻紇硯娜三須毗你悉指陁四囉佐耶五怛他羯他耶六怛姪他唵七薩婆桑悉迦囉八波唎
輸底九達磨底十伽伽娜十一莎訶其特迦底十二薩婆婆毗輸底十三摩訶娜耶十四　波唎婆囉莎訶
善男子若有自書寫教人書寫是无量壽宗要經如其命盡復得長壽而滿百年
陁羅尼曰　南謨薄伽勃底一阿波唎蜜哆二阿喻紇硯娜三須毗你悉指陁四囉佐耶五怛他

BD05682號　無量壽宗要經　（5–2）

……達磨底十 伽伽那十一 莎訶其特迦底十二 薩婆婆毗輸底十三 摩訶娜耶十四 波唎婆囉莎訶十五
尒時復有恒河沙殑佛一時同聲說是无量壽宗要經陁羅尼曰 南謨薄伽勃底一 阿
波唎蜜多二 阿喻紇硯那三 須毗你悉指陀四 囉佐耶五 怛他羯他耶六 怛姪他唵七 薩婆桒悉迦囉八 波唎
輸底九 達磨底十 伽伽那十一 莎訶其特迦底十二 薩婆婆毗輸底十三 摩訶娜耶十四 波唎婆囉莎訶
善男子若有自書寫教人書寫是无量壽宗要經如其命盡復得長壽而滿百年
陁羅尼曰 南謨薄伽勃底一 阿波唎蜜多二 阿喻紇硯那三 須毗你悉指陀四 囉佐耶五 怛他
羯他耶六 怛姪他唵七 薩婆桒悉迦囉八 波唎輸底九 達磨底十 伽伽那十一 莎訶其特迦底十二 薩婆婆
毗輸底十三 摩訶娜耶十四 波唎婆囉莎訶十五 若有自書寫教人書寫是无量壽宗要經讀
誦受持畢竟不墮地獄在在所生得宿命智陁羅尼曰 南謨薄伽勃底一 阿波唎
蜜多二 阿喻紇硯那三 須毗你悉指陀四 囉佐耶五 怛他羯他耶六 怛姪他唵七 薩婆桒悉迦囉八 波唎
輸底九 達磨底十 伽伽那十一 莎訶其特迦底十二 薩婆婆毗輸底十三 摩訶娜耶十四 波唎婆囉莎訶十五
若有自書寫教人書寫是无量壽宗要經受持讀誦如同書寫八万四千一切經典陁羅
尼曰 南謨薄伽勃底一 阿波唎蜜多二 阿喻紇硯那三 須毗你悉指陀四 囉佐耶五 怛他羯他耶六 怛
姪他唵七 薩婆桒悉迦囉八 波唎輸底九 達磨底十 伽伽那十一 莎訶其特迦底十二 薩婆婆毗輸底十三 摩
訶娜耶十四 波唎婆囉莎訶十五 若有自書寫教人書寫是无量壽宗要經受持讀誦耶是書
寫八万四千部建立塔廟陁羅尼曰 南謨薄伽勃底一 阿波唎蜜多二 阿喻紇硯那三 須毗你悉
指陀四 囉佐耶五 怛他羯他耶六 怛姪他唵七 薩婆桒悉迦囉八 波唎輸底九 達磨底十 伽伽那十一 莎訶
其特迦底十二 薩婆婆毗輸底十三 摩訶娜耶十四 波唎婆囉莎訶十五 若有自書寫教人書
寫是无量壽宗要經能消五无間等一切重罪陁羅尼曰 南謨薄伽勃底一 阿波唎
蜜多二 阿喻紇硯那三 須毗你悉指陀四 囉佐耶五 怛他羯他耶六 怛姪他唵七 薩婆桒悉迦囉八 波唎輸
底九 達磨底十 伽伽那十一 莎訶其特迦底十二 薩婆婆毗輸底十三 摩訶娜耶十四 波唎婆囉莎訶十五
若有自書寫教人書寫是无量壽宗要經受持讀誦設有重罪猶如須弥盡能除
滅陁羅尼曰 南謨薄伽勃底一 阿波唎蜜多二 阿喻紇硯那三 須毗你悉指陀四 囉佐耶五 怛
他羯他耶六 怛姪他唵七 薩婆桒悉迦囉八 波唎輸底九 達磨底十 伽伽那十一 莎訶其特迦底十二
薩婆婆毗輸底十三 摩訶娜耶十四 波唎婆囉莎訶十五 若有自書寫教人書寫是无量壽
宗要經受持讀誦若魔魔之眷屬夜叉羅剎不得其便終无枉死陁羅尼曰 南謨薄伽勃
底一 阿波唎蜜多二 阿喻紇硯那三 須毗你悉指陀四 囉佐耶五 怛他羯他耶六 怛姪他唵七 薩婆桒悉
迦囉八 波唎輸底九 達磨底十 伽伽那十一 莎訶其特迦底十二 薩婆婆毗輸底十三 摩訶娜耶十四 波
唎婆囉莎訶十五 若有自書寫教人書寫是无量壽宗要經受持讀誦當命終時有九十
九殑佛現其人前來千佛授手能遊一切佛剎莫於此經生於疑惑陁羅尼曰 南謨薄伽
勃底一 阿波唎蜜多二 阿喻紇硯那三 須毗你悉指陀四 囉佐耶五 怛他羯他耶六 怛姪他唵七 薩婆桒悉迦
囉八 波唎輸底九 達磨底十 伽伽那十一 莎訶其特迦底十二 薩婆婆毗輸底十三 摩訶娜耶十四 波唎婆囉
莎訶十五 若有自書寫教人書寫是无量壽宗要經受持讀誦常得四天大王隨其衛

BD05682號　無量壽宗要經

（5–3）

……伽伽那十一 莎訶其特迦底十二 薩婆婆毗輸底十三 摩訶娜耶十四 波
唎婆囉莎訶十五 若有自書寫教人書寫是无量壽宗要經受持讀誦當命終時有九十
九殑佛現其人前來千佛授手能遊一切佛剎莫於此經生於疑惑陁羅尼曰 南謨薄伽
勃底一 阿波唎蜜多二 阿喻紇硯那三 須毗你悉指陀四 囉佐耶五 怛他羯他耶六 怛姪他唵七 薩婆桒悉迦
囉八 波唎輸底九 達磨底十 伽伽那十一 莎訶其特迦底十二 薩婆婆毗輸底十三 摩訶娜耶十四 波唎婆囉
莎訶十五 若有自書寫教人書寫是无量壽宗要經受持讀誦常得四天大王隨其衛
護陁羅尼曰 南謨薄伽勃底一 阿波唎蜜多二 阿喻紇硯那三 須毗你悉指陀四 囉佐耶五
怛他羯他耶六 怛姪他唵七 薩婆桒悉迦囉八 波唎輸底九 達磨底十 伽伽那十一 莎訶其特迦
底十二 薩婆婆毗輸底十三 摩訶娜耶十四 波唎婆囉莎訶十五 若有自書寫教人書寫是
无量壽宗要經受持讀誦當得往生西方極樂世界阿弥陁淨土陁羅尼曰
南謨薄伽勃底一 阿波唎蜜多二 阿喻紇硯那三 須毗你悉指陀四 囉佐耶五 怛他羯他耶六 怛姪他唵七
薩婆桒悉迦囉八 波唎輸底九 達磨底十 伽伽那十一 莎訶其特迦底十二 薩婆婆毗輸底十三 摩訶娜
耶十四 波唎婆囉莎訶十五 若有方所自書寫使人書寫是无量壽經典之處則為是
塔皆應恭敬作礼若是畜生或為鳥獸得聞是經如是等類皆當不久得成
切種智陁羅尼曰 南謨薄伽勃底一 阿波唎蜜多二 阿喻紇硯那三 須毗你悉指陀四 囉佐耶
怛他羯他耶六 怛姪他唵七 薩婆桒悉迦囉八 波唎輸底九 達磨底十 伽伽那十一 莎訶其特迦底十二
薩婆婆毗輸底十三 摩訶娜耶十四 波唎婆囉莎訶十五 若有於是无量壽經自書寫使
人書寫畢竟不受女人之身陁羅尼曰 南謨薄伽勃底一 阿波唎蜜多二 阿喻紇硯
那三 須毗你悉指陀四 囉佐耶五 怛他羯他耶六 怛姪他唵七 薩婆桒悉迦囉八 波唎輸底九 達
磨底十 伽伽那十一 莎訶其特迦底十二 薩婆婆毗輸底十三 摩訶娜耶十四 波唎婆囉莎訶十五
若有能於是經少分能惠施者等於三千大千世界滿中七寶布施陁羅尼曰
南謨薄伽勃底一 阿波唎蜜多二 阿喻紇硯那三 須毗你悉指陀四 囉佐耶五 怛他羯他耶六 怛姪
他唵七 薩婆桒悉迦囉八 波唎輸底九 達磨底十 伽伽那十一 莎訶其特迦底十二 薩婆婆毗輸底
摩訶娜耶十四 波唎婆囉莎訶十五 若有能供養是經者則是供養一切諸經等无
有異陁羅尼曰 南謨薄伽勃底一 阿波唎蜜多二 阿喻紇硯那三 須毗你悉指陀四 囉佐
耶五 怛他羯他耶六 怛姪他唵七 薩婆桒悉迦囉八 波唎輸底九 達磨底十 伽伽那十一 莎訶其特迦
底十二 薩婆婆毗輸底十三 摩訶娜耶十四 波唎婆囉莎訶十五 如是毗婆尸佛尸弃佛毗舍浮
佛俱留孫佛俱那含牟尼佛迦葉佛釋迦牟尼佛 若有人以七寶供養如是七佛其
福有限書寫受持是无量壽經典所有功德不可限量陁羅尼曰 南謨薄伽勃底一 阿
波唎蜜多二 阿喻紇硯那三 須毗你悉指陀四 囉佐耶五 怛他羯他耶六 怛姪他唵七 薩婆桒悉迦囉
波唎輸底九 達磨底十 伽伽那十一 莎訶其特迦底十二 薩婆婆毗輸底十三 摩訶娜耶十四 波唎婆囉莎訶
若有七寶等於須弥山而布施其福上能知其限量是无量壽經典其福不可知數陁
羅尼曰 南謨薄伽勃底一 阿波唎蜜多二 阿喻紇硯那三 須毗你悉指陀四 囉佐耶五 怛他羯他耶六

BD05682號　無量壽宗要經

（5–4）

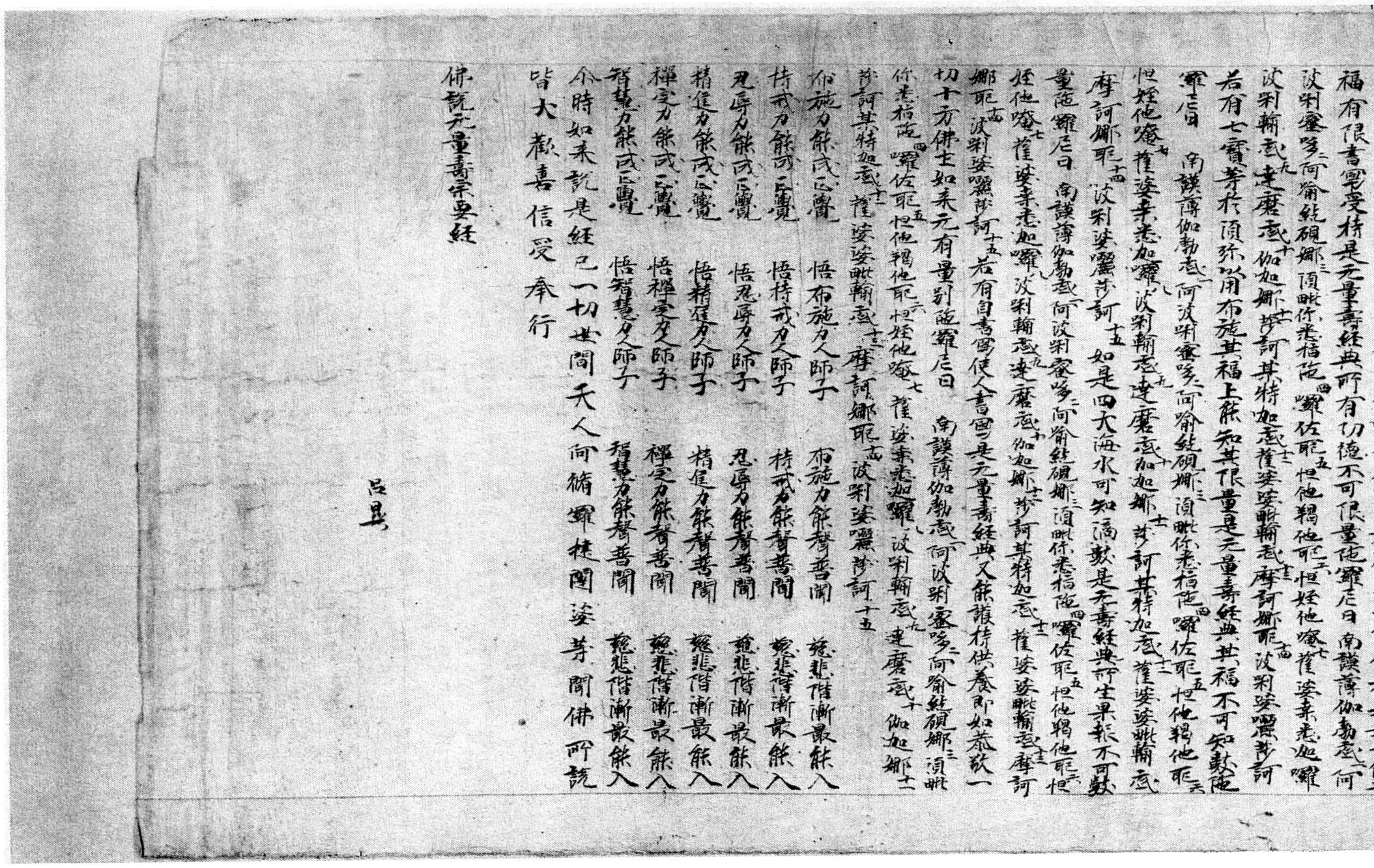

福有限書寫受持是無量壽經典所有功德不可限量陁羅尼曰南謨薄伽勃底一阿
波唎蜜哆二阿喻紇硯娜三須毗你悉指陁四囉佐耶五怛他羯他耶六怛姪他唵七薩婆桑悉迦囉
波唎輸底九達磨底十伽伽娜十一莎訶其特迦底十二薩婆婆毗輸底十三摩訶娜耶十四波唎婆囉莎訶
若有七寶等於須彌用布施其福上能知其限量是無量壽經典其福不可知數陁
羅尼曰 南謨薄伽勃底一阿波唎蜜哆二阿喻紇硯娜三須毗你悉指陁四囉佐耶五怛他羯他耶六
怛姪他唵七薩婆桑悉迦囉八波唎輸底九達磨底十伽伽娜十一莎訶其特迦底十二薩婆婆毗輸底
摩訶娜耶十四波唎婆囉莎訶十五 如是四大海水可知滴數是無壽經典所生果報不可數
量陁羅尼曰 南謨薄伽勃底一阿波唎蜜哆二阿喻紇硯娜三須毗你悉指陁四囉佐耶五怛他羯他耶六怛
姪他唵七薩婆桑悉迦囉八波唎輸底九達磨底十伽伽娜十一莎訶其特迦底十二薩婆婆毗輸底十三摩訶
娜耶十四波唎婆囉莎訶十五 若有自書寫使人書寫是無量壽經典又能讃持供養即如恭敬一
切十方佛土如來無有量別陁羅尼曰 南謨薄伽勃底一阿波唎蜜哆二阿喻紇硯娜三須毗
你悉指陁四囉佐耶五怛他羯他耶六怛姪他唵七薩婆桑悉迦囉八波唎輸底九達磨底十伽伽娜十一
莎訶其特迦底十二薩婆婆毗輸底十三摩訶娜耶十四波唎婆囉莎訶十五
布施力能成正覺 悟布施力人師子 布施力能聲善聞 慈悲階漸最能入
持戒力能成正覺 悟持戒力人師子 持戒力能聲善聞 慈悲階漸最能入
忍辱力能成正覺 悟忍辱力人師子 忍辱力能聲善聞 慈悲階漸最能入
精進力能成正覺 悟精進力人師子 精進力能聲善聞 慈悲階漸最能入
禪定力能成正覺 悟禪定力人師子 禪定力能聲善聞 慈悲階漸最能入
智慧力能成正覺 悟智慧力人師子 智慧力能聲善聞 慈悲階漸最能入
爾時如來說是經已一切世間天人阿脩羅揵闥婆等聞佛所說
皆大歡喜信受奉行
佛說無量壽宗要經
呂具

BD05682 號　無量壽宗要經　（5–5）

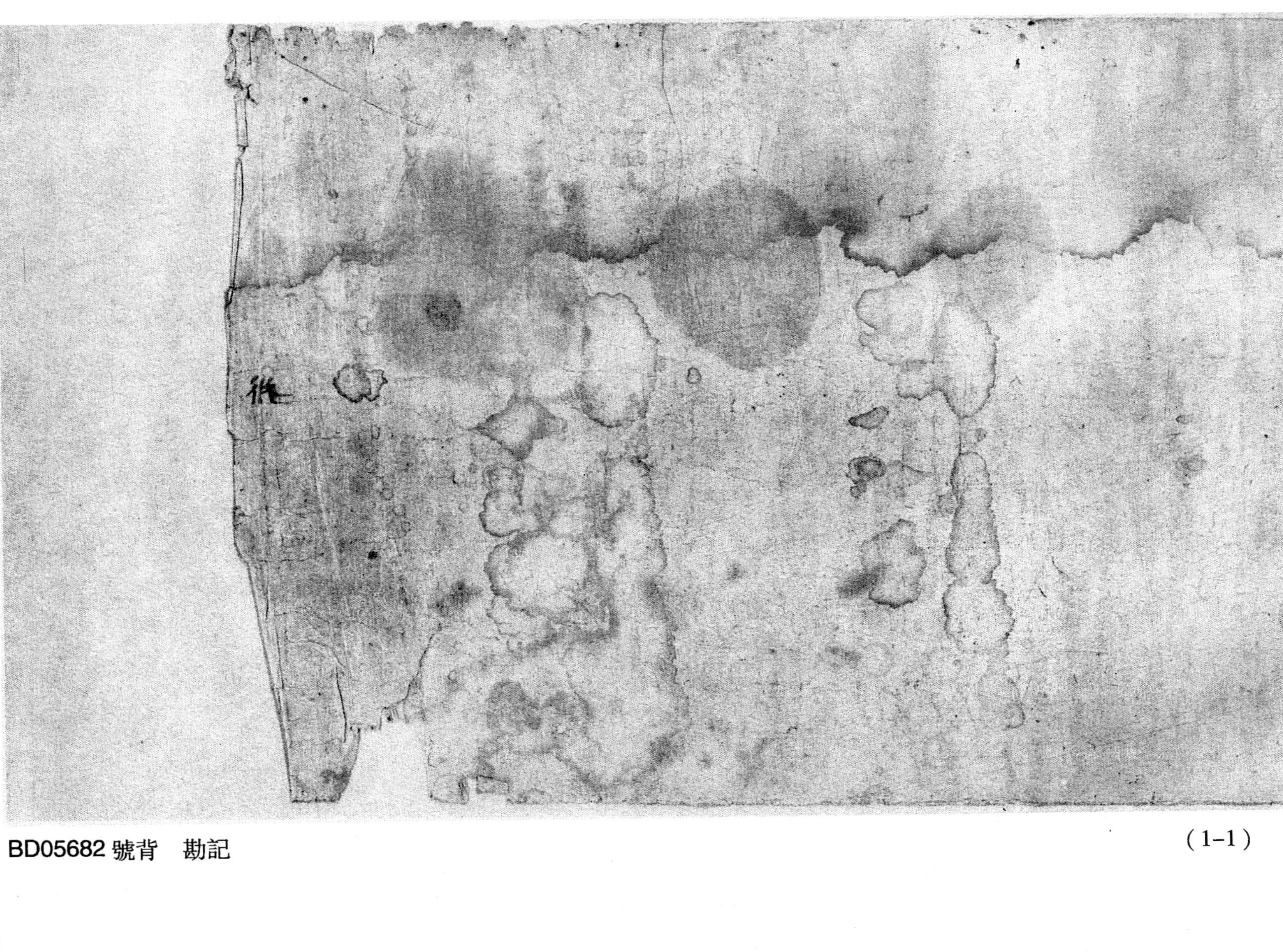

BD05682 號背　勘記　（1–1）

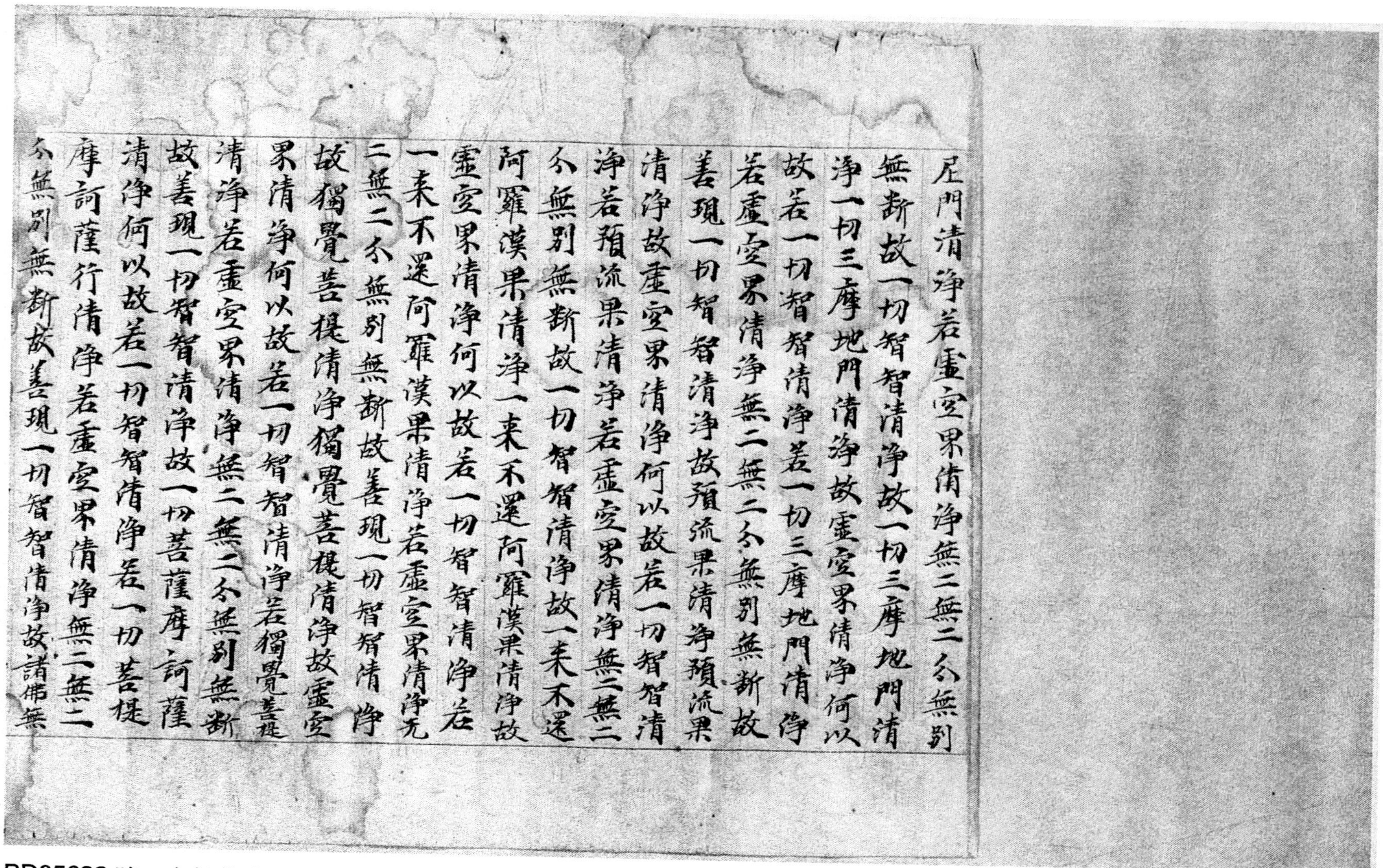

尼門清淨若虛空界清淨無二無二分無別
無斷故一切智智清淨故一切三摩地門清
淨一切三摩地門清淨故虛空界清淨何以
故若一切智智清淨若一切三摩地門清淨
若虛空界清淨無二無二分無別無斷故
善現一切智智清淨故預流果清淨預流果
清淨故虛空界清淨何以故若一切智智清
淨若預流果清淨若虛空界清淨無二無二
分無別無斷故一切智智清淨故一來不還
阿羅漢果清淨一來不還阿羅漢果清淨故
虛空界清淨何以故若一切智智清淨若
一來不還阿羅漢果清淨若虛空界清淨无
二無二分無別無斷故善現一切智智清淨
故獨覺菩提清淨獨覺菩提清淨故虛空
界清淨何以故若一切智智清淨若獨覺菩提
清淨若虛空界清淨無二無二分無別無斷
故善現一切智智清淨故一切菩薩摩訶薩
清淨何以故若一切智智清淨若一切菩提
摩訶薩行清淨若虛空界清淨無二無二
分無別無斷故善現一切智智清淨故諸佛無

BD05683 號　大般若波羅蜜多經（兊廢稿）卷二六二

（2–1）

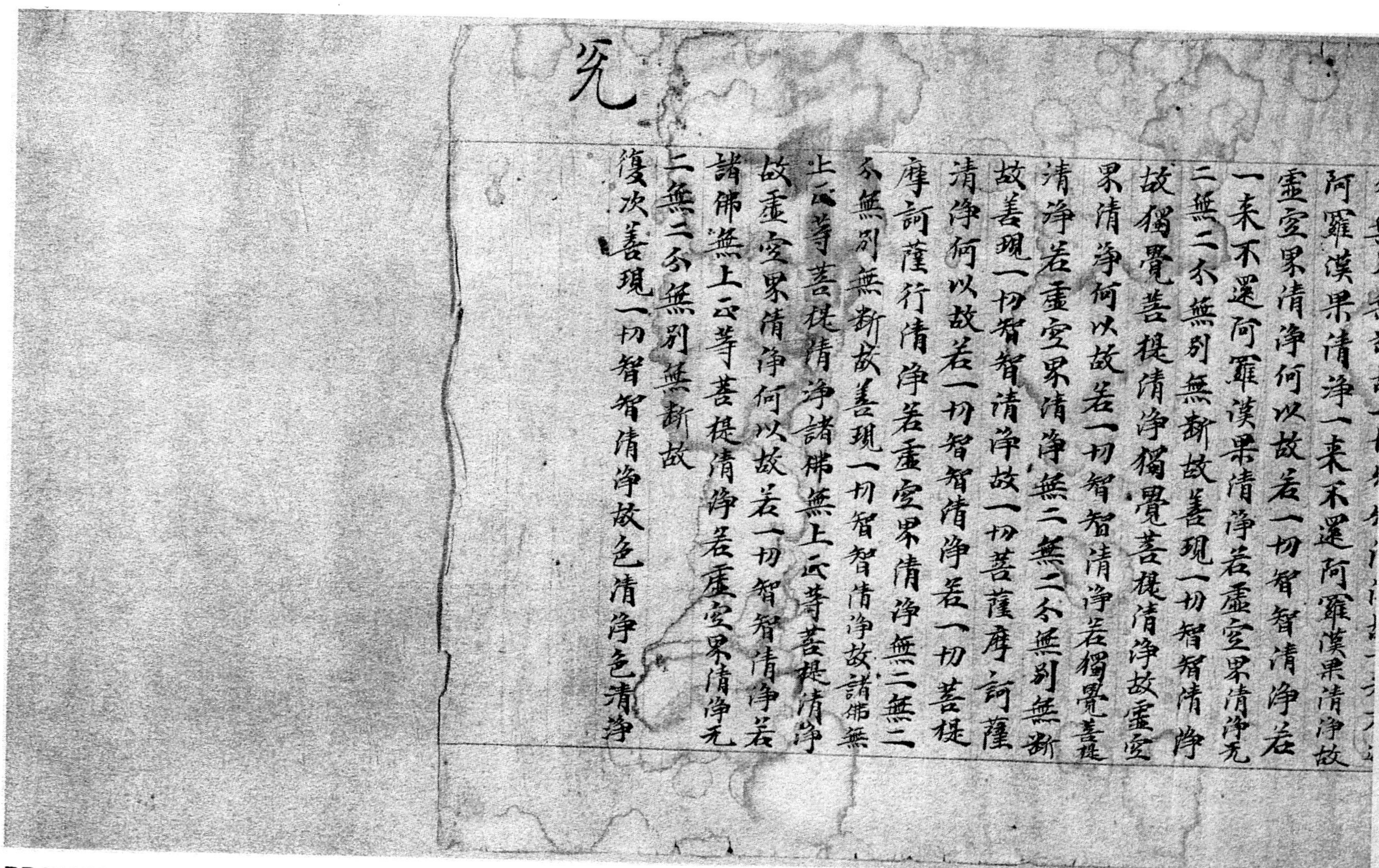

兊

阿羅漢果清淨一來不還阿羅漢果清淨故
虛空界清淨何以故若一切智智清淨若
一來不還阿羅漢果清淨若虛空界清淨无
二無二分無別無斷故善現一切智智清淨
故獨覺菩提清淨獨覺菩提清淨故虛空
界清淨何以故若一切智智清淨若獨覺菩提
清淨若虛空界清淨無二無二分無別無斷
故善現一切智智清淨故一切菩薩摩訶薩
清淨何以故若一切智智清淨若一切菩提
摩訶薩行清淨若虛空界清淨無二無二
分無別無斷故善現一切智智清淨故諸佛無
上正等菩提清淨諸佛無上正等菩提清淨
故虛空界清淨何以故若一切智智清淨若
諸佛無上正等菩提清淨若虛空界清淨无
二無二分無別無斷故
復次善現一切智智清淨故色清淨色清淨

BD05683 號　大般若波羅蜜多經（兊廢稿）卷二六二

（2–2）

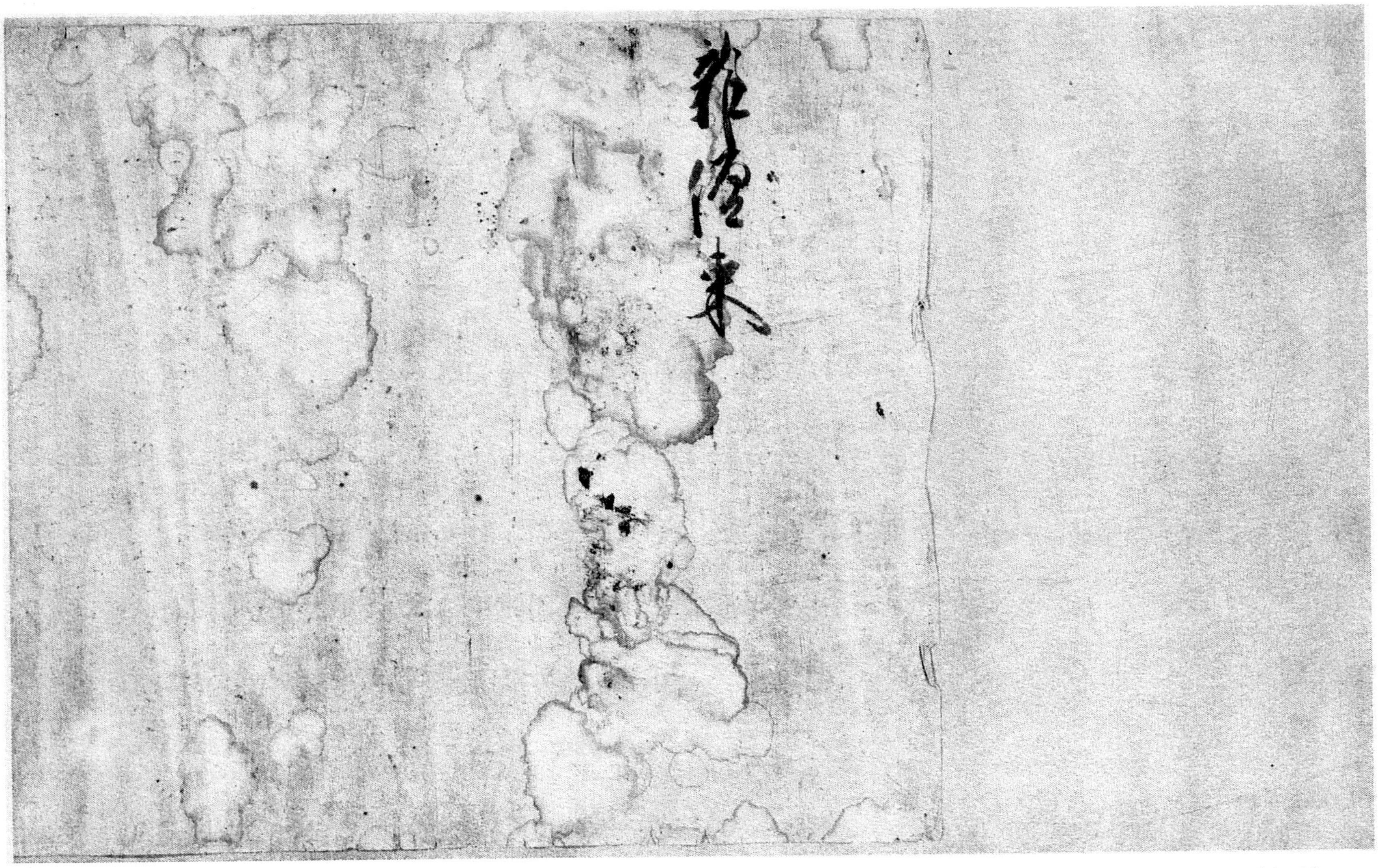

BD05683 號背　雜經束袟皮（擬）　（1–1）

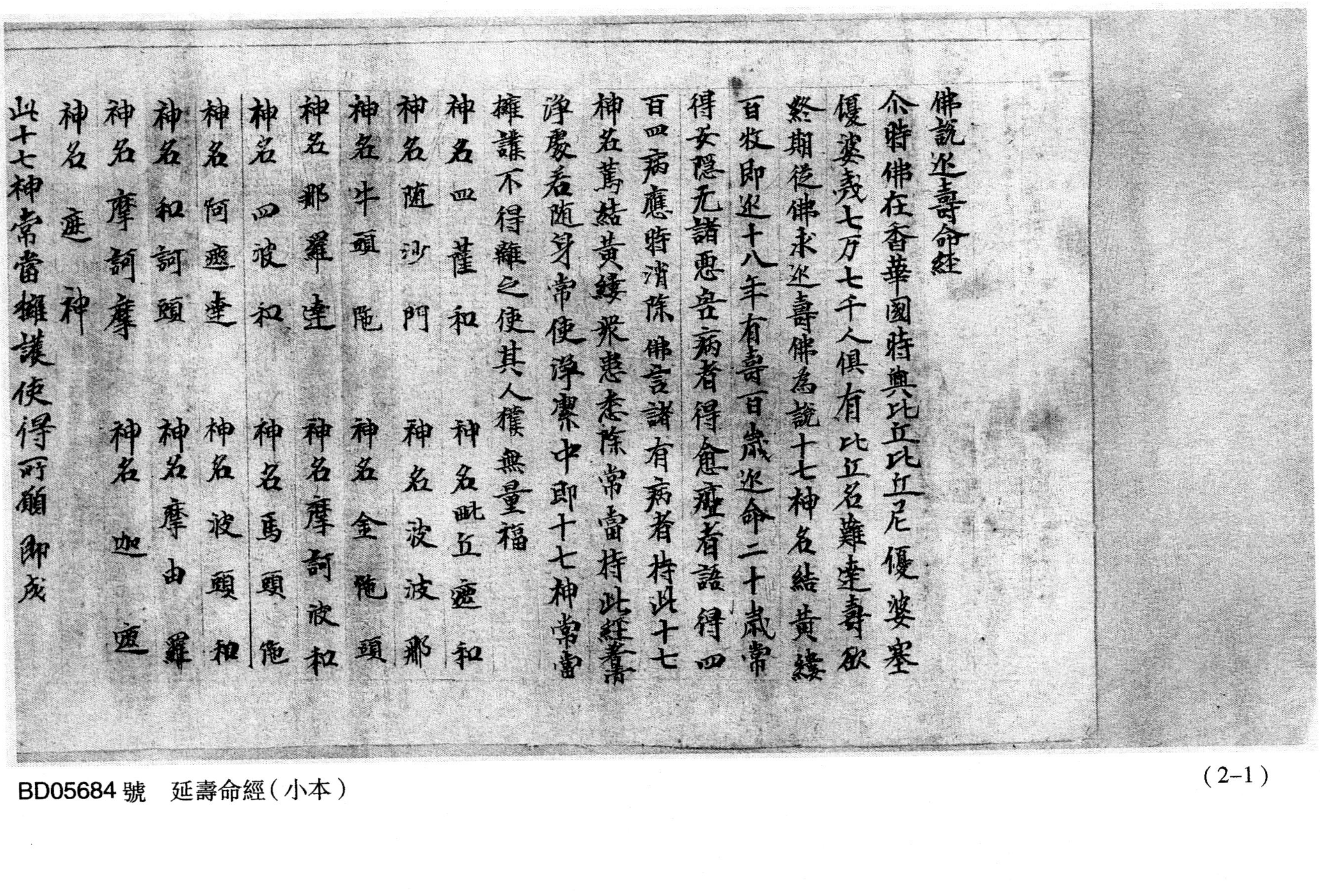
佛說延壽命經
尒時佛在香華國時與比丘比丘尼優婆塞
優婆夷七万七千人俱有比丘名難達壽欲
終期從佛求延壽佛為說十七神名結黃縷
百牧即延十八年有壽百歲延命二十歲常
得安隱无諸惡瘖病者得愈瘂者語得四
百四病應時消除佛言諸有病者持此十七
神名萬結黃縷衆患悉除常當持此經著
淨處若隨身常使淨潔中即十七神常當
擁護不得離之使其人獲無量福
神名四薩和　神名毗丘遮和
神名隨沙門　神名波波耶
神名牛頭陁　神名金陁頭
神名耶羅達　神名摩訶波和
神名四波和　神名馬頭陁
神名阿遮達　神名波頭和
神名和訶頭　神名摩由羅
神名摩訶摩　神名迦遮
神名遮神
此十七神常當擁護使得所願即成

BD05684 號　延壽命經（小本）　（2–1）

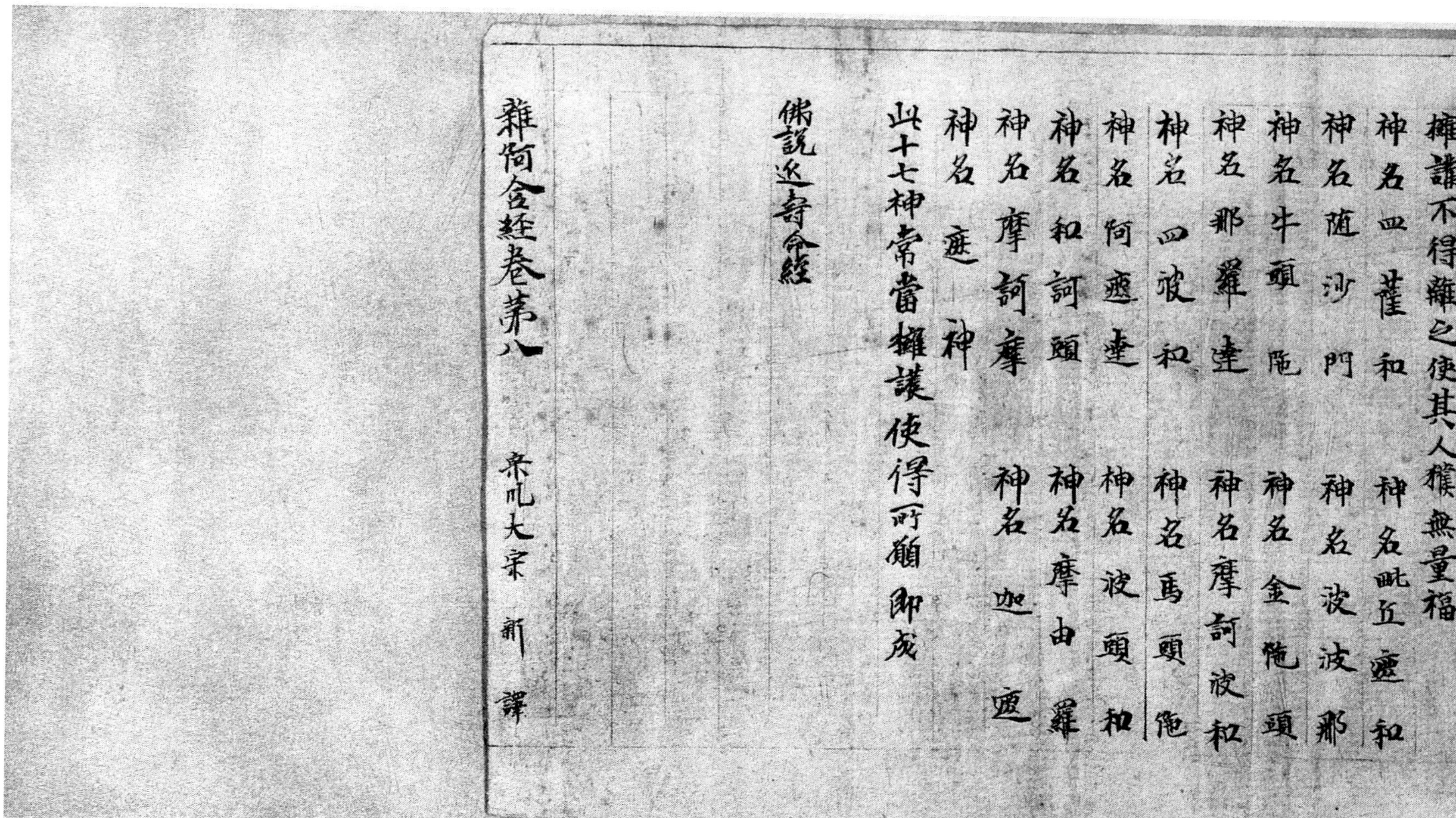

擁護不得離之使其人獲無量福
神名四薩和　神名毗丘遮和
神名隨沙門　神名波波耶
神名牛頭陀　神名金施頭
神名耶羅達　神名摩訶波和
神名四波和　神名馬頭陀
神名阿遮達　神名波頭和
神名和訶頭　神名摩由羅
神名摩訶摩　神名迦遮
神名遮神
此十七神常當擁護使得所願即成

佛說延壽命經

雜阿含經卷第八　宋凡大宋　新　譯

BD05684號　延壽命經（小本）

（2–2）

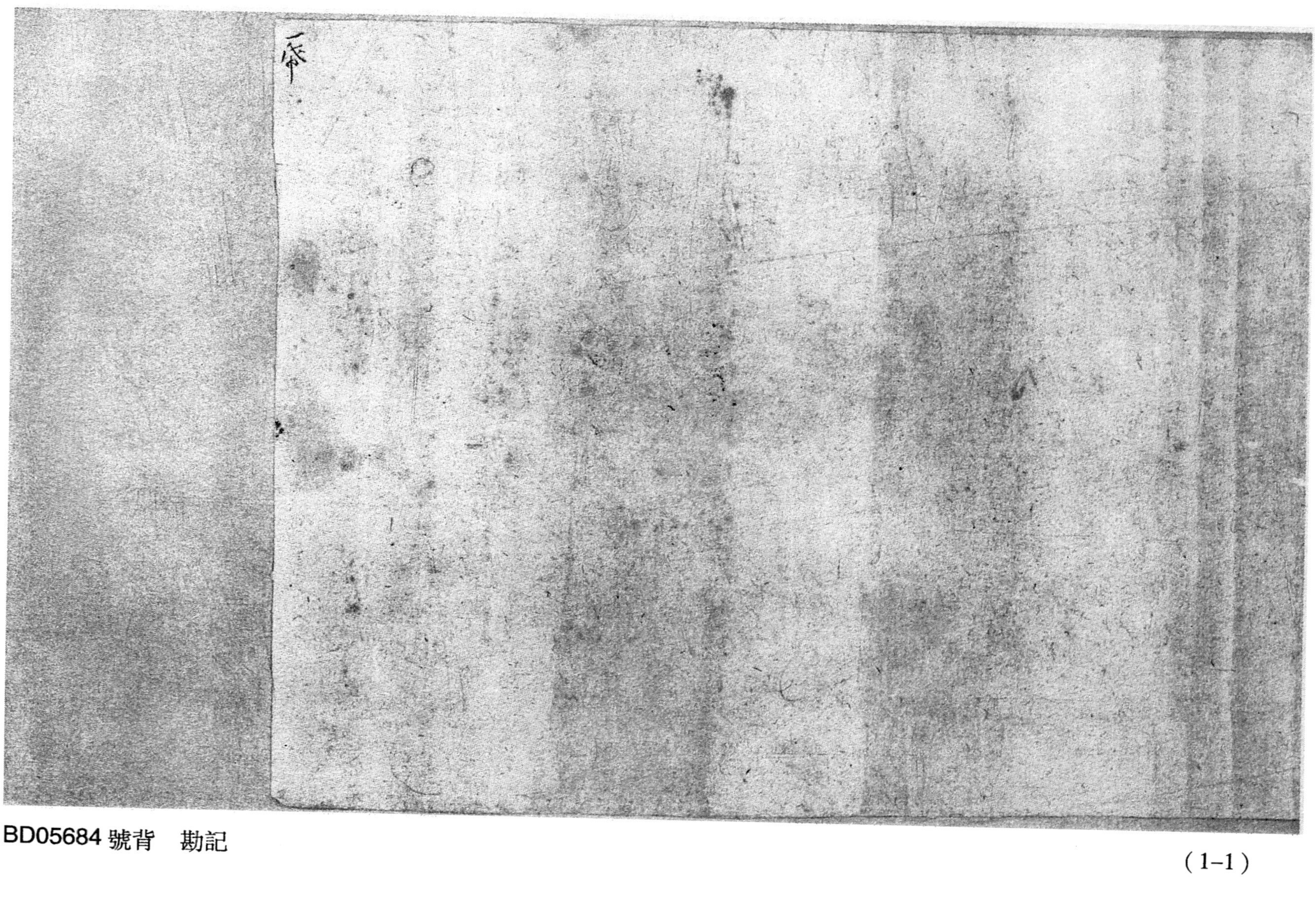

BD05684號背　勘記

（1–1）

不時還我兒家啼哭憶我母
兒遥見我來或在蘭車搖頭弄腦或
曳腹隨行嗚呼向母母為其子曲身下
就長舒兩手拂拭塵土嗚和其口開懷
出乳以乳與之母見兒歡兒見母喜二
情恩悲親愛慈重莫復過二歲三歲弄
意始行於其食時非母不知父母行來
值他座席或得餅肉不噉輟味懷挾來
歸向與子十來九得恒常歡喜一過不
得憍啼佯哭憍子不孝必五擿孝子
不憍必有慈順遂至長大朋友相隨梳
頭摩髮欲得好衣覆蓋身體弊衣破
故父母自著新好綿帛先與其子至於
行來官私急疾傾心南北逐子東西橫
上其心既索妻婦得他子女父母轉疏
私房屋室共相語樂父母年高氣力衰
老終朝至暮不來借問或復父孤母寡
獨守空房猶如客人寄止他舍常無恩
愛復無襦被寒苦厄難遭之甚年老

BD05685 號　父母恩重經　（3–1）

行來官私急疾傾心南北逐子東西橫
上其心既索妻婦得他子女父母轉疏
私房屋室共相語樂父母年高氣力衰
老終朝至暮不來借問或復父孤母寡
獨守空房猶如客人寄止他舍常無恩
愛復無襦被寒苦厄難遭之甚年老
弱色衰多饒蟣虱夙夜不臥長吁歎息何
罪宿愆生此不孝之子或時呼喚瞋目
驚怒婦兒罵詈低頭含笑妻復不孝子
復五擿夫妻和合同作五逆彼時呼喚急
疾耶使十喚九違盡不從順罵詈瞋恚
不如早死強在地上父母聞之悲哭懊惱
流淚雙下啼哭目腫汝初小時非吾不長但
吾生汝不如本無
佛告阿難若有善男子善女人能為父
母受持讀誦書寫父母恩重大乘摩訶
般若波羅蜜經一句一偈一逕其耳所有五
逆重罪悉得消滅永盡無餘常得見
佛聞法速得解脫阿難從座而起偏袒
右肩長跪合掌前白佛言世尊此經云
何名之云何奉持
佛告阿難此經名父母恩重經若有一切
衆生能為父母作福造經燒香禮拜供
養三寶或飲食衆僧當知是人能報父
母其恩帝釋梵王諸天人民一切衆生聞經
歡喜發菩薩心嘷哭動地淚下如雨五體

BD05685 號　父母恩重經　（3–2）

受持讀誦書寫父母恩重大乘摩訶
般若波羅蜜經一句一偈一逕其耳所有五
逆重罪悉得消滅永盡無餘常得見
佛聞法速得解脫阿難從座而起偏袒
右肩長跪合掌前白佛言世尊此經云
何名之云何奉持
佛告阿難此經名父母恩重經若有一切
衆生能爲父母作福造經燒香禮拜供
養三寶或飲食衆僧當知是人能報父
母其恩帝釋梵王諸天人民一切衆生聞經
歡喜發菩薩心嚎哭動地淚下如雨五體
投地信受頂禮佛足歡喜奉行
佛說父母恩重經一卷

BD05685 號　父母恩重經

（3–3）

母恩重經

BD05685 號背　勘記

（1–1）

南无无垢光明佛　南无清淨
南无日光明　佛　南无无邊
南无華勝　佛　南无妙白
南无法光明清淨開敷蓮華佛
南无虛空功德清淨微塵等目端正功
德相光明花波頭摩瑠璃光寶體香最上香
供養訖種種莊嚴頂髻无量无邊日月光明願力
莊嚴變化莊嚴法界出生无障㝵王如来
善為上界天仙龍梵八部帝主人王所僧
父母十方施主及法界衆生悉願斷除
諸障歸命懺悔　至心懺悔
南无仏南无法南无賢聖比丘僧如是等一
切世界諸仏世尊常住世在是諸世尊
當慈念我當憶我證知我若我此生若我
前生從无始生死已来所作衆罪　不自覺
知若自作若教他作見作隨喜若塔若僧若
四方僧物若自取若教人取見隨喜或作五
逆無間重罪若自作若教化作見作隨喜十不
善道自作教化見作隨喜所作罪障或有覆

切世界諸仏世尊常住世在是諸世尊
當慈念我當憶我證知我若我此生若我
前生從无始生死已来所作衆罪　不自覺
知若自作若教他作見作隨喜若塔若僧若
四方僧物若自取若教人取見隨喜或作五
逆無間重罪若自作若教化作見作隨喜十不
善道自作教化見作隨喜所作罪障或有覆
藏或無覆藏應隨地獄餓鬼畜生諸餘惡
趣邊地下賤及滅戾車如是等處所作罪障
今皆懺悔
今諸仏世尊當證知我當憶念我我復於諸
仏世尊前作如是言若我此生若於餘生曾行布
行布世尊前作如是言若我此生若於餘
施或守淨戒乃至施与畜生一團之食或脩
淨戒所有善根成就衆生所有善根脩行菩提
所有善根及無上智所有善根一切合集討校籌
量悉皆迴向阿耨多羅三藐三菩提如過去未
来見在諸仏所作迴向我亦如是迴向
衆罪皆悔　諸福盡隨　及請仏德　願成無上智
去来現在於衆生最勝　无量功德海　歸依合掌礼
一切普誦　處世界　如虛空　如蓮花不著水
心清淨　超於彼　稽首礼无上尊　說偈發願
願以此功德　普及於一切　我等与衆生　皆共成仏道
一切恭敬　自歸依仏當願衆生體解大道發
无上意　自歸依法當願衆生深入經藏智慧
如海　自歸依僧當願衆生統理大衆一切无
㝵　願諸衆生諸惡莫作諸善奉行自淨
其意是諸仏教和南一切賢聖

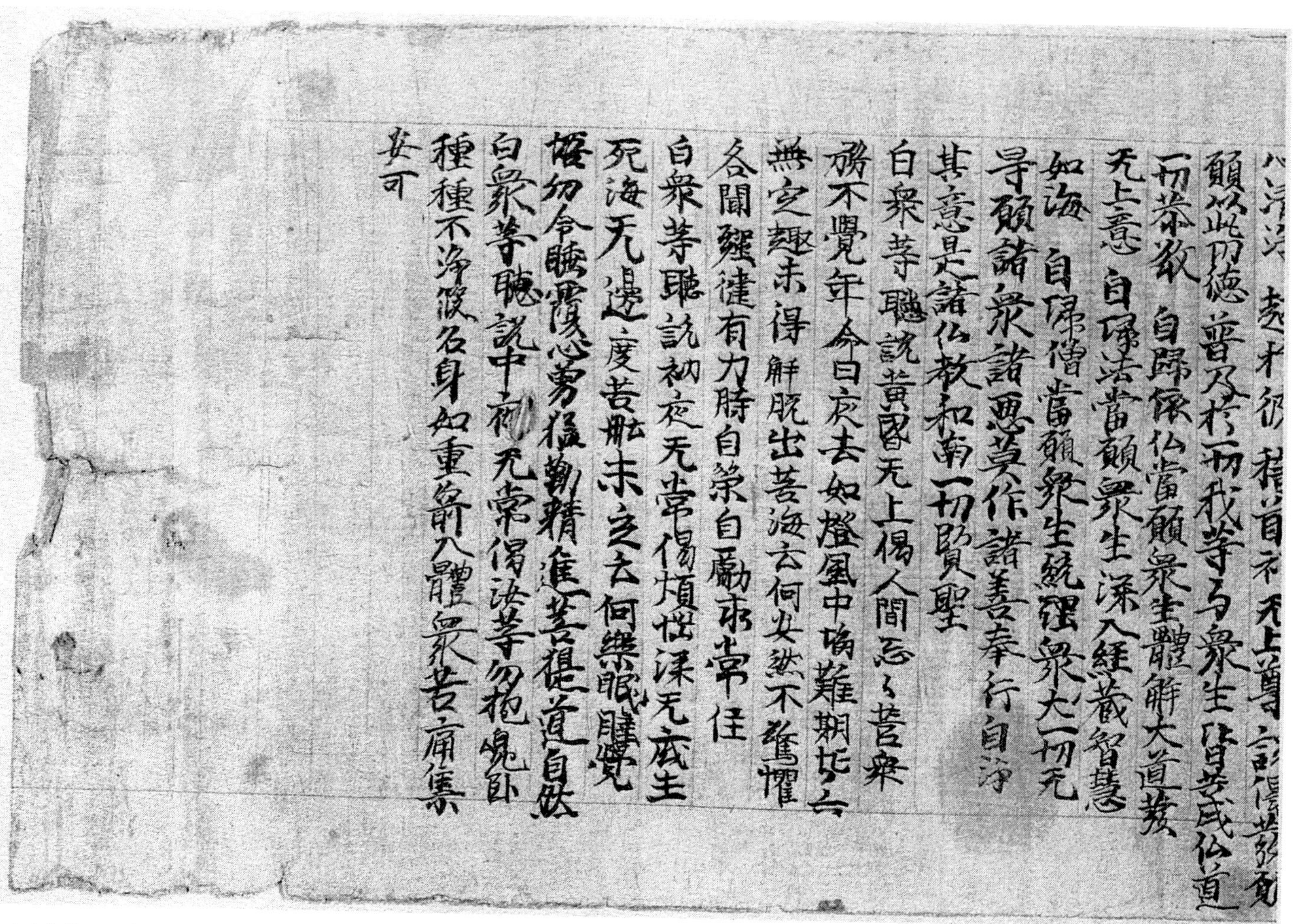

BD05686 號　七階佛名經（兌廢稿）

（3–3）

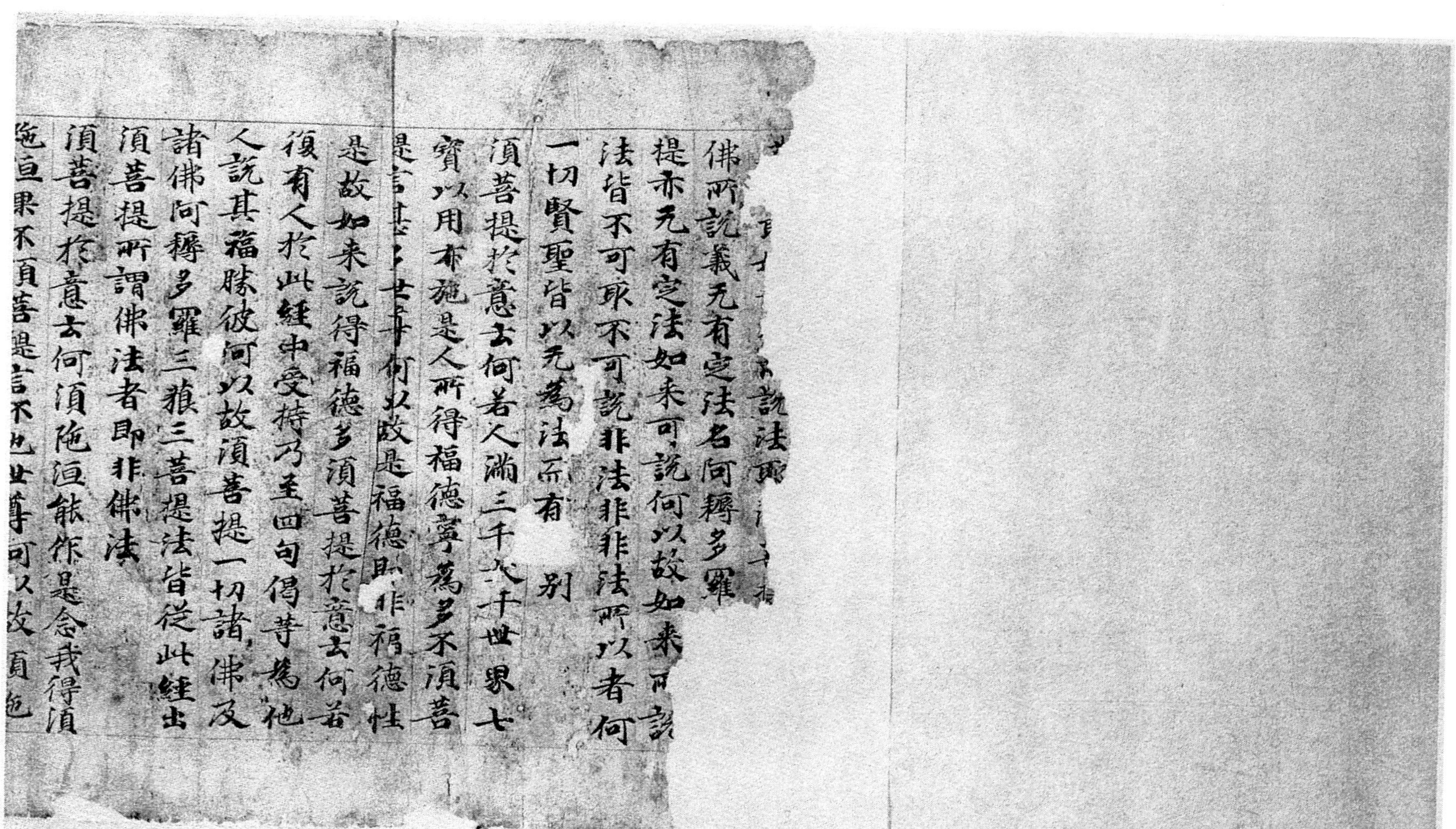

BD05687 號　金剛般若波羅蜜經

（12–1）

是故如来說得福德多須菩提於意云何若
復有人於此經中受持乃至四句偈等為他
人說其福勝彼何以故須菩提一切諸佛及
諸佛阿耨多羅三藐三菩提法皆從此經出
須菩提所謂佛法者即非佛法
須菩提於意云何須陁洹能作是念我得須
陁洹果不須菩提言不也世尊何以故須陁
洹名為入流而无所入不入色聲香味觸法
是名須陁洹須菩提於意云何斯陁含能作
是念我得斯陁含果不須菩提言不也世尊
何以故斯陁含名一往来而實无往来是名
斯陁含須菩提於意云何阿那含能作是念
我得阿那含果不須菩提言不也世尊何以
故阿那含名為不来而實无来是故名阿那
含須菩提於意云何阿羅漢能作是念我
得阿羅漢道不須菩提言不也世尊何以故
實无有法名阿羅漢世尊若阿羅漢作是念
我得阿羅漢道即為著我人衆生壽者世
尊佛說我得无諍三昧人中最為第一是第
一離欲阿羅漢我不作是念我是離欲阿羅
漢世尊我若作是念我得阿羅漢道世尊則
不說須菩提是樂阿蘭那行者以須菩提實
无所行而名須菩提是樂阿蘭那行
佛告須菩提於意云何如来昔在然燈佛所
於法有所得不世尊如来在然燈佛所於法
實无所得須菩提於意云何菩薩莊嚴佛土

BD05687號　金剛般若波羅蜜經　（12–2）

不說須菩提是樂阿蘭那行者以須菩提實
无所行而名須菩提是樂阿蘭那行
佛告須菩提於意云何如来昔在然燈佛所
於法有所得不世尊如来在然燈佛所於法
實无所得須菩提於意云何菩薩莊嚴佛土
不不也世尊何以故莊嚴佛土者則非莊嚴
是名莊嚴是故須菩提諸菩薩摩訶薩應
如是生清淨心不應住色生心不應住聲香
味觸法生心應无所住而生其心須菩提譬
如有人身如須弥山王於意云何是身為大不
須菩提言甚大世尊何以故佛說非身是名
大身須菩提如恒河中所有沙數如是沙等
恒河於意云何是諸恒河沙寧為多不須菩
提言甚多世尊但諸恒河尚多无數何况其
沙須菩提我今實言告汝若有善男子善女
人以七寶滿尒所恒河沙數三千大千世界以
用布施得福多不須菩提言甚多世尊佛告
須菩提若善男子善女人於此經中乃至受
持四句偈等為他人說而此福德勝前福德
復次須菩提隨說是經乃至四句偈等當
知此處一切世間天人阿脩羅皆應供養如
佛塔廟何况有人盡能受持讀誦須菩提
當知是人成就最上第一希有之法若是經
典所在之處則為有佛若尊重弟子
尒時須菩提白佛言世尊當何名此經我等
云何奉持佛告須菩提是經名為金剛般若

BD05687號　金剛般若波羅蜜經　（12–3）

佛塔廟何况有人盡能受持讀誦須菩提
當知是人成就最上第一希有之法若是經
典所在之處則為有佛若尊重弟子
尒時須菩提白佛言世尊當何名此經我等
云何奉持佛告須菩提是經名為金剛般若
波羅蜜以是名字汝當奉持所以者何須菩
提佛說般若波羅蜜則非般若波羅蜜須
菩提於意云何如來有所說法不須菩提白
佛言世尊如來无所說須菩提於意云何三千
大千世界所有微塵是為多不須菩提言甚
多世尊須菩提諸微塵如來說非微塵是名
微塵如來說世界非世界是名世界須菩提
於意云何可以三十二相見如來不不也世尊
不可以三十二相得見如來何以故如來所
說三十二相即是非相是名三十二相
須菩提若有善男子善女人以恒河沙等身
命布施若復有人於此經中乃至受持四句偈
等為他人說其福甚多
尒時須菩提聞說是經深解義趣涕淚悲泣
而白佛言希有世尊佛說如是甚深經典我
從昔來所得慧眼未曾得聞如是之經世尊
若復有人得聞是經信心清淨則生實相當
知是人成就第一希有功德世尊是實相者
則是非相是故如來說名實相世尊我今得聞
如是經典信解受持不足為難若當來世
後五百歲其有衆生得聞是經信解受持

BD05687號　金剛般若波羅蜜經

（12–4）

若復有人得聞是經信心清淨則生實相當
知是人成就第一希有功德世尊是實相者
則是非相是故如來說名實相世尊我今得聞
如是經典信解受持不足為難若當來世
後五百歲其有衆生得聞是經信解受持
是人則為第一希有何以故此人无我相人相
衆生相壽者相所以者何我相即是非相人相
衆生相壽者相即是非相何以故離一切諸
相則名諸佛
佛告須菩提如是如是若復有人得聞是經
不驚不怖不畏當知是人甚為希有何以故須
菩提如來說第一波羅蜜非第一波羅蜜是
名第一波羅蜜
須菩提忍辱波羅蜜如來說非忍辱波羅蜜
何以故須菩提如我昔為歌利王割截身體
我於尒時无我相无人相无衆生相无壽者
相何以故我於往昔節節支解時若有我相
人相衆生相壽者相應生瞋恨須菩提又念
過去於五百世作忍辱仙人於尒所世无我相
无人相无衆生相无壽者相是故須菩提菩
薩應離一切相發阿耨多羅三藐三菩提心
不應住色生心不應住聲香味觸法生心應
生无所住心若心有住則為非住是故佛說
菩薩心不應住色布施須菩提菩薩為利
益一切衆生應如是布施如來說一切諸相

BD05687號　金剛般若波羅蜜經

（12–5）

薩應離一切相發阿耨多羅三藐三菩提心
不應住色生心不應住聲香味觸法生心應
生无所住心若心有住則為非住是故佛說
菩薩心不應住色布施須菩提菩薩為利
益一切衆生應如是布施如來說一切諸相
即是非相又說一切衆生則非衆生
須菩提如來是真語者實語者如語者不
誑語者不異語者須菩提如來所得法此法
无實无虛
須菩提若菩薩心住於法而行布施如人入
闇則无所見若菩薩心不住法而布施如人
有目日光明照見種種色
須菩提當来之世若有善男子善女人能於此
經受持讀誦則為如来以佛智慧悉知是人
悉見是人皆得成就无量无邊功德
須菩提若有善男子善女人初日分以恒河
沙等身布施中日分復以恒河沙等身布施
後日分亦以恒河沙等身布施如是无量百千
万億劫以身布施若復有人聞此經典信心
不逆其福勝彼何况書寫受持讀誦為人
解說
須菩提以要言之是經有不可思議不可稱
量无邊功德如來為發大乘者說為發最上
乘者說若有人能受持讀誦廣為人說如来
悉知是人悉見是人皆得成就不可量不可
稱无有邊不可思議功德如是人等則為荷

BD05687 號　金剛般若波羅蜜經　（12–6）

量无邊功德如来為發大乘者說為發最上
乘者說若有人能受持讀誦廣為人說如来
悉知是人悉見是人皆得成就不可量不可
稱无有邊不可思議功德如是人等則為荷
擔如来阿耨多羅三藐三菩提何以故須菩提
若樂小法者著我見人見衆生見壽者見則
於此經不能聽受讀誦為人解說須菩提
在在處處若有此經一切世間天人阿脩羅
所應供養當知此處則為是塔皆應恭敬
作禮圍遶以諸華香而散其處
復次須菩提若善男子善女人受持讀誦此
經若為人輕賤是人先世罪業應墮惡道以
今世人輕賤故先世罪業則為消滅當得阿耨
多羅三藐三菩提須菩提我念過去无量阿
僧祇劫於然燈佛前得值八百四千万億那
由他諸佛悉皆供養承事无空過者若復
有人於後末世能受持讀誦此經所得功德於
我所供養諸佛功德百分不及一千万億分乃
至算數譬喻所不能及須菩提若善男子善
女人於後末世有受持讀誦此經所得功德
我若具說者或有人聞心則狂亂狐疑不
信須菩提當知是經義不可思議果報亦不
可思議
尒時須菩提白佛言世尊善男子善女人發
阿耨多羅三藐三菩提心云何應住云何降

BD05687 號　金剛般若波羅蜜經　（12–7）

信須菩提當知是經義不可思議果報亦不
可思議
尒時須菩提白佛言世尊善男子善女人發
阿耨多羅三藐三菩提心云何應住云何降
伏其心佛告須菩提善男子善女人發阿耨
多羅三藐三菩提者當生如是心我應滅度
一切衆生滅度一切衆生已而无有一衆生實
滅度者何以故若菩薩有我相人相衆生
相壽者相則非菩薩所以者何須菩提實无
有法發阿耨多羅三藐三菩提者
須菩提於意云何如來於然燈佛所有法得
阿耨多羅三藐三菩提不不也世尊如我解
佛所說義佛於然燈佛所无有法得阿耨多
羅三藐三菩提佛言如是如是須菩提實无
有法如來得阿耨多羅三藐三菩提須菩提
若有法如來得阿耨多羅三藐三菩提然燈
佛則不與我受記汝於來世當得作佛号
釋迦牟尼以實无有法得阿耨多羅三藐三
菩提是故然燈佛與我受記作是言汝於來
世當得作佛号釋迦牟尼何以故如來者即
諸法如義若有人言如來得阿耨多羅三藐
三菩提須菩提實无有法佛得阿耨多羅三
菩提於是中无實无虛是故如來說一切法
皆是佛法須菩提所言一切法者即非一切
法是故名一切法
須菩提譬如人身長大須菩提言世尊如來

BD05687號　金剛般若波羅蜜經

（12–8）

諸法如義若有人言如來得阿耨多羅三藐
三菩提須菩提實无有法佛得阿耨多羅三
菩提於是中无實无虛是故如來說一切法
皆是佛法須菩提所言一切法者即非一切
法是故名一切法
須菩提譬如人身長大須菩提言世尊如來
說人身長大則為非大身是名大身
須菩提菩薩亦如是若作是言我當滅度无
量衆生則不名菩薩何以故須菩提實无有
法名為菩薩是故佛說一切法无我无人无衆
生无壽者須菩提若菩薩作是言我當莊
嚴佛土是不名菩薩何以故如來說莊嚴佛
土者即非莊嚴是名莊嚴須菩提若菩薩通
達无我法者如來說名真是菩薩
須菩提於意云何如來有肉眼不如是世尊
如來有肉眼須菩提於意云何如來有天眼
不如是世尊如來有天眼須菩提於意云何
如有慧眼不如是世尊如來有慧眼須菩提
於意云何如來有法眼不如是世尊如來有
法眼須菩提於意云何如來有佛眼不如是
世尊如來有佛眼須菩提於意云何恒河
中所有沙佛說是沙不如是世尊如來說是
沙須菩提於意云何如一恒河中所有沙有
如是等恒河是諸恒河所有沙數佛世界如
是寧為多不甚多世尊佛告須菩提尒所國
土中所有衆生若干種心如來悉知何以故如

BD05687號　金剛般若波羅蜜經

（12–9）

沙須菩提於意云何如一恒河中所有沙有
如是等恒河是諸恒河所有沙數佛世界如
是寧為多不甚多世尊佛告須菩提尒所國
土中所有衆生若干種心如来悉知何以故如
来說諸心皆為非心是名為心所以者何須菩
提過去心不可得現在心不可得未来心不
可得須菩提於意云何若有人滿三千大千
世界七寶以用布施是人以是因緣得福多
不如是世尊此人以是因緣得福甚多須菩
提若福德有實如来不說得福德多以福
德无故如来說得福德多
須菩提於意云何佛可以具足色身見不不
也世尊如来不應以具足色身見何以故如
来說具足色身即非具足色身是名具足色
身須菩提於意云何如来可以具足諸相見
不不也世尊如来不應以具足諸相見何以故
如来說諸相具足即非具足是名諸相具足
須菩提汝勿謂如来作是念我當有所說法
莫作是念何以故若人言如来有所說法即
為謗佛不能解我所說故須菩提說法者
无法可說是名說法
須菩提白佛言世尊佛得阿耨多羅三藐三
菩提為无所得耶如是如是須菩提我於阿
耨多羅三藐三菩提乃至无有少法可得是
名阿耨多羅三藐三菩提復次須菩提是法

須菩提白佛言世尊佛得阿耨多羅三藐三
菩提為无所得耶如是如是須菩提我於阿
耨多羅三藐三菩提乃至无有少法可得是
名阿耨多羅三藐三菩提復次須菩提是法
平等无有高下是名阿耨多羅三藐三菩提
以无我无人无衆生无壽者脩一切善法則得
阿耨多羅三藐三菩提須菩提所言善法者
如来說非善法是名善法
須菩提若三千大千世界中所有諸須弥山王
如是等七寶聚有人持用布施若人以此般若
波羅蜜經乃至四句偈等受持讀誦為他
人說於前福德百分不及一百千万億分乃
至筭數譬喻所不能及
須菩提於意云何汝等勿謂如来作是念我
當度衆生須菩提莫作是念何以故實无有
衆生如来度者若有衆生如来度者如来則
有我人衆生壽者須菩提如来說有我者則
非有我而凡夫之人以為有我須菩提凡夫者
如来說則非凡夫
須菩提於意云何可以三十二相觀如来不須
菩提言如是如是以三十二相觀如来佛言須
菩提若以三十二相觀如来者轉輪聖王則是
如来須菩提白佛言世尊如我解佛所說義
不應以三十二相觀如来尒時世尊而說偈
若以色見我　以音聲求我　是人行邪道　不能見如来
須菩提汝若作是念如来不以具足相故得阿

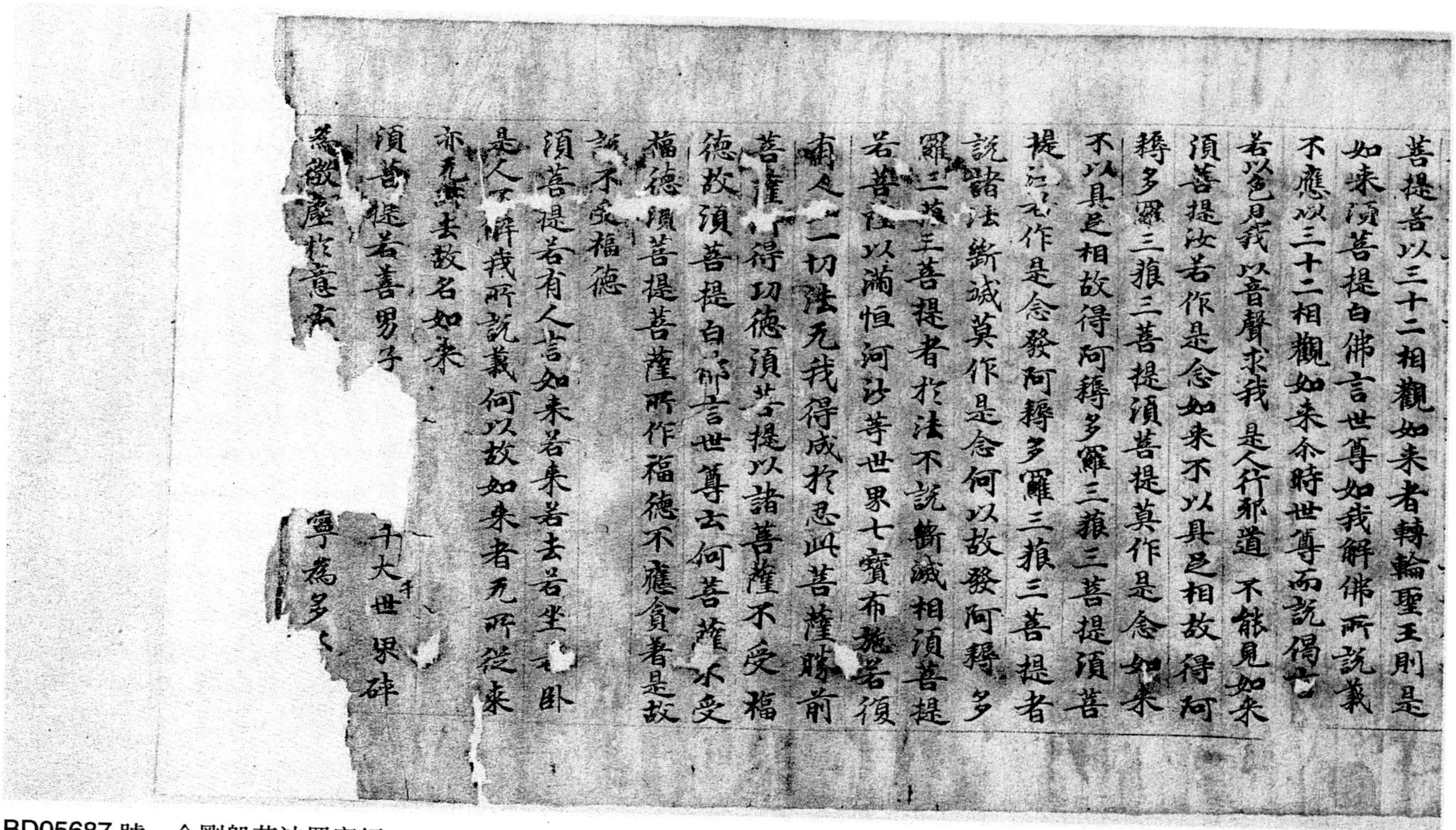

BD05687 號 金剛般若波羅蜜經

(12–12)

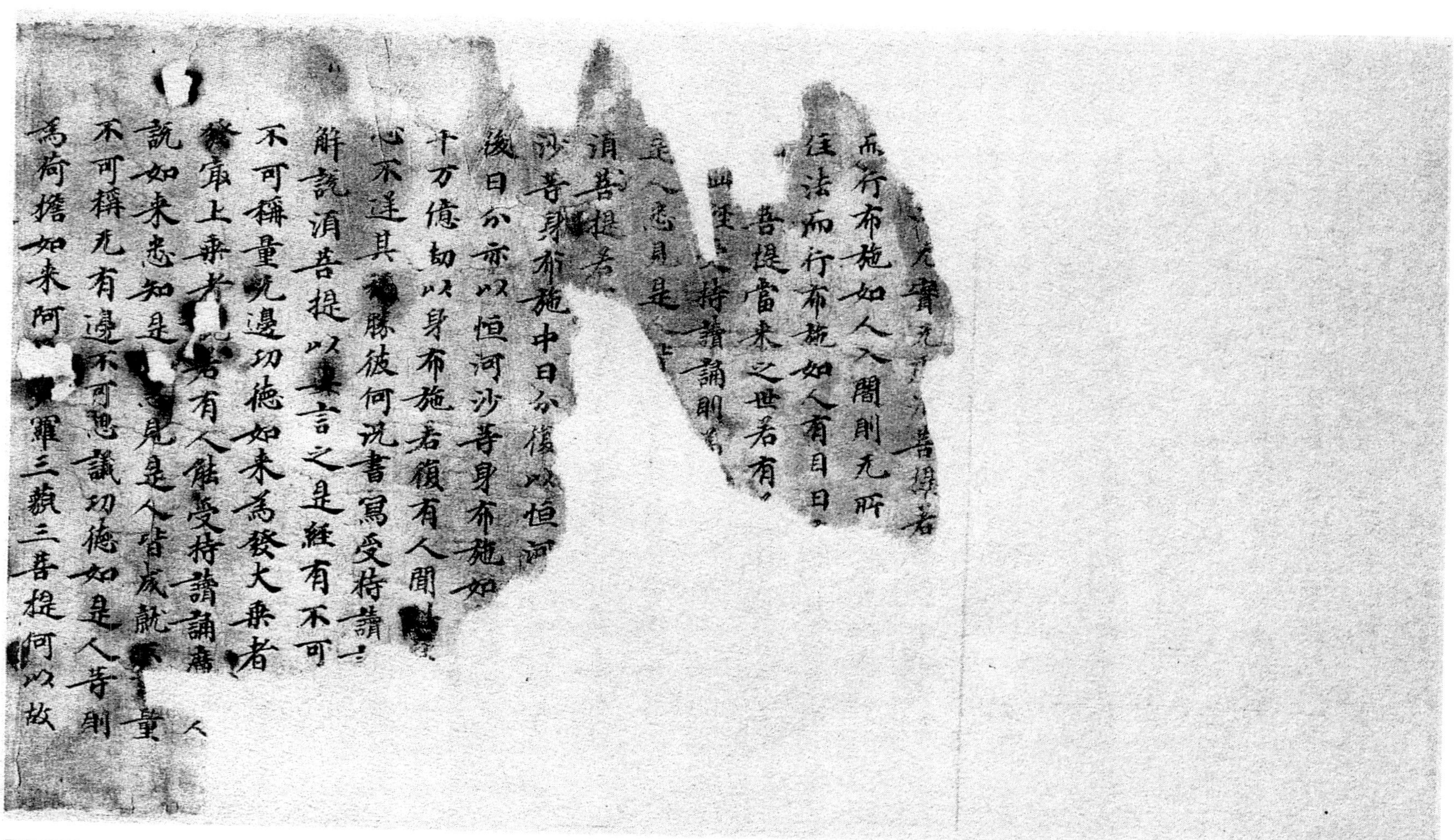

BD05688 號 金剛般若波羅蜜經

(9–1)

解說須菩提以要言之是經有不可
不可稱量无邊功德如來為發大乘者
說最上乘者說若有人能受持讀誦廣
說如來悉知是人悉見是人皆得成就不可量
不可稱无有邊不可思議功德如是人等則
為荷擔如來阿耨多羅三藐三菩提何以故
須菩提若樂小法者著我見人見衆生見壽
者見則於此經不能聽受讀誦為人解說須
菩提在在處處若有此經一切世間天人阿
脩羅所應供養當知此處則為是塔皆應恭
敬作禮圍遶以諸華香而散其處
復次須菩提善男子善女人受持讀誦此經
若為人輕賤是人先世罪業應墮惡道以今
世人輕賤故先世罪業則為消滅當得阿耨
多羅三藐三菩提須菩提我念過去无量阿
僧祇劫於然燈佛前得值八百四千万億那
由他諸佛悉皆供養承事无空過者若復有
人於後末世能受持讀誦此經所得功德於我
所供養諸佛功德百分不及一千万億分乃至筭
數譬喻所不能及須菩提若善男子善女人
於後末世有受持讀誦此經所得功德我若
具說者或有人聞心則狂亂狐疑不信須菩
提當知是經義不可思議果報亦不可思議
尒時須菩提白佛言世尊善男子善女人發
阿耨多羅三藐三菩提心云何應住云何降
伏其心佛告須菩提善男子善女人發阿耨

具說者或有人聞心則狂亂狐疑不信須菩
提當知是經義不可思議果報亦不可思議
尒時須菩提白佛言世尊善男子善女人發
阿耨多羅三藐三菩提心云何應住云何降
伏其心佛告須菩提善男子善女人發阿耨
多羅三藐三菩提者當生如是心我應滅度
一切衆生滅度一切衆生已而无有一衆生
實滅度者何以故若菩薩有我相人相衆生
相壽者相則非菩薩所以者何須菩提實无
有法發阿耨多羅三藐三菩提者須菩提於
意云何如來於然燈佛所有法得阿耨多羅
三藐三菩提不不也世尊如我解佛所說義
佛於然燈佛所无有法得阿耨多羅三藐三
菩提佛言如是如是須菩提實无有法如來
得阿耨多羅三藐三菩提須菩提若有法如
來得阿耨多羅三藐三菩提者然燈佛則不
與我受記汝於來世當得作佛号釋迦牟尼以
實无有法得阿耨多羅三藐三菩提是故然
燈佛與我受記作是言汝於來世當得作佛
号釋迦牟尼何以故如來者即諸法如義若
有人言如來得阿耨多羅三藐三菩提須菩
提實无有法佛得阿耨多羅三藐三菩提須
菩提如來所得阿耨多羅三藐三菩提於是
中无實无虛是故如來說一切法皆是佛法
須菩提所言一切法者即非一切法是故名
一切法須菩提譬如人身長大須菩提言世

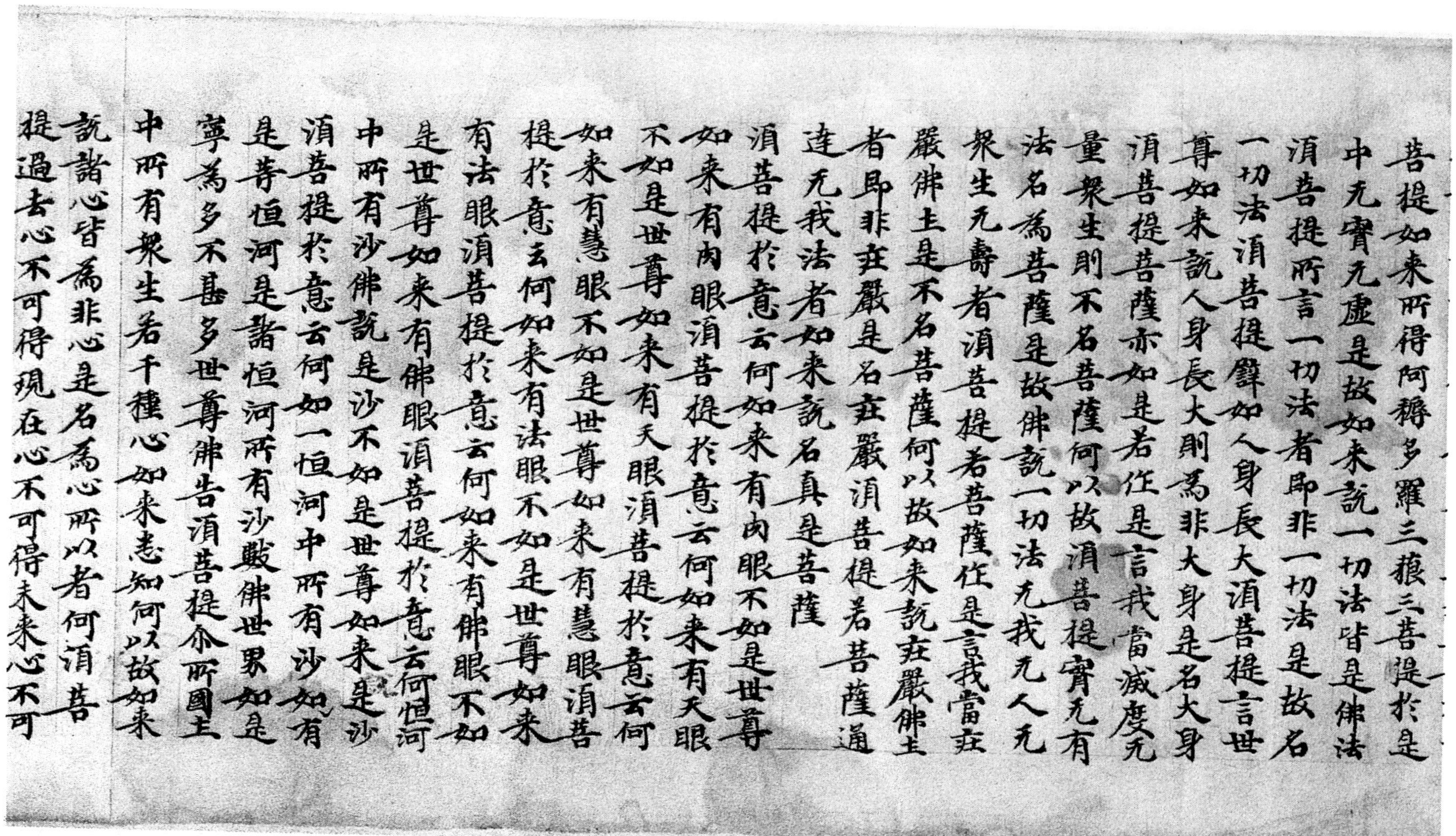
菩提如来所得阿耨多羅三藐三菩提於是
中无實无虛是故如来說一切法皆是佛法
湏菩提所言一切法者即非一切法是故名
一切法湏菩提譬如人身長大湏菩提言世
尊如来說人身長大則爲非大身是名大身
湏菩提菩薩亦如是若作是言我當滅度无
量衆生則不名菩薩何以故湏菩提實无有
法名爲菩薩是故佛說一切法无我无人无
衆生无壽者湏菩提若菩薩作是言我當莊
嚴佛土是不名菩薩何以故如来說莊嚴佛土
者即非莊嚴是名莊嚴湏菩提若菩薩通
達无我法者如来說名真是菩薩
湏菩提於意云何如来有肉眼不如是世尊
如来有肉眼湏菩提於意云何如来有天眼
不如是世尊如来有天眼湏菩提於意云何
如来有慧眼不如是世尊如来有慧眼湏菩
提於意云何如来有法眼不如是世尊如来
有法眼湏菩提於意云何如来有佛眼不如
是世尊如来有佛眼湏菩提於意云何恒河
中所有沙佛說是沙不如是世尊如来說是沙
湏菩提於意云何如一恒河中所有沙如有
是等恒河是諸恒河所有沙數佛世界如是
寧爲多不甚多世尊佛告湏菩提尒所國土
中所有衆生若干種心如来悉知何以故如来
說諸心皆爲非心是名爲心所以者何湏菩
提過去心不可得現在心不可得未来心不可

BD05688號　金剛般若波羅蜜經

（9–4）

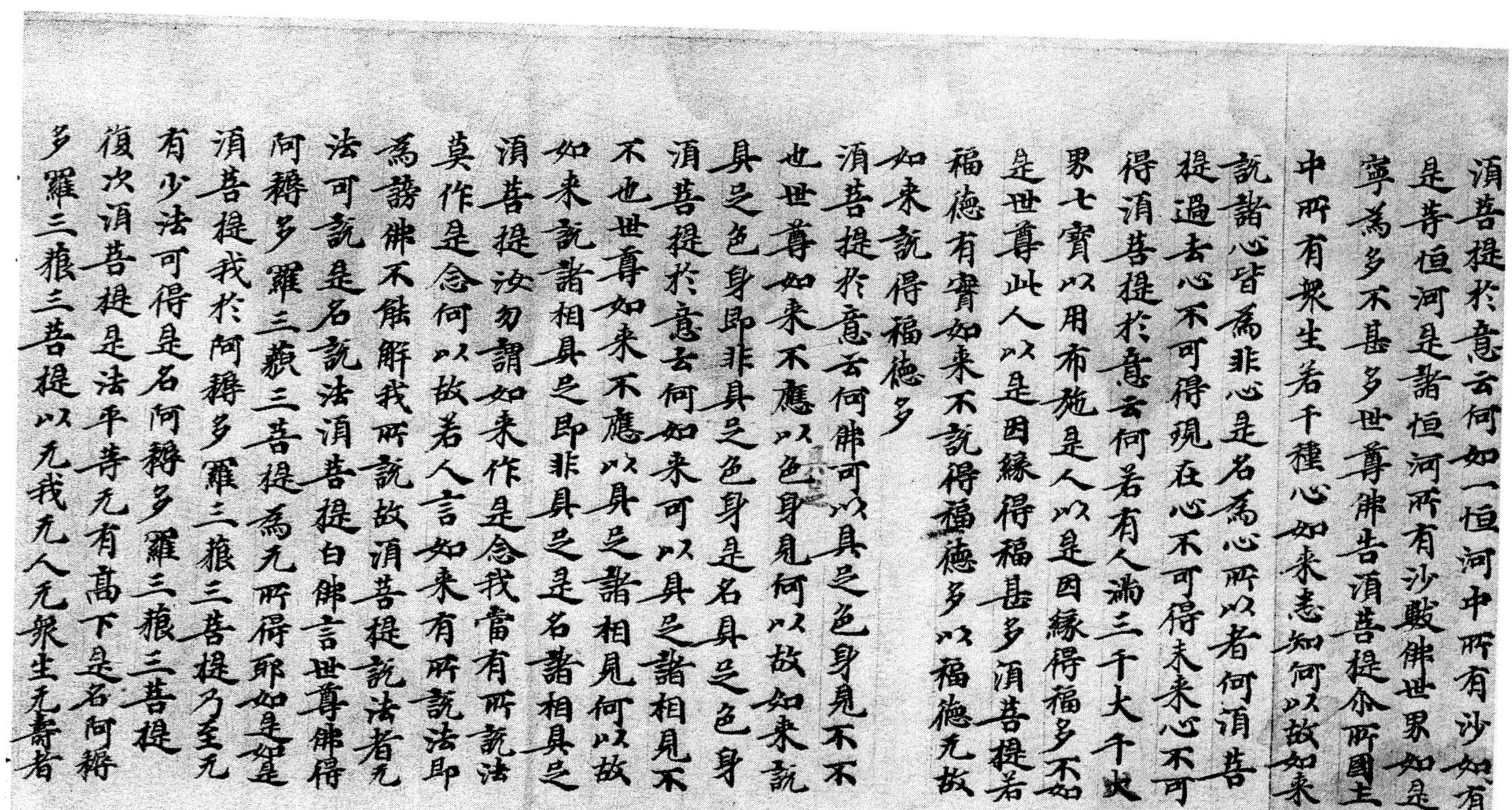
湏菩提於意云何如一恒河中所有沙如有
是等恒河是諸恒河所有沙數佛世界如是
寧爲多不甚多世尊佛告湏菩提尒所國土
中所有衆生若干種心如来悉知何以故如来
說諸心皆爲非心是名爲心所以者何湏菩
提過去心不可得現在心不可得未来心不可
得湏菩提於意云何若有人滿三千大千世
界七寶以用布施是人以是因緣得福多不如
是世尊此人以是因緣得福甚多湏菩提若
福德有實如来不說得福德多以福德无故
如来說得福德多
湏菩提於意云何佛可以具足色身見不不
也世尊如来不應以色身見何以故如来說
具足色身即非具足色身是名具足色身
湏菩提於意云何如来可以具足諸相見不
不也世尊如来不應以具足諸相見何以故
如来說諸相具足即非具足是名諸相具足
湏菩提汝勿謂如来作是念我當有所說法
莫作是念何以故若人言如来有所說法即
爲謗佛不能解我所說故湏菩提說法者无
法可說是名說法湏菩提白佛言世尊佛得
阿耨多羅三藐三菩提爲无所得耶如是如是
湏菩提我於阿耨多羅三藐三菩提乃至无
有少法可得是名阿耨多羅三藐三菩提
復次湏菩提是法平等无有高下是名阿耨
多羅三藐三菩提以无我无人无衆生无壽者

BD05688號　金剛般若波羅蜜經

（9–5）

須菩提我於阿耨多羅三藐三菩提乃至无
有少法可得是名阿耨多羅三藐三菩提
復次須菩提是法平等无有高下是名阿耨
多羅三藐三菩提以无我无人无衆生无壽者
脩一切善法則得阿耨多羅三藐三菩提
須菩提所言善法者如来說非善法是名善
法須菩提若三千大千世界中所有諸須弥山
王如是等七寶聚有人持用布施若人以此
般若波羅蜜經乃至四句偈等受持為他人
說於前福德百分不及一百千万億分乃至
筭數譬喻所不能及
須菩提於意云何汝等勿謂如来作是念我
當度衆生須菩提莫作是念何以故實无有
衆生如来度者若有衆生如来度者如来則
有我人衆生壽者須菩提如来說有我者則
非有我而凡夫之人以為有我須菩提凡夫
者如来說則非凡夫
須菩提於意云何可以卅二相觀如来不須
菩提言如是如是以卅二相觀如来佛言須
菩提若以卅二相觀如来者轉輪聖王則是
如来須菩提白佛言世尊如我解佛所說義
不應以卅二相觀如来尒時世尊而說偈言
若以色見我　以音聲求我　是人行邪道　不能見如来
須菩提汝若作是念如来不以具足相故得
阿耨多羅三藐三菩提須菩提莫作是念如

BD05688 號　金剛般若波羅蜜經　（9–6）

不應以卅二相觀如来尒時世尊而說偈言
若以色見我　以音聲求我　是人行邪道　不能見如来
須菩提汝若作是念如来不以具足相故得
阿耨多羅三藐三菩提須菩提莫作是念如
来不以具足相故得阿耨多羅三藐三菩提
須菩提汝若作是念發阿耨多羅三藐三菩
提者說諸法斷滅相莫作是念何以故發阿耨
多羅三藐三菩提者於法不說斷滅相
須菩提若菩薩以滿恒河沙等世界七寶布
施若復有人知一切法无我得成於忍此菩
薩勝前菩薩所得功德須菩提以諸菩薩不
受福德故須菩提白佛言世尊云何菩薩不
受福德須菩提菩薩所作福德不應貪著是
故說不受福德須菩提若有人言如来若来
若去若坐若卧是人不解我所說義何以故
如来者无所從来亦无所去故名如来
須菩提若善男子善女人以三千大千世界
碎為微塵於意云何是微塵衆寧為多不甚
多世尊何以故若是微塵衆實有者佛則不
說是微塵衆所以者何佛說微塵衆則非微
塵衆是名微塵衆世尊如来所說三千大千
世界則非世界是名世界何以故若世界實
有者則是一合相如来說一合相則非一合相
是名一合相須菩提一合相者則是不可說
但凡夫之人貪著其事

BD05688 號　金剛般若波羅蜜經　（9–7）

須菩提若善男子善女人以三千大千世界
碎爲微塵於意云何是微塵衆寧爲多不甚
多世尊何以故若是微塵衆實有者佛則不
說是微塵衆所以者何佛說微塵衆則非微
塵衆是名微塵衆世尊如來所說三千大千
世界則非世界是名世界何以故若世界實
有者則是一合相如來說一合相則非一合相
是名一合相須菩提一合相者則是不可說
但凡夫之人貪著其事
須菩提若人言佛說我見人見衆生見壽者
見須菩提於意云何是人解我所說義不不
也世尊是人不解如來所說義何以故世尊說
我見人見衆生見壽者見即非我見人見衆生
見壽者見是名我見人見衆生見壽者見須
菩提發阿耨多羅三藐三菩提心者於一切法
應如是知如是見如是信解不生法相菩
提所言法相者如來說即非法相是名法
相須菩提若有人以滿无量阿僧祇世界七
寶持用布施若有善男子善女人發菩薩心
者持於此經乃至四句偈等受持讀誦爲人
演說其福勝彼云何爲人演說不取於相如如
不動何以故
一切有爲法 如夢幻泡影 如露亦如電 應作如是觀
佛說是經已長老須菩提及諸比丘比丘尼
優婆塞優婆夷一切世間天人阿脩羅聞佛
所說皆大歡喜信受奉行

BD05688號　金剛般若波羅蜜經

(9–8)

見壽者見是名我見人見衆生見壽者見須
菩提發阿耨多羅三藐三菩提心者於一切法
應如是知如是見如是信解不生法相菩
提所言法相者如來說即非法相是名法
相須菩提若有人以滿无量阿僧祇世界七
寶持用布施若有善男子善女人發菩薩心
者持於此經乃至四句偈等受持讀誦爲人
演說其福勝彼云何爲人演說不取於相如如
不動何以故
一切有爲法 如夢幻泡影 如露亦如電 應作如是觀
佛說是經已長老須菩提及諸比丘比丘尼
優婆塞優婆夷一切世間天人阿脩羅聞佛
所說皆大歡喜信受奉行

金剛般若波羅蜜經

BD05688號　金剛般若波羅蜜經

(9–9)

諸星母陀羅尼經
沙門法成於甘州脩多寺譯
如是我聞一時薄伽梵住於曠野大聚落中諸
天及龍藥叉羅刹乾闥婆阿須羅迦樓羅緊
那羅莫呼落迦諸魔日月熒惑大白鎮星辭
星歲星羅睺長尾星神二十八宿諸天衆等

BD05689號　諸星母陀羅尼經　（6–1）

諸星母陀羅尼經
沙門法成於甘州脩多寺譯
如是我聞一時薄伽梵住於曠野大聚落中諸
天及龍藥叉羅刹乾闥婆阿須羅迦樓羅緊
那羅莫呼落迦諸魔日月熒惑大白鎮星辭
星歲星羅睺長尾星神二十八宿諸天衆等
悉皆讚歎諸大金剛持願之句咸加莊嚴師
子座上與諸菩薩同會一處其名曰金剛手
菩薩摩訶薩金剛忿怒菩薩摩訶薩金剛部
薩菩摩訶薩金剛弓菩薩摩訶薩金剛王菩
薩摩訶薩金剛莊嚴菩薩摩訶薩金剛光菩
薩摩訶薩觀自在菩薩摩訶薩普見菩薩
摩訶薩世間吉祥菩薩摩訶薩蓮華幢菩薩
摩訶薩廣面菩薩摩訶薩蓮華眼菩薩摩訶
薩吉祥菩薩摩訶薩慈氏菩薩摩訶薩等諸
大菩薩僧前後圍遶薄伽梵說法其法名為廣大
莊嚴如意寶珠初中後善句義美妙無雜清
淨清白梵行
尒時金剛手菩薩觀於大衆從座而起以自神
力旋遶世尊數百千迊作礼前住自身倚持
以善跏趺瞻覩大衆以金剛掌安自心上而
白佛言世尊有其惡星色刑撓惡其擾剎
心色刑忿怒惱亂有情奪其精氣或奪財物
或奪於命長壽有情令作短壽如是惱亂一切
有情為是等故唯願世尊開顯法門守護一
切有情之類世尊告曰善哉善哉汝與大悲
為利一切諸有情故問於如來甚深密義汝
今諦聽善思念之我當說其惡星瞋怒破
壞之法及說供養行施念誦秘密之義

BD05689號　諸星母陀羅尼經　（6–2）

[illegible]長壽有情令作難壽如是惱亂一切
有情為是等故唯願世尊開顯法門守護一
切有情之類世尊告日善哉善哉汝與大悲
為利一切諸有情故問於如來甚深密義汝
今諦聽善思念之我當說其惡星瞋怒破
壞之法及說供養行施念誦秘密之義
若行供養當供養　若作其惡當作惡
如是諸星刑色等　云何而令生歡喜
諸天及與諸非天　緊那羅等及諸龍
諸藥叉等羿羅刹　人及迦多富多那
猛利威德諸大神　瞋怒云何而殄滅
秘密言辭供養法　今當次第而宣說
尒時釋迦如來從自心上而放慈心遊戲光
明入於諸星頂髻之中尋時日月一切星神從
座而起以諸天供即以供養釋迦如來膝輪
著地合掌作礼而白佛言世尊如來應供養
正真等覺利益我等雖願世尊宣說法門
令於我等而聚集已守衛防護說法之師令
得吉慶遠離刀杖消滅毒藥及作結界
尒時釋迦如來即便為說供養星法及以密
言陁羅尼曰
唵讚吒囉迦耶莎訶　唵尸儋肴蔽莎訶　唵落落
嚧伽俱麼囉也莎訶　唵報須也報須也莎訶　唵報
伽阿巻娑須也莎訶　唵阿須囉薩多麼也莎訶
唵吒哩巻囊馱　囉那世莎訶　唵阿蜜多畢哩耶
莎訶　唵稽底羯多蔽莎訶
金剛手具則是彼九星秘密心呪讀便成辦
當作十二指一色香壇中安供養或凡或銅
金銀等器奉獻供養一一供養當誦一百八遍
金剛手獄後誦具諸星母陁羅尼秘密言辭

BD05689 號　諸星母陀羅尼經

（6–3）

唵吒哩巻囊馱　囉那世莎訶　唵阿蜜多畢哩耶
莎訶　唵稽底羯多蔽莎訶
金剛手具則是彼九星秘密心呪讀便成辦
當作十二指一色香壇中安供養或凡或銅
金銀等器奉獻供養一一供養當誦一百八遍
金剛手獄後誦具諸星母陁羅尼秘密言辭
滿足七遍一切諸星而作守護所有貧窮慈
得解脫命得欲盡而得長壽金剛手若苾
蒭苾蒭尼烏波索迦烏波斯迦及餘有情之
類若歷耳根而不中夭金剛手諸星壇中設
供養已每日而讀誦者彼說法師一切諸星如
彼所願悉令滿足與彼同類貧匱諸事
皆得消滅
尒時釋迦如來即便為說諸星母陁羅尼即說
呪曰
南謨佛陁耶　南謨婆拶囉馱囉耶　南麼鉢麼
達囉耶　南麼薩婆迦囉訶　南麼薩婆阿耆
波囉甫迦喃　南謨諾耆多囉喃　南謨墻多耆
囉尸喃　怛世沒底沒底　馱室囉馱室囉　鉢明
鉢明　婆囉婆囉　鉢婆囉鉢婆囉　三娑囉
三娑囉　基多耶基多耶　麼囉麼囉　麼訖
陁麼訖陁　伽須耶　薩婆碧達　俱嚕俱嚕
晉耶晉耶　乇舍波耶乇舍波耶　肩脂旦伱
須麼耶須麼曳　𠺕嚕多伱　達奢耶揭
麼南　薄伽薄帝　落叉耶落叉耶　麼那娑
波哩波蓋　娑囉波薩都主巻荼　薩婆
吒訶　那乇肴多囉　跋多麼馱伱　馱囉
伱　馱囉薄伽薄底　麼訶摩曳　薩馱
耶喃巻荼麼肴耶　波波伱　麼賛底賛底
耶魯耶魯　賛底　謀瑜謀瑜　賛謀賛謀

BD05689 號　諸星母陀羅尼經

（6–4）

頞麼耶頞麼曳　吽嚕多你　達㭊耶𢘑
麼喃　薄伽薄帝　落叉耶落叉耶　麼耶娑
波哩波盧　娑囉波薩都王毖荼　薩婆
吒訶　耶乇㭊多囉　跛多麼馱你　馱囉
你　馱囉薄伽薄底　麼訶摩曳　薩馱
耶嗦毖荼麼㭊耶　波波你　麼贊底贊底
都嚕都嚕　贊底　謀揄謀揄　資謀資謀
訶娑訶蔽　屋吒哩屋吒訶　努迷
甫囉耶迷　末努多藍　薩婆怛他迦多
阿伭毖伭　娑麼耶莎訶　唵莎訶　吽莎訶
統哩莎訶　吽莎訶　怛摭莎訶　鉢麼頞囉
莎訶　阿室哆耶莎訶　蘇麼耶莎訶　頞囉
你頞多耶莎訶　促他耶莎訶　勃多卷波伭
曳莎訶　㳍伽囉耶莎訶　吒㭊那跋那耶莎訶
囉訶蔽莎訶　鷄多蔽莎訶　促他耶莎訶　馱
摻囉達囉耶莎訶　鉢麼頞囉莎訶　拘麼囉
耶莎訶　諾乇弛多囉難莎訶　薩婆烏鉢多
囉馱難莎訶　唵薩婆馱比底叭叭莎訶
金剛手𦬊是諸星母陀羅尼猕𪗋呪句成就
一切諸事根本金剛手𦬊陀羅尼猕𪗋呪句
從於九月白月七日而起於首具足長𥜺至
十四日供養諸星而受持之月十五日若能
晝夜而讀誦者至滿九年無其死畏亦無星
流墮落怖畏亦無日宿作惡怖畏而懐宿命
亦能供養一切諸星一切諸星隨其所願而授
與之尒時諸星礼世尊已讚言善哉　忽然
不現

諸星母陀羅尼經一卷　摻婦朮反　統胡吉反　哆得者反　𢘑許菖反

BD05689 號　諸星母陀羅尼經　（6–5）

耶莎訶　諾乇弛多囉難莎訶　薩婆烏鉢多
囉馱難莎訶　唵薩婆馱比底叭叭莎訶
金剛手𦬊是諸星母陀羅尼猕𪗋呪句成就
一切諸事根本金剛手𦬊陀羅尼猕𪗋呪句
從於九月白月七日而起於首具足長𥜺至
十四日供養諸星而受持之月十五日若能
晝夜而讀誦者至滿九年無其死畏亦無星
流墮落怖畏亦無日宿作惡怖畏而懐宿命
亦能供養一切諸星一切諸星隨其所願而授
與之尒時諸星礼世尊已讚言善哉　忽然
不現

諸星母陀羅尼經一卷　摻婦朮反　統胡吉反　哆得者反　𢘑許菖反

BD05689 號　諸星母陀羅尼經　（6–6）

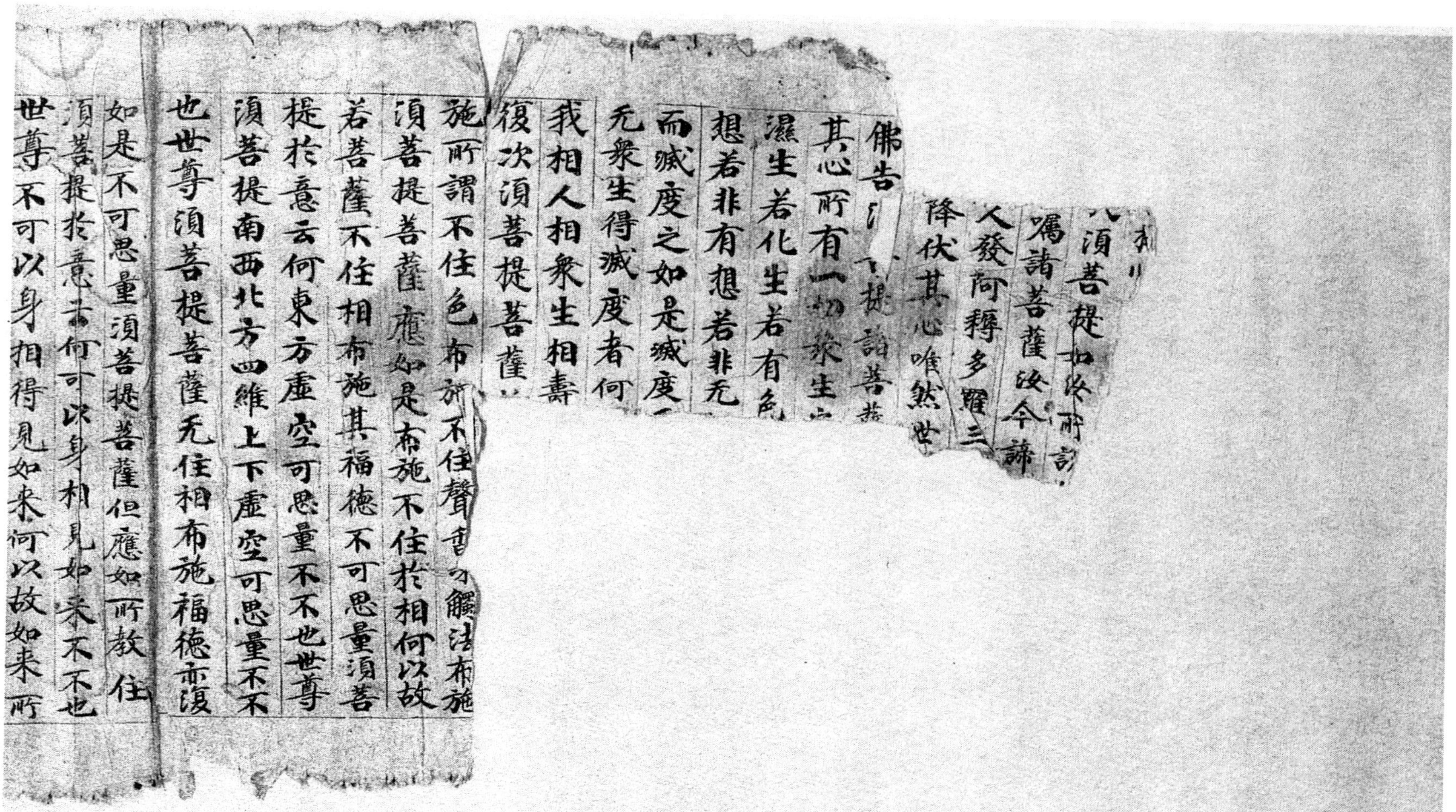

須菩提如汝所說
囑諸菩薩汝今諦
人發阿耨多羅三
降伏其心唯然世
佛告須菩提諸菩薩
其心所有一切衆生之
濕生若化生若有色
想若非有想若非无
而滅度之如是滅度
无衆生得滅度者何
我相人相衆生相壽
復次須菩提菩薩
施所謂不住色布施不住聲香味觸法布施
須菩提菩薩應如是布施不住於相何以故
若菩薩不住相布施其福德不可思量須菩
提於意云何東方虛空可思量不不也世尊
須菩提南西北方四維上下虛空可思量不不
也世尊須菩提菩薩无住相布施福德亦復
如是不可思量須菩提菩薩但應如所教住
須菩提於意云何可以身相見如來不不也
世尊不可以身相得見如來何以故如來所

BD05690 號　金剛般若波羅蜜經

（15–1）

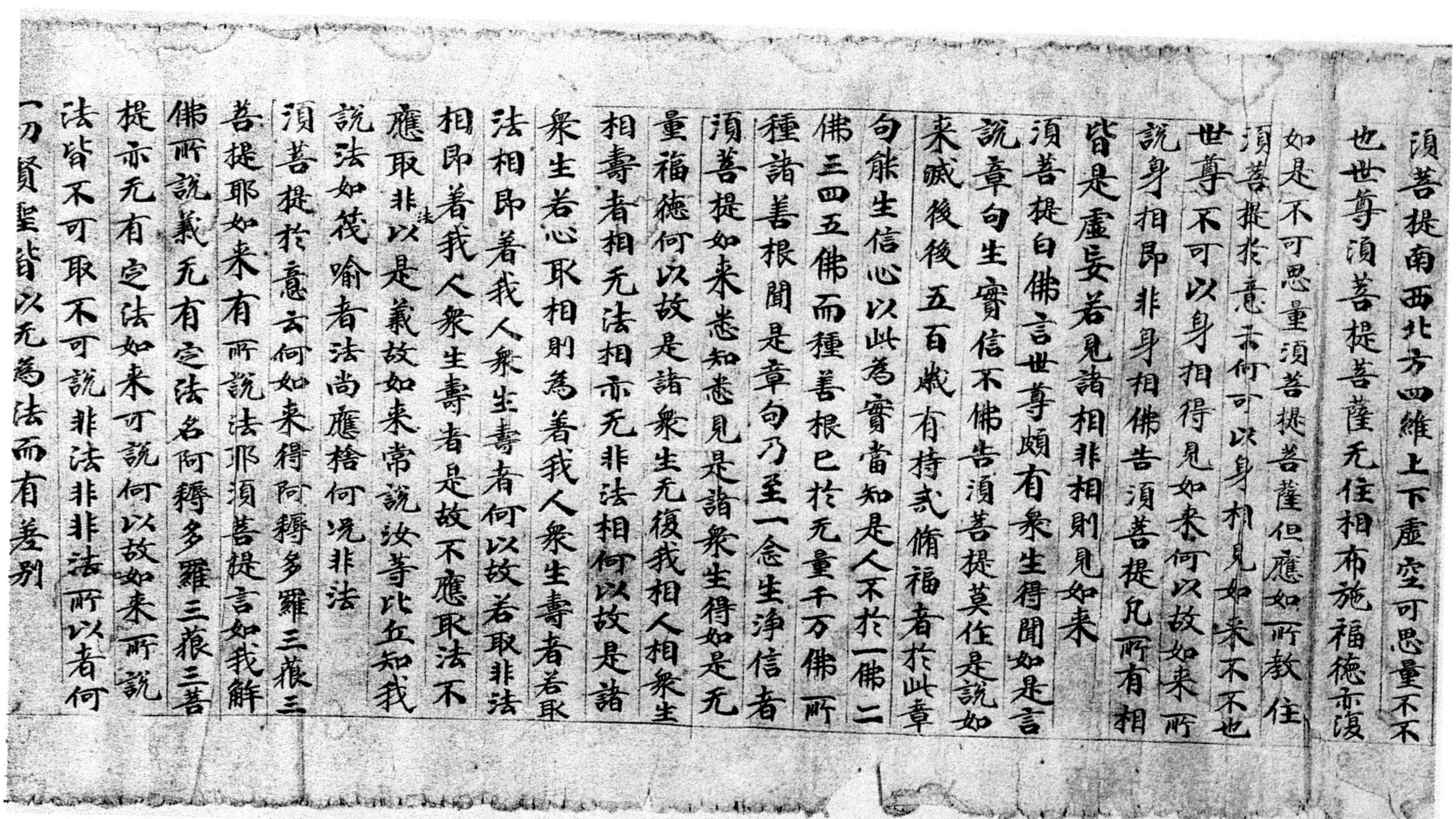

須菩提南西北方四維上下虛空可思量不不
也世尊須菩提菩薩无住相布施福德亦復
如是不可思量須菩提菩薩但應如所教住
須菩提於意云何可以身相見如來不不也
世尊不可以身相得見如來何以故如來所
說身相即非身相佛告須菩提凡所有相
皆是虛妄若見諸相非相則見如來
須菩提白佛言世尊頗有衆生得聞如是言
說章句生實信不佛告須菩提莫作是說如
來滅後後五百歲有持戒脩福者於此章
句能生信心以此為實當知是人不於一佛二
佛三四五佛而種善根已於无量千万佛所
種諸善根聞是章句乃至一念生淨信者
須菩提如來悉知悉見是諸衆生得如是无
量福德何以故是諸衆生无復我相人相衆生
相壽者相无法相亦无非法相何以故是諸
衆生若心取相則為著我人衆生壽者若取
法相即著我人衆生壽者何以故若取非法
相即著我人衆生壽者是故不應取法不
應取非法以是義故如來常說汝等比丘知我
說法如筏喻者法尚應捨何況非法
須菩提於意云何如來得阿耨多羅三藐三
菩提耶如來有所說法耶須菩提言如我解
佛所說義无有定法名阿耨多羅三藐三菩
提亦无有定法如來可說何以故如來所說
法皆不可取不可說非法非非法所以者何
一切賢聖皆以无為法而有差別

BD05690 號　金剛般若波羅蜜經

（15–2）

菩提耶如来有所說法耶須菩提言如我解
佛所說義无有定法名阿耨多羅三藐三菩
提亦无有定法如来可說何以故如来所說
法皆不可取不可說非法非非法所以者何
一切賢聖皆以无為法而有差別
須菩提於意云何若人滿三千大千世界七
寶以用布施是人所得福德寧為多不須
菩提言甚多世尊何以故是福德即非福
德性是故如来說福德多若復有人於此經中
受持乃至四句偈等為他人說其福勝彼何
以故須菩提一切諸佛及諸佛阿耨多羅三
藐三菩提法皆從此經出須菩提所謂佛法
者即非佛法
須菩提於意云何須陁洹能作是念我得須
陁洹果不須菩提言不也世尊何以故須陁
洹名為入流而无所入不入色聲香味觸法
是名須陁洹須菩提於意云何斯陁含能作
是念我得斯陁含果不須菩提言不也世尊
何以故斯陁含名一往来而實无往来是名
斯陁含須菩提於意云何阿那含能作是
念我得阿那含果不須菩提言不也世尊何
以故阿那含名為不来而實无来是故名阿
那含須菩提於意云何阿羅漢能作是念
我得阿羅漢道不須菩提言不也世尊何以故
實无有法名阿羅漢世尊若阿羅漢作是念
我得阿羅漢道即為著我人衆生壽者世尊
佛說我得无諍三昧人中最為第一是第一

那含須菩提於意云何阿羅漢能作是念
我得阿羅漢道不須菩提言不也世尊何以故
實无有法名阿羅漢世尊若阿羅漢作是念
我得阿羅漢道即為著我人衆生壽者世尊
佛說我得无諍三昧人中最為第一是第一
離欲阿羅漢我不作是念我是離欲阿羅漢
世尊我若作是念我得阿羅漢道世尊則不
說須菩提是樂阿蘭那行者以須菩提實无
所行而名須菩提是樂阿蘭那行
佛告須菩提於意云何如来昔在燃燈佛所
於法有所得不世尊如来在然燈佛所於法
實无所得須菩提於意云何菩薩莊嚴佛土
不不也世尊何以故莊嚴佛土者則非莊嚴是
名莊嚴是故須菩提諸菩薩摩訶薩應如
是生清淨心不應住色生心不應住聲香味
觸法生心應无所住而生其心須菩提譬如
有人身如須弥山王於意云何是身為大不
須菩提言甚大世尊何以故佛說非身是名
大身須菩提如恒河中所有沙數如是沙等
恒河於意云何是諸恒河沙寧為多不須
菩提言甚多世尊但諸恒河尚多无數何
况其沙須菩提我今實言告汝若有善男子
善女人以七寶滿尒所恒河沙數三千大千世界
以用布施得福多不須菩提言甚多世尊佛
告須菩提若善男子善女人於此經中乃至

善提言甚多世尊但諸恒河尚多无數何
況其沙須菩提我今實言告汝若有善男子
善女人以七寶滿尒所恒河沙數三千大千世界
以用布施得福多不須菩提言甚多世尊佛
告須菩提若善男子善女人於此經中乃至
受持四句偈等為他人說而此福德勝前福
德復次須菩提隨說是經乃至四句偈等當
知此處一切世間天人阿脩羅皆應供養如
佛塔廟何況有人盡能受持讀誦須菩提
當知是人成就最上第一希有之法若是經典
所在之處則為有佛若尊重弟子
尒時須菩提白佛言世尊當何名此經我
等云何奉持佛告須菩提是經名為金剛
般若波羅蜜以是名字汝當奉持所以者
何須菩提佛說般若波羅蜜則非般若波羅
蜜須菩提於意云何如來有所說法不須菩
提白佛言世尊如來无所說須菩提於意云
何三千大千世界所有微塵是為多不須菩提
言甚多世尊須菩提諸微塵如來說非微塵
是名微塵如來說世界非世界是名世界須菩
提於意云何可以三十二相見如來不不也世
尊不可以三十二相見如來何以故如來
說三十二相即是非相是名三十二相須菩
提若有善男子善女人以恒河沙等身
命布施若復有人於此經中乃至受持四
句偈等為他人說其福甚多

BD05690號　金剛般若波羅蜜經

（15–5）

尊不可以三十二相見如來何以故如來
說三十二相即是非相是名三十二相須菩
提若有善男子善女人以恒河沙等身
命布施若復有人於此經中乃至受持四
句偈等為他人說其福甚多
尒時須菩提聞說是經深解義趣涕淚悲
泣而白佛言希有世尊佛說如是甚深經典
我從昔來所得慧眼未曾得聞如是之經世
尊若復有人得聞是經信心清淨則生實相
當知是人成就第一希有功德世尊是實
相者則是非相是故如來說名實相世尊我
今得聞如是經典信解受持不足為難若
當來世後五百歲其有衆生得聞是經信
解受持是人則為第一希有何以故此人无我相
人相衆生相壽者相所以者何我相即是非相
人相衆生相壽者相即是非相何以故離一切
諸相則名諸佛佛告須菩提如是如是若復
有人得聞是經不驚不怖不畏當知是人甚
為希有何以故須菩提如來說第一波羅蜜
非第一波羅蜜是名第一波羅蜜
須菩提忍辱波羅蜜如來說非忍辱波羅
蜜何以故須菩提如我昔為歌利王割截身
體我於尒時无我相无人相无衆生相无壽者
相何以故我於往昔節節支解時若有我相
人相衆生相壽者相應生瞋恨須菩提又念
過去於五百世作忍辱仙人於尒所世无我相

BD05690號　金剛般若波羅蜜經

（15–6）

蜜何以故須菩提如我昔為歌利王割截身
體我於尒時无我相无人相无衆生相无壽者
相何以故我於往昔節節支解時若有我相
人相衆生相壽者相應生瞋恨須菩提又念
過去於五百世作忍辱仙人於尒所世无我相
无人相无衆生相无壽者相是故須菩提
菩薩應離一切相發阿耨多羅三藐三菩提
心不應住色生心不應住聲香味觸法生心
應生无所住心若心有住則為非住是故佛
說菩薩心不應住色布施須菩提菩薩為
利益一切衆生應如是布施如來說一切諸相
即是非相又說一切衆生則非衆生須菩提
如來是真語者實語者如語者不誑語者不
異語者須菩提如來所得法此法无實无虛
須菩提若菩薩心住於法而行布施如人入
闇則无所見若菩薩心不住法而行布施如
人有目日光明照見種種色須菩提當來之
世若有善男子善女人能於此經受持讀誦
則為如來以佛智惠悉知是人悉見是人皆
得成就无量无邊功德
須菩提若有善男子善女人初日分以恒河
沙等身布施中日分復以恒河沙等身布施
後日分亦以恒河沙等身布施如是无量百千
万億劫以身布施若復有人聞此經典信心
不逆其福勝彼何況書寫受持讀誦為人解
說須菩提以要言之是經有不可思議不可

BD05690 號　金剛般若波羅蜜經　（15–7）

沙等身布施中日分復以恒河沙等身布施
後日分亦以恒河沙等身布施如是无量百千
万億劫以身布施若復有人聞此經典信心
不逆其福勝彼何況書寫受持讀誦為人解
說須菩提以要言之是經有不可思議不可
稱量无邊功德如來為發大乘者說為發最
上乘者說若有人能受持讀誦廣為人說如來
悉知是人悉見是人皆得成就不可量不可
稱无有邊不可思議功德如是人等則為荷
擔如來阿耨多羅三藐三菩提何以故須菩
提若樂小法者著我見人見衆生見壽者見
則於此經不能聽受讀誦為人解說須菩提
在在處處若有此經一切世間天人阿脩羅
所應供養當知此處則為是塔皆應恭敬
作礼圍遶以諸華香而散其處
復次須菩提善男子善女人受持讀誦此
經若為人輕賤是人先世罪業應墮惡道
以今世人輕賤故先世罪業則為消滅當得
阿耨多羅三藐三菩提須菩提我念過去无
量阿僧祇劫於然燈佛前得值八百四千万億
那由他諸佛悉皆供養承事无空過者若
復有人於後末世能受持讀誦此經所得功
德於我所供養諸佛功德百分不及一千万億
分乃至筭數譬喻所不能及須菩提若善
男子善女人於後末世有受持讀誦此經所
得功德我若具說者或有人聞心則狂亂狐

BD05690 號　金剛般若波羅蜜經　（15–8）

那由他諸佛悉皆供養承事无空過者若
復有人於後末世能受持讀誦此經所得功
德於我所供養諸佛功德百分不及一千万億
分乃至筭數譬喻所不能及須菩提若善
男子善女人於後末世有受持讀誦此經所
得功德我若具說者或有人聞心則狂亂狐
疑不信須菩提當知是經義不可思議果
報亦不可思議
尒時須菩提白佛言世尊善男子善女人發
阿耨多羅三藐三菩提心云何應住云何降
伏其心佛告須菩提善男子善女人發阿
耨多羅三藐三菩提者當生如是心我應
滅度一切衆生滅度一切衆生已而无有一切
衆生實滅度者何以故若菩薩有我相人
相衆生相壽者相則非菩薩所以者何須菩
提實无有法發阿耨多羅三藐三菩提者須
菩提於意云何如来於然燈佛所有法得阿
耨多羅三藐三菩提不不也世尊如我解佛
所說義佛於然燈佛所无有法得阿耨多羅
三藐三菩提佛言如是如是須菩提實无有法
如来得阿耨多羅三藐三菩提須菩提若有法
如来得阿耨多羅三藐三菩提然燈佛則不
與我受記汝於来世當得作佛号釋迦牟尼
以實无有法得阿耨多羅三藐三菩提是故
然燈佛與我受記作是言汝於来世當得作
佛号釋迦牟尼何以故如来者即諸法如義若

BD05690號　金剛般若波羅蜜經

（15–9）

如来得阿耨多羅三藐三菩提然燈佛則不
與我受記汝於来世當得作佛号釋迦牟尼
以實无有法得阿耨多羅三藐三菩提是故
然燈佛與我受記作是言汝於来世當得作
佛号釋迦牟尼何以故如来者即諸法如義若
有人言如来得阿耨多羅三藐三菩提須菩
提實无有法佛得阿耨多羅三藐三菩提須
菩提如来所得阿耨多羅三藐三菩提於是
中无實无虛是故如来說一切法皆是佛法
須菩提所言一切法者即非一切法是故名
一切法須菩提譬如人身長大須菩提言世
尊如来說人身長大則為非大身是名大身
須菩提菩薩亦如是若作是言我當滅度无
量衆生則不名菩薩何以故須菩提實无有
法名為菩薩是故佛說一切法无我无人无
衆生无壽者須菩提若菩薩作是言我當庄
嚴佛土是不名菩薩何以故如来說庄嚴佛
土者即非庄嚴是名庄嚴須菩提若菩薩
通達无我法者如来說名真是菩薩
須菩提於意云何如来有肉眼不如是世尊
如来有肉眼須菩提於意云何如来有天眼
不如是世尊如来有天眼須菩提於意云何
如来有慧眼不如是世尊如来有慧眼須菩
提於意云何如来有法眼不如是世尊如来
有法眼須菩提於意云何如来有佛眼不如

BD05690號　金剛般若波羅蜜經

（15–10）

不如是世尊如来有天眼須菩提於意云何
如来有恵眼不如是世尊如来有恵眼須菩
提於意云何如来有法眼不如是世尊如来
有法眼須菩提於意云何如来有佛眼不如
是世尊如来有佛眼須菩提於意云何恒河
中所有沙佛說是沙不如是世尊如来說是
沙須菩提於意云何如一恒河中所有沙有
如是等恒河是諸恒河所有沙數佛世界如
是寧為多不甚多世尊佛告須菩提尒所國
土中所有衆生若干種心如来悉知何以故
如来說諸心皆為非心是名為心所以者何
須菩提過去心不可得現在心不可得未来
心不可得須菩提於意云何若有人滿三
千大千世界七寶以用布施是人以是因緣
得福多不如是世尊此人以是因緣得福甚
多須菩提若福德有實如来不說得福德
多以福德故如来說得福德多
須菩提於意云何佛可以具足色身見不不
也世尊如来不應以具足色身見何以故如
来說具足色身即非具足色身是名具足色
身須菩提於意云何如来可以具足諸相見
不不也世尊如来不應以具足諸相見何以故
如来說諸相具足即非具足是名諸相具足
須菩提汝勿謂如来作是念我當有所說
法莫作是念何以故若人言如来有所說法
即為謗佛不能解我所說故須菩提說法

BD05690號　金剛般若波羅蜜經　（15–11）

不不也世尊如来不應以具足諸相見何以故
如来說諸相具足即非具足是名諸相具足
須菩提汝勿謂如来作是念我當有所說
法莫作是念何以故若人言如来有所說法
即為謗佛不能解我所說故須菩提說法
者無法可說是名說法須菩提白佛言世尊
佛得阿耨多羅三藐三菩提為無所得耶如
是如是須菩提我於阿耨多羅三藐三菩提
乃至無有少法可得是名阿耨多羅三藐三
菩提復次須菩提是法平等無有高下是
名阿耨多羅三藐三菩提以無我無人無衆
生無壽者脩一切善法則得阿耨多羅三藐
三菩提須菩提所言善法者如来說非善法
是名善法須菩提若三千大千世界中所有諸
須弥山王如是等七寶聚有人持用布施若
人以此般若波羅蜜經乃至四句偈等受持
讀誦為他人說於前福德百分不及一百千
萬億分乃至筭數譬喻所不能及
須菩提於意云何汝等勿謂如来作是念我
當度衆生須菩提莫作是念何以故實無
有衆生如来度者若有衆生如来度者如
来則有我人衆生壽者須菩提如来說有
我者則非有我而凡夫之人以為有我須菩提
凡夫者如来說則非凡夫須菩提於意云何可
以三十二相觀如来不須菩提言如是如是以

BD05690號　金剛般若波羅蜜經　（15–12）

来則有我人衆生壽者須菩提如来說有
我者則非有我而凡夫之人以為有我須菩提
凡夫者如来說則非凡夫須菩提於意云何可
以三十二相觀如来不須菩提言如是如是以
三十二相觀如来佛言須菩提若以三十二
相觀如来者轉輪聖王則是如来須菩提白
佛言世尊如我解佛所說義不應以三十二
相觀如来尒時世尊而說偈言
若以色見我 以音聲求我 是人行邪道 不能見如来
須菩提汝若作是念如来不以具足相故得
阿耨多羅三藐三菩提須菩提莫作是念如
来不以具足相故得阿耨多羅三藐三菩提
須菩提汝若作是念發阿耨多羅三藐三
菩提者說諸法斷滅莫作是念何以故發阿耨
多羅三藐三菩提者於法不說斷滅相須菩
提若菩薩以滿恒河沙等世界七寶布施若
復有人知一切法無我得成於忍此菩薩勝
前菩薩所得功德須菩提以諸菩薩不受福
德故須菩提白佛言世尊云何菩薩不受福
德須菩提菩薩所作福德不應貪着是故說
不受福德須菩提若有人言如来若来若去
若坐若卧是人不解我所說義何以故如来
者無所從来亦無所去故名如来
須菩提若善男子善女人以三千大千世界
碎為微塵於意云何是微塵衆寧為多不

BD05690號　金剛般若波羅蜜經

德須菩提菩薩所作福德不應貪着是故說
不受福德須菩提若有人言如来若来若去
若坐若卧是人不解我所說義何以故如来
者無所從来亦無所去故名如来
須菩提若善男子善女人以三千大千世界
碎為微塵於意云何是微塵衆寧為多不
甚多世尊何以故若是微塵衆實有者佛
則不說是微塵衆所以者何佛說微塵衆則
非微塵衆是名微塵衆世尊如来所說三千大
千世界則非世界是名世界何以故若世界實有
者則是一合相如来說一合相則非一合相是
名一合相須菩提一合相者則是不可
說但凡夫之人貪着其事須菩提若人言佛
說我見人見衆生見壽者見須菩提於意云
何是人解我所說義不世尊是人不解如来
所說義何以故世尊說我見人見衆生見壽
者見即非我見人見衆生見壽者見是名我
見人見衆生見壽者見須菩提發阿耨多
羅三藐三菩提心者於一切法應如是知如是
見如是信解不生法相須菩提所言法相者如
来說即非法相是名法相須菩提若有人以
滿無量阿僧祇世界七寶持用布施若有善
男子善女人發菩薩心者持於此經乃至四
句偈等受持讀誦為人演說其福勝彼云何
為人演說不取於相如如不動何以故
一切有為法 如夢幻泡影 如露亦如電 應作如是觀
佛說是經已長老須菩提及諸比丘比丘尼

BD05690號　金剛般若波羅蜜經

說我見人見衆生見壽者見須菩提於意云
何是人解我所說義不世尊是人不解如来
所說義何以故世尊說我見人見衆生見壽
者見即非我見人見衆生見壽者見是名我
見人見衆生見壽者見須菩提發阿耨多
羅三藐三菩提心者於一切法應如是知如是
見如是信解不生法相須菩提所言法相者如
来說即非法相是名法相須菩提若有人以
滿無量阿僧祇世界七寶持用布施若有善
男子善女人發菩薩心者持於此經乃至四
句偈等受持讀誦爲人演說其福勝彼云何
爲人演說不取於相如如不動何以故
一切有爲法 如夢幻泡影 如露亦如電 應作如是觀
佛說是經已長老須菩提及諸比丘比丘尼
優婆塞優婆夷一切世間天人阿脩羅聞佛
所說皆大歡喜信受奉行
金剛般若波羅蜜經

BD05690 號　金剛般若波羅蜜經　（15–15）

今此富樓那 於昔千億佛 勤脩所行道 宣護諸佛法
爲求无上慧 而於諸佛所 現居弟子上 多聞有智慧
所說无所畏 能令衆歡喜 未曾有疲惓 而以助佛事
已度大神通 具四无礙智 知諸根利鈍 常說清淨法
演暢如是義 教諸千億衆 令住大乘法 而自淨佛土
未來亦供養 无量无數佛 護助宣正法 亦自淨佛土
常以諸方便 說法无所畏 度不可計衆 成就一切智
供養諸如來 護持法寶藏 其後得成佛 号名曰法明
其國名善淨 七寶所合成 劫名爲寶明 菩薩衆甚多
其數无量億 皆度大神通 威德力具足 充滿其國土
聲聞亦无數 三明八解脫 得四无礙智 以是等爲僧
其國諸衆生 婬欲皆已斷 純一變化生 具相莊嚴身
法喜禪悅食 更无餘食想 无有諸女人 亦无諸惡道
富樓那比丘 功德悉成滿 當得斯淨土 賢聖衆甚多
如是无量事 我今但略說
尒時千二百阿羅漢心自在者作是念我等
歡喜得未曾有若世尊各見授記如餘大弟
子者不亦快乎佛知此等心之所念告摩訶
迦葉是千二百阿羅漢我今當現前次第與
之阿耨多羅三藐三菩提記於此衆中我大

BD05691 號　妙法蓮華經卷四　（2–1）

供養諸如來 護持法寶藏 其後得成佛 号名曰法明
其國名善淨 七寶所合成 劫名為寶明 菩薩衆甚多
其數无量億 皆度大神通 威德力具足 充滿其國土
聲聞亦无數 三明八解脫 得四无礙智 以是等為僧
其國諸衆生 婬欲皆已斷 純一變化生 具相莊嚴身
法喜禪悅食 更无餘食想 无有諸女人 亦无諸惡道
富樓那比丘 功德悉成滿 當得斯淨土 賢聖衆甚多
如是无量事 我今但略說
尒時千二百阿羅漢心自在者作是念我等
歡喜得未曾有若世尊各見授記如餘大弟
子者不亦快乎佛知此等心之所念告摩訶
迦葉是千二百阿羅漢我今當現前次第與
受阿耨多羅三藐三菩提記於此衆中我大
弟子憍陳如比丘當供養六万二千億佛然
後得成為佛号曰普明如來應供正遍知明
行足善逝世間解无上士調御丈夫天人師
佛世尊其五百阿羅漢優樓頻螺迦葉伽耶
迦葉那提迦葉迦留陁夷優陁夷阿㝹樓馱
離波多劫賓那薄拘羅周陁莎伽陁等皆當
得阿耨多羅三藐三菩提盡同一号名曰普
明尒時世尊欲重宣此義而說偈言

BD05691 號　妙法蓮華經卷四

（2–2）

佛滅度之後 正法住於世 三十二小劫 廣度諸衆生
正法滅盡已 像法三十二 舍利廣流布 天人普供養
華光佛所為 其事皆如是 其兩足聖尊 冣勝无倫匹
彼即是汝身 冝應自欣慶
尒時四部衆比丘比丘尼優婆塞優婆夷天
龍夜叉乹闥婆阿脩羅迦樓羅緊那羅摩睺
羅伽等大衆見舍利弗於佛前受阿耨多
羅三藐三菩提記心大歡喜踊躍无量各各脫
身所著上衣以供養佛釋提桓因梵天王等
與无數天子亦以天妙衣天曼陁羅華摩訶
曼陁羅華等供養於佛所散天衣住虛空中
而自迴轉諸天伎樂百千萬種於虛空中一
時俱作雨衆天華而作是言佛昔於波羅柰
初轉法輪今乃復轉无上冣大法輪尒時諸
天子欲重宣此義而說偈言
昔於波羅柰 轉四諦法輪 分別說諸法 五欲之生滅
今復轉冣妙 无上大法輪 是法甚深奧 少有能信者
我等從昔來 數聞世尊說 未曾聞如是 深妙之上法
世尊說是法 我等皆隨喜 大智舍利弗 今得受尊記
我等亦如是 必當得作佛 於一切世間 最尊无有上

BD05692 號　妙法蓮華經卷二

（6–1）

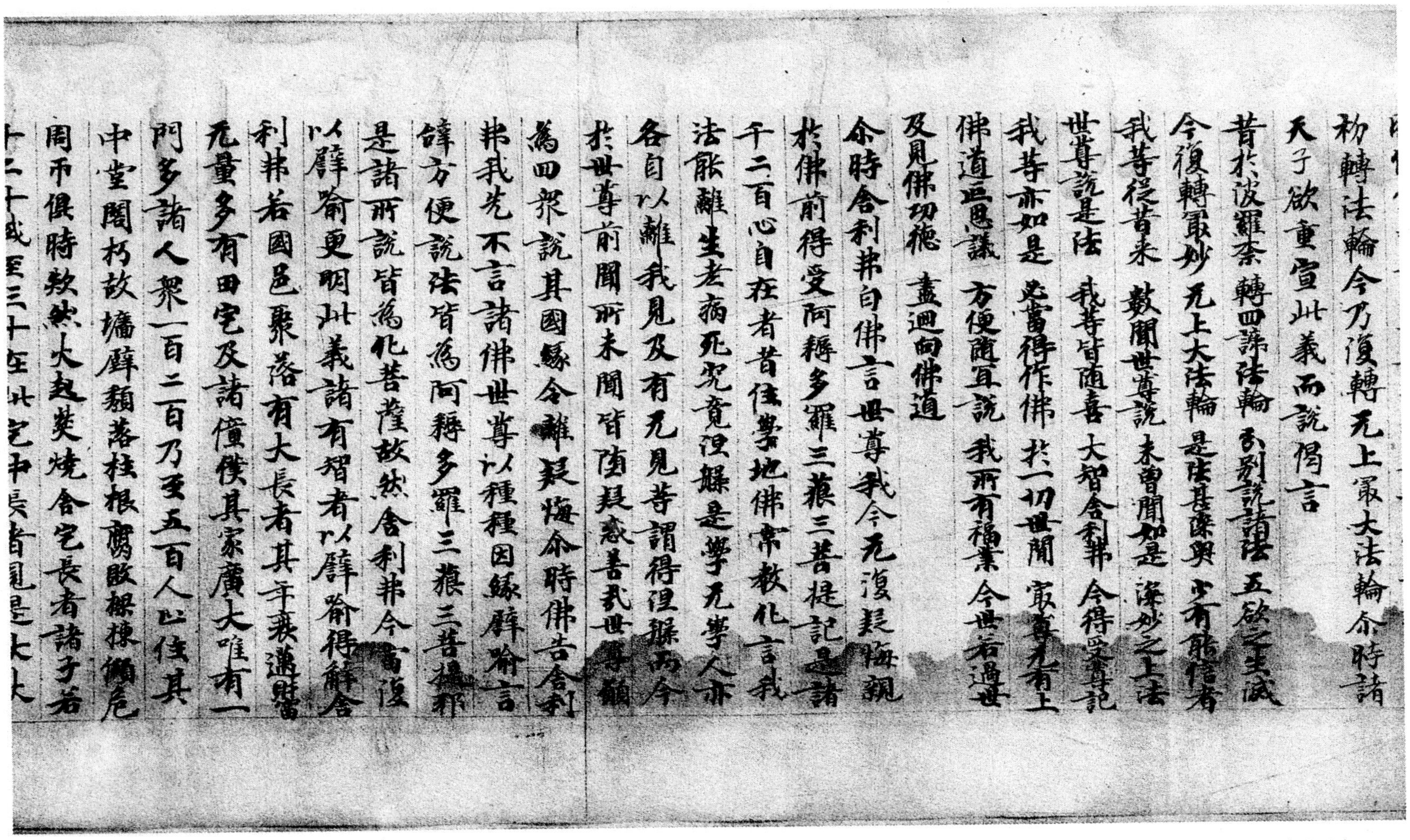
初轉法輪今乃復轉无上最大法輪尒時諸
天子欲重宣此義而說偈言
昔於波羅㮈　轉四諦法輪　分別說諸法　五衆之生滅
今復轉最妙　无上大法輪　是法甚深奧　少有能信者
我等從昔來　數聞世尊說　未曾聞如是　深妙之上法
世尊說是法　我等皆隨喜　大智舍利弗　今得受尊記
我等亦如是　必當得作佛　於一切世間　最尊无有上
佛道叵思議　方便隨宜說　我所有福業　今世若過世
及見佛功德　盡迴向佛道
尒時舍利弗白佛言世尊我今无復疑悔親
於佛前得受阿耨多羅三藐三菩提記是諸
千二百心自在者昔住學地佛常教化言我
法能離生老病死究竟涅槃是學无學人亦
各自以離我見及有无見等謂得涅槃而今
於世尊前聞所未聞皆墮疑惑善哉世尊願
為四衆說其因緣令離疑悔尒時佛告舍利
弗我先不言諸佛世尊以種種因緣譬喻言
辭方便說法皆為阿耨多羅三藐三菩提耶
是諸所說皆為化菩薩故然舍利弗今當復
以譬喻更明此義諸有智者以譬喻得解舍
利弗若國邑聚落有大長者其年衰邁財富
无量多有田宅及諸僮僕其家廣大唯有一
門多諸人衆一百二百乃至五百人止住其
中堂閣朽故墻壁頹落柱根腐敗梁棟傾危
周帀俱時欻然火起焚燒舍宅長者諸子若
十二十或至三十在此宅中長者見是大火

BD05692號　妙法蓮華經卷二　（6–2）

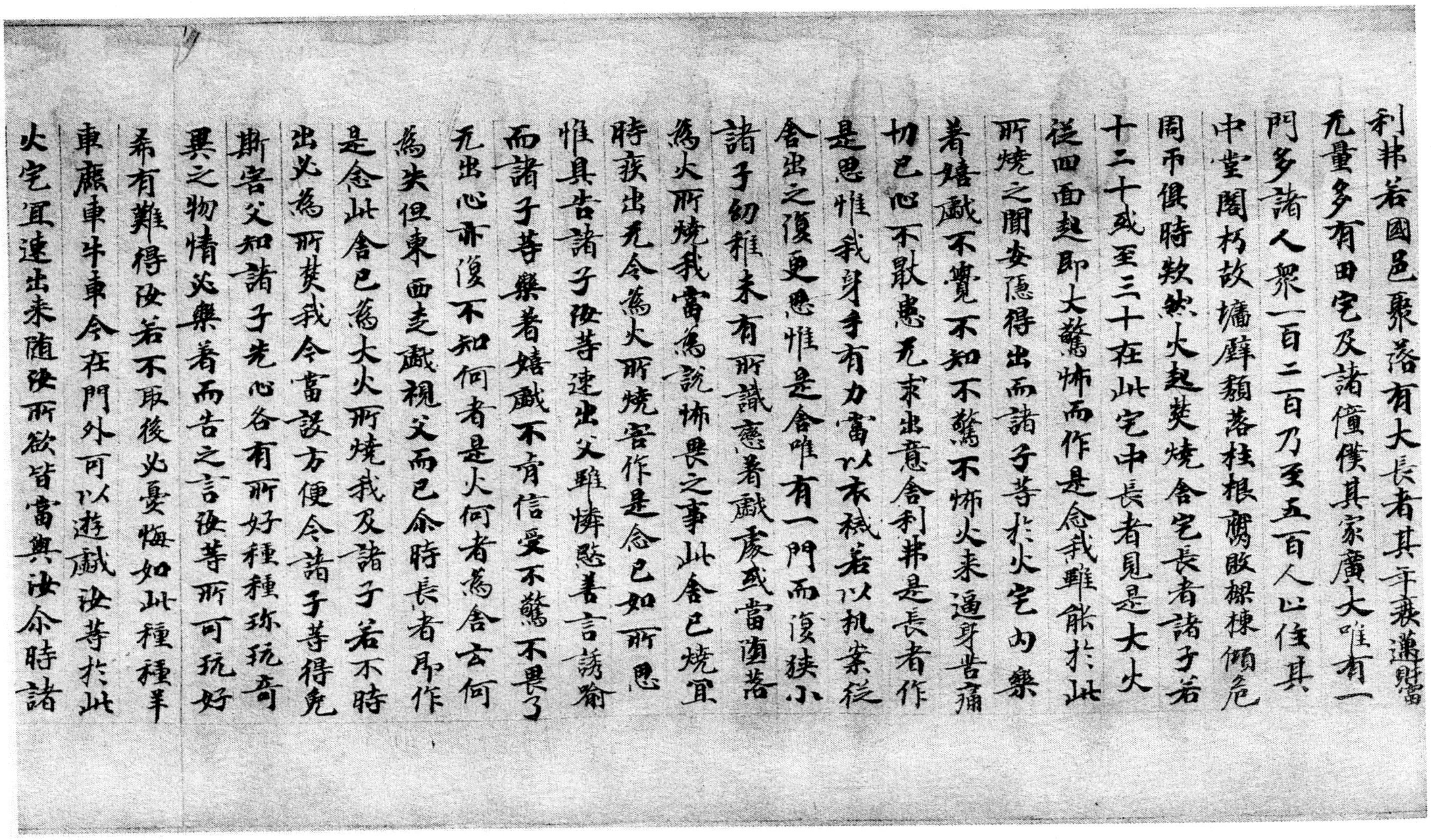
利弗若國邑聚落有大長者其年衰邁財富
无量多有田宅及諸僮僕其家廣大唯有一
門多諸人衆一百二百乃至五百人止住其
中堂閣朽故墻壁頹落柱根腐敗梁棟傾危
周帀俱時欻然火起焚燒舍宅長者諸子若
十二十或至三十在此宅中長者見是大火
從四面起即大驚怖而作是念我雖能於此
所燒之門安隱得出而諸子等於火宅內樂
著嬉戲不覺不知不驚不怖火來逼身苦痛
切己心不猒患无求出意舍利弗是長者作
是思惟我身手有力當以衣裓若以机案從
舍出之復更思惟是舍唯有一門而復狹小
諸子幼稚未有所識戀著戲處或當墮落
為火所燒我當為說怖畏之事此舍已燒宜
時疾出无令為火所燒害作是念已如所思
惟具告諸子汝等速出父雖憐愍善言誘喻
而諸子等樂著嬉戲不肯信受不驚不畏了
无出心亦復不知何者是火何者為舍云何
為失但東西走戲視父而已尒時長者即作
是念此舍已為大火所燒我及諸子若不時
出必為所焚我今當設方便令諸子等得免
斯害父知諸子先心各有所好種種珎玩奇
異之物情必樂著而告之言汝等所可玩好
希有難得汝若不取後必憂悔如此種種羊
車鹿車牛車今在門外可以遊戲汝等於此
火宅宜速出來隨汝所欲皆當與汝尒時諸

BD05692號　妙法蓮華經卷二　（6–3）

斯嗇父知諸子先心各有所好種種珍玩奇
異之物情必樂著而告之言汝等所可玩好
希有難得汝若不取後必憂悔如此種種羊
車鹿車牛車今在門外可以遊戲汝等於此
火宅宜速出來隨汝所欲皆當與汝尒時諸
子聞父所說珍玩之物適其願故心各勇銳
互相推排競共馳走爭出火宅是時長者見
諸子等安隱得出皆於四衢道中露地而坐
无復鄣礙其心泰然歡喜踊躍時諸子等各
白父言父先所許玩好之具羊車鹿車牛車
願時賜與舍利弗尒時長者各賜諸子等一大
車其車高廣眾寶莊校周帀欄楯四面懸鈴
又於其上張設幰蓋亦以珍奇雜寶而嚴
飾之寶繩交絡垂諸華瓔重敷綩綖安置丹
枕駕以白牛膚色充潔形體姝好有大筋力
行步平正其疾如風又多僕從而侍衛之所
以者何是大長者財富无量種種諸藏悉皆
充溢而作是念我財物无極不應以下劣小
車與諸子等今此幼童皆是吾子愛无偏黨
我有如是七寶大車其數无量應當等心各
各與之不宜差別所以者何以我此物周給
一國猶尚不匱何況諸子是時諸子各乘大
車得未曾有非本所望舍利弗於汝意云何
是長者等與諸子珍寶大車寧有虛妄不舍
利弗言不也世尊是長者但令諸子得免火

BD05692號　妙法蓮華經卷二

（6–4）

各與之不宜差別所以者何以我此物周給
一國猶尚不匱何況諸子是時諸子各乘大
車得未曾有非本所望舍利弗於汝意云何
是長者等與諸子珍寶大車寧有虛妄不舍
利弗言不也世尊是長者但令諸子得免火
難全其軀命非為虛妄何以故若全身命便
為已得玩好之具況復方便於彼火宅而拔
濟之世尊若是長者乃至不與冣小一車猶
不虛妄何以故是長者先作是意我以方便
令子得出以是因緣无虛妄也何況長者自
知財富无量欲饒益諸子等與大車佛告舍
利弗善哉善哉如汝所言舍利弗如來亦復
如是則為一切世間之父於諸怖畏衰惱憂
患无明闇蔽永盡无餘而悉成就无量知見
力无所畏有大神力及智慧力具足方便智
慧波羅蜜大慈大悲常无懈惓恒求善事利
益一切而生三界朽故火宅為度眾生生老
病死憂悲苦惱愚癡闇蔽三毒之火教化令
得阿耨多羅三藐三菩提見諸眾生為生老
病死憂悲苦惱之所燒煑亦以五欲財利故
受種種苦又以貪著追求故現受眾苦後受
地獄畜生餓鬼之苦若生天上及在人間貧窮
困苦愛別離苦怨憎會苦如是等種種諸苦
眾生沒在其中歡喜遊戲不覺不知不驚不
怖亦不生猒不求解脫於此三界火宅東西
馳走雖遭大苦不以為患舍利弗佛見此已

BD05692號　妙法蓮華經卷二

（6–5）

病死憂悲苦惱之所燒煮亦以五欲財利故
受種種苦又以貪著追求故現受衆苦後受
地獄畜生餓鬼之苦若生天上及在人間貧窮
困苦愛別離苦怨憎會苦如是等種種諸
衆生沒在其中歡喜遊戲不覺不知不驚不
怖亦不生猒不求解脫於此三界火宅東西
馳走雖遭大苦不以為患舍利弗佛見此已
便作是念我為衆生之父應拔其苦難與
无量无邊佛智慧樂令其遊戲舍利弗如来
復作是念若我但以神力及智慧力捨於方
便為諸衆生讚如来知見力无所畏者衆生
不能以是得度所以者何是諸衆生未免生
老病死憂悲苦惱而為三界火宅所燒何由
能解佛之智慧舍利弗如彼長者雖復身手
有力而不用之但以殷勤方便免濟諸子火宅
之難然後各與珍寶大車如来亦復如是
雖有力无所畏而不用之但以智慧方便於
三界火宅拔濟衆生為說三乘聲聞辟支佛
乘而作是言汝等莫得樂住三界火宅勿

BD05692 號　妙法蓮華經卷二　（6–6）

沙劫有佛号日月淨明德如来應供正遍知
明行足善逝世間解无上士調御丈夫天人
師佛世尊其佛有八十億大菩薩摩訶薩
七十二恒河沙大聲聞衆佛壽四万二千劫菩
薩壽命亦等彼國无有女人地獄餓鬼畜生
阿脩羅等及以諸難地平如掌琉璃所成寶
樹莊嚴寶帳覆上垂寶華幡寶瓶香鑪周
國界七寶為臺一樹一臺其樹去臺盡一箭
道此諸寶樹皆有菩薩聲聞而坐其下諸
寶臺上各有百億諸天作樂歌歎於佛以
為供養
尒時彼佛為一切衆生憙見菩薩及衆菩薩
諸聲聞衆說法華經是一切衆生憙見菩薩
樂習苦行於日月淨明德佛法中精進經行
一心求佛滿万三千歲已得現一切色身三
昧得此三昧已心大歡喜即作念言我得現

BD05693 號　妙法蓮華經卷六　（4–1）

為供養
尒時彼佛為一切衆生憙見菩薩及衆菩薩
諸聲聞衆說法華經是一切衆生憙見菩薩
樂習苦行於日月淨明德佛法中精進經行
一心求佛滿万二千歲已得現一切色身三
昧得此三昧已心大歡喜即作念言我得現
一切色身三昧皆是得聞法華經力我今當
供養日月淨明德佛及法華經即時入是三
昧於虛空中雨曼陁羅華摩訶曼陁羅華細
末堅黑栴檀滿虛空中如雲而下又雨海此
岸栴檀之香此香六銖價直娑婆世界以供
養佛作是供養已從三昧起而自念言我雖
以神力供養於佛不如以身供養即服諸香
栴檀薰陸兜樓婆畢力迦沉水膠香又飲瞻
蔔諸華香油滿千二百歲已香油塗身於日
月淨明德佛前以天寶衣而自纏身灌諸香
油以神通力願而自然身光明遍照八十億
恒河沙世界其中諸佛同時讚言善哉善哉
善男子是真精進是名真法供養如來若以
華香瓔珞燒香末香塗香天繒幡蓋及海此
岸栴檀之香如是等種種諸物供養所不能
及假使國城妻子布施亦所不及善男子是
名第一之施於諸施中最尊最上以法供養
諸如來故作是語已而各默然其身火然千
二百歲過是已後其身乃盡一切衆生憙見

BD05693號　妙法蓮華經卷六

(4–2)

華香瓔珞燒香末香塗香天繒幡蓋及海此
岸栴檀之香如是等種種諸物供養所不能
及假使國城妻子布施亦所不及善男子是
名第一之施於諸施中最尊最上以法供養
諸如來故作是語已而各默然其身火然千
二百歲過是已後其身乃盡一切衆生憙見
菩薩作如是法供養已命終之後復生日月
淨明德佛國中於淨德王家結加趺坐忽然
化生即為其父而說偈言
大王今當知　我經行彼處　即時得一切　現諸身三昧
懃行大精進　捨所愛之身
說是偈已而白父言日月淨明德佛今故現
在我先供養佛已得解一切衆生語言陁羅
尼復聞是法華經八百千万億那由他甄迦
羅頻婆羅阿閦婆等偈大王我今當還供養
此佛白已即坐七寶之臺上昇虛空高七多
羅樹往到佛所頭面礼足合十指爪以偈讚
佛
容顏甚奇妙　光明照十方　我適曾供養　今復還親覲
尒時一切衆生憙見菩薩說是偈已而白佛
言世尊世尊猶故在世尒時日月淨明德佛
告一切衆生憙見菩薩善男子我涅槃時到
滅盡時至汝可安施床座我於今夜當般涅
槃又勅一切衆生憙見菩薩善男子我以佛
法囑累於汝及諸菩薩大弟子并阿耨多羅

BD05693號　妙法蓮華經卷六

(4–3)

說是偈已而白父言日月淨明德佛今故現
在我先供養佛已得解一切衆生語言陁羅
尼復聞是法華經八百千万億那由他甄迦
羅頻婆羅阿閦婆等偈大王我今當還供養
此佛白已即坐七寶之臺上昇虛空高七多
羅樹往到佛所頭面礼足合十指爪以偈讚
佛
容顏甚奇妙　光明照十方　我適曾供養　今復還親覲
尒時一切衆生憙見菩薩說是偈已而白佛
言世尊世尊猶故在世尒時日月淨明德佛
告一切衆生憙見菩薩善男子我涅槃時到
滅盡時至汝可安施牀座我於今夜當般涅
槃又勑一切衆生憙見菩薩善男子我以佛
法囑累於汝及諸菩薩大弟子并阿耨多羅
三藐三菩提法亦以三千大千七寶世界諸
寶樹寶臺及給侍諸天悉付於汝我滅度

BD05693號　妙法蓮華經卷六　（4–4）

恚无明闇蔽永盡无餘而悉成就无量知見
力无所畏有大神力及智慧力具足方便智
慧波羅蜜大慈大悲常无懈惓恒求善事利
益一切而生三界朽故火宅為度衆生生老
病死憂悲苦惱愚癡闇蔽三毒之火教化令
得阿耨多羅三藐三菩提見諸衆生為生老
病死憂悲苦惱之所燒煮亦以五欲財利故
受種種苦又以貪著追求故現受衆苦後受
地獄畜生餓鬼之苦若生天上及在人間貧
窮困苦愛別離苦怨憎會苦如是等種種諸
苦衆生沒在其中歡喜遊戲不覺不知不驚
不怖亦不生猒不求解脫於此三界火宅東
西馳走雖遭大苦不以為患舍利弗佛見此
已便作是念我為衆生之父應拔其苦難與
无量无邊佛智慧樂令其遊戲舍利弗如來
復作是念若我但以神力及智慧力捨於方
便為諸衆生讚如來知見力无所畏者衆生
不能以是得度所以者何是諸衆生未免生

BD05694號　妙法蓮華經卷二　（3–1）

而馳走雖遭大苦不以為患舍利弗佛見此
已便作是念我為衆生之父應拔其苦難與
无量无邊佛智慧樂令其遊戲舍利弗如來
復作是念若我但以神力及智慧力捨於方
便為諸衆生讚如來知見力无所畏者衆生
不能以是得度所以者何是諸衆生未免生
老病死憂悲苦惱而為三界火宅所燒何由
能解佛之智慧舍利弗如彼長者雖復身手
有力而不用之但以慇懃方便免濟諸子火
宅之難然後各與珎寶大車如來亦復如是
雖有力无所畏而不用之但以智慧方便於
三界火宅拔濟衆生為說三乘聲聞辟支佛
佛乘而作是言汝等莫得樂住三界火宅勿
貪麁弊色聲香味觸也若貪著生愛則為所
燒汝速出三界當得三乘聲聞辟支佛佛乘
我今為汝保任此事終不虛也汝等但當勤
備精進如來以是方便誘進衆生復作是言
汝等當知此三乘法皆是聖所稱歎自在无
繫无所依求乘是三乘以无漏根力覺道禪
定解脫三昧等而自娛樂便得无量安隱快
樂舍利弗若有衆生内有智性從佛世尊聞
法信受慇懃精進欲速出三界自求涅槃是
名聲聞乘如彼諸子為求羊車出於火宅若
有衆生從佛世尊聞法信受慇懃精進求
自然慧樂獨善寂深知諸法因緣是名辟支

BD05694號　妙法蓮華經卷二

（3–2）

定解脫三昧等而自娛樂便得无量安隱快
樂舍利弗若有衆生内有智性從佛世尊聞
法信受慇懃精進欲速出三界自求涅槃是
名聲聞乘如彼諸子為求羊車出於火宅若
有衆生從佛世尊聞法信受慇懃精進求
自然慧樂獨善寂深知諸法因緣是名辟支
佛乘如彼諸子為求鹿車出於火宅若有衆
生從佛世尊聞法信受勤備精進求一切智
佛智自然智无師智如來知見力无所畏愍
念安樂无量衆生利益天人度脫一切是名
大乘菩薩求此乘故名為摩訶薩如彼諸子
為求牛車出於火宅舍利弗如彼長者見諸
子等安隱得出火宅到无畏處自惟財富无
量等以大車而賜諸子如來亦復如是為一切
衆生之父若見无量億千衆生以佛教門出
三界苦怖畏險道得涅槃樂如來爾時便作
是念我有无量无邊智慧力无畏等諸佛
法藏是諸衆生皆是我子等與大乘不令有
人獨得滅度皆以如來滅度而滅度之是諸衆
生脫三界者悉與諸佛禪定解脫等娛樂之
具皆是一相一種聖所稱歎能生淨妙第一之
樂舍利弗如彼長者初以三車誘引諸子

BD05694號　妙法蓮華經卷二

（3–3）

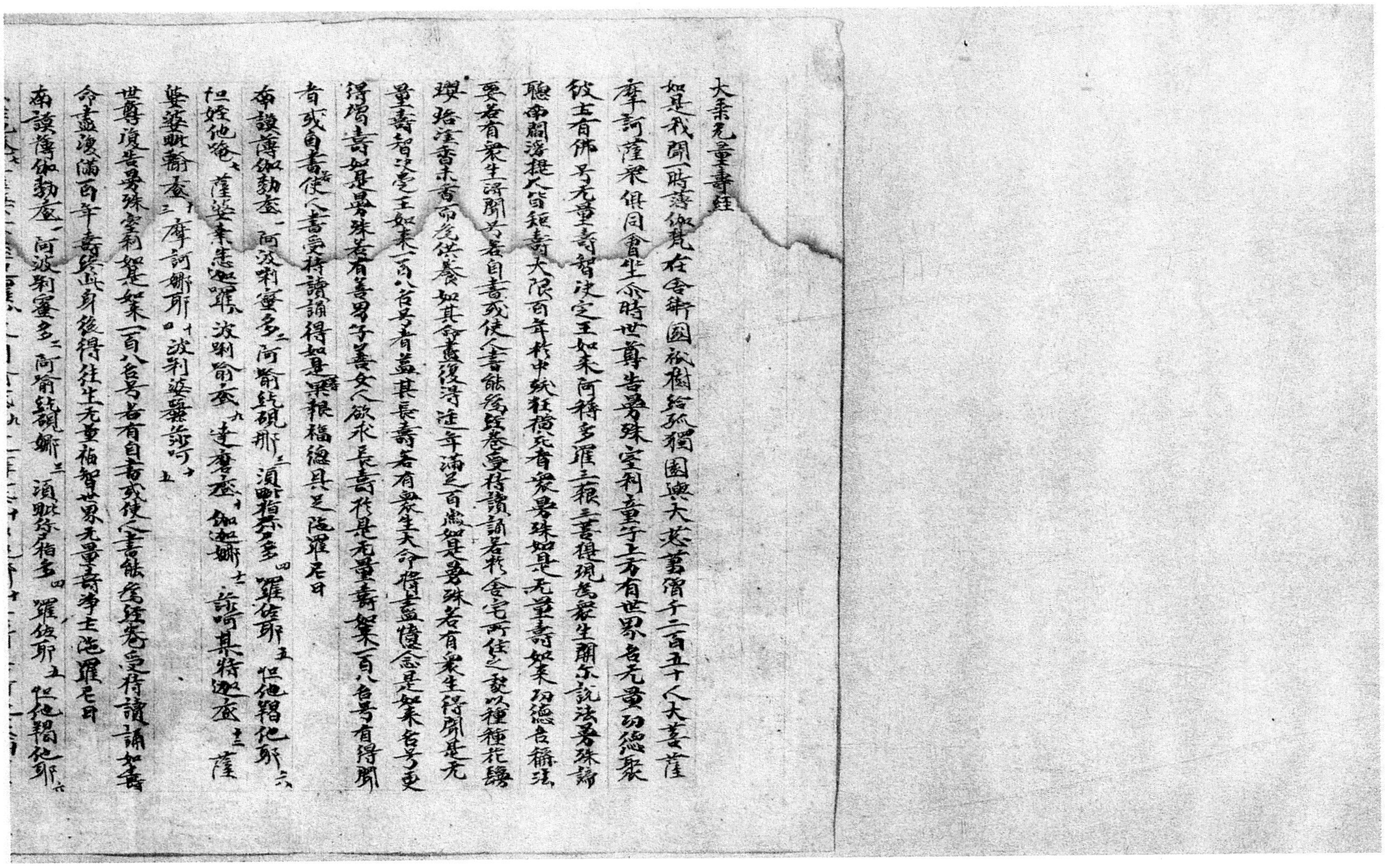

大乘无量壽經

如是我聞一時薄伽梵在舍衛國祇樹給孤獨園與大苾蒭僧千二百五十人大菩薩
摩訶薩衆俱同會坐尒時世尊告曼殊室利童子上方有世界名无量功德聚
彼土有佛号无量壽智決定王如來阿羅訶三藐三菩提現為衆生開示說法曼殊師
聽南閻浮提人皆短壽大限百年於中殀枉横死者衆曼殊如是无量壽如來功德名稱法
要若有衆生得聞名号若自書或使人書能為經卷受持讀誦者於舍宅所住之處以種種花鬘
瓔珞塗香末香而為供養如其命盡復得延年滿足百歲如是曼殊若有衆生得聞是无
量壽智決定王如來一百八名号者益其長壽若有衆生大命將盡憶念是如來名号更
得增壽如是曼殊若有善男子善女人欲求長壽於是无量壽如來一百八名号有得聞
者或自書使人書受持讀誦得如是果報福德具足陀羅尼曰
南謨薄伽勃底一阿波唎蜜多二阿喻紇硯娜三須毗你指多四羅佐耶五怛他羯他耶六
怛姪他唵七薩婆桑悉迦羅八波唎輸底九達摩底十伽迦娜十一莎訶其特迦底十二薩
婆婆毗輸底十三摩訶娜耶十四波唎婆醯莎訶十五
世尊復告曼殊室利如是如來一百八名号若有自書或使人書能為經卷受持讀誦如善
命盡復滿百年壽終此身後得往生无量福智世界无量壽淨土陀羅尼曰
南謨薄伽勃底一阿波唎蜜多二阿喻紇硯娜三須毗你指多四羅佐耶五怛他羯他耶六

BD05695號　無量壽宗要經　（7–1）

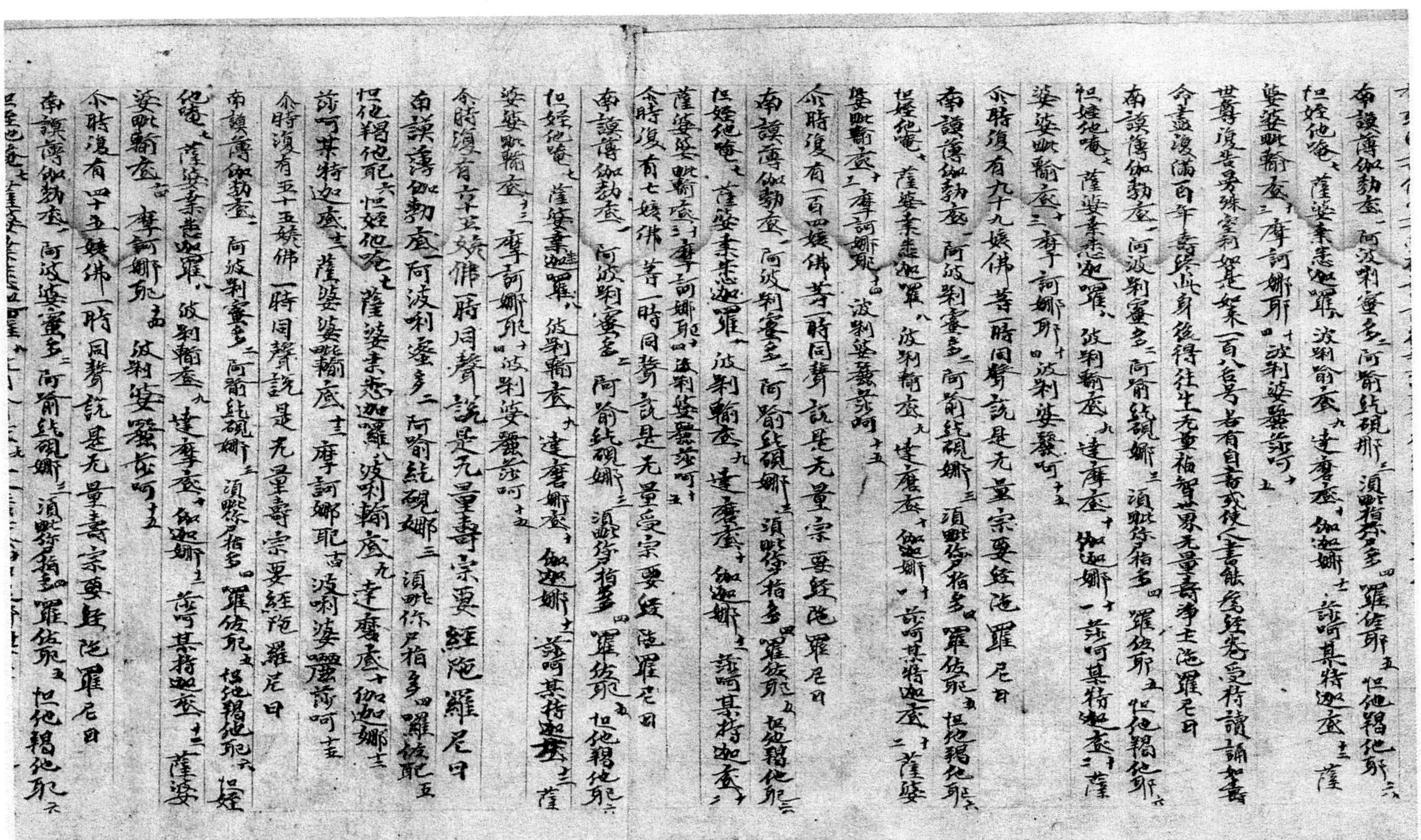

南謨薄伽勃底一阿波唎蜜多二阿喻紇硯娜三須毗你指多四羅佐耶五怛他羯他耶六
怛姪他唵七薩婆桑悉迦羅八波唎輸底九達摩底十伽迦娜十一莎訶其特迦底十二薩
婆婆毗輸底十三摩訶娜耶十四波唎婆醯莎訶十五
世尊復告曼殊室利如是如來一百八名号若有自書或使人書能為經卷受持讀誦如善
命盡復滿百年壽終此身後得往生无量福智世界无量壽淨土陀羅尼曰
南謨薄伽勃底一阿波唎蜜多二阿喻紇硯娜三須毗你指多四羅佐耶五怛他羯他耶六
怛姪他唵七薩婆桑悉迦羅八波唎輸底九達摩底十伽迦娜十一莎訶其特迦底十二薩
婆婆毗輸底十三摩訶娜耶十四波唎婆醯莎訶十五
尒時復有九十九殑伽佛一時同聲說是无量宗要經陀羅尼曰
南謨薄伽勃底一阿波唎蜜多二阿喻紇硯娜三須毗你指多四羅佐耶五怛他羯他耶六
怛姪他唵七薩婆桑悉迦羅八波唎輸底九達摩底十伽迦娜十一莎訶其特迦底十二薩婆
婆毗輸底十三摩訶娜耶十四波唎婆醯莎訶十五
尒時復有一百四殑伽佛一時同聲說是无量宗要經陀羅尼曰
南謨薄伽勃底一阿波唎蜜多二阿喻紇硯娜三須毗你指多四羅佐耶五怛他羯他耶六
怛姪他唵七薩婆桑悉迦羅八波唎輸底九達摩底十伽迦娜十一莎訶其特迦底十二
薩婆婆毗輸底十三摩訶娜耶十四波唎婆醯莎訶十五
尒時復有七殑伽佛一時同聲說是无量壽宗要經陀羅尼曰
南謨薄伽勃底一阿波唎蜜多二阿喻紇硯娜三須毗你指多四羅佐耶五怛他羯他耶六
怛姪他唵七薩婆桑悉迦羅八波唎輸底九達摩底十伽迦娜十一莎訶其特迦底十二薩
婆婆毗輸底十三摩訶娜耶十四波唎婆醯莎訶十五
尒時復有六十五殑伽佛一時同聲說是无量壽宗要經陀羅尼曰
南謨薄伽勃底一阿波唎蜜多二阿喻紇硯娜三須毗你指多四羅佐耶五
怛他羯他耶六怛姪他唵七薩婆桑悉迦羅八波唎輸底九達摩底十伽迦娜十一
莎訶其特迦底十二薩婆婆毗輸底十三摩訶娜耶十四波唎婆醯莎訶十五
尒時復有五十五殑伽佛一時同聲說是无量壽宗要經陀羅尼曰
南謨薄伽勃底一阿波唎蜜多二阿喻紇硯娜三須毗你指多四羅佐耶五怛他羯他耶六怛姪
他唵七薩婆桑悉迦羅八波唎輸底九達摩底十伽迦娜十一莎訶其特迦底十二薩婆
婆毗輸底十三摩訶娜耶十四波唎婆醯莎訶十五
尒時復有四十五殑伽佛一時同聲說是无量壽宗要經陀羅尼曰
南謨薄伽勃底一阿波唎蜜多二阿喻紇硯娜三須毗你指多四羅佐耶五怛他羯他耶六

BD05695號　無量壽宗要經　（7–2）

南謨薄伽勃底一 阿波唎蜜多二 阿喻紇硯那三 須毗你失指多四 囉佐耶五 怛他羯他耶六 怛姪
他唵七 薩婆桑悉迦囉八 波唎輸底九 達磨底十 伽伽那十一 莎呵其特迦底十二 薩婆
婆毗輸底十三 摩訶娜耶十四 波唎婆嚟莎呵十五
尒時復有四十五俱胝佛一時同聲說是無量壽宗要經陀羅尼曰
南謨薄伽勃底一 阿波唎蜜多二 阿喻紇硯那三 須毗你失指多四 囉佐耶五 怛他羯他耶六
怛姪他唵七 薩婆桑悉迦囉八 波唎輸底九 達磨底十 伽伽那十一 莎呵其特迦底十二
薩婆婆毗輸底十三 摩訶娜耶十四 波唎婆嚟莎呵十五
尒時復有三十五俱胝佛一時同聲說是無量壽宗要經陀羅尼曰
南謨薄伽勃底一 阿波唎蜜多二 阿喻紇硯那三 須毗你失指多四 囉佐耶五 怛他羯他
耶六 怛姪他唵七 薩婆桑悉迦囉八 波唎輸底九 達磨底十 伽伽那十一 莎呵其特迦底十二
薩婆婆毗輸底十三 摩訶娜耶十四 波唎婆嚟莎呵十五
尒時復有二十五俱胝佛一時同聲說是無量壽宗要經陀羅尼曰
南謨薄伽勃底一 阿波唎蜜多二 阿喻紇硯那三 須毗你失指多四 囉佐耶五 怛他羯他耶六
怛姪他唵七 薩婆桑悉迦囉八 波唎輸底九 達磨底十 伽伽那十一 莎呵其特迦底十二 薩
婆婆毗輸底十三 摩訶娜耶十四 波唎婆嚟莎呵十五
尒時復有恒河沙俱胝佛一時同聲說是無量壽宗要經陀羅尼曰
南謨薄伽勃底一 阿波唎蜜多二 阿喻紇硯那三 須毗你失指多四 囉佐耶五 怛他羯他耶六
怛姪他唵七 薩婆桑悉迦囉八 波唎輸底九 達磨底十 伽伽那十一 莎呵其特迦底十二
薩婆婆毗輸底十三 摩訶娜耶十四 波唎婆嚟莎呵十五
善男子若有自書寫教人書寫是無量壽宗要經如其命盡復得長壽而滿年陀羅尼曰
南謨薄伽勃底一 阿波唎蜜多二 阿喻紇硯那三 須毗你失指多四 囉佐耶五 怛他羯他耶六 怛姪他
唵七 薩婆桑悉迦囉八 波唎輸底九 達磨底十 伽伽那十一 莎呵其特迦底十二 薩婆婆毗輸底
摩訶娜耶十四 波唎婆嚟莎呵十五
若有自書寫教人書寫是無量壽宗要經讀誦受持畢竟不墮地獄在在所生得宿命智陀羅尼
曰 南謨薄伽勃底一 阿波唎蜜多二 阿喻紇硯那三 須毗你失指多四 囉佐耶五 怛他羯他耶六
怛姪他唵七 薩婆桑悉迦囉八 波唎輸底九 達磨底十 伽伽那十一 莎呵其特迦底十二 薩
婆婆毗輸底十三 摩訶娜耶十四 波唎婆嚟莎呵十五
若有自書寫教人書寫是無量宗要經受持讀誦如同書寫八萬四千一切經典陀羅尼曰
南謨薄伽勃底一 阿波唎蜜多二 阿喻紇硯那三 須毗你失指多四 囉佐耶五 怛他羯他耶六
怛姪他唵七 薩婆桑悉迦囉八 波唎輸底九 達磨底十 伽伽那十一 莎呵其特迦底十二

BD05695 號　無量壽宗要經

（7–3）

若有自書寫教人書寫是無量壽宗要經讀誦受持畢竟不墮地獄在在所生得宿命智陀羅尼
曰 南謨薄伽勃底一 阿波唎蜜多二 阿喻紇硯那三 須毗你失指多四 囉佐耶五 怛他羯他耶六
怛姪他唵七 薩婆桑悉迦囉八 波唎輸底九 達磨底十 伽伽那十一 莎呵其特迦底十二 薩
婆婆毗輸底十三 摩訶娜耶十四 波唎婆嚟莎呵十五
若有自書寫教人書寫是無量宗要經受持讀誦如同書寫八萬四千一切經典陀羅尼曰
南謨薄伽勃底一 阿波唎蜜多二 阿喻紇硯那三 須毗你失指多四 囉佐耶五 怛他羯他耶六
怛姪他唵七 薩婆桑悉迦囉八 波唎輸底九 達磨底十 伽伽那十一 莎呵其特迦底十二
薩婆婆毗輸底十三 摩訶娜耶十四 波唎婆嚟莎呵十五
若有自書寫教人書寫是無量壽宗要經即是書寫八萬四千部建立塔廟陀羅尼曰
南謨薄伽勃底一 阿波唎蜜多二 阿喻紇硯那三 須毗你失指多四 囉佐耶五 怛他羯他耶六
怛姪他唵七 薩婆桑悉迦囉八 波唎輸底九 達磨底十 伽伽那十一 莎呵其特迦底十二 薩婆
婆毗輸底十三 摩訶娜耶十四 波唎婆嚟莎呵十五
若有自書寫教人書寫是無量壽宗要經能消五無間等一切重罪陀羅尼曰
南謨薄伽勃底一 阿波唎蜜多二 阿喻紇硯那三 須毗你失指多四 囉佐耶五 怛他羯他耶六
怛姪他唵七 薩婆桑悉迦囉八 波唎輸底九 達磨底十 伽伽那十一 莎呵其特迦底十二 薩婆婆
毗輸底十三 摩訶娜耶十四 波唎婆嚟莎呵十五
若有自書寫教人書寫是無量壽宗要經受持讀誦設有重罪猶如須彌山盡能除滅陀羅尼曰
南謨薄伽勃底一 阿波唎蜜多二 阿喻紇硯那三 須毗你失指多四 囉佐耶五 怛他羯他耶六
怛姪他唵七 薩婆桑悉迦囉八 波唎輸底九 達磨底十 伽伽那十一 莎呵其特迦底十二 薩
婆婆毗輸底十三 摩訶娜耶十四 波唎婆嚟莎呵十五
若有自書寫教書寫是無量壽宗要經受持讀誦若魔魔眷屬夜叉羅剎不得其便
終无枉死陀羅尼曰 南謨薄伽勃底一 阿波唎蜜多二 阿喻紇硯那三 須毗你失指多四 囉佐耶五
怛他羯他耶六 怛姪他唵七 薩婆桑悉迦囉八 波唎輸底九 達磨底十 伽伽那十一 莎呵其特迦
底十二 薩婆婆毗輸底十三 摩訶娜耶十四 波唎婆嚟莎呵十五
若有自書寫教人書寫是無量壽宗要經受持讀誦當命終時有九十九俱胝佛現其人前來手
佛授手能遊一切佛剎莫於此經生於疑惑陀羅尼曰
南謨薄伽勃底一 阿波唎蜜多二 阿喻紇硯那三 須毗你失指多四 囉佐耶五 怛他羯他耶六 怛
姪他唵七 薩婆桑悉迦囉八 波唎輸底九 達磨底十 伽伽那十一 莎呵其特迦底十二 薩婆
婆毗輸底十三 摩訶娜耶十四 波唎婆嚟莎呵十五
若有自書寫教人書寫是無量壽宗要經受持讀誦常得四天大王隨其衛護陀羅尼曰

BD05695 號　無量壽宗要經

（7–4）

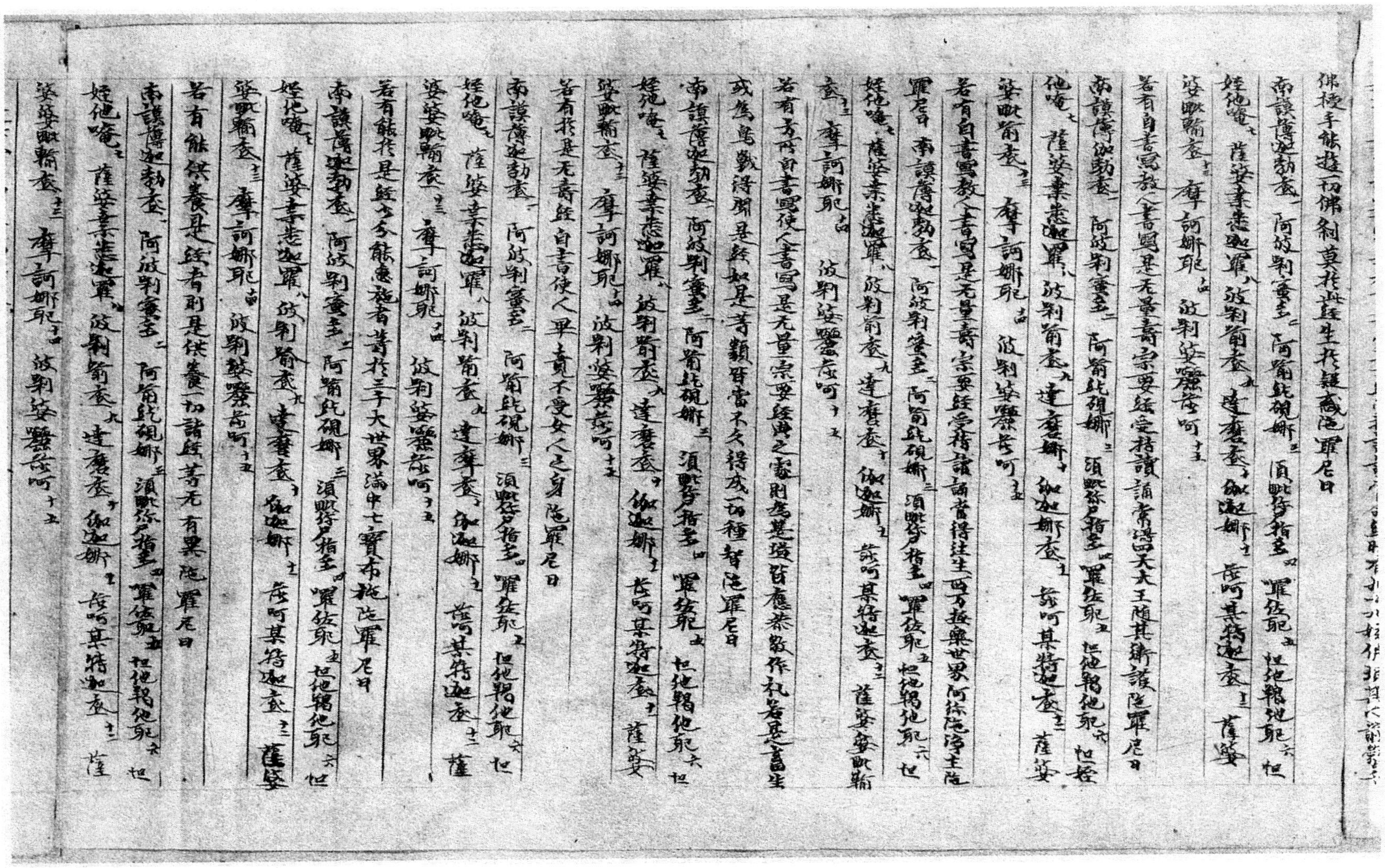

BD05695 號　無量壽宗要經　（7–5）

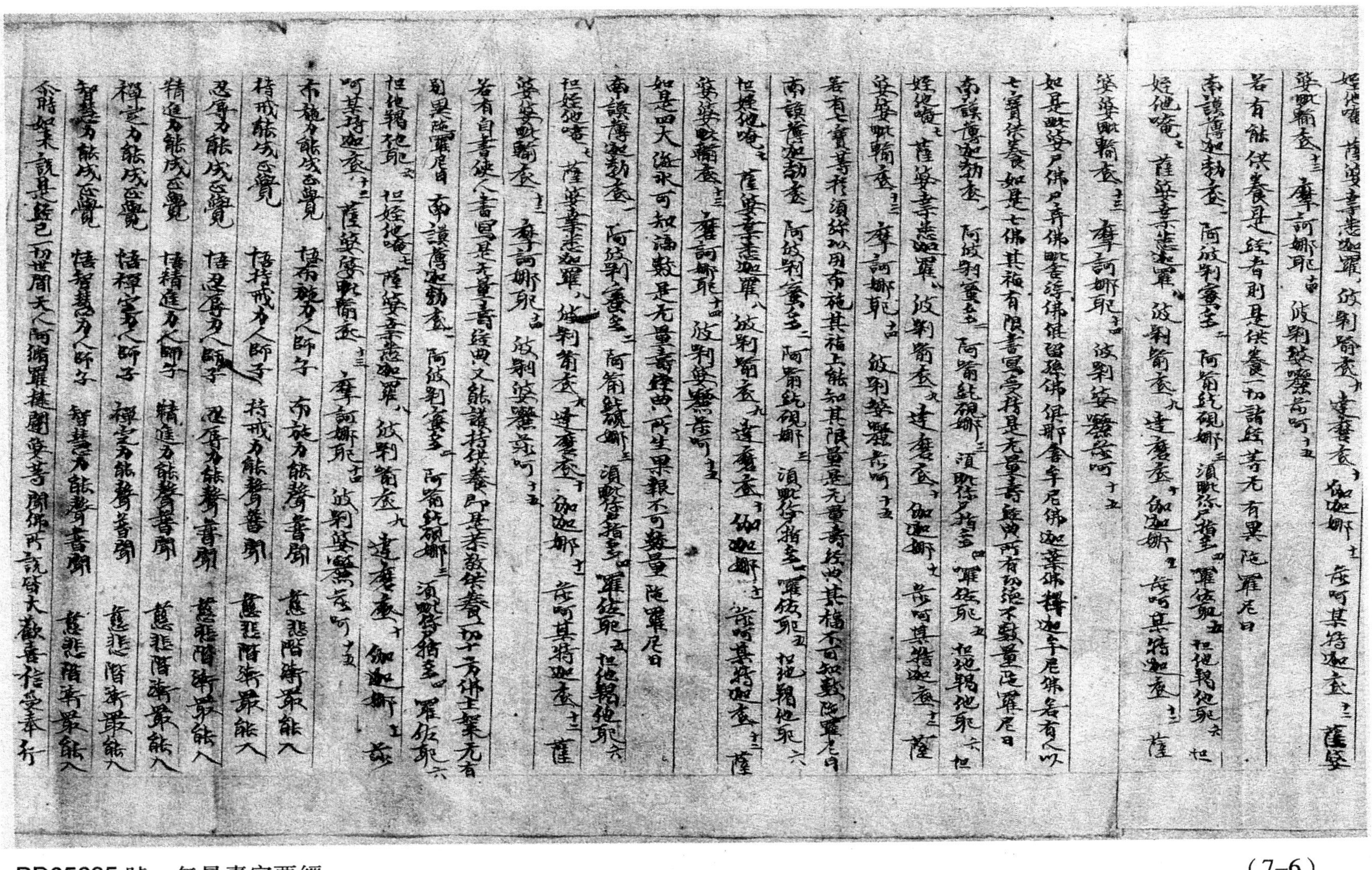

BD05695 號　無量壽宗要經　（7–6）

南謨薄伽勃底　阿波唎蜜多 二　阿喻紇硯娜 三　須毗你指陀 四　囉佐耶 五　怛他羯他耶 六
怛姪他唵 七　薩婆桑悉迦羅 八　波唎輸底 九　達磨底 十　伽伽娜 十一　莎訶其特伽底 十二　薩
婆婆毗輸底 十三　摩訶娜耶 十四　波唎婆囉莎訶 十五
如是四大海水可知滴數，是无量壽經典所生果報不可數量。陀羅尼曰：
南謨薄伽勃底 一　阿波唎蜜多 二　阿喻紇硯娜 三　須毗你指陀 四　囉佐耶 五　怛他羯他耶 六
怛姪他唵 七　薩婆桑悉迦羅 八　波唎輸底 九　達磨底 十　伽伽娜 十一　莎訶其特伽底 十二　薩
婆婆毗輸底 十三　摩訶娜耶 十四　波唎婆囉莎訶 十五
若有自書使人書寫是无量壽經典，又能護持供養，即是恭敬供養一切十方佛土，譬无有
別異。陀羅尼曰：南謨薄伽勃底 一　阿波唎蜜多 二　阿喻紇硯娜 三　須毗你指陀 四　囉佐耶 六
怛他羯他耶 六　怛姪他唵 七　薩婆桑悉迦羅 八　波唎輸底 九　達磨底 十　伽伽娜 十一　莎
訶其特伽底 十二　薩婆婆毗輸底 十三　摩訶娜耶 十四　波唎婆囉莎訶 十五
布施力能成正覺　悟布施力人師子　布施力能聲普聞　慈悲階衛衆能入
持戒能成正覺　悟持戒力人師子　持戒力能聲普聞　慈悲階衛衆能入
忍辱力能成正覺　悟忍辱力人師子　忍辱力能聲普聞　慈悲階衛衆能入
精進力能成正覺　悟精進力人師子　精進力能聲普聞　慈悲階衛衆能入
禪定力能成正覺　悟禪定力人師子　禪定力能聲普聞　慈悲階衛衆能入
智慧力能成正覺　悟智慧力人師子　智慧力能聲普聞　慈悲階衛衆能入
尒時如來說是經已，一切世間天人阿脩羅揵闥婆等聞佛所說，皆大歡喜，信受奉行。
佛說无量壽宗要經

BD05695 號　無量壽宗要經

(7–7)

世尊　子善女人發阿
提應云何住云何降伏
哉須菩提如汝所說如
菩薩善付囑諸菩薩汝
為汝說善男子善女人發阿
三菩提心應如是住如是
然世尊願樂欲聞
提諸菩薩摩訶薩應如是降伏
切衆生之類若卵生若胎生若濕
生若化生若有色若无色若有想若无想若
非有想若非无想我皆令入无餘涅槃而滅
度之如是滅度无量无數无邊衆生實无
衆生得滅度者何以故須菩提若菩薩有
我想人想衆生想壽者想即非菩薩
復次須菩提菩薩於法應无所住行於布施
所謂不住色布施不住聲香味觸法布施須
菩提菩薩應如是布施不住於相何以故若
菩薩不住想布施其福德不可思量須菩

BD05696 號　金剛般若波羅蜜經

(8–1)

我想人想衆生想壽者想即非 菩薩
復次須菩提菩薩於法應无所住行於布施
所謂不住色布施不住聲香味觸法布施須
菩提菩薩應如是布施不住於相何以故若
菩薩不住想布施其福德不可思量須 菩
提於意云何東方虛空可思量不不也世尊
須菩提南西北方四維上下虛空可思量不不也
世尊須菩提菩薩无住相布施福德亦復如
是不可思量須菩提菩薩但應如所教住須 菩
提於意云何可以身相見如来不不也世尊
不可以身相得見如来何以故如来所說身
虛妄若見諸相非相則見如来
須菩提白佛言世尊頗有衆生得聞如是言
說章句生實信不佛告須菩提莫作是說
如来滅後五百歲有持戒脩福者於此章
句能生信心以此為實當知是人不於一佛
二佛三四五佛而種善根已於无量千萬佛所
種諸善根聞是章句乃至一念生淨信者須
菩提如来悉知悉見是諸衆生得如是无量
福德何以故是諸衆生无復我相人相衆生
相壽者相无法相亦无非法相何以故是諸
衆生若心取相則為著我人衆生壽者若取
法相即著我人衆生壽者何以故若取非法
相即著我人衆生壽者是故不應取法不應
取非法以是義故来常說汝等比丘知我
說法如筏喻者法尚應捨何況非法

BD05696號　金剛般若波羅蜜經　（8–2）

相壽者相无法相亦无非法相何以故是諸
衆生若心取相則為著我人衆生壽者若取
法相即著我人衆生壽者何以故若取非法
相即著我人衆生壽者是故不應取法不應
取非法以是義故来常說汝等比丘知我
說法如筏喻者法尚應捨何況非法
須菩提於意云何如来得阿耨多羅三藐三
菩提耶如来有所說法耶須菩提言如我解
佛所說義无有定法名阿耨多羅三藐三菩
提亦无有定法如来可說何以故如来 所說
法皆不可取不可說非法非非法所以者何
一切賢聖皆以无為法而有差別
須菩提於意云何若人滿三千大千世界
寶以用布施是人所得福寧為多不須菩
提言甚多世尊何以故是福德即非福德性
是故如来說福德多若復有人於此經中受
持乃至四句偈等為他人說其福勝彼何以
故須菩提一切諸佛及諸佛阿耨多羅三藐
三菩提法皆從此經出須菩提所謂佛法者
即非佛法
須菩提於意云何須陁洹能作是念我得須
陁洹果不須菩提言不也世尊何以故須陁
洹名為入流而无所入不入色聲香味觸法
是名須陁洹須菩提於意云何斯陁含能
是念我得斯陁含果不須菩提言不也世尊
何以故斯陁含名一往来而實无往来是名

BD05696號　金剛般若波羅蜜經　（8–3）

洹名為入流而无所入不入色聲香味觸法
是名須陁洹須菩提於意云何斯陁含能
是念我得斯陁含果不須菩提言不也世尊
何以故斯陁含名一往来而實无往来是名
斯陁含須菩提於意云何阿那含能作是念
我得阿那含果不須菩提言不也世尊何以
故阿那含名為不来而實无来是故名阿那
含須菩提於意云何阿羅漢能作是念我
得阿羅漢道不須菩提言不也世尊何以故
實无有法名阿羅漢世尊若阿羅漢作是念
我得阿羅漢道即為著我人衆生壽者世尊
佛說我得无諍三昧人中冣為苐一是苐一
離欲阿羅漢我不作是念我是離欲阿羅漢
世尊我若作是念我得阿羅漢道世尊則不
說須菩提是樂阿蘭那行者以須菩提實无
所行而名須菩提是樂阿蘭那行
佛告須菩提於意云何如来昔在然燈佛所
於法有所得不世尊如来在然燈佛所於法
實无所得須菩提於意云何菩薩莊嚴佛土
不不也世尊何以故莊嚴佛土者則非莊嚴
是名莊嚴是故須菩提諸菩薩摩訶薩應
如是生清淨心不應住色生心不應住聲香味
觸法生心應无所住而生其心須菩提譬如
有人身如須弥山王於意云何是身為大不
須菩提言甚大世尊何以故佛非身是名

BD05696 號　金剛般若波羅蜜經

（8–4）

如是生清淨心不應住色生心不應住聲香味
觸法生心應无所住而生其心須菩提譬如
有人身如須弥山王於意云何是身為大不
須菩提言甚大世尊何以故佛非身是名
大身須菩提如恒河中所有沙數如是沙等
恒河於意云何是諸恒河沙寧為多不須菩
提言甚多世尊但諸恒河尚多无數何況其
沙須菩提我今實言告汝若有善男子善女
人以七寶滿尒所恒河沙數三千大千世界
以用布施得福多不須菩提言甚多世尊佛
告須菩提若善男女人於此經中乃至
受持四句偈等為他人說而此福勝前福
德復次須菩提隨說是經乃至四句偈等
當知此處一切世間天人阿脩羅皆應供養如
佛塔廟何況有人盡能受持讀誦須菩提當
知是人成就冣上苐一希有之法若是經典
所在之處則為有佛若尊重苐子
尒時須菩提白佛言世尊當何名此經我等
云何奉持佛告須菩提是經名為金剛般若
波羅蜜以是名字汝當奉持所以者何須
菩提佛說般若波羅蜜則非般若波羅蜜
須菩提於意云何如来有所說法不須菩
提白佛言世尊如来无所說須菩提於意云
何三千大千世界所有微塵是為多不須菩提
言甚多世尊須菩提諸微塵如来說非微塵
是名微塵如来說世界非世界是世界須菩

BD05696 號　金剛般若波羅蜜經

（8–5）

提白佛言世尊如来无所説須菩提於意云
何三千大千世界所有微塵是為多不須菩提
言甚多世尊須菩提諸微塵如来説非微塵
是名微塵如来説世界非世界是世界須菩
提於意云何可以三十二相見如来不不也世
尊何以故如来説三十二相即是非相是名
三十二相須菩提若有善男子善女人以恒
河沙等身命布施若復有人於此經中乃至
受持四句偈等為他人説其福甚多
尒時須菩提聞説是經深解義趣涕淚悲
泣而白佛言希有世尊佛説如是甚深經典
我從昔来所得慧眼未曾得聞如是之經世
尊若復有人得聞是經信心清淨則生實
相者則是非相是故如来説名實相世尊
我今得聞如是經信解受持不足為難若
當来世後五百歳其有衆生得聞是經信解
受持是人則為第一希有何以故此人无我相
人相衆生相壽者相所以者何我相即是非
相人相衆生相壽者相即是非相何以故離一
切諸相則名諸佛佛告須菩提如是如是若
復有人得聞是經不驚不怖不畏當知是人
甚為希有何以故須菩提如来説第一波羅蜜
非第一波羅蜜是名第一波羅蜜
須菩提忍辱波羅蜜如来説非忍辱波羅蜜
何以故須菩提如我昔為歌利王割截身體
我於尒時无我相无人相无衆生相无壽者

BD05696號　金剛般若波羅蜜經　（8–6）

復有人得聞是經不驚不怖不畏當知是人
甚為希有何以故須菩提如来説第一波羅蜜
非第一波羅蜜是名第一波羅蜜
須菩提忍辱波羅蜜如来説非忍辱波羅蜜
何以故須菩提如我昔為歌利王割截身體
我於尒時无我相无人相无衆生相无壽者
相何以故我於往昔節節支解時若有我相
人相衆生相壽者相應生瞋恨須菩提又念
過去於五百世作忍辱仙人於尒所世无我
相无人相无衆生相无壽者相是故須菩提
菩薩應離一切相發阿耨多羅三藐三菩提
心不應住色生心不應住聲香味觸法生心應
生无所住心若有住則為非住是故佛説
菩薩心不應住色布施須菩提菩薩為利
益一切衆生應如是布施如来説一切諸相
即是非相又説一切衆生則非衆生須菩提
如来是真語者實語者如語者不誑語者不
異語者須菩提如来所得法此法无實无虚
須菩提若菩薩心住於法而行布施如人入
闇則无所見若菩薩心不住法而行布施如
人有目日光明照見種種色須菩提當来之
世若有善男子善女人能於此經受持讀誦
則為如来以佛智慧悉知是人悉見是人皆
得成就无量无邊功德
須菩提若有善男子善女人初日分以恒河
沙等身布施中日分復以恒河沙等身布施

BD05696號　金剛般若波羅蜜經　（8–7）

……布施如
人有目日光明照見種種色須菩提當来之
世若有善男子善女人能於此經受持讀誦
則為如来以佛智慧悉知是人悉見是人皆
得成就无量无邊功德
須菩提若有善男子善女人初日分以恒河
沙等身布施中日分復以恒河沙等身布施
復日分亦以恒河沙等身布施如是无量百
千萬億劫以身布施若復有人聞此經典信
心不逆其福勝彼何況書寫受持讀誦為
人解說須菩提以要言之經不可思議不
可稱量无邊功德如来為發大乘者說為發
最上乘者說若有人能受持讀誦廣為人
說如来悉知是人悉見是人皆得成就不可量
不可稱无有邊不可思議功德如是人等則
為荷擔如来阿耨多羅三藐三菩提何以故
須菩提若樂小法者著我見人見衆生見壽
者見則於此經不能聽受讀誦為人解說
須菩提在在處處若有此經一切世間天人阿
脩羅所應供養當知此處則為是塔皆應
恭敬作禮圍繞以諸華香而散其處
復次須菩提若善男子善女人受持讀誦此

BD05696號　金剛般若波羅蜜經

（8–8）

金剛般若波羅蜜經
如是我聞一時佛在舍衛國祇樹給孤獨園
與大比丘衆千二百五十人俱尒時世尊食
時著衣持鉢入舍衛大城乞食於其城中
次第乞已還至本處飯食訖收衣鉢洗
足已敷座而坐時長老須菩提在大衆中
即從座起偏袒右肩右膝著地合掌恭敬
而白佛言希有世尊如来善護念諸菩薩
善付囑諸菩薩世尊善男子善女人發阿
耨多羅三藐三菩提心應云何住云何降伏
其心佛言善哉善哉須菩提如汝所說如来
善護念諸菩薩善付囑諸菩薩汝今諦聽
當為汝說善男子善女人發阿耨多羅三藐
三菩提心應如是住如是降伏其心唯然世
尊願樂欲聞
佛告須菩提諸菩薩摩訶薩應如是降伏其
心所有一切衆生之類若卵生若胎生若濕生
若化生若有色若無色若有想若非有想

BD05697號　金剛般若波羅蜜經

（6–1）

善護念諸菩薩善付囑諸菩薩汝今諦聽
當為汝說善男子善女人發阿耨多羅三藐
三菩提心應如是住如是降伏其心唯然世
尊願樂欲聞
佛告須菩提諸菩薩摩訶薩應如是降伏其
心所有一切衆生之類若卵生若胎生若濕生
若化生若有色若無色若有想若非有想
若非无想我皆令入無餘涅槃而滅度之
如是滅度无量无數无邊衆生實無衆
生得滅度者何以故須菩提若菩薩有我
相人相衆生相壽者相即非菩薩
復次須菩提菩薩於法應無所住行於
布施所謂不住色布施不住聲香味觸法
布施須菩提菩薩應如是布施不住於
相何以故若菩薩不住相布施其福德不
可思量須菩提於意云何東方虛空可
思量不不也世尊須菩提南西北方四維
上下虛空可思量不不也世尊須菩提
菩薩無住相布施福德亦復如是不可
思量須菩提菩薩但應如所教住須菩
提於意云何可以身相見如來不不也世
尊不可以身相得見如來何以故如來所
說身相即非身相佛告須菩提凡所有
相皆是虛妄若見諸相非相則見如來
須菩提白佛言世尊頗有衆生得聞如是言
說章句生實信不佛告須菩提莫作是說如
來滅後後五百歲有持戒脩福者於此章句

BD05697號　金剛般若波羅蜜經　（6–2）

尊不可以身相得見如來何以故如來所
說身相即非身相佛告須菩提凡所有
相皆是虛妄若見諸相非相則見如來
須菩提白佛言世尊頗有衆生得聞如是言
說章句生實信不佛告須菩提莫作是說如
來滅後後五百歲有持戒脩福者於此章句
能生信心以此為實當知是人不於一佛二
佛三四五佛而種善根已於无量千万佛所
種諸善根聞是章句乃至一念生淨信者須
菩提如來悉知悉見是諸衆生得如是无量
福德何以故是諸衆生无復我相人相衆生
相壽者相无法相亦无非法相何以故是諸
衆生若心取相則為著我人衆生壽者若
取法相即著我人衆生壽者何以故若取非法
相即著我人衆生壽者是故不應取法不應
取非法以是義故如來常說汝等比丘知我
說法如筏喻者法尚應捨何況非法
須菩提於意云何如來得阿耨多羅三藐三
菩提耶如來有所說法耶須菩提言如我解
佛所說義无有定法名阿耨多羅三藐三菩
提亦无有定法如來可說何以故如來所說
法皆不可取不可說非法非非法所以者何
一切賢聖皆以无為法而有差別
須菩提於意云何若人滿三千大千世界
七寶以用布施是人所得福德寧為多不須菩
提言甚多世尊何以故是福德即非福德性

BD05697號　金剛般若波羅蜜經　（6–3）

一切賢聖皆以无爲法而有差别
須菩提於意云何若人滿三千大千世界
七寶以用布施是人所得福德寧爲多不須菩
提言甚多世尊何以故是福德即非福德性
是故如來說福德多若復有人於此經中受
持乃至四句偈等爲他人說其福勝彼何以
故須菩提一切諸佛及諸佛阿耨多羅三藐
三菩提法皆從此經出須菩提所謂佛法者
即非佛法
須菩提於意云何須陁洹能作是念我得須
陁洹果不須菩提言不也世尊何以故須陁
洹名爲入流而无所入不入色聲香味觸法
是名須陁洹須菩提於意云何斯陁含能
作是念我得斯陁含果不須菩提言不也世
尊何以故斯陁含名一往来而實无往来是名
斯陁含須菩提於意云何阿那含能作是念
我得阿那含果不須菩提言不也世尊何以
故阿那含名爲不来而實无来是故名阿那
含須菩提於意云何阿羅漢能作是念我得
阿羅漢道不須菩提言不也世尊何以故實
无有法名阿羅漢世尊若阿羅漢作是念我
得阿羅漢道即爲著我人衆生壽者世尊佛
說我得无諍三昧人中最爲第一是第一離
欲阿羅漢我不作是念我是離欲阿羅漢世
尊我若作是念我得阿羅漢道世尊則不說
須菩提是樂阿蘭那行者以須菩提實无

BD05697號　金剛般若波羅蜜經

（6–4）

无有法名阿羅漢世尊若阿羅漢作是念我
得阿羅漢道即爲著我人衆生壽者世尊佛
說我得无諍三昧人中最爲第一是第一離
欲阿羅漢我不作是念我是離欲阿羅漢世
尊我若作是念我得阿羅漢道世尊則不說
須菩提是樂阿蘭那行者以須菩提實无
所行而名須菩提是樂阿蘭那行
佛告須菩提於意云何如來昔在然燈佛所
於法有所得不世尊如來在然燈佛所於法實无
所得須菩提於意云何菩薩莊嚴佛土不不也世
尊何以故莊嚴佛土者則非莊嚴是名莊嚴
是故須菩提諸菩薩摩訶薩應如是生清
淨心不應住色生心不應住聲香味觸法生
心應无所住而生其心須菩提譬如有人身
如須弥山王於意云何是身爲大不須菩提
言甚大世尊何以故佛說非身是名大身
須菩提如恒河中所有沙數如是沙等恒河
於意云何是諸恒河沙寧爲多不須菩提言
甚多世尊但諸恒河尚多无數何況其沙須
菩提我今實言告汝若有善男子善女人以
七寶滿尒所恒河沙數三千大千世界以用
布施得福多不須菩提言甚多世尊佛告須
菩提若善男子善女人於此經中乃至受持
四句偈等爲他人說而此福德勝前福德
復次須菩提隨說是經乃至四句偈等當知
此處一切世間天人阿脩羅皆應供養如佛

BD05697號　金剛般若波羅蜜經

（6–5）

甚多世尊但諸恒河尚多無數何況其沙須
菩提我今實言告汝若有善男子善女人以
七寶滿尒所恒河沙數三千大千世界以用
布施得福多不須菩提言甚多世尊佛告須
菩提若善男子善女人於此經中乃至受持
四句偈等為他人說而此福德勝前福德
復次須菩提隨說是經乃至四句偈等當知
此處一切世間天人阿脩羅皆應供養如佛
塔廟何況有人盡能受持讀誦須菩提當知
是人成就最上第一希有之法若是經典所
在之處則為有佛若尊重弟子
尒時須菩提白佛言世尊當何名此經我等
云何奉持佛告須菩提是經名為金剛般若
波羅蜜以是名字汝當奉持所以者何須菩
提佛說般若波羅蜜則非般若波羅蜜須菩
提於意云何如來有所說法不須菩提白佛
言世尊如來无所說須菩提於意云何三千
大千世界所有微塵是為多不須菩提言
甚多世尊須菩提諸微塵如來說非微塵是
名微塵如來說世界非世界是名世界須菩提
於意云何可以三十二相見如來不不也世

BD05697 號　金剛般若波羅蜜經　（6–6）

大乘無量壽經
如是我聞一時薄伽梵在舍衛國祇樹給孤獨園與大苾蒭僧千二百五十人大菩薩摩
訶薩衆俱同會坐尒時世尊告曼殊室利童子曼殊上方有世界名无量功德
聚彼土有佛号無量智決定王如來阿羅訶三藐三菩提現為衆生開示說法
曼殊師利此閻浮提人壽命大限百年於中夭枉横死者衆曼殊如是无量
壽如來功德名稱法要若有衆生得聞名号若自書或使人書能為經卷受持
讀誦若於舍宅所住之處以種種花鬘瓔珞塗香末香而為供養如其命盡復
得延年滿足百歲如是曼殊若有衆生得聞是無量壽智決定王如來一
百八名号者益其長壽若有衆生大命將盡憶念是如來名号更得增
壽如來曼殊若有善男子善女人欲求長壽於是无量壽如來一百八名号
有得聞者或自書若使人書受持讀誦得如是果報福德具足陁羅尼日
南謨薄伽勃底一阿波唎蜜多二阿喻紇硯娜三須毗你悉指陁四囉佐耶五怛他羯他耶六怛姪他唵七
薩婆桑悉伽囉八波唎輸底九達磨底十伽迦娜十一莎訶朞持迦底十二莎婆婆毗輸底十三摩訶娜
波唎婆囉莎訶十五　世尊復告曼殊室利如是如來一百八名号若自書或使
人書為經卷受持讀誦如壽命盡復得百年壽終此身後得往生无量福智
世界无量壽淨土陁羅尼日　南謨薄伽勃底一阿波唎蜜多二阿喻紇硯娜三須毗你悉
指陁四囉佐耶五怛他羯他耶六怛姪他唵七薩婆桑悉伽囉八波唎輸底九達磨底十伽迦娜十一莎

BD05698 號　無量壽宗要經　（5–1）

南謨薄伽勒底一阿波唎蜜多二阿喻紇硯那三須毗你悉指陀四囉佐耶五怛他羯他耶六怛姪他唵七
薩婆桑悉迦羅八波唎輸底九達磨底十伽迦那十一莎訶娑持迦底十二莎婆婆毗輸底十三摩訶娜耶
波唎婆囉莎訶十五　此善復告曼殊室利如是如來一百八名号若自書或使
人書為經卷受持讀誦如壽命盡復得百年壽終此身後得往生无量福智
世界无量壽淨土陀羅尼曰　南謨薄伽勒底一阿波唎蜜多二阿喻紇硯那三須毗你悉
指陀四囉佐耶五怛他羯他耶六怛姪他唵七薩婆桑悉迦羅八波唎輸底九達磨底十伽迦那十一莎
訶娑持迦底十二莎婆婆毗輸底十三摩訶娜耶十四波唎婆唎莎訶十五　尒時復有九十九殑
伽沙等一時同聲說是无量壽宗要經陀羅尼曰　南謨薄伽勒底一阿波唎蜜多二阿喻紇硯那
須毗你悉指陀四囉佐耶五怛他羯他耶六怛姪他唵七薩婆桑悉迦羅八波唎輸底九達磨底十伽迦
那十一莎訶娑持迦底十二莎婆婆毗輸底十三摩訶娜耶十四波唎婆唎莎訶十五
尒時復有一百四殑伽沙一時同聲說是无量壽宗要經陀羅尼曰　南謨薄伽勒底
阿波唎蜜多二阿喻紇硯那三須毗你悉指陀四囉佐耶五怛他羯他耶六怛姪他唵七薩婆桑悉迦羅八
波唎輸底九達磨底十伽迦那十一莎訶娑持迦底十二莎婆婆毗輸底十三摩訶娜耶十四波唎婆唎
莎訶十五　尒時復有七殑伽沙一時同聲說是无量壽宗要經陀羅尼曰
南謨薄伽勒底一阿波唎蜜多二阿喻紇硯那三須毗你悉指陀四囉佐耶五怛他羯他耶六怛姪他
唵七薩婆桑悉迦羅八波唎輸底九達磨底十伽迦那十一莎訶娑持迦底十二莎婆婆毗輸底十三
摩訶娜耶十四波唎婆唎莎訶十五　尒時復有六十五殑伽沙一時同聲說是无量壽
宗要經陀羅尼曰　南謨薄伽勒底一阿波唎蜜多二阿喻紇硯那三須毗你悉指陀四囉佐
耶五怛他羯他耶六怛姪他唵七薩婆桑悉迦羅八波唎輸底九達磨底十伽迦那十一莎訶娑持迦底十二
莎婆婆毗輸底十三摩訶娜耶十四波唎婆唎莎訶十五　尒時復有五十五殑伽沙一時同聲
說是无量壽宗要經陀羅尼曰　南謨薄伽勒底一阿波唎蜜多二阿喻紇硯那三
須毗你悉指陀四囉佐耶五怛他羯他耶六怛姪他唵七薩婆桑悉迦羅八波唎輸底九達磨
底十伽迦那十一莎訶娑持迦底十二莎婆婆毗輸底十三摩訶娜耶十四波唎婆唎莎訶十五
尒時復有四十五殑伽沙一時同聲說是无量壽宗要經陀羅尼曰
南謨薄伽勒底一阿波唎蜜多二阿喻紇硯那三須毗你悉指陀四囉佐耶五怛他羯他耶六怛姪他唵七薩婆
桑悉迦羅八波唎輸底九達磨底十伽迦那十一莎訶娑持迦底十二莎婆婆毗輸底十三摩訶娜耶十四波唎婆唎
莎訶十五　尒時復有三十六殑伽沙一時同聲說是无量壽宗要經陀羅尼曰
南謨薄伽勒底一阿波唎蜜多二阿喻紇硯那三須毗你悉指陀四囉佐耶五怛他羯他耶六怛姪他唵七薩婆桑
悉迦羅八波唎輸底九達磨底十伽迦那十一莎訶娑持迦底十二莎婆婆毗輸底十三摩訶娜耶十四波唎婆
唎莎訶十五　尒時復有二十五殑伽沙一時同聲說是无量壽宗要經陀羅尼曰
南謨薄伽勒底一阿波唎蜜多二阿喻紇硯那三須毗你悉指陀四囉佐耶五怛他羯他耶六怛姪他唵七薩婆桑

BD05698號　無量壽宗要經

(5–2)

桑悉迦羅八波唎輸底九達磨底十伽迦那十一莎訶娑持迦底十二莎婆婆毗輸底十三摩訶娜耶十四波唎婆唎
莎訶十五　尒時復有三十六殑伽沙一時同聲說是无量壽宗要經陀羅尼曰
南謨薄伽勒底一阿波唎蜜多二阿喻紇硯那三須毗你悉指陀四囉佐耶五怛他羯他耶六怛姪他唵七薩婆桑
悉迦羅八波唎輸底九達磨底十伽迦那十一莎訶娑持迦底十二莎婆婆毗輸底十三摩訶娜耶十四波唎婆
唎莎訶十五　尒時復有二十五殑伽沙一時同聲說是无量壽宗要經陀羅尼曰
南謨薄伽勒底一阿波唎蜜多二阿喻紇硯那三須毗你悉指陀四囉佐耶五怛他羯他耶六怛姪他唵七薩婆桑
悉迦羅八波唎輸底九達磨底十伽迦那十一莎訶娑持迦底十二莎婆婆毗輸底十三摩訶娜耶十四波唎婆唎莎訶十五
尒時復有恒河沙殑伽沙一時同聲說是无量壽宗要經陀羅尼曰　南謨薄伽勒底一阿波
唎蜜多二阿喻紇硯那三須毗你悉指陀四囉佐耶五怛他羯他耶六怛姪他唵七薩婆桑悉迦羅八波唎輸底九達磨
底十伽迦那十一莎訶娑持迦底十二莎婆婆毗輸底十三摩訶娜耶十四波唎婆唎莎訶十五
善男子若有自書寫教人書寫是无量壽宗要經如其命盡復得長壽而滿年陀羅尼曰
南謨薄伽勒底一阿波唎蜜多二阿喻紇硯那三須毗你悉指陀四囉佐耶五怛他羯他耶六怛姪他唵七薩婆桑
悉迦羅八波唎輸底九達磨底十伽迦那十一莎訶娑持迦底十二莎婆婆毗輸底十三摩訶娜耶
波唎婆唎莎訶十五　若有自書寫教人書寫是無量壽宗要經讀誦受持畢竟
不墮地獄在在所生得宿命智陀羅尼曰　南謨薄伽勒底一阿波唎蜜多二阿喻紇硯那
須毗你悉指陀四囉佐耶五怛他羯他耶六怛姪他唵七薩婆桑悉迦羅八波唎輸底九達磨底十伽迦
那十一莎訶娑持迦底十二莎婆婆毗輸底十三摩訶娜耶十四波唎婆囉莎訶十五
若有自書寫教人書寫是無量壽宗要經受持讀誦如同書寫八万四千一切經典陀羅尼曰
南謨薄伽勒底一阿波唎蜜多二阿喻紇硯那三須毗你悉指陀四囉佐耶五怛他羯他耶六怛姪他唵七薩
婆桑悉迦羅八波唎輸底九達磨底十伽迦那十一莎訶娑持迦底十二莎婆婆毗輸底十三摩訶娜耶
波唎婆唎莎訶十五　若有自書寫教人書寫是無量壽宗要經即是書寫八万四千部建
立塔廟陀羅尼曰　南謨薄伽勒底一阿波唎蜜多二阿喻紇硯那三須毗你悉指陀四囉佐耶五怛
姪他唵七薩婆桑悉迦羅八波唎輸底九達磨底十伽迦那十一莎訶娑持迦底十二莎婆婆毗輸底十三摩訶娜耶
波唎婆唎莎訶十五　若有自書寫教人書寫是无量壽宗要經能消五無間等一切重罪陀羅
尼曰　南謨薄伽勒底一阿波唎蜜多二阿喻紇硯那三須毗你悉指陀四囉佐耶五怛他羯他耶六怛姪他
唵七薩婆桑悉迦羅八波唎輸底九達磨底十伽迦那十一莎訶娑持迦底十二莎婆婆毗輸底十三摩訶娜
耶十四波唎婆唎莎訶十五　若有自書寫教人書寫是無量壽宗要經受持讀誦設有重罪猶
如須彌盡能除滅陀羅尼曰　南謨薄伽勒底一阿波唎蜜多二阿喻紇硯那三須毗你悉指陀四囉佐
耶五怛他羯他耶六怛姪他唵七薩婆桑悉迦羅八波唎輸底九達磨底十伽迦那十一莎訶娑持伽底十二莎婆婆
毗輸底十三摩訶娜耶十四波唎婆唎莎訶十五　若有自書寫教人書寫是無量壽宗要經受持讀
誦若魔魔之眷屬夜叉羅剎不得其便終無枉死陀羅尼曰　南謨薄伽勒底一阿波唎

BD05698號　無量壽宗要經

(5–3)

唵七 薩婆桑悉伽羅八 波唎輸底九 達摩底十 伽伽那十一 莎訶莎揭底十二 莎婆婆毗輸底十三 摩訶娜
耶十四 波唎婆唎莎訶十五 若有自書寫教人書是无量壽宗要經受持讀誦復有重罪猶
如須弥盡皆除滅陀羅尼曰 南謨薄伽勃底一 阿波唎蜜多二 阿喻紇硯娜三 須毗你悉指陀四 囉佐
耶五 怛他揭他耶六 怛姪他七 唵七 薩婆桑悉伽羅八 波唎輸底九 達摩底十 伽伽那十一 莎訶莎揭底十二 莎婆婆
毗輸底十三 摩訶娜耶十四 波唎婆唎莎訶十五 若有自書寫教人書寫是無量壽宗要經受持讀
誦者魔魔之眷屬夜叉羅刹不得其便終無枉死陀羅尼曰 南謨薄伽勃底一 阿波唎
蜜多二 阿喻紇硯娜三 須毗你悉指陀四 囉佐耶五 怛他揭他耶六 怛姪他七 唵七 薩婆桑悉伽羅八 波唎輸底
達摩底十 伽伽那十一 莎訶莎揭底十二 莎婆婆毗輸底十三 摩訶娜耶十四 波唎婆唎莎訶十五
若有自書寫教人書寫是无量壽宗要經受持讀誦當命終時有九十九俱胝佛現其人
前蒙手佛授手能遊一切佛刹莫於此經生於疑惑陀羅尼曰 南謨薄伽勃底一 阿波唎蜜多二 阿
喻紇硯娜三 須毗你悉指陀四 囉佐耶五 怛他揭他耶六 怛姪他七 唵七 薩婆桑悉伽羅八 波唎輸底九 達摩
底十 伽伽那十一 莎訶莎揭底十二 莎婆婆毗輸底十三 摩訶娜耶十四 波唎婆唎莎訶十五 若有自書寫教
人書寫是无量壽宗要經受持讀誦當得四天大王隨其衛護陀羅尼曰 南謨薄伽勃底一 阿
波唎蜜多二 阿喻紇硯娜三 須毗你悉指陀四 囉佐耶五 怛他揭他耶六 怛姪他七 唵七 薩婆桑悉伽羅八 波唎輸底九 達
摩底十 伽伽那十一 莎訶莎揭底十二 莎婆婆毗輸底十三 摩訶娜耶十四 波唎婆唎莎訶十五 若有自書寫教人書
寫是无量壽宗要經受持讀誦當得往生西方極樂世界阿弥陀淨土陀羅尼曰 南謨薄伽勃底一
阿波唎蜜多二 阿喻紇硯娜三 須毗你悉指陀四 囉佐耶五 怛他揭他耶六 怛姪他七 薩婆桑悉伽羅八 波唎輸底九 達
摩底十 伽伽那十一 莎訶莎揭底十二 莎婆婆毗輸底十三 摩訶娜耶十四 波唎婆唎莎訶十五 若有方所自書寫使
人書寫是無量壽宗要經典之處則爲是塔皆應恭敬供養若是畜生或爲鳥獸得聞是經如是等
類皆當不久得成一切種智陀羅尼曰 南謨薄伽勃底一 阿波唎蜜多二 阿喻紇硯娜三 須毗你悉指陀
囉佐耶五 怛他揭他耶六 怛姪他七 唵七 薩婆桑悉伽羅八 波唎輸底九 達摩底十 伽伽那十一 莎訶莎揭底十二 莎婆婆毗
輸底十三 摩訶娜耶十四 波唎婆唎莎訶十五 若有於是無量壽經自書寫若使人書畢竟不受女人之身
陀羅尼曰 南謨薄伽勃底一 阿波唎蜜多二 阿喻紇硯娜三 須毗你悉指陀四 囉佐耶五 怛他揭他耶六 怛姪他七 唵七 薩婆桑悉伽羅八
波唎輸底九 達摩底十 伽伽那十一 莎訶莎揭底十二 莎婆婆毗輸底十三 摩訶娜耶十四 波唎婆唎莎訶十五 南謨薄伽勃底阿
若有能於是經少分能惠施者等於三千大千世界滿中七寶布施陀羅尼曰
波唎蜜多二 阿喻紇硯娜三 須毗你悉指陀四 囉佐耶五 怛他揭他耶六 怛姪他七 薩婆桑悉伽羅八 波唎輸底九 達摩
底十 伽伽那十一 莎訶莎揭底十二 莎婆婆毗輸底十三 摩訶娜耶十四 波唎婆唎莎訶十五 若有能供養是經者則是
供養一切諸經等無有別異陀羅尼曰 南謨薄伽勃底一 阿波唎蜜多二 阿喻紇硯娜三 須毗你悉指陀四 囉
佐耶五 怛他揭他耶六 怛姪他七 薩婆桑悉伽羅八 波唎輸底九 達摩底十 伽伽那十一 莎訶莎揭底十二 莎婆婆
毗輸底十三 摩訶娜耶十四 波唎婆唎莎訶十五 如是毗婆尸佛尸棄佛毗舍浮佛俱留孫佛俱那含
牟尼佛迦葉佛釋迦牟尼佛 若有人以七寶供養如是七佛其福有限書寫受

BD05698 號　無量壽宗要經　　（5–4）

若有能於是經少分能惠施者等於三千大千世界滿中七寶布施陀羅尼曰 南謨薄伽勃底阿
波唎蜜多二 阿喻紇硯娜三 須毗你悉指陀四 囉佐耶五 怛他揭他耶六 怛姪他七 薩婆桑悉伽羅八 波唎輸底九 達摩
底十 伽伽那十一 莎訶莎揭底十二 莎婆婆毗輸底十三 摩訶娜耶十四 波唎婆唎莎訶十五 若有能供養是經者則是
供養一切諸經等無有別異陀羅尼曰 南謨薄伽勃底一 阿波唎蜜多二 阿喻紇硯娜三 須毗你悉指陀四 囉
佐耶五 怛他揭他耶六 怛姪他七 薩婆桑悉伽羅八 波唎輸底九 達摩底十 伽伽那十一 莎訶莎揭底十二 莎婆婆
毗輸底十三 摩訶娜耶十四 波唎婆唎莎訶十五 如是毗婆尸佛尸棄佛毗舍浮佛俱留孫佛俱那含
牟尼佛迦葉佛釋迦牟尼佛 若有人以七寶供養如是七佛其福有限書寫受
持讀誦是无量壽經典所有功德不可限量陀羅尼曰 南謨薄伽勃底一 阿波唎蜜多二 阿喻紇硯
娜三 須毗你悉指陀四 囉佐耶五 怛他揭他耶六 怛姪他七 薩婆桑悉伽羅八 波唎輸底九 達摩底十 伽伽那十一 莎訶莎揭
底十二 莎婆婆毗輸底十三 摩訶娜耶十四 波唎婆唎莎訶十五 若有七寶等於須弥以用布施其福上能
知其限量是無量壽經典其福不可知數陀羅尼曰 南謨薄伽勃底一 阿波唎蜜多二 阿喻紇硯娜
三 須毗你悉指陀四 囉佐耶五 怛他揭他耶六 怛姪他七 薩婆桑悉伽羅八 波唎輸底九 達摩底十 伽伽那十一 莎訶莎
揭底十二 莎婆婆毗輸底十三 摩訶娜耶十四 波唎婆唎莎訶十五 如是四大海水可知滴數是无量
壽經典所生果報不可數量陀羅尼曰 南謨薄伽勃底一 阿波唎蜜多二 阿喻紇硯娜三 須毗
你悉指陀四 囉佐耶五 怛他揭他耶六 怛姪他七 薩婆桑悉伽羅八 波唎輸底九 達摩底十 伽伽那十一 莎訶莎揭
底十二 莎婆婆毗輸底十三 摩訶娜耶十四 波唎婆唎莎訶十五 若有自書使人書寫是无量壽經
典又能讀持供養即如恭敬供養一切十方佛土如来无有別異陀羅尼曰 南謨薄伽勃底一
阿波唎蜜多二 阿喻紇硯娜三 須毗你悉指陀四 囉佐耶五 怛他揭他耶六 怛姪他七 薩婆桑悉伽羅八 波唎輸
底九 達摩底十 伽伽那十一 莎訶莎揭底十二 莎婆婆毗輸底十三 摩訶娜耶十四 波唎婆唎莎訶十五
布施力能成正覺 悟布施力人師子 布施力能聲普聞 慈悲階漸最能入
持戒力能成正覺 悟持戒力人師子 持戒力人師子 慈悲階漸最能入
忍辱力能成正覺 悟忍辱力人師子 忍辱力能師子 慈悲階漸最能入
精進力能成正覺 悟精進力人師子 精進力能聲普聞 慈悲階漸最能入
禪定力能成正覺 悟禪定力人師子 禪定力能聲普聞 慈悲階漸最能入
智慧力能成正覺 悟智慧力人師子 智慧力能聲普聞 慈悲階漸最能入
佛說是經已一切世間天人阿修羅乾闥婆等聞佛所說皆大歡喜信受奉行

佛說无量壽宗要經

裴文達

BD05698 號　無量壽宗要經　　（5–5）

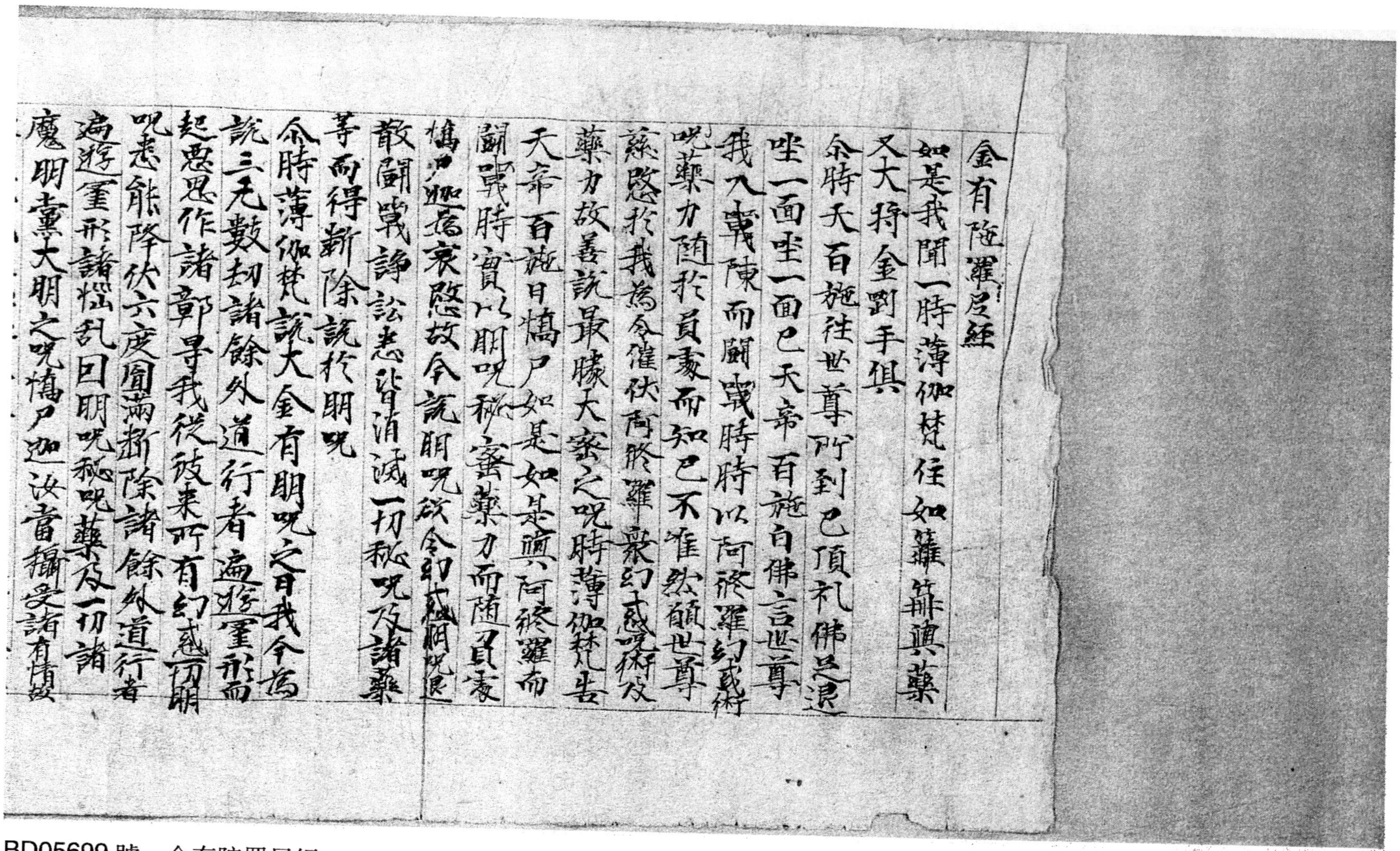
金有陀羅尼經
如是我聞一時薄伽梵住如蘿篩眞藥
又大將金剛手俱
尒時天百施往世尊所到已頂礼佛足退
坐一面坐一面已天帝百施白佛言世尊
我入戰陣而鬪戰時時以阿蘇羅幻惑術
呪藥力隨於負處而知已不准然願世尊
慈愍於我爲令催伏阿蘇羅衆幻惑呪術及
藥力故善說最勝大密之呪時薄伽梵告
天帝百施曰憍尸如是如是眞阿蘇羅而
鬪戰時實以明呪秘密藥力而隨負處
憍尸迦爲哀愍故今說明呪欲令幻惑秘明呪退
散鬪戰諍訟悉皆消滅一切秘呪及諸藥
等而得斷除說於明呪
尒時薄伽梵說大金有明呪之日我今爲
說三无數劫諸餘外道行者遍遊羣形而
起惡思作諸鄣㝵我從彼來所有幻惑一切明
呪悉能降伏六度圓滿斷除諸餘外道行者
遍遊羣形諸惱乱回明呪秘呪藥及一切諸
魔明熏大明之呪憍尸迦汝當攝受諸有情故

BD05699號　金有陀羅尼經

（4–1）

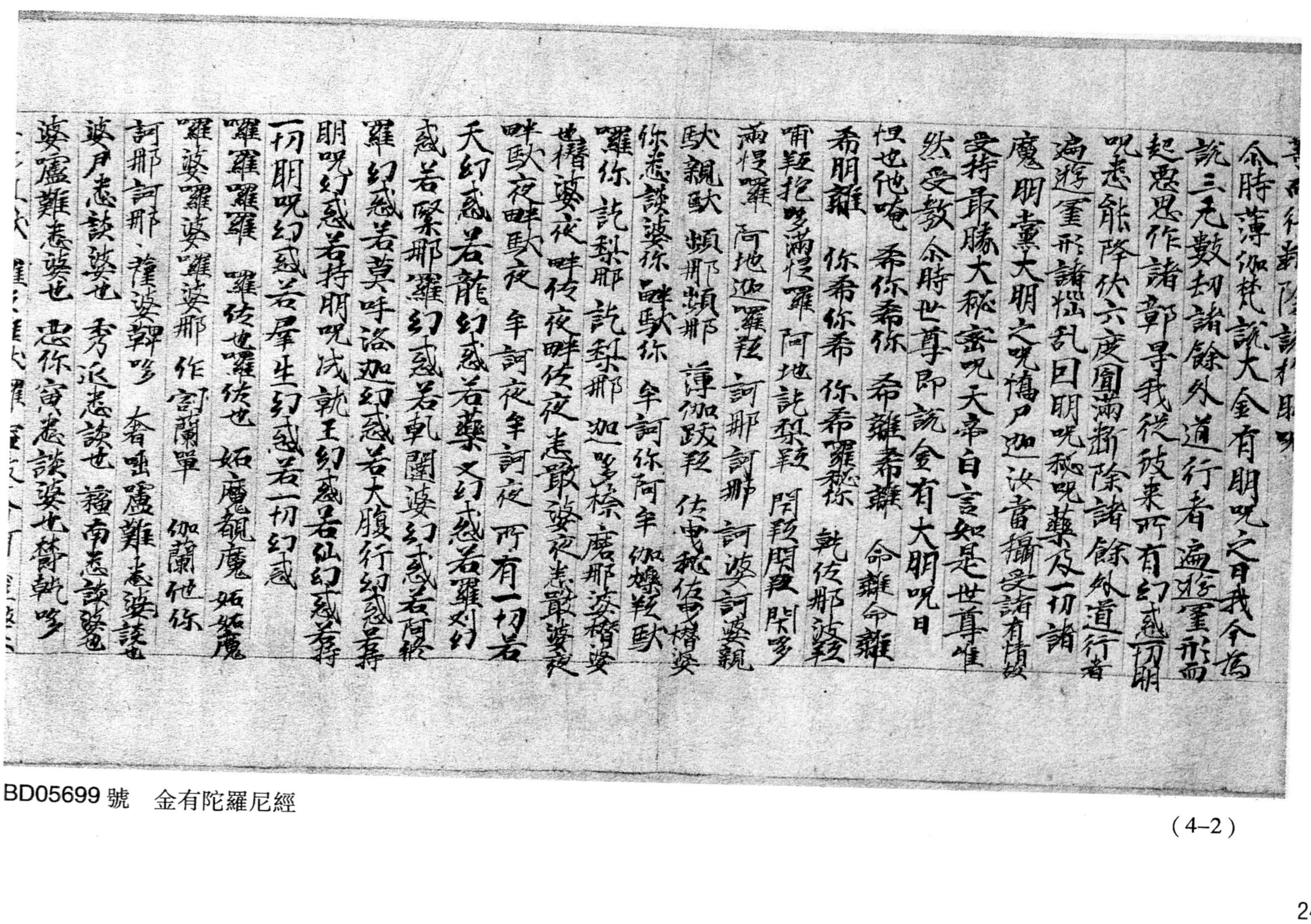
等而得斷除說於明呪
尒時薄伽梵說大金有明呪之日我今爲
說三无數劫諸餘外道行者遍遊羣形而
起惡思作諸鄣㝵我從彼來所有幻惑一切明
呪悉能降伏六度圓滿斷除諸餘外道行者
遍遊羣形諸惱乱回明呪秘呪藥及一切諸
魔明熏大明之呪憍尸迦汝當攝受諸有情故
受持最勝大秘密呪天帝白言如是世尊唯
然受教尒時世尊即說金有大明呪曰
怛也他唵　希你希你　希難希難　命難命難
希朋難　你希你希　你希囉嘇　軌佉耶波羶
哺羶抱哆滿怛羅　阿地訖梨羶　閇羶閇羶　閇哆
滿怛囉　阿地迦囉羶　訶耶訶耶　訶婆訶婆親
馱親馱　頻耶頻耶　薄伽跋羶　佉电秘佉电㨶婆
你悉談婆你　畔馱你　牟訶你阿牟　伽嫩羶馱
囉你　訖梨耶訖梨耶　迦嘐㮈磨耶婆㨶婆
也㨶婆夜　畔佉夜畔佉夜　悉䟦婆夜悉䟦婆夜
畔馱夜畔馱夜　牟訶夜牟訶夜　所有一切若
天幻惑若龍幻惑若藥叉幻惑若羅刹幻
惑若緊那羅幻惑若乹闥婆幻惑若阿蘇
羅幻惑若莫呼洛迦幻惑若大腹行幻惑若持
明呪幻惑若持明呪成就王幻惑若仙幻惑若持
一切明呪幻惑若羣生幻惑若一切幻惑
囉囉囉囉　囉佉也囉佉也　姤魔覩魔　姤姤魔
囉婆囉婆囉婆耶　作訶蘭單　伽蘭他你
訶耶訶耶　蘖婆䩭哆　畣唖嚧難悉婆
婆尸悉談婆也　秀泥悉談也　蘊南悉談毯
婆嚧難悉婆也　悉你寅悉談婆也㨶軌哆

BD05699號　金有陀羅尼經

（4–2）

一切明呪幻惑若羣生幻惑若一切幻惑
囉羅囉羅　囉佉也囉佉也　姤魔覩魔　姤姤魔
囉婆囉婆囉婆耶　作訶蘭單　伽蘭他你
訶耶訶耶、𡅖婆翔哆　奢啞盧難悉婆諺
婆尸悉談婆也　秀浪悉談也　黐南悉談鑒
婆盧難悉婆也　悉你寅悉談婆也　簪軌哆
梨哆梨駄　囉羅羅惟駄囉　寅波奢訶悉羅擊奢
他也婆世耶　若有於我能為惡嚴諸
賊嗔恚具極惡鬪諍極諍欲作一切无利
益者訶耶訶耶哆訶哆訶婆移波佉半佉
半佉也稽婆也稽婆也悉談婆也悉談婆也
半駄也　半駄也　牟訶也　牟訶也摩訶牟
訶你薄伽跋帝婆訶　於一切怖畏嬈惱疾
疫頭守護我以駄婆訶　憍尸迦若善男子
若善女人若王若王大臣能憶念此金有明呪
者彼无他怖畏於彼部薰他所敵軍不能
侵惱亦非天亦非龍亦非藥叉亦非乾闥婆亦
阿非終羅亦緊那羅亦非莫呼洛迦亦非持
明呪者亦非癡亡等亦不非時而捨壽命明呪秘
呪一切諸藥不能為害他所敵軍不能侵
逸他所敵軍而不復命刀不害水火毒藥明呪
一切諸藥而不能很逐著於彼自作教他
隨喜造羅被之處所憍尸迦是淨信苾芻苾芻
尼烏波索迦烏波斯迦善男子善女人等疑
明呪呪水七遍自洗其身能護於身若有欲
令於一切怖畏一切嬈惱一切疾疫一切明呪一
切秘呪一切諸藥一切蠱而起過者當念
此金有明呪若王若王大臣若欲摧他軍衆伏

BD05699號　金有陀羅尼經　（4–3）

隨喜造羅被之處所憍尸迦是淨信苾芻苾芻
尼烏波索迦烏波斯迦善男子善女人等疑
明呪呪水七遍自洗其身能護於身若有欲
令於一切怖畏一切嬈惱一切疾疫一切明呪一
切秘呪一切諸藥一切蠱而起過者當念
此金有明呪若王若王大臣若欲摧他軍衆伏
他軍衆亦當念此金有明呪若呪綫七遍作
七結已繫於身上若呪水七遍能護自身若
有書寫於一切怖畏无鄣另陀羅尼或能
受持或繫腰下若置高幢入軍陣者善安
得勝以此明呪威神之力由旋眷屬善安超
過未成能成若欲摧伏諸明呪者於白綫
上呪七遍已作七結者能繫摧伏若欲摧伏
諸幻惑者取瓈開王呪七遍已而散擲者能
摧幻惑論競之時欲禁其口取奏获離呪
七遍已而嚥嚼者一切論悉能對答受持讀
誦而稱讚者一切諸罪悉皆消滅却往於彼
造作之者及思惟所或繫於綖及水自護者
於彼身上一切明呪秘呪諸藥不能為害未
成辦者悉能成辦彼所求事一切順從時
薄伽梵說是語已天帝百施聞佛所說信
受奉行

金有陀羅尼經一卷

BD05699號　金有陀羅尼經　（4–4）

BD05699 號背　藏文題名

（1–1）

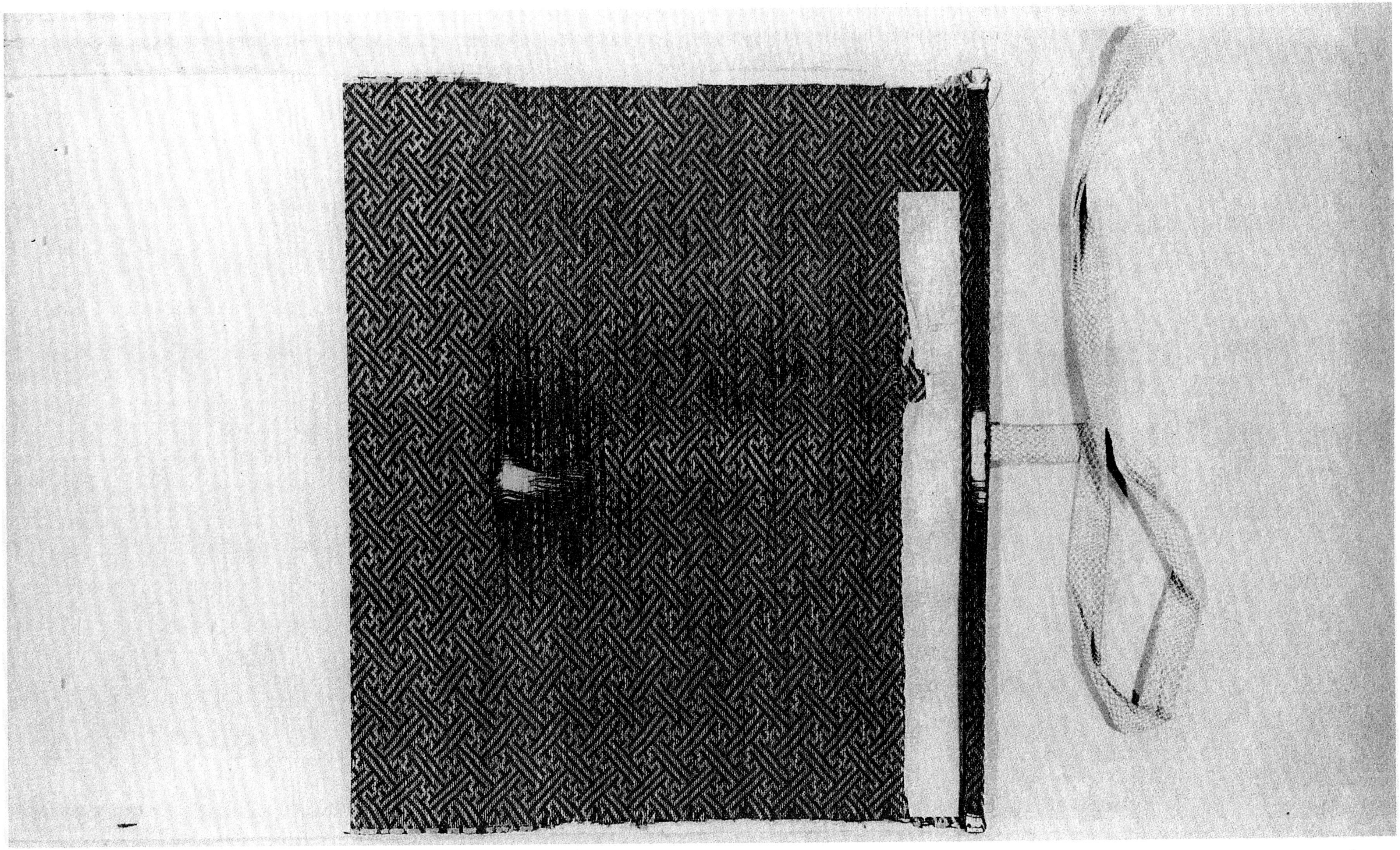

BD05700號背　護首　　　　（2–1）

BD05700 號背　注記

（2–2）

BD05700號　道行般若經（宮本）卷六

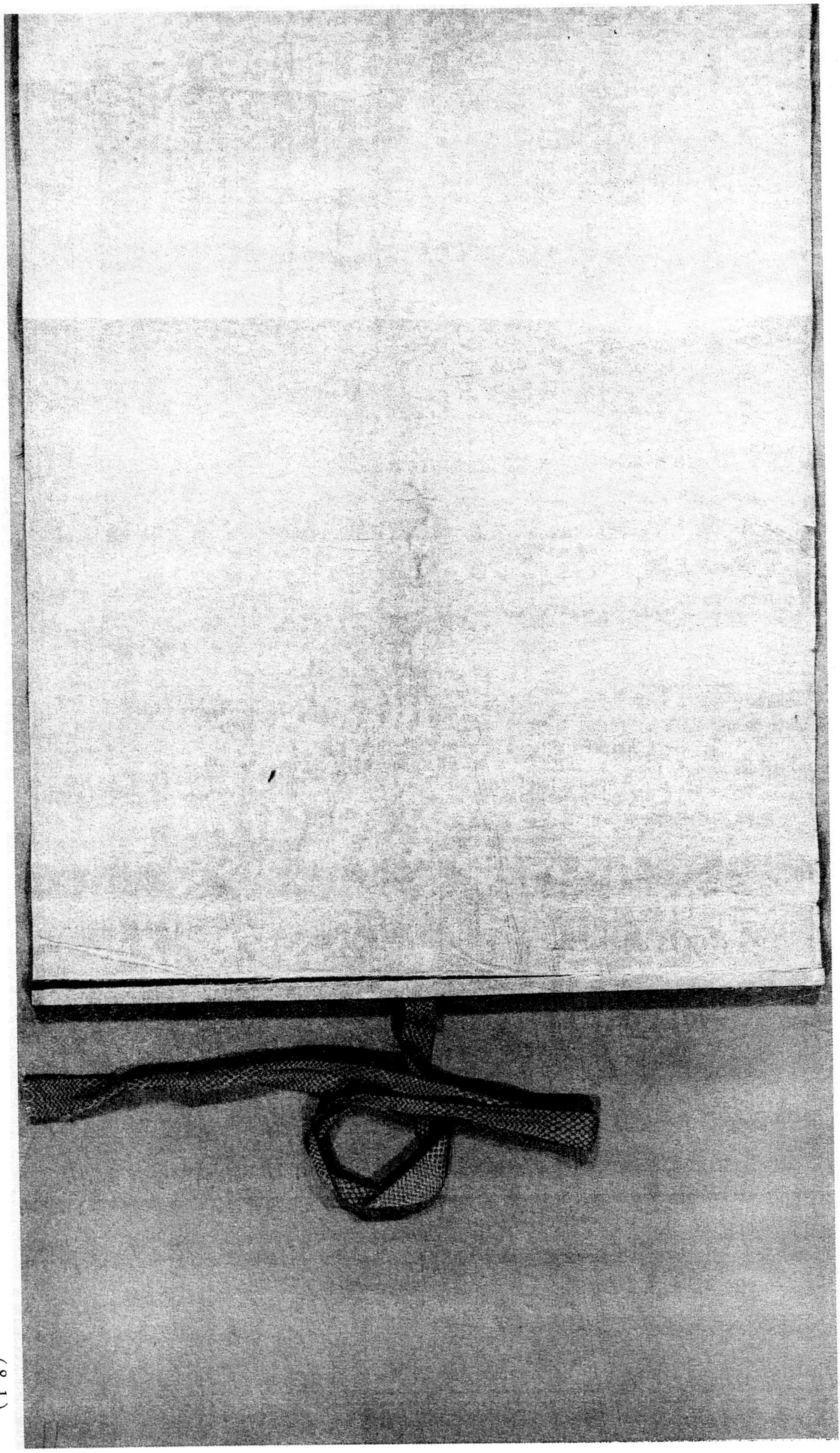

（8–1）

證舍利弗便作是念彌勒菩薩大慧甚深
以故常行般若波羅蜜以來大久遠矣佛問舍利
弗云何若自見作羅漢時不舍利弗言不見也佛
言如是菩薩不作是念我受決是法當於中得阿
惟三佛亦无有得阿惟三佛菩薩作是行為求般
若波羅蜜終不恐我不得阿惟三佛道是法中
教求般若波羅蜜用是故蔽无所畏菩薩至大
劇難虎狼中時終不畏怖心念言設有噉食我
者為當布施行檀波羅蜜近阿耨多羅三耶三
菩願我後作佛時令我剎中无有禽狩道善
薩至賊中時終不怖懼設我於中死心念言我身
會當棄捐故令我為賊所殺我不當有瞋恚為
具忍辱行羼提波羅蜜當近阿惟三佛願我後作
佛時令我剎中无有盜賊善薩至无水漿中時心
不畏怖自念言人无德使是間无水漿願我後
得阿惟三佛時使我剎中皆有水漿令我剎中之
志得薩芸若八味水善薩至穀貴中時心不畏
怖自念言我當精進得阿惟三佛使我剎中終
无穀貴令我剎中人所在願所索飯食悉在
前如忉利天上食飯善薩在疾疫中時心念言我終
无恐懼故使我身死是中會當行精進得阿惟
三佛令我剎中无有惡歲疾疫者大當降伏魔

得阿惟三佛時使我剎中皆有水漿令我剎中之
志得薩芸若八味水菩薩至穀貴中時心不畏
怖自念言我當精進得阿惟三佛使我剎中終
无穀貴令我剎中人所欲願所索飯食悉在
前如忉利天上食飯菩薩在疾疫中時心念言我終
无恐懼所使我身死是中會當行精進得阿惟
三佛令我剎中无有惡歲疾疫者大當降伏魔
官屬佛言菩薩聞是阿耨多羅三耶三菩阿
惟三佛部後大久遠乃得佛者心不恐怖從本
際起意學以來用為久也譬如意一轉頃耳何以故
无有本際故佛說是時有優婆夷從坐起前至
佛所為佛作禮長跪白佛言我聞是不恐不怖
亦降恐怖之處阿耨多羅三耶三菩得阿惟
三佛已當說經佛笑口中金色光出優婆夷即持
金華散佛上持佛威神華皆不墮地阿難從坐
起更整衣服前為佛作禮長跪問佛言佛不妄
笑既笑當有所說佛言是恒竭優婆夷却後
當來世名星宿劫是劫中有佛名金華佛是優
婆夷後當棄女人身更受男子形却後當生阿
閦佛剎從阿閦佛剎去復到一佛剎從一佛剎復
生一佛剎如是无終極譬如遮迦越王從一觀復徃
一觀從生至終足不蹈地是優婆夷從一佛剎復
到一佛剎未常不見佛阿難心念如阿閦佛剎諸
菩薩會者是為佛會耳佛知阿難心所念佛
言是諸菩薩會者悉疾生死已是優婆夷後
當金華佛度不可計阿羅漢令般泥洹是時佛
剎中无有偷狩賊盜无有斷水漿若穀貴病瘦
者其餘惡事悉无有阿難問佛是優婆夷從何
佛以來作功德佛言乃昔提和竭羅佛所作功德
初發意求佛提和竭羅佛時亦復持金華散佛

言是諸菩薩會者悉度生死已是優婆夷後
當作金華佛度不可計阿羅漢令般泥洹是時佛
刹中无有禽狩賊盜无有斷水漿若穀貴病疫
者其餘惡事悉无有阿難問佛是優婆夷從何
佛以來作功德佛言乃昔提和竭羅佛所作功德
初發意求佛提和竭羅佛時亦復持金華散佛
上願言持是功德施與作阿耨多羅三耶三菩佛
言如我持五華散提和竭羅佛上即逮得无所
從生法樂於中立授我決言却後无數阿僧祇
劫若當為釋迦文佛是優婆夷亦時見我從佛
受決其心亦念我亦當受決得阿耨多羅三耶三菩
如是菩薩受決佛語阿難是恒竭優婆夷於提
和竭羅佛所初發意本阿耨多羅三耶三菩阿惟三
佛阿難白佛言是恒竭優婆夷所求以度佛言以度

摩訶般若波羅蜜守空品第十七

須菩提白佛言菩薩行般若波羅蜜何等為
入空何等為守空三昧佛言菩薩行般若波
羅蜜色痛痒思想生死識空觀當作是觀一心
作是觀不見法如是不見法於法中不作證須菩
提言佛所說不於空中作證云何菩薩於三昧
中駐於空中不得證佛言菩薩悉具足念空不
得證作是觀不取證作是觀觀人處甫却向是時
不取證不入三昧心无所著是時不失菩薩法本
不中道得證何以故本願悉護薩和薩故為極
慈哀故自念言我悉之是於功德是時不取
證菩薩得般若波羅蜜護得極大功德悉得智
慧力譬若人能勇悍却敵為人極端政極健无
所不能悉曉兵法六十四變皆知習之為衆人所
敬若有所至處无不得其力者有所得者轉加
[illegible]

慈哀故自念言我志足，是於功德是時不取
證菩薩得般若波羅蜜護得極大功德志得智
慧力譬若人能勇悍郜敵為人極端政猛健无
所不能悉曉兵法六十四變皆知習之為衆人所
敬若有所至處无不得其力者有所得者轉分
布與人其心歡喜若有他事與父母妻子俱去過
大劇道阸難之中安隱父母語其妻子言莫有
恐怖當俱出是難中既出得逆父母妻子歸鄉里
不逢取惡到家莫不歡喜者何以故用是人勲
悍多智慧黠健故是菩薩行極大慈心念十方
薩惒薩是時持慈心悉施人上是菩薩過羅漢
地出辟支佛地於三昧中住悉閱僞薩惒薩无
所見於是中不取證入空中瀨不作阿羅漢菩薩
作是行時為行空三昧向泥洹門不有想不入空
取證譬若飛鳥飛行空中无所觸㝵菩薩行甫
詠向空至空向无想不隨空中不隨无想悉詠㝵
佛諸法譬若工射人射空中其箭住於空中後
箭中前箭名〻復射後箭名〻中前箭其人射欲
令前箭隨尒乃隨菩薩行般若波羅蜜為漚
惒拘舍羅所護自於其地不中道取證隨羅漢
辟支佛地持是功德還得阿耨多羅三耶三菩
功德成滿便得佛為菩薩於經本中觀不中
道取證須菩提白佛言菩薩讓若作是學
不中道取證佛言是菩薩志為護薩惒薩守
空三昧向泥洹門心念分別何等為分別守空三昧
无想三昧无願三昧是為分別漚惒拘舍羅使是
菩薩不中道取證何以故漚惒拘舍羅護之故
心念一切薩惒薩持是所念故得漚惒拘舍羅不
中道取證若菩薩深入觀守空三昧向泥洹門无
想三昧向泥洹門无願三昧向泥洹門[illegible]

BD05700號　道行般若經（宮本）卷六

（8–5）

不中道取證佛言是菩薩悉念護薩和薩守
空三昧向泥洹門心念分別何等為分別守空三昧
无想三昧无願三昧是為分別漚和拘舍羅使是
菩薩不中道取證何以故漚和拘舍羅護之故
心念一切薩和薩持是所念故得漚和拘舍羅不
中道取證若菩薩深入觀守空三昧向泥洹門无
想三昧向泥洹門无願三昧向泥洹門用是故分
別久遠以來人所因緣想中求得阿耨多羅三耶
三菩為說經當使棄是因緣守空三昧守无想
三昧守无願三昧守泥洹門皆不中道取證菩
薩如是念久遠人呼常有常想有安想常有我
想常有好想名之本我作阿耨多羅三耶三菩時用
人故為說經使斷有想有安想有我想有好想
悉斷求云何斷是常无常是樂皆苦是身非身是
好皆醜菩薩自心念為得漚和拘舍羅守空守无
想守无願三昧向泥洹門不中道取證若有菩薩
心念人發遠以來求因緣求想求諍求取想求
空想求是想皆現在菩薩言我一切諍使世間
无有是用是念人故得漚和拘舍羅是法觀
空想顛識无所從生齊限是菩薩不中道取證
法當作是云何菩薩求般若波羅蜜當曉習於
法中心當何緣求心當云何入守空三昧守无想
三昧守无願三昧向泥洹門皆不中道取證守无、
識三昧守无所從生三昧是菩薩不得決故守空三
味无想三昧无願三昧无識三昧无所從生三昧念
念是三昧竟有來問者不即持不可計心為解者
知是非阿惟越致菩薩何以故阿惟越致心无鞅
數悉知用是比行不是足知是菩薩未得阿惟
越致須菩提白佛言若有菩薩能解是者便
為阿惟越致佛言聞深般若波羅蜜若不聞能

BD05700號　道行般若經（宮本）卷六

（8–6）

諸三昧[illegible]
味无想三昧无願三昧无識三昧无所從生三昧念
念是三昧竟有未聞者不即持不可計心為解者
知是非阿惟越致菩薩何以故阿惟越致心无缺
數志知用是比行不具足知是菩薩未得阿惟
越致須菩提白佛言若有菩薩能解是者便
為阿惟越致佛言聞深般若波羅蜜若不聞能
解者即是阿惟越致須菩提言不可計人求
菩薩道少有能解者佛言能解者以受決矣
是功德中極殊所知法者羅漢辟支佛所不能
及諸天人阿須輪龍鬼神所不能及是為阿惟
越致相

用紙十五枚

（8–8）

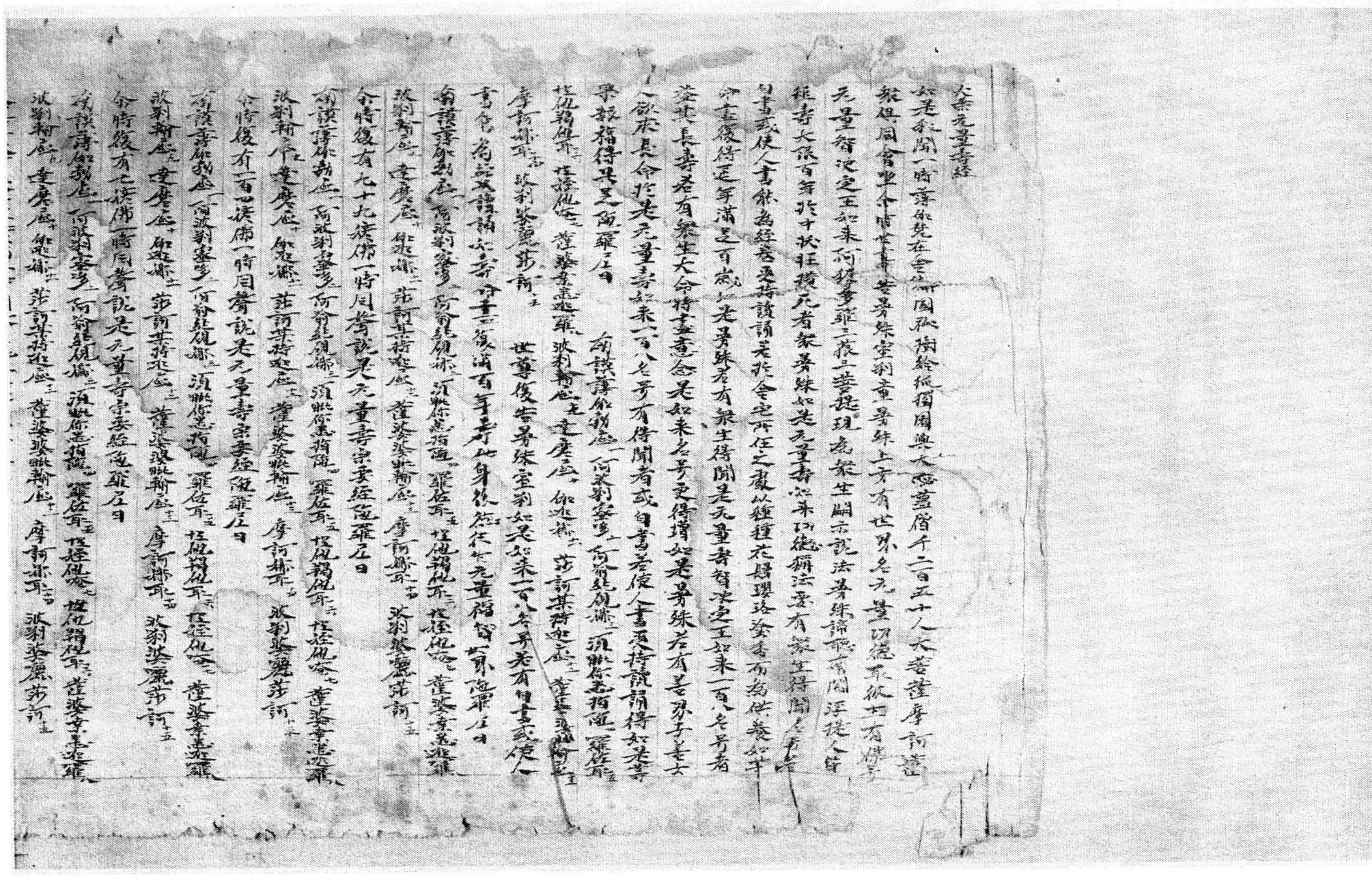

大乘無量壽經
如是我聞一時薄伽梵在舍衛國祇樹給孤獨園與大苾芻衆千二百五十人大菩薩摩訶薩
衆俱同會坐今時世尊告曼殊室利童子曼殊上方有世界名无量功德聚彼土有佛
无量智決定王如来阿羅訶三藐三菩提現為衆生開示說法曼殊諦聽有閻浮提人皆
短壽大限百年於中枉横死者衆曼殊如是无量壽如来功德名稱法要若有衆生得聞名号若
自書或使人書能為經卷受持讀誦者於舍宅所住之處以種種花鬘瓔珞塗香末香而為供養如其
命盡復得延年滿足百歲如是曼殊若有衆生得聞是无量壽智決定王如来一百八名号者
益其長壽若有衆生大命將盡憶念是如来名号更得增壽如是曼殊若有善男子善女
人欲求長命於是无量壽如来一百八名号有得聞者或自書若使人書受持讀誦得如是等
果報福得具足陁羅尼曰　南謨薄伽勃底一 阿波唎蜜多二 阿諭紇硯那三 須毗你悉指陁四 囉佐耶五
怛他羯他耶六 怛姪他七 薩婆桑悉迦羅八 波唎輸底九 達磨底十 伽伽那十一 莎訶某特伽底十二 薩婆婆毗輸底十三
摩訶那耶十四 波唎婆隸莎訶十五　世尊復告曼殊室利如是如来一百八名号若有自書或使人
書自爲經受讀誦如壽命盡復滿百年壽於此身後命終往生无量福智世界陁羅尼曰
南謨薄伽勃底一 阿波唎蜜多二 阿諭紇硯那三 須毗你悉指陁四 囉佐耶五 怛他羯他耶六 怛姪他七 薩婆桑悉迦羅八
波唎輸底九 達磨底十 伽伽那十一 莎訶某特伽底十二 薩婆婆毗輸底十三 摩訶那耶十四 波唎婆隸莎訶十五
爾時復有九十九俱胝佛一時同聲說是无量壽宗要經陁羅尼曰
南謨薄伽勃底一 阿波唎蜜多二 阿諭紇硯那三 須毗你悉指陁四 囉佐耶五 怛他羯他耶六 怛姪他七 薩婆桑悉迦羅八
波唎輸底九 達磨底十 伽伽那十一 莎訶某特伽底十二 薩婆婆毗輸底十三 摩訶那耶十四 波唎婆隸莎訶十五
爾時復有一百四俱胝佛一時同聲說是无量壽宗要經陁羅尼曰
南謨薄伽勃底一 阿波唎蜜多二 阿諭紇硯那三 須毗你悉指陁四 囉佐耶五 怛他羯他耶六 怛姪他七 薩婆桑悉迦羅八
波唎輸底九 達磨底十 伽伽那十一 莎訶某特伽底十二 薩婆婆毗輸底十三 摩訶那耶十四 波唎婆隸莎訶十五
爾時復有七俱胝佛一時同聲說是无量壽宗要經陁羅尼曰
南謨薄伽勃底一 阿波唎蜜多二 阿諭紇硯那三 須毗你悉指陁四 囉佐耶五 怛他羯他耶六 怛姪他七 薩婆桑悉迦羅八
波唎輸底九 達磨底十 伽伽那十一 莎訶某特伽底十二 薩婆婆毗輸底十三 摩訶那耶十四 波唎婆隸莎訶十五

BD05701 號　無量壽宗要經　（6–1）

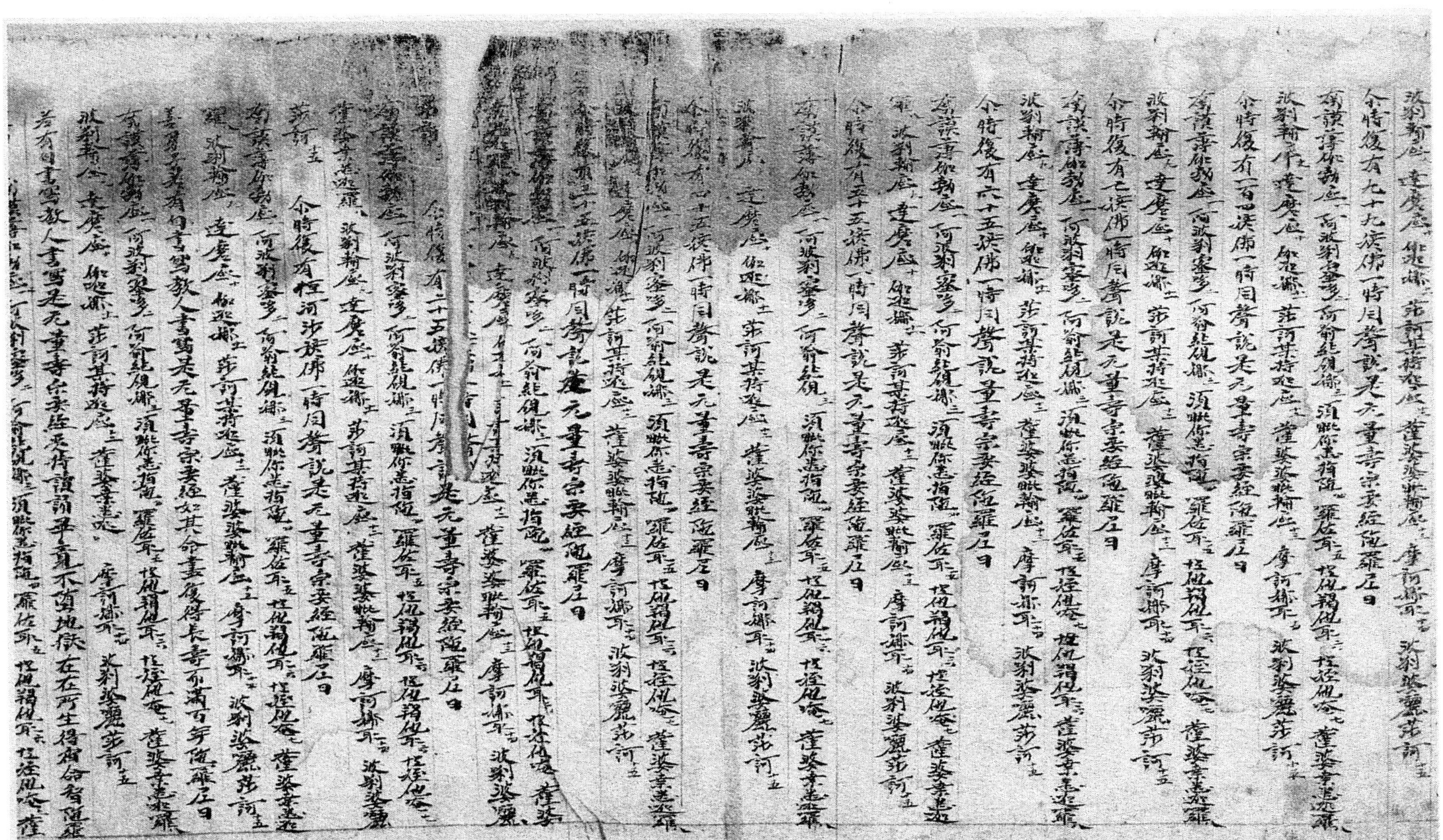

波唎輸底九 達磨底十 伽伽那十一 莎訶某特伽底十二 薩婆婆毗輸底十三 摩訶那耶十四 波唎婆隸莎訶十五
爾時復有九十九俱胝佛一時同聲說是无量壽宗要經陁羅尼曰
南謨薄伽勃底一 阿波唎蜜多二 阿諭紇硯那三 須毗你悉指陁四 囉佐耶五 怛他羯他耶六 怛姪他七 薩婆桑悉迦羅八
波唎輸底九 達磨底十 伽伽那十一 莎訶某特伽底十二 薩婆婆毗輸底十三 摩訶那耶十四 波唎婆隸莎訶十五
爾時復有一百四俱胝佛一時同聲說是无量壽宗要經陁羅尼曰
南謨薄伽勃底一 阿波唎蜜多二 阿諭紇硯那三 須毗你悉指陁四 囉佐耶五 怛他羯他耶六 怛姪他七 薩婆桑悉迦羅八
波唎輸底九 達磨底十 伽伽那十一 莎訶某特伽底十二 薩婆婆毗輸底十三 摩訶那耶十四 波唎婆隸莎訶十五
爾時復有七俱胝佛一時同聲說是无量壽宗要經陁羅尼曰
南謨薄伽勃底一 阿波唎蜜多二 阿諭紇硯那三 須毗你悉指陁四 囉佐耶五 怛他羯他耶六 怛姪他七 薩婆桑悉迦羅八
波唎輸底九 達磨底十 伽伽那十一 莎訶某特伽底十二 薩婆婆毗輸底十三 摩訶那耶十四 波唎婆隸莎訶十五
爾時復有六十五俱胝佛一時同聲說是无量壽宗要經陁羅尼曰
南謨薄伽勃底一 阿波唎蜜多二 阿諭紇硯那三 須毗你悉指陁四 囉佐耶五 怛他羯他耶六 怛姪他七 薩婆桑悉迦羅八
波唎輸底九 達磨底十 伽伽那十一 莎訶某特伽底十二 薩婆婆毗輸底十三 摩訶那耶十四 波唎婆隸莎訶十五
爾時復有五十五俱胝佛一時同聲說是无量壽宗要經陁羅尼曰
南謨薄伽勃底一 阿波唎蜜多二 阿諭紇硯那三 須毗你悉指陁四 囉佐耶五 怛他羯他耶六 怛姪他七 薩婆桑悉迦羅八
波唎輸底九 達磨底十 伽伽那十一 莎訶某特伽底十二 薩婆婆毗輸底十三 摩訶那耶十四 波唎婆隸莎訶十五
爾時復有四十五俱胝佛一時同聲說是无量壽宗要經陁羅尼曰
南謨薄伽勃底一 阿波唎蜜多二 阿諭紇硯那三 須毗你悉指陁四 囉佐耶五 怛他羯他耶六 怛姪他七 薩婆桑悉迦羅八
[illegible] 伽伽那十一 莎訶某特伽底十二 薩婆婆毗輸底十三 摩訶那耶十四 波唎婆隸莎訶十五
[illegible]三十五俱胝佛一時同聲說是无量壽宗要經陁羅尼曰
[illegible]阿波唎蜜多二 阿諭紇硯那三 須毗你悉指陁四 囉佐耶五 怛他羯他耶六 怛姪他七 薩婆
[illegible]莎訶某特伽底十二 薩婆婆毗輸底十三 摩訶那耶十四 波唎婆
爾時復有二十五俱胝佛一時同聲說是无量壽宗要經陁羅尼曰
南謨薄伽勃底一 阿波唎蜜多二 阿諭紇硯那三 須毗你悉指陁四 囉佐耶五 怛他羯他耶六 怛姪他七 薩婆
薩婆桑悉迦羅八 波唎輸底九 達磨底十 伽伽那十一 莎訶某特伽底十二 薩婆婆毗輸底十三 摩訶那耶十四 波唎婆隸
莎訶十五　爾時復有恒河沙俱胝佛一時同聲說是无量壽宗要經陁羅尼曰
南謨薄伽勃底一 阿波唎蜜多二 阿諭紇硯那三 須毗你悉指陁四 囉佐耶五 怛他羯他耶六 怛姪他七 薩婆桑悉迦
羅八 波唎輸底九 達磨底十 伽伽那十一 莎訶某特伽底十二 薩婆婆毗輸底十三 摩訶那耶十四 波唎婆隸莎訶十五
善男子若有自書寫教人書寫是无量壽宗要經如其命盡復得長壽而滿百年陁羅尼曰
南謨薄伽勃底一 阿波唎蜜多二 阿諭紇硯那三 須毗你悉指陁四 囉佐耶五 怛他羯他耶六 怛姪他七 薩婆桑悉迦羅
波唎輸底九 達磨底十 伽伽那十一 莎訶某特伽底十二 薩婆婆毗輸底十三 摩訶那耶十四 波唎婆隸莎訶十五
若有自書寫教人書寫是无量壽宗要經受持讀誦畢竟不墮地獄在在所生得宿命智陁羅
南謨薄伽勃底一 阿波唎蜜多二 阿諭紇硯那三 須毗你悉指陁四 囉佐耶五 怛他羯他耶六 怛姪他七 薩

BD05701 號　無量壽宗要經　（6–2）

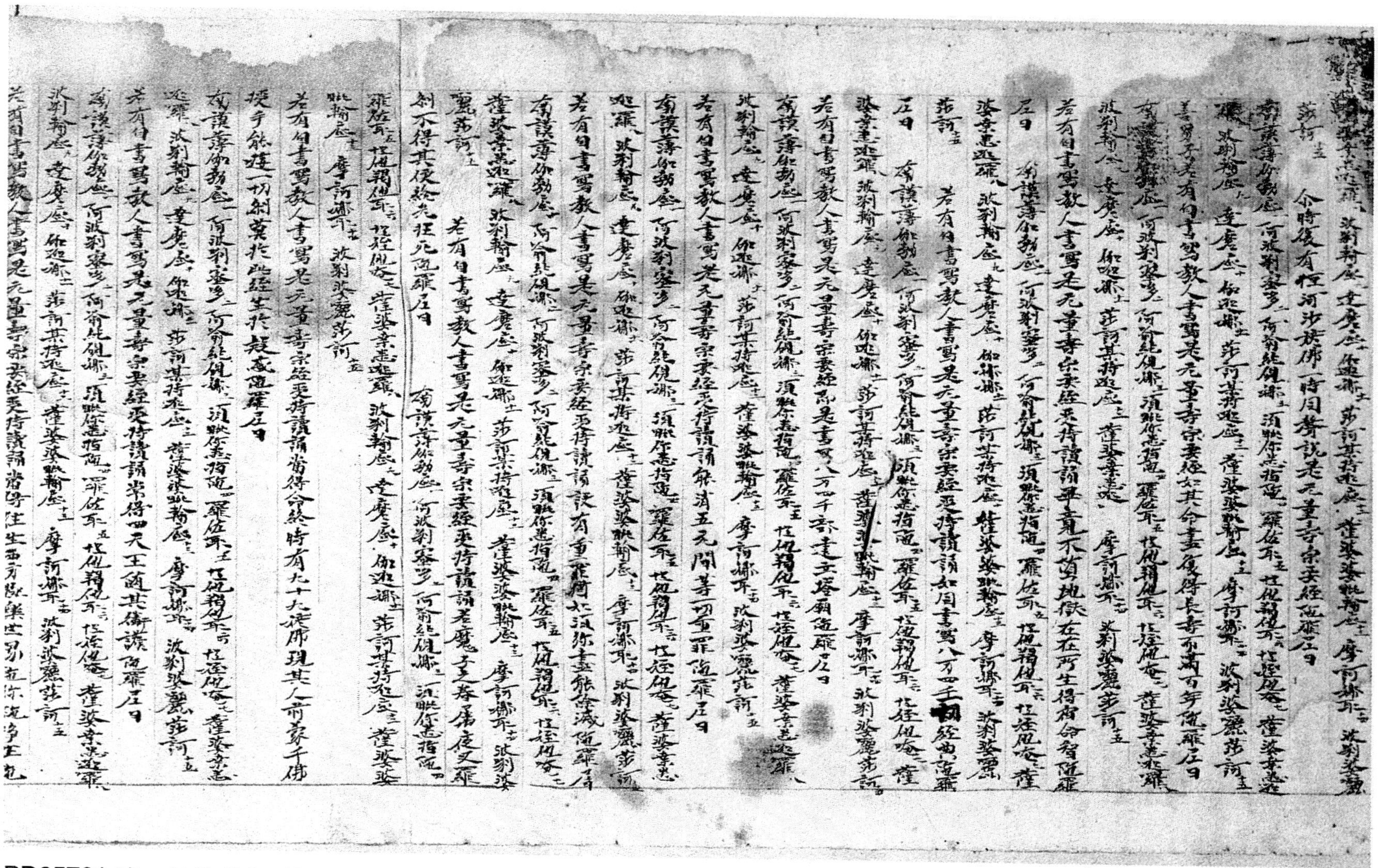
……悉迦羅 波唎輸底 達摩底 伽迦那 莎訶某持迦底 薩婆婆毗輸底 摩訶娜耶 波唎婆麗
莎訶　爾時復有恒河沙拘胝佛一時同聲說是無量壽宗要經陁羅尼曰
南謨薄伽勃底 阿波唎蜜多 阿喻紇硯那 須毗你悉指陁 囉佐耶 怛他羯他耶 怛姪他 唵 薩婆桑悉迦
羅 波唎輸底 達摩底 伽迦那 莎訶某持迦底 薩婆婆毗輸底 摩訶娜耶 波唎婆麗 莎訶
善男子若有自書寫教人書寫是無量壽宗要經如其命盡復得長壽而滿百年陁羅尼曰
南謨薄伽勃底 阿波唎蜜多 阿喻紇硯那 須毗你悉指陁 囉佐耶 怛他羯他耶 怛姪他 唵 薩婆桑悉迦羅
波唎輸底 達摩底 伽迦那 莎訶某持迦底 薩婆婆毗輸底 摩訶娜耶 波唎婆麗 莎訶
若有自書寫教人書寫是無量壽宗要經受持讀誦畢竟不墮地獄在在所生得宿命智陁羅
尼曰　南謨薄伽勃底 阿波唎蜜多 阿喻紇硯那 須毗你悉指陁 囉佐耶 怛他羯他耶 怛姪他 唵 薩
婆桑悉迦羅 波唎輸底 達摩底 伽迦那 莎訶某持迦底 薩婆婆毗輸底 摩訶娜耶 波唎婆麗
莎訶　若有自書寫教人書寫是無量壽宗要經受持讀誦如同書寫八万四千部經典陁羅
尼曰　南謨薄伽勃底 阿波唎蜜多 阿喻紇硯那 須毗你悉指陁 囉佐耶 怛他羯他耶 怛姪他 唵 薩
婆桑悉迦羅 波唎輸底 達摩底 伽迦那 莎訶某持迦底 薩婆婆毗輸底 摩訶娜耶 波唎婆麗 莎訶
若有自書寫教人書寫是無量壽宗要經即是書寫八万四千部建立塔廟陁羅尼曰
南謨薄伽勃底 阿波唎蜜多 阿喻紇硯那 須毗你悉指陁 囉佐耶 怛他羯他耶 怛姪他 唵 薩婆桑悉迦羅
波唎輸底 達摩底 伽迦那 莎訶某持迦底 薩婆婆毗輸底 摩訶娜耶 波唎婆麗 莎訶
若有自書寫教人書寫是無量壽宗要經受持讀誦能消五無間等一切重罪陁羅尼曰
南謨薄伽勃底 阿波唎蜜多 阿喻紇硯那 須毗你悉指陁 囉佐耶 怛他羯他耶 怛姪他 唵 薩婆桑悉
迦羅 波唎輸底 達摩底 伽迦那 莎訶某持迦底 薩婆婆毗輸底 摩訶娜耶 波唎婆麗 莎訶
若有自書寫教人書寫是無量壽宗要經受持讀誦設有重罪猶如須彌盡能除滅陁羅尼曰
南謨薄伽勃底 阿喻紇硯那 阿波唎蜜多 阿喻紇硯那 須毗你悉指陁 囉佐耶 怛他羯他耶 怛姪他 唵
薩婆桑悉迦羅 波唎輸底 達摩底 伽迦那 莎訶某持迦底 薩婆婆毗輸底 摩訶娜耶 波唎婆
麗莎訶　若有自書寫教人書寫是無量壽宗要經受持讀誦若魔之眷屬夜叉羅
剎不得其便終无狂死陁羅尼曰　南謨薄伽勃底 阿波唎蜜多 阿喻紇硯那 須毗你悉指陁
囉佐耶 怛他羯他耶 怛姪他 唵 薩婆桑悉迦羅 波唎輸底 達摩底 伽迦那 莎訶某持迦底 薩婆婆
毗輸底 摩訶娜耶 波唎婆麗 莎訶
若有自書寫教人書寫是無量壽宗要經受持讀誦當得命終時有九十九俱胝佛現其人前蒙千佛
授手能遮一切剎莫於此經生於疑惑陁羅尼曰
南謨薄伽勃底 阿波唎蜜多 阿喻紇硯那 須毗你悉指陁 囉佐耶 怛他羯他耶 怛姪他 唵 薩婆桑悉
迦羅 波唎輸底 達摩底 伽迦那 莎訶某持迦底 薩婆婆毗輸底 摩訶娜耶 波唎婆麗 莎訶
若有自書寫教人書寫是無量壽宗要經受持讀誦常得四天王隨其衛護陁羅尼曰
南謨薄伽勃底 阿波唎蜜多 阿喻紇硯那 須毗你悉指陁 囉佐耶 怛他羯他耶 怛姪他 唵 薩婆桑悉迦羅
波唎輸底 達摩底 伽迦那 莎訶某持迦底 薩婆婆毗輸底 摩訶娜耶 波唎婆麗 莎訶
若有自書寫教人書寫是無量壽宗要經受持讀誦當得往生西方極樂世界阿彌陁淨土陁

BD05701 號　無量壽宗要經

（6–3）

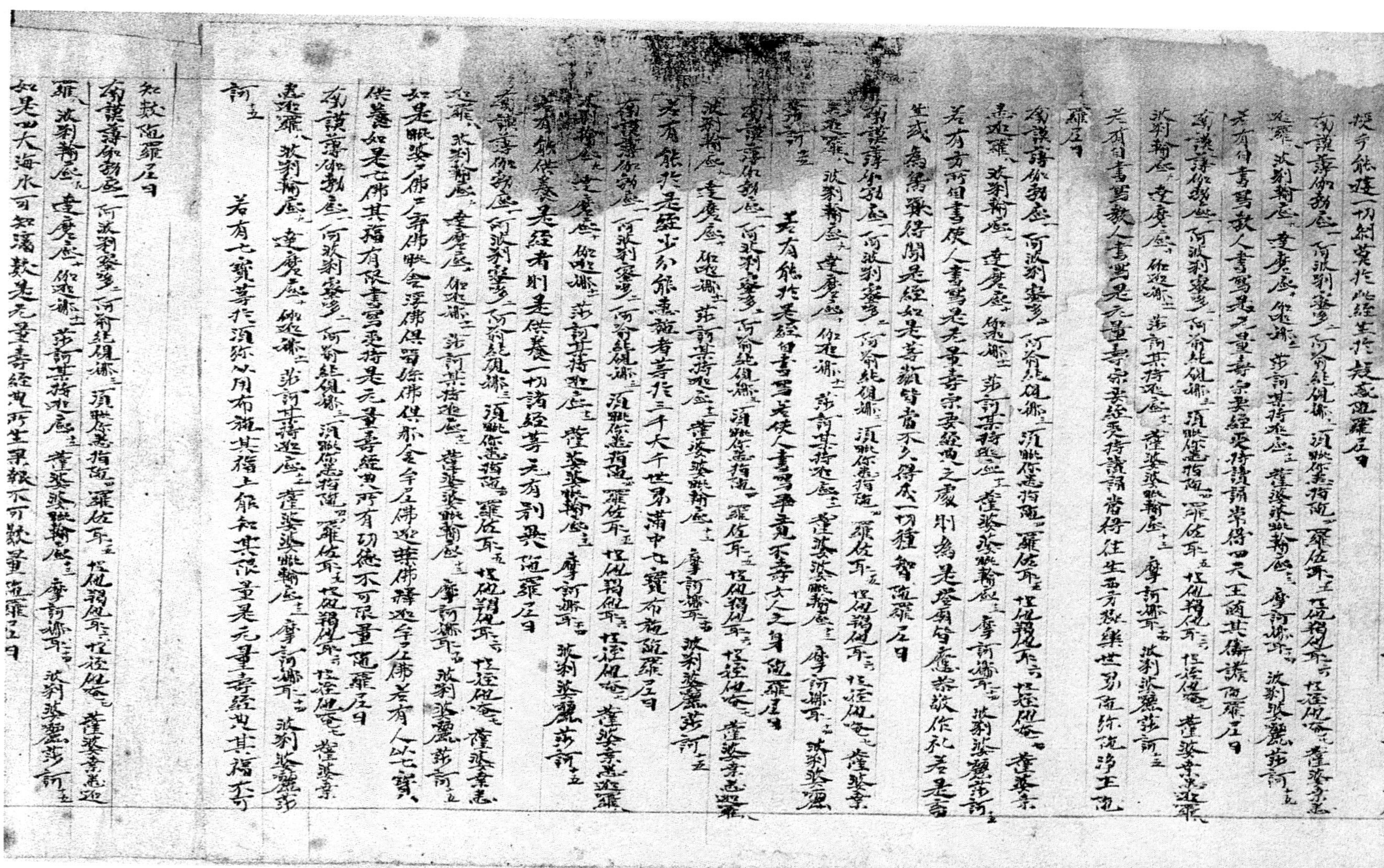
授手能遮一切剎莫於此經生於疑惑陁羅尼曰
南謨薄伽勃底 阿波唎蜜多 阿喻紇硯那 須毗你悉指陁 囉佐耶 怛他羯他耶 怛姪他 唵 薩婆桑悉
迦羅 波唎輸底 達摩底 伽迦那 莎訶某持迦底 薩婆婆毗輸底 摩訶娜耶 波唎婆麗 莎訶
若有自書寫教人書寫是無量壽宗要經受持讀誦常得四天王隨其衛護陁羅尼曰
南謨薄伽勃底 阿波唎蜜多 阿喻紇硯那 須毗你悉指陁 囉佐耶 怛他羯他耶 怛姪他 唵 薩婆桑悉迦羅
波唎輸底 達摩底 伽迦那 莎訶某持迦底 薩婆婆毗輸底 摩訶娜耶 波唎婆麗 莎訶
若有自書寫教人書寫是無量壽宗要經受持讀誦當得往生西方極樂世界阿彌陁淨土陁
羅尼曰
南謨薄伽勃底 阿波唎蜜多 阿喻紇硯那 須毗你悉指陁 囉佐耶 怛他羯他耶 怛姪他 唵 薩婆桑
悉迦羅 波唎輸底 達摩底 伽迦那 莎訶某持迦底 薩婆婆毗輸底 摩訶娜耶 波唎婆麗 莎訶
若有方所自書使人書寫是無量壽宗要經典之處則為是塔廟皆應恭敬作禮若是畜
生或為鳥獸得聞是經如是等類皆當不久得成一切種智陁羅尼曰
南謨薄伽勃底 阿波唎蜜多 阿喻紇硯那 須毗你悉指陁 囉佐耶 怛他羯他耶 怛姪他 唵 薩婆桑
悉迦羅 波唎輸底 達摩底 伽迦那 莎訶某持迦底 薩婆婆毗輸底 摩訶娜耶 波唎婆麗
莎訶　若有能於是經自書寫若使人書寫畢竟不受女人之身陁羅尼曰
南謨薄伽勃底 阿波唎蜜多 阿喻紇硯那 須毗你悉指陁 囉佐耶 怛他羯他耶 怛姪他 唵 薩婆桑悉迦羅
波唎輸底 達摩底 伽迦那 莎訶某持迦底 薩婆婆毗輸底 摩訶娜耶 波唎婆麗 莎訶
若有能於是經少分能惠施者等於三千大千世界滿中七寶布施陁羅尼曰
南謨薄伽勃底 阿波唎蜜多 阿喻紇硯那 須毗你悉指陁 囉佐耶 怛他羯他耶 怛姪他 唵 薩婆桑悉迦羅
波唎輸底 達摩底 伽迦那 莎訶某持迦底 薩婆婆毗輸底 摩訶娜耶 波唎婆麗 莎訶
若有能供養是經者則是供養一切諸經等无有別異陁羅尼曰
南謨薄伽勃底 阿波唎蜜多 阿喻紇硯那 須毗你悉指陁 囉佐耶 怛他羯他耶 怛姪他 唵 薩婆桑悉
迦羅 波唎輸底 達摩底 伽迦那 莎訶某持迦底 薩婆婆毗輸底 摩訶娜耶 波唎婆麗 莎訶
如是毗婆尸佛尸棄佛毗舍浮佛俱留孫佛俱那含牟尼佛迦葉佛釋迦牟尼佛若有人以七寶
供養如是七佛其福有限書寫受持是無量壽經典所有功德不可限量陁羅尼曰
南謨薄伽勃底 阿波唎蜜多 阿喻紇硯那 須毗你悉指陁 囉佐耶 怛他羯他耶 怛姪他 唵 薩婆桑
悉迦羅 波唎輸底 達摩底 伽迦那 莎訶某持迦底 薩婆婆毗輸底 摩訶娜耶 波唎婆麗 莎
訶　若有七寶等於須彌以用布施其福上能知其限量是無量壽經典其福不可
知數陁羅尼曰
南謨薄伽勃底 阿波唎蜜多 阿喻紇硯那 須毗你悉指陁 囉佐耶 怛他羯他耶 怛姪他 唵 薩婆桑悉迦
羅 波唎輸底 達摩底 伽迦那 莎訶某持迦底 薩婆婆毗輸底 摩訶娜耶 波唎婆麗 莎訶
如是四大海水可知滴數是無量壽經典所生果報不可數量陁羅尼曰

BD05701 號　無量壽宗要經

（6–4）

訶五

若有七寶等於須弥山用布施，其福上能知其限量，是无量壽經典其福不可

知數。陁羅尼曰

南謨薄伽勃底一 阿波唎蜜多二 阿喻紇硯那三 須毗你悉指陁四 羅佐耶五 怛他羯他耶六 怛侄他七 薩婆桑悉迦羅八 波唎輸底九 達摩底十 伽迦那十一 莎訶某捋迦底十二 薩婆婆毗輸底十三 摩訶那耶十四 波唎婆羅莎訶十五

如是四大海水可知滴數，是无量壽經典所生果報不可數量。陁羅尼曰

南謨薄伽勃底一 阿波唎蜜多二 阿喻紇硯那三 須毗你悉指陁四 羅佐耶五 怛他羯他耶六 怛侄他耶七 薩婆桑悉迦羅八 波唎輸底九 達摩底十 伽迦那十一 莎訶某捋迦底十二 薩婆婆毗輸底十三 摩訶那耶十四 波唎婆羅莎訶十五

若有自書、使人書寫是无量壽經典，及能讃持供養尊重如恭敬一切十方佛土如来无有別異。陁羅尼曰

南謨薄伽勃底一 阿波唎蜜多二 阿喻紇硯那三 須毗你悉指陁四 羅佐耶五 怛他羯他耶六 怛侄他七 薩婆桑悉迦羅八 波唎輸底九 達摩底十 伽迦那十一 莎訶某捋迦底十二 薩婆婆毗輸底十三 摩訶那耶十四 波唎婆羅莎訶十五

布施力能成正覺　悟布施力人師子　布施力能聲普聞　慈悲皆漸嘆能入

持戒力能成正覺　悟持戒力人師子　持戒力能聲普聞　慈悲皆漸嘆能入

忍辱力能成正覺　悟忍辱力人師子　忍辱力能聲普聞　慈悲皆漸嘆能入

精進力能成正覺　悟精進力人師子　精進力能聲普聞　慈悲皆漸嘆能入

禪定力能成正覺　悟禪定力人師子　禪定力能聲普聞　慈悲皆漸嘆能入

智慧力能成正覺　智慧力人師子　智慧力能聲普聞　慈悲皆漸嘆能入

尒時如来說是經，一切世間天人阿脩羅揵闥婆等，聞佛所說，皆大歡喜，信受奉行

佛說无量壽宗要經

俞星光寫

BD05701號　無量壽宗要經　（6–5）

耶五 怛他羯他耶六 怛侄他七 薩婆桑悉迦羅八 波唎輸底九 達摩底十 伽迦那十一 莎訶某捋迦底十二 薩婆婆毗輸底十三 摩訶那耶十四 波唎婆羅莎訶十五

布施力能成正覺　悟布施力人師子　布施力能聲普聞　慈悲皆漸嘆能入

持戒力能成正覺　悟持戒力人師子　持戒力能聲普聞　慈悲皆漸嘆能入

忍辱力能成正覺　悟忍辱力人師子　忍辱力能聲普聞　慈悲皆漸嘆能入

精進力能成正覺　悟精進力人師子　精進力能聲普聞　慈悲皆漸嘆能入

禪定力能成正覺　悟禪定力人師子　禪定力能聲普聞　慈悲皆漸嘆能入

智慧力能成正覺　智慧力人師子　智慧力能聲普聞　慈悲皆漸嘆能入

尒時如来說是經，一切世間天人阿脩羅揵闥婆等，聞佛所說，皆大歡喜，信受奉行

佛說无量壽宗要經

俞星光寫

BD05701號　無量壽宗要經　（6–6）

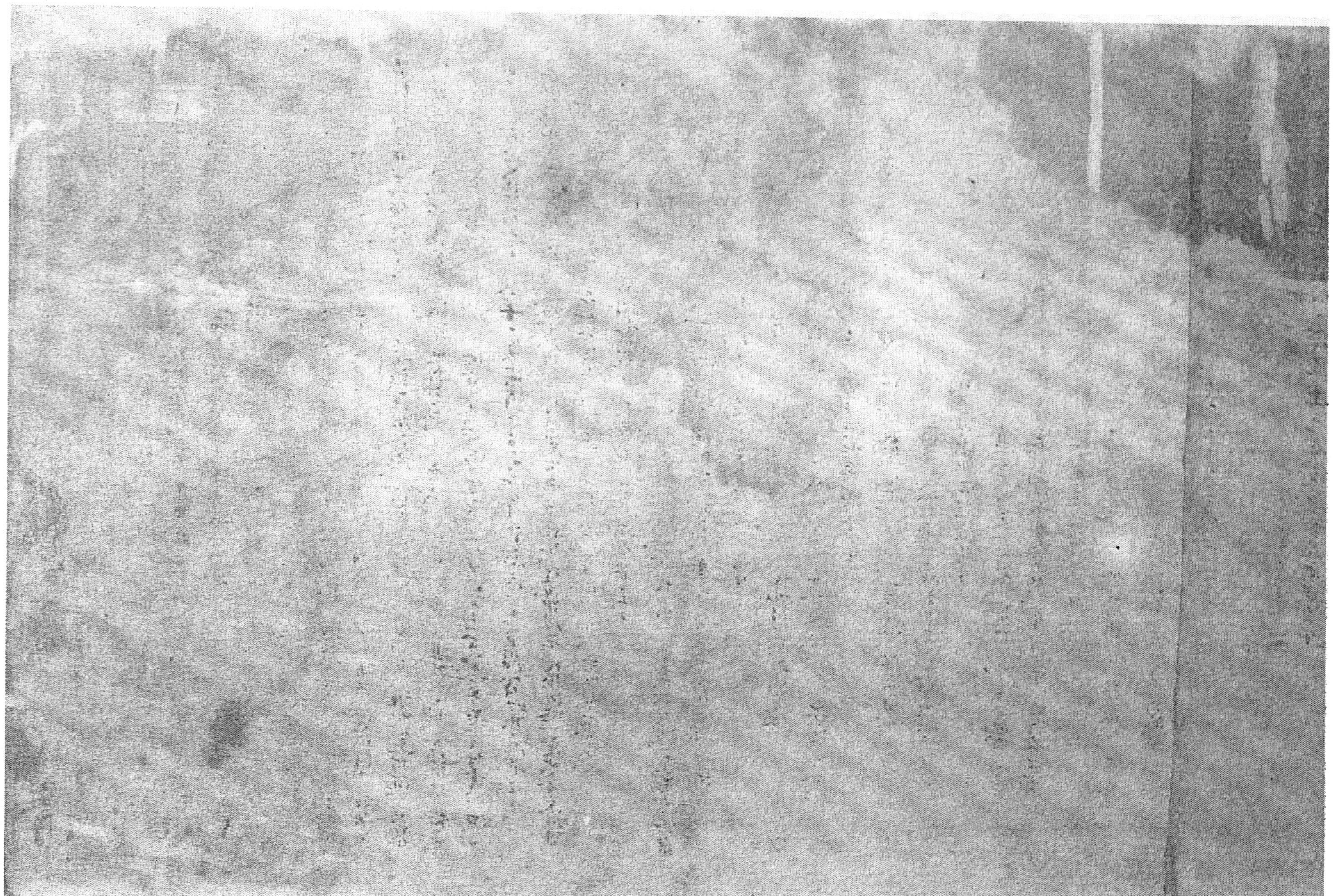

BD05701 號背　勘記

(1–1)

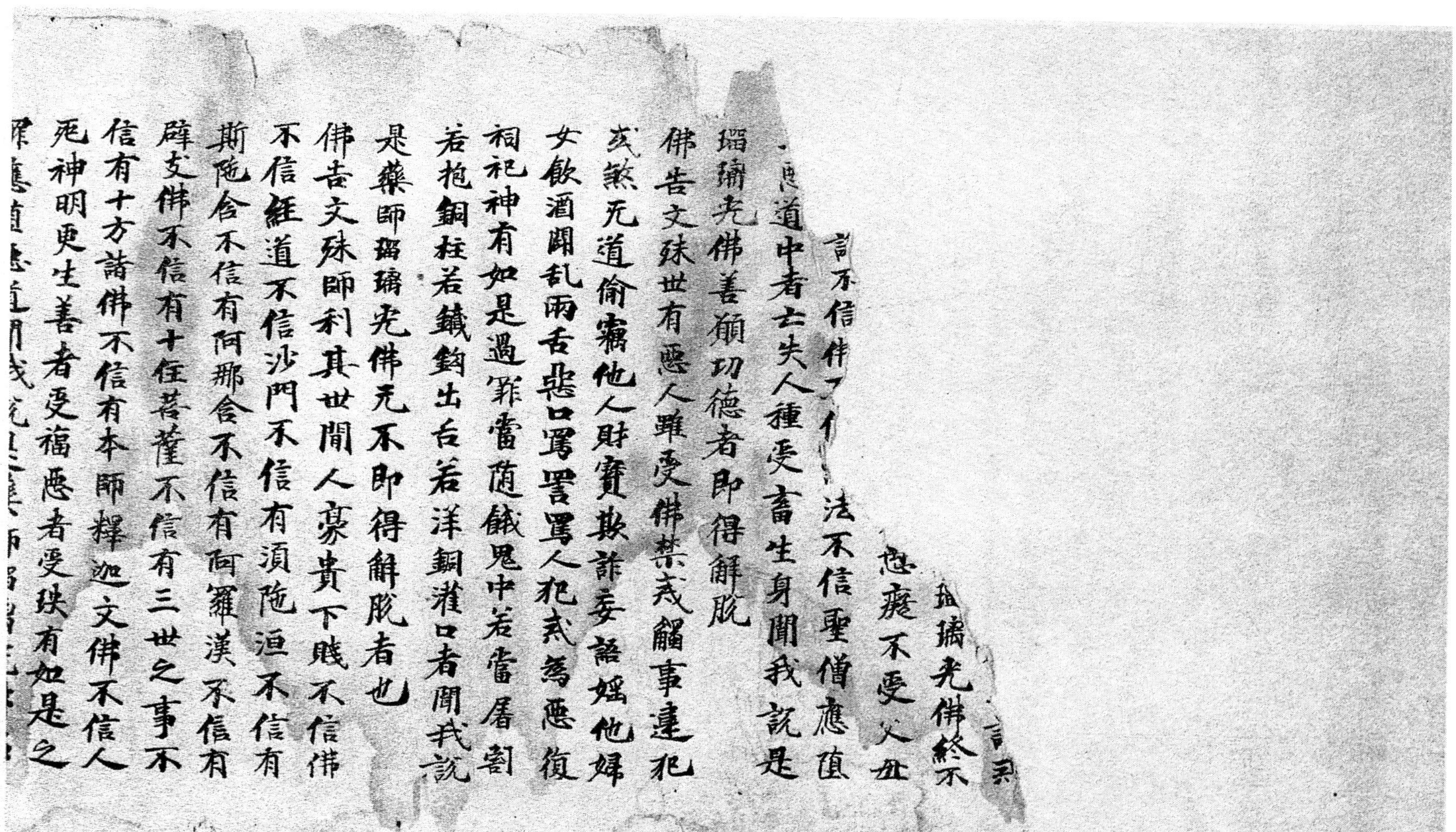

[illegible]
瑠璃光佛終不
…惡癡不受父母
言不信佛…法不信聖僧應墮
…惡道中者亡失人種受畜生身聞我說是
瑠璃光佛善願功德者即得解脫
佛告文殊世有惡人雖受佛禁戒觸事違犯
戒殺无道偷竊他人財寶欺詐妄語婬他婦
女飲酒鬪乱兩舌惡口罵詈罵人犯戒為惡復
祠祀神有如是過罪當隨餓鬼中若當屠割
若抱銅柱若鐵鉤出舌若洋銅灌口者聞我說
是藥師瑠璃光佛无不即得解脫者也
佛告文殊師利其世間人豪貴下賤不信佛
不信經道不信沙門不信有須陁洹不信有
斯陁含不信有阿那含不信有阿羅漢不信有
辟支佛不信有十住菩薩不信有三世之事不
信有十方諸佛不信有本師釋迦文佛不信人
死神明更生善者受福惡者受殃有如是之
[illegible]

BD05702 號　灌頂章句拔除過罪生死得度經

(9–1)

佛告文殊師利其世間人豪貴下賤不信佛
不信經道不信沙門不信有須陁洹不信有
斯陁含不信有阿那含不信有阿羅漢不信有
辟支佛不信有十住菩薩不信有三世之事不
信有十方諸佛不信有本師釋迦文佛不信人
死神明更生善者受福惡者受殃有如是之
罪應墮惡道聞我說是藥師瑠璃光佛名
字之時一切過罪自然消滅
佛告文殊若有善男子善女人聞我說是藥
師瑠璃光佛至真等正覺其誰不發无上正
真道意後皆當得作佛人居世間仕官不遷治
生不得飢寒困厄亡失財產无復方計聞
我說藥師瑠璃光佛各各得心中所願仕官
皆得高遷財物自然長益飲食充饒皆得
富貴若為縣官所拘錄惡人侵枉若為怨家
所得便者心當存念瑠璃光佛若他婦女產
生難者皆當念是瑠璃光佛兒則易生身體
平正无諸疾痛六情完具聰明智慧壽命得
長不遭枉橫善神擁護不為惡鬼觝其頭也
佛說是語時阿難在右邊佛顧語阿難言汝信
我為文殊師利說往昔東方過十恒沙有佛
名藥師瑠璃光本願功德者不阿難白佛言惟
天中天佛之所言何敢不信耶佛復語阿難言
世間人雖有眼耳鼻舌身意人常用是六事
以自迷惑但信世間魔耶之言不信至真至
誠度世苦切之語如是人輩難可開化阿難

名藥師瑠璃光本願功德者不阿難白佛言惟
天中佛之所言何敢不信耶佛復語阿難言
世間人雖有眼耳鼻舌身意人常用是六事
以自迷惑但信世間魔耶之言不信至真至
誠度世苦切之語如是人輩難可開化阿難
白佛言世尊世人多有惡逆下賤之者若聞
佛說經聞人耳目破治人病除人陰冥使覩
光明解人疑結去人重罪千劫万劫无復憂
患皆回佛說是藥師瑠璃光本願功德悉令
安隱得其福也
佛言阿難汝口為言善而汝內心私疑我言阿
難汝莫作是念以自毀敗佛言阿難我見汝
心我知汝意汝知之不阿難即以頭面著地
長跪白佛言審如天中天所說我適次聞佛說
是藥師瑠璃光據大尊貴智慧巍巍難可度
量我心有小疑耳敢不首伏佛言汝智慧夾劣
少見少聞汝聞我說深妙之法无上空義應生
信敬貴重之心當得至无上正真道也
文殊問佛言世尊佛說是藥師瑠璃光如來无
量功德如是不審誰肯信此言者佛答文殊
言唯有百億諸菩薩摩訶薩當信是言耳
唯有十方三世諸佛當信是言
佛言我說是藥師瑠璃光如來本願功德難
得見何況得聞亦難得說難得書寫亦難得
讀文殊師利若有善男子善女人能信是經受

量切德如是不審誰肯信此言者佛荅文殊
言唯有百億諸菩薩摩訶薩當信是言耳
唯有十方三世諸佛當信是言
佛言我說是藥師瑠璃光如來本願功德難
得見何况得聞亦難得說難得書寫亦難得
讀文殊師利若有善男子善女人能信是經受
持讀誦書寫竹帛復能爲他人解說中義此
皆先世以發道意令復得聞此微妙法開化
十方无量衆生當知此人必當得至无上正
真道也
佛告阿難我作佛以來從生死復至生死懃
苦累劫无所不逕无所不歷无所不作无所不
爲如是不可思議况復藥師瑠璃光佛本願
功德者于汝所以有疑者亦復如是阿難汝
聞佛說汝諦信之莫作疑惑佛言至誠无
有虚爲亦无二言佛言爲信者施不爲疑者
說阿難汝莫作小疑以毀大乘之業汝却後
亦當發摩訶衍心莫以小道毀汝功德也阿難
言唯天中天我從今日以去无復尔心唯佛自
當知我心耳
佛語阿難是經能照諸天宮殿若三災起時
中有天人發心念此瑠璃光佛本願功德經者
皆得離於彼處之難是經能除水涸不調是
經能除他方逆賊悲令消滅四方夷狄欲還
正治不相嬈惱國土大通人民歡喜是經
能除穀貴飢饉是經能滅惡星變怪是經能

佛語阿難是經能照諸天宮殿若三災起時
中有天人發心念此瑠璃光佛本願功德經者
皆得離於彼處之難是經能除水涸不調是
經能除他方逆賊悲令消滅四方夷狄欲還
正治不相嬈惱國土大通人民歡喜是經
能除穀貴飢饉是經能滅惡星變怪是經能
除疫毒之病是經能救三惡道苦地獄餓鬼
畜生等苦若人得聞此經典者无不解脫厄
難者也
尒時衆中有一菩薩名曰救脫從坐而起整
衣服叉手合掌而白佛言我等今者聞佛世
尊演說東方過十恒沙世界有佛号瑠璃光
一切衆會靡不歡喜救脫菩薩又白佛言若
族姓男女其有危厄羸著牀痛惱无救護者我
今當勸呼諸衆僧七日七夜齋戒一心受持八
禁六時行道卌九遍讀是經典勸然七層之
燈亦勸懸五色續命神幡阿難問救脫菩薩
言續命幡燈法則云何救脫菩薩語阿難言神
幡五色卌九尺燈亦復尔七層之燈一層七
燈燈如車輪形若遭厄難閉在牢獄枷鏁
著身亦應造立五色神幡然卌九燈應放雜
類衆生至卌九乃可得度危厄之難不爲諸
橫惡鬼所持
救脫菩薩語阿難言若天王大臣及諸輔相王
子妃主中宮婇女若爲病苦所惱亦當造立
五色續幡然燈續明救諸生命散雜色華燒
衆名香[illegible]

類衆生至卅九乃可得度危厄之難不爲諸
横惡鬼所持
救脱菩薩語阿難言若天王大臣及諸輔相王
子妃主中宮婇女若爲病苦所惱亦當造立
五色續幡然燈續明放諸生命散雜色華燒
衆名香王當放赦囚危厄之人徒隷解脱王得其
福天下太平雨澤以時人民歡喜惡龍攝毒
无病苦者四方夷狄不生逆害國王通洞慈
心相向无諸惡害四海歌詠稱王之德秉此福
禄在意所生見佛聞法信受教誨從是福報
至无上道
阿難又問救脱菩薩言命可續也救脱菩薩答
阿難言我聞世尊説有諸横勸造幡蓋令其
脩福又言阿難昔沙弥救蟻以脩福故盡其
壽命不更苦患身體安寧福德力强使之
然也阿難復問救脱菩薩言横有幾種世尊
説言横乃无數略而説之大横有九一者横病
二者横有口舌三者横遭縣官四者身羸无福
又持戒不完横爲鬼神之所得便五者横爲
劫賊之所剥脱六者横爲水火焚漂七者横爲
雜類禽獸所噉八者横爲怨讎符書厭禱耶
神牽引未得其福但受其殃先亡牽引亦名
横死九者有病不治又不脩福湯藥不慎針
灸失度不值良醫爲病所困於是滅亡又信
世間妖孽之師爲作恐動寒熱言語妄發禍
福所犯者多心不自正不能自定卜問覔禍

雜類禽獸所噉八者横爲怨讎符書厭禱耶
神牽引未得其福但受其殃先亡牽引亦名
横死九者有病不治又不脩福湯藥不慎針
灸失度不值良醫爲病所困於是滅亡又信
世間妖孽之師爲作恐動寒熱言語妄發禍
福所犯者多心不自正不能自定卜問覔禍祟
豬狗牛羊種種衆生解奏神明呼諸耶妖魍魎
鬼神請乞福祐欲妄長生終不能得愚癡
迷惑信耶到見死入地獄展轉其中无解脱時
是名九横也
救脱菩薩語阿難言其世間人瘦黄之病困
篤著牀求生不得求死不得考楚万端此病
人者或其前世造作惡業罪過所招殃咎所致
故使然也救脱菩薩語阿難言閻羅王者主
領世間名籍之記若人爲惡作諸非法无孝順
心造作五逆破滅三寶无君臣法又有衆生不
持五戒不信正法設有受者多所毀犯於是
地下鬼神及伺候者奏上五官五官料簡除死
定生或注錄精神未判是非若已定者奏上
閻羅閻羅監察隨罪輕重考而治之世間
瘦黄之病困篤不死一絶一生由其罪福未得
料簡錄其精神在彼王所或七日五日三七日乃
至七七日名籍定者放其精神還其身中如
從夢中見其善惡其人若明了者信驗罪
福是故吾今勸諸四輩造續命神幡然卌九
燈放生功命以此幡燈放生功德拔彼精神令

瘦黄之病困篤不死一絕一生由其罪福未得
料簡録其精神在彼王所或七日五日三七日乃
至七七日名籍定者放其精神還其身中如
從夢中見其善惡其人若明了者信驗罪
福是故吾今勸諸四輩造續命神幡然卌九
燈放生功命以此幡燈放生功德拔彼精神令
得度苦今世後世不遭厄難救脫菩薩語阿
難言如來世尊說是經典威神功德利益不
少坐中諸鬼神有十二神王從坐而起往到佛
所胡跪合掌而白佛言我等十二鬼神在所住
處若城邑聚落空閑林中若四輩弟子誦持
此經令所結願无求不得阿難問言其名云何
為我說之救脫菩薩言灌頂章句其名如
是也
神名金毗羅　神名和耆羅　神名安陁羅　神名摩尼羅
神名宋林羅　神名祢祛羅　神名婆耶羅　神名摩休羅
神名因持羅　神名真陁羅　神名照頭羅　神名毗伽羅
救脫菩薩語阿難言此諸鬼神別有七千以為
眷屬皆悉叉手低頭聽佛世尊說是藥師瑠璃
光如來本願功德莫不一時捨鬼神形得受人
身長得度脫无衆惱患若人疾急厄難之
日當以五色縷結其名字得如願已然後解
結令人得福灌頂章句法應如是
佛說是經時比丘僧八千人諸菩薩三万六千
人俱諸天龍鬼神八部大王无不歡喜阿難
從坐而起前白佛言世尊當說此經當何名

BD05702號　灌頂章句拔除過罪生死得度經

（9–8）

神名因持羅　神名真陁羅　神名照頭羅　神名毗伽羅
救脫菩薩語阿難言此諸鬼神別有七千以為
眷屬皆悉叉手低頭聽佛世尊說是藥師瑠璃
光如來本願功德莫不一時捨鬼神形得受人
身長得度脫无衆惱患若人疾急厄難之
日當以五色縷結其名字得如願已然後解
結令人得福灌頂章句法應如是
佛說是經時比丘僧八千人諸菩薩三万六千
人俱諸天龍鬼神八部大王无不歡喜阿難
從坐而起前白佛言世尊當說此經當何名
之佛言此經凡有三名一名藥師瑠璃光如來本
願功德二名灌頂章句十二神王結願神呪三名
拔除過罪生死得度經佛說經竟大衆人民作
礼奉行

藥師瑠璃光經一卷

BD05702號　灌頂章句拔除過罪生死得度經

（9–9）

過无量无數百千万億那庾多劫已於金光
明世界當成阿耨多羅三藐三菩提号金寶
山王如来應正遍知明行足善逝世間解无
上士調御丈夫天人師佛世尊[illegible]測於世
時此如来般涅槃後所有教法亦皆滅盡時
彼長子名曰銀幢即於此界次補佛處世界
尒時轉名淨幢當得作佛名曰金幢光如来
應正遍知明行足善逝世間解無上士調御
丈夫天人師佛世尊時此如来般涅槃後所
有教法亦皆滅盡次子銀光即補佛處還於
此界當得作佛号曰金光明如来應正遍知
明行足善逝世間解無上士調御丈夫天人
師佛世尊是時十千天子聞三大士得授記
已復聞如是冣勝王經心生歡喜清淨無垢
猶如虗空尒時如来知是十千天子善根成
熟即便與授大菩提記汝等天子於當来世

BD05703號　金光明最勝王經卷九　（5–1）

明行足善逝世間解無上士調御丈夫天人
師佛世尊是時十千天子聞三大士得授記
已復聞如是冣勝王經心生歡喜清淨無垢
猶如虗空尒時如来知是十千天子善根成
熟即便與授大菩提記汝等天子於當来世
過无量无數百千万億那庾多劫於冣勝因
陁羅高幢世界得成阿耨多羅三藐三菩提
同一種姓又同一名号曰面目清淨優鉢羅
香山十号具足如是次第十千諸佛出現於
世尒時菩提樹神白佛言世尊是十千天子
從三十三天為聽法故来詣佛所云何如来
便與授記當得成佛世尊我未曾聞是諸天
子具足修習六波羅蜜多難行苦行捨於手
足頭目髓腦眷屬妻子象馬車乘奴婢僕使
宮殿園林金銀琉璃車𤦲馬瑙珊瑚虎魄璧
玉珂貝飲食衣服卧具醫藥如餘無量百千
菩薩以諸供具供養過去無數百千万億那
庾多佛如是菩薩各經无量无邊劫數然後
方得授菩提記世尊是諸天子以何因緣脩
何勝行種何善根從彼天来蹔時聞法便得
受記唯願世尊為我解說斷除疑網佛告地
神善女天如汝所說皆從勝妙善根因緣勤
苦脩已方得授記此諸天子於妙天宮捨五
欲樂故来聽是金光明經既聞法已於是經
中心生慇重如淨瑠璃无諸瑕穢復得聞此
三大菩薩受記之事亦由過去久脩正行誓

BD05703號　金光明最勝王經卷九　（5–2）

神善女天如汝所說皆從勝妙善根因緣勤
苦修已方得授記此諸天子於妙天宮捨五
欲樂故來聽是金光明經既聞法已於是經
中心生慇重如淨瑠璃无諸瑕穢復得聞此
三大菩薩受記之事亦由過去久修正行誓
願因緣是故我今皆與授記於未來世當成
阿耨多羅三藐三菩提時彼樹神聞佛說已
歡喜信受
金光明最勝王經除病品第廿四
佛告菩提樹神善女天諦聽諦聽善思念之
是十千天子本願因緣今為汝說善女天過
去无量不可思議阿僧企耶劫尒時有佛出
現於世名曰寶髻如來應正遍知明行足善
逝世間解无上士調御丈夫天人師佛世尊
善女天時彼世尊般涅槃後正法滅已於像
法中有王名曰天自在光常以正法化於人
民猶如父母是王國中有一長者名曰持水
善解醫明妙通八術衆生病苦四大不調咸
能救療善女天尒時持水長者唯有一子名
曰流水顏容端正人所樂觀受性聰敏妙閑
諸論書畫筭印无不通達時王國內有无量
百千諸衆生類皆遇疫病衆苦所逼乃至无
有歡樂之心善女天尒時長者子流水見是
無量百千衆生受諸病苦起大悲心作如是
念无量衆生為諸極苦之所逼迫我父長者
雖善醫方妙通八術能療衆病四大增損然

BD05703號　金光明最勝王經卷九

（5–3）

百千諸衆生類皆遇疫病衆苦所逼乃至无
有歡樂之心善女天尒時長者子流水見是
無量百千衆生受諸病苦起大悲心作如是
念无量衆生為諸極苦之所逼迫我父長者
雖善醫方妙通八術能療衆病四大增損然
已衰邁老耄虛羸要假扶策方能進步不復
能往城邑聚落救諸病苦今有无量百千衆
生皆遇重病无能救者我今當至大醫父所
諮問治病醫方秘法若得解已當往城邑聚
落之所救諸衆生種種疾病令於長夜得受安
樂時長者子作是念已即詣父所稽首礼足
合掌恭敬却住一面即以伽他請其父曰
慈父當哀愍　我欲救衆生　今請諸醫方　幸願為我說
云何身衰壞　諸大有增損　復在何時中　能生諸疾病
云何噉飲食　得受於安樂　能使內身中　火勢不衰損
衆生有四病　風黃熱痰癊　及以總集病　云何而療治
何時風病起　何時熱病發　何時動痰癊　何時總集生
時彼長者聞子請已復以伽他而答之曰
我今依古仙　所有療病法　次第為汝說　善聽救衆生
三月是春時　三月名為夏　三月名秋分　三月謂冬時
此據一年中　三三而別說　二二為一節　便成歲六時
初二是花時　三四名熱際　五六名雨際　七八謂秋時
九十是寒時　後二名氷雪　既知如是別　授藥勿令差
當隨此時中　調息於飲食　入腹令消散　衆病則不生
節氣若變改　四大有推移　此時無藥資　必生於病苦
醫人解四時　復知其六節　明閑身七界　食藥使无差
謂味界血肉　膏骨及髓腦　病入此中時　知其可療不

BD05703號　金光明最勝王經卷九

（5–4）

慈父當哀愍　我欲救衆生　今請諸醫方　幸願爲我說
云何身衰壞　諸大有增損　復在何時中　能生諸疾病
云何噉飲食　得受於安樂　能使內身中　大勢不衰損
衆生有四病　風黃熱痰癊　及以總集病　云何而療治
何時風病起　何時熱病發　何時動痰癊　何時總集生
時彼長者聞子請已復以伽他而答之曰
我今依古仙　所有療病法　次第爲汝說　善聽救衆生
三月是春時　三月名爲夏　三月名秋分　三月謂冬時
此據一年中　三三而別說　二二爲一節　便成歲六時
初二是花時　三四名熱際　五六名雨際　七八謂秋時
九十是寒時　後二名冰雪　既知如是別　受藥勿令差
當隨此時中　調息於飲食　入腹令消散　衆病則不生
節氣若變改　四大有推移　此時無藥資　必生於病苦
醫人解四時　復知其六節　明閑身七界　食藥使无差
謂味界血肉　膏骨及髓腦　病入此中時　知其可療不
病有四種別　謂風熱痰癊　及以總集病　應知發動時
春中痰癊動　夏內風病生　秋時黃熱增　冬節三俱起
春食澀熱辛　夏膩熱鹹醋　秋時冷甜膩　冬酸澀膩甜
於此四時中　服藥及飲食　若依如是味　衆病無由生

BD05703號　金光明最勝王經卷九　（5–5）

尒无別无斷故善現有爲空清淨故身界清
淨身界清淨故一切智智清淨何以故若有
爲空清淨若身界清淨若一切智智清淨无
二无二分无別无斷故有爲空清淨故觸界
身識界及身觸身觸爲緣所生諸受清淨
觸界乃至身觸爲緣所生諸受清淨故一切智
智清淨何以故若有爲空清淨若觸界乃至
身觸爲緣所生諸受清淨若一切智智清淨
无二无二分无別无斷故善現有爲空清淨
故意界清淨意界清淨故一切智智清淨何
以故若有爲空清淨若意界清淨若一切智
智清淨无二无二分无別无斷故有爲空清
淨故法界意識界及意觸意觸爲緣所生諸
受清淨法界乃至意觸爲緣所生諸受清淨
故一切智智清淨何以故若有爲空清淨若
法界乃至意觸爲緣所生諸受清淨若一切
智智清淨无二无二分无別无斷故善現有
爲空清淨故地界清淨地界清淨故一切智
智清淨何以故若有爲空清淨若地界清淨

BD05704號　大般若波羅蜜多經（兌廢稿）卷二一〇　（2–1）

无二无二分无別无斷故善現有為空清淨
故意界清淨意界清淨故一切智智清淨何
以故若有為空清淨若意界清淨若一切智
智清淨无二无二分无別无斷故有為空清
淨故法界意識界及意觸意觸為緣所生諸
受清淨法界乃至意觸為緣所生諸受清淨
故一切智智清淨何以故若有為空清淨若
法界乃至意觸為緣所生諸受清淨若一切
智智清淨无二无二分无別无斷故善現有
為空清淨故地界清淨地界清淨故一切智
智清淨何以故若有為空清淨若地界清淨
若一切智智清淨无二无二分无別无斷故有
為空清淨故水火風空識界清淨水火風空
識界清淨故一切智智清淨何以故若有為
空清淨若水火風空識界清淨若一切智智
清淨何以故若有為空清淨若无明清淨若
清淨无二无二分无別无斷

BD05704號　大般若波羅蜜多經（兌廢稿）卷二一〇　（2–2）

行般若波羅蜜多時不見過去不見未來不見
現在不見善不見不善不見無記不見欲
界不見色界不見無色界是菩薩摩訶薩脩
行般若波羅蜜多速得圓滿善現若菩薩摩
訶薩行般若波羅蜜多時不見布施波羅蜜
多不見淨戒安忍精進靜慮般若波羅蜜多
是菩薩摩訶薩脩行般若波羅蜜多速得
圓滿善現若菩薩摩訶薩行般若波羅蜜多
時不見內空不見外空內外空空空大空勝義
空有為空無為空畢竟空無際空散空無變
異空本性空自相空共相空一切法空不可得
空無性空自性空無性自性空是菩薩摩訶
薩脩行般若波羅蜜多速得圓滿善現若菩
薩摩訶薩行般若波羅蜜多時不見真如
不見法界法性不虛妄性不變異性平等性
離生性法定法住實際虛空界不思議界是
菩薩摩訶薩脩行般若波羅蜜多速得圓滿
善現若菩薩摩訶薩行般若波羅蜜多時不
見苦聖諦不見集滅道聖諦是菩薩摩訶
薩脩行般若波羅蜜多得圓滿

BD05705號　大般若波羅蜜多經（兌廢稿）卷三〇〇　（2–1）

時不見內空不見外空內外空空空大空勝義
空有為空無為空畢竟空無際空散空無變
異空本性空自相空共相空一切法空不可得
空無性空自性空無性自性空是菩薩摩訶
薩脩行般若波羅蜜多速得圓滿善現若菩
薩摩訶薩行般若波羅蜜多時不見真如
不見法界法性不虛妄性不變異性平等性
離生性法定法住實際虛空界不思議界是
菩薩摩訶薩脩行般若波羅蜜多速得圓滿
善現若菩薩摩訶薩行般若波羅蜜多時不
見苦聖諦不見集滅道聖諦是菩薩摩訶
薩脩行般若波羅蜜多得圓滿
善現若菩薩摩訶薩行般若波羅蜜多時不
見四念住不見四正斷四神足五根五力七等
覺支八聖道支是菩薩摩訶薩脩行般若
般若波羅蜜多時不見四靜慮不見四無量
四無色定是菩薩摩訶薩脩行般若波羅蜜
多速得圓滿善現若菩薩摩訶薩行般若波

BD05705 號　大般若波羅蜜多經（兌廢稿）卷三〇〇　　（2–2）

應取非法以是義故如來常說汝等比丘知
我說法如筏喻者法尚應捨何況非法
須菩提於意云何如來得阿耨多羅三藐
三菩提耶如來有所說法耶須菩提言如我
解佛所說義无有定法名阿耨多羅三藐三
菩提亦无有定法如來可說何以故如來所說
法皆不可取不可說非法非非法所以者何一切
賢聖皆以无為法而有差別
須菩提於意云何若人滿三千大千世界七
寶以用布施是人所得福德寧為多不須
菩提言甚多世尊何以故是福德即非福德性
是故如來說福德多若復有人於此經中受
持乃至四句偈等為他人說其福勝彼何以故
須菩提一切諸佛及諸佛阿耨多羅三藐三
菩提法皆從此經出須菩提所謂佛法者
即非佛法
須菩提於意云何須陁洹能作是念我得須

BD05706 號　金剛般若波羅蜜經　　（4–1）

持乃至四句偈等為他說其福勝彼何以故
須菩提一切諸佛及諸佛阿耨多羅三藐三
菩提法皆從此經出須菩提所謂佛法者
即非佛法
須菩提於意云何須陁洹能作是念我得須
陁洹果不須菩提言不也世尊何以故須陁洹
名為入流而无所入不入色聲香味觸法是
名須陁洹須菩提於意云何斯陁含能作是
念我得斯陁含果不須菩提言不也世尊何以
故斯陁含名一往来而實无往来是名斯
陁含須菩提於意云何阿那含能作是念
我得阿那含果不須菩提言不也世尊何以
故阿那含名為不来而實无来是故名阿那
含須菩提於意云何阿羅漢能作是念我得
阿羅漢道不須菩提言不也世尊何以故實无
有法名阿羅漢世尊若阿羅漢作是念我得
阿羅漢道即為著我人衆生壽者世尊佛
說我得无諍三昧人中最為第一是第一離
欲阿羅漢我不作是念我是離欲阿羅漢世
尊我若作是念我得阿羅漢世尊則不說
須菩提是樂阿蘭那行者須菩提實无所
行而名須菩提是樂阿蘭那行
佛告須菩提於意云何如来昔在然燈佛所
於法有所得不世尊如来在然燈佛所於法
實无所得須菩提於意云何菩薩莊嚴

BD05706 號　金剛般若波羅蜜經

（4–2）

欲阿羅漢我不作是念我是離欲阿羅漢世
尊我若作是念我得阿羅漢世尊則不說
須菩提是樂阿蘭那行者須菩提實无所
行而名須菩提是樂阿蘭那行
佛告須菩提於意云何如来昔在然燈佛所
於法有所得不世尊如来在然燈佛所於法
實无所得須菩提於意云何菩薩莊嚴
佛土不不也世尊何以故莊嚴佛土者則非莊
嚴是名莊嚴是故須菩提諸菩薩摩訶薩
應如是生清淨心不應住色生心不應住聲香
味觸法生心應无所住而生其心須菩提譬如有
人身如須彌山王於意云何是身為大不須菩
提言甚大世尊何以故佛說非身是名大
身須菩提如恒河中所有沙數如是沙等恒
河於意云何是諸恒河沙寧為多不須菩提
言甚多世尊但諸恒河尚多无數何況其
沙須菩提我今實言告汝若有善男子善
女人以七寶滿尒所恒河沙數三千大千世界
以用布施得福多不須菩提言甚多世尊佛
告須菩提若善男子善女人於此經中乃至
受持四句偈等為他人說而此福德勝前福
德復次須菩提隨說是經乃至四句偈等當
知此處一切世間天人阿脩羅皆應供養如
佛塔廟何況有人盡能受持讀誦須菩提當

BD05706 號　金剛般若波羅蜜經

（4–3）

德復次須菩提隨說是經乃至四句偈等當
知此處一切世間天人阿脩羅皆應供養如
佛塔廟何況有人盡能受持讀誦須菩提當
知是人成就最上第一希有之法若是經典所
在之處則為有佛若尊重弟子
尒時須菩提白佛言世尊當何名此經我等
云何奉持佛告須菩提是經名為金剛般若
波羅蜜以是名字汝當奉持所以者何須菩
提佛說般若波羅蜜則非般若波羅蜜須菩
提於意云何如來有所說法不須菩提白佛
言世尊如來无所說須菩提於意云何三千
大千世界所有微塵是為多不須菩提言甚
多世尊須菩提諸微塵如來說非微塵是名
微塵如來說世界非世界是名世界須菩提於
意云何可以三十二相見如來不不也世尊不可
以三十二相得見如來何以故如來說三十二相即
是非相是名三十二相須菩提若有善男子善
女人以恒河沙等身命布施若復有人於此經

BD05706 號　金剛般若波羅蜜經　（4–4）

脩學　悉當成佛
妙法蓮華經授記品第六
尒時世尊說是偈已告諸大衆唱如是言我
此弟子摩訶迦葉於未來世當得奉覲三百
万億諸佛世尊供養恭敬尊重讚嘆廣宣
諸佛无量大法於最後身得成為佛名曰光明
如來應供正遍知明行足善逝世間解无上
士調御丈夫天人師佛世尊國名光德劫名
莊嚴佛壽十二小劫正法住世二十小劫
法亦住二十小劫國界嚴飾无諸穢惡
瓦礫荊棘便利不淨其土平正无有高下坑
坎堆埠琉璃為地寶樹行列黃金為繩以界
道側散諸寶華周遍清淨其國菩薩无量
千億諸聲聞衆亦復无數无有魔事雖有魔
及魔民皆護法尒時世尊欲重宣此義而說偈言
告諸比丘　我以佛眼　見是迦葉　於未來世
過无數劫　當得作佛　而於來世　供養奉覲
三百万億　諸佛世尊　為佛智慧　淨脩梵行
供養最上　二足尊已　脩習一切　无上之慧

BD05707 號　妙法蓮華經卷三　（2–1）

千億諸聲聞衆亦復无數无有魔事雖有魔
及魔民皆護法尒時世尊欲重宣此義而說偈言
告諸比丘 我以佛眼 見是迦葉 於未來世
過无數劫 當得作佛 而於來世 供養奉覲
三百万億 諸佛世尊 爲佛智慧 淨脩梵行
供養最上 二足尊已 脩習一切 无上之慧
於最後身 得成爲佛 其土清淨 琉璃爲地
多諸寶樹 行列道側 金繩界道 見者歡喜
常出好香 散衆名華 種種奇妙 以爲莊嚴
其地平正 无有丘坑 諸菩薩衆 不可稱計
其心調柔 逮大神通 奉持諸佛 大乘經典
諸聲聞衆 无漏後身 法王之子 亦不可計
乃以天眼 不能數知 其佛當壽 十二小劫
正法住世 二十小劫 像法亦住 二十小劫
光明世尊 其事如是
尒時大目揵連須菩提摩訶迦旃延等皆
悉悚慄一心合掌瞻仰世尊目不暫捨即
共同聲而說偈言
大雄猛世尊 諸釋之法王 哀愍我等故 而賜佛音聲
若知我深心 見爲授記者 如以甘露灑 除熱得清涼
如從飢國來 忽遇大王饍 心猶懷疑懼 未敢即便食
若復得王教 然後乃敢食 我等亦如是 每惟小乘過
不知當云何 得佛无上慧 雖聞佛音聲 言我等作佛

BD05707 號　妙法蓮華經卷三

（2–2）

金有陀羅尼經
如是我聞一時薄伽梵住如蘺箭與藥叉伐將
金剛手俱
尒時天百施往世尊所到已頂礼佛足退坐一面坐
一面已天帝百施白佛言世尊我入戰陣而鬪
戰時以阿脩羅幻惑呪術藥力墮於負處而知
已不唯然願世尊慈愍於我爲令催伏阿脩羅
衆幻惑呪術及藥力故善說最勝大蜜之呪時
薄伽梵告天帝百施曰憍尸迦如是如是與阿脩
羅而鬪戰時賓以明呪祕蜜藥力而墮負處憍
尸迦爲哀愍故令說明呪欲令幻惑明呪退散鬪
戰諍訟悉皆消滅一切祕呪及諸藥等而得斷除
說於明呪
尒時薄伽梵說大金有明呪之日戒令爲說三然

BD05708 號　金有陀羅尼經

（5–1）

薄伽梵告天帝百施曰憍尸迦如是如是與阿脩
羅而鬪戰時實以明呪秘蜜藥力而墮負憍
尸迦爲衰惱故今說明呪欲令幻惑明呪退散鬪
戰諍訟悉皆消滅一切秘呪及諸藥等而得斷除
說於明呪
尒時薄伽梵說大金有明呪之日我今爲說三無
數劫諸餘外道行者遍遊裸形而起惡思作諸
鄣㝵我從彼來所有幻惑一切明呪悉能除伏六度
圓滿斷除諸餘外道行者遍遊裸形諸惱亂因
明呪秘呪藥及一切諸魔明黨大明之呪憍尸迦汝
當攝受諸有情故受持最勝大秘蜜呪天帝
白言如是世尊唯然受教尒時世尊即說金有大明呪曰
怛也他唵　希你希你　希離希離　命離命離　希明離
你希你希　你希囉秘你　乾佉那波羅　嘯羅抱哆蒱
怛囉　阿地訖梨羅　闍羅闍羅　闍哆蒱怛囉
阿地迦囉羅　訶那訶那　訶婆訶婆　覩駄覩駄
頻那頻那　薄伽跋羅　佉曳秘佉曳　攢婆你　悉誅婆你
畔駄你　牟訶你　阿牟伽櫟羅駄囉你　訖梨那訖梨那
迦多棣麼那婆　攢婆也攢婆也　畔佉也畔佉也　悉覈婆
也　悉覈婆也　畔駄也　畔駄也　牟訶也　牟訶也
所有一切若天幻惑若龍幻惑若藥叉幻惑若羅
刹幻惑若緊那羅幻惑若乾闥婆幻惑若阿脩
羅幻惑若莫呼洛迦幻惑若大腹行幻惑若持
明呪幻惑若持明呪成就王幻惑若仙幻惑若持
一切明呪幻惑若羣生幻惑若一切幻惑　羅囉囉囉
囉佉囉佉也　姤麼　姤麼　姤姤麼　囉婆囉婆　囉囉婆
那　作割蘭單　伽蘭他你、訶那訶那　薩婆鞞哆

刹幻惑若緊那羅幻惑若乾闥婆幻惑若阿脩
羅幻惑若莫呼洛迦幻惑若大腹行幻惑若持
明呪幻惑若持明呪成就王幻惑若仙幻惑若持
一切明呪幻惑若羣生幻惑若一切幻惑　羅囉囉囉
囉佉囉佉也　姤麼　姤麼　姤姤麼　囉婆囉婆　囉囉婆
那　作割蘭單　伽蘭他你、訶那訶那　薩婆鞞哆
奢咄嚧難　悉誅婆也　婆尸悉誅婆也　秀迷悉誅婆
也　蘱南悉誅婆也　婆嚧難悉誅婆也　惡你富悉誅婆
也　鬱軛哆梨哆　梨駄囉羖惟　駄囉羅波　奢訶悉羖
弊奢他也　婆世那
若有於我能爲惡毅諸賊嗔恚具極惡心鬪諍欲
作一切無利益者　訶那訶那　哆訶哆訶　波佉波佉
半佉也半他也　讃婆也　讃婆也　悉誅婆也　悉誅婆也
半駄也　半駄也　牟訶也　牟訶也　摩訶牟訶你　薄伽
跋羅藥訶
於一切怖畏燒惱疾疫願守護我以馱藥訶
憍尸迦若善男子若善女人若王若大臣能憶此
金有明呪者彼無他怖畏於彼訴黨他所敵軍
不能侵惱亦非天亦非龍亦非藥叉亦非乾闥
婆亦非阿修羅亦非緊那羅亦非莫呼洛迦亦非
持明呪者亦非飛空毋等亦不非時而捨壽命明
呪秘呪一切諸藥不能爲害他所敵軍不能纏遶
他所敵軍而不傷命力不能害水火毒藥明呪
秘呪一切諸藥而不能纏遶著於彼自作教他
隨喜造罪彼之處所憍尸迦是故淨蒭苾蒭
苾芻尼鄔波索迦鄔波斯迦善男子善女人等以
此明呪呪水七遍自洗其身能護於身若有

呪秘呪一切諸藥不能為害他所敵軍不能侵遶
他所敵軍而不傷命力不能害水火毒藥明呪
秘呪一切諸藥而不能縛還著於彼自作教他
隨喜造罪彼之處所憍尸迦是故淨勤慈當
慈尼烏彼憍迦烏彼斯迦善男子善女人等以
此明呪呪水七遍自洗其身能護於身若有
欲令於〻一切怖畏一切燒惱一切疾疫一切明呪一切
秘呪一切諸一切獸蠱而超過者當念此金有明
呪若王若王大臣若乏欲摧他軍衆伏軍衆亦當
念此金有明呪若呪線七遍作七結已繫於身上
若呪七遍能護自身若書寫於一切怖畏無鄣
㝵陁羅尼或能受持或繫脛下若置高幢入
軍陣者善安得脫以此明呪威神之力內族眷
屬善超過未成能成若欲摧伏諸明呪者於
白線上呪七遍已作七結者能繫摧伏若欲摧伏
諸幻或者取塚間土呪七遍已而散擲者能摧幻
惑論覽之時欲禁其口取秦菝蘿呪七遍已而
蹉噬者一切言論悉能對答受持讀誦而稱讚
者一切諸惡皆消滅却往於彼造作之者及思惟
所或繫於繩及水自讓者於彼身上一切明呪
秘呪諸藥不能為害未成辨者悉能成辨
彼所未事一切順從時薄伽梵說是語已天帝百
施聞佛所說信受奉行

金有陁羅尼經一卷

BD05708號　金有陀羅尼經

（5–4）

㝵陁羅尼或能受持或繫脛下若置高幢入
軍陣者善安得脫以此明呪威神之力內族眷
屬善超過未成能成若欲摧伏諸明呪者於
白線上呪七遍已作七結者能繫摧伏若欲摧伏
諸幻或者取塚間土呪七遍已而散擲者能摧幻
惑論覽之時欲禁其口取秦菝蘿呪七遍已而
蹉噬者一切言論悉能對答受持讀誦而稱讚
者一切諸惡皆消滅却往於彼造作之者及思惟
所或繫於繩及水自讓者於彼身上一切明呪
秘呪諸藥不能為害未成辨者悉能成辨
彼所未事一切順從時薄伽梵說是語已天帝百
施聞佛所說信受奉行

金有陁羅尼經一卷

BD05708號　金有陀羅尼經

（5–5）

思惟取證世尊我從昔来終日竟夜每自剋
責而今從佛聞所未聞未曾有法斷諸疑悔
身意泰然快得安隱今日乃知真是佛子從
佛口生從法化生得佛法分尒時舍利弗欲
重宣此義而說偈言
我聞是法音 得所未曾有 心懷大歡喜 疑網皆已除
昔来蒙佛教 不失於大乘 佛音甚希有 能除衆生惱
我已得漏盡 聞亦除憂惱 我處於山谷 或在林樹下
若坐若經行 常思惟是事 嗚呼深自責 云何而自欺
我等亦佛子 同入无漏法 不能於未来 演說无上道
金色三十二 十力諸解脫 同共一法中 而不得此事
八十種妙好 十八不共法 如是等功德 而我皆已失
我獨經行時 見佛在大衆 名聞滿十方 廣饒益衆生
自惟失此利 我為自欺誑 我常於日夜 每思惟是事
欲以問世尊 為失為不失 我常見世尊 稱讚諸菩薩
以是於日夜 籌量如此事 今聞佛音聲 隨宜而說法
无漏難思議 令衆至道場 我本著邪見 為諸梵志師
世尊知我心 拔邪說涅槃 我悉除邪見 於空法得證
尒時心自謂 得至於滅度 而今乃自覺 非是實滅度
若得作佛時 具三十二相 天人夜叉衆 龍神等恭敬

BD05709號　妙法蓮華經卷二　（23–1）

欲以問世尊 為失為不失 我常見世尊 稱讚諸菩薩
以是於日夜 籌量如此事 今聞佛音聲 隨宜而說法
无漏難思議 令衆至道場 我本著邪見 為諸梵志師
世尊知我心 拔邪說涅槃 我悉除邪見 於空法得證
尒時心自謂 得至於滅度 而今乃自覺 非是實滅度
若得作佛時 具三十二相 天人夜叉衆 龍神等恭敬
是時乃可謂 永盡滅无餘 佛於大衆中 說我當作佛
聞如是法音 疑悔悉已除 初聞佛所說 心中大驚疑
將非魔作佛 惱亂我心耶 佛以種種緣 譬喻巧言說
其心安如海 我聞疑網斷 佛說過去世 无量滅度佛
安住方便中 亦皆說是法 現在未来佛 其數无有量
亦以諸方便 演說如是法 如今者世尊 從生及出家
得道轉法輪 亦以方便說 世尊說實道 波旬无此事
以是我定知 非是魔作佛 我墮疑網故 謂是魔所為
聞佛柔軟音 深遠甚微妙 演暢清淨法 我心大歡喜
疑悔永已盡 安住實智中 我定當作佛 為天人所敬
轉无上法輪 教化諸菩薩
尒時佛告舍利弗吾今於天人沙門婆羅門
等大衆中說我昔曾於二萬億佛所為无上
道故常教化汝汝亦長夜隨我受學我以方
便引導汝故生我法中舍利弗我昔教汝志
願佛道汝今悉忘而便自謂已得滅度我今
還欲令汝憶念本願所行道故為諸聲聞說
是大乘經名妙法蓮華教菩薩法佛所護念
舍利弗汝於未来世過无量无邊不可思議
劫供養若干千萬億佛奉持正法具足菩薩

BD05709號　妙法蓮華經卷二　（23–2）

便引導汝故生我法中舍利弗我昔教汝
願佛道汝今悉忘而便自謂已得滅度我今
還欲令汝憶念本願所行道故為諸聲聞說
是大乘經名妙法蓮華教菩薩法佛所護念
舍利弗汝於未來世過无量无邊不可思議
劫供養若千千萬億佛奉持正法具足菩薩
所行之道當得作佛号曰華光如來應供正
遍知明行足善逝世間解无上士調御丈夫
天人師佛世尊國名離垢其土平正清淨嚴
飾安隱豐樂天人熾盛瑠璃為地有八交道
黃金為繩以界其側其傍各有七寶行樹常
有華菓華光如來亦以三乘教化眾生舍利
弗彼佛出時雖非惡世以本願故說三乘法
其劫名大寶莊嚴何故名曰大寶莊嚴其國
中以菩薩為大寶故彼諸菩薩无量无邊不
可思議筭數譬喻所不能及非佛智力无能
知者若欲行時寶華承足此諸菩薩非初發
意皆久殖德本於无量百千萬億佛所淨脩
梵行恒為諸佛之所稱嘆常脩佛慧具大神
通善知一切諸法之門質直无偽志念堅固
如是菩薩充滿其國舍利弗華光佛壽十二
小劫除為王子未作佛時其國人民壽八小
劫華光如來過十二小劫授堅滿菩薩阿耨
多羅三藐三菩提記告諸比丘是堅滿菩薩
次當作佛号曰華足安行多陁阿伽度阿羅
訶三藐三佛陁其佛國土亦復如是舍利弗
是華光佛滅度之後正法住世三十二小劫

BD05709號　妙法蓮華經卷二

（23–3）

小劫除為王子未作佛時其國人民壽八小
劫華光如來過十二小劫授堅滿菩薩阿耨
多羅三藐三菩提記告諸比丘是堅滿菩薩
次當作佛号曰華足安行多陁阿伽度阿羅
訶三藐三佛陁其佛國土亦復如是舍利弗
是華光佛滅度之後正法住世三十二小劫
像法住世亦三十二小劫尒時世尊欲重宣
此義而說偈言
舍利弗來世　成佛普智尊　号名曰華光　當度无量眾
供養无數佛　具足菩薩行　十力等功德　證於无上道
過无量劫已　劫名大寶嚴　世界名離垢　清淨无瑕穢
以琉璃為地　金繩界其道　七寶雜色樹　常有華菓實
彼國諸菩薩　志念常堅固　神通波羅蜜　皆已悉具足
於无數佛所　善學菩薩道　如是等大士　華光佛所化
佛為王子時　棄國捨世榮　於冣末後身　出家成佛道
華光佛住世　壽十二小劫　其國人民眾　壽命八小劫
佛滅度之後　正法住於世　三十二小劫　廣度諸眾生
正法滅盡已　像法三十二　舍利廣流布　天人普供養
華光佛所為　其事皆如是　其兩足聖尊　冣勝无倫匹
彼即是汝身　宜應自欣慶
尒時四部眾比丘比丘尼優婆塞優婆夷天
龍夜叉乾闥婆阿脩羅迦樓羅緊那羅摩睺
羅伽等大眾見舍利弗於佛前受阿耨多羅
三藐三菩提記心大歡喜踊躍无量各各脫
身所著上衣以供養佛釋提桓因梵天王等
與无數天子亦以天妙衣天曼陁羅華摩訶
曼陁羅華等供養於佛所散天衣住虛空中

BD05709號　妙法蓮華經卷二

（23–4）

龍夜叉乾闥婆阿脩羅迦樓羅緊那羅摩睺
羅伽等大衆見舍利弗於佛前受阿耨多羅
三藐三菩提記心大歡喜踊躍无量各各脫
身所著上衣以供養佛釋提桓因梵天王等
與无數天子亦以天妙衣天曼陁羅華摩訶
曼陁羅華等供養於佛所散天衣住虛空中
而自迴轉諸天伎樂百千萬種於虛空中一
時俱作雨衆天華而作是言佛昔於波羅㮈
初轉法輪今乃復轉无上最大法輪尒時諸
天子欲重宣此義而說偈言

昔於波羅㮈　轉四諦法輪　分別說諸法　五衆之生滅
今復轉最妙　无上大法輪　是法甚深奧　少有能信者
我等從昔來　數聞世尊說　未曾聞如是　深妙之上法
世尊說是法　我等皆隨喜　大智舍利弗　今得受尊記
我等亦如是　必當得作佛　於一切世間　最尊无有上
佛道叵思議　方便隨宜說　我所有福業　今世若過世
及見佛功德　盡迴向佛道

尒時舍利弗白佛言世尊我今无復疑悔親
於佛前得受阿耨多羅三藐三菩提記是諸
千二百心自在者昔住學地佛常教化言我
法能離生老病死究竟涅槃是學无學人亦
各自以離我見及有无見等謂得涅槃而今
於世尊前聞所未聞皆墮疑惑善哉世尊願
為四衆說其因緣令離疑悔尒時佛告舍利
弗我先不言諸佛世尊以種種因緣譬喻言
辭方便說法皆為阿耨多羅三藐三菩提耶
是諸所說皆為化菩薩故然舍利弗今當復

各自以離我見及有无見等謂得涅槃而今
於世尊前聞所未聞皆墮疑惑善哉世尊願
為四衆說其因緣令離疑悔尒時佛告舍利
弗我先不言諸佛世尊以種種因緣譬喻言
辭方便說法皆為阿耨多羅三藐三菩提耶
是諸所說皆為化菩薩故然舍利弗今當復
以譬喻更明此義諸有智者以譬喻得解舍
利弗若國邑聚落有大長者其年衰邁財富
无量多有田宅及諸僮僕其家廣大唯有一
門多諸人衆一百二百乃至五百人止住其
中堂閣朽故墻壁隤落柱根腐敗梁棟傾危
周帀俱時欻然火起焚燒舍宅長者諸子若
十二十或至三十在此宅中長者見是大火
從四面起即大驚怖而作是念我雖能於此
所燒之門安隱得出而諸子等於火宅內樂
著嬉戲不覺不知不驚不怖火來逼身苦痛
切己心不猒患无求出意舍利弗是長者作
是思惟我身手有力當以衣裓若以机案從
舍出之復更思惟是舍唯有一門而復狹小
諸子幼稚未有所識戀著戲處或當墮落為
火所燒我當為說怖畏之事此舍已燒宜時
疾出无令為火之所燒害作是念已如所思
惟具告諸子汝等速出父雖憐愍善言誘喻
而諸子等樂著嬉戲不肯信受不驚不畏了
无出心亦復不知何者是火何者為舍云何
為失但東西走戲視父而已尒時長者即作
是念此舍已為大火所燒我及諸子若不時

疾出无令為火之所燒害作是念已如所思
惟具告諸子汝等速出父雖憐愍善言誘喻
而諸子等樂著嬉戲不肯信受不驚不畏了
无出心亦復不知何者是火何者為舍云何
為失但東西走戲視父而已尒時長者即作
是念此舍已為大火所燒我及諸子若不時
出必為所焚我今當設方便令諸子等得免
斯害父知諸子先心各有所好種種珎玩奇
異之物情必樂著而告之言汝等所可玩好
希有難得汝若不取後必憂悔如此種種羊
車鹿車牛車今在門外可以遊戲汝等於此
火宅宜速出來隨汝所欲皆當與汝尒時諸
子聞父所說珎玩之物適其願故心各勇銳
互相推排競共馳走爭出火宅是時長者見
諸子等安隱得出皆於四衢道中露地而坐
无復障礙其心泰然歡喜踊躍時諸子等各
白父言父先所許玩好之具羊車鹿車牛車
願時賜與舍利弗尒時長者各賜諸子等一
大車其車高廣眾寶莊校周帀欄楯四面懸
鈴又於其上張設幰蓋亦以珎奇雜寶而嚴
飾之寶繩交絡垂諸華瓔重敷綩綖安置丹
枕駕以白牛膚色充潔形體姝好有大筋力
行步平正其疾如風又多僕從而侍衛之所
以者何是大長者財富无量種種諸藏悉皆
充溢而作是念我財物无極不應以下劣小
車與諸子等今此幼童皆是吾子愛无偏黨
我有如是七寶大車其數无量應當等心各

BD05709號　妙法蓮華經卷二

(23–7)

枕駕以白牛膚色充潔形體姝好有大筋力
行步平正其疾如風又多僕從而侍衛之所
以者何是大長者財富无量種種諸藏悉皆
充溢而作是念我財物无極不應以下劣小
車與諸子等今此幼童皆是吾子愛无偏黨
我有如是七寶大車其數无量應當等心各
各與之不宜差別所以者何以我此物周給
一國猶尚不匱何況諸子是時諸子各乘大
車得未曾有非本所望舍利弗於汝意云何
是長者等與諸子珎寶大車寧有虛妄不舍
利弗言不也世尊是長者但令諸子得免火
難全其軀命非為虛妄何以故若全身命便
為已得玩好之具況復方便於彼火宅而拔
濟之世尊若是長者乃至不與最小一車猶
不虛妄何以故是長者先作是意我以方便
令子得出以是因緣无虛妄也何況長者自
知財富无量欲饒益諸子等與大車佛告舍
利弗善哉善哉如汝所言舍利弗如來亦復
如是則為一切世間之父於諸怖畏衰惱憂
患无明闇蔽永盡无餘而悉成就无量知見
力无所畏有大神力及智慧力具足方便智
慧波羅蜜大慈大悲常无懈惓恒求善事利
益一切而生三界朽故火宅為度眾生生老
病死憂悲苦惱愚癡闇蔽三毒之火教化令
得阿耨多羅三藐三菩提見諸眾生為生老
病死憂悲苦惱之所燒煑亦以五欲財利故
受種種苦又以貪著追求故現受眾苦後受

BD05709號　妙法蓮華經卷二

(23–8)

力无所畏有大神力及智慧力具足方便智
慧波羅蜜大慈大悲常无懈惓恒求善事利
益一切而生三界朽故火宅為度衆生生老
病死憂悲苦惱愚癡闇蔽三毒之火教化令
得阿耨多羅三藐三菩提見諸衆生為生老
病死憂悲苦惱之所燒煑亦以五欲財利故
受種種苦又以貪著追求故現受衆苦後受
地獄畜生餓鬼之苦若生天上及在人閒貧
窮困苦愛別離苦怨憎會苦如是等種種諸
苦衆生没在其中歡喜遊戲不覺不知不驚
不怖亦不生猒不求解脫於此三界火宅東
西馳走雖遭大苦不以為患舍利弗佛見此
已便作是念我為衆生之父應拔其苦難與
无量无邊佛智慧樂令其遊戲舍利弗如来
復作是念若我但以神力及智慧力捨於方
便為諸衆生讚如来知見力无所畏者衆生
不能以是得度所以者何是諸衆生未免生
老病死憂悲苦惱而為三界火宅所燒何由
能解佛之智慧舍利弗如彼長者雖復身手
有力而不用之但以慇懃方便免濟諸子火
宅之難然後各與珎寶大車如来亦復如是
雖有力无所畏而不用之但以智慧方便於
三界火宅拔濟衆生為說三乘聲聞辟支佛
佛乘而作是言汝等莫得樂住三界火宅勿
貪麁弊色聲香味觸也若貪著生愛則為所
燒汝速出三界當得三乘聲聞辟支佛佛乘
我今為汝保任此事終不虛也汝等但當勤

雖有力无所畏而不用之但以智慧方便於
三界火宅拔濟衆生為說三乘聲聞辟支佛
佛乘而作是言汝等莫得樂住三界火宅勿
貪麁弊色聲香味觸也若貪著生愛則為所
燒汝速出三界當得三乘聲聞辟支佛佛乘
我今為汝保任此事終不虛也汝等但當勤
脩精進如来以是方便誘進衆生復作是言
汝等當知此三乘法皆是聖所稱嘆自在无
繫无所依求乘是三乘以无漏根力覺道禪
定解脫三昧等而自娛樂便得无量安隱快
樂舍利弗若有衆生内有智性從佛世尊聞
法信受慇勤精進欲速出三界自求涅槃是
名聲聞乘如彼諸子為求羊車出於火宅若
有衆生從佛世尊聞法信受慇勤精進求自
然慧樂獨善寂深知諸法因緣是名辟支佛
乘如彼諸子為求鹿車出於火宅若有衆生
從佛世尊聞法信受勤脩精進求一切智佛
智自然智无師智如来知見力无所畏慇念
安樂无量衆生利益天人度脫一切是名大
乘菩薩求此乘故名為摩訶薩如彼諸子為
求牛車出於火宅舍利弗如彼長者見諸子
等安隱得出火宅到无畏處自惟財富无量
等以大車而賜諸子如来亦復如是為一切
衆生之父若見无量億千衆生以佛教門出
三界苦怖畏險道得涅槃樂如来尒時便作
是念我有无量无邊智慧力无畏等諸佛法

求牛車出於火宅舍利弗如彼長者見諸子
等安隱得出火宅到无畏處自惟財富无量
等以大車而賜諸子如來亦復如是為一切
衆生之父若見无量億千衆生以佛教門出
三界苦怖畏險道得涅槃樂如來尒時便作
是念我有无量无邊智慧力无畏等諸佛法
藏是諸衆生皆是我子等與大乘不令有人
獨得滅度皆以如來滅度而滅度之是諸衆
生脫三界者悉與諸佛禪定解脫等娛樂之
具皆是一相一種聖所稱歎能生淨妙第一
之樂舍利弗如彼長者初以三車誘引諸子
然後但與大車寶物莊嚴安隱第一然彼長
者无虛妄之咎如來亦復如是无有虛妄初
說三乘引導衆生然後但以大乘而度脫之
何以故如來有无量智慧力无所畏諸法之
藏能與一切衆生大乘之法但不盡能受舍
利弗以是因緣當知諸佛方便力故於一佛
乘分別說三佛欲重宣此義而說偈言
譬如長者　有一大宅　其宅久故　而復頓弊
堂舍高危　柱根摧朽　梁棟傾斜　基陛隤毀
墻壁圮坼　泥塗褫落　覆苫亂墜　椽梠差脫
周障屈曲　雜穢充遍　有五百人　止住其中
鵄梟鵰鷲　烏鵲鳩鴿　蚖蛇蝮蠍　蜈蚣蚰蜒
守宮百足　狖狸鼷鼠　諸惡虫輩　交橫馳走
屎尿臭處　不淨流溢　蜣蜋諸虫　而集其上
狐狼野干　咀嚼踐蹹　嚌齧死屍　骨肉狼藉
由是群狗　競來搏撮　飢羸慞惶　處處求食

BD05709號　妙法蓮華經卷二

(23–11)

周障屈曲　雜穢充遍　有五百人　止住其中
鵄梟鵰鷲　烏鵲鳩鴿　蚖蛇蝮蠍　蜈蚣蚰蜒
守宮百足　狖狸鼷鼠　諸惡虫輩　交橫馳走
屎尿臭處　不淨流溢　蜣蜋諸虫　而集其上
狐狼野干　咀嚼踐蹹　嚌齧死屍　骨肉狼藉
由是群狗　競來搏撮　飢羸慞惶　處處求食
鬪諍摣掣　啀喍嘷吠　其舍恐怖　變狀如是
處處皆有　魑魅魍魎　夜叉惡鬼　食噉人肉
毒虫之屬　諸惡禽獸　孚乳產生　各自藏護
夜叉競來　爭取食之　食之既飽　惡心轉熾
鬪諍之聲　甚可怖畏　鳩槃荼鬼　蹲踞土埵
或時離地　一尺二尺　往返遊行　縱逸嬉戲
捉狗兩足　撲令失聲　以脚加頸　怖狗自樂
復有諸鬼　其身長大　裸形黑瘦　常住其中
發大惡聲　叫呼求食　復有諸鬼　其咽如針
復有諸鬼　首如牛頭　或食人肉　或復噉狗
頭髮蓬亂　殘害兇險　飢渴所逼　叫喚馳走
夜叉餓鬼　諸惡鳥獸　飢急四向　窺看窓牖
如是諸難　恐畏无量　是朽故宅　屬于一人
其人近出　未久之間　於後宅舍　忽然火起
四面一時　其焰俱熾　棟梁椽柱　爆聲震裂
摧折墮落　墻壁崩倒　諸鬼神等　揚聲大叫
鵰鷲諸鳥　鳩槃荼等　周慞惶怖　不能自出
惡獸毒虫　藏竄孔穴　毗舍闍鬼　亦住其中
薄福德故　為火所逼　共相殘害　飲血噉肉
野干之屬　並已前死　諸大惡獸　競來食噉

BD05709號　妙法蓮華經卷二

(23–12)

四面一時　其焰俱熾　棟梁椽柱　爆聲震裂
摧折墮落　墻壁崩倒　諸鬼神等　揚聲大叫
鵰鷲諸鳥　鳩槃茶等　周慞惶怖　不能自出
惡獸毒虫　藏竄孔穴　毗舍闍鬼　亦住其中
薄福德故　為火所逼　共相殘害　飲血噉肉
野干之屬　並已前死　諸大惡獸　競来食噉
臭烟熢㶿　四面充塞　蜈蚣蚰蜒　毒虵之類
為火所燒　争走出穴　鳩槃茶鬼　隨取而食
又諸餓鬼　頭上火燃　飢渴熱惱　周章悶走
其宅如是　甚可怖畏　毒害火災　衆難非一
是時宅主　在門外立　聞有人言　汝諸子等
先因遊戲　来入此宅　稚小无知　歡娛樂着
長者聞已　驚入火宅　方宜救濟　令无燒害
告喻諸子　説衆患難　惡鬼毒虫　災火蔓莚
衆苦次第　相續不絶　毒虵蚖蝮　及諸夜叉
鳩槃茶鬼　野干狐狗　鵰鷲鵄梟　百足之屬
飢渴惱急　甚可怖畏　此苦難處　況復大火
諸子无知　雖聞父誨　猶故樂着　嬉戲不已
是時長者　而作是念　諸子如此　益我愁惱
今此舍宅　无一可樂　而諸子等　耽湎嬉戲
不受我教　將為火害　即便思惟　設諸方便
告諸子等　我有種種　珎玩之具　妙寶好車
羊車鹿車　大牛之車　今在門外　汝等出来
吾為汝等　造作此車　隨意所樂　可以遊戲
諸子聞説　如此諸車　即時奔競　馳走而出
到於空地　離諸苦難　長者見子　得出火宅
……衢　坐師子座　而自慶言　我今快樂

告諸子等　我有種種　珎玩之具　妙寶好車
羊車鹿車　大牛之車　今在門外　汝等出来
吾為汝等　造作此車　隨意所樂　可以遊戲
諸子聞説　如此諸車　即時奔競　馳走而出
到於空地　離諸苦難　長者見子　得出火宅
住於四衢　坐師子座　而自慶言　我今快樂
此諸子等　生育甚難　愚小无知　而入險宅
多諸毒虫　魑魅可畏　大火猛焰　四面俱起
而此諸子　貪樂嬉戲　我已救之　令得脫難
是故諸人　我今快樂　尒時諸子　知父安坐
皆詣父所　而白父言　願賜我等　三種寶車
如前所許　諸子出来　當以三車　隨汝所欲
今正是時　唯垂給與　長者大富　庫藏衆多
金銀琉璃　車璖馬瑙　以衆寶物　造諸大車
裝校嚴飾　周帀欄楯　四面懸鈴　金繩交絡
真珠羅網　張施其上　金華諸瓔　處處垂下
衆采雜飾　周帀圍繞　柔軟繒纊　以為裀褥
上妙細氎　價直千億　鮮白淨潔　以覆其上
有大白牛　肥壯多力　形體姝好　以駕寶車
多諸儐從　而侍衛之　以是妙車　等賜諸子
諸子是時　歡喜踊躍　乘是寶車　遊於四方
嬉戲快樂　自在无礙　告舍利弗　我亦如是
衆聖中尊　世間之父　一切衆生　皆是吾子
深著世樂　无有慧心　三界无安　猶如火宅
衆苦充滿　甚可怖畏　常有生老　病死憂患
如是等火　熾然不息　如来已離　三界火宅

諸子是時　歡喜踊躍　乘是寶車　遊於四方
嬉戲快樂　自在无礙　告舍利弗　我亦如是
衆聖中尊　世間之父　一切衆生　皆是吾子
深着世樂　无有慧心　三界无安　猶如火宅
衆苦充滿　甚可怖畏　常有生老　病死憂患
如是等火　熾然不息　如來已離　三界火宅
寂然閑居　安處林野　今此三界　皆是我有
其中衆生　悉是吾子　而今此處　多諸患難
唯我一人　能爲救護　雖復教詔　而不信受
於諸欲染　貪著深故　以是方便　爲說三乘
令諸衆生　知三界苦　開示演說　出世間道
是諸子等　若心決定　具足三明　及六神通
有得緣覺　不退菩薩　汝舍利弗　我爲衆生
以此譬喻　說一佛乘　汝等若能　信受是語
一切皆當　成得佛道　是乘微妙　清淨第一
於諸世間　爲无有上　佛所悅可　一切衆生
所應稱讚　供養礼拜　无量億千　諸力解脫
禪定智慧　及佛餘法　得如是乘　令諸子等
日夜劫數　常得遊戲　與諸菩薩　及聲聞衆
乘此寶乘　直至道場　以是因緣　十方諦求
更无餘乘　除佛方便　告舍利弗　汝諸人等
皆是吾子　我則是父　汝等累劫　衆苦所燒
我皆濟拔　令出三界　我雖先說　汝等滅度
但盡生死　而實不滅　今所應作　唯佛智慧
若有菩薩　於是衆中　能一心聽　諸佛實法
諸佛世尊　雖以方便　所化衆生　皆是菩薩
若人小智　深着愛欲　爲此等故　說於苦諦

皆是吾子　我則是父　汝等累劫　衆苦所燒
我皆濟拔　令出三界　我雖先說　汝等滅度
但盡生死　而實不滅　今所應作　唯佛智慧
若有菩薩　於是衆中　能一心聽　諸佛實法
諸佛世尊　雖以方便　所化衆生　皆是菩薩
若人小智　深着愛欲　爲此等故　說於苦諦
衆生心喜　得未曾有　佛說苦諦　真實无異
若有衆生　不知苦本　深着苦因　不能暫捨
爲是等故　方便說道　諸苦所因　貪欲爲本
若滅貪欲　无所依心　滅盡諸苦　名第三諦
爲滅諦故　脩行於道　離諸苦縛　名得解脫
是人於何　而得解脫　但離虛妄　名爲解脫
其實未得　一切解脫　佛說是人　未實滅度
斯人未得　无上道故　我意不欲　令至滅度
我爲法王　於法自在　安隱衆生　故現於世
汝舍利弗　我此法印　爲欲利益　世間故說
在所遊方　勿妄宣傳　若有聞者　隨喜頂受
當知是人　阿惟越致　若有信受　此經法者
是人已曾　見過去佛　恭敬供養　亦聞是法
若人有能　信汝所說　則爲見我　亦見於汝
及比丘僧　并諸菩薩　斯法華經　爲深智說
淺識聞之　迷惑不解　一切聲聞　及辟支佛
於此經中　力所不及　汝舍利弗　尚於此經
以信得入　況餘聲聞　其餘聲聞　信佛語故
隨順此經　非己智分　又舍利弗　憍慢懈怠
計我見者　莫說此經　凡夫淺識　深著五欲

淺識聞之 迷惑不解 一切聲聞 及辟支佛
於此經中 力所不及 汝舍利弗 尚於此經
以信得入 況餘聲聞 其餘聲聞 信佛語故
隨順此經 非己智分 又舍利弗 憍慢懈怠
計我見者 莫說此經 凡夫淺識 深著五欲
聞不能解 亦勿為說 若人不信 毀謗此經
則斷一切 世間佛種 或復顰蹙 而懷疑惑
汝當聽說 此人罪報 若佛在世 若滅度後
其有誹謗 如斯經典 見有讀誦 書持經者
輕賤憎嫉 而懷結恨 此人罪報 汝今復聽
其人命終 入阿鼻獄 具足一劫 劫盡更生
如是展轉 至无數劫 從地獄出 當墮畜生
若狗野干 其形頊瘦 黧黮疥癩 人所觸嬈
又復為人 之所惡賤 常困飢渴 骨肉枯竭
生受楚毒 死被瓦石 斷佛種故 受斯罪報
若作馲駝 或生驢中 身常負重 加諸杖捶
但念水草 餘无所知 謗斯經故 獲罪如是
有作野干 來入聚落 身體疥癩 又无一目
為諸童子 之所打擲 受諸苦痛 或時致死
於此死已 更受蟒身 其形長大 五百由旬
聾騃无足 蜿轉腹行 為諸小虫 之所唼食
晝夜受苦 无有休息 謗斯經故 獲罪如是
若得為人 諸根闇鈍 矬陋攣躄 盲聾背傴
有所言說 人不信受 口氣常臭 鬼魅所著
貧窮下賤 為人所使 多病痟瘦 无所依怙
雖親附人 人不在意 若有所得 尋復忘失

聾騃无足 蜿轉腹行 為諸……
晝夜受苦 无有休息 謗斯經故 獲罪如是
若得為人 諸根闇鈍 矬陋攣躄 盲聾背傴
有所言說 人不信受 口氣常臭 鬼魅所著
貧窮下賤 為人所使 多病痟瘦 无所依怙
雖親附人 人不在意 若有所得 尋復忘失
若脩醫道 順方治病 更增他疾 或復致死
若自有病 无人救療 設服良藥 而復增劇
若他反逆 抄劫竊盜 如是等罪 橫羅其殃
如斯罪人 永不見佛 衆聖之王 說法教化
如斯罪人 常生難處 狂聾心亂 永不聞法
於无數劫 如恒河沙 生輒聾瘂 諸根不具
常處地獄 如遊園觀 在餘惡道 如己舍宅
駝驢猪狗 是其行處 謗斯經故 獲罪如是
若得為人 聾盲瘖瘂 貧窮諸衰 以自莊嚴
水腫乾痟 疥癩癰疽 如是等病 以為衣服
身常臭處 垢穢不淨 深著我見 增益瞋恚
婬欲熾盛 不擇禽獸 謗斯經故 獲罪如是
告舍利弗 謗斯經者 若說其罪 窮劫不盡
以是因緣 我故語汝 无智人中 莫說此經
若有利根 智慧明了 多聞強識 求佛道者
如是之人 乃可為說 若人曾見 億百千佛
殖諸善本 深心堅固 如是之人 乃可為說
若人精進 常脩慈心 不惜身命 乃可為說
若人恭敬 无有異心 離諸凡愚 獨處山澤
如是之人 乃可為說 又舍利弗 若見有人
舍惡知識 親近善友 如是之人 乃可為說

如是之人 乃可為說 若人曾見 億百千佛
殖諸善本 深心堅固 如是之人 乃可為說
若人精進 常脩慈心 不惜身命 乃可為說
若人恭敬 无有異心 離諸凡愚 獨處山澤
如是之人 乃可為說 又舍利弗 若見有人
捨惡知識 親近善友 如是之人 乃可為說
若見佛子 持戒清潔 如淨明珠 求大乘經
如是之人 乃可為說 若人无瞋 質直柔軟
常愍一切 恭敬諸佛 如是之人 乃可為說
復有佛子 於大眾中 以清淨心 種種因緣
譬喻言辭 說法无礙 如是之人 乃可為說
若有比丘 為一切智 四方求法 合掌頂受
但樂受持 大乘經典 乃至不受 餘經一偈
如是之人 乃可為說 如人至心 求佛舍利
如是求經 得已頂受 其人不復 志求餘經
亦未曾念 外道典籍 如是之人 乃可為說
告舍利弗 我說是相 求佛道者 窮劫不盡
如是等人 則能信解 汝當為說 妙法華經

妙法蓮華經信解品第四

尒時慧命須菩提摩訶迦旃延摩訶迦葉摩
訶目揵連從佛所聞未曾有法世尊授舍利
弗阿耨多羅三藐三菩提記發希有心歡喜
踊躍即從座起整衣服偏袒右肩右膝著地
一心合掌曲躬恭敬瞻仰尊顏而白佛言我
等居僧之首年並朽邁自謂已得涅槃无所
堪任不復進求阿耨多羅三藐三菩提世尊
往昔說法既久我時在座身體疲懈但念空

踊躍即從座起整衣服偏袒右肩右膝著地
一心合掌曲躬恭敬瞻仰尊顏而白佛言我
等居僧之首年並朽邁自謂已得涅槃无所
堪任不復進求阿耨多羅三藐三菩提世尊
往昔說法既久我時在座身體疲懈但念空
无相无作於菩薩法遊戲神通淨佛國土成
就眾生心不喜樂所以者何世尊令我等出
於三界得涅槃證又今我等年已朽邁於佛
教化菩薩阿耨多羅三藐三菩提不生一念
好樂之心我等今於佛前聞授聲聞阿耨多
羅三藐三菩提記心甚歡喜得未曾有不謂
於今忽然得聞希有之法深自慶幸獲大善
利无量珎寶不求自得世尊我等今者樂說
譬喻以明斯義譬若有人年既幼稚捨父逃
逝久住他國或十二十至五十歲年既長大
加復窮困馳騁四方以求衣食漸漸遊行遇
向本國其父先來求子不得中止一城其家
大富財寶无量金銀琉璃珊瑚虎珀頗梨珠
等其諸倉庫悉皆盈溢多有僮僕臣佐吏
民象馬車乘牛羊无數出入息利乃遍他國商
估賈客亦甚眾多時貧窮子遊諸聚落經歷
國邑遂到其父所止之城父每念子與子離
別五十餘年而未曾向人說如此事但自思
惟心懷悔恨自念老朽多有財物金銀珎寶
倉庫盈溢无有子息一旦終沒財物散失无
所委付是以慇懃每憶其子復作是念我若

[illegible]
國邑遂到其父所止之城父每念子與子離
別五十餘年而未曾向人說如此事但自思
惟心懷悔恨自念老朽多有財物金銀珎寶
倉庫盈溢无有子息一旦終沒財物散失无
所委付是以慇懃每憶其子復作是念我若
得子委付財物坦然快樂无復憂慮世尊尒
時窮子傭賃展轉遇到父舍住立門側遥見
其父踞師子床寶几承足諸婆羅門剎利居
士皆恭敬圍繞以真珠瓔珞價直千萬莊嚴
其身吏民僮僕手執白拂侍立左右覆以寶
帳垂諸華幡香水灑地散衆名華羅列寶物
出內取與有如是等種種嚴飾威德特尊窮
子見父有大力勢即懷恐怖悔來至此竊作
是念此或是王或是王等非我傭力得物之
處不如往至貧里肆力有地衣食易得若久
住此或見逼迫強使我作作是念已疾走而
去時富長者於師子座見子便識心大歡喜
即作是念我財物庫藏今有所付我常思念
此子无由見之而忽自來甚適我願我雖年
朽猶故貪惜即遣傍人急追將還尒時使者
疾走往捉窮子驚愕稱怨大喚我不相犯何
為見捉使者執之逾急強牽將還于時窮子
自念无罪而被囚執此必定死轉更惶怖悶
絕躄地父遥見之而語使言不須此人勿強
將來以冷水灑面令得醒悟莫復與語所以
者何父知其子志意下劣自知豪貴為子所

BD05709號　妙法蓮華經卷二　（23–21）

疾走往捉窮子驚愕稱怨大喚我不相犯何
為見捉使者執之逾急強牽將還于時窮子
自念无罪而被囚執此必定死轉更惶怖悶
絕躄地父遥見之而語使言不須此人勿強
將來以冷水灑面令得醒悟莫復與語所以
者何父知其子志意下劣自知豪貴為子所
難審知是子而以方便不語他人云是我子
使者語之我今放汝隨意所趣窮子歡喜得
未曾有從地而起往至貧里以求衣食尒時
長者將欲誘引其子而設方便密遣二人形
色憔悴无威德者汝可詣彼徐語窮子此有
作處倍與汝直窮子若許將來使作若言欲
何所作便可語之雇汝除糞我等二人亦共
汝作時二使人即求窮子既已得之具陳上
事尒時窮子先取其價尋與除糞其父見子
愍而怪之又以他日於窻牖中遥見子身羸
瘦憔悴糞土塵坌汙穢不淨即脫瓔珞細軟
上服嚴飾之具更著麤弊垢膩之衣塵土坌
身右手執持除糞之器狀有所畏語諸作人
汝等勤作勿得懈息以方便故得近其子後
復告言咄男子汝常此作勿復餘去當加汝
價諸有所須盆器米麵塩酢之屬莫自疑難
亦有老弊使人須者相給好自安意我如汝
父勿復憂慮所以者何我年老大而汝少壯
汝常作時无有欺怠瞋恨怨言都不見汝有
此諸惡如餘作人自今已後如所生子即時
[illegible]

BD05709號　妙法蓮華經卷二　（23–22）

復告言咄男子汝常此作勿復餘去當加汝
價諸有所須盆器米麵塩酢之属莫自疑難
亦有老弊使人須者相給好自安意我如汝
父勿復憂慮所以者何我年老大而汝少壯
汝常作時无有欺怠瞋恨怨言都不見汝有
此諸惡如餘作人自今已後如所生子即時
長者更與作字名之為兒尒時窮子雖欣此
遇猶故自謂客作賤人由是之故於二十年
中常令除糞過是已後心相體信入出无難
然其所止猶在本處世尊尒時長者有疾自
知將死不久語窮子言我今多有金銀珎寶
倉庫盈溢其中多少所應取與汝悉知之我
心如是當體此意所以者何今我與汝便為
不異宜加用心无令漏失尒時窮子即受教
勅領知衆物金銀珎寶及諸庫藏而无希取
一飡之意然其所止故在本處下劣之心亦
未能捨復經少時父知子意漸已通泰成就
大志自鄙先心臨欲終時而命其子并會親
族國王大臣刹利居士皆悉已集即自宣言
此是我子我之所生於其城中捨

BD05709號　妙法蓮華經卷二

（23–23）

諸佛滅度已　若人善耎心　如是諸衆生　皆已成佛道
諸佛滅度已　供養舍利者　起万億種塔　金銀及頗梨
車𤦲與馬瑙　玫瑰琉璃珠　清淨廣嚴飾　莊校於諸塔
或有起石廟　栴檀及沉水　木樒并餘材　塼瓦泥土等
若於曠野中　積土成佛廟　乃至童子戲　聚沙為佛塔
如是諸人等　皆已成佛道　若人為佛故　建立諸形像
刻彫成衆相　皆已成佛道　或以七寶成　鍮石赤白銅
白鑞及鉛錫　鐵木及與泥　或以膠漆布　嚴飾作佛像
如是諸人等　皆已成佛道　綵畫作佛像　百福莊嚴相
自作若使人　皆已成佛道　乃至童子戲　若草木及筆
或以指爪甲　而畫作佛像　如是諸人等　漸漸積功德
具足大悲心　皆已成佛道　但化諸菩薩　度脫无量衆
若人於塔廟　寶像及畫像　以華香幡蓋　敬心而供養
若使人作樂　擊鼓吹角貝　簫笛琴箜篌　琵琶鐃銅䥫
如是衆妙音　盡持以供養　或以歡喜心　歌唄頌佛德
乃至一小音　皆已成佛道　若人散亂心　乃至以一華
供養於畫像　漸見无數佛

BD05710號　妙法蓮華經卷一

（2–1）

若人為佛故　建立諸形像　刻彫成衆相　皆已成佛道
或以七寶成　鍮石赤白銅　白鑞及鉛錫　鐵木及與泥
或以膠漆布　嚴飾作佛像　如是諸人等　皆已成佛道
綵畫作佛像　百福莊嚴相　自作若使人　皆已成佛道
乃至童子戲　若草木及筆　或以指爪甲　而畫作佛像
如是諸人等　漸漸積功德　具足大悲心　皆已成佛道
但化諸菩薩　度脫无量衆
若人於塔廟　寶像及畫像　以華香幡蓋　敬心而供養
若使人作樂　擊鼓吹角貝　簫笛琴箜篌　琵琶鐃銅鈸
如是衆妙音　盡持以供養
或以歡喜心　歌唄頌佛德　乃至一小音　皆已成佛道
若人散亂心　乃至以一華　供養於畫像　漸見无數佛
或有人禮拜　或復但合掌　乃至舉一手　或復小低頭
以此供養像　漸見无量佛　自成无上道　廣度无數衆
入无餘涅槃　如薪盡火滅
若人散亂心　入於塔廟中　一稱南无佛　皆已成佛道
於諸過去佛　在世或滅後　若有聞是法　皆已成佛道
未來諸世尊　其數无有量　是諸如來等　亦方便說法
一切諸如來　以无量方便　度脫諸衆生　入佛无漏智
若有聞法者　无一不成佛
諸佛本誓願　我所行佛道　普欲令衆生　亦同得此道
未來世諸佛　雖說百千億　无數諸法門　其實為一乘

BD05710 號　妙法蓮華經卷一　（2–2）

力安不顛得世尊所食之餘當
施作佛事令此樂小法者[illegible]
来名聲普聞時化菩薩[illegible]於會
舉衆皆見其去到衆香界　里問訊
言維摩詰稽首世尊足下
居少病少惱氣力安不顛[illegible]所食之餘
欲於娑婆世界施作佛事使此樂小[illegible]者得
弘大道亦使如来名聲普聞彼諸大士見化
菩薩嘆未曽有今此上人從何所[illegible]
界為在何許云何名為樂小法者即[illegible]
佛告之曰下方度如四十二恒河沙佛土有
界名娑婆佛号釋迦牟尼今現在於五濁世為
樂小法衆生敷演道教彼有菩薩名維摩詰
住不可思議解脫為諸菩薩說法故遣化来
稱揚我名并讚此土令彼菩薩增益功德彼
菩薩言其人何如乃作是化德力无畏神足
若斯佛言甚大一切十方皆遣化往施作佛事
饒益衆生於是香積如来以衆香鉢盛滿香
飯與化菩薩時彼九百万菩薩俱發聲言我
欲詣娑婆世界供養釋迦牟尼佛并欲見維

BD05711 號　維摩詰所說經卷下　（2–1）

佛告之曰下方度如四十二恒河沙佛土有
界名娑婆佛号釋迦牟尼今現在於五濁世為
樂小法衆生敷演道教彼有菩薩名維摩詰
住不可思議解脫為諸菩薩說法故遣化來
稱揚我名并讚此土令彼菩薩增益功德彼
菩薩言其人何如乃作是化德力无畏神足
若斯佛言甚大一切十方皆遣化往施作佛事
饒益衆生於是香積如來以衆香鉢盛滿香
飯與化菩薩時彼九百万菩薩俱發聲言我
欲詣娑婆世界供養釋迦牟尼佛并欲見維
摩詰等諸菩薩衆佛言可往攝汝身香无令
彼諸衆生起惑著心又當捨汝本形勿使彼
國求菩薩者而自鄙恥又汝於彼莫懷輕賤
而作礙想所以者何十方國土皆如虛空又
諸佛為欲化諸樂小法者不盡現其清淨土
耳時化菩薩既受鉢飯與彼九百万菩薩俱
承佛威神及維摩詰力於彼世界忽然不現
須臾之間至維摩詰舍維摩詰即化作九百
万師子之座嚴好如前諸菩薩皆坐其上化菩
薩以滿鉢香飯與維摩詰飯香普薰毗耶離
城及三千大千世界時毗耶離婆羅門居士

BD05711 號　維摩詰所說經卷下

（2–2）

提在在處處若有此經一切世間天人阿脩
羅所應供養當知此處則為是塔皆應恭敬
作礼圍遶以諸華香而散其處
復次須菩提善男子善女人受持讀誦此經
若為人輕賤是人先世罪業應墮惡道以今
世人輕賤故先世罪業則為消滅當得阿耨
多羅三藐三菩提須菩提我念過去无量阿
僧祇劫於然燈佛前得值八百四千万億那
由他諸佛悉皆供養承事无空過者若復
有人於後末世能受持讀誦此經所得功德
於我所供養諸佛功德百分不及一千万億
分乃至筭數譬喻所不能及須菩提若善男
子善女人於後末世有受持讀誦此經所得
功德我若具說者或有人聞心則狂亂狐疑
不信須菩提當知是經義不可思議果報亦
不可思議
尒時須菩提白佛言世尊善男子善女人發

BD05712 號　金剛般若波羅蜜經

（2–1）

有人於後末世能受持讀誦此經所得功德
於我所供養諸佛功德百分不及一千万億
分乃至筭數譬喻所不能及須菩提若善男
子善女人於後末世有受持讀誦此經所得
功德我若具說者或有人聞心則狂亂狐疑
不信須菩提當知是經義不可思議果報亦
不可思議
尒時須菩提白佛言世尊善男子善女人發
阿耨多羅三藐三菩提心云何應住云何降
伏其心佛告須菩提善男子善女人發阿耨多
羅三藐三菩提者當生如是心我應滅度一
切衆生滅度一切衆生已而无有一衆生實
滅度者何以故若菩薩有我相人相衆生相
壽者相則非菩薩所以者何須菩提實无有
法發阿耨多羅三藐三菩提者須菩提於意
云何如來於然燈佛所有法得阿耨多羅三
藐三菩提不不也世尊如我解佛所說義不
於然燈佛所无有法得阿耨多羅三藐三
菩提佛言如是如是須菩提實无有法如

BD05712號　金剛般若波羅蜜經　（2–2）

尼見比丘与女人說過人法謂從女人精舍内受飲食云何謂突吉羅見比丘与
女人說過人法謂語女人汝旨汝瞯若比丘見食比丘与女人惡口語是名僧殘云何
於僧殘謂波逸提見比丘与女人口惡語謂過五大語是謂於僧殘謂波逸提
云何謂波羅提提舍尼見比丘与女人惡語謂從女人精舍内受食云何突吉羅若
見比丘与女人惡口語謂語女人汝旨瞯云何謂波羅夷見比丘与女人惡語謂說
過人法若比丘見比丘与女人過五大語是謂波逸提云何謂波羅提提舍尼若見
比丘与女人過五大語謂從女人精舍内受食云何突吉羅若見比丘与女人過五大
語謂語女人此白此黑云何謂波羅夷若比丘与女人過五大語謂說過人法云
何謂僧殘若比丘与女人過五言語謂与女人惡語若比丘見比丘從女人精舍
受食是名波羅提提舍尼云何謂突吉羅見比丘從女人精舍内受食謂語女
人此旨此瞯云何謂波羅夷見比丘從女人精舍内受食謂說過人法云何謂
僧殘見比丘從女人精舍内受食謂与女人作惡語云何謂波逸提見比丘從女
精舍内受食謂与女人過五大語若見比丘語女人此白此黑是謂突吉羅云何謂
波羅夷見比丘語女人此旨此瞯謂說過人法云何謂僧殘見比丘語女人此旨
此瞯謂与女人作惡語云何謂波逸提是比丘語女人此旨此瞯謂与女人過五大
語云何謂波羅提提舍尼見比丘語女人此旨此瞯謂從女人精舍内受食若比丘見
象比丘犯波羅夷生疑為波羅夷為非波羅夷如見比丘与女人作姪謂為故
出精謂為石女後便得疑於波羅夷中定生波羅夷想句日何由疑斷若
日遇善知識斷疑遇善知識能斷不善法能滅取法能斷不定法若見比
丘犯僧殘生疑見与女人未體相抱疑為未體為合衣為石女為非石女若比
丘犯与女人過五大語疑為過五大語為不過為石女為非石女若比丘見比丘犯

BD05713號　薩婆多毗尼毗婆沙卷六　（6–1）

此間語言女人作愛語語女人云何語波逸提是比丘語女人此間此間謂與女人過五六
語云何謂波羅提提舍尼見比丘語女人此間此間謂從女人精舍內受食若比丘見
余比丘犯波羅夷生疑為波羅夷為非波羅夷決見比丘與女人作婬謂為故
出精謂為石女後便得疑斷於波羅夷中定生波羅夷想問曰何由疑斷答
曰遇善知識故斷疑遇善知識能斷不善法能滅惡法能斷不定法若見比
丘犯僧殘生疑見與女人共體相抱疑為共體為合衣為石女為非石女若比
丘犯與女人過五六語謂語疑為過五六語為不過為石女為非石女若比丘見比丘學
家取食疑為作羯磨為未作羯磨若比丘見余比丘語女人此間此間生疑
為言此間此間為說余事 第九 與諸比丘結戒者為滅斷諍故為滅惡極
故為行頭陀行道故此是共戒比丘比丘尼俱犯與三眾突吉羅此戒體若僧
和合作羯磨不作羯磨與知可執勞苦人若僧祈物若自恐物和合與比後
便呵言隨親厚與犯墮凡眾僧中為僧執勞苦人若大德及貧匱者
若僧和合與盡得與之若與欲和合與後呵者犯墮若在未來呵者突吉
羅此戒不必言隨親厚厚但言不應與盡犯 第十 此是共戒三眾不共
闡那者是佛異母弟優填王妹兒俱舍毗國瞿闡那所生處白淨王
秦秦言室俱舍毗國安一室也闡那母常在此中有一妹亦在此國以是
因緣闡那多住此國又以此中利益眾生多故多住此國與諸比丘結戒
者為尊重波羅提木叉故為長養戒故為滅惡法故闡那以十二年前亦
常說一偈令說五篇名為雜碎戒中犯者若說四波羅夷時呵者若說一
戒呵言何用說是雜戒為得一波逸提若事事呵者四波逸提若四通呵者
得一波逸提若說戒序時呵者得一偷蘭遮問曰戒序非戒何以得罪耶答
曰戒序說二百五十戒義若呵戒序即是呵一切戒是故得罪如是次
第十三事二不定三十事九十事四悔過眾學法有百八事若下呵者百八墮
若通呵者犯一墮七滅諍亦爾若說隨律經呵者亦犯墮若別經中有
隨律經說時呵者盡犯墮除隨律經說余經時隨多隨少呵者盡突
吉羅問曰何以說呵戒隨律經者罪重餘經罪輕答曰戒是佛法之平地
萬善由之生又戒一切佛弟子皆依而住若無戒者則無所依一切七眾由戒而
有又戒入佛法之初門若無戒者則無由入涅槃城也又戒是佛法之瓔珞莊
嚴佛法是故罪重 第十一 此戒二緣和合結為一戒初緣核寺中草第

BD05713號　薩婆多毗尼毗婆沙卷六

（6–2）

若通呵者犯一墮七滅諍亦爾若說隨律經呵者亦犯墮若別經中有
隨律經說時呵者盡犯墮除隨律經說余經時隨多隨少呵者盡突
吉羅問曰何以說呵戒隨律經者罪重餘經罪輕答曰戒是佛法之平地
萬善由之生又戒一切佛弟子皆依而住若無戒者則無所依一切七眾由戒而
有又戒入佛法之初門若無戒者則無由入涅槃城也又戒是佛法之瓔珞莊
嚴佛法是故罪重 第十一 此戒二緣和合結為一戒初緣核寺中草第
二緣斫大界既樹破鬼神村是樹神從須時往詣佛所頭面禮足一面住
立問曰鬼神何以頭至佛所答曰佛在世時多為天龍鬼神說法晝多
為人說法所以爾者而若見諸鬼神則生怖畏是故晝多為男一面立者
諸神於佛愛敬心重故又為有所請求故又為諸神多樂清淨地不淨故
以是種種因緣所以不坐先八夜時寒風破竹天竺冬末八夜春秋初八夜是
歲寒時所以爾者寒勢將盡又先歲後棄又去以日近下地故熱勢微少
是故寒甚所以言裂破竹者以竹堅尚破況余木耶又云竹性法熱冬寒
時寒甚故破何況余木與諸比丘結戒者為不惱眾生故為止非謗
故為大護佛法故凡有三戒大利益佛法在余誦不得犍負二不得熬生
草三不掘地若不制三戒一切國王當使比丘種作役有此三戒諸主國王
一切息心此是共戒比丘比丘尼俱犯墮三眾突吉羅者是淨人故不犯有五種子根
子莖子節子自落子種實種子根子者謂蘿蔔子蕪菁根如是等根
生者莖子者謂石安留蒲桃楊柳如是等莖生者節子者甘蔗廣竹細竹
如是等節生自落種子者謂蘩羅勒胡荽蔽利如是等自落種子實
種子者稻麻麥大豆小豆粟等皆是實種子若比丘五種子中自
斷教斷自破教破自燒教燒皆犯墮教他者教比丘比丘尼犯墮若
教三眾突吉羅若一時燒五種子犯一墮若一一燒隨所多少一一墮若
壞樹葉一一墮隨一一墮若一下斷樹一墮如是等比類可解凡淨生果
生菜若合子食是五種子者一切火淨若不合子食欲果若菜非五種子
但刀淨一切得淨食律師云一切果若合子食應火淨若不合子食
一切時得不須刀淨人食佛自說生菜不可有種子無種子要須淨
人食不淨果若合子吞突吉羅若嚼破犯墮 第十二

BD05713號　薩婆多毗尼毗婆沙卷六

（6–3）

斷教斷自斫教斫自燒教燒皆犯墮教他者教比丘尼犯墮若
教三眾突吉羅若一時燒五種子犯一墮若一一燒隨所多少一一墮若
隨樹葉一一墮隨一一墮若一下斷樹一墮如是等比類可解凡淨生菓
生菓若合子食是五種子者一切火淨若不合子食設菓菓非五種子
但刀淨一切得淨食律師云一切菓若合子食應火淨若不合子食
一切時得不須刀淨人食合自說生菓不可有種子无種子要須淨
人食不淨菓若合子吞突吉羅若嚙破犯墮　第十二
此是共戒比丘比丘尼俱犯墮三眾突吉羅此戒體先差十四人瞋恚是
人者犯墮凡差十四人若羯磨若不羯磨二俱无過若十四人來捨羯磨
瞋恚是人者犯墮若捨羯磨瞋恚是人突吉羅乃至別房及事同差不作
知食人瞋恚是人突吉羅瞋恚十四人若聞者犯墮不聞者突吉羅瞋
恚者不在面前言音足相聞了若遣使書信突吉羅　第十三
此是共戒此戒有二億識羯磨不隨問答惱他作億〻識〻羯〻磨〻已
不隨問答惱他犯墮未作羯磨不隨問答惱他突吉羅二嘿然惱他故
作〻億〻識〻羯〻磨〻嘿然惱他犯墮未作羯磨嘿然惱他突吉羅五
偏戒中有三戒二結已合作一戒如四事中婬戒一以共人行婬結戒二以共
畜生行婬結戒此九十事中有二戒二結合作一戒如前瞋惱惱戒初
以瞋恚陀驃差會故是一結也後不現前瞋惱便違瞋恚因違瞋恚
復更結戒是二結也准復二結故是一瞋恚戒此不隨問答戒亦二結
也初以不隨問答因以結戒是一結也二以嘿然惱他是二結也准是二
結故是一不隨問答惱他戒億識法者一切五眾盡與億識羯日此億
識者是現前不現前答曰比丘比丘尼現前三眾不現前要在信內如學
家羯磨亦在信內覆鉢羯磨亦不現前三眾亦不現前作羯磨
已若捨戒作沙彌即失羯磨若返戒還俗後作比丘即本羯磨若
根變作尼即本羯磨比丘尼轉根亦如是亦得布薩自恣百一羯磨
一切盡得作僧祇自恣面門臘一切盡同得揵他羅法亦得從他受經
法盡无異也不得作和上依止畜沙彌不捨羯磨得受具戒不隨問答
此戒體亦是比丘共說波羅提木叉中為惱他故不隨問答犯墮若三尼

已若捨戒作沙彌即失羯磨若返戒還俗後作比丘即本羯磨若
根變作尼即本羯磨比丘尼轉根亦如是亦得布薩自恣百一羯磨
一切盡得作僧祇自恣面門臘一切盡同得揵他羅法亦得從他受經
法盡无異也不得作和上依止畜沙彌不捨羯磨得受具戒不隨問答
此戒體亦是比丘共說波羅提木叉中為惱他故不隨問答犯墮若三尼
眾問戒中事不隨問答突吉羅若比丘問余結戒法事不隨問答突吉羅
若出所犯罪得解羯磨六法尼根變作沙彌尼根變亦作沙彌　第十四
此是共戒比丘比丘尼俱犯墮三眾突吉羅與諸比丘結戒者為行道安禪故為
長信敬故為令擅越善根成熟故僧敷具若麤細繩牀木牀被褥
枕踏地若无覆蔽處是中犯者凡有二時一地了時二日沒時若比丘初夜
初分露地敷僧敷具在中若坐若臥去時不自舉不教人舉至地了時
犯墮乃至地了時敷僧敷具不自舉不教人舉至地了時犯墮地了時
露地敷僧敷具在中坐臥去入室休息至日沒時犯墮若日沒時露地
敷僧敷具入室休息至地了時犯墮若敷僧敷具已出寺卌九步地了時
犯墮若露地敷僧敷具已不囑人遊行諸坊突吉羅若自敷敷具若不隨
時舉突吉羅若敷露地所以時舉者一乘雨濕二乘日暴三乘風吹四乘
護故應舉覆處若露地敷僧敷具不問出寺不出寺至地了犯墮若准
有覆蔽人日雨所及皆犯墮若敷僧敷具出寺水不問遠近至地未了日未
沒突吉羅　第十五　此是共戒比丘比丘尼俱犯三眾突吉羅覆處中犯者若有
比丘房中敷僧敷具出界去犯墮若舊比丘房中敷僧敷具出界去作是
念即日當還有急因緣不得即還出界至地了時突吉羅　臥具者麤細繩
牀木牀被褥枕敷若房內敷僧敷具出寺若近若遠皆應付囑若
不付囑應自卷疊舉之付囑次第法盡在律文中好持者大沙彌
不得付之若客比丘房中敷臥具出界不其還至地了時突吉羅若不
其還出界至地了時犯墮若舊比丘敷臥具竟出界不其還至地
時犯墮　第十六　此是共戒三眾突吉羅與諸比丘結戒者為不善
惱眾生故為滅鬪諍故是中犯者若比丘瞋恨不喜手自牽出從牀上

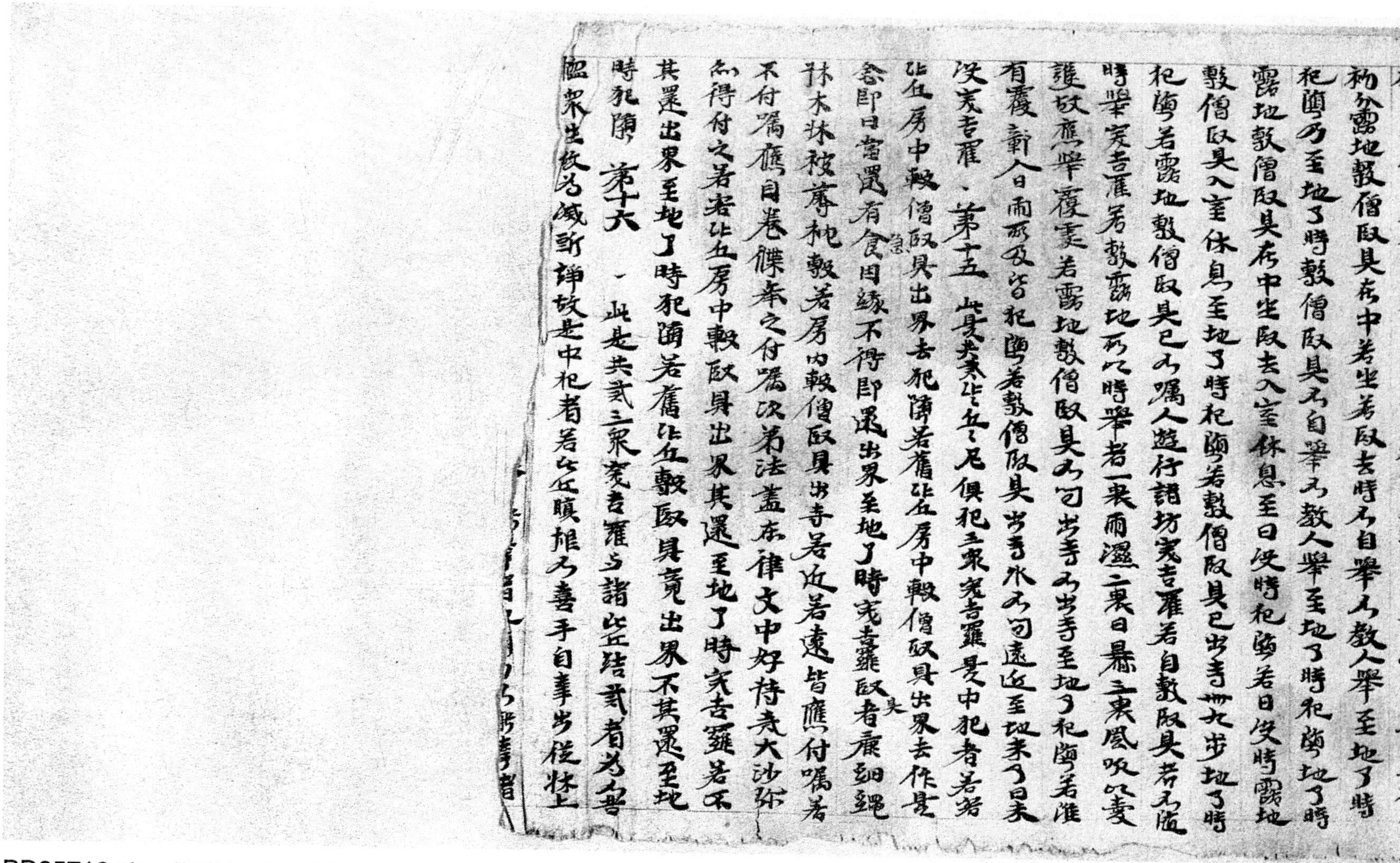

BD05713 號　薩婆多毗尼毗婆沙卷六

(6–6)

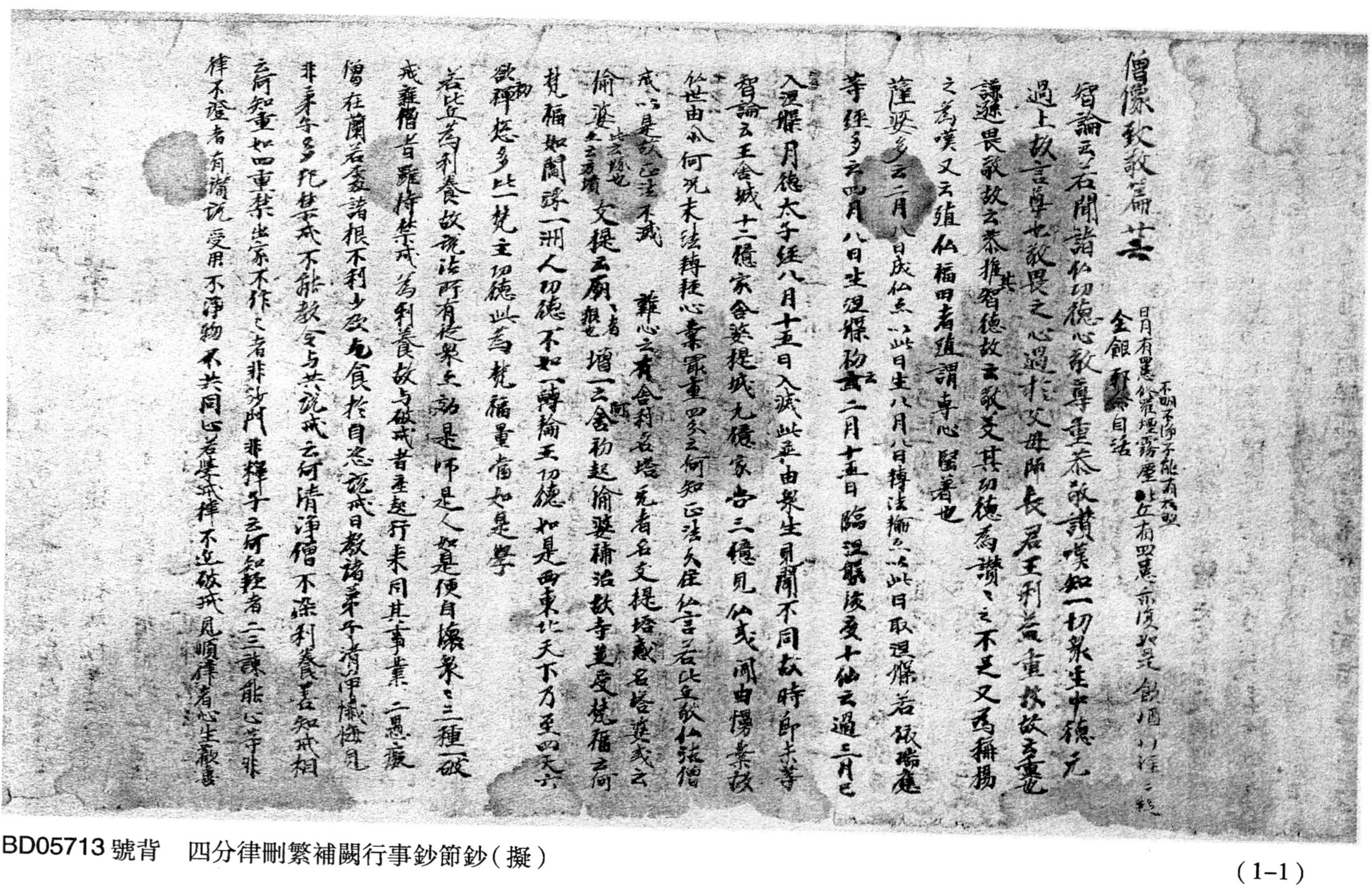

BD05713 號背　四分律刪繁補闕行事鈔節鈔(擬)

(1–1)

朗一切地獄並皆消滅
无上菩提心
界中八万八千菩薩一時成佛号曰虚空
來應正等覺劫名圓滿國号无邊一切
无有彼此並證无諍三昧六万六千比丘
丘尼優婆塞優婆夷得大揔持入不二法門
東大龍夜叉乾闥婆阿脩羅迦樓羅緊那
摩睺羅伽人非人等得法眼淨行菩薩道
次善男子若復有人得官登位之日及新
入宅之日即讀此經三遍甚大吉利獲福无
量善男子若讀此經一遍者如讀一切經一遍
寫一卷者如寫一切經一部其功德不可稱
不可量无有邊際如斯人等即成聖道
復次无邊身菩薩摩訶薩若有衆生不信正
法常生耶見忽聞此經即生誹謗言非佛說
是人現世得白癩病惡瘡膿血遍體交流腥
臊臭穢人皆憎嫉命終之日即墮阿鼻无間
地獄上火徹下下火徹上鐵叉遍身穿穴五
藏洋銅灌口筋骨爛壞一日一夜万死万生
受大苦痛无有休息謗斯經故獲罪如是
佛為罪人而說偈言
身是自然身　五體自然體　長乃自然長　老乃自然老

BD05714 號　天地八陽神咒經　（3–1）

法常生耶見忽聞此經即生誹謗言非佛說
是人現世得白癩病惡瘡膿血遍體交流腥
臊臭穢人皆憎嫉命終之日即墮阿鼻无間
地獄上火徹下下火徹上鐵叉遍身穿穴五
藏洋銅灌口筋骨爛壞一日一夜万死万生
受大苦痛无有休息謗斯經故獲罪如是
佛為罪人而說偈言
身是自然身　五體自然體　長乃自然長　老乃自然老
生則自然生　死則自然死　求長不得長　求短不得短
苦樂汝自當　邪正由汝已　欲任有為功　讀經莫問師
千千万万代　得道轉法輪
佛說此經已一切聽衆得未曾有心明意淨
歡喜踊躍皆見諸相非相入佛知見悟佛知
見　無入無悟無知無見不得一法即涅槃樂
時世尊重說要偈言
端政相具足　百億万家生　勇猛行布施　為人不慳貪
女人聞是法　勇猛大歡喜　得離女人身　所生為男子
諸兵不能害　困毒不能疾　縣官及盜賊　終不害是人
五兵不能燒　官屬及将師　不能害是人　奉持是經典
恭敬合掌礼　百惡盡以除　終始不能言　奉行是經者
是時諸菩薩彌勒菩薩菩四天大王皆白佛
言我等曹輩皆共擁護八陽神呪經我當
并力救助擁護若有疾病令得除愈是諸
菩薩舍利弗比丘僧比丘尼優婆塞優婆
夷天龍鬼神阿須輪王為佛作礼歡喜奉

BD05714 號　天地八陽神咒經　（3–2）

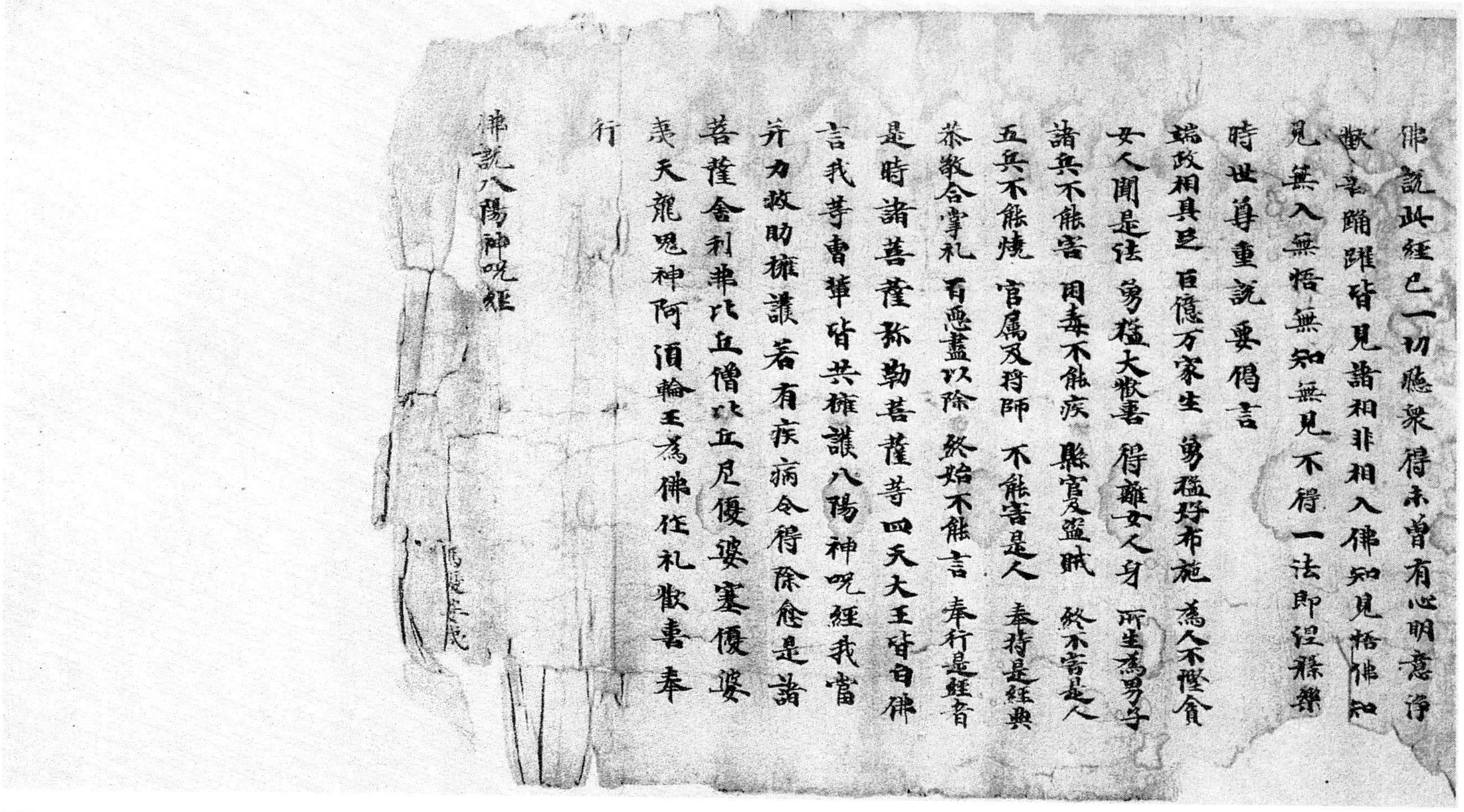

佛說此經已一切聽衆得未曾有心明意淨
歡喜踊躍皆見諸相非相入佛知見悟佛知
見無入無悟無知無見不得一法即涅槃樂
時世尊重說要偈言
端政相具足　百億万家生　勇猛好布施　為人不慳貪
女人聞是法　勇猛大歡喜　得離女人身　所生為男子
諸兵不能害　用毒不能疾　縣官及盜賊　終不害是人
五兵不能燒　官屬及將師　不能害是人　奉持是經典
恭敬合掌礼　有惡盡以除　終始不能言　奉行是經者
是時諸菩薩弥勒菩薩等四天大王皆白佛
言我等曹輩皆共擁護八陽神呪經我當
并力救助擁護若有疾病令得除愈是諸
菩薩舍利弗比丘僧比丘尼優婆塞優婆
夷天龍鬼神阿須輪王為佛作礼歡喜奉
行
佛說八陽神呪經

BD05714 號　天地八陽神咒經

（3–3）

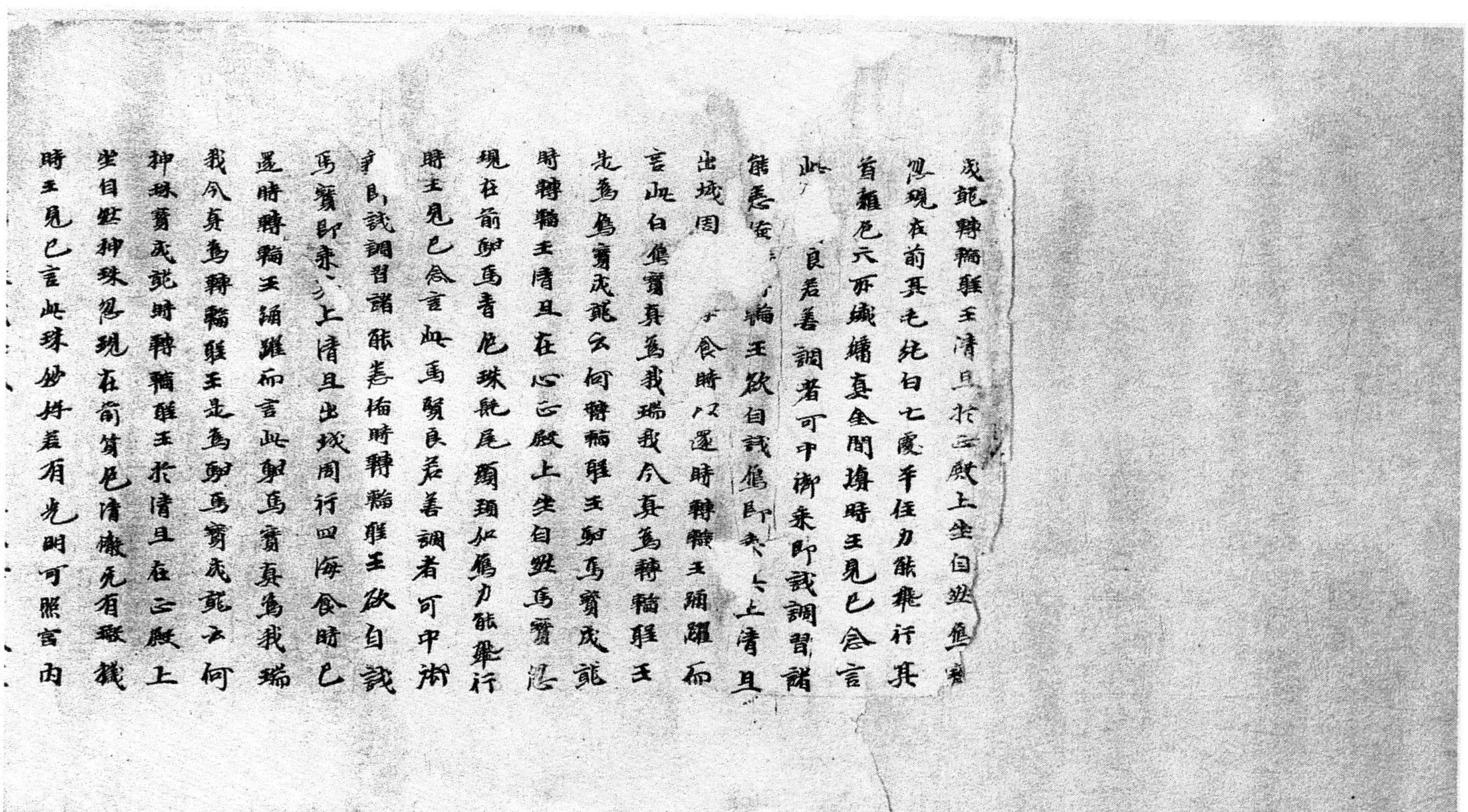

成就轉輪聖王清旦於正殿上坐自然象寶
忽現在前其毛純白七處平住力能飛行其
首雜色六牙纖傭真金間填時王見已念言
此[illegible]良若善調者可中御乘即試調習諸
能悉備[illegible]輪王欲自試象即乘之上清旦
出城周[illegible]食時已還時轉輪王踊躍而
言此白象寶真為我瑞我今真為轉輪聖王
先為象寶成就云何轉輪聖王馬寶成就
時轉輪王清旦在正殿上坐自然馬寶忽
現在前紺馬青色朱髦尾頭頸如象力能飛行
時王見已念言此馬賢良若善調者可中御
乘即試調習諸能悉備時轉輪聖王欲自試
馬寶即乘之上清旦出城周行四海食時已
還時轉輪王踊躍而言此紺馬寶真為我瑞
我今真為轉輪聖王是為紺馬寶成就云何
神珠寶成就時轉輪聖王於清旦在正殿上
坐自然神珠忽現在前質色清徹無有瑕穢
時王見已言此珠妙好若有光明可照宮内

BD05715 號　長阿含經卷一八

（5–1）

還時轉輪王踊躍而言此馬寶真為我瑞
我今真為轉輪聖王是為馬寶成就云何
神珠寶成就時轉輪聖王於清旦在正殿上
坐自然神珠忽現在前質色清徹无有瑕穢
時王見已言此珠妙好若有光明可照宮內
時轉輪王欲試此珠即召四兵以此寶珠置
高幢上於夜冥中齎幢出城其珠光明照一由
旬現城中人皆起作務謂為是晝時轉輪聖
王踊躍而言今此神珠真為我瑞我今真為
轉輪聖王是為神珠寶成就云何玉女寶成
就時玉女寶忽然出現顏色從容面貌端政
不長不短不麁不細不白不黑不剛不柔冬
則身溫夏則身涼舉身毛孔出栴檀香口出
優鉢羅華香言語柔濡舉動安詳先起後
坐不失宜則時轉輪聖王見已无著心不
暫念況復親近時轉輪聖王見踊躍而言
此玉女寶真為我瑞我真為轉輪聖王是為
玉女寶成就云何居士寶成就時居士丈夫
忽然自出寶藏自然財富无量居士宿福眼
能徹視地中伏藏有主无主皆悉見知其有
主者能為擁護其无主者取給王用時居士寶
往白王言大王有所給與不足為憂我自能
辦時轉輪聖王欲試居士寶即勅嚴船於水遊
戲告居士曰我須金寶汝速與我居士報曰
大王小待須至岸上王尋逼言我今須用正
爾得來時居士寶被王嚴勅即於船上長跪

BD05715號　長阿含經卷一八　（5-2）

主者能為擁護其无主者取給王用時居士寶
往白王言大王有所給與不足為憂我自能
辦時轉輪聖王欲試居士寶即勅嚴船於水遊
戲告居士曰我須金寶汝速與我居士報曰
大王小待須至岸上王尋逼言我今須用正
爾得來時居士寶被王嚴勅即於船上長跪
以右手內著水〻中〻寶瓶隨手而出如虫緣
樹彼居士寶亦復如是內手水中寶緣手出
充滿船時而白言向須寶用為須幾許時
轉輪聖王語居士言止〻吾无所須向相試
耳汝今便為供養我已時居士聞王語已尋
以寶物還投水中時轉輪聖王踊躍而言此
居士寶真為我瑞我今真為轉輪聖王是為
居士寶成就云何主兵寶成就時主兵寶忽
然出現智謀雄猛英略獨決即詣王所白言
大王有所討罰不足為憂我自能辦時轉輪
聖王欲試主兵寶即集四兵而告之曰汝今
用兵未集者集已集者放未嚴者嚴已嚴者
解未去者去已去者住時主兵寶聞王語已
即令四兵未集者集已集者放未嚴者嚴已
嚴者解未去者去已去者住時轉輪聖王見
已踊躍而言此主兵寶真為我瑞我今真為
轉輪聖王是為轉輪聖王七寶成就謂四神
德一者長壽不夭无能及者二者身強无患
无能及者三者顏貌端政无能及者四者寶藏
盈溢无能及者是為轉輪聖王成就七寶及
四功德時轉輪聖王久乃命駕出遊後園尋

BD05715號　長阿含經卷一八　（5-3）

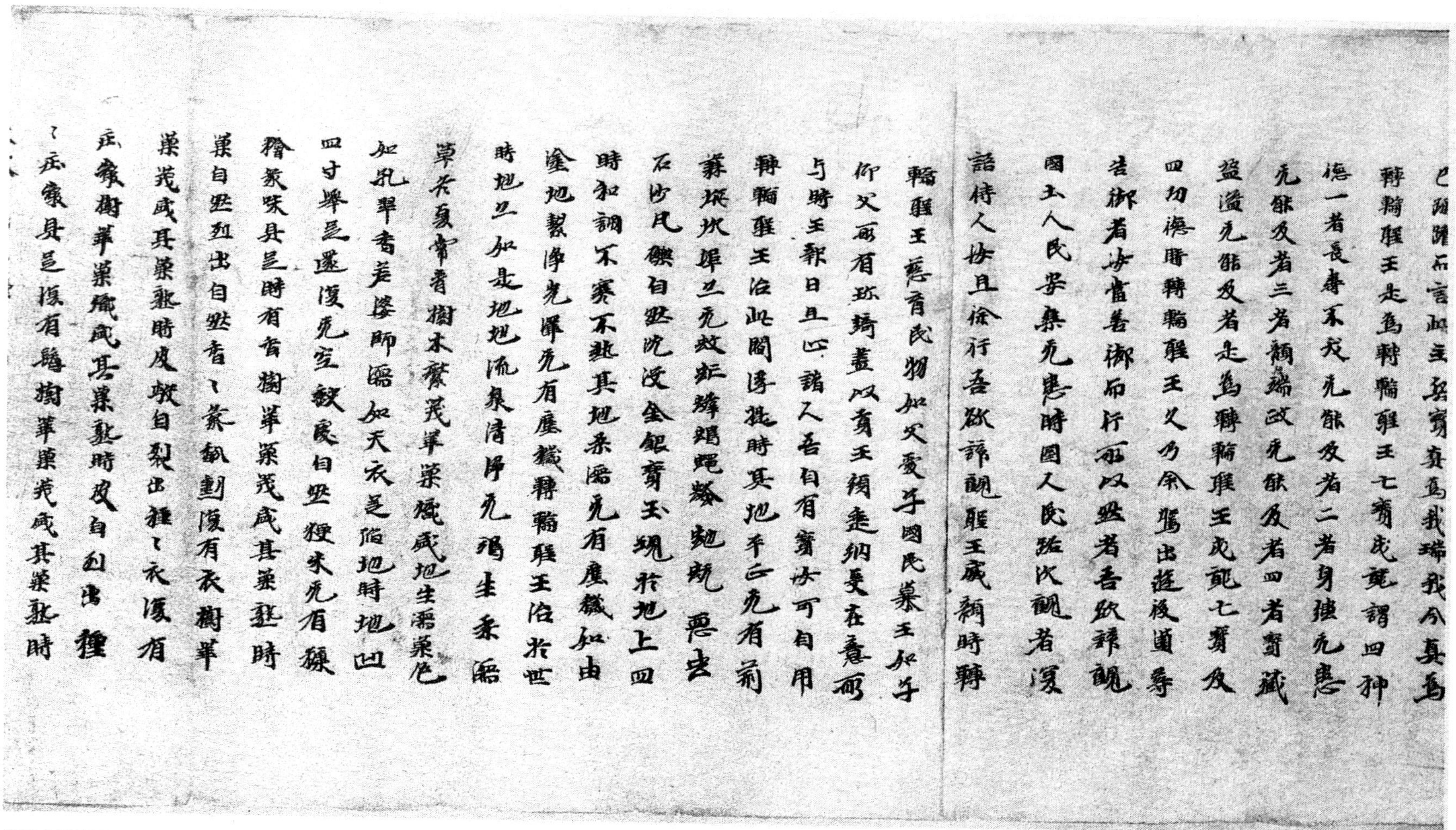
已頭陀而言此王寂寞真為我瑞我今真為
轉輪聖王七寶成就謂四神
德一者長壽不夭无能及者二者身強无患
无能及者三者顏貌端正无能及者四者寶藏
盈溢无能及者是為轉輪聖王成就七寶及
四功德時轉輪聖王久乃命駕出遊後園尋
告御者汝當善御而行所以然者吾欲諦觀
國土人民安樂无患時國人民路次觀者復
語侍人汝且徐行吾欲諦觀聖王威顏時轉
輪聖王慈育民物如父愛子國民慕王如子
仰父所有珍琦盡以貢王願垂納受在意所
與時王報曰且止諸人吾自有寶汝可自用
轉輪聖王治此閻浮提時其地平正无有荊
棘坑坎堆阜亦无蚊虻蜂蝎蠅蚤蛇蚖惡虫
石沙瓦礫自然沈沒金銀寶玉現於地上四
時和調不寒不熱其地柔濡无有塵穢如由
塗地潔淨光澤无有塵穢轉輪聖王治於世
時地亦如是地出流泉清淨无竭生柔濡
草冬夏常青樹木繁茂華果熾盛地生濡草色
如孔翠香若婆師濡如天衣足蹈地時地凹
四寸舉足還復无空缺處自然粳米无有糠
糩眾味具足時有香樹華果茂盛其果熟時
果自然裂出自然香々氣馥熏復有衣樹華
果茂盛其果熟時皮殼自裂出種々衣復有
莊嚴樹華果熾盛其果熟時皮殼自裂出種
々莊嚴身具已復有鬘樹華果茂盛其果熟時

BD05715號　長阿含經卷一八

（5–4）

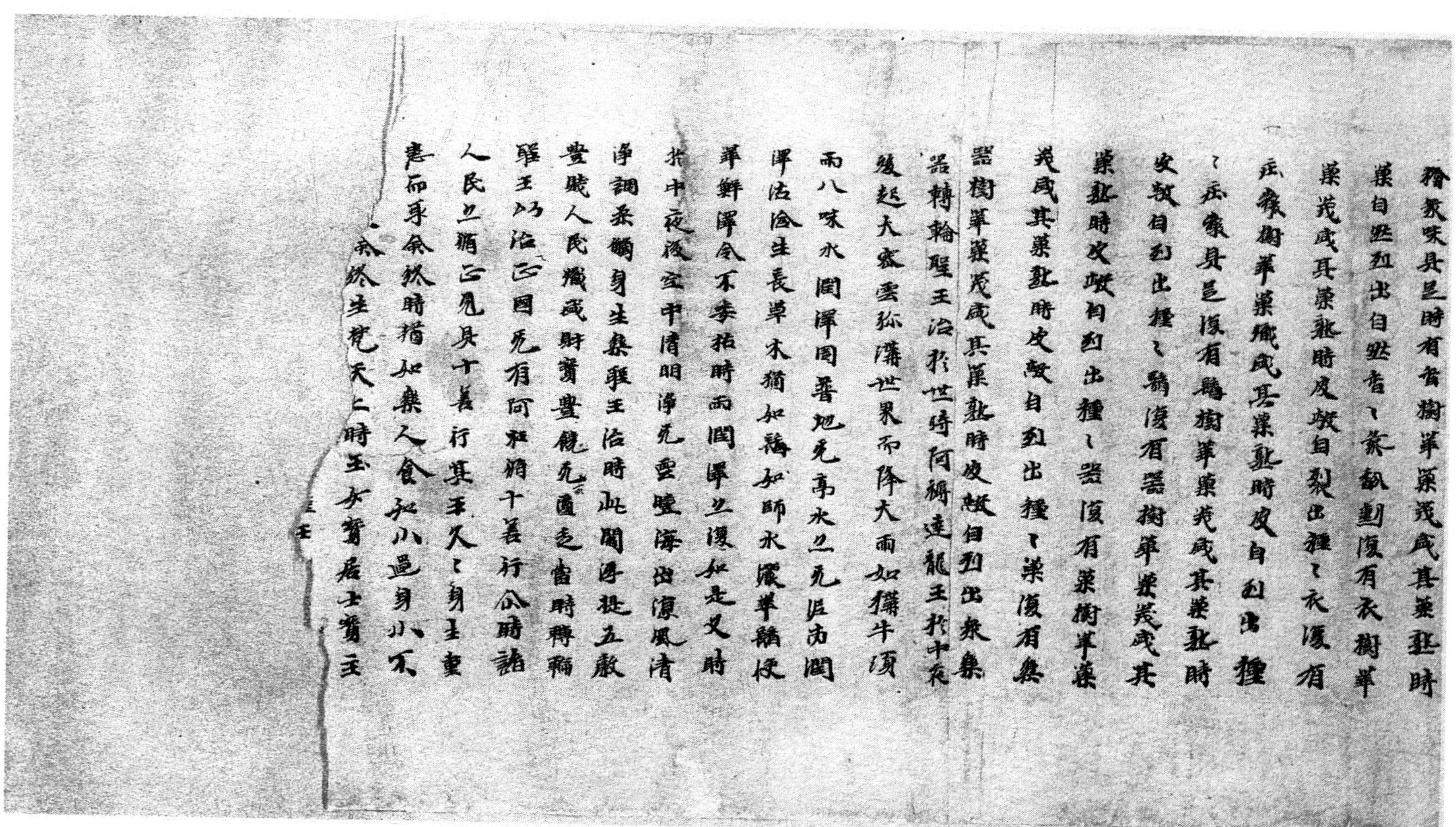
糩眾味具足時有香樹華果茂盛其果熟時
果自然裂出自然香々氣馥熏復有衣樹華
果茂盛其果熟時皮殼自裂出種々衣復有
莊嚴樹華果熾盛其果熟時皮殼自裂出種
々莊嚴身具已復有鬘樹華果茂盛其果熟時
皮殼自裂出種々鬘復有器樹華果茂盛其
果熟時皮殼自裂出種々器復有果樹華果
茂盛其果熟時皮殼自裂出種々果復有樂
器樹華果茂盛其果熟時皮殼自裂出眾樂
器轉輪聖王治於世時阿耨達龍王於中夜
後起大密雲彌滿世界而降大雨如𤛓牛頃
雨八味水潤澤周普地无停水亦无泥洹潤
澤沾洽生長草木猶如鬘師水灑華鬘使
華鮮澤令不萎枯時雨潤澤亦復如是又時
於中夜後空中清明淨无雲曀海出涼風清
淨調柔觸身生樂聖王治時此閻浮提五穀
豐賤人民熾盛財寶豐饒无所匱乏時轉輪
聖王以正治國无有阿枉修十善行爾時諸
人民亦修正見具十善行其王久々身生重
患而取命終時猶如樂人食過小飽身小不
適而便命終生梵天上時玉女寶居士寶主

BD05715號　長阿含經卷一八

（5–5）

BD05715 號背　回鶻文雜寫　（1–1）

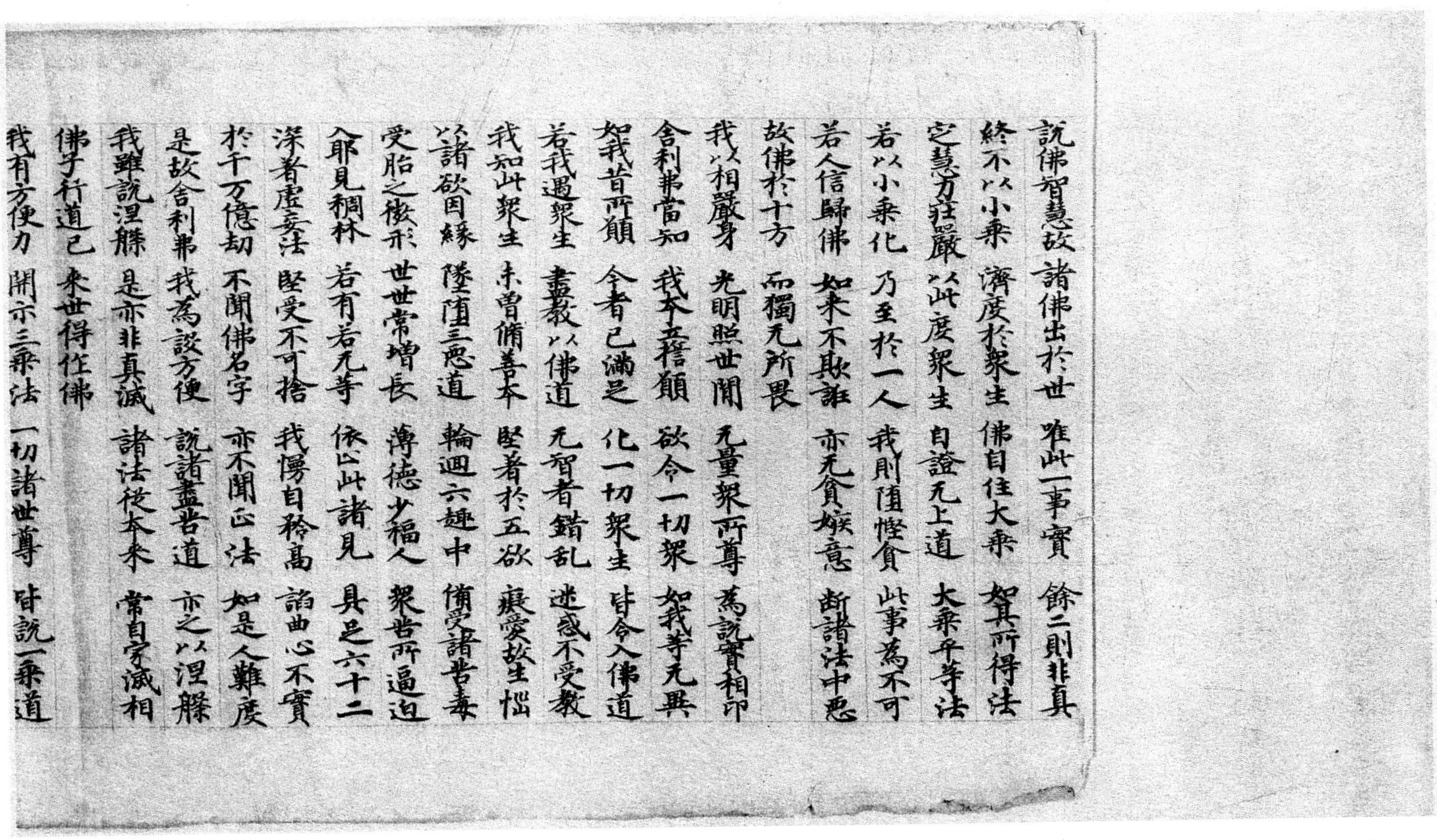

説佛智慧故　諸佛出於世　唯此一事實　餘二則非真
終不以小乘　濟度於衆生　佛自住大乘　如其所得法
定慧力莊嚴　以此度衆生　自證无上道　大乘平等法
若以小乘化　乃至於一人　我則墮慳貪　此事為不可
若人信歸佛　如來不欺誑　亦无貪嫉意　断諸法中惡
故佛於十方　而獨无所畏
我以相嚴身　光明照世間　无量衆所尊　為説實相印
舍利弗當知　我本立誓願　欲令一切衆　如我等无異
如我昔所願　今者已滿足　化一切衆生　皆令入佛道
若我遇衆生　盡教以佛道　无智者錯乱　迷惑不受教
我知此衆生　未曾脩善本　堅著於五欲　癡愛故生惱
以諸欲因緣　墜墮三惡道　輪迴六趣中　備受諸苦毒
受胎之微形　世世常增長　薄德少福人　衆苦所逼迫
入邪見稠林　若有若无等　依止此諸見　具足六十二
深著虚妄法　堅受不可捨　我慢自矜高　諂曲心不實
於千万億劫　不聞佛名字　亦不聞正法　如是人難度
是故舍利弗　我為設方便　説諸盡苦道　示之以涅槃
我雖説涅槃　是亦非真滅　諸法從本來　常自寂滅相
佛子行道已　來世得作佛
我有方便力　開示三乘法　一切諸世尊　皆説一乘道

BD05716 號　妙法蓮華經卷一　（2–1）

若我遇衆生 盡教以佛道 无智者錯乱 迷惑不受教
我知此衆生 未曾脩善本 堅著於五欲 癡愛故生惱
以諸欲因緣 墜墮三惡道 輪迴六趣中 備受諸苦毒
受胎之微形 世世常增長 薄德少福人 衆苦所逼迫
入邪見稠林 若有若无等 依止此諸見 具足六十二
深著虛妄法 堅受不可捨 我慢自矜高 諂曲心不實
於千万億劫 不聞佛名字 亦不聞正法 如是人難度
是故舍利弗 我爲設方便 說諸盡苦道 示之以涅槃
我雖說涅槃 是亦非真滅 諸法從本來 常自寂滅相
佛子行道已 來世得作佛
我有方便力 開示三乘法 一切諸世尊 皆說一乘道
今此諸大衆 皆應除疑惑 諸佛語无異 唯一无二乘
過於无數劫 无量滅度佛 百千万億種 其數不可量
如是諸世尊 種種緣譬喻 无數方便力 演說諸法相
是諸世尊等 皆說一乘法 化无量衆生 令入於佛道
又諸大聖主 知一切世間 天人群生類 深心之所欲
更以異方便 助顯第一義
若有衆生類 值諸過去佛 若聞法布施 或持戒忍辱
精進禪智等 種種脩福慧 如是諸人等 皆已成佛道

BD05716號　妙法蓮華經卷一

（2–2）

世劫數如四天下微塵其佛饒益衆生已然
後滅度正法像法滅盡之後於此國土復有
佛出亦号威音王如來應供正遍知明行足
善逝世間解无上士調御丈夫天人師佛世
尊如是次第有二万億佛皆同一号最初威
音王如來既已滅度正法滅後於像法中增
上慢比丘有大勢力
尒時有一菩薩比丘名常不輕得大勢以何
因緣名常不輕是比丘凡有所見若比丘比
丘尼優婆塞優婆夷皆悉礼拜讚歎而作是
言我深敬汝等不敢輕慢所以者何汝等皆行
菩薩道當得作佛而是比丘不專讀誦經典
但行礼拜乃至遠見四衆亦復故往礼拜
讚歎而作是言我不敢輕於汝等汝等皆當
作佛四衆之中有生瞋恚心不淨者惡口罵
詈言是无智比丘從何所來自言我不輕汝
而與我等受記當得作佛我等不用如是虛
妄受記如此經歷多年常被罵詈不生瞋恚
常作是言汝當作佛說是語時衆人或以杖

BD05717號　妙法蓮華經卷六

（8–1）

讚嘆而作是言我不敢輕於汝等汝等皆當
作佛四衆之中有生瞋恚心不淨者惡口罵
詈言是无智比丘從何所來自言我不輕汝
而與我等受記當得作佛我等不用如是虛
妄受記如此經歷多年常被罵詈不生瞋恚
常作是言汝當作佛說是語時衆人或以杖
木瓦石而打擲之避走遠住猶高聲唱言我
不敢輕於汝等汝等皆當作佛以其常作是
語故增上慢比丘比丘尼優婆塞優婆夷号
之為常不輕是比丘臨欲終時於虛空中具
聞威音王佛先所說法華經二十千万億偈
悉能受持即得如上眼根清淨耳鼻舌身意
根清淨得是六根清淨已更增壽命二百万
億那由他歳廣為人說是法華經
於時增上慢四衆比丘比丘尼優婆塞優婆
夷輕賤是人為作不輕名者見其得大神通
力樂說辯力大善寂力聞其所說皆信伏隨
從是菩薩復化千万億衆令住阿耨多羅三藐
三菩提命終之後得值二千億佛皆号日月
燈明於其法中說是法華經以是因緣復值
二千億佛同号雲自在燈王於此諸佛法中
受持讀誦為諸四衆說此經典故得是常眼
清淨耳鼻舌身意諸根清淨於四衆中說法心
无所畏得大勢是常不輕菩薩摩訶薩供養
如是若干諸佛恭敬尊重讚嘆種諸善根於
後復值千万億佛亦於諸佛法中說是經典功

BD05717號　妙法蓮華經卷六　　（8–2）

二千億佛同号雲自在燈王於此諸佛法中
受持讀誦為諸四衆說此經典故得是常眼
清淨耳鼻舌身意諸根清淨於四衆中說法心
无所畏得大勢是常不輕菩薩摩訶薩供養
如是若干諸佛恭敬尊重讚嘆種諸善根於
後復值千万億佛亦於諸佛法中說是經典功
德成就當得作佛
得大勢於意云何尒時常不輕菩薩豈異人
乎則我身是若我於宿世不受持讀誦此經
為他人說者不能疾得阿耨多羅三藐三菩
提我於先佛所受持讀誦此經為他人說故
疾得阿耨多羅三藐三菩提得大勢彼時四
衆比丘比丘尼優婆塞優婆夷以瞋恚意輕
賤我故二百億劫常不值佛不聞法不見僧
千劫於阿鼻地獄受大苦惱畢是罪已復遇
常不輕菩薩教化阿耨多羅三藐三菩提得
大勢於汝意云何尒時四衆常輕是菩薩者
豈異人乎今此會中颰陀婆羅等五百菩薩
師子月等五百比丘尼思佛等五百優婆塞
皆於阿耨多羅三藐三菩提不退轉者是得
大勢當知是法華經大饒益諸菩薩摩訶薩
能令至於阿耨多羅三藐三菩提是故諸菩
薩摩訶薩於如來滅後常應受持讀誦解說
書寫是經尒時世尊欲重宣此義而說偈言
過去有佛　号威音王　神智无量　將導一切
天人龍神　所共供養　是佛滅後　法欲盡時
有一菩薩　名常不輕　時諸四衆　計著於法

BD05717號　妙法蓮華經卷六　　（8–3）

能令至於阿耨多羅三藐三菩提是故諸菩
薩摩訶薩於如來滅後常應受持讀誦解説
書寫是經 尒時世尊欲重宣此義而説偈言
過去有佛 号威音王 神智无量 將導一切
天人龍神 所共供養 是佛滅後 法欲盡時
有一菩薩 名常不輕 時諸四衆 計著於法
不輕菩薩 往到其所 而語之言 我不輕汝
汝等行道 皆當作佛 諸人聞已 輕毀罵詈
不輕菩薩 能忍受之 其罪畢已 臨命終時
得聞此經 六根清淨 神通力故 增益壽命
復為諸人 廣説是經 諸著法衆 皆蒙菩薩
教化成就 令住佛道 不輕命終 值无數佛
説是經故 得无量福 漸具功德 疾成佛道
彼時不輕 則我身是 時四部衆 著法之者
聞不輕言 汝當作佛 以是因緣 值无數佛
此會菩薩 五百之衆 并及四部 清信士女
今於我前 聽法者是 我於前世 勸是諸人
聽受斯經 第一之法 開示教人 令住涅槃
世世受持 如是經典 億億万劫 至不可議
時乃得聞 是法華經 億億万劫 至不可議
諸佛世尊 時説是經 是故行者 於佛滅後
聞如是經 勿生疑惑 應當一心 廣説此經
世世值佛 疾成佛道
妙法蓮華經如來神力品第廿一
尒時千世界微塵等菩薩摩訶薩從地踊出
者皆於佛前一心合掌瞻仰尊顔而白佛言
世尊我等於佛滅後世尊分身所在國土滅

BD05717號　妙法蓮華經卷六

（8–4）

世世值佛 疾成佛道
妙法蓮華經如來神力品第廿一
尒時千世界微塵等菩薩摩訶薩從地踊出
者皆於佛前一心合掌瞻仰尊顔而白佛言
世尊我等於佛滅後世尊分身所在國土滅
度之處當廣説此經所以者何我等亦自欲
得是真淨大法受持讀誦解説書寫而供養
之尒時世尊於文殊師利等无量百千万億
舊住娑婆世界菩薩摩訶薩及諸比丘比丘
尼優婆塞優婆夷天龍夜叉乾闥婆阿脩羅
迦樓羅緊那羅摩睺羅伽人非人等一切衆
前現大神力出廣長舌上至梵世一切毛孔
放於无量无數色光皆悉遍照十方世界衆
寶樹下師子座上諸佛亦復如是出廣長舌
放无量光
釋迦牟尼佛及寶樹下諸佛現神力時滿百
千歲然後還攝舌相一時謦欬俱共彈指是
二音聲遍至十方諸佛世界地皆六種震動
其中衆生天龍夜叉乾闥婆阿脩羅迦樓羅
緊那羅摩睺羅伽人非人等以佛神力故皆
見此娑婆世界无量无邊百千万億衆寶樹
下師子座上諸佛及見釋迦牟尼佛共多寶
如來在寶塔中坐師子座又見无量无邊百
千万億菩薩摩訶薩及諸四衆恭敬圍遶釋
迦牟尼佛既見是已皆大歡喜得未曾有即
時諸天於虛空中高聲唱言過此无量无邊

BD05717號　妙法蓮華經卷六

（8–5）

見此娑婆世界无量无邊百千万億衆寶樹
下師子座上諸佛及見釋迦牟尼佛共多寶
如来在寶塔中坐師子座又見无量无邊百
千万億菩薩摩訶薩及諸四衆恭敬圍遶釋
迦牟尼佛既見是已皆大歡喜得未曾有即
時諸天於虛空中高聲唱言過此无量无邊
百千万億阿僧祇世界有國名娑婆是中有佛名
釋迦牟尼今為諸菩薩摩訶薩說大乘經名
妙法蓮華教菩薩法佛所護念汝等當深心
隨喜亦當礼拜供養釋迦牟尼佛彼諸衆生
聞虛空中聲已合掌向娑婆世界作如是言
南无釋迦牟尼佛南无釋迦牟尼佛以種種
華香瓔珞幡蓋及諸嚴身之具珎寶妙物皆
共遥散娑婆世界所散諸物從十方来譬如
雲集變成寶帳遍覆此間諸佛之上于時十
方世界通達无㝵如一佛土
尒時佛告上行等菩薩大衆諸佛神力如是
无量无邊不可思議若我以是神力於无量
无邊百千万億阿僧祇劫為囑累故說此經
功德猶不能盡以要言之如来一切所有之
法如来一切自在神力如来一切秘要之藏
如来一切甚深之事皆於此經宣示顯說是
故汝等於如来滅後應當一心受持讀誦解
說書寫如說脩行所在國土若有受持讀誦
解說書寫如說脩行若經卷所住之處若於
園中若於林中若於樹下若於僧房若於白

如来一切甚深之事皆於此經宣示顯說
故汝等於如来滅後應當一心受持讀誦解
說書寫如說脩行所在國土若有受持讀誦
解說書寫如說脩行若經卷所住之處若於
園中若於林中若於樹下若於僧房若於白
衣舍若在殿堂若山谷曠野是中皆應起塔
供養所以者何當知是處即是道場諸佛於
此得阿耨多羅三藐三菩提諸佛於此轉于
法輪諸佛於此而般涅槃尒時世尊欲重宣
此義而說偈言

諸佛救世者　住於大神通　為悅衆生故　現无量神力
舌相至梵天　身放无數光　為求佛道者　現此希有事
諸佛謦欬聲　及彈指之聲　周聞十方國　地皆六種動
以佛滅度後　能持是經故　諸佛皆歡喜　現无量神力
囑累是經故　讚美受持者　於无量劫中　猶故不能盡
是人之功德　无邊无有窮　如十方虛空　不可得邊際
能持是經者　則為已見我　亦見多寶佛　及諸分身者
又見我今日　教化諸菩薩　能持是經者　令我及分身
滅度多寶佛　一切皆歡喜　十方現在佛　并過去未来
亦見亦供養　亦令得歡喜　諸佛坐道場　所得秘要法
能持是經者　不久亦當得　能持是經者　於諸法之義
名字及言辞　樂說无窮盡　如風於空中　一切无鄣㝵
於如来滅後　知佛所說經　因緣及次第　隨義如實說
如日月光明　能除諸幽冥　斯人行世間　能滅衆生闇
教无量菩薩　畢竟住一乘　是故有智者　聞此功德利
於我滅度後　應受持斯經　是人於佛道　決定无有疑

妙法蓮華經囑累品第廿二

能持是經者　則為已見我　亦見多寶佛　及諸分身者
又見我今日　教化諸菩薩　能持是經者　令我及分身
滅度多寶佛　一切皆歡喜　十方現在佛　并過去未来
亦見亦供養　亦令得歡喜　諸佛坐道場　所得秘要法
能持是經者　不久亦當得　能持是經者　於諸法之義
名字及言辭　樂說无窮盡　如風於空中　一切无鄣㝵
於如来滅後　知佛所說經　因緣及次第　隨義如實說
如日月光明　能除諸幽冥　斯人行世間　能滅衆生闇
教无量菩薩　畢竟住一乘　是故有智者　聞此功德利
於我滅度後　應受持斯經　是人於佛道　決定无有疑

妙法蓮華經囑累品第廿二

尒時釋迦牟尼佛從法座起現大神力以右
手摩无量菩薩摩訶薩頂而作是言我於无
量百千万億阿僧祇劫脩集是難得阿耨多
羅三藐三菩提法今以付囑汝等汝等應當
一心流布此法廣令增益如是三摩諸菩薩
摩訶薩頂而作是言我於无量百千万億阿
僧祇劫脩集是難得阿耨多羅三藐三菩提

BD05717號　妙法蓮華經卷六

（8–8）

来得阿耨多羅三藐三菩提須菩提若有法
如来得阿耨多羅三藐三菩提然燈佛則不
與我受記汝於来世當得作佛号釋迦
以實无有法得阿耨多羅三藐三菩提是故
然燈佛與我受記作如是言汝於来世當得
作佛号釋迦牟尼何以故如来者即諸法如
義若有人言如来得阿耨多羅三藐三菩提
須菩提无有法佛得阿耨多羅三藐三菩提須
菩提如来所得阿耨多羅三藐三菩提於是
中无實无虛是故如来說一切法皆是佛法
須菩提所言一切法者即非一切法是故名一
切法須菩提譬如人身長大須菩提言世尊
如来說人身長大則為非大身是名大身須
菩提菩薩亦如是若作是言我當滅度无量
衆生則不名菩薩何以故須菩提實无有法
名為菩薩是故佛說一切法无我无人无衆生
无壽者須菩提若菩薩作是言我當莊嚴佛
土是不名菩薩何以故如来說莊嚴佛土者

BD05718號　金剛般若波羅蜜經

（3–1）

如来說[illegible]
菩提菩薩亦如是若作是言我當　度无量
衆生則不名菩薩何以故須菩提實无有法
名為菩薩是故佛說一切法无我无人无衆生
无壽者須菩提若菩薩作是言我當莊嚴佛
土是不名菩薩何以故如来說莊嚴佛土者
即非莊嚴是名莊嚴須菩提若菩薩通達无
我法者如来說名真是菩薩
須菩提於意云何如来有肉眼不如是世尊
如来有肉眼須菩提於意云何如来有天眼不
如是世尊如来有天眼須菩提於意云何如
来有慧眼不如是世尊如来有慧眼須菩提
於意云何如来有法眼不如是世尊如来有
法眼須菩提於意云何如来有佛眼不如是
世尊如来有佛眼須菩提於意云何恒河中
所有沙佛說是沙不如是世尊如来說是沙
須菩提於意云何如一恒河中所有沙有
如是等恒河是諸恒河所有沙數佛世界如
是寧為多不甚多世尊佛告須菩提尒所國
土中所有衆生若干種心如来悉知何以故
如来說諸心[illegible]為非心是名為心所以者何須
菩提過去心不可得現在心不可得未来心
不可得須菩提於意云何若有人滿三千大
千世界七寶以用布施是人以是因緣得福
多不如是世尊此人以是因緣得福甚多
須菩提若福德有實如来不說得福德多
以福德无故如来說得福德多

BD05718號　金剛般若波羅蜜經　（3–2）

菩提過去心不可得現在心不可得未来心
不可得須菩提於意云何若有人滿三千大
千世界七寶以用布施是人以是因緣得福
多不如是世尊此人以是因緣得福甚多
須菩提若福德有實如来不說得福德多
以福德无故如来說得福德多
須菩提於意云何佛可以具足色身見不不
也世尊如来不應以色身見何以故如来說
具足色身即非具足色身是名具足色身須
菩提於意云何如来可以具足諸相見不不
也世尊如来不應以具足諸相見何以故如
来說諸相具足即非具足是名諸相具足須
菩提汝勿謂如来作是念我當有所說法莫
作是念何以故若人言如来有所說法即為
謗佛不能解我所說故須菩提說法者无法
可說是名說法須菩提白佛言世尊佛得阿
耨多羅三藐三菩提為无所得邪如是如是
須菩提我於阿耨多羅三藐三菩提乃至无
有少法可得是名阿耨多羅三藐三菩提復
次須菩提是法平等无有高下是名阿耨多
羅三藐三菩提以无我无人无衆生无壽者
脩一切善法則得阿耨多羅三藐三菩提須
菩提所言善法者如来說非善法是名善法

BD05718號　金剛般若波羅蜜經　（3–3）

能毀呰形殘諸根不具此得波逸提是名犯輕報重犯重報重者波羅夷及二无根謗聖及
凡得僧殘罪二无根者一比丘瞋心遣妹尼孫勒往謗阿羅漢陁驃摩羅子語言大德共我行
欲此謗他比丘隨路行見二羊共行欲心中生念前謗既虛今以母羊爲孫勒尼翁羊爲陁
驃摩羅子生此念已來到寺中向衆僧說前時不實今日實見諸比丘即誅言此阿羅
漢莫以惡言謗之答言實尒聽我所說諸比丘聽之說言我向者路中行見二羊共
行欲翁羊爲陁驃摩羅子母羊即是孫勒尼諸比丘聞此言即共論義此二皆无根
是名二无根謗一汙他家二壞法輪僧方便三隨壞法輪僧徒衆四惡性不受人諫得僧
殘罪此是犯重報不重　犯輕報亦輕者若比丘入衆落不憶念攝身口威儀及口四過惡誤
犯者一人前懺悔波逸提突吉羅若比丘尼犯罪先忘不發露布薩時始憶者欲發露恐亂僧聽
戒心中嘿念說戒已當懺悔如此等皆犯輕罪亦輕　有三種犯一者事重心輕二者事輕心重三者事
心俱重事重心輕者若比丘在尼寺中爲尼說法日已沒心中生疑謂日未沒說法此是事重心輕事輕
心重者比丘在尼寺說法日未沒意謂日已沒說法此是事輕心重事俱重者比丘在尼寺說法
日已沒心作沒想此是具心事俱　心輕事重心重事輕是二俱得突吉羅心事俱重得波逸提
波羅夷者犯名雖同果報有異所以者何如婬處非一畜生及人人中有出家有不出家
中有二種有持戒不持戒出家中有五種亦有持戒不持戒乃至聖人有如是差別犯名雖同果
報有異第二波羅夷者所盜處非一有出家在家在家人中盜取他物亦有差別出家人中
盜亦有差別三寶中盜亦有差別是故波羅夷名雖同果報有異第三波羅夷者天及人
乃至聖人如此人等若斷命根得波羅夷斷名雖同果報亦異第四波羅夷者亦有差別向在
家人說得過人法重向出家人說得過人法輕是故得罪名雖同果報不同也
毗尼母經卷第二
毗尼母經卷第三　　云何名殘罪可除是以故名殘也云何
无殘四波羅夷罪不可除是故名无殘云何名麁惡犯如此欲作四波羅夷事身所作及口
所說无有慙愧因此二處必成波羅夷事是名麁惡又復一處獨重僧伽婆尸沙成婆尸
沙方便是也是二偷蘭名獨重犯何者非麁獨重波逸提波羅提提舍尼自性偷蘭遮突吉
羅如此等亦是不善身口所作但非大事方便以是義故非麁惡獨重也沙彌沙彌尼犯波羅
夷得突吉羅不可懺也有犯須羯磨有不須羯磨有犯須羯磨者如十三僧殘乃至惡口此犯須羯
磨得除不須羯磨者三波羅夷是一波羅夷須羯磨得除何者如難提伽比丘常空靜處坐禪有天魔

BD05719號 1　毗尼母經卷二

（2–1）

波羅夷者犯名雖同果報有異所以者何如婬處非一畜生及人人中有出家有不出家
中有二種有持戒不持戒出家中有五種亦有持戒不持戒乃至聖人有如是差別犯名雖同果
報有異第二波羅夷者所盜處非一有出家在家在家人中盜取他物亦有差別出家人中
盜亦有差別三寶中盜亦有差別是故波羅夷名雖同果報有異第三波羅夷者天及人
乃至聖人如此人等若斷命根得波羅夷斷名雖同果報亦異第四波羅夷者亦有差別向在
家人說得過人法重向出家人說得過人法輕是故得罪名雖同果報不同也
毗尼母經卷第二
毗尼母經卷第三　　云何名殘罪可除是以故名殘也云何
无殘四波羅夷罪不可除是故名无殘云何名麁惡犯如此欲作四波羅夷事身所作及口
所說无有慙愧因此二處必成波羅夷事是名麁惡又復一處獨重僧伽婆尸沙成婆尸
沙方便是也是二偷蘭名獨重犯何者非麁獨重波逸提波羅提提舍尼自性偷蘭遮突吉
羅如此等亦是不善身口所作但非大事方便以是義故非麁惡獨重也沙彌沙彌尼犯波羅
夷得突吉羅不可懺也有犯須羯磨有不須羯磨有犯須羯磨者如十三僧殘乃至惡口此犯須羯
磨得除不須羯磨者三波羅夷是一波羅夷須羯磨得除何者如難提伽比丘常空靜處坐禪有天魔
變爲女形在難提前難提欲心熾盛隨逐此女魔即隱形見一死馬共行不淨行已即悔脫袈裟
懊抱妻淚舉手呼天大喚我非沙門非釋子到世尊所如其所犯向世尊說能知此比丘發露心重
後更不犯即集諸比丘爲作白四得戒羯磨所以得戒者一此人見佛二發露心重是以得
戒雖遲得戒一切大道人下坐僧住法事盡不得同是名有須不須也　尊者薩婆
多說曰若比丘得世俗定從四禪起天魔作女形或亂其心此比丘即共行不淨行已即悔
无覆藏心念念相續无一念隱亦心中不樂捨法服如此人者應當從僧乞滅除波羅夷
羯磨僧與此人白四除波羅夷罪羯磨此人得戒已如僧告勑盡形奉行不得作和上阿
闍梨不得作教授尼師僧集時不得說戒一切法事得聽在大僧下坐不得與僧連草
食如尊者婆奢說曰若比丘得世俗定從定起已或狂心亂或爲方道乃至鬼所或因此行不淨行已即悔
發露无覆藏心復不欲捨法服應僧中乞除波羅夷罪羯磨奉僧所勑盡形壽不得作和上阿闍梨不得作教授尼師
大衆集時不得說戒亦不得爲人作羯磨一切大僧下沙彌上坐不得與僧連草有一比丘字禪那隨在空閑處
禪定諸禪越日日送食中閒无男子有一女人常爲送食常來不已便生染心共行不淨行已即悔脫三衣著
有上露身而走唱言賊賊是人問之有何等賊答言爲煩惱賊所劫盡向諸檀越及衆僧發露无覆藏
心僧中智者語言有尊者婆奢善持毗尼能除汝罪此比丘即到婆奢所如其所犯向婆奢說婆奢答言汝
欲除罪能用我語不答曰无違婆奢遣人作大火坑滿中炎火語言汝欲除罪者可投此坑中婆奢先共餘比丘論在
丘直入坑者汝等捉之此比丘用婆奢語直入入坑邊人捉之婆奢知此比丘心實即爲作白四羯磨除波羅夷此比丘
從今得羯磨已名爲清淨持戒者但此一身不得超生離死證於四果亦不得无漏功德然除不入地獄身前如樹葉落已

BD05719號 2　毗尼母經卷三

（2–2）

作觧脫門得五根得五根故得无閒三昧得
无閒三昧故得觧脫智得觧脫智故當斷三
結有衆見疑戒取是人名為須陁洹是人
得思惟道薄婬恚癡當得斯陁含增進思
惟道斷婬恚當得阿那含增進思惟道斷色
染无色染无明憍調得阿羅漢是人行空无
相无作觧脫門得五根得五根故得无閒三
昧得无閒三昧故得觧脫智得觧脫智故知所
有集法皆是滅法作辟支佛是為菩薩摩訶
薩法眼淨復次舍利弗菩薩摩訶薩知是菩
薩初發意行檀波羅蜜乃至行般若波羅蜜
成就信根精進根善根純厚用方便力故為
衆生受身若生刹利大姓若生婆羅門大姓
若生居士大家若生四天王天處乃至他化
自在天處是菩薩於其中住成就衆生隨其
所樂皆給施之尒淨佛國土值遇諸佛供養
恭敬尊重讚歎乃至阿耨多羅三藐三菩提
亦不墮聲聞辟支佛地是為菩薩摩訶薩法

BD05720號　摩訶般若波羅蜜經卷二　（3–1）

衆生受身若生刹利大姓若生婆羅門大姓
若生居士大家若生四天王天處乃至他化
自在天處是菩薩於其中住成就衆生隨其
所樂皆給施之尒淨佛國土值遇諸佛供養
恭敬尊重讚歎乃至阿耨多羅三藐三菩提
亦不墮聲聞辟支佛地是為菩薩摩訶薩法
眼淨復次舍利弗菩薩摩訶薩知是菩薩於
阿耨多羅三藐三菩提退知是菩薩於阿耨
多羅三藐三菩提不退知是菩薩受阿耨多
羅三藐三菩提記知是菩薩未受阿耨多羅
三藐三菩提記知是菩薩到阿惟越致地知
是菩薩未到阿惟越致地知是菩薩具足神
通知是菩薩未具足神通知是菩薩已具足
神通飛到十方如恒河沙等佛國土見諸佛
供養恭敬尊重讚歎知是菩薩未得神通當
得神通是菩薩當淨佛國土不淨佛國土是
菩薩成就衆生未成就衆生是菩薩為諸佛
所稱譽所不稱譽是菩薩親近諸佛不親近
諸佛是菩薩壽命有量壽命无量是菩薩得
佛時比丘衆有量比丘衆无量是菩薩得阿
耨多羅三藐三菩提時以菩薩為僧不以菩
薩為僧是菩薩當脩苦行難行不脩苦行難
行是菩薩一生補處未一生補處是菩薩受
家後身未受家後身是菩薩餘坐道場不餘
坐道場是菩薩有魔无魔如是舍利弗是為
菩薩摩訶薩法眼淨
舍利弗白佛言世尊云何菩薩摩訶薩佛眼

BD05720號　摩訶般若波羅蜜經卷二　（3–2）

行是菩薩一生補處未一生補處是菩薩受
冣後身未受冣後身是菩薩能坐道場不能
坐道場是菩薩有魔无魔如是舍利弗是為
菩薩摩訶薩法眼淨
舍利弗白佛言世尊云何菩薩摩訶薩佛眼
淨佛告舍利弗有菩薩摩訶薩求佛道心次
第入如金剛三昧得一切種智尒時成就十
力四无所畏四无㝵智十八不共法大慈大
悲是菩薩摩訶薩用一切種一切法中无法
不見无法不聞无法不知无法不識舍利弗
是為菩薩摩訶薩得阿耨多羅三藐三菩提
時得佛眼淨如是舍利弗菩薩摩訶薩欲得
五眼當學六波羅蜜何以故舍利弗是六波
羅蜜中攝一切善法若聲聞法辟支佛法菩
薩法佛法舍利弗若有齊語能攝一切善法
者般若波羅蜜是舍利弗般若波羅蜜能生
五眼菩薩學五眼者得阿耨多羅三藐三菩
提舍利弗有菩薩摩訶薩行般若波羅蜜時
脩神通波羅蜜以是神通波羅蜜受種種如
意事能動大地變一身為无數身无數身還
為一身隱現自在山壁樹木皆過无礙如行
空中履水如地陵虛如鳥出沒地中如出入

BD05720號　摩訶般若波羅蜜經卷二

（3–3）

難阿難滅度付囑商那和修商
多已上五大師佛…一時後鞠多有
…名爲五　一名薩婆多即十誦律
主是也　三名
律主是也　…迦葉惟不名迦…葉漢地也
今此四分律主即…德部…法正部也
得戒有十種　一自然得戒謂佛　二自誓得戒謂大迦葉　三見諦
得戒謂五俱輪等五比丘　四善來得戒謂耶舍等　五三語得戒謂佛
在世未制戒…但受三歸即得具足　六問答得戒謂須陀耶沙弥
年始七歲佛問其義二具答稱可聖心便發具足　七八敬得戒
謂大愛道從阿難聞八法已歡喜頂受便發具足八敬者百歲
舉授　懺請安自　八遣使得戒謂半迦尸尼有其難緣差使比
戒即得具足　九羯磨得戒謂十僧作法　十邊方五人授大戒已前
九種爲佛在世羯磨一法教通凡聖被及僧尼誐羅現未須知作法
羯磨受戒具足幾緣得名如法　並依僧祇律具六因緣　一年滿
二十　三依鉢具　二身无遮難　三結界成就　四界內盡集　五羯磨
成就　六十僧滿足　備此六緣得名如法闕一不成　問界有幾種
一者作法界　二者自然界　作法有三　一者攝僧界　二攝衣界
三攝食界　僧界有三種　一者大界　二者界場　三者小界
大界之內又有三種　謂人法二同界　法食二同界　法同食別界
自然界中者則分四別　一者謂聚落界　二者蘭若界　三者道

BD05721號　小抄　（6–1）

沙彌受具足戒……得名如法……

二十三依鉢具 二身无遮難 三結界成就 四界內盡集 五羯磨
成就 六十僧滿足 備此六緣得名如法 闕一不成 問界有幾種
答三者住法界 一者自然界 住法有三 一者攝僧界 二攝衣界
三攝食界 僧界有三種 一者大界 二者界場 三者小界
大界之內又有三種 謂人法二同界 法食二同界 法同食別界
自然界中者則分四別 一者謂聚落界 二者蘭若界 三者道
行界 四者水界 問羯磨有幾種 答有一百卅四種 單白羯磨有卅九
白二羯磨有五十七 白四羯磨卅八 此三羯磨攝一切羯磨皆盡
問五篇法 一波羅夷篇 蓋是西音 此云无餘 若犯此戒永棄眾外 故曰无餘 不得与僧同行布薩羯磨 棄在眾外 故云无餘
二明僧伽婆尸沙篇 此云僧殘 若犯此戒 行則毀缺 不應在布薩羯磨眾中之數 行類其分 故名僧殘 三名波逸提篇 此方云墮 若犯此戒 墮落地獄 燒煮覆部 故云墮也 四名波羅提舍尼 此方云向彼悔 若犯此事 戒合可呵 對手懺悔 故云向彼悔 五名式
又迦羅尼篇 此方云應當學 威儀練行 懃習方成 故云應當學 此明七聚法 一波羅夷聚
二僧伽婆尸沙法聚 三偷蘭遮聚 此是梵語 唐言麁惡 亦云遮障 偷言遮蘭言鄣 若犯此罪 大遮障聖道 故云遮障 然偷蘭有四 一五逆偷蘭 應滅殯不可除 二初篇下重偷蘭 應僧中懺 三初篇下輕偷蘭 二篇下重偷蘭 應四僧中懺 四偷頭偷遮 又餘篇下偷蘭遮 應二僧中悔 四波逸提
聚 五波羅提舍尼聚 六突吉羅聚 七惡說聚 突吉羅者 義翻云惡作 突吉羅者名惡吉羅 名住……此故名突吉羅 亦云踐跌 身住名惡 口住名說 故云惡住惡說 突吉羅二聚 罪若故犯者應對手懺 若悮犯應責心懺
答具四緣成犯 一前境是女人 二興染心 三起方便 四与境合便犯
問盜戒具幾緣成犯 答具六因緣成犯 一有主物 二有主想 三有盜心
四重物 五興方便 六離本處便犯 問煞戒具幾 答具五因緣 一是人
二人想 三興煞心 四起方便 五斷命根 問大妄語戒具幾緣 答具八緣成犯
一前境是人 二人想 三事虛 四知是虛事 五有誑他心 六自言已得
七言錚了了 八前人知解 問僧有幾種 答四種 一者四人僧 除授戒自恣出罪 餘一切羯磨得住
二者五人僧 除中國授戒出罪 餘法得住 三者十人僧 除出罪 餘法住 四者廿人僧 一切羯磨得住 况復更多 問菩薩戒
中煞先婬後 何故聲聞戒中婬先煞後 答菩薩大悲為本 是以煞
戒為初 聲聞以梵行為機 是以欲戒為首 受衣法 若不持三衣
入眾落者得無量罪 世世裸形無有衣服 若不串鉤紐入俗人家 家家
得罪 若食飲時 咽咽得罪 問云何名為三衣六物
一安多會 有四種 一割截 二攝葉 三褋葉 四縵住 一長一短 割截衣持 餘三眾此改持 二名欝多羅僧 有二種 一割截 二褋葉 三長一短
……上衣廿……

BD05721號 小抄

二者五人僧（罪餘法得住）三者十人僧（餘法住）四者廿人僧（況復更多）問菩薩戒
中煞先婬後何故聲聞戒中婬先煞後　荅菩薩大悲爲本是以煞
戒爲初聲聞以梵行爲機是以婬戒爲首　受衣法　若不持三衣
入聚落者得無量罪世世裸形無有衣服若不串鉤紐入俗人家家家
得罪若食飲時咽咽得罪問云何名爲三衣六物
一安多會（有四種一割截二攝葉三褋葉四縵作　一長一短割截衣持餘三累此改持）二名欝多羅僧（有二種一割截二褋葉二長一短　即是七條衣受割截衣持若餘衣准此）
三名僧伽梨（此衣有十八種謂割截褋葉各九品若受上衣廿五條四長一短割截衣持若是褋葉條數准上褋葉　衣持若中品三長一短　若是下品二長一短）
授衣文　大德一心念我比丘某甲此欝多羅僧七條衣
受兩長一短割截衣持（三說　若是餘衣及褋葉攝葉等臨事准改受文一　上）捨衣文　大德一心念
我比丘某甲此僧伽梨是我三衣數先受持今捨（一說　下二衣及五衣等須捨亦然）
授藥法　藥有四種　一時藥（蒲闍尼食有五種謂飯麨乾飯魚肉佉闍尼食梵音唐言枝葉花果細末食淨食有五種一火淨二刀淨　謂從旦至中前食若欲授者先知食體後知授餘藥准此　三瘡淨四鳥啄淨五不中種淨此中火淨及子壞淨得并子食餘三去子食是時藥）二授非
時藥法（謂八特漿棗蕤廿苷桃蜜姿石留蒲萄羅果等汁　聽清水澄淨加以授法得飲　无病不得飲　若有疾緣）三明授七日
藥法（仙言蘇油生蘇蜜石蜜　有病因緣應知授法聽七日服　某甲令爲熱風令病因緣此七日藥爲欲宿服故今於大德邊授餘二時藥若　授法者大德一心念我比丘）
（有病患因緣須服者臨事三說　累此准改授文同上　須手授加其口法得服）
四授盡形藥法（仙言一切咸苦辛不堪爲食者乃至灰　主大小便等若有病緣聽盡形亦服）
安居法（從始及終惣有四法　及界　時有三　前安居　中安居　後安居　謂人有五　五衆是　法有四　對手　心念　妄成　處有二　住法界　自然界）
對手安居法　大德一心念我比丘某甲依（某聚落　某伽藍　隨事稱之）前三月夏安居房
舍破修持故（三說）彼告言　汝莫逸（荅言　授持）問比丘義云何　荅有八種
一名字比丘　二相似比丘　三自稱比丘　四乞求比丘　五著割截衣比丘
六破結使比丘　七善來比丘　八白四羯磨　如法成就得處所比丘　四依法
一糞掃衣　二常乞食　三樹下坐　四食腐爛藥　糞掃衣十種
一牛嚼衣　二鼠嚙衣　三火燒衣　四水衣　五立王衣　六神廟衣若鳥銜
風吹離處　七願衣　八塚間衣　九產衣　十往還衣　僧物隨事立
名凡有六種　一者十方僧物（如僧家重物及供衆僧受用食敢等物體通十方上至羅漢　沙彌盡皆有分无有和合不得賣買貸借与人及私已受用）
二者常住僧物（謂衆僧廚庫寺舍園田僕使畜等體通十方不可分用言常住者常　在此處不可移動四方僧來此處受用從物爲名故稱常住常住）
三者十方現前（如亡僧五衆衣物未羯磨前屬十方現　前僧若盜此物從十方僧結罪）四者現前現前（謂亡僧五衆物作羯磨）
（衆僧未分故云現前現前僧物　子及有施大衆物法事聲嘶差人守護）五招提僧物（謂檀越施田園与現前僧僧造私房　四方僧來无安置處俗人見已就此房）
（邊更施田園建立僧房与四方僧供給所須由此房能招引四方僧故言　照提僧物或先造房僧迴已房及田園施四方僧亦云招提僧物）六者僧鬘物
（謂僧園中有花或賣花或已花住鬘　出賣得物從鬘得物故名僧鬘物）有四種妄語　一波羅夷妄語　二僧殘妄語
[illegible]

名□有六種　一者十方僧物 沙彌盡皆有分无有和合不得輒賣□□…
二者常住僧物 謂衆僧廚庫寺舍園田僕使畜等體通十方不可分用言常住者常在此處不可移動四方僧來此處受用從物為名故稱常住常住
三者十方現前 如云僧五衆衣物未羯磨前屬十方現前僧若盜此物從十方僧結罪　四者現前現前 謂云僧五衆物作羯磨
衆僧未分故云現前現前僧物
子及有施大衆物法事聲歎美人守護　五招提僧物 謂檀越施田園与現前僧僧造私房四方僧來无安置處俗人見已就此房
邊更施田園建立僧房与四方僧備擬所須由此房能招引四方僧故言招提僧物或先造房僧迴已房及田園施四方僧亦云招提僧物　六者僧鬘物
謂僧園中有花或賣花或已花作鬘出賣得物從鬘得物故名僧鬘物　有四種妄語　一波羅夷妄語　二僧殘妄語
三波逸提妄語　四阿毗波羅妄語　口有四威儀語　一常住法語
二常住正直實語　三常住和合語　四常住柔軟悅意語　慳有五種
一慳財　二慳法　三慳家　四慳讃　明四分義　四者數也分者段也世尊在
世四度界座說此律終故名四分　又云梵夾四夾故名四分 此四分律通其六釋今且明一解
四分即律律即四分六釋之中是帶數釋也　今依律本從初至僧戒末名為初分　至尼戒終
名為第二分　從安居揵度至房舍已前名為第三分　從房舍揵度
至律本末名為第四分　持戒得十種利 一攝取於僧 二令僧歡喜 三令僧安樂 四未信者令信
五已信者令增長 六難調者令調 七慚愧者安樂 八斷現在有漏 九斷未來有漏 十令正法得久住　十二頭陀法 頭者少欲陀名知足斗藪煩惱離於住著故曰頭陀
一持糞掃衣　二持三衣　三持隨衣　四常乞食　五一餚食　六一坐食
七不作餘食法　八樹下坐　九塚間坐　十露地坐　十一隨處坐　十二常坐不臥
此十二者持衣有三食法有四處所有五行人於衣食處所心无染著積緣進道更不思須
一施比丘僧物 唯屬比丘現前人分　二施比丘尼物 唯屬現前比丘尼數人分　三施二部僧物莫問人數多少
分物作二分一分僧取一分付尼衆各於當部自數人分之　四施四方僧得施
物來者皆得應作羯磨分之不得与尼同作羯磨若施招提僧不須作
法　五界內僧得施物唯屬住處僧入界皆得但取施主為定
六施同羯磨僧得施物唯一處同住法者分之　七施稱名字僧得施若
言施禪師法師律師呪願師老病僧等不問親疏　八衆中一僧得施物
從上座行之隨取者与　隨檀越所有捨施依此八法分之若无定分上座應
問於何等施若不依此八法則不得施僧之福若不依此八法而受則輕損
信施違犯處深應善五德分之好惡相參令不見者瞋等餘人不得亂
語利養難消負富不在此莫生嫌恨蓋人至行也出家之人不得迴施
入已若欲迴者其罪甚重應如法施如法受　如法求　如法与　如法用　如法住
問律以何為宗以何為體　荅以戒為宗　諸說不同依東塔疏
以戒為宗　律以何為體者　荅合是語業為體任意取捨十一處中以法為

BD05721號　小抄

言施禪師法師律師呪願師老病僧等不聞覲諫　八衆中一僧得施物
從上座行之隨取者与　隨撞越所有捨施依此八法分之若无定分上座應
問於何等施若不依此八法則不得施僧之福若不依此八法而受則輕損
信施違犯處深應善五德分之好惡相參令不見者擲籌餘人不得亂
語利養難消負債不在此莫生嫌恨蓋人至行也出家之人不得迴施
入已若欲迴者其罪甚重應如法施如法受　如法求　如法与　如法用　如法住
問律以何為宗以何為體　荅以戒為宗　諸說不同依東塔疏
以戒為宗　律以何為體者　荅今是語業為體任意取捨十二處中以法為
體依經部以不相應為體依有部以色為體俱是法處攝
問律儀有幾種　荅有四種　一靜慮律儀是色界尸羅　二無漏律
儀為無漏身中所起尸羅　三斷律儀為斷煩惱名斷律儀　四別斷
解脫律儀為欲界尸羅為別別防非名別解脫律儀。
客舊相遇　昔大師在日親為教主客苾芻至自唱善來又復
西方寺衆多為制法凡見親來無論客舊及弟子门人舊
人即須迎前唱莎揭哆譯曰善來客乃尋聲即云窣莎
揭哆譯曰極善來如不說者一違寺制二准律有犯無問大小悉
皆如此即為收取瓶鉢挂在壁牙隨處安坐令其憩息幼向房
處尊乃房前卑則敬上而熟揩其踹後乃遍身尊乃撫
下而頻按其背不至胃足齊年之類事無閑然既解疲勞方
澡手濯足次就尊所申其礼敬但為一礼跪而按足尊乃展其右
手撫彼肩背若别非經久手撫不為師乃問其安不弟子隨事見
荅然後退在一邊恭敬而坐實無立法然西方軌則多坐小枯復
皆露足東夏既無斯事執足之禮不行經說人而來至仏所頂礼
雙足退坐一面即其儀矣然後釋時倏茶給湯飲蘇蜜沙糖
飲噉隨意或餘八漿並須羅濾澄清方飲如兼濁滓此定不
開杏湯之流體是稠濁准依道理全非飲限律云凡持漿淨濾色如
黄荻此謂西國師弟门徒客舊相遇逢迎之礼豈有冒寒創
至觸熱新來或遍體汗流或手足皆凍放却衣襆急事和
前請大德至乘孔或巾乃立之對問餘事誠其太急特為

人即須迎前唱莎揭哆譯曰善来客乃尋聲即云窣莎
揭哆譯曰極善来如不說者一違寺制二准律有犯無問大小悉
皆如此即為収取餅鉢挂在壁牙随處安坐令其憩息紉向屏
處尊乃房前甲則敬上而熟擗其踹後乃遍身尊乃撫
下而頻接其背不至胷足齊年之類事無問然既解疲勞方
澡手濯足次就尊所申其礼敬但為一礼跪而接足尊乃展其右
手撫彼肩背若别非经久手撫不為師乃問其安不弟子随事見
答然後退在一邊恭敬而坐實無立法然西方軌則多坐小枯復
皆露足東夏既無斯事執足之禮不行經說人而来至仏所頂礼
雙足退坐一面即其儀矣然後釋時候恭給湯飲蘇蜜沙糖
飲噉随意或餘八漿並須羅濾澄清方飲如兼濁渾此定不
開杏湯之流體是稠濁准依道理全非飲限律云凡諸漿淨濾色如
黄荻此謂西國師弟門徒客舊相遇逢迎之礼豈有冒寒創
至觸熱新来或遍體汗流或手足皆凍放却衣襆急事和
南情狀怱忙参乖軌式師乃立之閑問餘事誠哉太急持為
縱隆言和南者梵云畔睇或云畔憚南譯為敬礼但為採語不
真喚和南矣不能移舊且道和南的取正音應云畔睇又道行
衆集礼拜非儀合掌低頭口云畔睇故经云或復但合掌乃至
小低頭即是致敬也南人不審依希合度向使改不審為畔睇
斯乃全同律教矣

[illegible]
喜合掌一心觀佛尒時佛放眉間白豪相光
照東方万八千世界靡不周遍下至阿鼻地
獄上至阿迦尼吒天於此世界盡見彼土六
趣衆生又見彼土現在諸佛及聞諸佛所說
経法并見彼諸比丘比丘尼優婆塞優婆夷
諸脩行得道者復見諸菩薩摩訶薩種種因
緣種種信解種種相貌行菩薩道復見諸佛
般涅槃者復見諸佛般涅槃後以佛舍利起
七寶塔尒時弥勒菩薩作是念今者世尊現
神變相以何因緣而有此瑞今佛世尊入于
三昧是不可思議現希有事當以問誰誰能
荅者復作此念是文殊師利法王之子已曾
親近供養過去無量諸佛必應見此希有之
相我今當問尒時比丘比丘尼優婆塞優婆
夷及諸天龍鬼神等咸作此念是佛光明神
通之相今當問誰尒時弥勒菩薩欲自決疑
又觀四衆比丘比丘尼優婆塞優婆夷及諸
天龍鬼神等衆會之心而問文殊師利言以
何因緣而有此瑞神通之相放大光明照于
東方万八千土悉見彼佛國界莊嚴於是弥

BD05722號　妙法蓮華經卷一

（3–1）

夷及諸天龍鬼神等咸作此念是佛光明神
通之相今當問誰尒時弥勒菩薩欲自決疑
又觀四衆比丘比丘尼優婆塞優婆夷及諸
天龍鬼神等衆會之心而問文殊師利言以
何因緣而有此瑞神通之相放大光明照于
東方万八千土悉見彼佛國界莊嚴於是弥
勒菩薩欲重宣此義以偈問曰
文殊師利　導師何故　眉間白豪　大光普照
雨曼陀羅　曼殊沙華　栴檀香風　悅可衆心
以是因緣　地皆嚴淨　而此世界　六種震動
時四部衆　咸皆歡喜　身意快然　得未曾有
眉間光明　照于東方　万八千土　皆如金色
從阿鼻獄　上至有頂　諸世界中　六道衆生
生死所趣　善惡業緣　受報好醜　於此悉見
又覩諸佛　聖主師子　演說經典　微妙第一
其聲清淨　出柔軟音　教諸菩薩　無數億万
梵音深妙　令人樂聞　各於世界　講說正法
種種因緣　以無量喻　照明佛法　開悟衆生
若人遭苦　猒老病死　為說涅槃　盡諸苦際
若人有福　曾供養佛　志求勝法　為說緣覺
若有佛子　脩種種行　求無上慧　為說淨道
文殊師利　我住於此　見聞若斯　及千億事
如是衆多　今當略說　我見彼土　恒沙菩薩
種種因緣　而求佛道　或有行施　金銀珊瑚
真珠摩尼　車渠馬瑙　金剛諸珎　奴婢車乘
寶飾輦轝　歡喜布施　迴向佛道　願得是乘

BD05722號　妙法蓮華經卷一

（3–2）

文殊師利我住於此見聞若斯及千億事
如是衆多今當略說我見彼土恒沙菩薩
種種因緣而求佛道或有行施金銀珊瑚
真珠摩尼車渠馬瑙金剛諸珍奴婢車乘
寶飾輦轝歡喜布施迴向佛道願得是乘
三界第一諸佛所歎或有菩薩駟馬寶車
欄楯華蓋軒飾布施復見菩薩身宍手足
及妻子施求无上道又見菩薩頭目身體
欣樂施與求佛智慧文殊師利我見諸王
往詣佛所問无上道便捨樂土宮殿臣妾
剃除鬚髮而被法服或見菩薩而作比丘
獨處閑靜樂誦經典又見菩薩勇猛精進
入於深山思惟佛道又見離欲常處空閑
深脩禪定得五神通又見菩薩安禪合掌
以千万偈讚諸法王復見菩薩智深志固
能問諸佛聞悉受持又見佛子定慧具足
以無量喻為衆講法欣樂說法化諸菩薩
破魔兵衆而擊法鼓又見菩薩寂然宴默
天龍恭敬不以為喜又見菩薩處林放光
濟地獄苦令入佛道又見佛子未嘗睡眠
經行林中懃求佛道又見具戒威儀无缺
淨如寶珠以求佛道又見佛子住忍辱力
增上慢人惡罵捶打皆悉能忍以求佛道

BD05722 號　妙法蓮華經卷一

（3–3）

佛福田之為一切
諸供養尒時世尊欲重宣此義而言
為捨重擔故　脩於有相禪　但斷於已結　不名
染著而脩禪　依止於解脫　取著此彼岸　不能利
若為棄重擔　欲利諸衆生　滅結脩諸禪　是名真智者
若於斷貪愛　為利諸衆生　脩於无相禪　是名摩訶薩
斷除衆生縛　令世間无畏　究滅而脩禪　是名摩訶薩
佛說大方廣十輪經禪相品之十四
復次善男子菩薩摩訶薩有大莊嚴智輪
能戒能如是大莊嚴智輪從初發意離〻〻
欲則能堪為聲聞辟支佛而作福田之為一
切守護供養善男子菩薩摩訶薩有二種
智一者世間二者出世間云何名世間智所謂
菩薩依止誦讀欲滅一切衆生愚闇作大照
明如來所說種種无量於聲聞乘皆悉聽
受自書使人書自讀誦亦教人讀
佛法及大乘法皆悉隨順一切信
誦教人讀誦自書亦教人書能為衆生廣說

BD05723 號　大方廣十輪經卷八

（14–1）

菩薩依止誦讀欲滅一切衆生愚闇作大照
明如來所說種種无量於聲聞乘皆悉聽
受自書使人書自讀誦亦教人讀
佛法及大乘法皆悉隨順一切信
誦教人讀誦自書亦教人書能為衆生廣說
分別顯示其義讀誦經法求諸无漏八聖道
分解脫之味而不求於窮滅智慧常有存相
取著之心是名菩薩世間智輪亦与聲聞辟
支佛等无有異也不可名為菩薩摩訶薩云
何名出世間智輪菩薩摩訶薩脩道之時隨
其精進行住誦習而於彼相不取不著不念
不思惟如是行類則非下劣心如　住
窮滅觀法平等都无所著亦无所證乃至无
滅心无退轉常行平等諸法實際深入窮滅
得无生忍不取諸想心无增減不依諸地之
不住智慧菩薩若得如是具足智者是名菩
薩出世間智有此行類則能成就大〻嚴智
輪從初發意不染五欲之能堪為聲
佛福田一切衆生守護供養復次善男子菩
薩摩訶薩有大莊嚴輪若菩薩成就如此大
莊嚴輪者從初發心斷除五欲堪為聲聞辟
支佛作大福田亦為一切守護供〻〻男子
菩薩方便復有二種一者世間二者出世間
云何名菩薩世間方便自為及人常壞破此

BD05723號　大方廣十輪經卷八

（14–2）

薩摩訶薩有大莊嚴輪若菩薩成就如此大
莊嚴輪者從初發心斷除五欲堪為聲聞辟
支佛作大福田亦為一切守護供〻〻男子
菩薩方便復有二種一者世間二者出世間
云何名菩薩世間方便自為及人常壞破此
種種伎藝而成就衆生能現如是若干種身
或現佛身或現辟支佛身或現聲聞身或父
母身隨所應見而為現形若有病
者瞻視羸劣无有能救一切怖畏乃至應
死悉以方便救令解脫常行四攝成就衆
生住於大乘若聲聞辟支佛人有不堪任為
大乘器根不熟者即於二乘法中令其脩習
如是甚深微妙之法開示顯現第一義諦
過凡夫顛倒境界依於四依具四辯才四念處
四正懃四如意足五根五力七覺分八聖道
分住善取道入方便智道成就衆生若諸
衆生有為名稱深著利養諸根動搖而
涅槃善根如是等人教令習誦如來所說聲
聞辟支佛乘成熟離施功德教令勸助若有
衆生多起瞋恚其心甚惡而无慈愍教令脩
行四无量心而得成熟若見懈怠如是衆生
教令精進多瞋衆生教行忍辱散心衆生牽
令禪定愚癡衆生為說正法令脩智慧教化
成就若有衆生无所依止心无恭敬致令開

BD05723號　大方廣十輪經卷八

（14–3）

衆生多起瞋恚其心甚惡而无哀愍教令脩
行四无量心而得成熟若見懈怠如是衆生
教令精進多瞋衆生教行忍辱散心衆生教
令禪定愚癡衆生為說正法令脩智慧教化
成就若有衆生无所依止心无恭敬致令開
示歸依三寶有如是等教使脩習憂婆塞戒
之教八戒齋法或有衆生以種種伎
務處教化成就如是等輩恒沙菩薩有世間
方便智菩薩摩訶薩成就如此方便智輪以
諸經論作務伎術摧伏一切外道異學苦行
智輪是名菩薩摩訶薩成就世間方便智与
一切聲聞辟支佛共善男子若有菩薩不依
明師之不依止善知識以是行類相服染著
世間而自迷惑如是菩薩則不能住出世方
便智輪不名福田亦不能善知衆生諸行若
見不成法器衆生及聲聞辟支佛乘[illegible]熟
者於是人所顯示大乘是名愚癡无巧方便
而教大乘人捨菩薩道令脩聲聞辟支佛法
是為錯謬不識人根若見辟支佛人教令捨
離脩聲聞乘不識人根而謬說法有如是失
墮於咎過若見聲聞人厭於生死者為說世
間三界果報樂著生死不識人根而謬說法
有如是失墮於咎過若有衆生不斷煞盜乃
至不斷耶見具行十惡諸不善根見如是等

離脩聲聞乘不識人根而謬說法有如是失
墮於咎過若見聲聞人厭於生死者為說世
間三界果報樂著生死不識人根而謬說法
有如是失墮於咎過若有衆生不斷煞盜乃
至不斷耶見具行十惡諸不善根見如是等
而為顯示菩薩大乘甚深之法竟不說於惡
道果報生死受苦輪轉諸趣不識人根妄說
諸法墮於咎過之名愚癡无方便智若見樂
持戒者為說布施樂精進者為說持戒樂忍
辱者為說精進樂禪定者為說忍辱樂智慧
者為說禪定是名菩薩愚癡无巧方便智輪
之名世間智則与一切聲聞辟支佛共亦不
可名為摩訶薩也云何名菩薩摩訶薩出世
間方便智輪若諸菩薩有所作業皆為他人
不念己身作若干等種種伎術乃至惡欲与
人共之如前所說若有已利迴施他人見勘
任器者而為說法漸教聲聞辟支佛乘見辟
支佛人教令漸脩摩訶衍乘之不為聲聞人
根不熟者而為說樂生死法為有煞生乃至
耶見為說聲聞法生死所趣若樂脩施者為
說无上伎術乃至樂智慧者為說賢聖无漏
智道以是智慧成就衆生不取衆生想及智
慧想是名菩薩摩訶薩能出世間冣大莊嚴
方便智輪若菩薩摩訶薩成就此輪從初發

相不親者而爲說緣生死法處有無生乃至
耶見爲說聲聞法生死所趣若樂脩施者爲
說无上伎術乃至樂智慧者爲說賢聖无漏
智道以是智慧成就衆生不取衆生想又智
慧想是名菩薩摩訶薩能出世間取大庄嚴
方便智輪若菩薩摩訶薩成就此輪從初發
意斷除五欲是名菩薩摩訶薩勸爲聲聞辟
支佛作大福田常爲一切守護供養尒時世
尊欲重宣此義而說偈言

應說一乘道　而爲演二乘　則爲自欺誑　不名度衆生
決定薩耶衆　而示下劣乘　是則爲愚癡　不名摩訶薩
趣向一乘者　爲欲聽法故　樂處於生死　智者之所說
決定尊一心　隨欲而教化　是名爲方便　智者所讚嘆
一向爲聲聞　教令生厭患　勸任爲器者　教以摩訶衍

復次善男子菩薩摩訶薩取法之慈而庄嚴
輪不取衆生相何以故取衆生慈而庄嚴者
則是聲聞辟支佛行不能庄嚴大乘道也聲
聞辟支佛雖脩於慈但爲自己不爲利人爲
自調伏滅已結業盡諸煩惱已得涅槃爲我
人衆生而脩行慈於他衆生心常放捨是故
不名爲大庄嚴輪唯斷已結不能爲人除諸
煩惱菩薩摩訶薩則不如是常爲一切衆生
脩行慈心庄嚴大慈名爲菩薩摩訶薩无心
依慈不依心陰界入故而脩脩行慈不依心

不名爲大庄嚴輪唯斷已結不能爲人除諸
煩惱菩薩摩訶薩則不如是常爲一切衆生
脩行慈心庄嚴大慈名爲菩薩摩訶薩无心
依慈不依心陰界入故而脩脩行慈不依心
四念處四正懃四如意足五根五力七覺分
八聖道分而脩行慈不依心欲界色界无色
界而脩行慈不依心此世後世故而脩行慈不
依心此岸而脩行慈不依心彼岸而脩行慈
不爲不到故而脩行慈菩薩摩訶薩唯緣法
故而脩行慈此非聲聞辟支佛之所能行唯
諸菩薩摩訶薩乃能成就如是大庄嚴緣法
慈輪若菩薩從初發意離於五欲如是菩薩
摩訶薩堪任聲聞辟支佛作大福田亦爲一
切衆生守護供養復次善男子菩薩摩訶薩
脩大悲輪從初發意斷除五欲名爲摩訶薩
守護供養何以故一切聲聞辟支佛但自爲
已而脩悲故菩薩摩訶薩則不如是而自心
已爲一切衆生故而脩行悲是堪爲一切衆
生作大福田如是菩薩摩訶薩能兼他人脩
四攝法爲成熟衆生故乃至捨已枝節身命
及以財物以此大悲爲欲安樂諸衆生故亦
不得衆生相不得施者相不得受者相乃至
不得施業果報相行檀波羅蜜時不取行相
愛語利益及同事相雖行四攝而不取相常

四攝法爲成熟衆生故乃至捨已枝節身命
及以財物以此大悲爲欲安樂諸衆生故然
不得衆生相不得施者相不得受者相乃至
不得施業果報相行檀波羅蜜時不取行相
愛語利益及同事相雖行四攝而不取相常
以寂滕心第一心寂滅心乃至无量阿僧祇
心不行陰界入心无動搖而常安住莊嚴大
悲寂滅心成就衆生善男子以如是相能大
莊嚴不与一切聲聞辟支佛共善薩摩訶薩
具足成就此大悲輪從初發意斷除五欲勤
爲聲聞辟支佛作大福田常爲一切衆生守
護供養尒時世尊欲重宣此義而説偈言

此法難思量　甚深如虛空　无色无所住　大悲之所成
常懃行頭陁　菩薩寂上智　大悲勇健力　超過一切人
衆生无歸依　生死苦所縛　普欲令解脱　大悲水洗除
乾竭生死海　則非聲聞地　及与緣覺乘　菩薩所哀愍
貪欲恚愚癡　衆生没惡道　以此大悲水　洗浴苦衆生

復次善男子又有廣遍虛空无邊无有量數
種種差別音聲辯才一切三昧揔持忍辱大
莊嚴輪菩薩摩訶薩若成就輪從初發意斷
除五欲則能勤爲聲聞辟支佛作大福田一
切皆應供養守護云何名爲菩薩摩訶薩廣
遍虛空无邊无量種種差別音聲辯才一切
三昧揔持忍辱大莊嚴輪所謂菩薩照明一

莊嚴輪菩薩摩訶薩若所有輪從初發意斷
除五欲則能勤爲聲聞辟支佛作大福田一
切皆應供養守護云何名爲菩薩摩訶薩廣
遍虛空无邊无量種種差別音聲辯才一切
三昧揔持忍辱大莊嚴輪所謂菩薩照明一
一切法猶如月光普照天下无相无依心无所
染於諸三昧身心不動眼眼觸眼識悉皆不
動若眼緣觸内生三受菩薩受樂受不苦不
樂受生寂滅心与无生心耳鼻舌身乃至心
意意識无生亦如是能生三受寂滅心无生
心三世陰界入一切亦皆无生无有動搖三
界三行三戒三乘三解脱三根三觸之寂滅
心无生心一切處无住皆行无相檀波羅蜜
乃至持戒忍辱精進禪定智慧波羅蜜皆住
寂滅心无動亂四念處四正懃四如意足五
根五力七覺分八聖道分皆住不動九次第
定之不動乃至三行如不如相之悉不動知
一切法悉无所鄣住八聖道窟宅及非窟宅
有耶无耶有漏无漏有此彼岸无此彼岸无
大无小有作有善无善有記无記於一切處
而心不動乃能如是大慈大悲與大方便爲成
熟衆生守護三業及四无畏分別十地乃至
十八不共法於一切處皆住无作无起心
常安住耶相三受皆悉寂滅菩薩摩訶薩離
一切目[illegible]眼[illegible]明三昧一切三昧

而心不動乃能如是大慈大悲與大方便悉成
熟衆生守護三業及四无畏分别十地乃至
十八不共法於一切處皆住无作无起心
常安住即相三受皆悉窮滅菩薩摩訶薩離
一切相淨虛空眼火光照明三昧一切三昧
五方便大莊嚴輪若菩薩住是三昧則能滅
除過去諸業三惡趣苦皆悉消滅令盡无餘
善男子譬如五日出時一切泉流河池及諸
大河四大海水皆悉枯竭如是菩薩摩訶薩
以廣遍虛空无邊无量阿僧祇譬喻言辭巧
說辯中一切三昧揔持忍辱大莊嚴輪菩薩
若能成就此輪滅盡三有除諸惡趣於過去
世所有業鄣永滅无餘善男子譬如世界劫
欲盡時此四天下及八万四千諸河諸渚并
四天王一切諸山皆悉敗壞消滅永盡令无
有餘善男子菩薩摩訶薩亦復如是成就一
切三昧諸陁羅尼忍辱輪者能滅先世所作
惡業乃至三有一切惡趣永盡无餘善男子
譬諸黑闇遍滿虛空日輪出時一切黑闇皆
悉除滅菩薩摩訶薩亦復如是若能成就是
大莊嚴輪乃至一切三昧揔持忍辱輪已身
及他顛倒諸闇皆悉消滅如是虛空无邊知
日悉能消滅先世諸惡不善業使永盡无餘
是菩薩不隨惡知識常不離諸佛而聽正法
乃至不離諸菩薩行於其夢中心常念佛何

BD05723 號　大方廣十輪經卷八　　（14–10）

大莊嚴輪乃至一切三昧揔持忍辱輪已身
及他顛倒諸闇皆悉消滅如是虛空无邊知
日悉能消滅先世諸惡不善業使永盡无餘
是菩薩不隨惡知識常不離諸佛而聽正法
乃至不離諸菩薩行於其夢中心常念佛何
等是菩薩摩訶薩大莊嚴遍滿虛空廣大无
邊无量阿僧祇種種言辭音聲辯中一切三
昧揔持忍辱輪菩薩摩訶薩入於初禪乃至
第四禪入空處乃至入非相非非想處入滿
足滅盡定乃至滿足滅三行心无動受心想
觸意行窮滅不動或住一日一夜乃至七日
七夜住於禪味之住第一義空身諸毛孔出
於暖氣燒滅一切結使業薪如是次第遂深
正念一切身體悅樂滿足譬如自在天子入
現一切樂三昧入是三昧已一切身毛孔中
皆悉受樂如是樂相觸菩薩身而便自憶念
佛念佛已即便見佛无復餘相若念一佛則
見一佛若念无量佛則見无量佛若念佛身
少分則見少分若念佛无邊身則見无邊身
若觀自身作佛相者則見己身同佛相好具
足莊嚴若觀他身欲作佛者則見他身亦同
其佛莊嚴相好若欲隨觀衆生皆作佛相者
則隨所觀同佛身相餘无所見心所起念皆
實不虛知一切法如幻如水中像悉觀三受

BD05723 號　大方廣十輪經卷八　　（14–11）

若觀自身作佛相者則見己身同佛相好具
足莊嚴若觀他身欲作佛者則見他身亦同
其佛莊嚴相好若欲隨觀衆生皆作佛相者
則隨所觀同佛身相餘无所見心所起念皆
實不虛知一切法如幻如水中像悉觀三受
三行永盡消滅如是觀已還入滅盡定禪悅
味食或於一七日二七三七乃至七七日或
十日五十日如是乃至百千万億劫還入實
諦空觀如前念佛成就作是觀已善男子以
如是相廣大遍滿虛空无量无邊所僧祇種
種言辭音聲辯才一切三昧揔持忍辱輪菩
薩成就如是輪故斷除五欲滅盡過去一切
惡業三有六趣皆悉消滅令无有餘堪為聲
聞及辟支佛作大福田亦為一切等護供養
離四顛倒愚癡大闇不復更隨諸惡知識常
不離佛得聞正法乃至夢中見佛聽法供養
衆僧於一切菩薩所行之道疾成阿耨多羅
三藐三菩提得淨佛土於彼佛國一切衆生
悉皆化生相好如佛住摩訶衍結使微薄尒
時世尊欲重宣此義而說偈言
勤住法器者　則破諸結使　能住於善信　皆悉无疑難
為欲斷有縛　當作大莊嚴　脩學諸禪定　智慧不思議
脩學於諸禪　觀第一寂滅　以此念佛智　能盡一切惡
相与无相等　以空悉為滅　永斷於四趣　不離見諸佛

BD05723號　大方廣十輪經卷八

（14–12）

勤住法器者　則破諸結使　能住於善信　皆悉无疑難
為欲斷有縛　當作大莊嚴　脩學諸禪定　智慧不思議
脩學於諸禪　觀第一寂滅　以此念佛智　能盡一切惡
相与无相等　以空悉為滅　永斷於四趣　不離見諸佛
善脩學諸法　供養一切佛　疾成於正覺　脩空相故
為衆作親友　除捨諸結使　是名淨福田　疾近於菩薩
衆生作佛相　遍滿諸世界　為求佛道故　遠離於二乘
說是法時恒河沙等无量菩薩本所曾聞念
佛正法若有發心今悉還得无量衆生聞是
念佛百千三昧悉入一切三昧方便皆得憶
念揔持華嚴无量衆生而皆依正首楞嚴三
昧乃至成就電光三昧得一切法照明遠无
生忍遠塵離垢得法眼淨无量衆生得須陀
洹果斯陀含果阿那含果阿羅漢果无量衆
生皆求出家入佛法中无量衆生住於十善
有發聲聞心者有發辟支佛心者有發阿耨
多羅三藐三菩提心者得不退轉者无量衆
生得世間正見以正見因緣故斷惡趣結皆
得生天及在人間歸依三寶棄捨五欲於佛
法中而得出家離一切耶得清淨信尒時世
尊告金剛藏菩薩摩訶薩善男子汝當以此
不退法輪授地藏菩薩記若有衆生讚誦此
經為他解說住是法者應當擁護十法何等
為十擁護一切財物離一切惡一切耶見耶
歸依十惡一切身過一切口過一切誹謗一

BD05723號　大方廣十輪經卷八

（14–13）

得生天及在人間具佛三寶章持五戒方便
法中而得出家離一切耶得清淨信尒時世
尊告金剛藏菩薩摩訶薩善男子汝當以此
不退法輪授地藏菩薩記若有衆生讀誦此
経為他解說住是法者應當擁護十法何等
為十擁護一切財物離一切惡一切耶見耶
歸依十惡一切身過一切口過一切誹謗一
切破戒一切横病一切横死如是衆生臨命
終時皆得見佛即生天上若有衆生讀誦此
経應當擁護如是十法是名諸佛伏藏佛說
是経已時四部衆及諸天龍夜叉乾闥婆阿
脩羅迦樓羅緊那羅摩睺羅伽人非人及地
藏菩薩等聞是経已歡喜奉行

十輪経卷第八

BD05723號　大方廣十輪經卷八　　（14–14）

无量壽経

如是我聞一時薄伽梵在舍衛國祇樹給孤獨與大苾芻僧千二百五十人大
菩薩摩訶薩衆俱同會坐尒時世尊告曼殊室利童子上方有世界名
无量功德聚彼土有佛号无量壽智决定王如來阿羅訶三藐三菩提為衆生
說法說法曼殊諦聽南閻浮提人皆短壽大限百年於中夭枉横死者衆曼殊如
是无量壽如來功德名稱法要若有衆生得聞名号若自書或使人書能為經卷
受持讀誦若於舍宅所住之處以種種花鬘瓔珞塗香末香而為供養如其命
盡復得延年滿足百歲如是曼殊若有衆生得聞是无量壽智决定王如來一
百八名号者益其長壽若有衆生大命將盡憶念是如來名号更得增壽如是
曼殊若有善男子善女人欲求長壽於是无量壽如來一百八名号有得聞者
或自書使人書受持讀誦得如是等果報福德具足陁羅尼曰
南謨薄伽勃底一阿波唎蜜多二阿喻紇硯那三須毗你失止多四囉佐耶五怛他羯他耶六怛姪他唵七薩
婆桑塞迦囉八波唎輸底九達磨底十伽伽那十一莎訶其特伽底十二薩婆娑毗輸底十三摩訶那耶十四波唎娑
嚩嚩莎訶十五
世尊復告曼殊室利童子是如來一百八名号若有自書或使人書為經卷受
持讀誦如壽盡復滿百年壽終此身後得往生无量福智世界无量壽淨土陁羅尼曰
南謨薄伽勃底一阿波唎蜜多二阿喻紇硯那三須毗你失止多四囉佐耶五怛他羯他耶六怛姪他唵七薩婆桑塞
尒時九十九俱胝佛等一時同聲說是无量壽宗要経陁羅尼曰
南謨薄伽勃底一阿波唎蜜多二阿喻紇硯那三須毗你失止多四囉佐耶五怛他羯他耶六怛姪他唵七薩婆
桑塞迦囉八波唎輸底九達磨底十伽伽那十一莎訶其特伽底十二薩婆娑毗輸底十三摩訶那耶十四波唎娑嚩嚩莎訶

BD05724號　無量壽宗要經　　（6–1）

婆桑悉迦囉八 波唎輸底九 達磨底十 伽伽娜十一 莎呵其持迦底十二 薩婆婆毗輸底十三 摩訶娜耶十四 波唎婆
囇莎呵十五　世尊復告曼殊室利童子如來一百八名號若有自書或使人書寫經卷受
持讀誦如壽盡復滿百年壽終此身後得往生無量福智世界無量壽淨土蓮華居
南謨薄伽勃底一 阿波唎蜜多二 阿喻紇硯那三 須毗你悉指陀四 囉佐耶五 怛他羯他耶六 怛姪他唵七 薩婆桑悉
爾時九十九殑伽佛等一時同聲說是無量壽宗要經陀羅尼曰
謨薄伽勃底一 阿波唎蜜多二 阿喻紇硯那三 須毗你悉指陀四 囉佐耶五 怛他羯他耶六 怛姪他唵七 薩婆
桑悉迦囉八 波唎輸底九 達磨底十 伽伽娜十一 莎呵其持迦底十二 薩婆婆毗輸底十三 摩訶娜耶十四 波唎婆囇莎呵
爾時復有一百四殑伽佛等一時同聲說是無量壽宗要經陀羅尼曰
南謨薄伽勃底一 阿波唎蜜多二 阿喻紇硯那三 須毗你悉指陀四 囉佐耶五 怛他羯他耶六 怛姪他唵七 薩婆桑悉迦
囉八 波唎輸底九 達磨底十 伽伽娜十一 莎呵其持迦底十二 薩婆婆毗輸底十三 摩訶娜耶十四 波唎婆囇莎呵十五
爾時復有七殑伽佛等一時同聲說是無量壽宗要經陀羅尼曰
南謨薄伽勃底一 阿波唎蜜多二 阿喻紇硯那三 須毗你悉指陀四 囉佐耶五 怛他羯他耶六 怛姪他唵七 薩婆桑悉迦囉八
波唎輸底九 達磨底十 伽伽娜十一 莎呵其持迦底十二 薩婆婆毗輸底十三 摩訶娜耶十四 波唎婆囇莎呵十五
爾時復有六十五殑伽佛一時同聲說是無量壽宗要經陀羅尼曰
南謨薄伽勃底一 阿波唎蜜多二 阿喻紇硯那三 須毗你悉指陀四 囉佐耶五 怛他羯他耶六 怛姪他唵七 薩婆桑悉
迦囉八 波唎輸底九 達磨底十 伽伽娜十一 莎呵其持迦底十二 薩婆婆毗輸底十三 摩訶娜耶十四 波唎婆囇莎呵十五
爾時復有五十五殑伽佛一時同聲說是無量壽宗要經陀羅尼曰
南謨薄伽勃底一 阿波唎蜜多二 阿喻紇硯那三 須毗你悉指陀四 囉佐耶五 怛他羯他耶六 怛姪他唵七 薩婆桑悉迦囉八
波唎輸底九 達磨底十 伽伽娜十一 莎呵其持迦底十二 薩婆婆毗輸底十三 摩訶娜耶十四 波唎婆囇莎呵十五
爾時復有四十五殑伽佛一時同聲說是無量壽宗要經陀羅尼曰
南謨薄伽勃底一 阿波唎蜜多二 阿喻紇硯那三 須毗你悉指陀四 囉佐耶五 怛他羯他耶六 怛姪他唵七 薩婆桑悉
迦囉八 波唎輸底九 達磨底十 伽伽娜十一 莎呵其持迦底十二 薩婆婆毗輸底十三 摩訶娜耶十四 波唎婆囇莎呵十五
爾時復有三十六殑伽佛一時同聲說是無量壽宗要經陀羅尼曰
南謨薄伽勃底一 阿波唎蜜多二 阿喻紇硯那三 須毗你悉指陀四 囉佐耶五 怛他羯他耶六 怛姪他唵七 薩婆桑
悉迦囉八 波唎輸底九 達磨底十 伽伽娜十一 莎呵其持迦底十二 薩婆婆毗輸底十三 摩訶娜耶十四 波唎婆囇
莎呵十五　爾時復有二十五殑伽佛一時同聲說是無量壽宗要經陀羅尼曰
南謨薄伽勃底一 阿波唎蜜多二 阿喻紇硯那三 須毗你悉指陀四 囉佐耶五 怛他羯他耶六 怛姪他唵七 薩婆桑
悉迦囉八 波唎輸底九 達磨底十 伽伽娜十一 莎呵其持迦底十二 薩婆婆毗輸底十三 摩訶娜耶十四 波唎婆囇莎呵十五
爾時復有恒河沙殑伽佛一時同聲說是無量壽宗要經陀羅尼曰

BD05724 號　無量壽宗要經

（6–2）

南謨薄伽勃底一 阿波唎蜜多二 阿喻紇硯那三 須毗你悉指陀四 囉佐耶五 怛他羯他耶六 怛姪他唵七 薩婆
悉迦囉八 波唎輸底九 達磨底十 伽伽娜十一 莎呵其持迦底十二 薩婆婆毗輸底十三 摩訶娜耶十四 波唎婆囇莎
呵十五　爾時復有二十五殑伽佛一時同聲說是無量壽宗要經陀羅尼曰
南謨薄伽勃底一 阿波唎蜜多二 阿喻紇硯那三 須毗你悉指陀四 囉佐耶五 怛他羯他耶六 怛姪他唵七 薩婆桑
悉迦囉八 波唎輸底九 達磨底十 伽伽娜十一 莎呵其持迦底十二 薩婆婆毗輸底十三 摩訶娜耶十四 波唎婆囇莎呵十五
爾時復有恒河沙殑伽佛一時同聲說是無量壽宗要經陀羅尼曰
南謨薄伽勃底一 阿波唎蜜多二 阿喻紇硯那三 須毗你悉指陀四 囉佐耶五 怛他羯他耶六 怛姪他唵七 薩婆桑悉迦囉八 波唎輸
底九 達磨底十 伽伽娜十一 莎呵其持迦底十二 薩婆婆毗輸底十三 摩訶娜耶十四 波唎婆囇莎呵十五
善男子若有自書寫教人書寫是無量壽宗要經知其命盡復得長壽滿年陀羅尼曰
南謨薄伽勃底一 阿波唎蜜多二 阿喻紇硯那三 須毗你悉指陀四 囉佐耶五 怛他羯他耶六 怛姪他唵七 薩婆桑悉迦囉八
波唎輸底九 達磨底十 伽伽娜十一 莎呵其持迦底十二 薩婆婆毗輸底十三 摩訶娜耶十四 波唎婆囇莎呵十五
若有自書寫教人書寫是無量壽宗要經讀誦受持畢竟不墮地獄在在所生得宿命智陀羅尼曰
南謨薄伽勃底一 阿波唎蜜多二 阿喻紇硯那三 須毗你悉指陀四 囉佐耶五 怛他羯他耶六 怛姪他唵七 薩婆桑悉迦囉八
波唎輸底九 達磨底十 伽伽娜十一 莎呵其持迦底十二 薩婆婆毗輸底十三 摩訶娜耶十四 波唎婆囇莎呵十五
若有自書寫教人書寫是無量壽宗要經受持讀誦如同書寫八萬四千一切經典陀羅尼曰
南謨薄伽勃底一 阿波唎蜜多二 阿喻紇硯那三 須毗你悉指陀四 囉佐耶五 怛他羯他耶六 怛姪他唵七 薩婆桑悉迦囉八
波唎輸底九 達磨底十 伽伽娜十一 莎呵其持迦底十二 薩婆婆毗輸底十三 摩訶娜耶十四 波唎婆囇莎呵十五
若有自書寫教人書寫是無量壽宗要經受持讀誦即是書寫八萬四千部建立塔廟陀羅尼曰
南謨薄伽勃底一 阿波唎蜜多二 阿喻紇硯那三 須毗你悉指陀四 囉佐耶五 怛他羯他耶六 怛姪他唵七 薩婆桑悉迦囉
波唎輸底九 達磨底十 伽伽娜十一 莎呵其持迦底十二 薩婆婆毗輸底十三 摩訶娜耶十四 波唎婆囇莎呵十五
若有自書寫教人書寫是無量壽宗要經能消無五間等一切重罪陀羅尼曰
南謨薄伽勃底一 阿波唎蜜多二 阿喻紇硯那三 須毗你悉指陀四 囉佐耶五 怛他羯他耶六 怛姪他唵七 薩婆桑悉迦囉八
波唎輸底九 達磨底十 伽伽娜十一 莎呵其持迦底十二 薩婆婆毗輸底十三 摩訶娜耶十四 波唎婆囇莎呵十五
若有自書寫教人書寫是無量壽宗要經受持讀誦設有重罪猶如須彌盡能除滅陀羅尼曰
南謨薄伽勃底一 阿波唎蜜多二 阿喻紇硯那三 須毗你悉指陀四 囉佐耶五 怛他羯他耶六 怛姪他唵七 薩婆桑悉迦囉八 波唎
輸底九 達磨底十 伽伽娜十一 莎呵其持迦底十二 薩婆婆毗輸底十三 摩訶娜耶十四 波唎婆囇莎呵十五
若有自書寫教人書寫是無量壽宗要經受持讀誦若魔魔之眷屬夜
叉羅剎不得其便終無枉死陀羅尼曰
南謨薄伽勃底一 阿波唎蜜多二 阿喻紇硯那三 須毗你悉指陀四 囉佐耶五 怛他羯他耶六 怛姪他唵七 薩婆桑悉迦囉八
波唎輸底九 達磨底十 伽伽娜十一 莎呵其持迦底十二 薩婆婆毗輸底十三 摩訶娜耶十四 波唎婆囇莎呵十五

BD05724 號　無量壽宗要經

（6–3）

南謨薄伽勃底阿波唎蜜多阿喻紇硯娜須毗你悉指陀囉佐耶怛他羯他耶怛姪他唵薩婆桑悉迦嚟波唎
輸底達磨底伽伽娜莎呵其持迦底薩婆婆毗輸底摩訶娜耶波唎婆嚟莎訶
若有自書寫教人書寫是无量壽宗要經受持讀誦若魔魔之眷屬夜
叉羅剎不得其便終无枉死陁羅尼曰
南謨薄伽勃底阿波唎蜜多阿喻紇硯娜須毗你悉指陀囉佐耶怛他羯他耶怛姪他唵薩婆桑悉迦嚟
波唎輸底達磨底伽伽娜莎呵其持迦底薩婆婆毗輸底摩訶娜耶波唎婆嚟莎訶
若有自書寫教人書寫是无量壽宗要經受持讀誦當命終時有九十九
姟佛現其人前眾千佛授手能遊一切佛剎莫於此經生疑惑陁羅尼曰
南謨薄伽勃底阿波唎蜜多阿喻紇硯娜須毗你悉指陀囉佐耶怛他羯他耶怛姪他唵薩婆桑悉迦
嚟波唎輸底達磨底伽伽娜莎呵其持迦底薩婆婆毗輸底摩訶娜耶波唎婆嚟莎訶
若有自書寫教人書寫是无量壽宗要經受持讀誦當得四天大王隨其衛護陁羅尼曰
南謨薄伽勃底阿波唎蜜多阿喻紇硯娜須毗你悉指陀囉佐耶怛他羯他耶怛姪他唵薩婆桑悉迦
嚟波唎輸底達磨底伽伽娜莎呵其持迦底薩婆婆毗輸底摩訶娜耶波唎婆嚟莎訶
若有自書寫教人書寫是无量壽宗要經受持讀誦當得往生西方極樂世界阿彌陀淨土陁羅尼曰
南謨薄伽勃底阿波唎蜜多阿喻紇硯娜須毗你悉指陀囉佐耶怛他羯他耶怛姪他唵薩婆桑悉迦嚟波
唎輸底達磨底伽伽娜莎呵其持迦底薩婆婆毗輸底摩訶娜耶波唎婆嚟莎訶
若有方所自書寫教人書寫是无量壽經典之處則為是塔皆應恭敬作礼若是畜
生或為鳥獸得聞是經如是等類皆當不久得成一切種智陁羅尼曰
南謨薄伽勃底阿波唎蜜多阿喻紇硯娜須毗你悉指陀囉佐耶怛他羯他耶怛姪他唵薩婆桑悉迦
嚟波唎輸底達磨底伽伽娜莎呵其持迦底薩婆婆毗輸底摩訶娜耶波唎婆嚟莎訶
若有於是无量壽經自書寫使人書畢竟不受女人之身陁羅尼曰
南謨薄伽勃底阿波唎蜜多阿喻紇硯娜須毗你悉指陀囉佐耶怛他羯他耶怛姪他唵薩婆桑悉迦嚟波
唎輸底達磨底伽伽娜莎呵其持迦底薩婆婆毗輸底摩訶娜耶波唎婆嚟莎訶
若有能於是經少分布施者等於三千大千世界滿中七寶布施陁羅尼曰
南謨薄伽勃底阿波唎蜜多阿喻紇硯娜須毗你悉指陀囉佐耶怛他羯他耶怛姪他唵薩婆桑悉迦嚟
波唎輸底達磨底伽伽娜莎呵其持迦底薩婆婆毗輸底摩訶娜耶波唎婆嚟莎訶
若有能供養是經者則是供養一切諸經等无有異陁羅尼曰
南謨薄伽勃底阿波唎蜜多阿喻紇硯娜須毗你悉指陀囉佐耶怛他羯他耶怛姪他唵薩婆桑悉迦嚟
波唎輸底達磨底伽伽娜莎呵其持迦底薩婆婆毗輸底摩訶娜耶波唎婆嚟莎訶
如是毗婆尸佛尸棄佛毗舍浮佛俱留孫佛俱那含牟尼佛迦葉佛釋迦牟尼佛

BD05724 號　無量壽宗要經　（6–4）

南謨薄伽勃底阿波唎蜜多阿喻紇硯娜須毗你悉指陀囉佐耶怛他羯他耶怛姪他唵薩婆桑悉迦嚟波
唎輸底達磨底伽伽娜莎呵其持迦底薩婆婆毗輸底摩訶娜耶波唎婆嚟莎訶
若有能於是經少分布施者等於三千大千世界滿中七寶布施陁羅尼曰
南謨薄伽勃底阿波唎蜜多阿喻紇硯娜須毗你悉指陀囉佐耶怛他羯他耶怛姪他唵薩婆桑悉迦嚟
波唎輸底達磨底伽伽娜莎呵其持迦底薩婆婆毗輸底摩訶娜耶波唎婆嚟莎訶
若有能供養是經者則是供養一切諸經等无有異陁羅尼曰
南謨薄伽勃底阿波唎蜜多阿喻紇硯娜須毗你悉指陀囉佐耶怛他羯他耶怛姪他唵薩婆桑悉迦嚟
波唎輸底達磨底伽伽娜莎呵其持迦底薩婆婆毗輸底摩訶娜耶波唎婆嚟莎訶
如是毗婆尸佛尸棄佛毗舍浮佛俱留孫佛俱那含牟尼佛迦葉佛釋迦牟尼佛
若有人以七寶供養如是七佛其福有限書寫受持是无量壽經典所有功德不可數量陁羅尼曰
南謨薄伽勃底阿波唎蜜多阿喻紇硯娜須毗你悉指陀囉佐耶怛他羯他耶怛姪他唵薩婆桑悉迦嚟波
唎輸底達磨底伽伽娜莎呵其持迦底薩婆婆毗輸底摩訶娜耶波唎婆嚟莎訶
若有七寶等於須彌山用布施其福上能知限量是无量壽經典其福不可知數陁羅尼曰
南謨薄伽勃底阿波唎蜜多阿喻紇硯娜須毗你悉指陀囉佐耶怛他羯他耶怛姪他唵薩婆桑悉迦嚟
波唎輸底達磨底伽伽娜莎呵其持迦底薩婆婆毗輸底摩訶娜耶波唎婆嚟莎訶
如是四大海水可知滴數是无量壽經典所生果報不可數量陁羅尼曰
南謨薄伽勃底阿波唎蜜多阿喻紇硯娜須毗你悉指陀囉佐耶怛他羯他耶怛姪他唵薩婆桑悉迦嚟
波唎輸底達磨底伽伽娜莎呵其持迦底薩婆婆毗輸底摩訶娜耶波唎婆嚟莎訶
若有自書使人書寫是无量壽經典又能護持供養禮拜如於敬供養一切十
方佛土如來无有別異陁羅尼曰
南謨薄伽勃底阿波唎蜜多阿喻紇硯娜須毗你悉指陀囉佐耶怛他羯他耶怛姪他唵薩婆桑悉迦嚟
波唎輸底達磨底伽伽娜莎呵其持迦底薩婆婆毗輸底摩訶娜耶波唎婆嚟莎訶
布施力能成正覺　悟布施力人師子　布施力能聲普聞　慈悲階漸眾能入
持戒力能成正覺　悟持戒力人師子　持戒力能聲普聞　慈悲階漸眾能入
忍辱力能成正覺　悟忍辱力人師子　忍辱力能聲普聞　慈悲階漸眾能入
精進力能成正覺　悟精進力人師子　精進力能聲普聞　慈悲階漸眾能入
禪定力能成正覺　悟禪定力人師子　禪定力能聲普聞　慈悲階漸眾能入
智慧力能成正覺　悟智慧力人師子　智慧力能聲普聞　慈悲階漸眾能入
尒時如來說是已一切世間天人阿脩羅揵闥等聞佛所說皆大
歡喜信受奉行

BD05724 號　無量壽宗要經　（6–5）

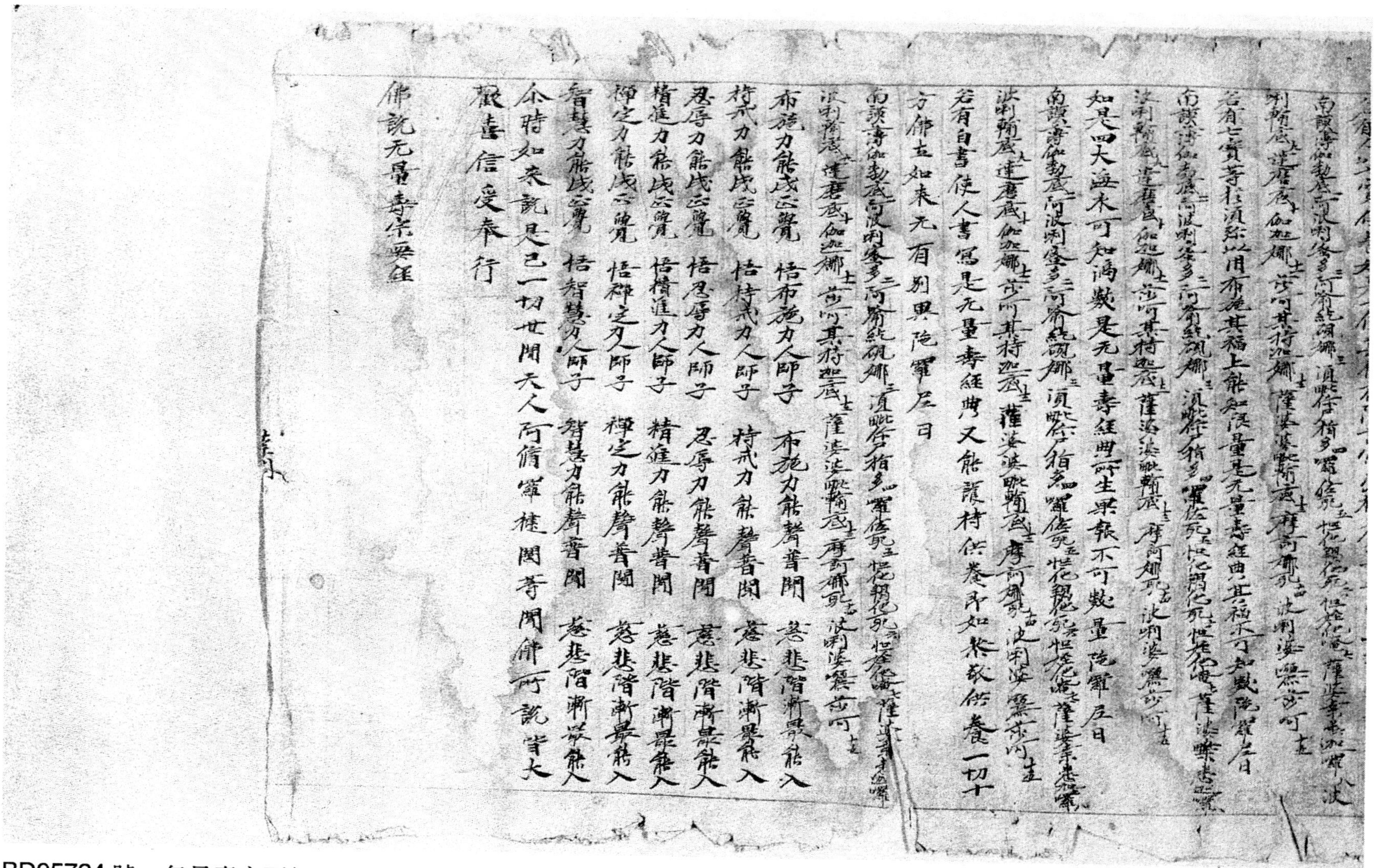

南謨薄伽勃底一 阿波唎蜜多二 阿喻紇硯那三 須毗你悉指陀四 囉佐耶五 怛他羯他耶六 怛姪他七 唵八 薩婆桑悉迦囉九 波
唎輸提十 達磨底十一 伽伽那十二 娑訶突伽底十三 莎婆婆毗秫提十四 摩訶娜耶十五 波唎婆嚟莎訶十六
若有七寶等於須弥山用布施其福上能知限量是无量壽經典其福不可知數陀羅尼曰
南謨薄伽勃底一 阿波唎蜜多二 阿喻紇硯那三 須毗你悉指陀四 囉佐耶五 怛他羯他耶六 怛姪他七 唵八 薩婆桑悉迦囉九
波唎輸提十 達磨底十一 伽伽那十二 娑謨突伽底十三 莎婆婆毗秫提十四 摩訶娜耶十五 波唎婆嚟莎訶十六
如是四大海水可知滴數是无量壽經典所生果報不可數量陀羅尼曰
南謨薄伽勃底一 阿波唎蜜多二 阿喻紇硯那三 須毗你悉指陀四 囉佐耶五 怛他羯他耶六 怛姪他七 唵八 薩婆桑悉迦囉九
波唎輸提十 達磨底十一 伽伽那十二 娑謨突伽底十三 莎婆婆毗秫提十四 摩訶娜耶十五 波唎婆嚟莎訶十六
若有自書使人書寫是无量壽經典又能護持供養所如恭敬供養一切十
方佛土如來无有別異陀羅尼曰
南謨薄伽勃底一 阿波唎蜜多二 阿喻紇硯那三 須毗你悉指陀四 囉佐耶五 怛他羯他耶六 怛姪他七 唵八 薩婆桑悉迦囉九
波唎輸提十 達磨底十一 伽伽那十二 娑謨突伽底十三 莎婆婆毗秫提十四 摩訶娜耶十五 波唎婆嚟莎訶十六
布施力能成正覺 悟布施力人師子 布施力能聲普聞 慈悲階漸最能入
持戒力能成正覺 悟持戒力人師子 持戒力能聲普聞 慈悲階漸最能入
忍辱力能成正覺 悟忍辱力人師子 忍辱力能聲普聞 慈悲階漸最能入
精進力能成正覺 悟精進力人師子 精進力能聲普聞 慈悲階漸最能入
禪定力能成正覺 悟禪定力人師子 禪定力能聲普聞 慈悲階漸最能入
智慧力能成正覺 悟智慧力人師子 智慧力能聲普聞 慈悲階漸最能入
尒時如來說是已一切世間天人阿脩羅揵闥婆聞佛所說皆大
歡喜信受奉行
佛說无量壽宗要經

BD05724號　無量壽宗要經

（6–6）

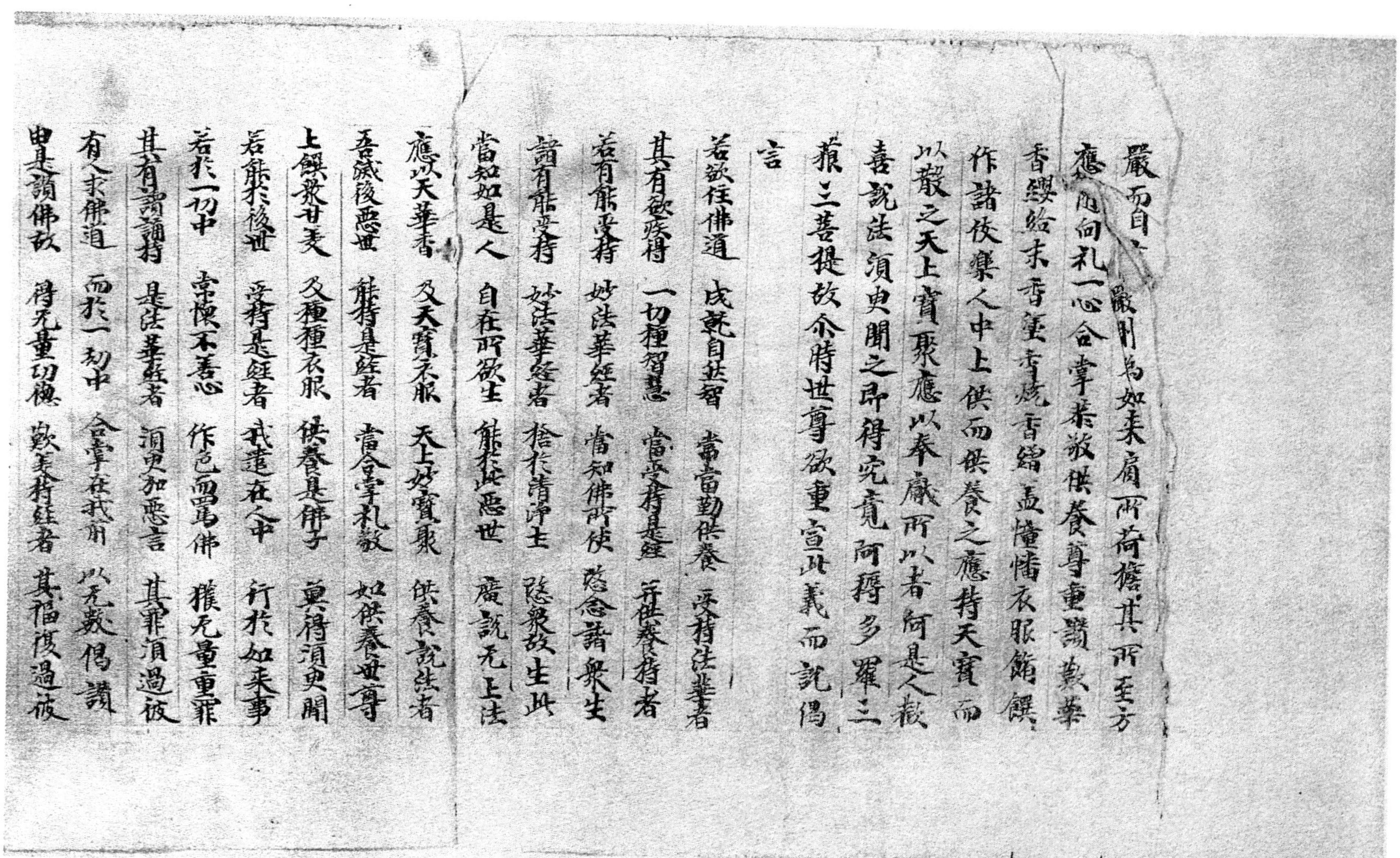

嚴而自莊嚴則為如來肩所荷擔其所至方
應隨向礼一心合掌恭敬供養尊重讚歎華
香瓔珞末香塗香燒香繒蓋幢幡衣服餚饌
作諸伎樂人中上供而供養之應持天寶而
以散之天上寶聚應以奉獻所以者何是人歡
喜說法須臾聞之即得究竟阿耨多羅三
藐三菩提故尒時世尊欲重宣此義而說偈
言
若欲住佛道　成就自然智　常當勤供養　受持法華者
其有欲疾得　一切種智慧　當受持是經　并供養持者
若有能受持　妙法華經者　當知佛所使　愍念諸衆生
諸有能受持　妙法華經者　捨於清淨土　愍衆故生此
當知如是人　自在所欲生　能於此惡世　廣說无上法
應以天華香　及天寶衣服　天上妙寶聚　供養說法者
吾滅後惡世　能持是經者　當合掌礼敬　如供養世尊
上饌衆甘美　及種種衣服　供養是佛子　兾得須臾聞
若能於後世　受持是經者　我遣在人中　行於如來事
若於一劫中　常懷不善心　作色而罵佛　獲无量重罪
其有讀誦持　是法華經者　須臾加惡言　其罪復過彼
有人求佛道　而於一劫中　合掌在我前　以无數偈讚
由是讚佛故　得无量功德　歎美持經者　其福復過彼

BD05725號　妙法蓮華經卷四

（4–1）

上饌衆甘美　及種種衣服　供養是佛子　冀得須臾聞
若能於後世　受持是經者　我遣在人中　行於如來事
若於一劫中　常懷不善心　作色而罵佛　獲無量重罪
其有讀誦持　是法華經者　須臾加惡言　其罪復過彼
有人求佛道　而於一劫中　合掌在我前　以無數偈讚
由是讚佛故　得無量功德　歎美持經者　其福復過彼
於八十億劫　以最妙色聲　及與香味觸　供養持經者
如是供養已　若得須臾聞　則應自欣慶　我今獲大利
藥王今告汝　我所說諸經　而於此經中　法華最第一
尒時佛復告藥王菩薩摩訶薩我所說經典
无量千萬億已說今說當說而於其中此法華
經最為難信難解藥王此經是諸佛秘要之
藏不可分布妄授與人諸佛世尊之所守護
從昔已來未曾顯說而此經者如來現在猶
多怨嫉況滅度後藥王當知如來滅後其能
書持讀誦供養為他人說者如來則為以衣
覆之又為他方現在諸佛之所護念是人有
大信力及志願力諸善根力當知是人與如來
共宿則為如來手摩其頭藥王在在處處
若說若讀若誦若書若經卷所住處皆應起
七寶塔極令高廣嚴飾不須復安舍利所以
者何此中已有如來全身此塔應以一切華
香瓔珞繒蓋幢幡伎樂歌頌供養恭敬尊重
讚歎若有人得見此塔禮拜供養當知是等
皆近阿耨多羅三藐三菩提藥王多有人在
家出家行菩薩道若不能得見聞讀誦書持

BD05725號　妙法蓮華經卷四　（4–2）

者何此中已有如來全身此塔應以一切華
香瓔珞繒蓋幢幡伎樂歌頌供養恭敬尊重
讚歎若有人得見此塔禮拜供養當知是等
皆近阿耨多羅三藐三菩提藥王多有人在
家出家行菩薩道若不能得見聞讀誦書持
供養是法華經者當知是人未善行菩薩道
若有得聞是經典者乃能善行菩薩之道其
有衆生求佛道者若見若聞是法華經聞已
信解受持者當知是人得近阿耨多羅三藐
三菩提藥王譬如有人渴乏須水於彼高原穿
鑿求之猶見乾土知水尚遠施功不已轉見濕
土遂漸至泥其心決定知水必近菩薩亦
復如是若未聞未解未能修習是法華經
當知是人去阿耨多羅三藐三菩提尚遠若
得聞解思惟修習必知得近阿耨多羅三藐
三菩提所以者何一切菩薩阿耨多羅三藐
三菩提皆屬此經此經開方便門示真實相
是法華經藏深固幽遠无人能到今佛教化
成就菩薩而為開示藥王若有菩薩聞是法
華經驚疑怖畏當知是為新發意菩薩若聲
聞人聞是經驚疑怖畏當知是為增上慢者
藥王若有善男子善女人如來滅後欲為四
衆說是法華經者云何應說是善男子善女
人入如來室著如來衣坐如來座尒乃應為
衆廣說斯經如來室者一切衆生中大慈悲

BD05725號　妙法蓮華經卷四　（4–3）

聞人聞是經驚疑怖畏當知是為增上慢者
藥王若有善男子善女人如來滅後欲為四
衆說是法華經者云何應說是善男子善女
人入如來室著如來衣坐如來座尒乃應為
四衆廣說斯經如來室者一切衆生中大慈悲
心是如來衣者柔和忍辱心是如來座者一切
法空是安住是中然後以不懈怠心為諸菩
薩及四衆廣說是法華經藥王我於餘
國遣化人為其集聽法衆亦遣化比丘比丘
尼優婆塞優婆夷聽其說法是諸化人聞法
信受隨順不逆若說法者在空閑處我時廣
遣天龍鬼神乾闥婆阿脩羅等聽其說法
我雖在異國時時令說法者得見我身若於此經
忘失句逗我還為說令得具足尒時世尊欲
重宣此義而說偈言
欲捨諸懈怠　應當聽此經　是經難得聞　信受者亦難
如人渴須水　穿鑿於高原　猶見乾燥土　知去水尚遠
漸見溼土泥　決定知近水　藥王汝當知　如是諸人等
不聞法華經　去佛智甚遠　若聞是深經　決了聲聞法
是諸經之王　聞已諦思惟　當知此人等　近於佛智慧
若人說此經　應入如來室　著於如來衣　而坐如來座
處衆無所畏　廣為分別說　大慈悲為室　柔和忍辱衣

BD05725 號　妙法蓮華經卷四

（4–4）

大世尊何以故佛說
大身
須菩提如恒河中所有沙數如是沙等恒河
於意云何是諸恒河沙寧為多不須菩提言
甚多世尊但諸恒河尚多無數何況其沙須
菩提我今實言告汝若有善男子善女人以
七寶滿尒所恒河沙數三千大千世界以用布
施得福多不須菩提言甚多世尊佛告須菩
提若善男子善女人於此經中乃至受持四
句偈等為他人說而此福德勝前福德復
次須菩提隨說是經乃至四句偈等當知此
處一切世間天人阿脩羅皆應供養如佛塔
廟何況有人盡能受持讀誦須菩提當知是
人成就最上第一希有之法若是經典所在
之處則為有佛若尊重弟子
尒時須菩提白佛言世尊當何名此經我等
云何奉持佛告須菩提是經名為金剛般若
波羅蜜以是名字汝當奉持所以者何須菩
提佛說般若波羅蜜則非般若波羅蜜須菩
提於意云何如來有所說法不須菩提白佛
言世尊如來無所說須菩提於意云何三千
大千世界所有微塵是為多不須菩提言甚
多世尊須菩提諸微塵如來說非微塵是
名微塵如來說世界非世界是名世界須菩
提於意云何可以卅二相見如來不不也世
尊何以故如來說卅二相即是非相是名卅
二相須菩提若有善男子善女人以恒河沙
等身命布施若復有人於此經中乃至受持

BD05726 號　金剛般若波羅蜜經

（7–1）

大千世界所有微塵是為多不須菩提言甚
多世尊須菩提諸微塵如来說非微塵是
名微塵如来說世界非世界是名世界須菩
提於意云何可以卅二相見如来不不也世
尊(不可以三十二相得見如来)何以故如来說卅二相即是非相是名卅
二相須菩提若有善男子善女人以恒河沙
等身命布施若復有人於此經中乃至受持
四句偈等為他人說其福甚多
尒時須菩提聞說是經深解義趣涕淚悲泣
而白佛言希有世尊佛說如是甚深經典我
從昔来所得慧眼未曾得聞如是之經世尊
若復有人得聞是經信心清淨則生實相當
知是人成就第一希有功德世尊是實相者
則是非相是故如来說名實相世尊我今得
聞如是經典信解受持不足為難若當来世
後五百歲其有衆生得聞是經信解受持是
人則為第一希有何以故此人无我相人相
衆生相壽者相所以者何我相即是非相人
相衆生相壽者相即是非相何以故離一切
諸相則名諸佛
佛告須菩提如是如是若復有人得聞是經
不驚不怖不畏當知是人甚為希有何以故
須菩提如来說第一波羅蜜非第一波羅蜜
是名第一波羅蜜須菩提忍辱波羅蜜如来
說非忍辱波羅蜜何以故須菩提如我昔為
歌利王割截身體我於尒時无我相无人相
无衆生相无壽者相何以故我於往昔節節
支解時若有我相人相衆生相壽者相應生
瞋恨須菩提又念過去於五百世作忍辱仙
人於尒所世无我相无人相无衆生相无壽
者相

說非忍辱波羅蜜何以故須菩提如我昔為
歌利王割截身體我於尒時无我相无人相
无衆生相无壽者相何以故我於往昔節節
支解時若有我相人相衆生相壽者相應生
瞋恨須菩提又念過去於五百世作忍辱仙
人於尒所世无我相无人相无衆生相无壽
者相
是故須菩提菩薩應離一切相發阿耨多羅
三藐三菩提心不應住色生心不應住聲香
味觸法生心應生无所住心若心有住則為
非住是故佛說菩薩心不應住色布施須菩
提菩薩為利益一切衆生應如是布施如来
說一切諸相即是非相又說一切衆生則非
衆生須菩提如来是真語者實語者如語者
不誑語者不異語者須菩提如来所得法此
法无實无虗須菩提若菩薩心住於法而行
布施如人入闇則无所見若菩薩心不住法
而行布施如人有目日光明照見種種色須
菩提當来之世若有善男子善女人能於此
經受持讀誦則為如来以佛智慧悉知是人
悉見是人皆得成就无量无邊功德
須菩提若有善男子善女人初日分以恒河
沙等身布施中日分復以恒河沙等身布施
後日分亦以恒河沙等身布施如是无量百
千万億劫以身布施若復有人聞此經典信
心不逆其福勝彼何況書寫受持讀誦為人
解說須菩提以要言之是經有不可思議不
可稱量无邊功德如来為發大乘者說為發
最上乘者說若有人能受持讀誦廣為人說
如来悉知是人悉見是人皆成就不可量不

千万億劫以身布施若復有人聞此經典信
心不逆其福勝彼何況書寫受持讀誦為人
解說須菩提以要言之是經有不可思議不
可稱量无邊功德如來為發大乘者說為發
最上乘者說若有人能受持讀誦廣為人說
如來悉知是人悉見是人皆成就不可量不
可稱无有邊不可思議功德如是人等則為
荷擔如來阿耨多羅三藐三菩提何以故須
菩提若樂小法者著我見人見眾生見壽者
見則於此經不能聽受讀誦為人解說須菩
提在在處處若有此經一切世間天人阿脩
羅所應供養當知此處則為是塔皆應恭敬
作禮圍遶以諸華香而散其處
復次須菩提若善男子善女人受持讀誦此
經若為人輕賤是人先世罪業應墮惡道以
今世人輕賤故先世罪業則為消滅當得阿
耨多羅三藐三菩提須菩提我念過去无量
阿僧祇劫於然燈佛前得值八百四千万億
那由他諸佛悉皆供養承事无空過者若復
有人於後末世能受持讀誦此經所得功德
於我所供養諸佛功德百分不及一千万億
分乃至筭數譬喻所不能及須菩提若善男
子善女人於後末世有受持讀誦此經所得
功德我若具說者或有人聞心則狂亂狐疑
不信須菩提當知是經義不可思議果報亦
不可思議
尒時須菩提白佛言世尊善男子善女人發
阿耨多羅三藐三菩提心云何應住云何降
伏其心佛告須菩提善男子善女人發阿耨
多羅三藐三菩提者當生如是心我應滅度

BD05726號　金剛般若波羅蜜經

（7–4）

不可思議
尒時須菩提白佛言世尊善男子善女人發
阿耨多羅三藐三菩提心云何應住云何降
伏其心佛告須菩提善男子善女人發阿耨
多羅三藐三菩提者當生如是心我應滅度
一切眾生滅度一切眾生已而无有一眾生
實滅度者何以故若菩薩有我相人相眾生
相壽者相則非菩薩所以者何須菩提實无
有法發阿耨多羅三藐三菩提者須菩提於
意云何如來於然燈佛所有法得阿耨多羅
三藐三菩提不不也世尊如我解佛所說義
佛於然燈佛所无有法得阿耨多羅三藐三
菩提佛言如是如是須菩提實无有法如來
得阿耨多羅三藐三菩提須菩提若有法如
來得阿耨多羅三藐三菩提然燈佛則不與
我受記汝於來世當得作佛號釋迦牟尼以
實无有法得阿耨多羅三藐三菩提是故然
燈佛與我受記作是言汝於來世當得作佛
號釋迦牟尼何以故如來者即諸法如義若
有人言如來得阿耨多羅三藐三菩提須菩
提實无有法佛得阿耨多羅三藐三菩提須
菩提如來所得阿耨多羅三藐三菩提於是
中无實无虛是故如來說一切法皆是佛法
須菩提所言一切法者即非一切法是故名
一切法須菩提譬如人身長大須菩提言世
尊如來說人身長大則為非大身是名大身
須菩提菩薩亦如是若作是言我當滅度无
量眾生則不名菩薩何以故須菩提實无有法
名為菩薩是故佛說一切法无我无人无眾
生无壽者須菩提若菩薩作是言我當莊嚴

BD05726號　金剛般若波羅蜜經

（7–5）

一切法須菩提譬如人身長大須菩提言世
尊如来說人身長大則為非大身是名大身
須菩提菩薩亦如是若作是言我當滅度无
量眾生則不名菩薩何以故須菩提實无有法
名為菩薩是故佛說一切法无我无人无眾
生无壽者須菩提若菩薩作是言我當莊嚴
佛土是不名菩薩何以故如来說莊嚴佛土
者即非莊嚴是名莊嚴須菩提若菩薩通達
无我法者如来說名真是菩薩
須菩提於意云何如来有肉眼不如是世尊
如来有肉眼須菩提於意云何如来有天眼
不如是世尊如来有天眼須菩提於意云何
如来有慧眼不如是世尊如来有慧眼須菩
提於意云何如来有法眼不如是世尊如来
有法眼須菩提於意云何如来有佛眼不如
是世尊如来有佛眼
須菩提於意云何恒河中所有沙佛說是沙
不如是世尊如来說是沙須菩提於意云何
如一恒河中所有沙有如是等恒河是諸恒
河所有沙數佛世界如是寧為多不甚多世
尊佛告須菩提尒所國土中所有眾生若干
種心如来悉知何以故如来說諸心皆為非
心是名為心所以者何須菩提過去心不可
得現在心不可得未来心不可得
須菩提於意云何若有人滿三千大千世界
七寶以用布施是人以是因緣得福多不如
是世尊此人以是因緣得福甚多須菩提若
福德有實如来不說得福德多以福德无故
如来說得福德多
須菩提於意云何佛可以具足色身見不不

七寶以用布施是人以是因緣得福多不如
是世尊此人以是因緣得福甚多須菩提若
福德有實如来不說得福德多以福德无故
如来說得福德多
須菩提於意云何佛可以具足色身見不不
也世尊如来不應以具足色身見何以故如
来說具足色身即非具足色身是名具足色
身須菩提於意云何如来可以具足諸相見
不不也世尊如来不應以具足諸相見何以
故如来說諸相具足即非具足是名諸相具
足須菩提汝勿謂如来作是念我當有所說
法莫作是念何以故若人言如来有所說法
即為謗佛不能解我所說故須菩提說法者
无法可說是名說法
須菩提白佛言世尊佛得阿耨多羅三藐三
菩提為无所得耶如是如是須菩提我於阿
耨多羅三藐三菩提乃至无有少法可得是
名阿耨多羅三藐三菩提
復次須菩提是法平等无有高下是名阿耨
多羅三藐三菩提以无我无人无眾生无壽
者脩一切善法則得阿耨多羅三藐三菩提
須菩提所言善法者如来說非善法是名善
法須菩提若三千大千世界中所有諸須弥
·七寶聚有人持用布施若人以
蜜經乃至四句偈等受持讀誦為他
德百分不及一百千万億分乃
不能及
謂如来作是念我
无有

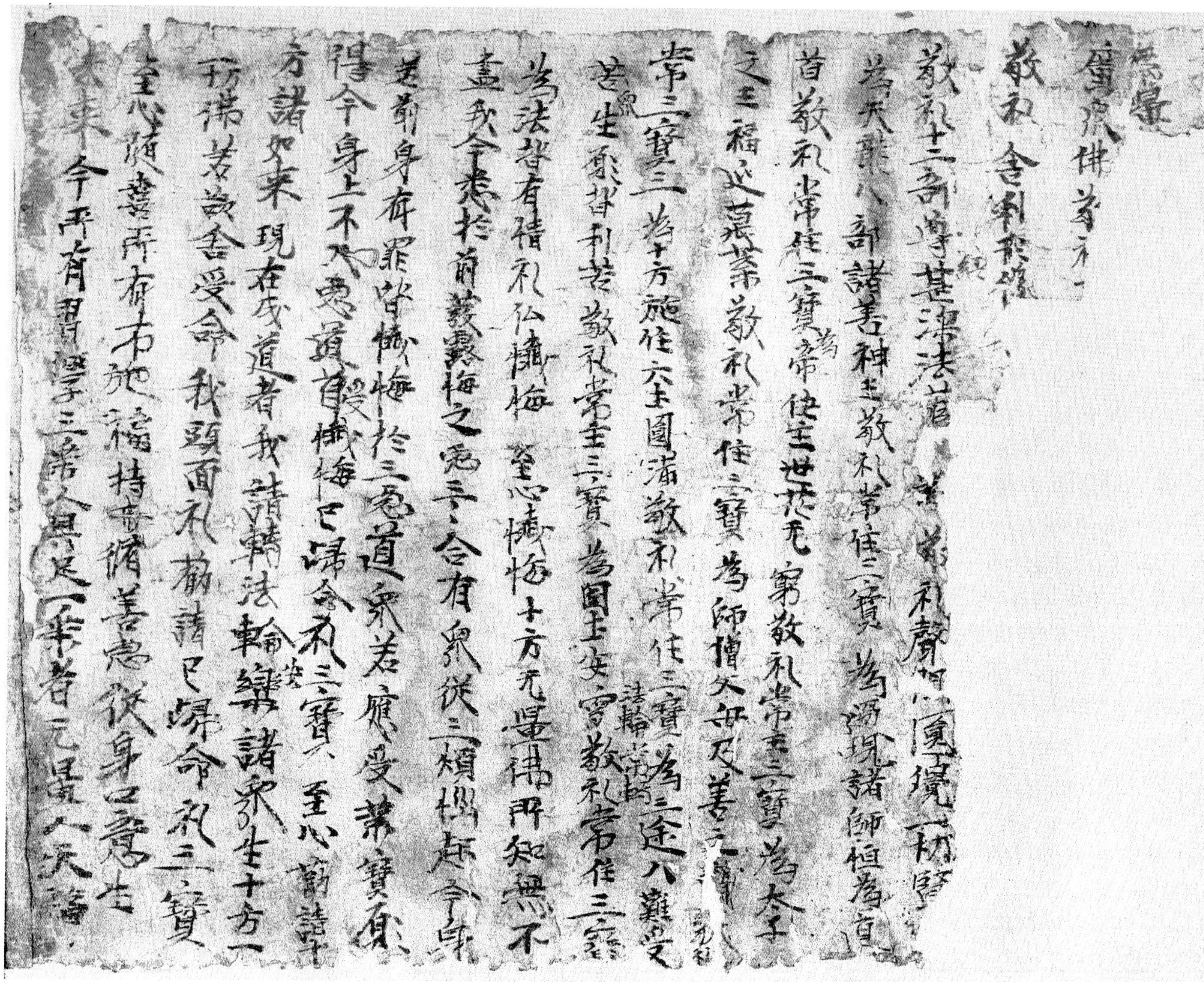
無量
[illegible]佛　敬禮一
敬禮舍利形像
敬禮十二部尊甚深法藏　敬禮聲聞緣覺一切賢聖
為天龍八部諸善神王敬禮常住三寶　為過現諸師僧為首
首敬禮常住三寶　為皇帝使主世界無窮敬禮常住三寶　為太子
之三福延長榮敬禮常住三寶　為師僧父母及善知識
常三寶三　為十方施主六道圓滿敬禮常住三寶　為三途八難受
苦眾生願皆利益敬禮常住三寶　為國土安寧敬禮常住三寶
為法界有情禮佛懺悔　至心懺悔十方無量佛所知無不
盡我今悉於前發露懺悔之冤手合有眾從三煩惱起今
是前身有罪皆懺悔於三惡道眾若應受業報願
得今身上不入惡道自發懺悔已歸命禮三寶　至心勸請十
方諸如來現在成道者我請轉法輪安樂諸眾生十方一
切諸菩薩捨受命我頭面禮勸請已歸命禮三寶
至心隨喜所有布施福持戒修善意從身口意生
去來今所有習學三乘人具足一乘者無量人天善

BD05727號　禮懺文（擬）

（2–1）

□羅皆懺悔於三惡道衆若應受業寶願、
得今身上不入惡道受懺悔已歸命禮三寶、至心勸請
十方諸如來現在成道者我請轉法輪安樂諸衆生十方一
切諸菩薩捨受命我頭面禮勸請已歸命禮三寶
至心隨喜所有布施福持戒修善意從身口意生
去來今所有習學三乘人具足一乘者及凡人天福
衆等皆隨喜隨喜已歸命禮三寶　至心迴向我所作
福業一切皆和合為度衆生故迴向佛道罪應了[illegible]
攝勸請隨喜福迴向於菩提迴向已歸命禮三
至心發願願諸衆生發菩提心菩提心常
四念十方一切佛位願諸衆生永破之煩惱了了見佛性
田如秋得菩薩願已歸命禮三寶　白衆等聽說寅朝
清淨偈欲求寺殊勝當學沙門法衣食之外精
勤是衆等諸今日寅朝淨土各偈六念　信子語
長興伍年甲午歲十四廿十香淨土寺沙彌手寫之日

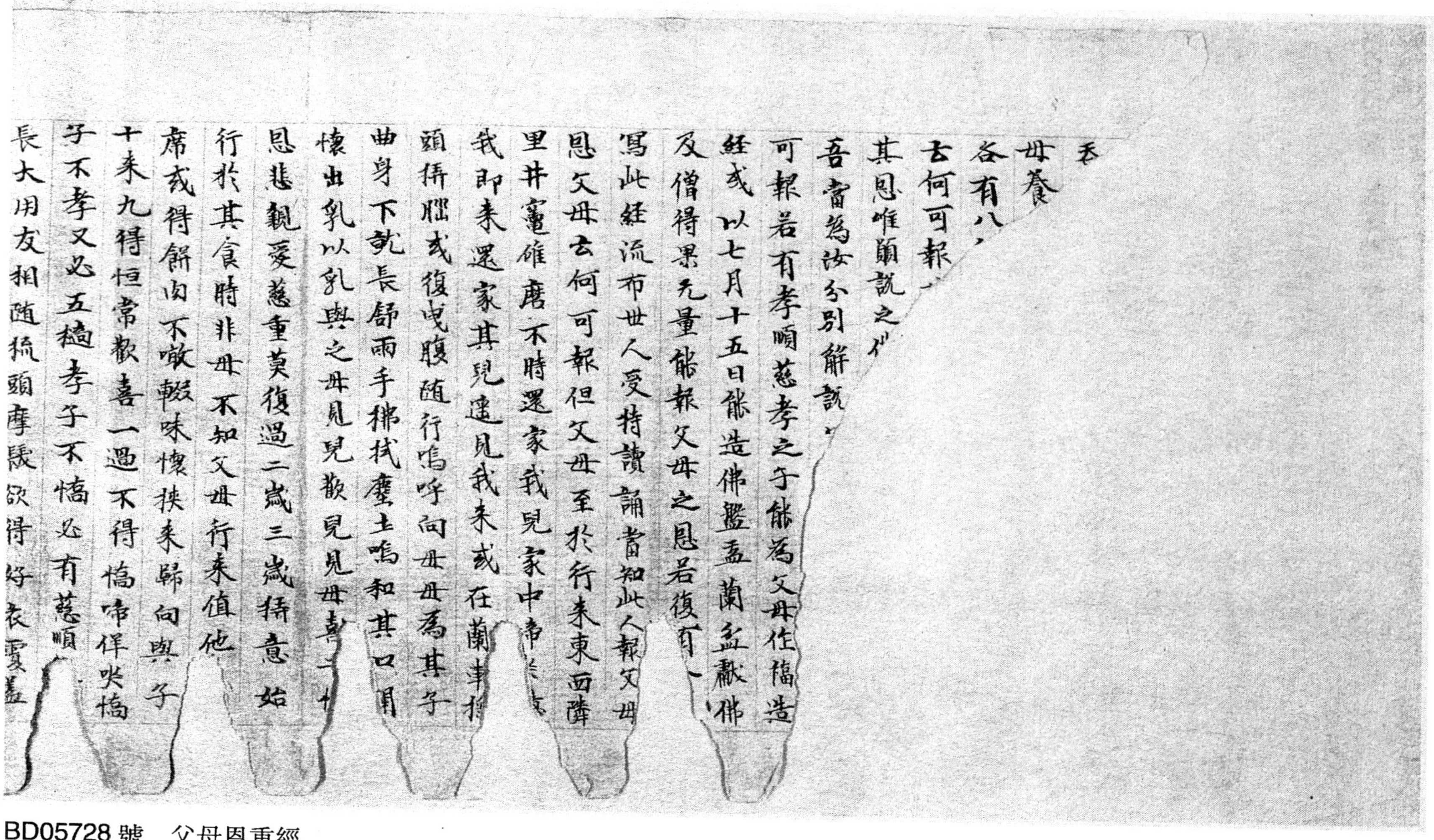

丕
母養…
各有八…
云何可報…
其恩唯願說之…
吾當為汝分別解說…
可報若有孝順慈孝之子能為父母作福造
經或以七月十五日能造佛盤盂蘭盆獻佛
及僧得果无量能報父母之恩若復有人
寫此經流布世人受持讀誦當知此人報父母
恩父母云何可報但父母至於行來東西隣
里井竈碓磨不時還家我兒家中啼…
我即來還家其兒遙見我來或在蘭車搖
頭弄腦或復曳腹隨行嗚呼向母母為其子
曲身下就長舒兩手拂拭塵土嗚和其口開
懷出乳以乳與之母見兒歡兒見母喜二…
恩悲親愛慈重莫復過二歲三歲弄意始
行於其食時非母不知父母行來值他
席或得餅肉不噉輟味懷挾來歸向與子
十來九得恒常歡喜一過不得憍啼佯哭憍
子不孝又必五擿孝子不憍必有慈順
長大用友相隨梳頭摩髮欲得好衣覆蓋

BD05728號　父母恩重經

（3–1）

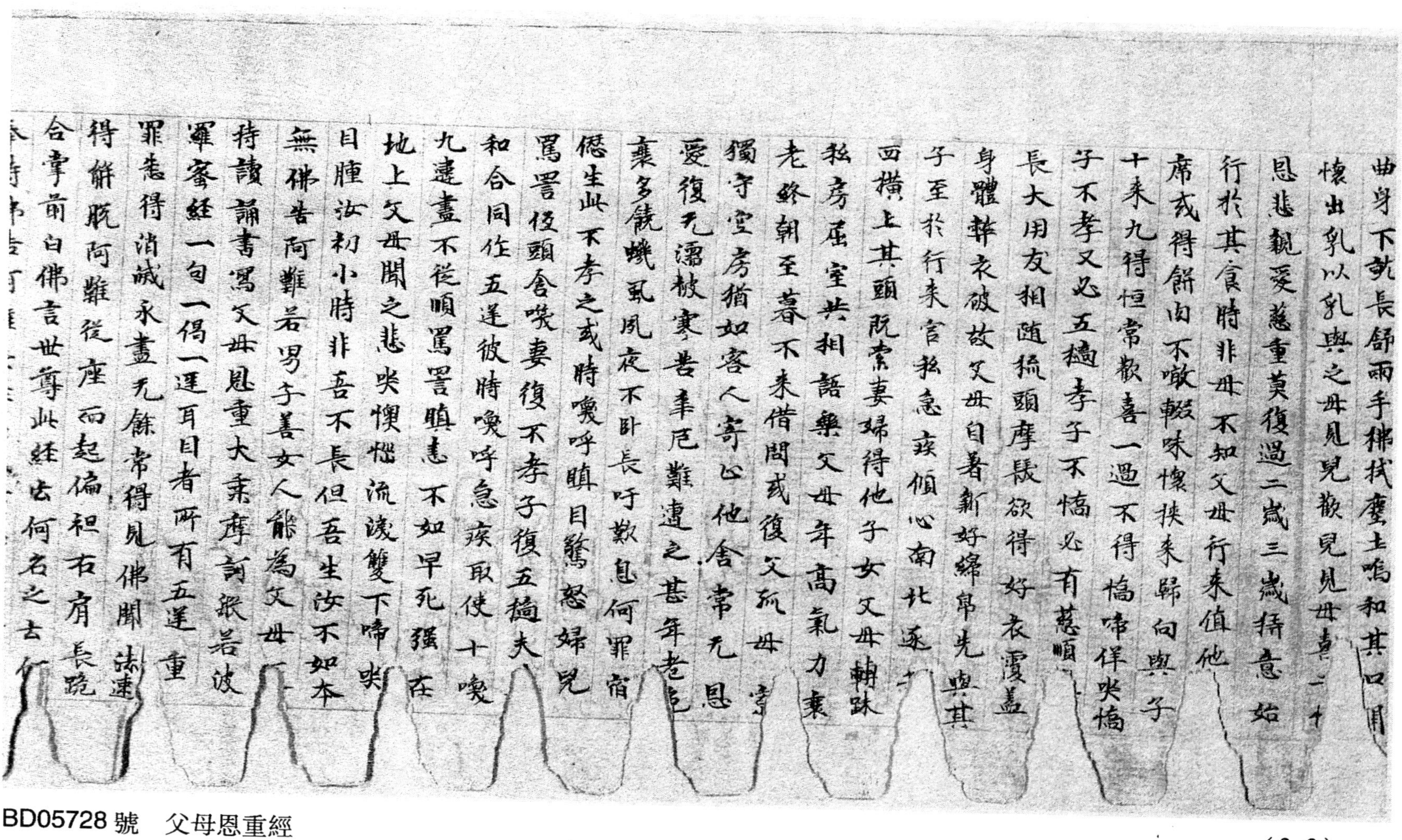

曲身下就長舒兩手拂拭塵土嗚和其口開
懷出乳以乳與之母見兒歡兒見母喜二…
恩悲親愛慈重莫復過二歲三歲弄意始
行於其食時非母不知父母行來值他
席或得餅肉不噉輟味懷挾來歸向與子
十來九得恒常歡喜一過不得憍啼佯哭憍
子不孝又必五擿孝子不憍必有慈順
長大用友相隨梳頭摩髮欲得好衣覆蓋
身體弊衣破故父母自著新好綿帛先與其
子至於行來官私急疾傾心南北逐子
西横上其頭既索妻婦得他子女父母轉疎
私房屋室共相語樂父母年高氣力衰
老終朝至暮不來借問或復父孤母寡
獨守空房猶如客人寄止他舍常无恩
愛復无濡被寒苦辛厄難遭之甚年老色
衰多饒蟣虱夙夜不卧長吁歎息何罪宿
愆生此不孝之子或時喚呼瞋目驚怒婦兒
罵詈低頭含咲妻復不孝子復五擿夫
和合同作五逆彼時喚呼急疾取使十喚
九違盡不從順罵詈瞋恚不如早死強在
地上父母聞之悲哭懊惱流淚雙下啼哭
目腫汝初小時非吾不長但吾生汝不如本
無佛告阿難若男子善女人能為父母…
持讀誦書寫父母恩重大乘摩訶般若波
羅蜜經一句一偈一逕耳目者所有五逆重
罪悉得消滅永盡无餘常得見佛聞法速
得解脫阿難從座而起偏袒右肩長跪
合掌前白佛言世尊此經云何名之云何
奉持佛告阿難…

BD05728號　父母恩重經

（3–2）

傴生此不孝之子或時嚾呼瞋目驚怒婦兒
罵詈低頭含咲妻復不孝子復五擿大
和合同作五逆彼時喚呼急疾取使十喚
九違盡不從瞋罵詈瞋恚不如早死強在
地上父母聞之悲哭懊惱流淚雙下啼哭
目腫汝初小時非吾不長但吾生汝不如本
無佛告阿難若男子善女人能爲父母一
持讀誦書寫父母恩重大乘摩訶般若波
羅蜜經一句一偈一逕耳目者所有五逆重
罪悉得消滅永盡无餘常得見佛聞法速
得解脫阿難從座而起偏袒右肩長跪
合掌前白佛言世尊此經云何名之云何
奉持佛告阿難此經名父母恩重經若
有一切衆生能爲父母作福造經燒香請
佛礼拜供養三寶或飲食衆僧當知是人
能報父母其恩帝釋梵王天人民一切衆生
聞經歡喜發菩薩心嚾哭動地淚下如雨
五體投地信受頂礼佛足歡喜奉行

佛說父母恩重經

佛說太子慕魄經

聞如是一時佛在舍衛祇洹阿難邠坻阿藍
時佛語諸比丘我身宿命爲波羅奈國王作
太子名曰慕魄始生有異顏狼端政絕无雙
比自識宿命无數劫事所更善惡罪福受報
壽夭好醜沒此生彼所從來生皆悉知見年
十三歲閉口不言王唯有此一子耳舉國人
民皆重愛之當絕後嗣襲續王位然以退識
宿命億載存亡禍福故質不語至十三歲指
棄形骸志存虛无澹澹不訦飢寒恬惔質朴
意如枯木雖有耳目不存視聽智慮雖遠如
无心志不畏汙辱亦无增愛若盲若聾不訦
西東狀如矇瞶不與人同父王憂慮甚用患
皆深恥鄰國恐見陵蚩曰呼國中諸婆羅門
問之此子何故不能言語乎婆羅門相視言

棄形骸志存虛无澌澌不謊飢寒恬惔質朴
意如枯木雖有耳目不存視聽智慮雖遠如
无心志不畏汙辱亦无增愛若盲若聾不謊
西東狀如矇瞶不與人同父王憂慮甚用患
凿滐耻鄰國恐見陵蚩因呼國中諸婆羅門
問之此子何故不能言語乎婆羅門相視言
此子惡人也雖面目端政殊好内懷不視觀
相嘿嘿欲害父母危國滅宗將至不久不可
畜養既不能語當何益王耶令王了不復生
子者皆是惡子所防囯也是使大王不復生
子耳王冝棄揹當生埋之尒乃王身可全保
國安宗然後更得生貴子耳不者甚危王信
狂愚謂為審然即用愁憂坐起不寧伎樂不
御服美不甘則與長者大臣共議之云如之
何或有臣言遠棄滐山无人之處或有臣言
投沈滐水有一臣言當如師語但作滐埏傍
入如室給与資粮待以五僕生冒其中從命
所如空刹絶之為王即隨此臣所言即晨遣
僕故出埋之太子心内悲感傷其愚惑矜敏
无量其母憐哀心為傷絶言我无相生子薄
命乃值此殃痛断我膓哽噎涕泣悲懐郁伊
感戀靡逮事不得已兔仰放捨遣人載出當
埋棄之悉取太子所有衣被瓔珞珠寶皆用
送之復使於外盡脫取其衣被珠寶持著一
面因共作埏作塪未竟慕魄獨於車上滐自

无量其母憐哀心為傷絶言我无相生子薄
命乃值此殃痛断我膓哽噎涕泣悲懐郁伊
感戀靡逮事不得已兔仰放捨遣人載出當
埋棄之悉取太子所有衣被瓔珞珠寶皆用
送之復使於外盡脫取其衣被珠寶持著一
面因共作埏作塪未竟慕魄獨於車上滐自
思惟心与口語今王以下及人民皆共謂我
為審聾瘂不能語也吾所已不語者正欲
捨世緣安身避惚濟神離凿耳今反當為誑
誑所危既沒身命陷随彼人便嘿自取衣被
珠寶持去作埏人輩不覺慕魄取物去時慕
魄則到水邊淨自澡浴以香塗身悉取衣被
瓔珞著之到埏問曰作埏何施其僕對曰國
王有子名曰慕魄瘖瘂聾癡年十三歲不能
言語王問婆羅門師白言當生埋之
尒乃安吉全國榮宗利後子孫以用是故我等
作埏欲埋慕魄慕魄即曰我則是太子慕魄
也人即驚竦衣毛為豎馳走往趣視其車上
不見慕魄還至埏所諦熟觀察聽聞言語絶
有異聲光景如月世所希聞動其左右行者
為上坐者為起蜚鳥走狩皆来會聚伏太子
前聽太子語慕魄又曰觀我手足察我形
容云何聾迷誑詐所或以謀為諦生相揹棄
發意所陳言成文章左右皇敬已咸皇露上
合下同靡不順從其儀大惶伀營竦慄雨雨

有異聲光景如月世所希聞動其左右行者
爲上坐者爲起蜚鳥走狩皆来會服伏太子
前聽太子語慕魄又曰觀我手足察我形
容云何羣迷誑註所惑以謬爲諦生相揞棄
發意所陳言成文章左右皇散已感皇露上
令下同靡不順從其儀大惶伀營竦慄兩兩
相視面目並青感曰太子甚神乃如是也皆
前作礼叩頭求哀願赦我罪共還入宮到父
王所慕魄曰今已見棄不宜復還也汝任自
往白王令知僕即犇馳白王如是其母哀傷
使人問狀僕曰太子甚神開口一言真驚怨
人聞者皆擾行者满道王則愕然且書且悲
深惟所以王与夫人便共叅駕往迎太子國
民大小莫不馳動觀占满道感曰太子類如
欲見神形王未到項慕魄心即自念當學道
耳這發此意天帝釋即爲化作園觀浴池衆
菓樹木快樂无比慕魄即便脫去著身好衣
珠寶轉作道人被服儼然王前欲到逢見慕
魄在樹下坐慕魄見王来到即起迎逆王爲
作礼慕魄則曰大王就坐王聞慕魄語言音
聲威神光景震動天地絶无雙比即大歡喜
便曉慕魄共還入國居位理政吾請避退慕
魄曰不可不可我以畏歡地獄勤苦愁毒萬
端吾昔曾更作此國王名曰須念以政法治
國奉行諸善廿五年鞭杖不行刀兵不設牢
獄无蟿者恵拖仁愛恩流德布救濟窮之无

便曉慕魄共還入國居位理政吾請避退慕
魄曰不可不可我以畏歡地獄勤苦愁毒萬
端吾昔曾更作此國王名曰須念以政法治
國奉行諸善廿五年鞭杖不行刀兵不設牢
獄无蟿者恵拖仁愛恩流德布救濟窮之无
所貪惜雖有此行猶犯微闕終墮地獄六萬
餘歲烝煑剥裂痛酷難忍求死不得欲生不
得當尒之時父母在家雖有貲財億載无數
冨而且貴快樂无極寧能知我在彼地獄考
治剶乎豈復能来分取我身苦痛不也我所
者何往昔作此大國王時小國王阿
皆悉統屬王性慈仁其德至淳法令
國王皆輕慢易感共謀議今此大
禁不攝德不堪任統御大國
皆共攻伐癈退之耳即舉兵衆来攻大國時
王須念迷以珎琦財寶皆賜遺之復以重官
厚禄撫慎慰喻誘而安之即皆止息各還本
攻代數數非一大國羣僚
國愚轒无羲不
尊上令民
王曰爲

觀是衆生諸根利鈍精進懈怠隨其所堪而為
說法種種无量皆令歡喜快得善利是諸衆
生聞是法已現世安隱後生善處以道受樂
亦得聞法既聞法已離諸鄣礙於諸法中任
力所能漸得入道如彼大雲雨於一切卉木
叢林及諸藥草如其種性具足蒙潤各得生
長如來說法一相一味所謂解脫相離相滅
相究竟至於一切種智其有衆生聞如來法
若持讀誦如說脩行所得功德不自覺知所
以者何唯有如來知此衆生種相體性念何
事思何事脩何事云何念云何思云何脩以
何法念以何法思以何法脩以何法得何法衆
生住於種種之地唯有如來如實見之明了
无礙如彼卉木叢林諸藥草等而不自知
上中下性如來知是一相一味之法所謂解脫
相離相滅相究竟涅槃常寂滅相終歸於
空佛知是已觀衆生心欲而將護之是故不即
為說一切種智汝等迦葉甚為希有能知
如來隨宜說法能信能受所以者何諸佛世
尊隨宜說法難解難知尒時世尊欲重宣此
義而說偈言

BD05730號　妙法蓮華經卷三

（2–1）

事思何事脩何事云何念云何思云何脩以
何法念以何法思以何法脩以何法得何法衆
生住於種種之地唯有如來如實見之明了
无礙如彼卉木叢林諸藥草等而不自知
上中下性如來知是一相一味之法所謂解脫
相離相滅相究竟涅槃常寂滅相終歸於
空佛知是已觀衆生心欲而將護之是故不即
為說一切種智汝等迦葉甚為希有能知
如來隨宜說法能信能受所以者何諸佛世
尊隨宜說法難解難知尒時世尊欲重宣此
義而說偈言
破有法王　出現世間　隨衆生欲　種種說法
如來尊重　智慧深遠　久嘿斯要　不務速說
有智若聞　則能信解　无智疑悔　則為永失
是故迦葉　隨力為說　以種種緣　令得正見
迦葉當知　譬如大雲　起於世間　遍覆一切
慧雲含潤　電光晃曜　雷聲遠震　令衆悅豫
日光掩蔽　地上清涼　靉靆垂布　如可承攬

BD05730號　妙法蓮華經卷三

（2–2）

海江河及目真隣陁山摩訶目真隣陁山鐵圍
山大鐵圍山須弥山等諸山王通爲一佛國
土寶地平正寶交露幔遍覆其上懸諸旛
蓋燒大寶香諸天寶華遍布其地釋迦牟
尼佛爲諸佛當来坐故復於八方各變二百
万億那由他國皆令清淨无有地獄餓鬼畜
生及阿脩羅又移諸天人置於他土所化之國
亦以瑠璃爲地寶樹莊嚴樹高五百由旬枝葉
華菓次苐莊嚴樹下皆有寶師子座高
五由旬亦以大寶而挍餝之亦无大海江河
及目真隣陁山摩訶目真隣陁山鐵圍山大
鐵圍山須弥山等諸山王通爲一佛國土寶地平
正寶交露幔遍覆其上懸諸旛蓋燒大寶
香諸天寶華遍布其地尒時東方釋迦牟尼
所分之身百千万億那由他恒河沙等國土中
諸佛各各說法来集於此如是次苐十方諸
佛皆悉来集坐於八方尒時一一方四百万億
那由他國土諸佛如来遍滿其中是時諸佛

BD05731號　妙法蓮華經（八卷本）卷四　　（6–1）

正寶交露幔遍覆其上懸諸旛蓋燒大寶
香諸天寶華遍布其地尒時東方釋迦牟尼
所分之身百千万億那由他恒河沙等國土中
諸佛各各說法来集於此如是次苐十方諸
佛皆悉来集坐於八方尒時一一方四百万億
那由他國土諸佛如来遍滿其中是時諸佛
各在寶樹下坐師子座皆遣侍者問訊釋迦
牟尼佛各賫寶華滿掬而告之言善男子
汝往詣耆闍崛山釋迦牟尼佛所如我辞曰
少病少惱氣力安樂及菩薩聲聞衆悉安隱
并以此寶華散佛供養而作是言彼某甲佛
與欲開此寶塔諸佛遣使亦復如是尒時釋
迦牟尼佛見所分身佛悉已来集各各坐於師
子之座皆聞諸佛與欲同開寶塔即從座
起住虛空中一切四衆起立合掌一心觀佛於
是釋迦牟尼佛以右指開七寶塔戶出大音
聲如却關鑰開大城門即時一切衆會皆
見多寶如来於寶塔中坐師子座全身不散
如入禪定又聞其言善哉善哉釋迦牟尼佛
快說是法華經我爲聽是經故而来至此尒
時四衆等見過去无量千万億劫滅度佛說如
是言歎未曾有以天寶華聚散多寶佛及釋
迦牟尼佛上尒時多寶佛於寶塔中分半座
與釋迦牟尼佛而作是言釋迦牟尼佛可就

BD05731號　妙法蓮華經（八卷本）卷四　　（6–2）

快說是法華經我為聽是經故而來至此尒
時四衆等見過去无量千万億劫滅度佛說如
是言歎未曾有以天寶華聚散多寶佛及釋
迦牟尼佛上尒時多寶佛於寶塔中分半座
與釋迦牟尼佛而作是言釋迦牟尼佛可就
此座即時釋迦牟尼佛入其塔中坐其半座
結跏趺坐尒時大衆見二如來在七寶塔中
師子座上結跏趺坐各作是念佛坐高遠唯
願如來以神通力令我等輩俱處虛空即時
釋迦牟尼佛以神通力接諸大衆皆在虛空
以大音聲普告四衆誰能於此娑婆國土廣
說妙法華經今正是時如來不久當入涅槃
佛欲以此妙法華經付囑有在尒時世尊欲
重宣此義而說偈言
聖主世尊 雖久滅度 在寶塔中 尚為法來
諸人云何 不懃為法 此佛滅度 无央數劫
處處聽法 以難遇故 彼佛本願 我滅度後
在在所往 常為聽法 又我分身 无量諸佛
如恒沙等 來欲聽法 及見滅度 多寶如來
各捨妙土 及弟子衆 天人龍神 諸供養事
令法久住 故來至此 為坐諸佛 以神通力
移无量衆 令國清淨 諸佛各各 詣寶樹下
如清淨池 蓮華莊嚴 其寶樹下 諸師子座
佛坐其上 光明嚴飾 如夜闇中 燃大炬火

BD05731 號　妙法蓮華經（八卷本）卷四

（6–3）

如恒沙等 來欲聽法 及見滅度 多寶如來
各捨妙土 及弟子衆 天人龍神 諸供養事
令法久住 故來至此 為坐諸佛 以神通力
移无量衆 令國清淨 諸佛各各 詣寶樹下
如清淨池 蓮華莊嚴 其寶樹下 諸師子座
佛坐其上 光明嚴飾 如夜闇中 燃大炬火
身出妙香 遍十方國 衆生蒙薰 喜不自勝
譬如大風 吹小樹枝 以是方便 令法久住
告諸大衆 我滅度後 誰能護持 讀誦斯經
今於佛前 自說誓言 其多寶佛 雖久滅度
以大誓願 而師子吼 多寶如來 及與我身
所集化佛 當知此意 諸佛子等 誰能護法
當發大願 令得久住 其有能護 此經法者
則為供養 我及多寶 此多寶佛 處於寶塔
常遊十方 為是經故 亦復供養 諸來化佛
莊嚴光飾 諸世界者 若說此經 則為見我
多寶如來 及諸化佛 諸善男子 各諦思惟
此為難事 宜發大願 諸餘經典 數如恒沙
雖說此等 未足為難 若接須弥 擲置他方
无數佛土 亦未為難 若以足指 動大千界
遠擲他國 亦未為難 若立有頂 為衆演說
无量餘經 亦未為難 若佛滅後 於惡世中
能說此經 是則為難 假使有人 手把虛空
而以遊行 亦未為難 於我滅後 若自書持

BD05731 號　妙法蓮華經（八卷本）卷四

（6–4）

雖說此等　未足為難　若接須彌　擲置他方
无數佛土　亦未為難　若以足指　動大千界
遠擲他國　亦未為難　若立有頂　為衆演說
无量餘經　亦未為難　若佛滅後　於惡世中
能說此經　是則為難　假使有人　手把虛空
而以遊行　亦未為難　於我滅後　若自書持
若使人書　是則為難　若以大地　置足甲上
昇於梵天　亦未為難　佛滅度後　於惡世中
暫讀此經　是則為難　假使劫燒　擔負乾草
入中不燒　亦未為難　我滅度後　若持此經
為一人說　是則為難　若持八万　四千法藏
十二部經　為人演說　令諸聽者　得六神通
雖能如是　亦未為難　於我滅後　聽受此經
問其義趣　是則為難　若人說法　令千万億
无量无數　恒沙衆生　得阿羅漢　具六神通
雖有是益　亦未為難　於我滅後　若能奉持
如斯經典　是則為難　我為佛道　於无量土
從始至今　廣說諸經　而於其中　此經第一
若有能持　則持佛身　諸善男子　於我滅後
誰能受持　讀誦此經　今於佛前　自說誓言
此經難持　若暫持者　我則歡喜　諸佛亦然
如是之人　諸佛所歎　是則勇猛　是則精進
是名持戒　行頭陁者　則為疾得　无上佛道
能於來世　讀持此經　是真佛子　住淳善地

BD05731號　妙法蓮華經（八卷本）卷四　（6–5）

從始至今　廣說諸經　而於其中　此經第一
若有能持　則持佛身　諸善男子　於我滅後
誰能受持　讀誦此經　今於佛前　自說誓言
此經難持　若暫持者　我則歡喜　諸佛亦然
如是之人　諸佛所歎　是則勇猛　是則精進
是名持戒　行頭陁者　則為疾得　无上佛道
能於來世　讀持此經　是真佛子　住淳善地
佛滅度後　能解其義　是諸天人　世間之眼
於恐畏世　能須臾說　一切天人　皆應供養

妙法蓮華經卷第四

BD05731號　妙法蓮華經（八卷本）卷四　（6–6）

亏善提是菩薩摩訶薩亦復如是先應脩
布施波羅蜜多次應脩學淨戒波羅蜜多
應脩學安忍波羅蜜多次應脩學精進波羅
蜜多次應脩學靜慮波羅蜜多後應脩學
若波羅蜜多善現當知是菩薩摩訶薩從
發心脩學布施波羅蜜多時應自行布施
勸他行布施無倒稱揚布施功德歡喜讚
行布施者由此因緣得大財位常行布施
慳悋心隨諸有情所須飲食衣服卧具纓
香花財寶燈明車乘舍宅及餘資具悉皆
與是菩薩摩訶薩由布施故受持戒蘊生天
人中得大尊貴由施戒故復得定蘊由
定故復得慧蘊由施戒定慧故復得解脫蘊
由施戒定慧解脫故復得解脫智見蘊由
乃至解脫智見蘊圓滿故超諸聲聞及獨
覺地證入菩薩正性離生既入菩薩正性
成熟有情嚴淨佛土作此事已證得
等菩提轉妙法輪以三乘法安立度
情類令出生死證得涅槃善現是菩薩
薩由布施故雖能如是作漸次業脩漸
行漸次行而於一切都無所得所以者
一切法無自性故復次善現是菩薩摩
從初發心脩學淨戒波羅蜜多時應自行

BD05732 號　大般若波羅蜜多經卷四六六

（8–1）

覺地證入菩薩正性離生既入菩薩正性
成熟有情嚴淨佛土作此事已證得
等菩提轉妙法輪以三乘法安立度
情類令出生死證得涅槃善現是菩薩
薩由布施故雖能如是作漸次業脩漸
行漸次行而於一切都無所得所以者
一切法無自性故復次善現是菩薩摩
從初發心脩學淨戒波羅蜜多時應自行
戒亦勸他行淨戒無倒稱揚淨戒功德歡
讚歎行淨戒者由此因緣戒蘊清淨生天
中得大尊貴施貧窮者所須財物既施
安住戒蘊定蘊慧蘊解脫蘊解脫智見蘊由
戒定慧解脫解脫智見蘊清淨故超諸聲聞
及獨覺地證入菩薩正性離生既入菩薩正
性離生成熟有情嚴淨佛土作此事已證得
無上正等菩提轉妙法輪以三乘法安立度
脫諸有情類令出生死證得涅槃善現是菩
薩摩訶薩由淨戒故雖能如是作漸次業脩
漸次學行漸次行而於一切都無所得所以
者何以一切法無自性故復次善現是菩薩
摩訶薩從初發心脩學安忍波羅蜜多時應
自行安忍亦勸他行安忍無倒稱揚安忍功
德歡喜讚歎行安忍者是菩薩摩訶薩行安
忍時能以資具施諸有情皆令充足既行施
已安住戒蘊定蘊慧蘊解脫蘊解脫智見蘊
由戒定慧解脫解脫智見蘊清淨故超諸聲
聞及獨覺地證入菩薩正性離生既入菩薩

BD05732 號　大般若波羅蜜多經卷四六六

（8–2）

自行安忍亦勸他行安忍無倒稱揚安忍功
德歡喜讚歎行安忍者是菩薩摩訶薩行安
忍時能以資具施諸有情皆令充足既行施
已安住戒蘊定蘊慧蘊解脫蘊解脫智見蘊
由戒定慧解脫解脫智見蘊清淨故超諸聲
聞及獨覺地證入菩薩正性離生既入菩薩
正性離生成熟有情嚴淨佛土作此事已證
得無上正等菩提轉妙法輪以三乘法安立
度脫諸有情類令出生死證得涅槃善現是
菩薩摩訶薩由安忍故雖能如是作漸次業
脩漸次學行漸次行而於一切都無所得所
以者何以一切法無自性故復次善現是菩
薩摩訶薩從初發心脩學精進波羅蜜多時
應自於諸善法發勤精進亦勸他於諸善法
發勤精進無倒稱揚精進功德歡喜讚歎行
精進者是菩薩摩訶薩行精進時能以資具
施諸有情皆令充足既行施已安住戒蘊定
蘊慧蘊解脫蘊解脫智見蘊由戒定慧解脫
解脫智見蘊清淨故超諸聲聞及獨覺地證
入菩薩正性離生既入菩薩正性離生成熟
有情嚴淨佛土作此事已證得無上正等菩
提轉妙法輪以三乘法安立度脫諸有情類
令出生死證得涅槃善現是菩薩摩訶薩由
精進故雖能如是作漸次業脩漸次學行漸
次行而於一切都無所得所以者何以一切
法無自性故復次善現是菩薩摩訶薩從初

BD05732 號　大般若波羅蜜多經卷四六六　（8–3）

有情嚴淨佛土作此事已證得無上正等菩
提轉妙法輪以三乘法安立度脫諸有情類
令出生死證得涅槃善現是菩薩摩訶薩由
精進故雖能如是作漸次業脩漸次學行漸
次行而於一切都無所得所以者何以一切
法無自性故復次善現是菩薩摩訶薩從初
發心脩學靜慮波羅蜜多時應自入四靜慮
四無量四無色定亦勸他入四靜慮四無量
四無色定無倒稱揚四靜慮四無量四無色
定功德歡喜讚歎入四靜慮四無量四無色
定者是菩薩摩訶薩行靜慮時能以資具施
諸有情皆令充足既行施已安住戒蘊定蘊
慧蘊解脫蘊解脫智見蘊由戒定慧解脫解
脫智見蘊清淨故超諸聲聞及獨覺地證入
菩薩正性離生既入菩薩正性離生成熟有
情嚴淨佛土作此事已證得無上正等菩提
轉妙法輪以三乘法安立度脫諸有情類令
出生死證得涅槃善現是菩薩摩訶薩由靜
慮故雖能如是作漸次業脩漸次學行漸次
行而於一切都無所得所以者何以一切法
無自性故復次善現是菩薩摩訶薩從初發
心脩學般若波羅蜜多時以無所得而為方
便應自行六波羅蜜多亦勸他行六波羅蜜
多無倒稱揚六波羅蜜多功德歡喜讚歎行
六波羅蜜多者是菩薩摩訶薩由於六波羅
蜜多方便善巧超諸聲聞及獨覺地證入菩
薩正性離生既入菩薩正性離生成熟有情

BD05732 號　大般若波羅蜜多經卷四六六　（8–4）

行而於一切都無所得所以者何以一切法
無自性故復次善現是菩薩摩訶薩從初發
心脩學般若波羅蜜多時以無所得而為方
便應自行六波羅蜜多亦勸他行六波羅蜜
多無倒稱揚六波羅蜜多功德歡喜讚歎行
六波羅蜜多者是菩薩摩訶薩由於六波羅
蜜多方便善巧超諸聲聞及獨覺地證入菩
薩正性離生既入菩薩正性離生成熟有情
嚴淨佛土作此事已證得無上正等菩提轉
妙法輪以三乘法安立度脫諸有情類令出
生死證得涅槃善現是菩薩摩訶薩由般若
故雖能如是作漸次業脩漸次學行漸次行
而於一切都無所得所以者何以一切法無
自性故善現是為初發心菩薩摩訶薩依學
六種波羅蜜多作漸次業脩漸次學行漸次
行與諸有情作利樂事
復次善現諸菩薩摩訶薩作漸次業脩漸次
學行漸次行時從初發心以一切智智想應
作意信解一切法皆以無性而為自性先應
脩學佛隨念次應脩學法隨念次應脩學僧
隨念次應脩學戒隨念次應脩學捨隨念後
應脩學天隨念善現云何菩薩摩訶薩脩
學佛隨念謂菩薩摩訶薩脩學佛隨念時不應
以色思惟如來應正等覺不應以受想行識
思惟如來應正等覺何以故色乃至識皆無
自性若法無自性則不可念不可思惟所以
者何若無念無思惟是為佛隨念復次善現

BD05732 號　大般若波羅蜜多經卷四六六

（8–5）

應脩學天隨念善現云何菩薩摩訶薩脩
學佛隨念謂菩薩摩訶薩脩學佛隨念時不應
以色思惟如來應正等覺不應以受想行識
思惟如來應正等覺何以故色乃至識皆無
自性若法無自性則不可念不可思惟所以
者何若無念無思惟是為佛隨念復次善現
諸菩薩摩訶薩脩學佛隨念時不應以三十
二大士相思惟如來應正等覺不應以真金
色身常光一尋八十隨好思惟如來應正等
覺何以故如是相好金光色身都無自性若
法無自性則不可念不可思惟所以者何若
無念無思惟是為佛隨念復次善現諸菩薩
摩訶薩脩學佛隨念時不應以戒蘊思惟如
來應正等覺不應以定蘊慧蘊解脫蘊解脫
智見蘊思惟如來應正等覺何以故如是諸
蘊皆無自性若法無自性則不可念不可思
惟所以者何若無念無思惟是為佛隨念復
次善現諸菩薩摩訶薩脩學佛隨念時不
應以五眼六神通思惟如來應正等覺不應以佛
十力乃至十八佛不共法思惟如來應正等
覺何以故如是諸法皆無自性若法無自性
則不可念不可思惟所以者何若無念無思
惟是為佛隨念復次善現諸菩薩摩訶薩脩
學佛隨念時不應以無忘失法恒住捨性思
惟如來應正等學不應以一切智道相智一
切相智及餘無量無邊佛法思惟如來應正

BD05732 號　大般若波羅蜜多經卷四六六

（8–6）

十力乃至十八佛不共法思惟如來應正等
覺何以故如是諸法皆無自性若法無自性
則不可念不可思惟所以者何若無念無思
惟是為佛隨念復次善現諸菩薩摩訶薩脩
學佛隨念時不應以無忘失法恒住捨性思
惟如來應正等學不應以一切智道相智一
切相智及餘無量無邊佛法思惟如來應正
等覺何以故如是諸法皆無自性若法無自
性則不可念不可思惟所以者何若無念無
思惟是為佛隨念復次善現諸菩薩摩訶薩
脩學佛隨念時不應以緣性法思惟如來應
正等覺不應以緣起法思惟如來應正等覺
何以故緣性緣起俱無自性若法無自性則
不可念不可思惟所以者何若無念無思惟
是為佛隨念善現諸菩薩摩訶薩行深般
若波羅蜜多時應如是脩學佛隨念 若 如
是脩學佛隨念是為作漸次業脩漸次學
行漸次行若菩薩摩訶薩能如是作漸次業
脩漸次學行漸次行時則能圓滿四念 住乃
至八聖道支亦能圓滿四靜慮四無量四無
色定亦能圓滿八解脫乃至十遍處亦能圓
滿布施波羅蜜多乃至般若波羅蜜多亦能
圓滿內空乃至無性自性空亦能圓滿真如
乃至不思議界亦能圓滿苦集滅道聖諦亦
能圓滿空無相無願解脫門 亦能圓 滿諸菩

BD05732 號　大般若波羅蜜多經卷四六六　（8–7）

切相智及餘無量無邊佛法思惟如來應正
等覺何以故如是諸法皆無自性若法無自
性則不可念不可思惟所以者何若無念無
思惟是為佛隨念復次善現諸菩薩摩訶薩
脩學佛隨念時不應以緣性法思惟如來應
正等覺不應以緣起法思惟如來應正等覺
何以故緣性緣起俱無自性若法無自性則
不可念不可思惟所以者何若無念無思惟
是為佛隨念善現諸菩薩摩訶薩行深般
若波羅蜜多時應如是脩學佛隨念 若 如
是脩學佛隨念是為作漸次業脩漸次學
行漸次行若菩薩摩訶薩能如是作漸次業
脩漸次學行漸次行時則能圓滿四念 住乃
至八聖道支亦能圓滿四靜慮四無量四無
色定亦能圓滿八解脫乃至十遍處亦能圓
滿布施波羅蜜多乃至般若波羅蜜多亦能
圓滿內空乃至無性自性空亦能圓滿真如
乃至不思議界亦能圓滿苦集滅道聖諦亦
能圓滿空無相無願解脫門 亦能圓 滿諸菩

BD05732 號　大般若波羅蜜多經卷四六六　（8–8）

是故我告摩訶波闍波提憍曇彌莫供養
我當供養僧若供養僧則得具足供養三歸
摩訶波闍波提即為我言衆僧之中无佛无
法云何說言供養僧衆則得具足供養
已我復告言汝隨我語則供養佛為解脫故
即供養法衆僧受者則供養僧善男子是故
三歸不得為一善男子如來或時說一為三
說三為一如是之義諸佛境界非諸聲聞緣
覺所知也迦葉復言如佛所說畢竟安樂名涅
槃者是義云何夫涅槃者捨身捨智若捨身
智誰當受樂佛言善男子譬如有人食已心
悶出外欲吐既得吐已而復迴還同伴問之
汝今所患竟為差不而復來還答言已差身
得安樂如來亦尒畢竟遠離二十五有永得
涅槃安樂之處不可動轉无有盡滅斷一切
受名无受樂如是无受名為常樂若言如來
有受樂者无有是處是故畢竟樂者即是涅
槃涅槃即是真解脫真解脫者即是如來迦葉
復言不生不滅是解脫耶如是如是善男子
不生不滅即是解脫如是解脫即是如來迦
葉復言若不生滅是解脫者虛空之性亦无
生滅應是如來如如來性即是解脫佛告迦
葉善男子是事不然世尊何故不然善男

BD05733號　大般涅槃經（北本　異卷）卷五

（9–1）

有受樂者无有是處是故畢竟樂者即是涅
槃涅槃即是真解脫真解脫者即是如來迦葉
復言不生不滅是解脫耶如是如是善男子
不生不滅即是解脫如是解脫即是如來迦
葉復言若不生滅是解脫者虛空之性亦无
生滅應是如來如如來性即是解脫佛告迦
葉善男子是事不然世尊何故不然善男子
如迦蘭伽鳥及命命鳥其聲清妙寧可同於
烏鵲音不不也世尊烏鵲之聲比命命等百千
萬倍不可為比迦葉復言迦蘭伽等其聲
微妙身亦不同如來云何比之烏鵲无以亭
歷比之須彌佛与虛空亦復如是迦蘭伽聲
可喻佛聲不可以喻烏鵲之音也佛讚迦葉
善哉善哉善男子汝今善解甚深難解如來有
時以因緣故引彼虛空以喻解脫如是解脫
即是如來真解脫者一切人天无能為匹而
此虛空實非其喻為化衆生故以虛空非喻
為喻當知解脫即是如來如來之性即是解
脫解脫如來无二无別善男子非喻者如无
比之物不可引喻有因緣故可得引喻如經
中說面貌端正猶月盛滿白象鮮潔猶如
雪山滿月不得即同於面雪山不得即是白
象善男子不可以喻喻真解脫為化衆生故
作喻耳以諸譬喻知諸法性皆亦如是迦葉
復言云何如來作二種說佛言善男子譬如
有人執持刀劍以瞋恚心欲害如來如來和
悅无恚色恨是人當得壞如來身成逆罪不
不也世尊何以故如來身界不可壞故所以

BD05733號　大般涅槃經（北本　異卷）卷五

（9–2）

鳥善男子不可以喻喻真解脫為化衆生故
作喻耳以諸譬喻知諸法性皆亦如是迦葉
復言云何如來作二種說佛言善男子譬如
有人執持刀劒以瞋恚心欲害如來如來和
悅無恚色彼是人當得壞如來身成逆罪不
不也世尊何以故如來身界不可壞故所以
者何以無身聚唯有法性法性之性理不可
壞是人云何能壞佛身直以惡心故成無間
以是因緣引諸譬喻得知實法爾時佛讚迦
葉菩薩善哉善哉善男子我所欲說汝今已
說又善男子譬如惡人欲害於母住於野田
在穀積下母為送食其人見已尋生害心便
前磨刀母時見已逃入藏中其人持刀遶藏
遍所斫已歡喜生已然想其母壽漏從穀藏
出還至家中於意云何是人成就無間罪不
世尊不可定說何以故若說有罪母身應壞
身若不壞云何言有若說無罪生已然想心
壞歡喜云何言無是人雖不具足逆罪而亦
是逆以是因緣引諸譬喻得知實法佛讚迦
葉善哉善哉善男子以是因緣我說種種方
便譬喻以喻解脫雖以無量阿僧祇喻而實
不可以喻為比或有因緣亦可說喻或有因
緣不可說喻是故解脫成就如是無量功德
趣涅槃者涅槃如來亦有如是無量功德以
如是等無量功德成就滿故名大涅槃
迦葉菩薩白佛言世尊我今始知如來至處
為無有盡處若無盡當知壽命亦應無盡佛

BD05733號　大般涅槃經（北本　異卷）卷五　（9–3）

緣不可說喻是故解脫成就如是無量功德
趣涅槃者涅槃如來亦有如是無量功德以
如是等無量功德成就滿故名大涅槃
迦葉菩薩白佛言世尊我今始知如來至處
為無有盡處若無盡當知壽命亦應無盡佛
言善哉善哉善男子汝今善能護持正法若
有善男子善女人欲斷煩惱諸結縛者當作
如是護持正法善男子是大涅槃微妙經中
有四種人能護正法建立正法憶念正法能
多利益憐愍世間為世間安樂人天何等為
四有人出世具煩惱性是名第一須陀洹人
斯陀含人是名第二阿那含人是名第三阿
羅漢人是名第四是四種人出現於世能多
利益憐愍世間為世間依安樂人天云何名
為具煩惱性若有人能奉持禁戒威儀具足建
立正法從佛所聞解其文義轉為他人分別宣
說所謂少欲多欲非道廣說如是八大人覺
有犯罪者教令發露懺悔滅除善知菩薩方便
所行祕藏之法是名凡夫非第八人第八人
者不名凡夫名為菩薩不名為佛第二人者
名須陀洹斯陀含人若得正法受持正法從
佛聞法如其所聞聞已書寫受持讀誦轉為
他說若聞法已不寫不受不持不說而言奴
婢之物不淨之物佛聽畜者無有是處是名第二
人如是之人未得第二第三住處名為菩薩
已得受記第三人者名阿那含阿那含者誹
謗正法若言聽畜奴婢僕使不淨之物受持衣

BD05733號　大般涅槃經（北本　異卷）卷五　（9–4）

他說若聞法已不寫不受不持不說而言奴
婢之不淨之物佛聽畜者無有是處是名第二
人如是之人未得第二第三住處名為菩薩
已得受記第三人者名阿那含阿那含者誹
謗正法若言聽畜奴婢僕使不淨之物受持外
道典籍書論及為客塵煩惱所障諸舊煩惱
之所覆蓋若藏如來真實舍利及為外病之
所惱害或為四大毒蛇所侵論說我者患無是
處若說無我斯有是處說著世法無有是處
若說大乘相續不絕斯有是處所受身有
八萬戶蟲無是處永離婬欲乃至夢中不失
不淨斯有是處臨終之日生怖畏者無是
處阿那含者為何所也是人不還如上所說
所有過患永不能污往來周旋名為菩薩已
得受記不久得成阿耨多羅三藐三菩提是
名為第三人也第四人者名阿羅漢阿羅
漢者斷諸煩惱捨於重擔逮得己利所作已
辦住第十地得自在智隨人所樂種種色像
悉能示現如所莊嚴欲成佛道即能得成能成
如是無量功德名阿羅漢是名四人出現於
世能多利益憐愍世間為世間依安樂人天
於人天中最尊最勝猶如如來名人中勝為
歸依處迦葉白佛言世尊我今不依是四種
人何以故如瞿師羅經中佛為瞿師羅說若
天魔為欲破壞變為佛像具足莊嚴三十
二相八十種好圓光一尋面部(根)圓滿猶月盛
明眉間毫相白逾珂雪如是莊嚴來向汝者

歸依處迦葉白佛言世尊我今不依是四種
人何以故如瞿師羅經中佛為瞿師羅說若
天魔為欲破壞變為佛像具足莊嚴三十
二相八十種好圓光一尋面部(根)圓滿猶月盛
明眉間毫相白逾珂雪如是莊嚴來向汝者
汝當檢校定其虛實既覺知已應當降伏世
尊魔等尚能變作佛像況當不能作羅漢等
四種之身坐臥空中左脅出水右脅出火身
出煙炎猶如火聚以是因緣我於是中心不
生信或有所說不能稟受亦無敬念而作依
止佛言善男子於我所說若生疑者尚不應
受況如是等是故應當善分別知是善不善
可作不可作如是作已長夜受樂善男子譬
如偷狗夜入人舍其家婢使若覺知者即應
驅遣汝疾出去若不出者當奪汝命時狗聞
之即去不還汝等從今亦應如是降伏波旬
應作是言波旬汝今不應作如是像若故作
者當以五繫繫縛於汝魔聞是已便當還去
如彼偷狗更不復還迦葉白佛言世尊如佛
為瞿師羅長者說若能如是降伏魔者亦可
得近於大涅槃如來何必說是四人為依四
處如是四人所可言說必可信佛告迦葉善
男子如我所說亦復如是非為不爾善男子
我為聲聞有肉眼者說言降魔不為修學大
乘人說聲聞之人雖有天眼故名肉眼學大
乘者雖有肉眼乃名佛眼何以故是大乘經
名為佛乘而此佛乘最上最勝善男子譬如

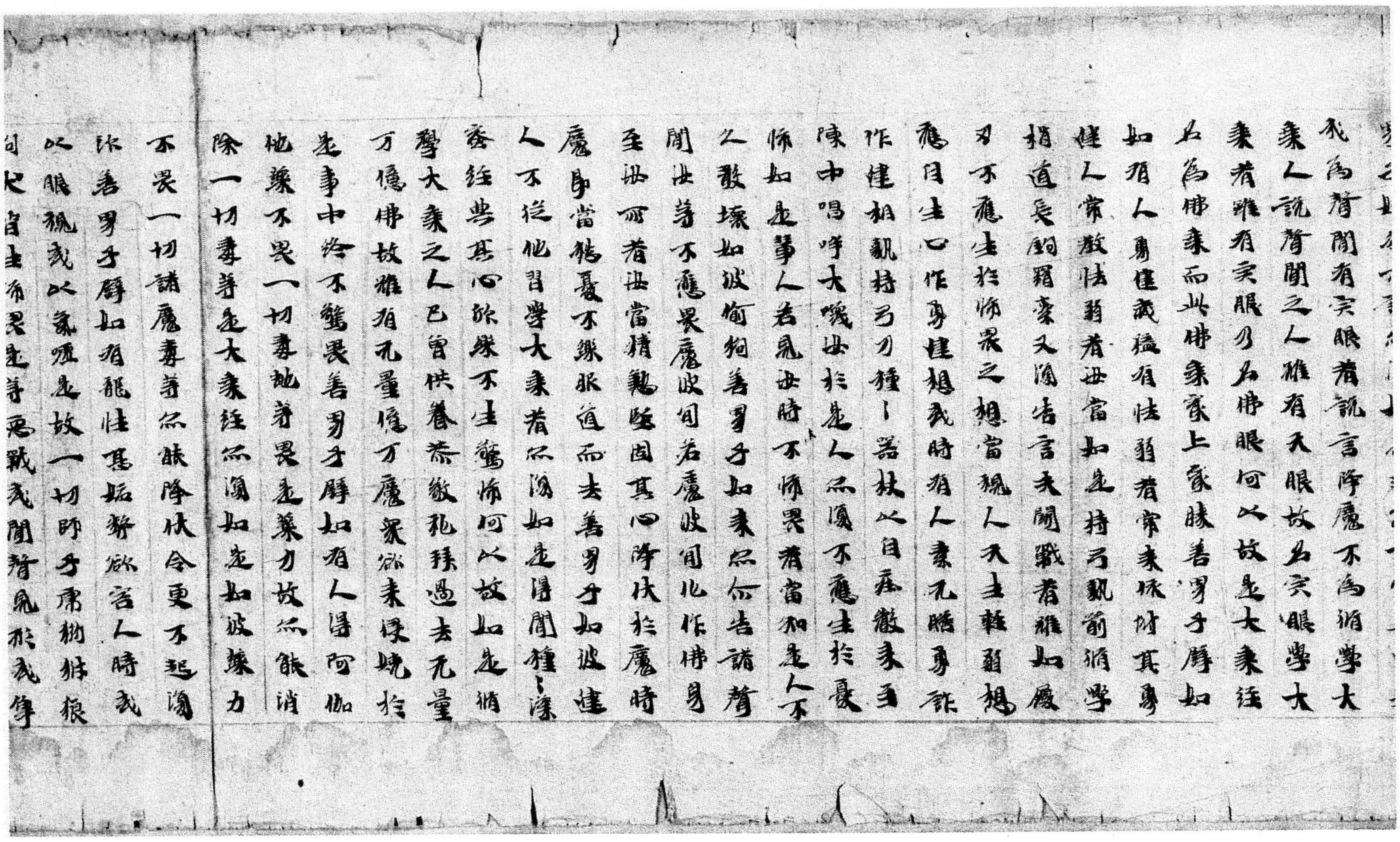

我為聲聞有宍眼者說言降魔不為修學大
乘人說聲聞之人雖有天眼故名宍眼學大
乘者雖有宍眼乃名佛眼何以故是大乘經
名為佛乘而此佛乘最上最勝善男子譬如
如有人勇健威猛有怯弱者常來依附其勇
健人常教怯弱者汝當如是持弓執箭修學
稍道長鉤羂索又復告言夫鬪戰者雖如履
刃不應生於怖畏之想當視人天生輕弱想
應自生心作勇健想或時有人素無膽勇詐
作健相執持弓刀種種器杖以自莊嚴來至
陳中唱呼大喚汝於是人亦復不應生於憂
怖如是等人若見汝時不怖畏者當知是人不
久散壞如彼偷狗善男子如來亦尒告諸聲
聞汝等不應畏魔波旬若魔波旬化作佛身
至汝所者汝當精勤堅固其心降伏於魔時
魔即當愁憂不樂復道而去善男子如彼健
人不從他習學大乘者亦復如是得聞種種深
祕經典其心欣樂不生驚怖何以故如是修
學大乘之人已曾供養恭敬禮拜過去無量
萬億佛故雖有無量億萬魔衆欲來侵嬈於
是事中終不驚畏善男子譬如有人得阿伽
他藥不畏一切毒蛇等畏是藥力故亦能消
除一切毒等是大乘經亦復如是如彼藥力
不畏一切諸魔毒等亦能降伏令更不起復
次善男子譬如有龍性甚㹌猛欲害人時或
以眼視或以氣噓是故一切師子虎豹豺狼
狗犬皆生怖畏是等惡獸或聞聲見形或觸

BD05733號　大般涅槃經（北本　異卷）卷五　（9–7）

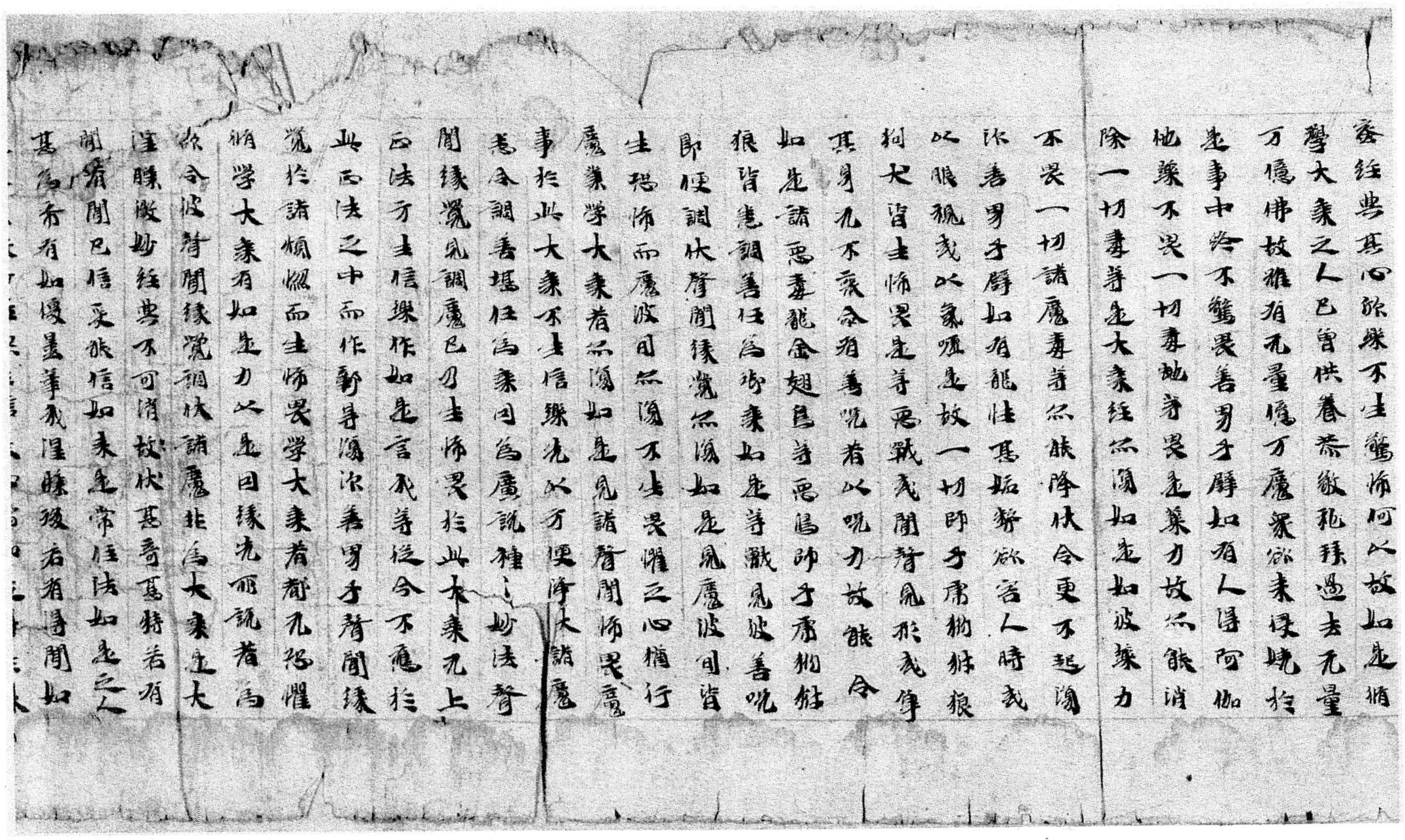

祕經典其心欣樂不生驚怖何以故如是修
學大乘之人已曾供養恭敬禮拜過去無量
萬億佛故雖有無量億萬魔衆欲來侵嬈於
是事中終不驚畏善男子譬如有人得阿伽
他藥不畏一切毒蛇等畏是藥力故亦能消
除一切毒等是大乘經亦復如是如彼藥力
不畏一切諸魔毒等亦能降伏令更不起復
次善男子譬如有龍性甚㹌猛欲害人時或
以眼視或以氣噓是故一切師子虎豹豺狼
狗犬皆生怖畏是等惡獸或聞聲見形或觸
其身無不喪命有善呪者以呪力故能令
如是諸惡毒龍金翅鳥等惡鳥師子虎豹豺
狼皆悉調善任為御乘如是等獸見彼善呪
即便調伏聲聞緣覺亦復如是見魔波旬皆
生恐怖而魔波旬亦復不生畏懼之心猶行
魔業學大乘者亦復如是見諸聲聞怖畏魔
事於此大乘不生信樂先以方便降伏諸魔
悉令調善堪任為乘因為廣說種種妙法聲
聞緣覺見調魔已乃生怖畏於此大乘無上
正法方生信樂作如是言我等從今不應於
此正法之中而作鄣㝵復次善男子聲聞緣
覺於諸煩惱而生怖畏學大乘者都無恐懼
修學大乘有如是力以是因緣先所說者為
欲令彼聲聞緣覺調伏諸魔非為大乘是大
涅槃微妙經典不可消伏甚奇甚特若有
聞者聞已信受能信如來是常住法如是之人
甚為希有如優曇華我涅槃後若有得聞如

BD05733號　大般涅槃經（北本　異卷）卷五　（9–8）

即使調伏聲聞緣覺亦復如是見魔波旬皆
生恐怖而魔波旬亦復不生畏懼之心猶行
魔業学大乘者亦復如是見諸聲聞怖畏魔
事於此大乘不生信樂先以方便降伏諸魔
悉令調善堪任為乘因為廣說種種妙法聲
聞緣覺見調魔已乃生怖畏於此大乘无上
正法方生信樂作如是言我等從今不應於
此正法之中而作鄣㝵復次善男子聲聞緣
覺於諸煩惱而生怖畏学大乘者都无怖懼
脩学大乘有如是力以是因緣先所說者為
欲令彼聲聞緣覺調伏諸魔非為大乘是大
涅槃微妙経典不可消伏甚奇甚特若有
聞者聞已信受能信如来是常住法如是之人
甚為希有如優曇華我涅槃後若有得聞如
是大乘微妙経典生信敬心當知是等於未
来世□□□劫不墮惡道

BD05733號　大般涅槃經（北本　異卷）卷五

（9–9）

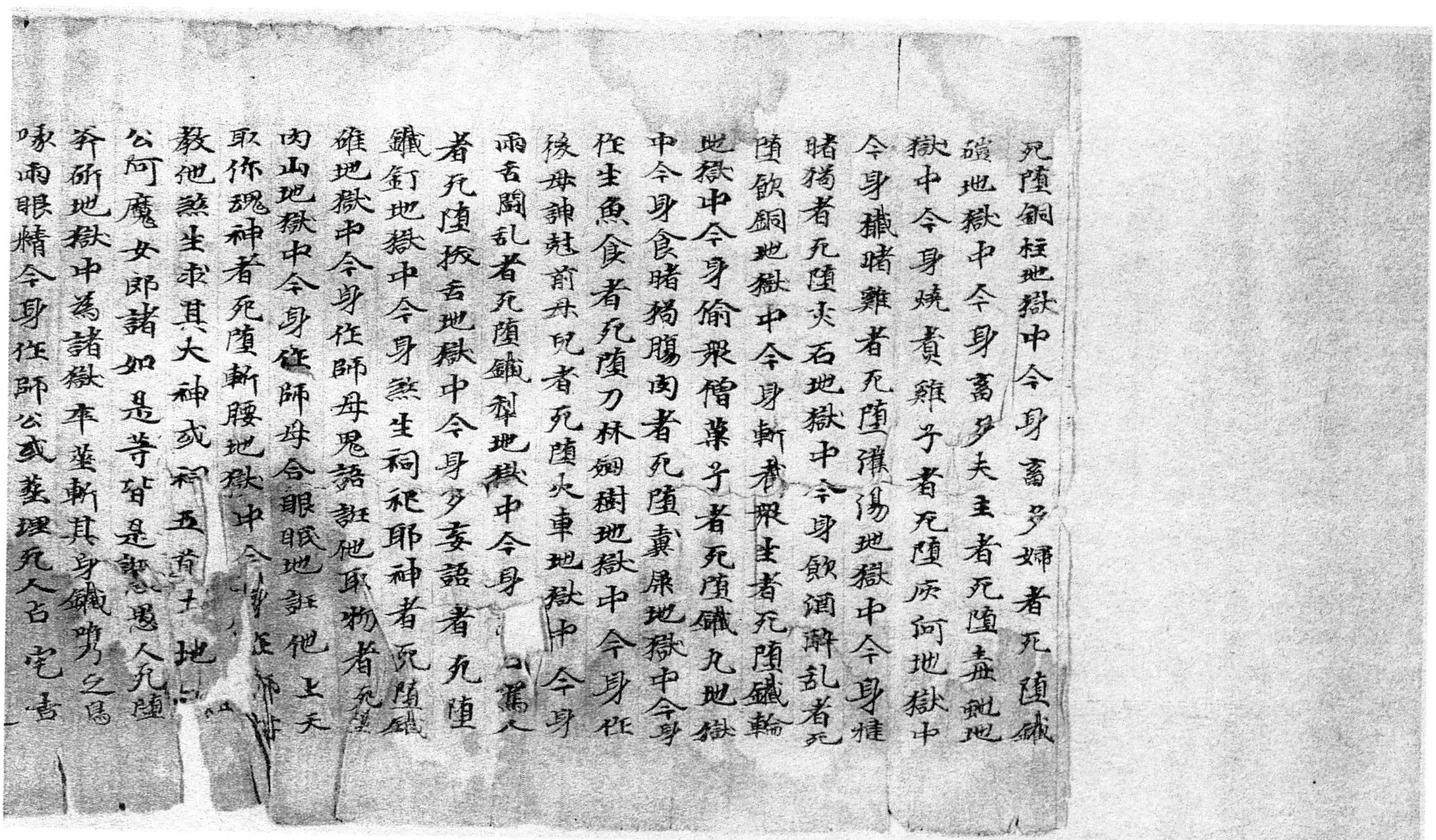

死墮銅柱地獄中令身畜多婦者死墮鐵
磑地獄中令身畜多夫主者死墮毒虵地
獄中令身燒煮賣雞子者死墮灰河地獄中
令身燋賭雞者死墮濩湯地獄中令身燋
賭獦者死墮炭石地獄中令身飲酒醉乱者死
墮飲銅地獄中令身斬截眾生者死墮鐵輪
地獄中令身偷眾僧菓子者死墮鐵丸地獄
中令身食賭獦腸肉者死墮糞屎地獄中令身
作生魚食者死墮刀林劍樹地獄中令身作
後母誹謗前母兒者死墮火車地獄中令身
兩舌鬭乱者死墮鐵犁地獄中令身□罵人
者死墮拔舌地獄中令身多妄語者死墮
鐵釘地獄中令身煞生祠祀耶神者死墮鐵
碓地獄中令身作師母鬼語誑他取物者死墮
肉山地獄中令身作師母合眼眠地誑他上天
取你魂神者死墮斬腰地獄中令□作師□
教他煞生求其大神或祠五道土地□
公河魔女郎諸如是等皆是邪惡人死墮
斧斫地獄中為諸獄卒莝斬其身鐵嘴之鳥
啄兩眼精令身作師公或埋死人古宅書

BD05734號　善惡因果經

（2–1）

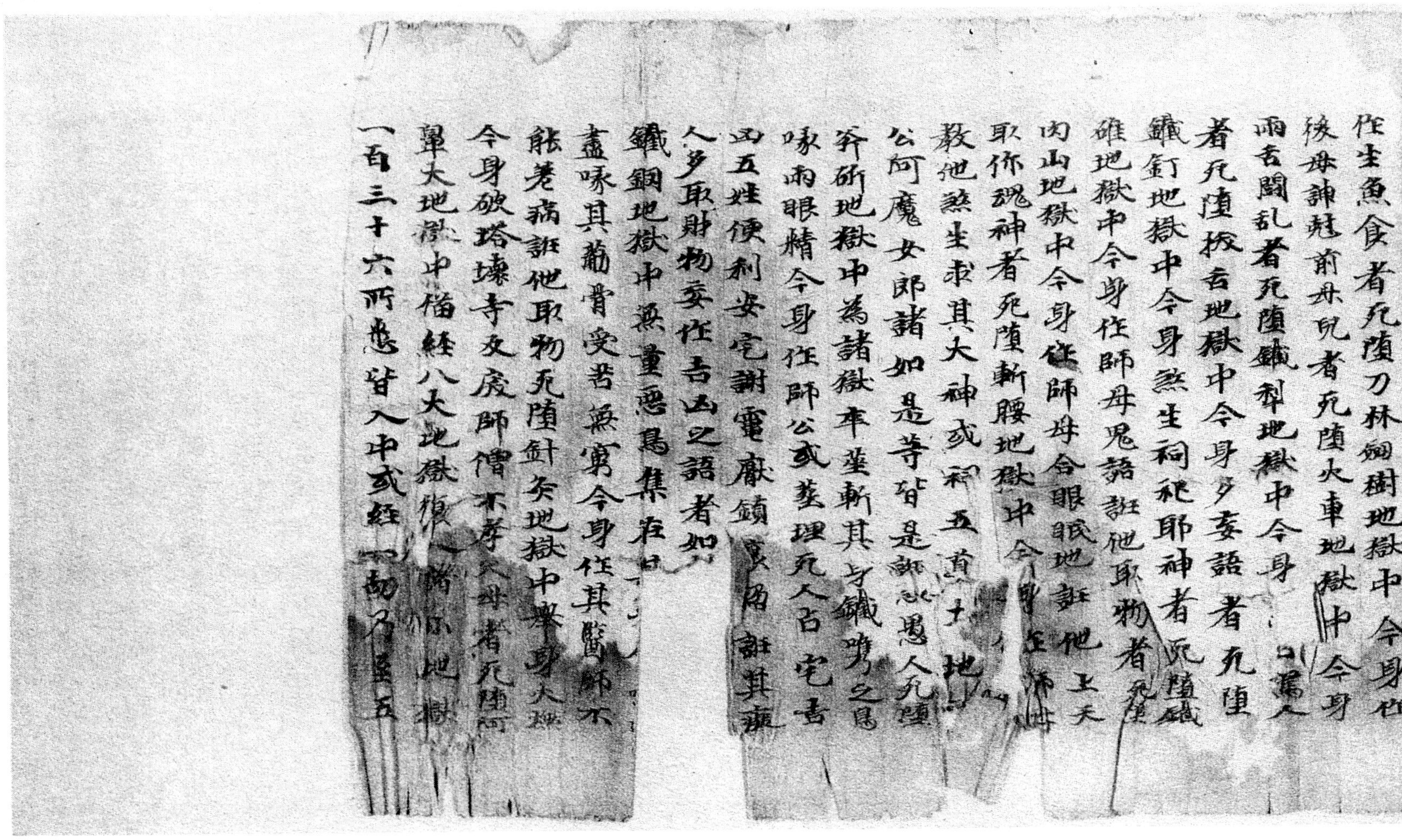

作生魚食者死墮刀林劍樹地獄中令身作
後毋謗毀前毋兒者死墮火車地獄中令身
兩舌鬪乱者死墮鐵犁地獄中令身[illegible]
者死墮拔舌地獄中令身多妄語者死墮
鐵釘地獄中令身煞生祠祀耶神者死墮鑊
碓地獄中令身作師毋鬼語誑他取物者死墮
肉山地獄中令身作師毋合眼瞋地誑他上天
取你魂神者死墮斬腰地獄中令[illegible]
殺他煞生求其大神或祠五道大地[illegible]
公阿魔女郎諸如是等皆是邪[illegible]愚人死墮
斧斫地獄中為諸獄卒半斬其身鐵嘴之鳥
啄兩眼精令身作師公或葬埋死人占宅書
凶五姓便利安宅謝竈厭鎮[illegible]謝其[illegible]
人多取財物妄作吉凶之語者如[illegible]
鐵鋼地獄中無量惡鳥集在[illegible]
盡啄其觔骨受苦無窮令身作其醫師不
能差病誑他取物死墮針灸地獄中舉身火燃
令身破塔壞寺及病師僧不孝父母者死墮阿
鼻大地獄中備經八大地獄復[illegible]地獄
一百三十六所悉皆入中或經一劫乃至五

BD05734 號　善惡因果經　　（2–2）

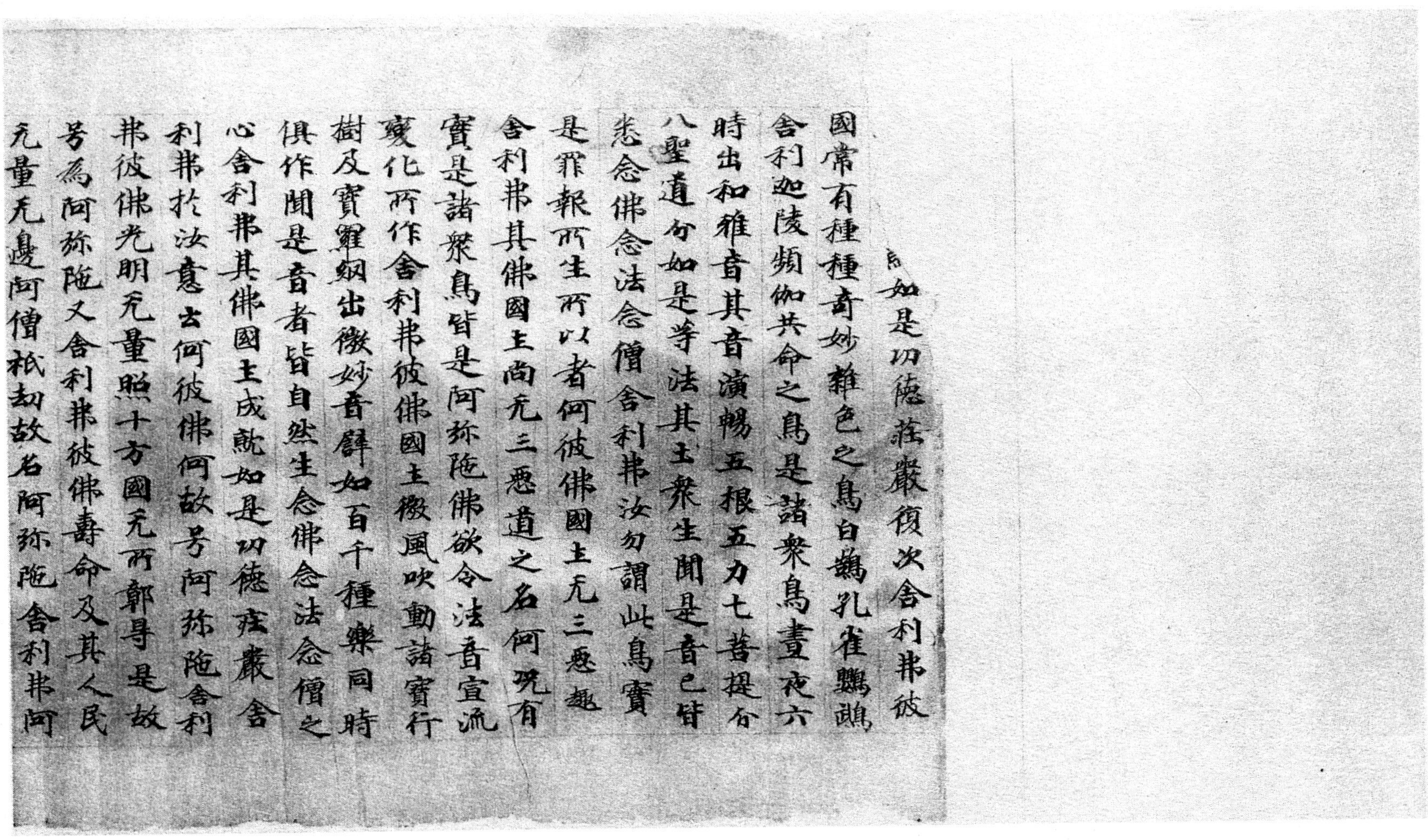

[illegible]如是功德莊嚴復次舍利弗彼
國常有種種奇妙雜色之鳥白鵠孔雀鸚鵡
舍利迦陵頻伽共命之鳥是諸衆鳥晝夜六
時出和雅音其音演暢五根五力七菩提分
八聖道分如是等法其土衆生聞是音已皆
悉念佛念法念僧舍利弗汝勿謂此鳥實
是罪報所生所以者何彼佛國土无三惡趣
舍利弗其佛國土尚无三惡道之名何況有
實是諸衆鳥皆是阿弥陀佛欲令法音宣流
變化所作舍利弗彼佛國土微風吹動諸寶行
樹及寶羅網出微妙音譬如百千種樂同時
俱作聞是音者皆自然生念佛念法念僧之
心舍利弗其佛國土成就如是功德莊嚴舍
利弗於汝意云何彼佛何故号阿弥陀舍利
弗彼佛光明无量照十方國无所鄣㝵是故
号為阿弥陀又舍利弗彼佛壽命及其人民
无量无邊阿僧祇劫故名阿弥陀舍利弗阿

BD05735 號　阿彌陀經　　（5–1）

俱作聞是音者皆自然生念佛念法念僧之
心舍利弗其佛國土成就如是功德莊嚴舍
利弗於汝意云何彼佛何故号阿弥陁舍利
弗彼佛光明无量照十方國无所鄣㝵是故
号爲阿弥陁又舍利弗彼佛壽命及其人民
无量无邊阿僧祇劫故名阿弥陁舍利弗阿
弥陁佛成佛已來於今十劫又舍利弗彼佛
有无量无邊聲聞弟子皆阿羅漢非是筭
數之所能知諸菩薩亦如是舍利弗彼佛國
土成就如是功德莊嚴又舍利弗極樂國土
衆生生者皆是阿鞞跋致其中多有一生補
處其數甚多非是筭數所能知之但可以无
量无邊阿僧祇劫說舍利弗衆生聞是說者
應當發願願生彼國所以者何得與如是諸
上善人俱會一處舍利弗不可以少善根福
德因緣得生彼國舍利弗若有善男子善女人
聞說阿弥陁佛執持名号若一日若二日若三日
若四日若五日若六日若七日一心不亂其人臨
命終時阿弥陁佛與諸聖衆現在其前是人
終時心不顛倒即得往生阿弥陁佛極樂國
土舍利弗我見是利故說此言若有衆生聞
是說者應當發願生彼國土
舍利弗如我今者讚歎阿弥陁佛不可思議功
德東方亦有阿閦鞞佛須弥相佛大須弥佛須
弥光佛妙音佛如是等恒河沙數諸佛各於
其國出廣長舌相遍覆三千大千世界說誠

BD05735號　阿彌陀經

（5–2）

土舍利弗我見是利故說此言若有衆生聞
是說者應當發願生彼國土
舍利弗如我今者讚歎阿弥陁佛不可思議功
德東方亦有阿閦鞞佛須弥相佛大須弥佛須
弥光佛妙音佛如是等恒河沙數諸佛各於
其國出廣長舌相遍覆三千大千世界說誠
實言汝等衆生當信是稱讚不可思議功德一切
諸佛所護念經
舍利弗南方世界有日月燈佛名聞光佛大
焰肩佛須弥燈佛无量精進佛如是等恒河
沙數諸佛各於其國出廣長舌相遍覆三千
大千世界說誠實言汝等衆生當信是稱讚不
可思議功德一切諸佛所護念經
舍利弗西方世界有无量壽佛无量相佛无量
幢佛大光佛大明佛寶相佛淨光佛如是等
恒河沙數諸佛各於其國出廣長舌相遍覆
三千大千世界說誠實言汝等衆生當信是
稱讚不可思議功德一切諸佛所護念經
舍利弗北方世界有焰肩佛最勝音佛難沮
佛日生佛網明佛如是等恒河沙數諸佛各
於其國出廣長舌相遍覆三千大千世界說
誠實言汝等衆生當信是稱讚不可思議功
德一切諸佛所護念經
舍利弗下方世界有師子佛名聞佛名光佛
達摩佛法幢佛法佛如是等恒河沙數諸
佛各於其國出廣長舌相遍覆三千大千

BD05735號　阿彌陀經

（5–3）

誠實言汝等眾生當信是稱讃不可思議功
德一切諸佛所護念經
舍利弗下方世界有師子佛名聞佛名光佛
達摩佛法幢佛持法佛如是等恒河沙數諸
佛各於其國出廣長舌相遍覆三千大千
世界說誠實言汝等眾生當信是稱讃不
可思議功德一切諸佛所護念經
舍利弗上方世界有梵音佛宿王佛香上佛
香光佛大[illegible]肩佛雜色寶華嚴身佛娑羅
樹王佛寶華德佛見一切義佛如須弥山佛
如是等恒河沙數諸佛各於其國出廣長舌相
遍覆三千大千世界說誠實言汝等眾生當
信是稱讃不可思議功德一切諸佛所護念經
舍利弗於汝意云何何故名一切諸佛所護
念經舍利弗若有善男子善女人聞是諸
佛所說名及經名者是諸善男子善女人皆
為一切諸佛共所護念皆得不退轉於阿耨
多羅三藐三菩提是故舍利弗汝等皆當
信受我語及諸佛所說舍利弗若有人已發
願今發願當發願欲生阿弥陀佛國者是諸
人等皆得不退轉於阿耨多羅三藐三菩提
於彼國土若已生若今生若當生是故舍利
弗諸善男子善女人若有信者應當發願生
彼國土舍利弗如我今者稱讃諸佛不可思
議功德彼諸佛等亦稱說不可思議功德而

BD05735 號　阿彌陀經　（5–4）

願今發願當發願欲生阿弥陀佛國者是諸
人等皆得不退轉於阿耨多羅三藐三菩提
於彼國土若已生若今生若當生是故舍利
弗諸善男子善女人若有信者應當發願生
彼國土舍利弗如我今者稱讃諸佛不可思
議功德彼諸佛等亦稱說不可思議功德而
作是言釋迦牟尼佛能為甚難希有之事
能於娑婆國土五濁惡世劫濁見濁煩惱濁
眾生濁命濁中得阿耨多羅三藐三菩提為
諸眾生說是一切世間難信之法舍利弗當
知我於五濁惡世行此難事得阿耨多羅三
藐三菩提為一切世間說此難信之法是為
甚難佛說此經已舍利弗及諸比丘一切世
間天人阿脩羅等聞佛所說歡喜信受作
禮而去

佛說阿弥陀經

BD05735 號　阿彌陀經　（5–5）

佛於菩提樹下敷師子座高
座當得阿耨多羅三藐三菩提適坐此
時諸梵天王雨衆天華面百由旬香風時來
吹去萎華更雨新者如是不絕滿十小劫供養
於佛乃至滅度常雨此華四王諸天為供養
佛常擊天鼓其餘諸天作天伎樂滿十小劫
至于滅度亦復如是諸比丘大通智勝佛過
十小劫諸佛之法乃現在前成阿耨多羅三
藐三菩提其佛未出家時有十六子其第一
者名曰智積諸子各有種種珍異玩好之具
聞父得成阿耨多羅三藐三菩提皆捨所珍
往詣佛所諸母涕泣而隨送之其祖轉輪聖
王與一百大臣及餘百千万億人民皆共圍
繞隨至道場咸欲親近大通智勝如來供養
恭敬尊重讚歎到已頭面禮足繞佛畢已一
心合掌瞻仰世尊以偈頌曰
大威德世尊　為度衆生故　於无量億歲　尒乃得成佛
諸願已具足　善哉吉无上　世尊甚希有　一坐十小劫
身體及手足　靜然安不動　其心常惔怕　未曾有散亂

BD05736號　妙法蓮華經卷三

（4–1）

繞隨至道場咸欲親近大通智勝如來供養
恭敬尊重讚歎到已頭面禮足繞佛畢已一
心合掌瞻仰世尊以偈頌曰
大威德世尊　為度衆生故　於无量億歲　尒乃得成佛
諸願已具足　善哉吉无上　世尊甚希有　一坐十小劫
身體及手足　靜然安不動　其心常惔怕　未曾有散亂
究竟永寂滅　安住无漏法　今者見世尊　安隱成佛道
我等得善利　稱慶大歡喜　衆生常苦惱　盲瞑无導師
不識苦盡道　不知求解脫　長夜增惡趣　減損諸天衆
從瞑入於瞑　永不聞佛名　今佛得最上　安隱无漏法
我等及天人　為得最大利　是故咸稽首　歸命无上尊
尒時十六王子偈讚佛已勸請世尊轉於法
輪咸作是言世尊說法多所安隱憐愍饒益
諸天人民重說偈言
世雄无等倫　百福自莊嚴　得无上智慧　願為世間說
度脫於我等　及諸衆生類　為分別顯示　令得是智慧
若我等得佛　衆生亦復然　世尊知衆生　深心之所念
亦知所行道　又知智慧力　欲樂及脩福　宿命所行業
世尊悉知已　當轉无上輪
佛告諸比丘大通智勝佛得阿耨多羅三藐
三菩提時十方各五百万億諸佛世界六種
震動其國中間幽冥之處日月威光所不能
照而皆大明其中衆生各得相見咸作是言
此中云何忽生衆生又其國界諸天宮殿乃
至梵宮六種震動大光普照遍滿世界勝諸
天光尒時東方五百万億諸國土中梵天宮
殿光明照曜倍於常明諸梵天王各作是念

BD05736號　妙法蓮華經卷三

（4–2）

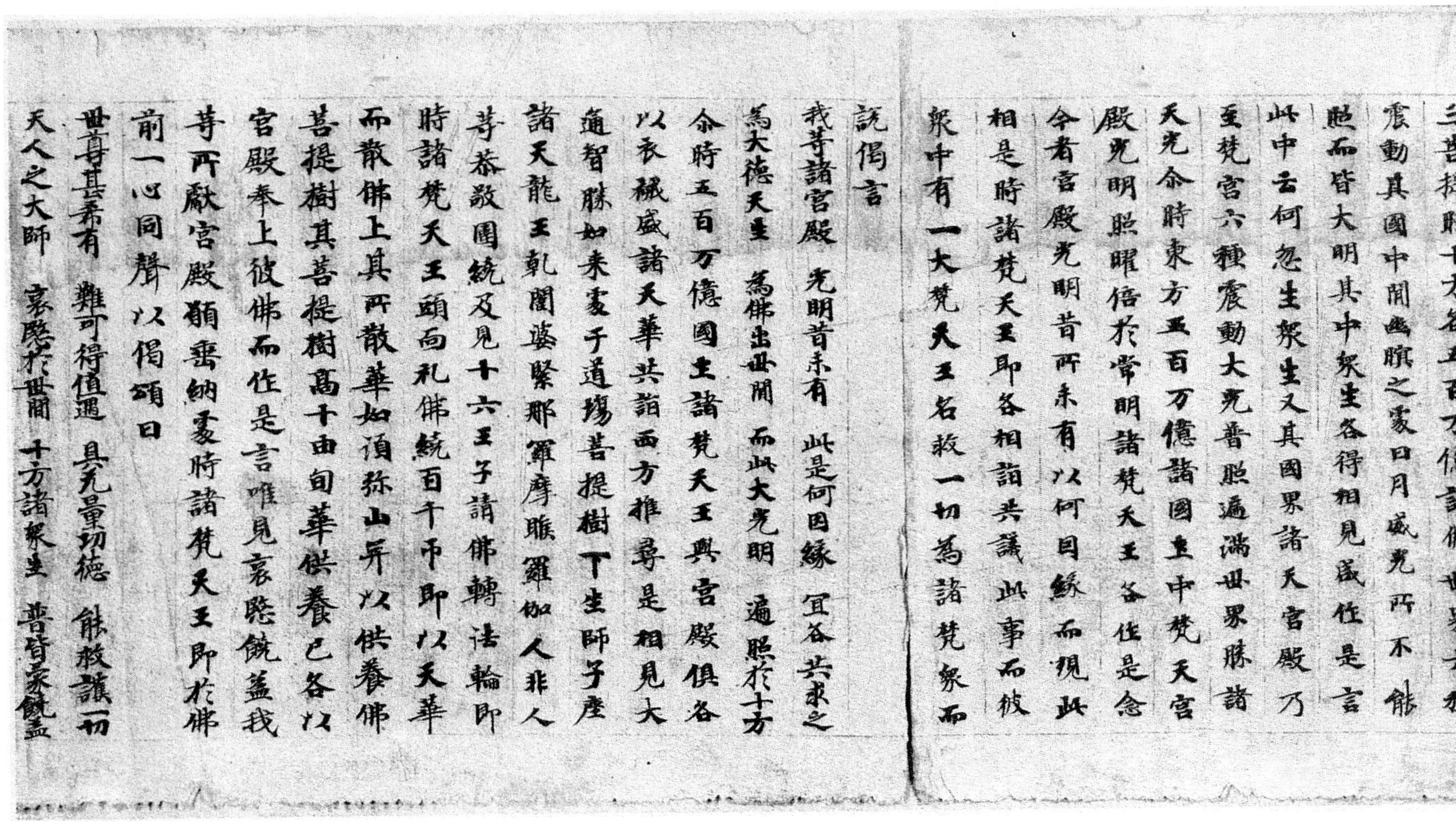

三菩提時十方各五百万億諸佛世界六種
震動其國中間幽瞑之處日月威光所不能
照而皆大明其中衆生各得相見咸作是言
此中云何忽生衆生又其國界諸天宮殿乃
至梵宮六種震動大光普照遍滿世界勝諸
天光尒時東方五百万億諸國土中梵天宮
殿光明照曜倍於常明諸梵天王各作是念
今者宮殿光明昔所未有以何因緣而現此
相是時諸梵天王即各相詣共議此事而彼
衆中有一大梵天王名救一切爲諸梵衆而
說偈言
我等諸宮殿　光明昔未有　此是何因緣　宜各共求之
爲大德天生　爲佛出世間　而此大光明　遍照於十方
尒時五百万億國土諸梵天王與宮殿俱各
以衣裓盛諸天華共詣西方推尋是相見大
通智勝如來處于道場菩提樹下坐師子座
諸天龍王乾闥婆緊那羅摩睺羅伽人非人
等恭敬圍繞及見十六王子請佛轉法輪即
時諸梵天王頭面礼佛繞百千帀即以天華
而散佛上其所散華如湏弥山并以供養佛
菩提樹其菩提樹高十由旬華供養已各以
宮殿奉上彼佛而作是言唯見哀愍饒益我
等所獻宮殿願垂納處時諸梵天王即於佛
前一心同聲以偈頌曰
世尊甚希有　難可得值遇　具无量功德　能救護一切
天人之大師　哀愍於世間　十方諸衆生　普皆蒙饒益

BD05736號　妙法蓮華經卷三　（4–3）

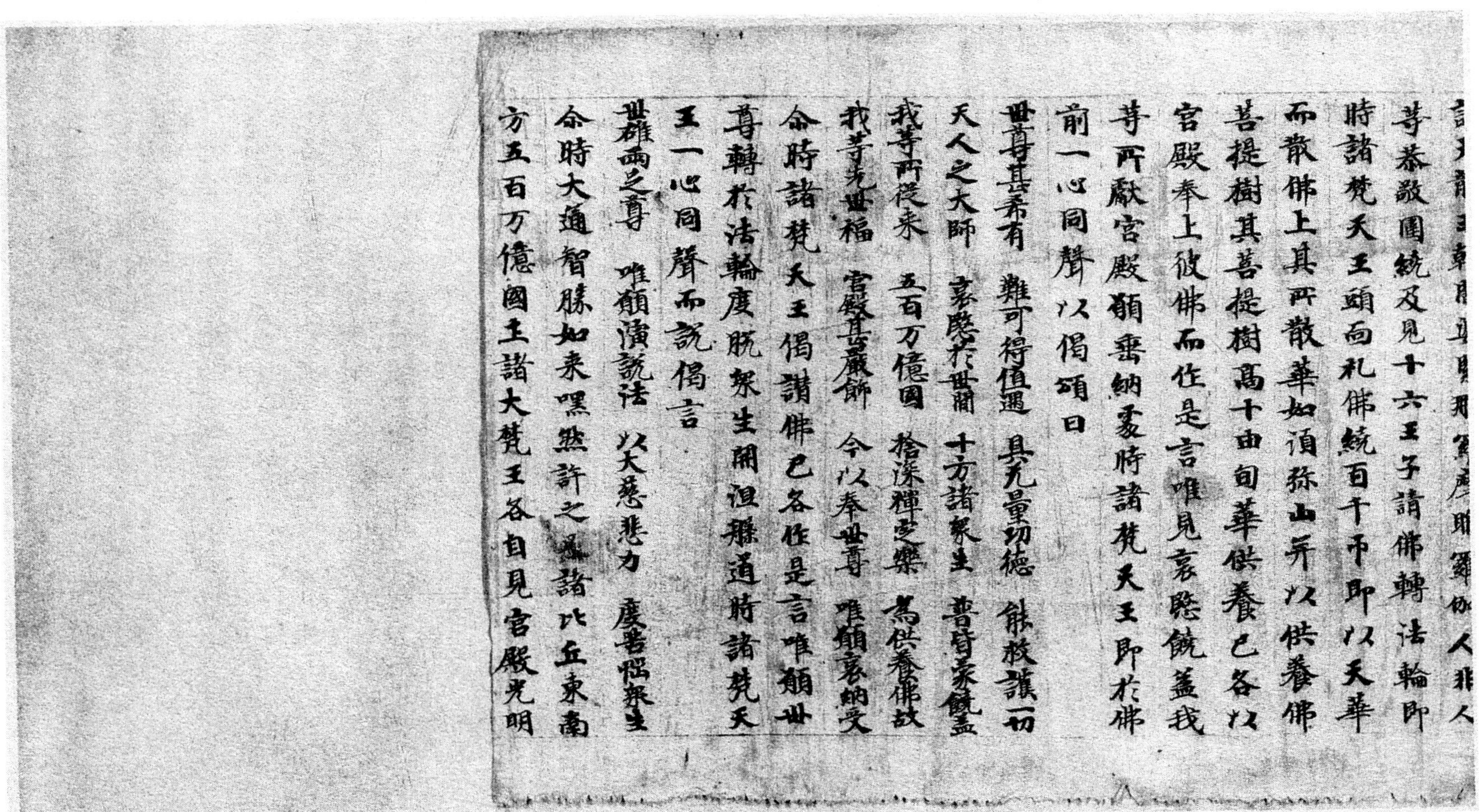

諸天龍王乾闥婆緊那羅摩睺羅伽人非人
等恭敬圍繞及見十六王子請佛轉法輪即
時諸梵天王頭面礼佛繞百千帀即以天華
而散佛上其所散華如湏弥山并以供養佛
菩提樹其菩提樹高十由旬華供養已各以
宮殿奉上彼佛而作是言唯見哀愍饒益我
等所獻宮殿願垂納處時諸梵天王即於佛
前一心同聲以偈頌曰
世尊甚希有　難可得值遇　具无量功德　能救護一切
天人之大師　哀愍於世間　十方諸衆生　普皆蒙饒益
我等所從來　五百万億國　捨深禪定樂　爲供養佛故
我等先世福　宮殿甚嚴飾　今以奉世尊　唯願哀納受
尒時諸梵天王偈讚佛已各作是言唯願世
尊轉於法輪度脫衆生開涅槃道時諸梵天
王一心同聲而說偈言
世雄兩足尊　唯願演說法　以大慈悲力　度苦惱衆生
尒時大通智勝如來嘿然許之又諸比丘東南
方五百万億國土諸大梵王各自見宮殿光明

BD05736號　妙法蓮華經卷三　（4–4）

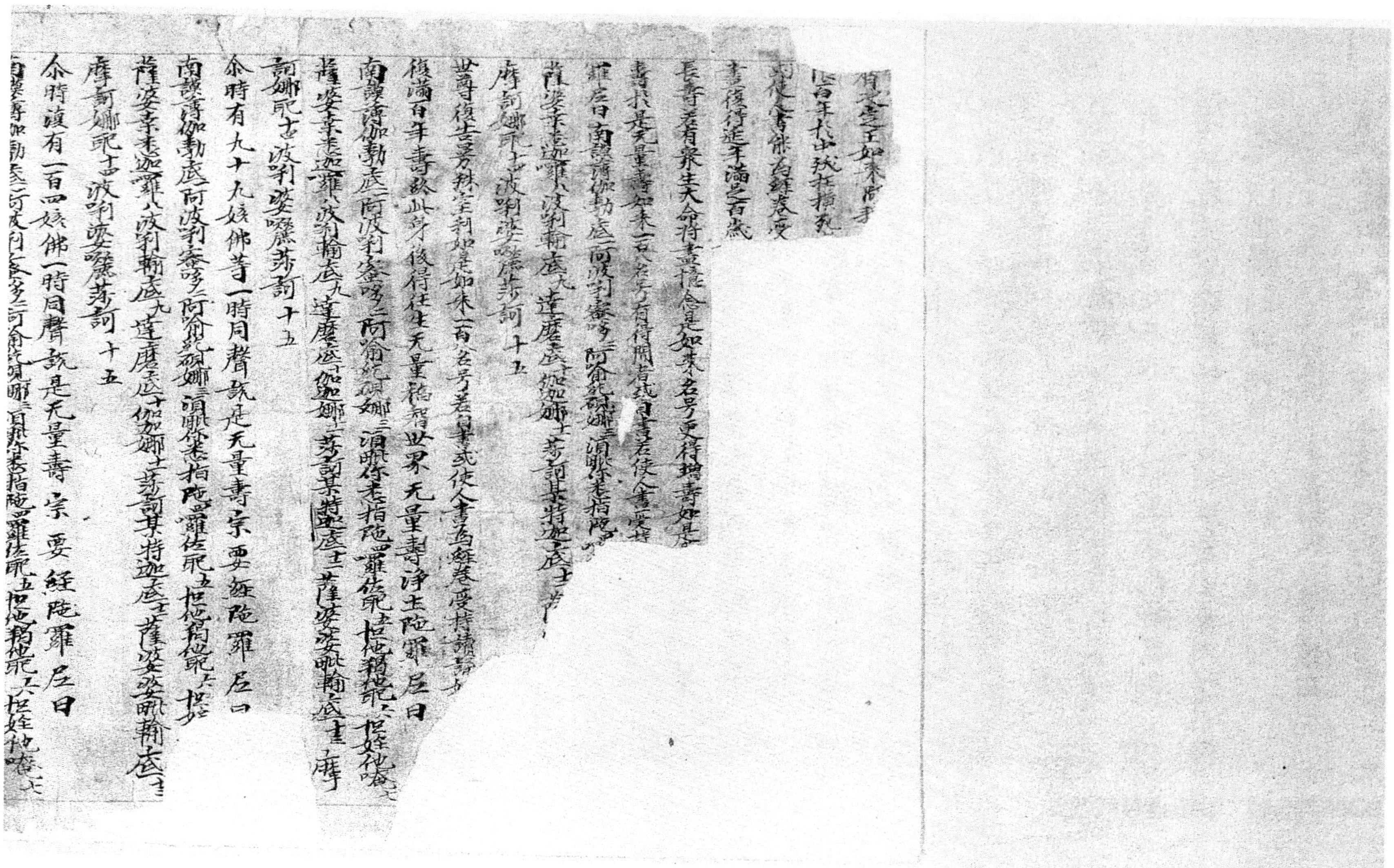

BD05737 號　無量壽宗要經

（6–1）

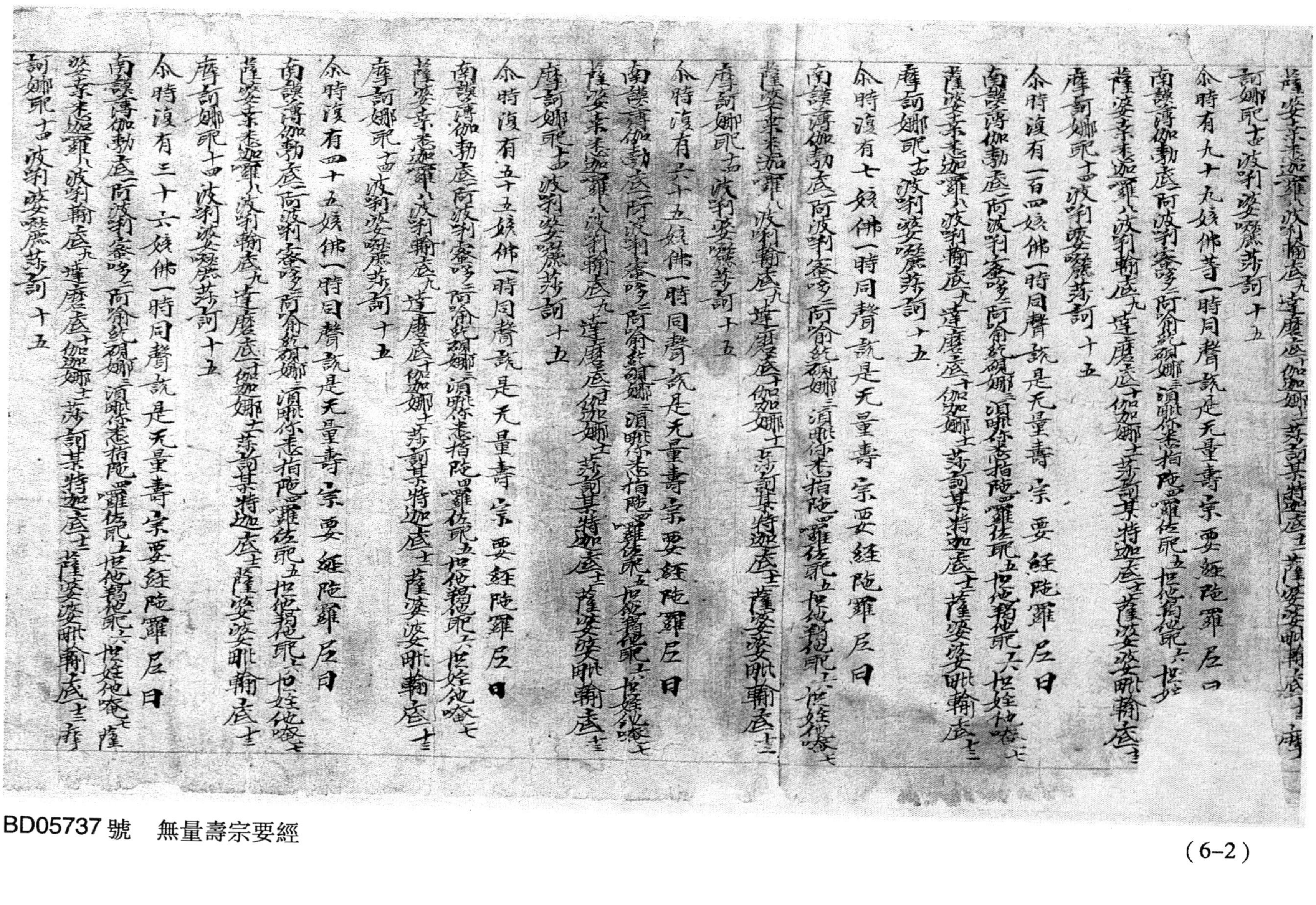

BD05737 號　無量壽宗要經

（6–2）

薩婆桑悉迦囉八波唎輸底九達磨底十伽伽娜十一莎訶某特迦底十二薩婆婆毗輸底十三
摩訶娜耶十四波唎婆囇莎訶十五
尒時復有三十六姟佛一時同聲說是无量壽宗要經陀羅尼曰
南謨薄伽勃底一阿波唎蜜哆二阿喻紇硯娜三須毗你悉指陀四囉佐耶五怛他羯他耶六怛姪他唵七薩
婆桑悉迦囉八波唎輸底九達磨底十伽伽娜十一莎訶某特迦底十二薩婆婆毗輸底十三摩
訶娜耶十四波唎婆囇莎訶十五
尒時復有二十五姟佛一時同聲說是无量壽宗要經陀羅尼曰
南謨薄伽勃底一阿波唎蜜哆二阿喻紇硯娜三須毗你悉指陀四囉佐耶五怛他羯他耶六怛姪他唵七
薩婆桑悉迦囉八波唎輸底九達磨底十伽伽娜十一莎訶某特迦底十二薩婆婆毗輸底十三
摩訶娜耶十四波唎婆囇莎訶十五
尒時復有恒河沙姟佛一時同聲說是无量壽宗要經陀羅尼曰
南謨薄伽勃底一阿波唎蜜哆二阿喻紇硯娜三須毗你悉指陀四囉佐耶五怛他羯他耶六怛姪他唵七
薩婆桑悉迦囉八波唎輸底九達磨底十伽伽娜十一莎訶某特迦底十二薩婆婆毗輸底十三
摩訶娜耶十四波唎婆囇莎訶十五
若有自書寫教人書寫是无量壽宗要經如其命盡復得長壽而滿年陀羅尼曰
南謨薄伽勃底一阿波唎蜜哆二阿喻紇硯娜三須毗你悉指陀四囉佐耶五怛他羯他耶六怛姪他唵七
薩婆桑悉迦囉八波唎輸底九達磨底十伽伽娜十一莎訶某特迦底十二薩婆婆毗輸底十三
摩訶娜耶十四波唎婆囇莎訶十五
若有自書寫教人書寫是无量壽宗要經讀誦受持畢竟不墮地獄在在所生得宿命智陀羅尼
曰南謨薄伽勃底一阿波唎蜜哆二阿喻紇硯娜三須毗你悉指陀四囉佐耶五怛他羯他耶六怛姪他唵七
薩婆桑悉迦囉八波唎輸底九達磨底十伽伽娜十一莎訶某特迦底十二薩婆婆毗輸底十三
摩訶娜耶十四波唎婆囇莎訶十五
若有自書寫教人書寫是无量壽宗要經受持讀誦如同書寫八万四千一切經典陀羅尼
南謨薄伽勃底一阿波唎蜜哆二阿喻紇硯娜三須毗你悉指陀四囉佐耶五怛他羯他耶六怛姪他唵七
薩婆桑悉迦囉八波唎輸底九達磨底十伽伽娜十一莎訶某特迦底十二薩婆婆毗輸底十三
摩訶娜耶十四波唎婆囇莎訶十五
若有自書寫教人書寫是无量壽宗要經乃至書寫八万四千部建立塔廟陀羅尼曰
南謨薄伽勃底一阿波唎蜜哆二阿喻紇硯娜三須毗你悉指陀四囉佐耶五怛他羯他耶六怛姪他唵七
薩婆桑悉迦囉八波唎輸底九達磨底十伽伽娜十一莎訶某特迦底十二薩婆婆毗輸底十三
摩訶娜耶十四波唎婆囇莎訶十五

BD05737號　無量壽宗要經　（6–3）

南謨薄伽勃底一阿波唎蜜哆二阿喻紇硯娜三須毗你悉指陀四囉佐耶五怛他羯他耶六怛姪他唵七
薩婆桑悉迦囉八波唎輸底九達磨底十伽伽娜十一莎訶某特迦底十二薩婆婆毗輸底十三
摩訶娜耶十四波唎婆囇莎訶十五
若有自書寫教人書寫是无量壽宗要經乃至書寫八万四千部建立塔廟陀羅尼曰
南謨薄伽勃底一阿波唎蜜哆二阿喻紇硯娜三須毗你悉指陀四囉佐耶五怛他羯他耶六怛姪他唵七
薩婆桑悉迦囉八波唎輸底九達磨底十伽伽娜十一莎訶某特迦底十二薩婆婆毗輸底十三
摩訶娜耶十四波唎婆囇莎訶十五
若有自書寫教人書寫是无量壽宗要經能消五无間等一切重罪陀羅尼曰
南謨薄伽勃底一阿波唎蜜哆二阿喻紇硯娜三須毗你悉指陀四囉佐耶五怛他羯他耶六怛姪他唵七薩
婆桑悉迦囉八波唎輸底九達磨底十伽伽娜十一莎訶某特迦底十二薩婆婆毗輸底十三
摩訶娜耶十四波唎婆囇莎訶十五
若有自書寫教人書寫是无量壽宗要經受持讀誦設有重罪猶如須弥盡能除滅陀羅尼曰
南謨薄伽勃底一阿波唎蜜哆二阿喻紇硯娜三須毗你悉指陀四囉佐耶五怛他羯他耶六怛姪他唵七
薩婆桑悉迦囉八波唎輸底九達磨底十伽伽娜十一莎訶某特迦底十二薩婆婆毗輸底十三
摩訶娜耶十四波唎婆囇莎訶十五
若有自書寫教人書寫是无量壽宗要經受持讀誦若魔魔之眷屬藥叉羅剎不得其便縱
无枉死陀羅尼曰　南謨薄伽勃底一阿波唎蜜哆二阿喻紇硯娜三須毗你悉指陀四囉佐耶五怛他羯他耶六怛
姪他唵七薩婆桑悉迦囉八波唎輸底九達磨底十伽伽娜十一莎訶某特迦底十二薩婆婆毗輸底十三
摩訶娜耶十四波唎婆囇莎訶十五
若有自書寫教人書寫是无量壽宗要經受持讀誦者命終時有九十九姟佛現其人前蒙
千佛授手能遊一切佛剎莫於此經生於疑惑陀羅尼曰
南謨薄伽勃底一阿波唎蜜哆二阿喻紇硯娜三須毗你悉指陀四囉佐耶五怛他羯他耶六怛姪他唵七
薩婆桑悉迦囉八波唎輸底九達磨底十伽伽娜十一莎訶某特迦底十二薩婆婆毗輸底十三
摩訶娜耶十四波唎婆囇莎訶十五
若有自書寫教人書寫是无量壽宗要經受持讀誦者常得四天大王隨其衛護陀羅尼曰
南謨薄伽勃底一阿波唎蜜哆二阿喻紇硯娜三須毗你悉指陀四囉佐耶五怛他羯他耶六怛姪他唵七
薩婆桑悉迦囉八波唎輸底九達磨底十伽伽娜十一莎訶某特迦底十二薩婆婆毗輸底十三
摩訶娜耶十四波唎婆囇莎訶十五
若有自書寫教人書寫是无量壽宗要經受持讀誦者當得往生西方極樂世界阿彌陀淨土陀羅
尼曰南謨薄伽勃底一阿波唎蜜哆二阿喻紇硯娜三須毗你悉指陀四囉佐耶五怛他羯他耶六怛姪他唵七

BD05737號　無量壽宗要經　（6–4）

若有自書寫教人書寫是无量壽宗要經受持讀誦當來得四天大王隨其衛護陁羅尼曰
南謨薄伽勃底一阿波唎蜜多二阿喻紇硯娜三須毗你悉指陁四囉佐耶五怛他羯他耶六怛姪他唵七
薩婆桑悉迦囉八波唎輸底九達磨底十伽伽娜十一莎訶娑莫特伽底十二薩婆婆毗輸底十三
摩訶娜耶十四波唎婆嚟莎訶十五
若有自書寫教人書寫是无量壽宗要經受持讀誦當得往生西方極樂世界阿彌陁淨土陁羅
尼曰南謨薄伽勃底一阿波唎蜜多二阿喻紇硯娜三須毗你悉指陁四囉佐耶五怛他羯他耶六怛姪他唵七
薩婆桑悉迦囉八波唎輸底九達磨底十伽伽娜十一莎訶娑莫特伽底十二薩婆婆毗輸底十三
摩訶娜耶十四波唎婆嚟莎訶十五
若有方所自書寫使人書寫是无量壽經典之處則為是塔皆應恭敬作禮若是
畜生或為鳥獸得聞是經如是等類皆當不久得成一切種智陁羅尼曰
南謨薄伽勃底一阿波唎蜜多二阿喻紇硯娜三須毗你悉指陁四囉佐耶五怛他羯他耶六怛姪他唵七
薩婆桑悉迦囉八波唎輸底九達磨底十伽伽娜十一莎訶娑莫特伽底十二薩婆婆毗輸底十三
摩訶娜耶十四波唎婆嚟莎訶十五
若有於是无量壽經自書寫若使人書畢竟不受女人之身陁羅尼曰
南謨薄伽勃底一阿波唎蜜多二阿喻紇硯娜三須毗你悉指陁四囉佐耶五怛他羯他耶六怛姪他唵七薩
婆桑悉迦囉八波唎輸底九達磨底十伽伽娜十一莎訶娑莫特伽底十二薩婆婆毗輸底十三摩
訶娜耶十四波唎婆嚟莎訶十五
若有能於是經少分能施者等於三千大千世界滿中七寶布施陁羅尼曰
南謨薄伽勃底一阿波唎蜜多二阿喻紇硯娜三須毗你悉指陁四囉佐耶五怛他羯他耶六怛姪他唵七
薩婆桑悉迦囉八波唎輸底九達磨底十伽伽娜十一莎訶娑莫特伽底十二薩婆婆毗輸底十三摩
訶娜耶十四波唎婆嚟莎訶十五
若有能供養是經者則是供養一切諸經等无有別異陁羅尼曰
南謨薄伽勃底一阿波唎蜜多二阿喻紇硯娜三須毗你悉指陁四囉佐耶五怛他羯他耶六怛姪他唵七
薩婆桑悉迦囉八波唎輸底九達磨底十伽伽娜十一莎訶娑莫特伽底十二薩婆婆毗輸底十三
摩訶娜耶十四波唎婆嚟莎訶十五
如是毗婆尸佛尸棄佛毗舍浮佛俱留孫佛俱那含牟尼佛迦葉佛釋迦牟尼佛若有人以七
寶供養如是七佛其福有限書寫受持是无量壽經典所有功德不可限量陁羅尼曰
南謨薄伽勃底一阿波唎蜜多二阿喻紇硯娜三須毗你悉指陁四囉佐耶五怛他羯他耶六怛姪他唵七
薩婆桑悉迦囉八波唎輸底九達磨底十伽伽娜十一莎訶娑莫特伽底十二薩婆婆毗輸底十三
摩訶娜耶十四波唎婆嚟莎訶十五

BD05737號　無量壽宗要經

（6–5）

摩訶娜耶十四波唎婆嚟莎訶十五
如是毗婆尸佛尸棄佛毗舍浮佛俱留孫佛俱那含牟尼佛迦葉佛釋迦牟尼佛若有人以七
寶供養如是七佛其福有限書寫受持是无量壽經典所有功德不可限量陁羅尼曰
南謨薄伽勃底一阿波唎蜜多二阿喻紇硯娜三須毗你悉指陁四囉佐耶五怛他羯他耶六怛姪他唵七
薩婆桑悉迦囉八波唎輸底九達磨底十伽伽娜十一莎訶娑莫特伽底十二薩婆婆毗輸底十三
摩訶娜耶十四波唎婆嚟莎訶十五
若有七寶等於須彌山用布施其福亦能知其限量是无量壽經典其福不可知數陁羅尼曰
南謨薄伽勃底一阿波唎蜜多二阿喻紇硯娜三須毗你悉指陁四囉佐耶五怛他羯他耶六怛姪他唵七
薩婆桑悉迦囉八波唎輸底九達磨底十伽伽娜十一莎訶娑莫特伽底十二薩婆婆毗輸底十三
摩訶娜耶十四波唎婆嚟莎訶十五
如是四大海水可知滴數是无量壽經典所生果報不可數量陁羅尼曰
南謨薄伽勃底一阿波唎蜜多二阿喻紇硯娜三須毗你悉指陁四囉佐耶五怛他羯他耶六怛姪他唵七
薩婆桑悉迦囉八波唎輸底九達磨底十伽伽娜十一莎訶娑莫特伽底十二薩婆婆毗輸底十三
摩訶娜耶十四波唎婆嚟莎訶十五
若有自書使人書寫是无量壽經典又能讀持供養即如恭敬供養一切十方佛土如来无有
別異陁羅尼曰南謨薄伽勃底一阿波唎蜜多二阿喻紇硯娜三須毗你悉指陁四囉佐耶五怛他羯他耶六
怛姪他唵七薩婆桑悉迦囉八波唎輸底九達磨底十伽伽娜十一莎訶娑莫特伽底十二薩婆婆毗輸底
摩訶娜耶十四波唎婆嚟莎訶十五
布施力能成正覺　悟布施力人師子　布施力能聲普聞　慈悲階漸宜能入
持戒力能成正覺　悟持戒力人師子　持戒力能聲普聞　慈悲階漸宜能入
忍辱力能成正覺　悟忍辱力人師子　忍辱力能聲普聞　慈悲階漸宜能入
精進力能成正覺　悟精進力人師子　精進力能聲普聞　慈悲階漸宜能入
禪定力能成正覺　悟禪定力人師子　禪定力能聲普聞　慈悲階漸宜能入
智慧力能成正覺　悟智慧力人師子　智慧力能聲普聞　慈悲階漸宜能入
尒時如來說是經已一切世間天人阿脩羅揵闥婆等聞佛所說皆大歡喜信受奉行
佛說无量壽宗要經
唐文英寫

BD05737號　無量壽宗要經

（6–6）

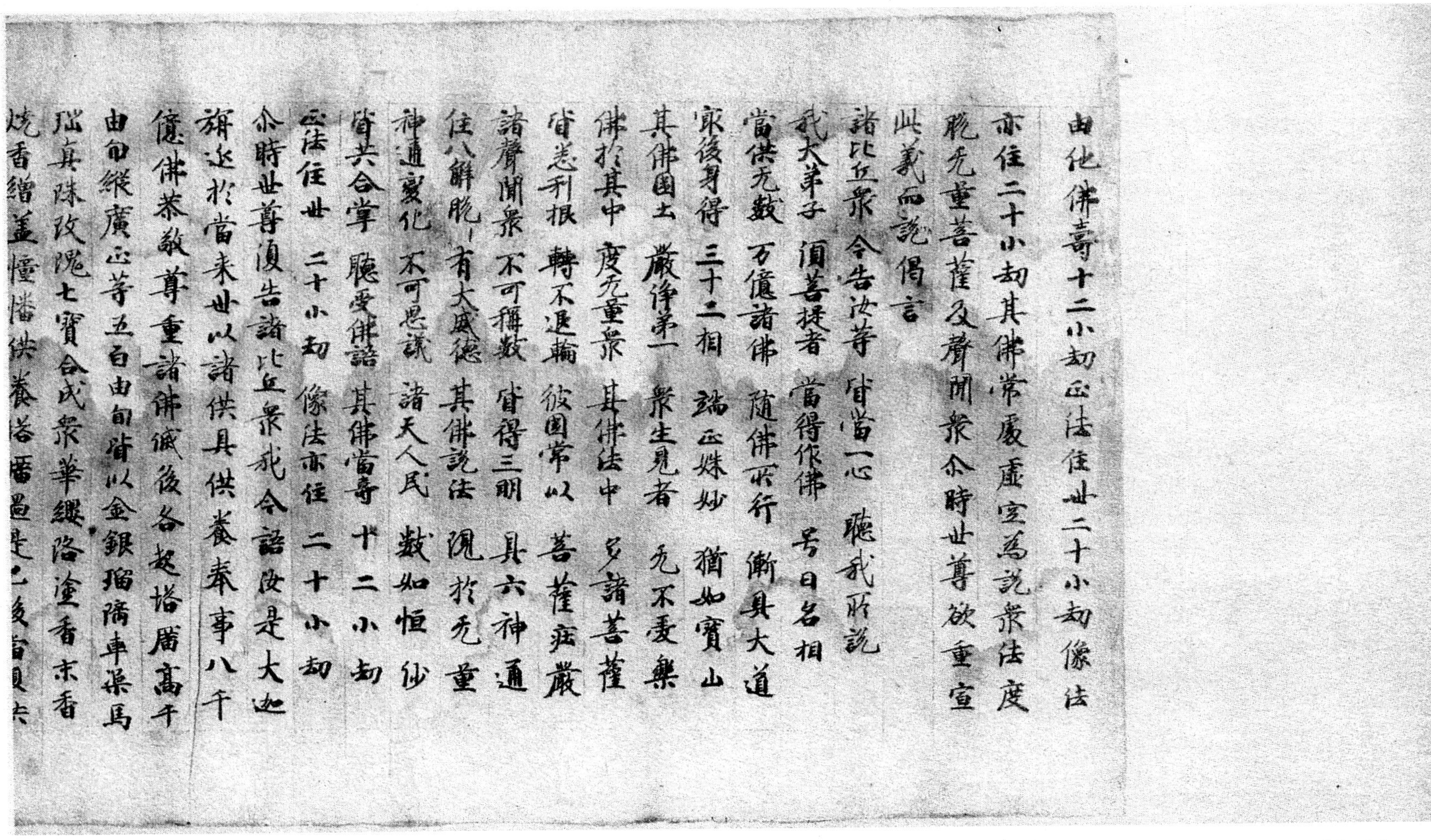

由他佛壽十二小劫正法住世二十小劫像法
亦住二十小劫其佛常處虛空為說衆法度
脫无量菩薩及聲聞衆尒時世尊欲重宣
此義而說偈言
諸比丘衆 今告汝等 皆當一心 聽我所說
我大弟子 須菩提者 當得作佛 號曰名相
當供无數 万億諸佛 隨佛所行 漸具大道
最後身得 三十二相 端正姝妙 猶如寶山
其佛國土 嚴淨第一 衆生見者 无不愛樂
佛於其中 度无量衆 其佛法中 多諸菩薩
皆悉利根 轉不退輪 彼國常以 菩薩莊嚴
諸聲聞衆 不可稱數 皆得三明 具六神通
住八解脫 有大威德 其佛說法 現於无量
神通變化 不可思議 諸天人民 數如恒沙
皆共合掌 聽受佛語 其佛當壽 十二小劫
正法住世 二十小劫 像法亦住 二十小劫
尒時世尊復告諸比丘衆我今語汝是大迦
旃延於當來世以諸供具供養奉事八千
億佛恭敬尊重諸佛滅後各起塔廟高千
由旬縱廣正等五百由旬皆以金銀瑠璃車渠馬
瑙真珠玫瑰七寶合成衆華瓔珞塗香末香
燒香繒蓋幢幡供養塔廟過是已後當復

BD05738號　妙法蓮華經卷三　（2–1）

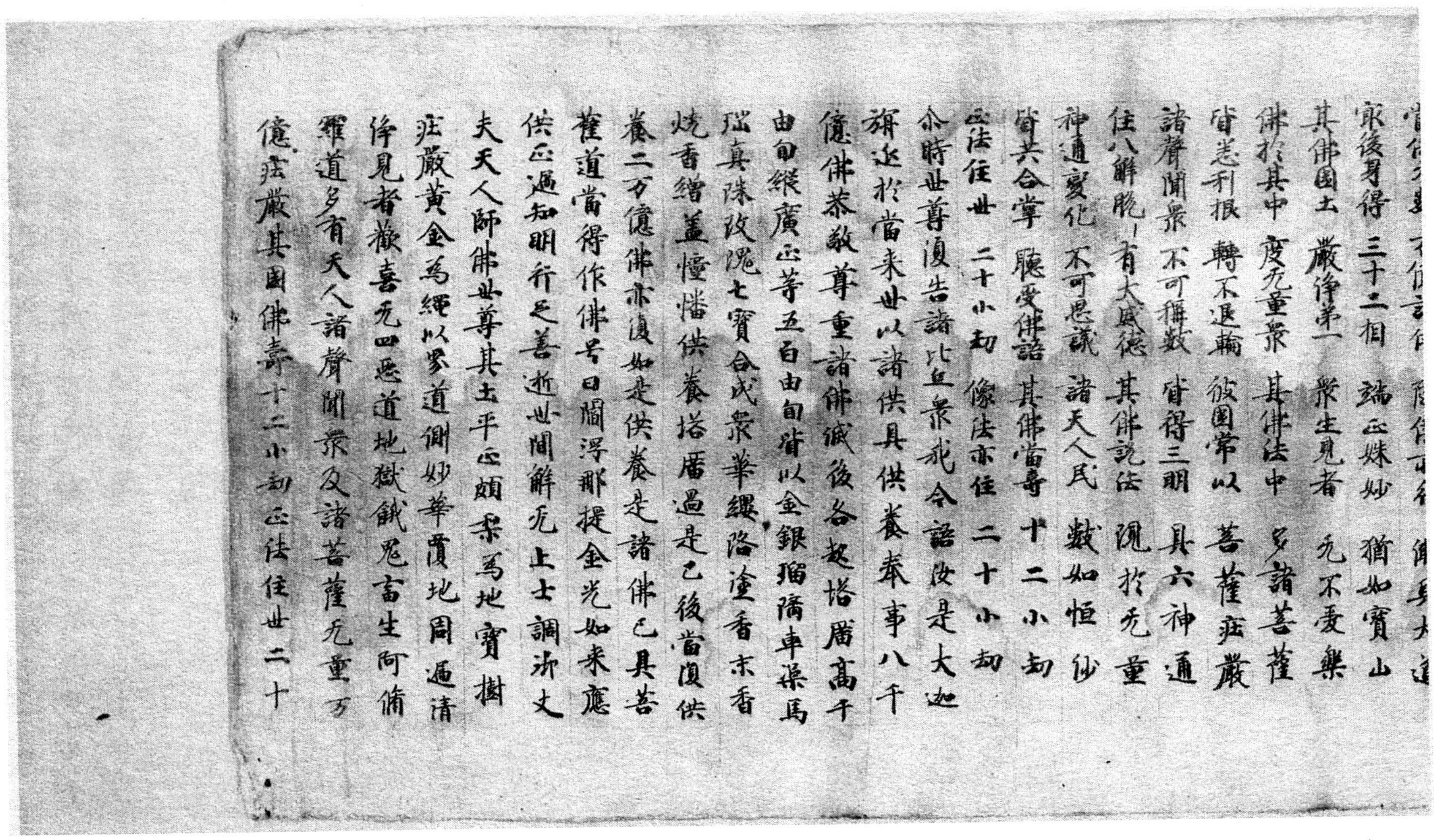

最後身得 三十二相 端正姝妙 猶如寶山
其佛國土 嚴淨第一 衆生見者 无不愛樂
佛於其中 度无量衆 其佛法中 多諸菩薩
皆悉利根 轉不退輪 彼國常以 菩薩莊嚴
諸聲聞衆 不可稱數 皆得三明 具六神通
住八解脫 有大威德 其佛說法 現於无量
神通變化 不可思議 諸天人民 數如恒沙
皆共合掌 聽受佛語 其佛當壽 十二小劫
正法住世 二十小劫 像法亦住 二十小劫
尒時世尊復告諸比丘衆我今語汝是大迦
旃延於當來世以諸供具供養奉事八千
億佛恭敬尊重諸佛滅後各起塔廟高千
由旬縱廣正等五百由旬皆以金銀瑠璃車渠馬
瑙真珠玫瑰七寶合成衆華瓔珞塗香末香
燒香繒蓋幢幡供養塔廟過是已後當復供
養二万億佛亦復如是供養是諸佛已具菩
薩道當得作佛号曰閻浮那提金光如來應
供正遍知明行足善逝世間解无上士調御丈
夫天人師佛世尊其土平正頗梨為地寶樹
莊嚴黃金為繩以界道側妙華覆地周遍清
淨見者歡喜无四惡道地獄餓鬼畜生阿脩
羅道多有天人諸聲聞衆及諸菩薩无量万
億莊嚴其國佛壽十二小劫正法住世二十

BD05738號　妙法蓮華經卷三　（2–2）

者令度未解者令解未安者令安
槃者令得涅槃令世後世如實知之我是一切知
者一切見者知道者開道者説道者汝等天
人阿脩羅衆皆應到此為聽法故尒時无數
千万億種衆生來至佛所而聽法如來于時
觀是衆生諸根利鈍精進懈怠隨其所堪而
為説法種種无量皆令歡喜快得善利是諸
衆生聞是法已現世安隱後生善處以道受
樂亦得聞法既聞法已離諸鄣㝵於諸法中
任力所能漸得入道如彼大雲雨於一切卉木
叢林及諸藥草如其種性具足蒙潤各得生
長如來説法一相一味所謂解脫相離相滅
相究竟至於一切種智其有衆生聞如來
法若持讀誦如説脩行所得功德不自覺知
所以者何唯有如來知此衆生種相體性念
何事思何事脩何事云何念云何思云何脩以
何法念以何法思以何法脩以何法得何法
衆生住於種種之地唯有如來如實見之明
了无㝵如彼卉木叢林諸藥草等而不自知
上中下性如來知是一相一味之法所謂解
脫相離相滅相究竟涅槃常寂滅相終歸於

BD05739號　妙法蓮華經卷三

（4–1）

所以者何唯有如來知此衆生種相體性念
何事思何事脩何事云何念云何思云何脩以
何法念以何法思以何法脩以何法得何法
衆生住於種種之地唯有如來如實見之明
了无㝵如彼卉木叢林諸藥草等而不自知
上中下性如來知是一相一味之法所謂解
脫相離相滅相究竟涅槃常寂滅相終歸於
空佛知是已觀衆生心欲而將護之是故不
即為説一切種智汝等迦葉甚為希有能知
如來隨宜説法能信能受所以者何諸佛
世尊隨宜説法難解難知尒時世尊欲重宣
此義而説偈言
破有法王　出現世間　隨衆生欲　種種説法
如來尊重　智慧深遠　久默斯要　不務速説
有智若聞　則能信解　无智疑悔　則為永失
是故迦葉　隨力為説　以種種緣　令得正見
迦葉當知　譬如大雲　起於世間　遍覆一切
慧雲含潤　電光晃曜　雷聲遠震　令衆悅豫
日光掩蔽　地上清涼　靉靆垂布　如可承攬
其雨普等　四方俱下　流澍无量　率土充洽
山川嶮谷　幽邃所生　卉木藥草　大小諸樹
百穀苗稼　甘蔗蒲桃　雨之所潤　无不豐足
乾地普洽　藥木並茂　其雲所出　一味之水
草木叢林　隨分受潤　一切諸樹　上中下等
稱其大小　各得生長　根莖枝葉　華葉光色
一雨所及　皆得鮮澤　如其體相　性分大小

BD05739號　妙法蓮華經卷三

（4–2）

山川嶮谷　幽邃所生　卉木藥草　大小諸樹
百穀苗稼　甘蔗蒲桃　雨之所潤　无不豐足
乾地普洽　藥木並茂　其雲所出　一味之水
草木叢林　隨分受潤　一切諸樹　上中下等
稱其大小　各得生長　根莖枝葉　華菓光色
一雨所及　皆得鮮澤　如其體相　性分大小
所潤是一　而各滋茂　佛亦如是　出現於世
譬如大雲　普覆一切　既出于世　為諸衆生
分別演說　諸法之實　大聖世尊　於諸天人
一切衆中　而宣是言　我為如來　兩足之尊
出于世間　猶如大雲　充潤一切　枯槁衆生
皆令離苦　得安隱樂　世間之樂　及涅槃樂
諸天人衆　一心善聽　皆應到此　覲无上尊
我為世尊　无能及者　安隱衆生　故現於世
為大衆說　甘露淨法　其法一味　解脫涅槃
以一妙音　演暢斯義　常為大乘　而作因緣
我觀一切　普皆平等　无有彼此　愛憎之心
我无貪著　亦无限㝵　恒為一切　平等說法
如為一人　衆多亦然　常演說法　曾无他事
去來坐立　終不疲厭　充足世間　如雨普潤
貴賤上下　持戒毀戒　威儀具足　及不具足
正見邪見　利根鈍根　等雨法雨　而无懈惓
一切衆生　聞我法者　隨力所受　住於諸地
或處人天　轉輪聖王　釋梵諸王　是小藥草
知无漏法　能得涅槃　起六神通　及得三明
獨處山林　常行禪定　得緣覺證　是中藥草
求世尊處　我當作佛　行精進定　是上藥草
又諸佛子　專心佛道　常行慈悲　自知作佛

BD05739號　妙法蓮華經卷三　（4–3）

諸天人衆　一心善聽　皆應到此　覲无上尊
我為世尊　无能及者　安隱衆生　故現於世
為大衆說　甘露淨法　其法一味　解脫涅槃
以一妙音　演暢斯義　常為大乘　而作因緣
我觀一切　普皆平等　无有彼此　愛憎之心
我无貪著　亦无限㝵　恒為一切　平等說法
如為一人　衆多亦然　常演說法　曾无他事
去來坐立　終不疲厭　充足世間　如雨普潤
貴賤上下　持戒毀戒　威儀具足　及不具足
正見邪見　利根鈍根　等雨法雨　而无懈惓
一切衆生　聞我法者　隨力所受　住於諸地
或處人天　轉輪聖王　釋梵諸王　是小藥草
知无漏法　能得涅槃　起六神通　及得三明
獨處山林　常行禪定　得緣覺證　是中藥草
求世尊處　我當作佛　行精進定　是上藥草
又諸佛子　專心佛道　常行慈悲　自知作佛
決定无疑　是名小樹　安住神通　轉不退輪
度脫无量　百千衆生　如是菩薩　名為大
佛平等說　如一味

BD05739號　妙法蓮華經卷三　（4–4）

佛日生佛網明佛如是等恒河沙數諸佛各於
其國出廣長舌相遍覆三千大千世界說誠
實言汝等衆生當信是稱讚不可思議功
德一切諸佛所護念經
舍利弗下方世界有師子佛名聞佛名光佛
達摩佛法幢佛持法佛如是等恒河沙數
諸佛各於其國出廣長舌相遍覆三千大千
世界說誠實言汝等衆生當信是稱讚不
可思議一切功德諸佛所護念經
舍利弗上方世界有梵音佛宿王佛香上佛
香光佛大焰肩佛雜色寶華嚴身佛娑羅
樹王佛寶華德佛見一切義佛如須弥山佛如
是等恒河沙數諸佛各於其國出廣長舌相
遍覆三千大千世界說誠實言汝等衆生當
信是稱讚不可思議功德一切諸佛所護念
經
舍利弗於汝意云何何故名一切諸佛所護念經

BD05740號　阿彌陀經

（3–1）

香光佛大焰肩佛雜色寶華嚴身佛娑羅
樹王佛寶華德佛見一切義佛如須弥山佛如
是等恒河沙數諸佛各於其國出廣長舌相
遍覆三千大千世界說誠實言汝等衆生當
信是稱讚不可思議功德一切諸佛所護念
經
舍利弗於汝意云何何故名一切諸佛所護念經
舍利弗若有善男子善女人聞是諸佛所說
名字及經名者是諸善男子善女人皆為一
切諸佛共所護念皆得不退轉於阿耨多羅
三藐三菩提是故舍利弗汝等皆當信受我
語及諸佛所說舍利弗若有人已發願今發
願當發願欲生阿弥陁佛國者是諸人等皆
得不退轉於阿耨多羅三藐三菩提於彼國
土若已生若今生若當生是故舍利弗諸
善男子善女人若有信者應當發願生彼
國土舍利弗如我今者稱讚諸佛不可思議功
德彼諸佛等亦稱說我不可思議功德而作
是言釋迦牟尼佛能為甚難希有之事能
於娑婆國土五濁惡世劫濁見濁煩惱濁
衆生濁命濁中得阿耨多羅三藐三菩提為
諸衆生說是一切世間難信之法舍利弗當知
我於五濁惡世行此難事得阿耨多羅三藐
三菩提為一切世間說此難信之法是為甚

BD05740號　阿彌陀經

（3–2）

願當發願欲生阿弥陀佛國者是諸人等皆
得不退轉於阿耨多羅三藐三菩提於彼國
土若已生若今生若當生是故舍利弗諸
善男子善女人若有信者應當發願生彼
國土舍利弗如我今者稱讃諸佛不可思議功
德彼諸佛等亦稱說我不可思議功德而作
是言釋迦牟尼佛能為甚難希有之事能
於娑婆國土五濁惡世劫濁見濁煩惱濁
衆生濁命濁中得阿耨多羅三藐三菩提為
諸衆生說是一切世間難信之法舍利弗當知
我於五濁惡世行此難事得阿耨多羅三藐
三菩提為一切世間說此難信之法是為甚
難佛說此經已舍利弗及諸比丘一切世間天
人阿脩羅等聞佛所說歡喜信受作礼而
去

佛說阿弥陀經

BD05740號　阿彌陀經　　（3–3）

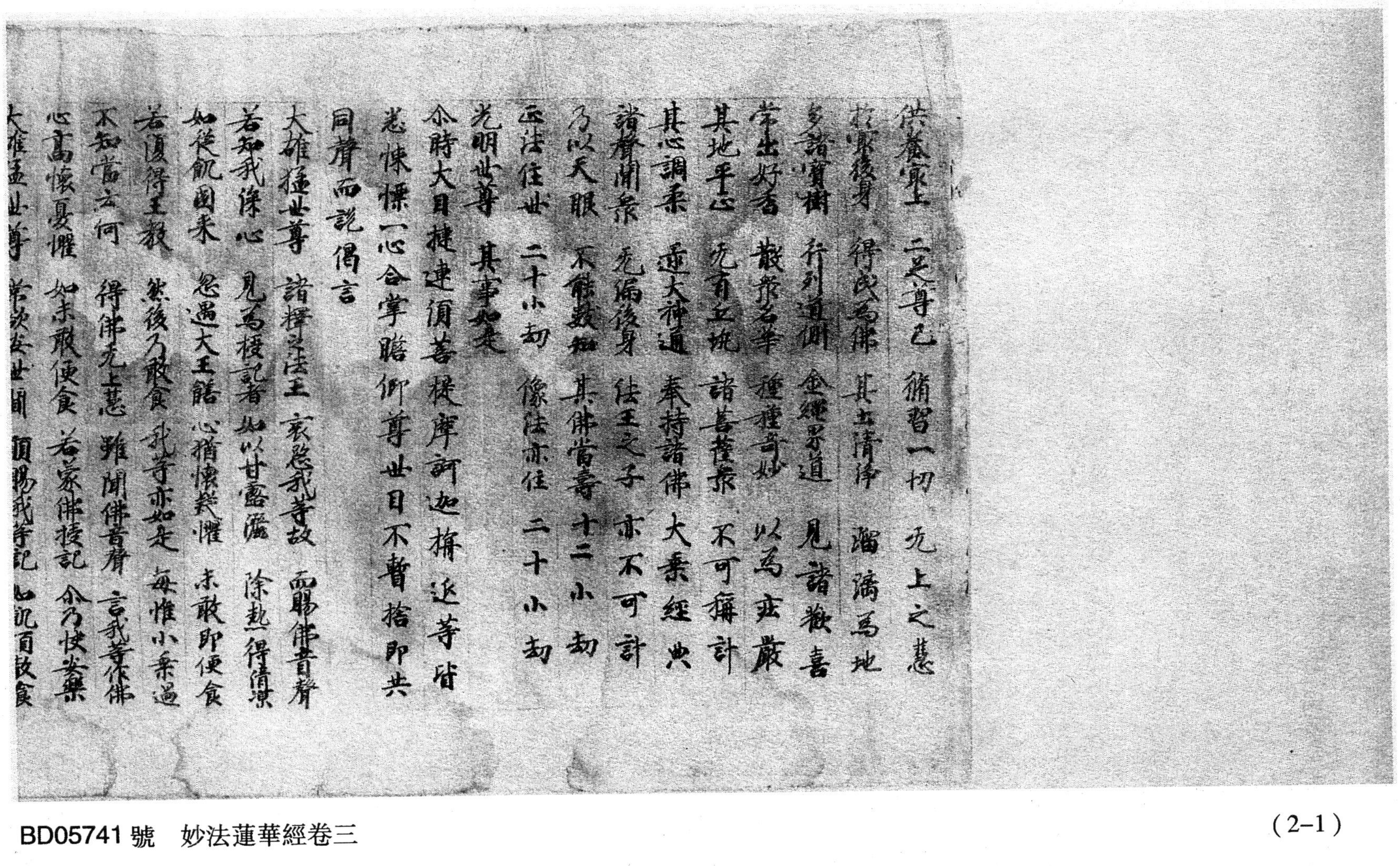

供養最上　二足尊已　脩習一切　无上之慧
於最後身　得成為佛　其土清淨　瑠璃為地
多諸寶樹　行列道側　金繩界道　見者歡喜
常出好香　散衆名華　種種奇妙　以為莊嚴
其地平正　无有丘坑　諸菩薩衆　不可稱計
其心調柔　逮大神通　奉持諸佛　大乘經典
諸聲聞衆　无漏後身　法王之子　亦不可計
乃以天眼　不能數知　其佛當壽　十二小劫
正法住世　二十小劫　像法亦住　二十小劫
光明世尊　其事如是
爾時大目揵連須菩提摩訶迦旃延等皆
悉悚慄一心合掌瞻仰尊世日不暫捨即共
同聲而說偈言
大雄猛世尊　諸釋之法王　哀愍我等故　而賜佛音聲
若知我深心　見為授記者　如以甘露灑　除熱得清涼
如從飢國來　忽遇大王饍　心猶懷疑懼　未敢即便食
若復得王教　然後乃敢食　我等亦如是　每惟小乘過
不知當云何　得佛无上慧　雖聞佛音聲　言我等作佛
心尚懷憂懼　如未敢便食　若蒙佛授記　爾乃快安樂
大雄猛世尊　常欲安世間　願賜我等記　如飢須教食

BD05741號　妙法蓮華經卷三　　（2–1）

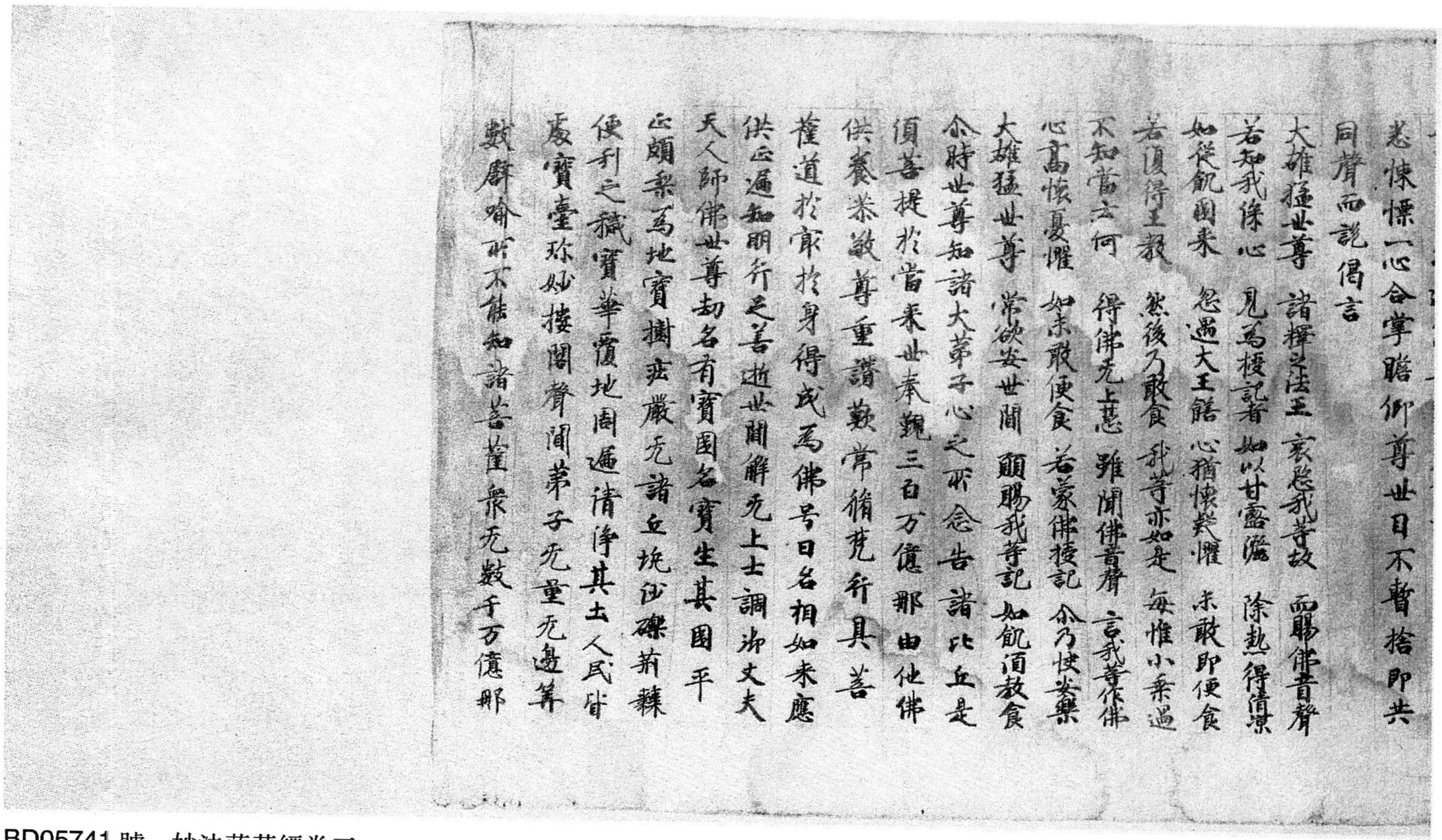
悲悚慄一心合掌瞻仰尊世目不暫捨即共
同聲而說偈言
大雄猛世尊　諸釋之法王　哀愍我等故　而賜佛音聲
若知我深心　見為授記者　如以甘露灑　除熱得清涼
如從飢國來　忽遇大王饍　心猶懷疑懼　未敢即便食
若復得王教　然後乃敢食　我等亦如是　每惟小乘過
不知當云何　得佛无上慧　雖聞佛音聲　言我等作佛
心尚懷憂懼　如未敢便食　若蒙佛授記　尒乃快安樂
大雄猛世尊　常欲安世間　願賜我等記　如飢須教食
尒時世尊知諸大弟子心之所念告諸比丘是
須菩提於當來世奉覲三百万億那由他佛
供養恭敬尊重讚歎常脩梵行具菩
薩道於最後身得成為佛号曰名相如來應
供正遍知明行足善逝世間解无上士調御丈夫
天人師佛世尊劫名有寶國名寶生其國平
正頗梨為地寶樹莊嚴无諸丘坑沙礫荊蕀
便利之穢寶華覆地周遍清淨其土人民皆
處寶臺珍妙樓閣聲聞弟子无量无邊筭
數譬喻所不能知諸菩薩眾无數千万億那

BD05741 號　妙法蓮華經卷三

（2–2）

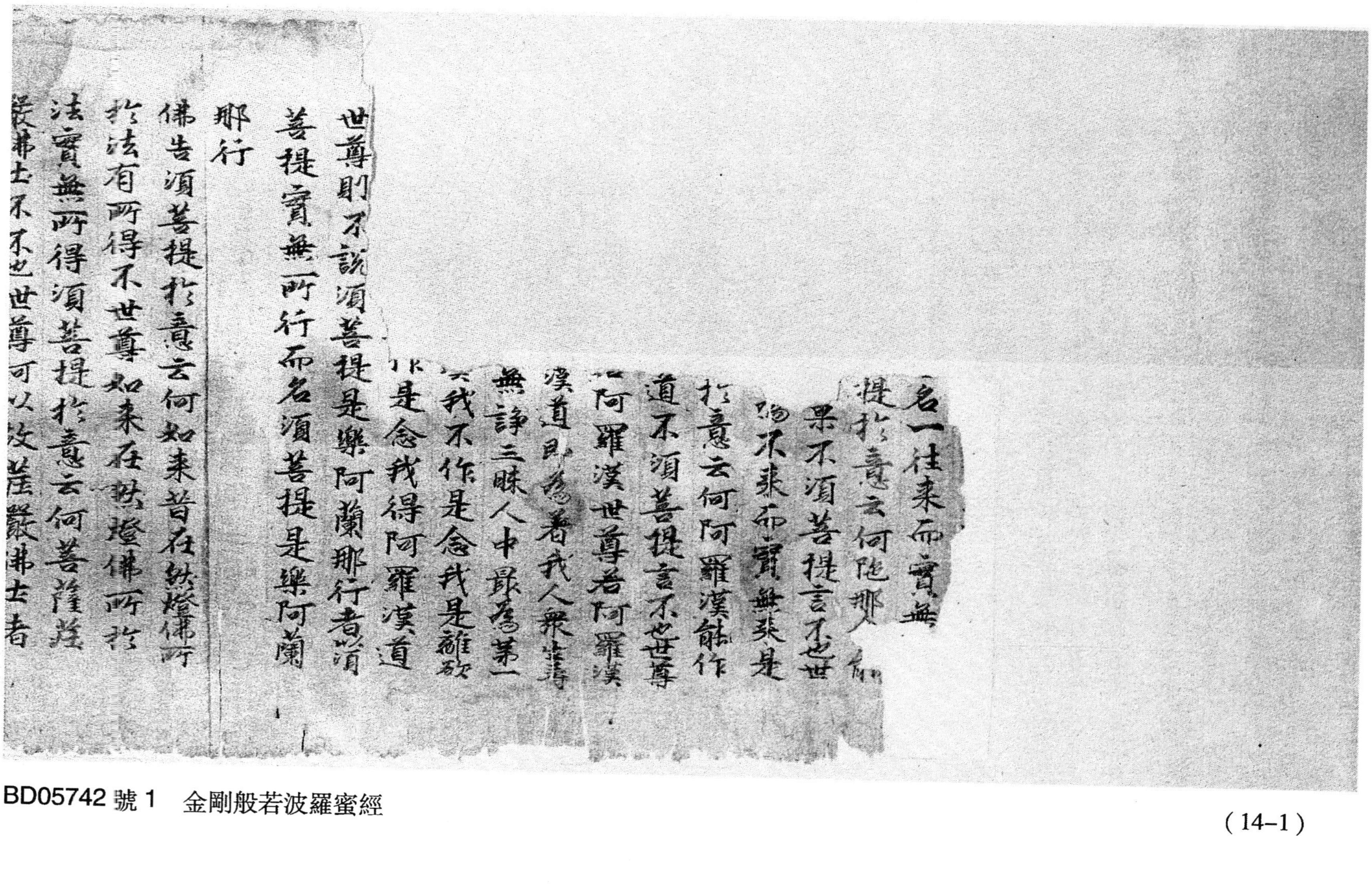
名一往來而實無
提於意云何阿那
果不須菩提言不也世
為不來而實無來是
於意云何阿羅漢能作
道不須菩提言不也世尊
阿羅漢世尊若阿羅漢
漢道即為著我人眾生壽
無諍三昧人中最為第一
我不作是念我是離欲
是念我得阿羅漢道
世尊則不說須菩提是樂阿蘭那行者以須
菩提實無所行而名須菩提是樂阿蘭
那行
佛告須菩提於意云何如來昔在然燈佛所
於法有所得不世尊如來在然燈佛所於
法實無所得須菩提於意云何菩薩莊
嚴佛土不不也世尊何以故莊嚴佛土者

BD05742 號 1　金剛般若波羅蜜經

（14–1）

菩提實無所行而名須菩提是樂阿蘭
那行
佛告須菩提於意云何如来昔在然燈佛所
於法有所得不世尊如来在然燈佛所於
法實無所得須菩提於意云何菩薩莊
嚴佛土不不也世尊何以故莊嚴佛土者
則非莊嚴是名莊嚴是故須菩提諸菩薩
摩訶薩應如是生清淨心不應住色生心不
應住聲香味觸法生心應無所住而生其
心須菩提譬如有人身如須弥山王於意云
何是身為大不須菩提言甚大世尊何以
故佛說非身是名大身
須菩提如恒河中所有沙數如是沙等恒河
於意云何是諸恒河沙寧為多不須菩提
言甚多世尊但諸恒河尚多無數何況其沙
須菩提我今實言告汝若有善男子善女
人以七寶滿尒所恒河沙數三千大千世界以
用布施得福多不須菩提言甚多世尊佛
告須菩提若善男子善女人於此中經乃至
受持四句偈等為他人說而此福德勝前
福德復次須菩提隨說是經乃至四句偈
等當知此處一切世間天人阿脩羅皆應供
養如佛塔廟何況有人盡能受持讀誦須
菩提當知是人成就最上第一希有之法
若是經典所在之處則為有佛若尊重
弟子

BD05742 號 1　金剛般若波羅蜜經　（14–2）

等當知此處一切世間天人阿脩羅皆應供
養如佛塔廟何況有人盡能受持讀誦須
菩提當知是人成就最上第一希有之法
若是經典所在之處則為有佛若尊重
弟子
尒時須菩提白佛言世尊當何名此經我
等云何奉持佛告須菩提是經名為金剛
般若波羅蜜以是名字汝當奉持所以者
何須菩提佛說般若波羅蜜則非般若波
羅蜜須菩提於意云何如来有所說法不須
菩提白佛言世尊如来無所說須菩提
於意云何三千大千世界所有微塵是為
多不須菩提言甚多世尊須菩提是諸微
塵如来說非微塵是名微塵如来說世界
非世界是名世界須菩提於意云何可以三
十二相見如来不不也世尊不可以三十二相得
見如来何以故如来說三十二相即是非相是
名三十二相須菩提若善男子善女人以恒河沙
等身命布施若復有人於此經中乃至受持
四句偈等為他人說其福甚多
尒時須菩提聞說是經深解義趣涕淚悲
泣而白佛言希有世尊佛說如是甚深經典
我從昔来所得慧眼未曾得聞如是之經
世尊若復有人得聞是經信心清淨則生實
相當知是人成就第一希有功德世尊是實

BD05742 號 1　金剛般若波羅蜜經　（14–3）

四句偈等為他人說其福甚多
尒時須菩提聞說是經深解義趣涕淚悲
泣而白佛言希有世尊佛說如是甚深經典
我從昔来所得慧眼未曾得聞如是之經
世尊若復有人得聞是經信心清淨則生實
相當知是人成就第一希有功德世尊是實
相者則是非相是故如来說名實相世尊我
今得聞如是經典信解受持不足為難若
當来世後五百歲其有衆生得聞是經
信解受持是人則為第一希有何以故此人
無我相人相衆生相壽者相所以者何我
相即是非相人相衆生相壽者相即是非
相何以故離一切諸相則名諸佛
佛告須菩提如是如是若復有人得聞是
經不驚不怖不畏當知是人甚為希有
何以故須菩提如来說第一波羅蜜非第一
波羅蜜是名第一波羅蜜須菩提忍辱
波羅蜜如来說非忍辱波羅蜜何以故須
菩提如我昔為歌利王割截身體我於尒
時無我相無人相無衆生相無壽者相何以
故我於往昔節節支解時若有我相人
相衆生相壽者相應生瞋恨須菩提
又念過去於五百世作忍辱仙人於尒所世
無我相無人相無衆生相無壽者相
是故須菩提菩薩應離一切相發阿耨多
羅三藐三菩提心不應住色生心不應住

BD05742 號 1　金剛般若波羅蜜經

（14–4）

故我於往昔節節支解時若有我相人
相衆生相壽者相應生瞋恨須菩提
又念過去於五百世作忍辱仙人於尒所世
無我相無人相無衆生相無壽者相
是故須菩提菩薩應離一切相發阿耨多
羅三藐三菩提心不應住色生心不應住
聲香味觸法生心應生無所住心若心有
住則為非住是故佛說菩薩心不應住色
布施須菩提菩薩為利益一切衆生應如
是布施如来說一切諸相即是非相又說一
切衆生則非衆生須菩提如来是真語者
實語者如語者不誑語者不異語者須菩
提如来所得法此法無實無虛須菩提
若菩薩心住於法而行布施如人入闇則無
所見若菩薩心不住法而行布施如人有目
日光明照見種種色須菩提當来之世若
有善男子善女人能於此經受持讀誦則
為如来以佛智慧悉知是人悉見是人皆得
成就無量無邊功德
須菩提若有善男子善女人初日分以恒河
沙等身布施中日分復以恒河沙等身布施
後日分亦以恒河沙等身布施如是無量
百千萬億劫以身布施若復有人聞此經
典信心不逆其福勝彼何況書寫受持讀
誦為人解說須菩提以要言之是經有不
可思議不可稱量無邊功德如来為發大

BD05742 號 1　金剛般若波羅蜜經

（14–5）

沙等身布施中日分復以恒河沙等身布施
後日分亦以恒河沙等身布施如是無量
百千萬億劫以身布施若復有人聞此經
典信心不逆其福勝彼何況書寫受持讀
誦為人解說須菩提以要言之是經有不
可思議不可稱量無邊功德如來為發大
乘者說為發最上乘者說若有人能受持讀
誦廣為人說如來悉知是人悉見是人皆得
成就不可量不可稱無有邊不可思議功
德如是人等則為荷擔如來阿耨多羅
三藐三菩提何以故須菩提若樂小法者著
我見人見眾生見壽者見則於此經不
能聽受讀誦為人解說須菩提在在處
處若有此經一切世間天人阿脩羅所應
供養當知此處則為是塔皆應恭敬作
禮圍繞以諸華香而散其處
復次須菩提善男子善女人受持讀誦
此經若為人輕賤是人先世罪業應墮惡
道以今世人輕賤故先世罪業則為消滅當
得阿耨多羅三藐三菩提須菩提我念過
去無量阿僧祇劫於然燈佛前得值八百
四千萬億那由他諸佛悉皆供養承事
無空過者若復有人於後末世能受持讀
誦此經所得功德於我所供養諸佛功德
百分不及一千萬億分乃至算數譬喻所
不能及須菩提若善男子善女人於後末

得阿耨多羅三藐三菩提須菩提我念過
去無量阿僧祇劫於然燈佛前得值八百
四千萬億那由他諸佛悉皆供養承事
無空過者若復有人於後末世能受持讀
誦此經所得功德於我所供養諸佛功德
百分不及一千萬億分乃至算數譬喻所
不能及須菩提若善男子善女人於後末
世有受持讀誦此經所得功德我若具說
者或有人聞心則狂亂狐疑不信須菩提
當知是經義不可思議果報亦不可思議
爾時須菩提白佛言世尊善男子善女人
發阿耨多羅三藐三菩提心云何應住云
何降伏其心佛告須菩提善男子善女人
發阿耨多羅三藐三菩提者當生如是心
我應滅度一切眾生滅度一切眾生已而無
有一眾生實滅度者何以故若菩薩有我
相人相眾生相壽者相則非菩薩所以者何
須菩提實無有法發阿耨多羅三藐三菩提
者須菩提於意云何如來於然燈佛所有
法得阿耨多羅三藐三菩提不不也世尊
如我解佛所說義佛於然燈佛所無有法得
阿耨多羅三藐三菩提佛言如是如是須菩
提實無有法如來得阿耨多羅三藐三菩
提須菩提若有法如來得阿耨多羅三藐三
菩提者然燈佛則不與我受記汝於來世當
得作佛号釋迦牟尼以實無有法得阿耨

如我解佛所說義佛於然燈佛所無有法得
阿耨多羅三藐三菩提佛言如是如是須菩
提實無有法如來得阿耨多羅三藐三菩
提須菩提若有法如來得阿耨多羅三藐三
菩提者然燈佛則不與我受記汝於來世當
得作佛号釋迦牟尼以實無有法得阿耨
多羅三藐三菩提是故然燈佛與我受記
作是言汝於來世當得作佛号釋迦牟尼
何以故如來者即諸法如義若有人言如來得
阿耨多羅三藐三菩提須菩提實無有法
佛得阿耨多羅三藐三菩提須菩提如來所
得阿耨多羅三藐三菩提於是中無實無虛
是故如來說一切法皆是佛法須菩提所言
一切法者即非一切法是故名一切法須菩提
譬如人身長大須菩提言世尊如來說人身
長大則為非大身是名大身須菩提菩薩
亦如是若作是言我當滅度無量衆生則不
名菩薩何以故須菩提實無有法名為菩
薩是故佛說一切法無我無人無衆生無
壽者須菩提若菩薩作是言我當莊嚴
佛土是不名菩薩何以故如來說莊嚴佛
土者即非莊嚴是名莊嚴須菩提若菩薩
通達無我法者如來說名真是菩薩
須菩提於意云何如來有肉眼不如是世
尊如來有肉眼須菩提於意云何如來有
天眼不如是世尊如來有天眼須菩提於

BD05742 號 1　金剛般若波羅蜜經

（14–8）

佛土是不名菩薩何以故如來說莊嚴佛
土者即非莊嚴是名莊嚴須菩提若菩薩
通達無我法者如來說名真是菩薩
須菩提於意云何如來有肉眼不如是世
尊如來有肉眼須菩提於意云何如來有
天眼不如是世尊如來有天眼須菩提於
意云何如來有慧眼不如是世尊如來有
慧眼須菩提於意云何如來有法眼不如是
世尊如來有法眼須菩提於意云何如來有
佛眼不如是世尊如來有佛眼
須菩提於意云何如恒河中所有沙佛說是
沙不如是世尊如來說是沙須菩提於意云
何如一恒河中所有沙有如是等恒河是諸恒
河所有沙數佛世界如是寧為多不甚多
世尊佛告須菩提尒所國土中所有衆生若
干種心如來悉知何以故如來說諸心皆為
非心是名為心所以者何須菩提過去心不可
得現在心不可得未來心不可得
須菩提於意云何若有人滿三千大千世界
七寶以用布施是人以是因緣得福多不
如是世尊此人以是因緣得福甚多須菩提
若福德有實如來不說得福德多以福德
無故如來說得福德多
須菩提於意云何佛可以具足色身見不
不也世尊如來不應以具足色身見何以故
如來說具足色身即非具足色身是名具

BD05742 號 1　金剛般若波羅蜜經

（14–9）

若福德有實如來不說得福德多以福德
無故如來說得福德多
須菩提於意云何佛可以具足色身見不
不也世尊如來不應以具足色身見何以故
如來說具足色身即非具足色身是名具
足色身須菩提於意云何如來可以具足
諸相見不不也世尊如來不應以具足諸
相見何以故如來說諸相具足即非具足
是名諸相具足
須菩提汝勿謂如來作是念我當有所說法
莫作是念何以故若人言如來有所說法即
為謗佛不能解我所說故須菩提說法者
無法可說是名說法須菩提白佛言世尊
佛得阿耨多羅三藐三菩提為無所得耶
如是如是須菩提我於阿耨多羅三藐三
菩提乃至無有少法可得是名阿耨多羅
三藐三菩提復次須菩提是法平等無有
高下是名阿耨多羅三藐三菩提以無我無
人無眾生無壽者修一切善法則得阿耨多
羅三藐三菩提須菩提所言善法者如來
說即非善法是名善法須菩提若三千大千
世界中所有諸須彌山王如是等七寶聚有
人持用布施若人以此般若波羅蜜經乃至
四句偈等受持讀誦為他人說於前福德百分
不及一百千萬億分乃至筭數譬喻所不能及
須菩提於意云何汝等勿謂如來作是念我

BD05742號1　金剛般若波羅蜜經　（14–10）

說即非善法是名善法須菩提若三千大千
世界中所有諸須彌山王如是等七寶聚有
人持用布施若人以此般若波羅蜜經乃至
四句偈等受持讀誦為他人說於前福德百分
不及一百千萬億分乃至筭數譬喻所不能及
須菩提於意云何汝等勿謂如來作是念我
當度眾生須菩提莫作是念何以故實無
有眾生如來度者若有眾生如來度者
如來則有我人眾生壽者須菩提如來說有
我者則非有我而凡夫之人以為有我須菩
提凡夫者如來說則非凡夫須菩提於意云
何可以三十二相觀如來不須菩提言如是
如是以三十二相觀如來佛言須菩提若以三
十二相觀如來者轉輪聖王則是如來須
菩提白佛言世尊如我解佛所說義不應以
三十二相觀如來尒時世尊而說偈言
若以色見我　以音聲求我　是人行邪道　不能見如來
須菩提汝若作是念如來不以具足相故得
阿耨多羅三藐三菩提須菩提莫作是念
如來不以具足相故得阿耨多羅三藐三菩
提須菩提汝若作是念發阿耨多羅三藐三
菩提者說諸法斷滅莫作是念何以故發阿耨
多羅三藐三菩提者於法不說斷滅相
須菩提若菩薩以滿恒河沙等世界七寶布
施若復有人知一切法無我得成於忍此菩
薩勝前菩薩所得功德須菩提以諸菩薩

BD05742號1　金剛般若波羅蜜經　（14–11）

提菩須提汝若作是念發阿耨多羅三藐三
菩提者說諸法斷滅莫作是念何以故發阿耨
多羅三藐三菩提者於法不說斷滅相
須菩提若菩薩以滿恒河沙等世界七寶布
施若復有人知一切法無我得成於忍此菩
薩勝前菩薩所得功德須菩提以諸菩薩
不受福德須菩提白佛言世尊云何菩薩不
受福德須菩提菩薩所作福德不應貪著是
故說不受福德須菩提若有人言如來若來
若去若坐若卧是人不解我所說義何以故
如來者無所從來亦無所去故名如來
須菩提若善男子善女人以三千大千世界碎
為微塵於意云何是微塵眾寧為多不甚
多世尊何以故若是微塵眾實有者佛則
不說是微塵眾所以者何佛說微塵眾則
非微塵眾是名微塵眾世尊如來所說三
千大千世界則非世界是名世界何以故若
世界實有者則是一合相如來說一合相則
非一合相是名一合相須菩提一合相者則是
不可說但凡夫之人貪著其事
須菩提若人言佛說我見人見眾生見壽
者見須菩提於意云何是人解我所說義
不世尊是人不解如來所說義何以故世尊
說我見人見眾生見壽者見即非我見人
見眾生見壽者見是名我見人見眾生
見壽者見須菩提發阿耨多羅三藐三菩

BD05742 號 1　金剛般若波羅蜜經

(14–12)

者見須菩提於意云何是人解我所說義
不世尊是人不解如來所說義何以故世尊
說我見人見眾生見壽者見即非我見人
見眾生見壽者見是名我見人見眾生
見壽者見須菩提發阿耨多羅三藐三菩
提心者於一切法應如是知如是見如是信解
不生法相須菩提所言法相者如來說即非
法相是名法相須菩提若有人以滿無量
阿僧祇世界七寶持用布施若有善男
子善女人發菩薩心者持於此經乃至四
句偈等受持讀誦為人演說其福勝彼云
何為人演說不取於相如如不動何以故
一切有為法　如夢幻泡影　如露亦如電　應作如是觀
佛說是經已長老須菩提及諸比丘比丘尼
優婆塞優婆夷一切世間天人阿脩羅聞
佛所說皆大歡喜信受奉行

金剛般若波羅蜜經

金剛經陀羅尼呪
誦金剛經陀羅尼一遍如誦金剛經九千遍
南謨薄伽薄帝　鉢羅攘　鉢羅帝　伊利底
伊利帝　伊利室　輸嚕陀　輸嚕陀　毗誓曳
毗誓曳　娑婆訶

BD05742 號 1　金剛般若波羅蜜經
BD05742 號 2　金剛經陀羅尼咒

(14–13)

南謨薄伽薄帝　鉢羅攘　鉢羅帝　伊利底
伊利帝　伊利室　輸嚕陁　輸嚕陁　毗梏曳
毗梏曳　娑婆訶

為亡比丘尼常寫法華經一部寫金光明經一部金剛經
一卷已上寫經功德迴施亡比丘尼　承此功德願
生西方見諸佛聞正法悟无生　又願合家平安
無諸災鄣未離苦者願令離苦未得樂者願
令得樂未發菩提心者願早發心未成佛者願早
成佛
巳年六月廿三日寫訖

來者八万四千人皆得現一切色身三昧此娑婆
世界无量菩薩亦得是三昧及陁羅尼尒時妙音
菩薩摩訶薩供養釋迦牟尼佛及多寶佛塔
已還歸本土所經諸國六種震動雨寶蓮華作
百千万億種種伎樂既到本國與八万四千菩薩圍
王智佛所白佛言世尊我到娑婆
世　生見釋迦牟尼佛及見多寶佛
塔礼拜供養又見文殊師利法王子菩薩及見
藥王菩薩得勤精進力菩薩勇施菩薩等亦
令是八万四千菩薩得現一切色身三昧說是妙音
菩薩來往品時四万二千天子得无生法忍華德
菩薩得法華三昧

BD05742 號 2　金剛經陀羅尼咒
BD05742 號 3　妙法蓮華經卷七

（14–14）

光亦復如是欲令
難信之法故現斯
量无邊不可思議阿
聞知
男子如是
僧祇劫尒時有佛号日月燈明如來應供
正遍知明行足善逝世間解无上士調御丈夫
天人師佛世尊演說正法初善中善後善
其義深遠其語巧妙純一无雜具足清白梵
行之相為求聲聞者說應四諦法度生老病
死究竟涅槃為求辟支佛者說應十二因緣
法為諸菩薩說應六波羅蜜令得阿耨多羅
三藐三菩提成一切種智次復有佛亦名日
月燈明次復有佛亦名日月燈明如是二万
佛皆同一字号日月燈明又同一姓姓頗羅
墮弥勒當知初佛後佛皆同一字名日月燈
明十号具足所可說法初中後善其最後佛
未出家時有八子一名有意二名善意三名
无量意四名寶意五名增意六名除疑意七
名響意八名法意是八王子威德自在各領四
天下是諸王子聞父出家得阿耨多羅三藐三

BD05743 號　妙法蓮華經卷一

（20–1）

明十号具足所可說法初中後善其家後佛
未出家時有八子一者有意二名善意三名
无量意四名寶意五名增意六名除疑意七
名響意八名法意是八王子威德自在各領四
天下是諸王子聞父出家得阿耨多羅三藐三
菩提悉捨王位亦隨出家發大乘意常脩
梵行皆為法師已於千万佛所殖諸善本
是時日月燈明佛說大乘經名无量義教菩
薩法佛所護念說是經已即於大衆中結跏
趺坐入於无量義處三昧身心不動是時天
雨曼陁羅華摩訶曼陁羅華曼殊沙華摩
訶曼殊沙華而散佛上及諸大衆普佛世界六
種震動尒時會中比丘比丘尼優婆塞優婆
夷天龍夜叉乾闥婆阿脩羅迦樓羅緊那羅
摩睺羅伽人非人及諸小王轉輪聖王等是
諸大衆得未曾有歡喜合掌一心觀佛尒時
如來放眉間白豪相光照東方万八千佛土
靡不周遍如今所見是諸佛土彌勒當知尒
時會中有二十億菩薩樂欲聽法是諸菩薩
見此光明普照佛土得未曾有欲知此光所為
因緣時有菩薩名曰妙光有八百弟子是時日
月燈明佛從三昧起因妙光菩薩說大
乘經名妙法蓮華教菩薩法佛所護念六十
小劫不起于座時會聽者亦坐一處六十小劫

BD05743號　妙法蓮華經卷一

（20–2）

時會中有二十億菩薩樂欲聽法是諸菩薩
見此光明普照佛土得未曾有欲知此光所為
因緣時有菩薩名曰妙光有八百弟子是時日
月燈明佛從三昧起因妙光菩薩說大
乘經名妙法蓮華教菩薩法佛所護念六十
小劫不起于座時會聽者亦坐一處六十小劫
身心不動聽佛所說謂如食頃是時衆中无有
一人若身若心而生懈惓日月燈明佛於六
十小劫說是經已即於梵魔沙門婆羅門及
天人阿脩羅衆中而宣此言如來於今日中
夜當入无餘涅槃時有菩薩名曰德藏日
月燈明佛即授其記告諸比丘是德藏菩
薩次當作佛号曰淨身多陁阿伽度阿羅訶
三藐三佛陁佛授記已便於中夜入无餘涅
槃佛滅度後妙光菩薩持妙法蓮華經滿八
十小劫為人演說日月燈明佛八子皆師妙
光妙光教化令其堅固阿耨多羅三藐三菩
提是諸王子供養无量百千万億佛已皆成
佛道其家後成佛者名曰然燈八百弟子中
有一人号曰求名貪著利養雖復讀誦衆經
而不通利多所忘失故号求名是人亦以種
諸善根因緣故得值无量百千万億諸佛供
養恭敬尊重讚歎彌勒當知尒時妙光菩薩
豈異人乎我身是也求名菩薩汝身是也今見
此瑞與本无異是故惟忖今日如來當說大乘

BD05743號　妙法蓮華經卷一

（20–3）

有一人号曰求名貪著利養雖復讀誦衆經
而不通利多所忘失故号求名是人亦以種
諸善根因緣故得值无量百千万億諸佛供
養恭敬尊重讚歎弥勒當知尒時妙光菩薩
豈異人乎我身是也求名菩薩汝身是也今見
此瑞與本无異是故惟忖今日如來當說大乘
經名妙法蓮華教菩薩法佛所護念尒時文
殊師利於大衆中欲重宣此義而說偈言
我念過去世 无量无數劫 有佛人中尊 号日月燈明
世尊演說法 度无量衆生 无數億菩薩 令入佛智慧
佛未出家時 所生八王子 見大聖出家 亦隨脩梵行
時佛說大乘 經名无量義 於諸大衆中 而為廣分別
佛說此經已 即於法座上 跏趺坐三昧 名无量義處
天雨曼陁華 天鼓自然鳴 諸天龍鬼神 供養人中尊
一切諸佛土 即時大震動 佛放眉間光 現諸希有事
此光照東方 万八千佛土 示一切衆生 生死業報處
有見諸佛土 以衆寶莊嚴 瑠璃頗梨色 斯由佛光照
及見諸天人 龍神夜叉衆 乾闥緊那羅 各供養其佛
又見諸如來 自然成佛道 身色如金山 端嚴甚微妙
如淨瑠璃中 内現真金像 世尊在大衆 敷演深法義
一一諸佛土 聲聞衆无數 因佛光所照 悉見彼大衆
或有諸比丘 在於山林中 精進持淨戒 猶如護明珠
又見諸菩薩 行施忍辱等 其數如恒沙 斯由佛光照
又見諸菩薩 深入諸禪定 身心寂不動 以求无上道
又見諸菩薩 知法寂滅相 各於其國土 說法求佛道

BD05743號　妙法蓮華經卷一　　（20–4）

如淨瑠璃中 内現真金像 世尊在大衆 敷演深法義
一一諸佛土 聲聞衆无數 因佛光所照 悉見彼大衆
或有諸比丘 在於山林中 精進持淨戒 猶如護明珠
又見諸菩薩 行施忍辱等 其數如恒沙 斯由佛光照
又見諸菩薩 深入諸禪定 身心寂不動 以求无上道
又見諸菩薩 知法寂滅相 各於其國土 說法求佛道
尒時四部衆 見日月燈佛 現大神通力 其心皆歡喜
各各自相問 是事何因緣 天人所奉尊 適從三昧起
讚妙光菩薩 汝為世間眼 一切所歸信 能奉持法藏
如我所說法 唯汝能證知 世尊既讚歎 令妙光歡喜
說是法華經 滿六十小劫 不起於此座 所說上妙法
是妙光法師 悉皆能受持 佛說是法華 令衆歡喜已
尋即於是日 告於天人衆 諸法實相義 已為汝等說
我今於中夜 當入於涅槃 汝一心精進 當離於放逸
諸佛甚難值 億劫時一遇 世尊諸子等 聞佛入涅槃
各各懷悲惱 佛滅一何速 聖主法之王 安慰无量衆
我若滅度時 汝等勿憂怖 是德藏菩薩 於无漏實相
心已得通達 其次當作佛 号曰為淨身 亦度无量衆
佛此夜滅度 如薪盡火滅 分布諸舍利 而起无量塔
比丘比丘尼 其數如恒沙 倍復加精進 以求无上道
是妙光法師 奉持佛法藏 八十小劫中 廣宣法華經
是諸八王子 妙光所開化 堅固无上道 當見无數佛
供養諸佛已 隨順行大道 相繼得成佛 轉次而授記
最後天中天 号曰燃燈佛 諸仙之導師 度脫无量衆
是妙光法師 時有一弟子 心常懷懈怠 貪著於名利

BD05743號　妙法蓮華經卷一　　（20–5）

是妙光法師 奉持佛法藏 八十小劫中 廣宣法華經
是諸八王子 妙光所開化 堅固无上道 當見无數佛
供養諸佛已 随順行大道 相繼得成佛 轉次而授記
最後天中天 号曰燃燈佛 諸仙之導師 度脫无量衆
是妙光法師 時有一弟子 心常懷懈怠 貪著於名利
求名利无猒 多遊族姓家 棄捨所習誦 廢忘不通利
以是因緣故 号之為求名 亦行衆善業 得見无數佛
供養於諸佛 随順行大道 具六波羅蜜 今見釋師子
其後當作佛 号名曰弥勒 廣度諸衆生 其數无有量
彼佛滅度後 懈怠者汝是 妙光法師者 今則我身是
我見燈明佛 本光瑞如此 以是知今佛 欲說法華經
今相如本瑞 是諸佛方便 今佛放光明 助發實相義
諸人今當知 合掌一心待 佛當雨法雨 充足求道者
諸求三乘人 若有疑悔者 佛當為除斷 令盡无有餘

妙法蓮華經方便品第二

尒時世尊從三昧安詳而起告舍利弗諸佛
智慧甚深无量其智慧門難解難入一切聲
聞辟支佛所不能知所以者何佛曾親近百
千万億无數諸佛盡行諸佛无量道法勇猛
精進名稱普聞成就甚深未曾有法随宜
所說意趣難解舍利弗吾從成佛已來種種
因緣種種譬喻廣演言教无數方便引導衆
生令離諸著所以者何如來方便知見波羅蜜
皆已具足舍利弗如來知見廣大深遠无量
无礙力无所畏禪定解脫三昧深入无際成就

BD05743號 妙法蓮華經卷一

(20–6)

所說意趣難解舍利弗吾從成佛已來種種
因緣種種譬喻廣演言教无數方便引導衆
生令離諸著所以者何如來方便知見波羅蜜
皆已具足舍利弗如來知見廣大深遠无量
无礙力无所畏禪定解脫三昧深入无際成就
一切未曾有法舍利弗如來能種種分別巧
說諸法言辭柔軟悅可衆心舍利弗取要
言之无量无邊未曾有法佛悉成就止舍利
弗不須復說所以者何佛所成就第一希有
難解之法唯佛與佛乃能究盡諸法實相所
謂諸法如是相如是性如是體如是力如是
作如是因如是緣如是果如是報如是本末
究竟等尒時世尊欲重宣此義而說偈言
世雄不可量 諸天及世人 一切衆生類 无能知佛者
佛力无所畏 解脫諸三昧 及佛諸餘法 无能測量者
本從无數佛 具足行諸道 甚深微妙法 難見難可了
於无量億劫 行此諸道已 道場得成果 我已悉知見
如是大果報 種種性相義 我及十方佛 乃能知是事
是法不可示 言辭相寂滅 諸餘衆生類 无有能得解
除諸菩薩衆 信力堅固者 諸佛弟子衆 曾供養諸佛
一切漏已盡 住是最後身 如是諸人等 其力所不堪
假使滿世間 皆如舍利弗 盡思共度量 不能測佛智
正使滿十方 皆如舍利弗 及餘諸弟子 亦滿十方剎
盡思共度量 亦復不能知 辟支佛利智 无漏最後身

BD05743號 妙法蓮華經卷一

(20–7)

除諸菩薩眾 信力堅固者 諸佛弟子眾 曾供養諸佛
一切漏已盡 住是最後身 如是諸人等 其力所不堪
假使滿世間 皆如舍利弗 盡思共度量 不能測佛智
正使滿十方 皆如舍利弗 及餘諸弟子 亦滿十方剎
盡思共度量 亦復不能知 辟支佛利智 无漏最後身
亦滿十方界 其數如竹林 斯等共一心 於億无量劫
欲思佛實智 莫能知少分 新發意菩薩 供養无數佛
了達諸義趣 又能善說法 如稻麻竹葦 充滿十方剎
一心以妙智 於恒河沙劫 咸皆共思量 不能知佛智
不退諸菩薩 其數如恒沙 一心共思求 亦復不能知
又告舍利弗 无漏不思議 甚深微妙法 我今已具得
唯我知是相 十方佛亦然 舍利弗當知 諸佛語无異
於佛所說法 當生大信力 世尊法久後 要當說真實
告諸聲聞眾 及求緣覺乘 我令脫苦縛 逮得涅槃者
佛以方便力 示以三乘教 眾生處處著 引之令得出
尒時大眾中有諸聲聞漏盡阿羅漢阿若憍
陳如等千二百人及發聲聞辟支佛心比丘比
丘尼優婆塞優婆夷各作是念今者世尊何
故慇懃稱歎方便而作是言佛所得法甚深
難解有所言說意趣難知一切聲聞辟支佛
所不能及佛說一解脫義我等亦得此法到
於涅槃而今不知是義所趣尒時舍利弗知
四眾心疑自亦未了而白佛言世尊何因何
緣慇懃稱歎諸佛第一方便甚深微妙難
解之法我自昔來未曾從佛聞如是說今者

BD05743號　妙法蓮華經卷一　（20–8）

所不能及佛說一解脫義我等亦得此法到
於涅槃而今不知是義所趣尒時舍利弗知
四眾心疑自亦未了而白佛言世尊何因何
緣慇懃稱歎諸佛第一方便甚深微妙難
解之法我自昔來未曾從佛聞如是說今者
四眾咸皆有疑唯願世尊敷演斯事世尊何
故慇懃稱歎甚深微妙難解之法尒時舍利
弗欲重宣此義而說偈言
慧日大聖尊 久乃說是法 自說得如是 力无畏三昧
禪定解脫等 不可思議法 道場所得法 无能發問者
我意難可測 亦无能問者 无問而自說 稱歎所行道
智慧甚微妙 諸佛之所得 无漏諸羅漢 及求涅槃者
今皆墮疑網 佛何故說是 其求緣覺者 比丘比丘尼
諸天龍鬼神 及乾闥婆等 相視懷猶豫 瞻仰兩足尊
是事為云何 願佛為解說 於諸聲聞眾 佛說我第一
我今自於智 疑惑不能了 為是究竟法 為是所行道
佛口所生子 合掌瞻仰待 願出微妙音 時為如實說
諸天龍神等 其數如恒沙 求佛諸菩薩 大數有八万
又諸万億國 轉輪聖王至 合掌以敬心 欲聞具足道
尒時佛告舍利弗止止不須復說若說是事
一切世間諸天及人皆當驚疑舍利弗重白
佛言世尊唯願說之唯願說之所以者何是
會无數百千万億阿僧祇眾生曾見諸佛諸
根猛利智慧明了聞佛所說則能敬信尒時
舍利弗欲重宣此義而說偈言

BD05743號　妙法蓮華經卷一　（20–9）

尒時佛告舍利弗止止不須復說若說是事
一切世間諸天及人皆當驚疑舍利弗重白
佛言世尊唯願說之唯願說之所以者何是
會无數百千万億阿僧祇衆生曾見諸佛諸
根猛利智慧明了聞佛所說則能敬信尒時
舍利弗欲重宣此義而說偈言
法王无上尊　唯說願勿慮　是會无量衆　有能敬信者
佛復止舍利弗若說是事一切世間天人阿
脩羅皆當驚疑增上慢比丘將墜於大坑尒
時世尊重說偈言
止止不須說　我法妙難思　諸增上慢者　聞必不敬信
尒時舍利弗重白佛言世尊唯願說之唯願
說之今此會中如我等比百千万億世世已
曾從佛受化如此人等必能敬信長夜安隱多
所饒益尒時舍利弗欲重宣此義而說偈言
无上兩足尊　願說第一法　我為佛長子　唯垂分別說
是會无量衆　能敬信此法　佛已曾世世　教化如是等
皆一心合掌　欲聽受佛語　我等千二百　及餘求佛者
願為此衆故　唯垂分別說　是等聞此法　則生大歡喜
尒時世尊告舍利弗汝已慇懃三請豈得不
說汝今諦聽善思念之吾當為汝分別解說
說此語時會中有比丘比丘尼優婆塞優
婆夷五千人等即從座起禮佛而退所以者
何此輩罪根深重及增上慢未得謂得未證
[illegible]

BD05743號　妙法蓮華經卷一

（20–10）

說汝今諦聽善思念之吾當為汝分別解說
說此語時會中有比丘比丘尼優婆塞優
婆夷五千人等即從座起禮佛而退所以者
何此輩罪根深重及增上慢未得謂得未證
謂證有如此失是以不住世尊默然而不制止
尒時佛告舍利弗我今此衆无復枝葉純有
貞實舍利弗如是增上慢人退亦佳矣汝今
善聽當為汝說舍利弗言唯然世尊願樂
欲聞佛告舍利弗如是妙法諸佛如來時乃說
之如優曇鉢華時一現耳舍利弗汝等當信
佛之所說言不虛妄舍利弗諸佛隨宜說法
意趣難解所以者何我以无數方便種種因
緣譬喻言辭演說諸法是法非思量分別之
所能解唯有諸佛乃能知之所以者何諸佛
世尊唯以一大事因緣故出現於世舍利弗
云何名諸佛世尊唯以一大事因緣故出現
於世諸佛世尊欲令衆生開佛知見使得清
淨故出現於世欲示衆生佛知見故出現於
世欲令衆生悟佛知見故出現於世欲令衆
生入佛知見道故出現於世舍利弗是為諸
佛以一大事因緣故出現於世佛告舍利弗
諸佛如來但教化菩薩諸有所作常為一
事唯以佛之知見示悟衆生舍利弗如來但
以一佛乘故為衆生說法无有餘乘若二若

BD05743號　妙法蓮華經卷一

（20–11）

世欲令衆生悟佛知見故出現於世欲令衆
生入佛知見道故出現於世舍利弗是為諸
佛以一大事因緣故出現於世佛告舍利弗
諸佛如来但教化菩薩諸有所作常為一
事唯以佛之知見示悟衆生舍利弗如来但
以一佛乘故為衆生說法无有餘乘若二若
三舍利弗一切十方諸佛法亦如是舍利弗過
去諸佛以无量无數方便種種因緣譬喻言
辭而為衆生演說諸法是法皆為一佛乘故
是諸衆生從諸佛聞法究竟皆得一切種智
舍利弗未来諸佛當出於世亦以无量无數
方便種種因緣譬喻言辭而為衆生演說諸
法是法皆為一佛乘故是諸衆生從佛聞法
究竟皆得一切種智舍利弗現在十方无量
百千万億佛土中諸佛世尊多所饒益安樂
衆生是諸佛亦以无量无數方便種種因緣
譬喻言辭而為衆生演說諸法是法皆為一
佛乘故是諸衆生從佛聞法究竟皆得一切
種智舍利弗是諸佛但教化菩薩欲以佛之知
見示衆生故欲以佛之知見悟衆生故欲令衆
生入佛之知見故舍利弗我今亦復如是知諸
衆生有種種欲深心所著隨其本性以種種
因緣譬喻言辭方便力故而為說法舍利
弗如此皆為得一佛乘一切種智故舍利
弗十方世界中尚无二乘何况有三舍

生入佛之知見故舍利弗我今亦復如是知諸
衆生有種種欲深心所著隨其本性以種種
因緣譬喻言辭方便力故而為說法舍利
弗如此皆為得一佛乘一切種智故舍利
弗十方世界中尚无二乘何况有三舍利
弗諸佛出於五濁惡世所謂劫濁煩惱濁衆
生濁見濁命濁如是舍利弗劫濁亂時衆
生垢重慳貪嫉妬成就不善根故諸佛以方
便力於一佛乘分別說三舍利弗若我弟子
自謂阿羅漢辟支佛者不聞不知諸佛如来
但教化菩薩事此非佛弟子非阿羅漢非辟
支佛又舍利弗是諸比丘比丘尼自謂已得
阿羅漢是最後身究竟涅槃便不復志求阿
耨多羅三藐三菩提當知此輩皆是增上慢
人所以者何若有比丘實得阿羅漢若不信
此法无有是處除佛滅度後現前无佛所以
者何佛滅度後如是等經受持讀誦解義者
是人難得若遇餘佛於此法中便得決了舍
利弗汝等當一心信解受持佛語諸佛如来
言无虛妄无有餘乘唯一佛乘尒時世尊欲
重宣此義而說偈言
比丘比丘尼　有懷增上慢　優婆塞我慢　優婆夷不信
如是四衆等　其數有五千　不自見其過　於戒有缺漏
護惜其瑕疵　是小智已出　衆中之糟糠　佛威德故去
斯人尠福德　不堪受是法　此衆无枝葉　唯有諸貞實

重宣此義而說偈言
比丘比丘尼 有懷增上慢 優婆塞我慢 優婆夷不信
如是四衆等 其數有五千 不自見其過 於戒有缺漏
護惜其瑕疵 是小智已出 衆中之糟糠 佛威德故去
斯人尠福德 不堪受是法 此衆无枝葉 唯有諸貞實
舍利弗善聽 諸佛所得法 无量方便力 而為衆生說
衆生心所念 種種所行道 若干諸欲性 先世善惡業
佛悉知是已 以諸緣譬喻 言辭方便力 令一切歡喜
或說脩多羅 伽陁及本事 本生未曾有 亦說於因緣
譬喻并祇夜 優波提舍經 鈍根樂小法 貪著於生死
於諸无量佛 不行深妙道 衆苦所惱亂 為是說涅槃
我設是方便 令得入佛慧 未曾說汝等 當得成佛道
所以未曾說 說時未至故 今正是其時 決定說大乘
我此九部法 隨順衆生說 入大乘為本 以故說是經
有佛子心淨 柔軟亦利根 无量諸佛所 而行深妙道
為此諸佛子 說是大乘經 我記如是人 來世成佛道
以深心念佛 脩持淨戒故 此等聞得佛 大喜充遍身
佛知彼心行 故為說大乘 聲聞若菩薩 聞我所說法
乃至於一偈 皆成佛无疑 十方佛土中 唯有一乘法
无二亦无三 除佛方便說 但以假名字 引導於衆生
說佛智慧故 諸佛出於世 唯此一事實 餘二則非真
終不以小乘 濟度於衆生 佛自住大乘 如其所得法
定慧力莊嚴 以此度衆生 自證无上道 大乘平等法
若以小乘化 乃至於一人 我則墮慳貪 此事為不可

BD05743 號　妙法蓮華經卷一

（20–14）

說佛智慧故 諸佛出於世 唯此一事實 餘二則非真
終不以小乘 濟度於衆生 佛自住大乘 如其所得法
定慧力莊嚴 以此度衆生 自證无上道 大乘平等法
若以小乘化 乃至於一人 我則墮慳貪 此事為不可
若人信歸佛 如來不欺誑 亦无貪嫉意 斷諸法中惡
故佛於十方 而獨无所畏 我以相嚴身 光明照世間
无量衆所尊 為說實相印 舍利弗當知 我本立誓願
欲令一切衆 如我等无異 如我昔所願 今者已滿足
化一切衆生 皆令入佛道 若我遇衆生 盡教以佛道
无智者錯亂 迷惑不受教 我知此衆生 未曾脩善本
堅著於五欲 癡愛故生惱 以諸欲因緣 墜墮三惡道
輪迴六趣中 備受諸苦毒 受胎之微形 世世常增長
薄德少福人 衆苦所逼迫 入邪見稠林 若有若无等
依止此諸見 具足六十二 深著虛妄法 堅受不可捨
我慢自矜高 諂曲心不實 於千万億劫 不聞佛名字
亦不聞正法 如是人難度 是故舍利弗 我為設方便
說諸盡苦道 示之以涅槃 我雖說涅槃 是亦非真滅
諸法從本來 常自寂滅相 佛子行道已 來世得作佛
我有方便力 開示三乘法 一切諸世尊 皆說一乘道
今此諸大衆 皆應除疑惑 諸佛語无異 唯一无二乘
過去无數劫 无量滅度佛 百千万億種 其數不可量
如是諸世尊 種種緣譬喻 无數方便力 演說諸法相
是諸世尊等 皆說一乘法 化无量衆生 令入於佛道
又諸大聖主 知一切世間 天人群生類 深心之所欲

BD05743 號　妙法蓮華經卷一

（20–15）

今此諸大衆　皆應除疑惑　諸佛語无異　唯一无二乘
過去无數劫　无量滅度佛　百千万億種　其數不可量
如是諸世尊　種種緣譬喻　无數方便力　演說諸法相
是諸世尊等　皆說一乘法　化无量衆生　令入於佛道
又諸大聖主　知一切世間　天人羣生類　深心之所欲
更以異方便　助顯第一義　若有衆生類　值諸過去佛
若聞法布施　或持戒忍辱　精進禪智等　種種脩福德
如是諸人等　皆已成佛道　諸佛滅度已　若人善軟心
如是諸衆生　皆已成佛道　諸佛滅度已　供養舍利者
起万億種塔　金銀及頗梨　車璖與馬瑙　玫瑰瑠璃珠
清淨廣嚴飾　莊挍於諸塔　或有起石廟　栴檀及沈水
木櫁并餘材　塼瓦泥土等　若於曠野中　積土成佛廟
乃至童子戲　聚沙為佛塔　如是諸人等　皆已成佛道
若人為佛故　建立諸形像　刻雕成衆相　皆已成佛道
或以七寶成　鍮石赤白銅　白鑞及鉛錫　鐵木及與泥
或以膠漆布　嚴飾作佛像　如是諸人等　皆已成佛道
綵畫作佛像　百福莊嚴相　自作若使人　皆已成佛道
乃至童子戲　若草木及筆　或以指爪甲　而畫作佛像
如是諸人等　漸漸積功德　具足大悲心　皆已成佛道
但化諸菩薩　度脫无量衆　若人於塔廟　寶像及畫像
以華香幡蓋　敬心而供養　若使人作樂　擊鼓吹角貝
簫笛琴箜篌　琵琶鐃銅鈸　如是衆妙音　盡持以供養
或以歡喜心　歌唄頌佛德　乃至一小音　皆已成佛道
若人散亂心　乃至以一華　供養於畫像　漸見无數佛
或有人禮拜　或復但合掌　乃至舉一手　或復小低頭

BD05743號　妙法蓮華經卷一　　(20–16)

以華香幡蓋　敬心而供養　若使人作樂　擊鼓吹角貝
簫笛琴箜篌　琵琶鐃銅鈸　如是衆妙音　盡持以供養
或以歡喜心　歌唄頌佛德　乃至一小音　皆已成佛道
若人散亂心　乃至以一華　供養於畫像　漸見无數佛
或有人禮拜　或復但合掌　乃至舉一手　或復小低頭
以此供養像　漸見无量佛　自成无上道　廣度无數衆
入无餘涅槃　如薪盡火滅　若人散亂心　入於塔廟中
一稱南无佛　皆已成佛道　於諸過去佛　在世或滅後
若有聞是法　皆已成佛道　未來諸世尊　其數无有量
是諸如來等　亦方便說法　一切諸如來　以无量方便
度脫諸衆生　入佛无漏智　若有聞法者　无一不成佛
諸佛本誓願　我所行佛道　普欲令衆生　亦同得此道
未來世諸佛　雖說百千億　无數諸法門　其實為一乘
諸佛兩足尊　知法常无性　佛種從緣起　是故說一乘
是法住法位　世間相常住　於道場知已　導師方便說
天人所供養　現在十方佛　其數如恒沙　出現於世間
安隱衆生故　亦說如是法　知第一寂滅　以方便力故
雖示種種道　其實為佛乘　知衆生諸行　深心之所念
過去所習業　欲性精進力　及諸根利鈍　以種種因緣
譬喻亦言辭　隨應方便說　今我亦如是　安隱衆生故
以種種法門　宣示於佛道　我以智慧力　知衆生性欲
方便說諸法　皆令得歡喜　舍利弗當知　我以佛眼觀
見六道衆生　貧窮无福慧　入生死險道　相續苦不斷
深著於五欲　如犛牛愛尾　以貪愛自蔽　盲瞑无所見
不求大勢佛　及與斷苦法　深入諸邪見　以苦欲捨苦

BD05743號　妙法蓮華經卷一　　(20–17)

以種種法門　宣示於佛道　我以智慧力　知衆生性欲
方便說諸法　皆令得歡喜　舍利弗當知　我以佛眼觀
見六道衆生　貧窮无福慧　入生死嶮道　相續苦不斷
深著於五欲　如犛牛愛尾　以貪愛自蔽　盲瞑无所見
不求大勢佛　及與斷苦法　深入諸邪見　以苦欲捨苦
為是衆生故　而起大悲心　我始坐道場　觀樹亦經行
於三七日中　思惟如是事　我所得智慧　微妙最第一
衆生諸根鈍　著樂癡所盲　如斯之等類　云何而可度
尒時諸梵王　及諸天帝釋　護世四天王　及大自在天
并餘諸天衆　眷屬百千万　恭敬合掌礼　請我轉法輪
我即自思惟　若但讚佛乘　衆生沒在苦　不能信是法
破法不信故　墜於三惡道　我寧不說法　疾入於涅槃
尋念過去佛　所行方便力　我今所得道　亦應說三乘
作是思惟時　十方佛皆現　梵音慰喻我　善哉釋迦文
第一之導師　得是无上法　隨諸一切佛　而用方便力
我等亦皆得　最妙第一法　為諸衆生類　分別說三乘
少智樂小法　不自信作佛　是故以方便　分別說諸果
雖復說三乘　但為教菩薩　舍利弗當知　我聞聖師子
深淨微妙音　喜稱南无佛　復作如是念　我出濁惡世
如諸佛所說　我亦隨順行　思惟是事已　即趣波羅柰
諸法寂滅相　不可以言宣　以方便力故　為五比丘說
是名轉法輪　便有涅槃音　及以阿羅漢　法僧差別名
從久遠劫來　讚示涅槃法　生死苦永盡　我常如是說
舍利弗當知　我見佛子等　志求佛道者　无量千万億

BD05743號　妙法蓮華經卷一

（20–18）

如諸佛所說　我亦隨順行　思惟是事已　即趣波羅柰
諸法寂滅相　不可以言宣　以方便力故　為五比丘說
是名轉法輪　便有涅槃音　及以阿羅漢　法僧差別名
從久遠劫來　讚示涅槃法　生死苦永盡　我常如是說
舍利弗當知　我見佛子等　志求佛道者　无量千万億
咸以恭敬心　皆來至佛所　曾從諸佛聞　方便所說法
我即作是念　如來所以出　為說佛慧故　今正是其時
舍利弗當知　鈍根小智人　著相憍慢者　不能信是法
今我喜无畏　於諸菩薩中　正直捨方便　但說无上道
菩薩聞是法　疑網皆已除　千二百羅漢　悉亦當作佛
如三世諸佛　說法之儀式　我今亦如是　說无分別法
諸佛興出世　懸遠值遇難　正使出于世　說是法復難
无量无數劫　聞是法亦難　能聽是法者　斯人亦復難
譬如優曇華　一切皆愛樂　天人所希有　時時乃一出
聞法歡喜讚　乃至發一言　則為已供養　一切三世佛
是人甚希有　過於優曇華　汝等勿有疑　我為諸法王
普告諸大衆　但以一乘道　教化諸菩薩　无聲聞弟子
汝等舍利弗　聲聞及菩薩　當知是妙法　諸佛之秘要
以五濁惡世　但樂著諸欲　如是等衆生　終不求佛道
當來世惡人　聞佛說一乘　迷惑不信受　破法墮惡道
有慚愧清淨　志求佛道者　當為如是等　廣讚一乘道
舍利弗當知　諸佛法如是　以万億方便　隨宜而說法
其不習學者　不能曉了此　汝等既已知　諸佛世之師
隨宜方便事　无復諸疑惑　心生大歡喜　自知當作佛

BD05743號　妙法蓮華經卷一

（20–19）

如三世諸佛　說法之儀式　我今亦如是　說无分別法
諸佛興出世　懸遠值遇難　正使出于世　說是法復難
无量无數劫　聞是法亦難　能聽是法者　斯人亦復難
譬如優曇華　一切皆愛樂　天人所希有　時時乃一出
聞法歡喜讚　乃至發一言　則為已供養　一切三世佛
是人甚希有　過於優曇華　汝等勿有疑　我為諸法王
普告諸大衆　但以一乘道　教化諸菩薩　无聲聞弟子
汝等舍利弗　聲聞及菩薩　當知是妙法　諸佛之秘要
以五濁惡世　但樂著諸欲　如是等衆生　終不求佛道
當來世惡人　聞佛說一乘　迷惑不信受　破法墮惡道
有慚愧清淨　志求佛道者　當為如是等　廣讚一乘道
舍利弗當知　諸佛法如是　以万億方便　隨宜而說法
其不習學者　不能曉了此　汝等既已知　諸佛世之師
隨宜方便事　无復諸疑惑　心生大歡喜　自知當作佛

妙法蓮華經卷第一

BD05743號　妙法蓮華經卷一　（20–20）

藐三菩提俱白佛言世尊是諸无量千万億
大德聲聞皆以成就世尊亦當為我等說阿
耨多羅三藐三菩提法我等聞已皆共脩學
世尊我等志願如来知見深心所念佛自證
知尒時轉輪聖王所將衆中八万億人見十
六王子出家亦求出家王即聽許尒時彼佛
受沙弥請過二万劫已乃於四衆之中說是
大乘經名妙法蓮華教菩薩法佛所護念說
是經已十六沙弥為阿耨多羅三藐三菩提
故皆共受持諷誦通利說是經時十六菩薩
沙弥皆悉信受聲聞衆中亦有信解其餘
衆生千万億種皆生疑惑佛說是經於八千劫
未曾休廢說此經已即入靜室住於禪定八
万四千劫是時十六菩薩沙弥知佛入室寂
然禪定各昇法座亦於八万四千劫為四部
衆廣說分別妙法華經一一皆度六百万億
那由他恒河沙等衆生示教利喜令發阿耨
多羅三藐三菩提心大通智勝佛過八万四
千劫已從三昧起往詣法座安詳而坐普告
大衆是十六菩薩沙弥甚為希有諸根通利
智慧明了已曾供養无量千万億數諸佛於
諸佛所常脩梵行受持佛智開示衆生令入

BD05744號　妙法蓮華經卷三　（4–1）

衆廣說分別妙法華經一一皆度六百万億
那由他恒河沙等衆生示教利喜令發阿耨
多羅三藐三菩提心大通智勝佛過八万四
千劫已從三昧起往詣法座安詳而坐普告
大衆是十六菩薩沙弥甚為希有諸根通利
智慧明了已曾供養无量千万億數諸佛於
諸佛所常脩梵行受持佛智開示衆生令入
其中汝等皆當數數親近而供養之所以者
何若聲聞辟支佛及諸菩薩能信是十六菩
薩所說經法受持不毀者是人皆當得阿耨
多羅三藐三菩提如來之慧佛告諸比丘是
十六菩薩常樂說是妙法蓮華經一一菩薩
所化六百万億那由他恒河沙等衆生世世
所生與菩薩俱從其聞法悉皆信解以此因
緣得值四万億諸佛世尊于今不盡諸比丘
我今語汝彼佛弟子十六沙弥今皆得阿耨
多羅三藐三菩提於十方國土現在說法有
无量百千万億菩薩聲聞以為眷屬其二沙
弥東方作佛一名阿閦在歡喜國二名須弥
頂東南方二佛一名師子音二名師子相南
方二佛一名虛空住二名常滅西南方二佛
一名帝相二名梵相西方二佛一名阿弥陁
二名度一切世間苦惱西北方二佛一名多
摩羅跋栴檀香神通二名須弥相北方二佛
一名雲自在二名雲自在王東北方佛名壞
一切世間怖畏第十六我釋迦牟尼佛於娑
婆國土成阿耨多羅三藐三菩提諸比丘我

BD05744 號　妙法蓮華經卷三

（4–2）

一名帝相二名梵相西方二佛一名阿弥陁
二名度一切世間苦惱西北方二佛一名多
摩羅跋栴檀香神通二名須弥相北方二佛
一名雲自在二名雲自在王東北方佛名壞
一切世間怖畏第十六我釋迦牟尼佛於娑
婆國土成阿耨多羅三藐三菩提諸比丘我
等為沙弥時各各教化无量百千万億恒河
沙等衆生從我聞法為阿耨多羅三藐三菩
提此諸衆生于今有住聲聞地者我常教
化阿耨多羅三藐三菩提是諸人等應以是
法漸入佛道所以者何如來智慧難信難解尒
時所化无量恒河沙等衆生者汝等諸比丘
及我滅度後未來世中聲聞弟子是也我滅
度後復有弟子不聞是經不知不覺菩薩所
行自於所得功德生滅度想當入涅槃我於
餘國作佛更有異名是人雖生滅度之想入
於涅槃而於彼土求佛智慧得聞是經唯以
佛乘而得滅度更无餘乘除諸如來方便說
法諸比丘若如來自知涅槃時到衆又清淨
信解堅固了達空法深入禪定便集諸菩
薩及聲聞衆為說是經世間无有二乘而得
滅度唯一佛乘得滅度耳比丘當知如來方便
深入衆生之性知其志樂小法深著五欲為
是等故說於涅槃是人若聞則便信受譬如
五百由旬險難惡道曠絕无人怖畏之處
若有多衆欲過此道至珍寶處有一導師聰
慧明達善知險道通塞之相將導衆人欲過
此難所將人衆中路懈退白導師言我等疲

BD05744 號　妙法蓮華經卷三

（4–3）

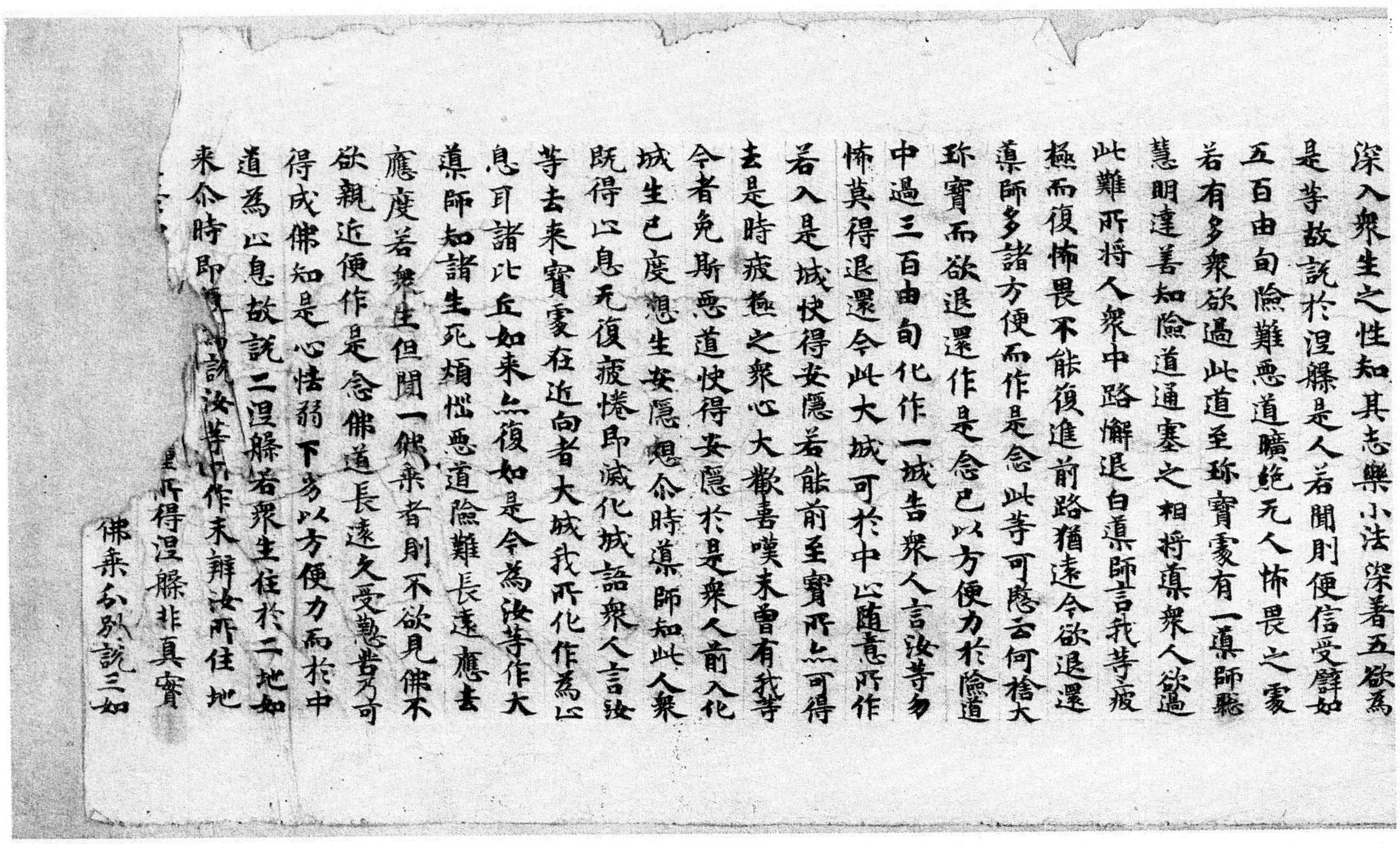
深入衆生之性知其志樂小法深著五欲為
是等故說於涅槃是人若聞則便信受譬如
五百由旬險難惡道曠絕無人怖畏之處
若有多衆欲過此道至珎寶處有一導師聰
慧明達善知險道通塞之相將導衆人欲過
此難所將人衆中路懈退白導師言我等疲
極而復怖畏不能復進前路猶遠今欲退還
導師多諸方便而作是念此等可愍云何捨大
珎寶而欲退還作是念已以方便力於險道
中過三百由旬化作一城告衆人言汝等勿
怖莫得退還今此大城可於中止隨意所作
若入是城快得安隱若能前至寶所亦可得
去是時疲極之衆心大歡喜嘆未曾有我等
今者免斯惡道快得安隱於是衆人前入化
城生已度想生安隱想尒時導師知此人衆
既得止息無復疲惓即滅化城語衆人言汝
等去來寶處在近向者大城我所化作為止
息耳諸比丘如來亦復如是今為汝等作大
導師知諸生死煩惱惡道險難長遠應去
應度若衆生但聞一佛乘者則不欲見佛不
欲親近便作是念佛道長遠久受懃苦乃可
得成佛知是心怯弱下劣以方便力而於中
道為止息故說二涅槃若衆生住於二地如
來尒時即便為說汝等所作未辦汝所住地
近[illegible]所得涅槃非真實
佛乘分別說三如

BD05744號　妙法蓮華經卷三　（4–4）

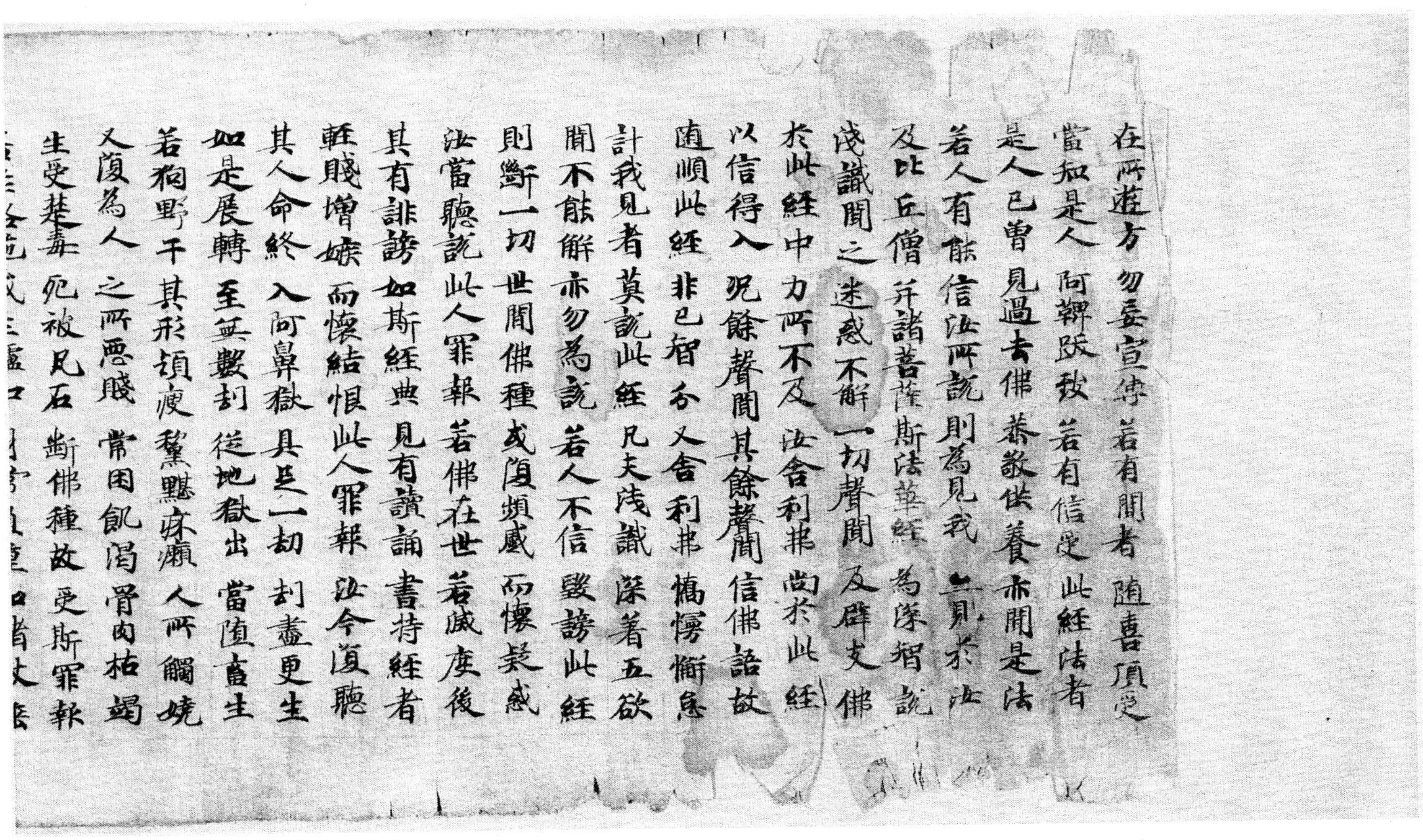
在所遊方　勿妄宣傳　若有聞者　隨喜頂受
當知是人　阿鞞跋致　若有信受　此經法者
是人已曾　見過去佛　恭敬供養　亦聞是法
若人有能　信汝所說　則為見我　亦見於汝
及比丘僧　并諸菩薩　斯法華經　為深智說
淺識聞之　迷惑不解　一切聲聞　及辟支佛
於此經中　力所不及　汝舍利弗　尚於此經
以信得入　況餘聲聞　其餘聲聞　信佛語故
隨順此經　非己智分　又舍利弗　憍慢懈怠
計我見者　莫說此經　凡夫淺識　深著五欲
聞不能解　亦勿為說　若人不信　毀謗此經
則斷一切　世間佛種　或復顰蹙　而懷疑惑
汝當聽說　此人罪報　若佛在世　若滅度後
其有誹謗　如斯經典　見有讀誦　書持經者
輕賤憎嫉　而懷結恨　此人罪報　汝今復聽
其人命終　入阿鼻獄　具足一劫　劫盡更生
如是展轉　至無數劫　從地獄出　當墮畜生
若狗野干　其形頎瘦　黧黮疥癩　人所觸嬈
又復為人　之所惡賤　常困飢渴　骨肉枯竭
生受楚毒　死被瓦石　斷佛種故　受斯罪報
[illegible]

BD05745號　妙法蓮華經卷二　（3–1）

輕賤憎嫉　而懷結恨　此人罪報　汝今復聽
其人命終　入阿鼻獄　具足一劫　劫盡更生
如是展轉　至無數劫　從地獄出　當墮畜生
若狗野干　其形頹瘦　黧黮疥癩　人所觸嬈
又復為人　之所惡賤　常困飢渴　骨肉枯竭
生受楚毒　死被瓦石　斷佛種故　受斯罪報
若作駱駝　或生驢中　身常負重　加諸杖捶
但念水草　餘无所知　謗斯經故　獲罪如是
有作野干　來入聚落　身體疥癩　又无一目
為諸童子　之所打擲　受諸苦痛　或時致死
於此死已　更受蟒身　其形長大　五百由旬
聾騃無足　宛轉腹行　為諸小虫　之所唼食
晝夜受苦　无有休息　謗斯經故　獲罪如是
若得為人　諸根闇鈍　矬陋攣躄　盲聾背傴
有所言說　人不信受　口氣常臭　鬼魅所著
貧窮下賤　為人所使　多病痟瘦　無所依怙
雖親附人　人不在意　若有所得　尋復忘失
若脩醫道　順方治病　更增他疾　或復致死
若自有病　无人救療　設服良藥　而復增劇
若他反逆　抄劫竊盜　如是等罪　橫羅其殃
如斯罪人　永不見佛　衆聖之王　說法教化
如斯罪人　常生難處　狂聾心亂　永不聞法
於无數劫　如恒河沙　生輙聾瘂　諸根不具
常處地獄　如遊園觀　在餘惡道　如己舍宅
駝驢豬狗　是其行處　謗斯經故　獲罪如是

BD05745號　妙法蓮華經卷二

(3–2)

若他反逆　抄劫竊盜　如是等罪　橫羅其殃
如斯罪人　永不見佛　衆聖之王　說法教化
如斯罪人　常生難處　狂聾心亂　永不聞法
於无數劫　如恒河沙　生輙聾瘂　諸根不具
常處地獄　如遊園觀　在餘惡道　如己舍宅
駝驢豬狗　是其行處　謗斯經故　獲罪如是
若得為人　聾盲瘖瘂　貧窮諸衰　以自莊嚴
水腫乾痟　疥癩癰疽　如是等病　以為衣服
身常臭處　垢穢不淨　深著我見　增益瞋恚
婬欲熾盛　不擇禽獸　謗斯經故　獲罪如是
告舍利弗　謗斯經者　若說其罪　窮劫不盡
以是因緣　我故語汝　無智人中　莫說此經
若有利根　智慧明了　多聞強識　求佛道者
如是之人　乃可為說　若見曾見　億百千佛
殖諸善本　深心堅固　如是之人　乃可為說
若人精進　常脩慈心　不惜身命　乃可為說
若人恭敬　無有異心　離諸凡愚　獨處山澤
如是之人　乃可為說　又舍利弗　若見有人
捨惡知識　親近善友　如是之人　乃可為說
若見佛子　持戒清淨　如淨明珠　求大乘經
如是之人　乃可為說　若人無瞋　質直柔軟
常愍一切　恭敬諸佛　如是之人　乃可為說
復有佛子　於大衆中　以清淨心　種種因緣

BD05745號　妙法蓮華經卷二

(3–3)

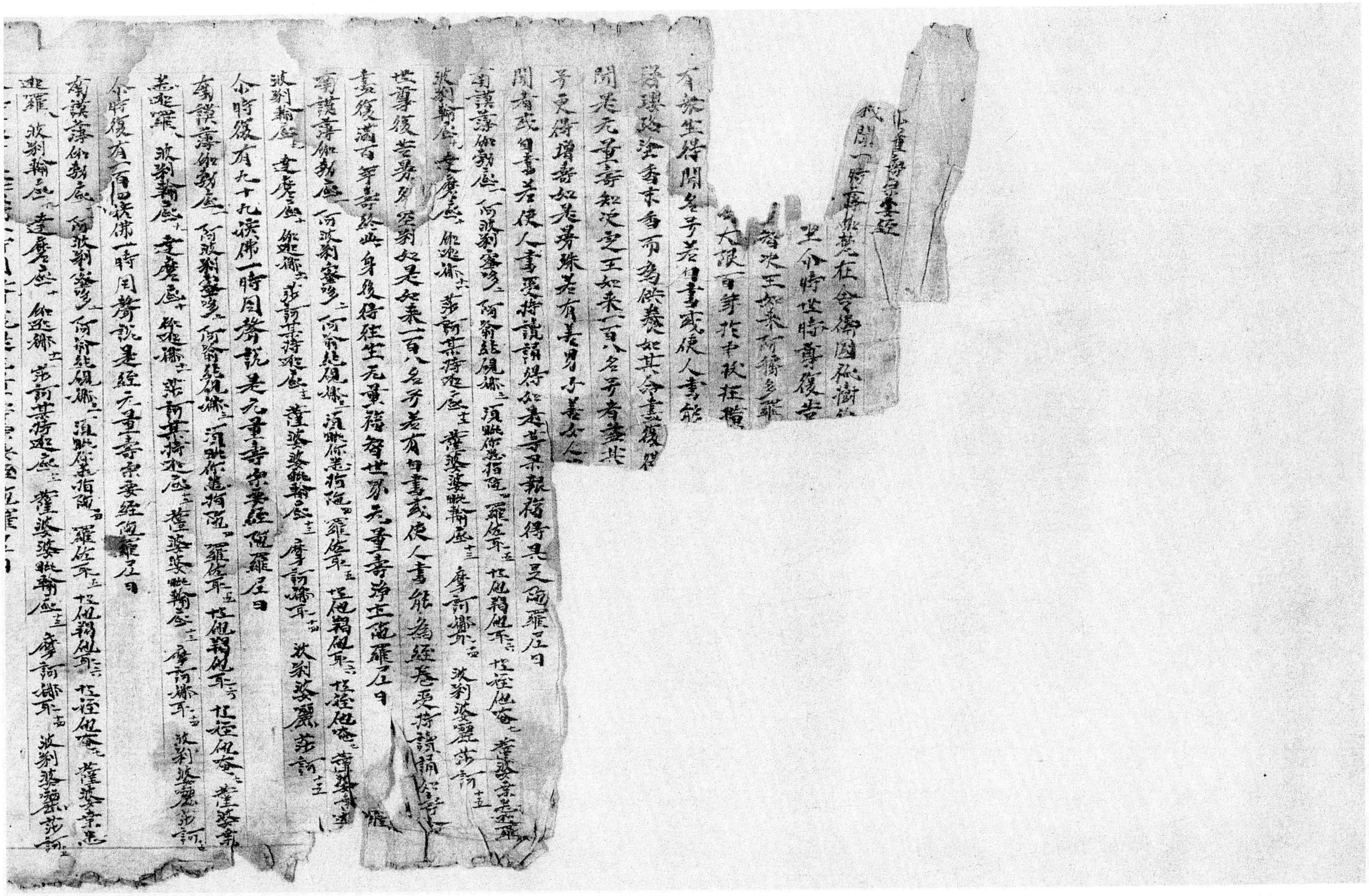

BD05746號　無量壽宗要經　　　　（5–1）

波唎輸底九 達磨底十 伽伽娜十一 莎訶某持迦底十二 薩婆婆毗輸底十三 摩訶娜耶十四 波唎婆黎莎訶十五
尒時復有九十九俱胝佛一時同聲說是无量壽宗要經陁羅尼曰
南謨薄伽勃底一 阿波唎蜜多二 阿喻紇硯娜三 須毗你悉指陀四 囉佐耶五 怛他羯他耶六 怛姪他七 薩婆桑
悉迦羅八 波唎輸底九 達磨底十 伽伽娜十一 莎訶某持迦底十二 薩婆婆毗輸底十三 摩訶娜耶十四 波唎婆黎莎訶十五
尒時復有一百四俱胝佛一時同聲說是經无量壽宗要經陁羅尼曰
南謨薄伽勃底一 阿波唎蜜多二 阿喻紇硯娜三 須毗你悉指陀四 囉佐耶五 怛他羯他耶六 怛姪他七 薩婆桑悉
迦羅八 波唎輸底九 達磨底十 伽伽娜十一 莎訶某持迦底十二 薩婆婆毗輸底十三 摩訶娜耶十四 波唎婆黎莎訶十五
尒時復有七俱胝佛一時同聲說是无量壽宗要經陁羅尼曰
南謨薄伽勃底一 阿波唎蜜多二 阿喻紇硯娜三 須毗你悉指陀四 囉佐耶五 怛他羯他耶六 怛姪他七 薩婆桑
悉迦羅八 波唎輸底九 達磨底十 伽伽娜十一 莎訶某持迦底十二 薩婆婆毗輸底十三 摩訶娜耶十四 波唎婆黎莎
訶十五
尒時復有六十五俱胝佛一時同聲說是无量壽宗要經陁羅尼曰
南謨薄伽勃底一 阿波唎蜜多二 阿喻紇硯娜三 須毗你悉指陀四 囉佐耶五 怛他羯他耶六 怛姪他七 薩婆桑
悉迦羅八 波唎輸底九 達磨底十 伽伽娜十一 莎訶某持迦底十二 薩婆婆毗輸底十三 摩訶娜耶十四 波唎婆黎莎
訶十五
尒時復有五十五俱胝佛一時同聲說是无量壽宗要經陁羅尼曰
南謨薄伽勃底一 阿波唎蜜多二 阿喻紇硯娜三 須毗你悉指陀四 囉佐耶五 怛他羯他耶六 怛姪他七 薩婆桑悉
迦羅八 波唎輸底九 達磨底十 伽伽娜十一 莎訶某持迦底十二 薩婆婆毗輸底十三 摩訶娜耶十四 波唎婆黎莎訶十五
尒時復有四十五俱胝佛一時同聲說是无量壽宗要經陁羅尼曰
南謨薄伽勃底一 阿波唎蜜多二 阿喻紇硯娜三 須毗你悉指陀四 囉佐耶五 怛他羯他耶六 怛姪他七 薩
婆桑悉迦羅八 波唎輸底九 達磨底十 伽伽娜十一 莎訶某持迦底十二 薩婆婆毗輸底十三 摩訶娜耶十四 波唎婆黎
莎訶十五
尒時復有三十五俱胝佛一時同聲說是无量壽宗要經陁羅尼曰
南謨薄伽勃底一 阿波唎蜜多二 阿喻紇硯娜三 須毗你悉指陀四 囉佐耶五 怛他羯他耶六 怛姪他七 薩婆桑
悉迦羅八 波唎輸底九 達磨底十 伽伽娜十一 莎訶某持迦底十二 薩婆婆毗輸底十三 摩訶娜耶十四 波唎婆黎莎訶十五
尒時復有二十五俱胝佛一時同聲說是无量壽宗要經陁羅尼曰
南謨薄伽勃底一 阿波唎蜜多二 阿喻紇硯娜三 須毗你悉指陀四 囉佐耶五 怛他羯他耶六 怛姪他七 薩婆桑悉迦羅八
波唎輸底九 達磨底十 伽伽娜十一 莎訶某持迦底十二 薩婆婆毗輸底十三 摩訶娜耶十四 波唎婆黎莎訶十五
尒時復有恒河沙俱胝佛一時同聲說是无量壽宗要經陁羅尼曰
南謨薄伽勃底一 阿波唎蜜多二 阿喻紇硯娜三 須毗你悉指陀四 囉佐耶五 怛他羯他耶六 怛姪他七 薩婆
桑悉迦羅八 波唎輸底九 達磨底十 伽伽娜十一 莎訶某持迦底十二 薩婆婆毗輸底十三 摩訶娜耶十四 波唎婆黎莎訶十五
善男子若有自書寫教人書寫是无量壽宗要經如其命盡復得長壽而滿百年陁羅尼曰
南謨薄伽勃底一 阿波唎蜜多二 阿喻紇硯娜三 須毗你悉指陀四 囉佐耶五 怛他羯他耶六 怛姪他七 薩婆桑悉迦
羅八 波唎輸底九 達磨底十 伽伽娜十一 莎訶某持迦底十二 薩婆婆毗輸底十三 摩訶娜耶十四 波唎婆黎莎訶十五
若有自書寫教人書寫是无量壽宗要經受持讀誦畢竟不墮地獄在在所生得宿命智陁羅

尒時復有恒河沙俱胝佛一時同聲說是无量壽宗要經陁羅尼曰
南謨薄伽勃底一阿波唎蜜多二阿喻紇硯那三須毗你悉指陁四囉佐耶五怛他羯他耶六怛姪他七薩婆
桑悉迦羅八波唎輸底九達磨底十伽迦那十一莎訶其揭迦底十二薩婆婆毗輸底十三摩訶娜耶十四波唎婆嚟莎訶十五
若男子若有自書寫教人書寫是无量壽宗要經如其命盡復得長壽而滿百年陁羅尼曰
南謨薄伽勃底一阿波唎蜜多二阿喻紇硯那三須毗你悉指陁四羅佐耶五怛他羯他耶六怛姪他七薩婆桑悉迦羅八
波唎輸底九達磨底十伽迦那十一莎訶其揭迦底十二薩婆婆毗輸底十三摩訶娜耶十四波唎婆嚟莎訶十五
若有自書寫教人書寫是无量壽宗要經受持讀誦畢竟不墮地獄在在所生得宿命智陁羅
尼曰 南謨薄伽勃底一阿波唎蜜多二阿喻紇硯那三須毗你悉指陁四羅佐耶五怛他羯他耶六怛姪他七薩婆桑悉迦羅八
波唎輸底九達磨底十伽迦那十一莎訶其揭迦底十二薩婆婆毗輸底十三摩訶娜耶十四波唎婆嚟莎訶十五
若有自書寫教人書寫是无量壽宗要經受持讀誦如同書寫八万四千一切經典陁羅尼曰
南謨薄伽勃底一阿波唎蜜多二阿喻紇硯那三須毗你悉指陁四羅佐耶五怛他羯他耶六怛姪他七薩婆桑
悉迦羅八波唎輸底九達磨底十伽迦那十一莎訶其揭迦底十二薩婆婆毗輸底十三摩訶娜耶十四波唎婆嚟
莎訶十五 若有自書寫教人書寫是无量壽宗要經而是書寫八万四千部建立塔廟
陁羅尼曰 南謨薄伽勃底一阿波唎蜜多二阿喻紇硯那三須毗你悉指陁四羅佐耶五怛他羯他耶六
怛姪他七薩婆桑悉迦羅八波唎輸底九達磨底十伽迦那十一莎訶其揭迦底十二薩婆婆毗輸底十三摩
訶娜耶十四波唎婆嚟莎訶十五
若有自書寫教人書寫是无量壽宗要經能消五无間等一切重罪陁羅尼曰
南謨薄伽勃底一阿波唎蜜多二阿喻紇硯那三須毗你悉指陁四羅佐耶五怛他羯他耶六怛姪他七薩婆
桑悉迦羅八波唎輸底九達磨底十伽迦那十一莎訶其揭迦底十二薩婆婆毗輸底十三摩訶娜耶十四波唎婆
嚟莎訶十五
若有自書寫教人書寫是无量壽宗要經受持讀誦設有重罪猶如須弥盡能除滅陁羅
尼曰 南謨薄伽勃底一阿波唎蜜多二阿喻紇硯那三須毗你悉指陁四羅佐耶五怛他羯他耶六怛姪他七
薩婆桑悉迦羅八波唎輸底九達磨底十伽迦那十一莎訶其揭迦底十二薩婆婆毗輸底十三摩訶娜耶十四波
唎婆嚟莎訶十五
若有自書寫教人書寫是无量壽宗要經受持讀誦當得命終時有九十九俱胝佛現其人前來
千佛授手能遊一切佛刹莫於此經生疑惑陁羅尼曰
南謨薄伽勃底一阿波唎蜜多二阿喻紇硯那三須毗你悉指陁四羅佐耶五怛他羯他耶六怛姪他七薩婆桑
悉迦羅八波唎輸底九達磨底十伽迦那十一莎訶其揭迦底十二薩婆婆毗輸底十三摩訶娜耶十四波唎婆嚟莎訶十五
若有自書寫教人書寫是无量壽宗要經受持讀誦若魔子魔眾夜叉羅剎不得其便終无
枉死陁羅尼曰 南謨薄伽勃底一阿波唎蜜多二阿喻紇硯那三須毗你悉指陁四羅佐耶五怛他羯
他耶六怛姪他七薩婆桑悉迦羅八波唎輸底九達磨底十伽迦那十一莎訶其揭迦底十二薩婆婆毗輸底十三
摩訶娜耶十四波唎婆嚟莎訶十五
若有自書寫教人書寫是无量壽宗要經受持讀誦常得四天王隨其衛護陁羅尼曰

南謨薄伽勃底一 阿波唎蜜多二 阿喻紇硯那三 須毗你悉指陀四 囉佐耶五 怛他羯他耶六 怛姪他七 薩婆桑
悉迦羅八 波唎輸底九 達磨底十 伽迦那十一 莎訶娑謨迦底十二 薩婆婆毗輸底十三 摩訶娜耶十四 波唎婆囇莎訶十五
若有自書寫教人書寫是無量壽宗要經受持讀誦者魔王魔眷屬夜叉羅剎不得其便終無
橫死陀羅尼曰 南謨薄伽勃底一 阿波唎蜜多二 阿喻紇硯那三 須毗你悉指陀四 囉佐耶五 怛他羯
他耶六 怛姪他七 薩婆桑悉迦羅八 波唎輸底九 達磨底十 伽迦那十一 莎訶娑謨迦底十二 薩婆婆毗輸底十三
摩訶娜耶十四 波唎婆囇莎訶十五
若有自書寫教人書寫是無量壽宗要經受持讀誦常得四天王隨其衛護陀羅尼曰
南謨薄伽勃底一 阿波唎蜜多二 阿喻紇硯那三 須毗你悉指陀四 囉佐耶五 怛他羯他耶六 怛姪他七 薩婆桑
悉迦羅八 波唎輸底九 達磨底十 伽迦那十一 莎訶娑謨迦底十二 薩婆婆毗輸底十三 摩訶娜耶十四 波唎婆囇
莎訶十五 若有自書寫教人書寫是無量壽宗要經受持讀誦當得往生西方極樂世
界阿彌陀佛淨土陀羅尼曰 南謨薄伽勃底一 阿波唎蜜多二 阿喻紇硯那三 須毗你悉指陀四 囉佐耶五
怛他羯他耶六 怛姪他七 薩婆桑悉迦羅八 波唎輸底九 達磨底十 伽迦那十一 莎訶娑謨迦底十二 薩婆婆毗輸底十三
摩訶娜耶十四 波唎婆囇莎訶十五
若有自書寫使人書寫是無量壽宗要經典之處則為是塔皆應恭敬作禮若是畜生或為鳥
獸經聞是經如是等類皆當不久得成一切種智陀羅尼曰
南謨薄伽勃底一 阿波唎蜜多二 阿喻紇硯那三 須毗你悉指陀四 囉佐耶五 怛他羯他耶六 怛姪他七 薩婆桑
悉迦羅八 波唎輸底九 達磨底十 伽迦那十一 莎訶娑謨迦底十二 薩婆婆毗輸底十三 摩訶娜耶十四 波唎婆囇莎
訶十五 若有於是無量壽經自書寫使人書寫畢竟不受女人之身陀羅尼曰
南謨薄伽勃底一 阿波唎蜜多二 阿喻紇硯那三 須毗你悉指陀四 囉佐耶五 怛他羯他耶六 怛姪他七 薩婆桑
悉迦羅八 波唎輸底九 達磨底十 伽迦那十一 莎訶娑謨迦底十二 薩婆婆毗輸底十三 摩訶娜耶十四 波唎婆囇莎
訶十五 若有能於是經少分能惠施者等於三千大千世界滿中七寶布施陀羅尼曰
南謨薄伽勃底一 阿波唎蜜多二 阿喻紇硯那三 須毗你悉指陀四 囉佐耶五 怛他羯他耶六 怛姪他七 薩婆桑
悉迦羅八 波唎輸底九 達磨底十 伽迦那十一 莎訶娑謨迦底十二 薩婆婆毗輸底十三 摩訶娜耶十四 波唎婆囇
莎訶十五 若有能供養是經者則是供養一切諸經等無有異陀羅尼曰
南謨薄伽勃底一 阿波唎蜜多二 阿喻紇硯那三 須毗你悉指陀四 囉佐耶五 怛他羯他耶六 怛姪他七 薩婆
桑悉迦羅八 波唎輸底九 達磨底十 伽迦那十一 莎訶娑謨迦底十二 薩婆婆毗輸底十三 摩訶娜耶十四 波唎婆囇莎
訶十五 如是毗婆尸佛尸棄佛毗舍浮佛拘留孫佛俱那含牟尼佛迦葉佛釋迦牟尼
佛若有人以七寶供養如是七佛其福有限書寫受持是無量壽經典所有功德不可限量
陀羅尼曰 南謨薄伽勃底一 阿波唎蜜多二 阿喻紇硯那三 須毗你悉指陀四 囉佐耶五 怛他羯他耶六
怛姪他七 薩婆桑悉迦羅八 波唎輸底九 達磨底十 伽迦那十一 莎訶娑謨迦底十二 薩婆婆毗輸底十三 摩
訶娜耶十四 波唎婆囇莎訶十五
若有七寶等於須彌山用布施其福上能知其限量是無量壽經典其福不可知數陀羅
尼曰 南謨薄伽勃底一 阿波唎蜜多二 阿喻紇硯那三 須毗你悉指陀四 囉佐耶五 怛他羯他耶六

佛若有人以七寶供養如是七佛其福有限書寫受持是無量壽經典所有功德不可限量

陀羅尼曰

南謨薄伽勃底一 阿波唎蜜多二 阿喻紇硯那三 須毗你悉指陀四 囉佐耶五 怛他羯他耶六

怛姪他唵七 薩婆桑悉迦囉八 波唎輸底九 達磨底十 伽伽那十一 莎訶某持迦底十二 薩婆婆毗輸底十三 摩

訶娜耶十四 波唎婆𠼝莎訶十五

若有七寶等於須彌山用布施其福上能知其限量若無量壽經典其福不可知數陀羅

尼曰

南謨薄伽勃底一 阿波唎蜜多二 阿喻紇硯那三 須毗你悉指陀四 囉佐耶五 怛他羯他耶六

怛姪他唵七 薩婆桑悉迦囉八 波唎輸底九 達磨底十 伽伽那十一 莎訶某持迦底十二 薩婆婆毗輸底十三 摩

訶娜耶十四 波唎婆𠼝莎訶十五

如是四大海水可知滴數若無量壽經典所生果報不可數量陀羅尼曰

南謨薄伽勃底一 阿波唎蜜多二 阿喻紇硯那三 須毗你悉指陀四 囉佐耶五 怛他羯他耶六 怛姪他唵七 薩婆桑悉

迦囉八 波唎輸底九 達磨底十 伽伽那十一 莎訶某持迦底十二 摩訶娜耶十四 波唎婆𠼝莎訶十五

若有自書使人書寫是無量壽經典又能讚持供養禮拜如恭敬一切十方佛土如來無有別

異陀羅尼曰

南謨薄伽勃底一 阿波唎蜜多二 阿喻紇硯那三 須毗你悉指陀四 囉佐耶五 怛他羯他耶六 怛姪他唵七 薩婆桑悉

迦囉八 波唎輸底九 達磨底十 伽伽那十一 莎訶某持迦底十二 薩婆婆毗輸底十三 摩訶娜耶十四 波唎婆𠼝

莎訶十五

布施力能成正覺 悟布施力人師子 布施力能聲普聞 慈悲階漸眾能入

持戒力能成正覺 悟持戒力人師子 持戒力能聲普聞 慈悲階漸眾能入

忍辱力能成正覺 悟忍辱力人師子 忍辱力能聲普聞 慈悲階漸眾能入

精進力能成正覺 悟精進力人師子 精進力能聲普聞 慈悲階漸眾能入

禪定力能成正覺 悟禪定力人師子 禪定力能聲普聞 慈悲階漸眾能入

智慧力能成正覺 悟智慧力人師子 智慧力能聲普聞 慈悲階漸眾能入

今時如來說是經一切世間天人阿修羅揵闥婆聞佛所說皆大歡喜信受奉行

佛說無量壽宗要經

令狐晏兒寫

何以釋迦牟尼先成佛，為精懃共行，共此衆生有緣；彌勒後成佛者，為懈怠
故，得後成佛。兜率陀天者，是其梵語，唐言知足天也。過去迦葉佛世時，
有一國王名大善見王，其王生一男，亦名善見王。其此善見王頂上有一肉疱，
得日文人雖破始內，得一男子，不從漏下而生，從頭上而生，其名號稱頂
生王。其王一日發願：我從頂而生，今勝諸王，要得天下降伏。或於一日便往高
樓[illegible]燒香，有一金輪從空而來，至立王前。王言：我若得金輪王者，其輪
往東方[illegible]至暮往四洲界，却至其前。四洲界却到前回，是稱金輪王。又於一日
有一象[illegible]至其前而立，極甚美，亦往四洲，名曰象寶。一日有一馬從空而來，亦
往四洲，名馬寶。或於一日有一女從空而來，殊妙，作妻，名女寶。又一日空中
有一珠現，名曰珠寶，照曜世界。又於一日從空一庫藏至下宅中，所要七珎取足
其藏，却入海中，名藏寶。又於一日有一人環鉀從空而下，住立其前，名兵寶。
將[illegible]閻浮所有不降者，並總降伏。其王問大臣：更有何處不降？大臣答曰
[illegible]其寶[illegible]東方便能降伏，西北等亦復然之。其王問大臣，大臣
[illegible]降便往[illegible]界降伏，見一白雲道，此是甚人？答言：此是善法堂帝
釋[illegible]其中說法，其王便共帝釋分坐說法，却迴下界，七金山總馬香盡沒，却
四洲[illegible]歸伏，號曰千代金輪王者，則頂生王是也。佛在世時，於耆闍崛山中有
一長者，家中大富，其長者生一兒子，生兒之日，從地同日便有一白象子從地出來。
其象子身真金色，所屎尿總是黃金，每日長者收取家中黃金，柜滿其此
象子日日年年隨此兒子漸長身大。其長者兒子既為同日生來，約象子立此
長者兒名為同日生，故號曰象護。其長者兒子幼身於街遊，共五百王子則極喜，
曰：或於一日王子各自道富，我等家各有黃金七寶。次到象護，答王子曰：我家中
生象護之日，亦從地有象子生來，所須香屎尿總是黃金，家中亦極富。其五百王
子內唯有阿闍世王子，若登位之日，必取此象子。不久多時，便得登阿闍世王位，勑
利八方。既登其位，遂喚象護之子，便索象護家中須屎金象子。其象護急送
其象子與阿闍世王，到王家中宮內，其象子從地沒去，於舊日象護家中從地出
來。於前送至王宮，王宮又從地弃，又於象護家中生來，如是數件。其象護便
自思惟：其王累恩護，為此象子久後惱人，損其軀命。欲往佛說此上事，至於佛前
思念出家。其佛嘆喚象護，身著衣服，變被袈裟，鬚頭髮自落，得初果、二果、四果羅漢。
既得羅漢，以佛初告象護：善聽，汝當與汝說因緣。其象護前世立中，於波羅奈國有
一長者，於波羅奈國城南有一故蘭若，佛塔破壞，修飾內一白象子，上有文
殊師利。并長者見修飾蘭若及象子，嚴畫已訖，回發心布施，後五百生中
常生富大家中，生便感得此象子同時出生。前世修利白象，今象行地而生。今見
佛得羅漢者，亦前世供養辟支佛，著[illegible]若出世間見佛便得羅漢，今得羅漢
其由如是

来於前送至王宮王宮又從地弃又於塢户家中生 如是數作
目思惟其王累恩户為此塢子久獲恍人榆其軀命欲往仏說此上事至於仏前
思念出家其仏嘆喚塢户身著衣服被袈裟頭髮自落得初果二果羅漢
既得羅漢以仏初告塢户善聽汝當与汝說因緣其塢户前世之中於波羅奈国有
一長者於波羅奈国城南有一故蘭若仏塔破壞從歸內一百塢子上有文
殊師利并長者見從歸蘭若及塢子漂盡已說回發心布施後五百生中
常生富大家中生便感得此塢子同時生前世從利自塢令塢行地而生户令見
仏得羅漢者亦前世供養辟支仏著衣若生世間見仏便得羅漢令得羅漢
其由如是
昔時於波羅奈国有一長者暫失家資貧之不濟家中有一奴其長者便遂平
雇与他人取其雇價養以長者其伸長者家中著獄子遂便遣此雇人作
其獄子去恰至獄中便有三十王子犯官遣事来入其獄禁斷不飲食交遣獄
子此三十王子而死此獄子每日有其慈心思念前世有何罪今得一身主貧之
雇其乞身与他人人著獄子轉交作獄子雖知官家色獄子曰如何於
門孔抛餅与三十王子與王子不死却能捨罪放王子出王子思念我等因此
獄子乃在其命何不報恩便各將一對寶衣与此獄子獄子已得便將此衣奉
上本之主大人回慈便放此奴他家自滿一任寬行更不障護自在寬行
一日於南城見一小仏堂子虎見發心欲歸子云有一妻子各交織一樹遶仏堂
妻便織一條一條便不肯樹樹遶仏堂已說便命終還生天上作天帝釋樹
妻於天亦作夫人不織樹妻命終便傍生天帝釋觀我從仏堂今得生天妻
則隨我生天又一妻何處去及乃見下界此婦在河潭作日鸛鳥而坐遶夜叉
下界来見此鳥上天去来到天上天宮蘭單上坐此鳥著鳥不眾頭却交
送至下界其鳥命終亦隨從仏堂功德果遶天上為不織樹隨傍生其由
如是 天上夫人頌云 昔日種柳條 如今我條柳 促頭毛織令 今來上天来
我聞之中便說未生鴛鴦見財賴婆娑羅王是請仏供養催往廠之事而
說 昔日於王宮舍有一長者家中大富号曰盧至不能捨一針一草与於者
忽有他心至道乃見天帝釋燕會之樂二長者便思念我亦大富何不
受樂便買三五个胡餅酤酒一升將酒於野外夫妻二人設樂豈不是人王
樂處至便行得五里已来唯設與食見一猕来亦不見我飲食與更行三
里依盡中而坐與食了盧至夫妻便蹈歌令日眠沙門天王神及天帝釋不
似其乞似得燕設樂天帝見已遂便来依盧至家中去来變作盧至長
者身入到家中語男女日皆已前被窮鬼犯烟不非與理食今日出城
去来打斷得此杷命鬼任若入来便打莫放近門户如是之間天帝釋作
長者身長者作乞兒身到門来男女便打莫打我上是汝父母男女答曰
其乞父母今在家中便被天帝釋取長者家中財物廣開四門施布
了帝釋却与帝櫃及庫天帝變作本身而去乞兒亦与變作盧至
入到家中先看函櫃帀封並全長者便自思惟是何之罪得如是苦事耶
便向仏問去来至於仏前仏便說上事其長者前生於波羅奈国見一僧
教化来便將物事布施与僧僧去了便生不布施心布施之中得五百生
富貴又生惜心雖有財物不得所用 其由如是
波斯匿王將舍衛四兵馬往罰他国至中路有一梵聲從地出来感得
當上五萬不丁盡聽梵聲君王便問大臣大臣答曰為問此梵聲便

BD05746 號背 1　因緣故事集（擬）

（5–2）

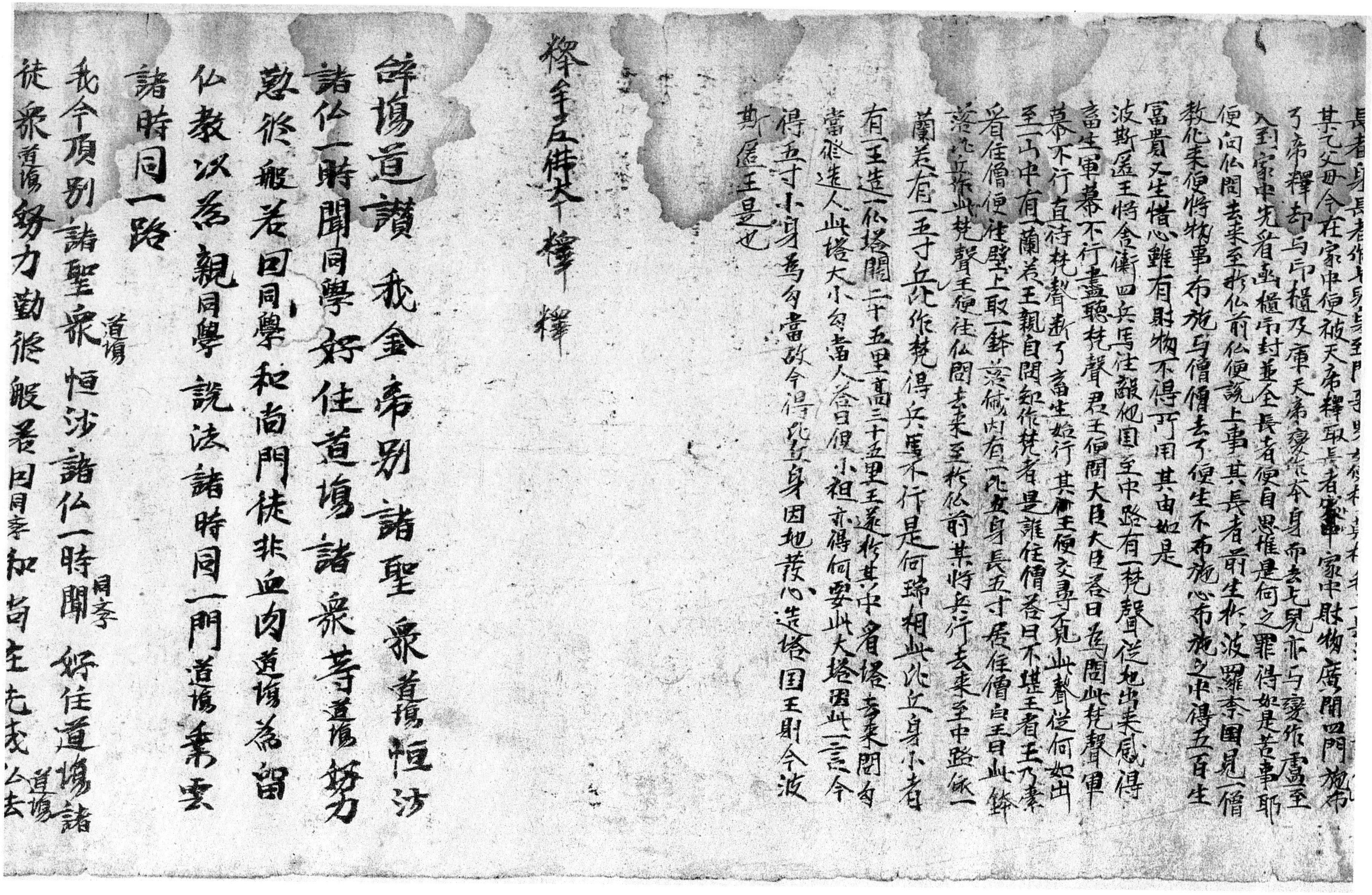

BD05746號背1　因緣故事集（擬）
BD05746號背2　辭道場讚

（5–3）

諸仏一時聞(同學) 好住道場 諸[illegible]

慈從般若因(同學)和尚門徒非血肉(道場)爲留

仏教以爲親(同學) 說法諸時同一門(道場)乘雲

諸時同一路

我今頂別諸聖衆(道場) 恒沙諸仏一時聞(同學) 好住道場諸

徒衆(道場)努力勤從般若因(同學)和尚在先成仏去(道場)

莫妄今時誦讚人(同學)棄重諸時同一路(道場)說法諸

時同一門(同學)和尚門徒非血肉(道場)唯留仏教以爲親(同學)

講經直作耶孃相(道場)說法遝同父母因(同學)龍花三

會登初首(道場) 弥陁乘觀入蘭真(同學)有緣再得重

相見(道場)無緣一別永長分(同學) 善哉善哉

當若生雜波吒苦(道場)爺孃慈悲相接取(同學)

辭道場文一本

以何緣須手見發仏

仏雖承聖運圓

BD05746 號背 2　雜寫

云何菩
正斷四神足
道支云何菩薩摩
行無相無願解脫門
住內空安住外空內外
空有為空無為空畢竟
空無變異空本性空自相空共
空一切法空不可得空無性空自性空無性
自性空云何菩薩摩訶薩安住真如安住法
界法性不虛妄性不變異性平等性離生性
法定法住實際虛空界不思議界云何菩薩
摩訶薩安住苦聖諦安住集滅道聖諦云何
菩薩摩訶薩修行八解脫修行八勝處九次
第定十遍處云何菩薩摩訶薩修行一切陀
羅尼門修行一切三摩地門云何菩薩摩訶
薩修行極喜地修行離垢地發光地焰慧地
[illegible]

BD05747號　大般若波羅蜜多經卷三八一　（6–1）

法定法住實際虛空界不思議界云何菩薩
摩訶薩安住苦聖諦安住集滅道聖諦云何
菩薩摩訶薩修行八解脫修行八勝處九次
第定十遍處云何菩薩摩訶薩修行一切陀
羅尼門修行一切三摩地門云何菩薩摩訶
薩修行極喜地修行離垢地發光地焰慧地
極難勝地現前地遠行地不動地善慧地法
雲地云何菩薩摩訶薩修行五眼修行六神
通云何菩薩摩訶薩修行佛十力修行四無
所畏四無礙解十八佛不共法云何菩薩摩
訶薩修行大慈修行大悲大喜大捨云何菩
薩摩訶薩修行無忘失法修行恒住捨性云
何菩薩摩訶薩修行一切智修行道相智一
切相智云何菩薩摩訶薩修行三十二大士
相修行八十隨好云何菩薩摩訶薩住異熟
生六神通已為諸有情宣說正法
世尊一切有情皆不可得有情施設亦不可
得一切有情不可得故色不可得受想行識
亦不可得一切有情不可得故眼處不可得
耳鼻舌身意處亦不可得一切有情不可得
故色處不可得聲香味觸法處亦不可得一
切有情不可得故眼界不可得耳鼻舌身意
界亦不可得一切有情不可得故色界不可
得聲香味觸法界亦不可得一切有情不可
得故眼識界不可得耳鼻舌身意識界亦不
可得一切有情不可得故眼觸不可得耳鼻
舌身意觸亦不可得一切有情不可得故眼

BD05747號　大般若波羅蜜多經卷三八一　（6–2）

切有情不可得故眼界不可得耳鼻舌身意
界亦不可得一切有情不可得故色界不可
得聲香味觸法界亦不可得一切有情不可
得故眼識界不可得耳鼻舌身意識界亦不
可得一切有情不可得故眼觸不可得耳鼻
舌身意觸亦不可得一切有情不可得故眼
觸為緣所生諸受不可得耳鼻舌身意觸為
緣所生諸受亦不可得一切有情不可得故
地界不可得水火風空識界亦不可得一切
有情不可得故因緣不可得等無間緣所緣
緣增上緣亦不可得一切有情不可得故一
切從緣所生之法皆不可得一切有情不可
得故無明不可得行識名色六處觸受愛取
有生老死愁歎苦憂惱亦不可得一切有情
不可得故布施波羅蜜多不可得淨戒安忍
精進靜慮般若波羅蜜多亦不可得一切有
情不可得故四靜慮不可得四無量四無色
定亦不可得一切有情不可得故四念住
不可得四正斷四神足五根五力七等覺支
八聖道支亦不可得一切有情不可得故空
解脫門不可得無相無願解脫門亦不可得
一切有情不可得故內空不可得外空內外
空空空大空勝義空有為空無為空畢竟空
無際空散空無變異空本性空自相空共相
空一切法空不可得空無性空自性空無性
自性空亦不可得一切有情不可得故真如
不可得法界法性不虛妄性不變異性平等

BD05747號　大般若波羅蜜多經卷三八一

（6–3）

空空空大空勝義空有為空無為空畢竟空
無際空散空無變異空本性空自相空共相
空一切法空不可得空無性空自性空無性
自性空亦不可得一切有情不可得故真如
不可得法界法性不虛妄性不變異性平等
性離生性法定法住實際虛空界不思議界
亦不可得一切有情不可得故苦聖諦不可
得集滅道聖諦亦不可得一切有情不可得
故八解脫不可得八勝處九次第定十遍處
亦不可得一切有情不可得故一切陀羅尼
門不可得一切三摩地門亦不可得一切有
情不可得故極喜地不可得離垢地發光
地焰慧地極難勝地現前地遠行地不動地
善慧地法雲地亦不可得一切有情不可得
故五眼不可得六神通亦不可得一切有情
不可得故佛十力不可得四無所畏四無礙解
十八佛不共法亦不可得一切有情不可
得故大慈不可得大悲大喜大捨亦不可得
一切有情不可得故無忘失法不可得恒住
捨性亦不可得一切有情不可得故一切智
不可得道相智一切相智亦不可得一切有
情不可得故預流果不可得一來不還阿羅漢
果獨覺菩提亦不可得一切有情不可得故
一切菩薩摩訶薩行不可得諸佛無上正
等菩提亦不可得一切有情不可得故三十
二大士相不可得八十隨好亦不可得
[illegible]

BD05747號　大般若波羅蜜多經卷三八一

（6–4）

情不可得故預流果不可得一來不還阿羅漢
果獨覺菩提亦不可得一切有情不可得故
一切菩薩摩訶薩行不可得諸佛無上正
等菩提亦不可得一切有情不可得故三十
二大士相不可得八十隨好亦不可得
世尊不可得中無有情無有情施設無色無
色施設無受想行識無受想行識施設無
眼處無眼處施設無耳鼻舌身意處無耳
鼻舌身意處施設無色處無色處施設無
聲香味觸法處無聲香味觸法處施設
無眼界無眼界施設無耳鼻舌身意界無耳
鼻舌身意界施設無色界無色界施設無
聲香味觸法界無聲香味觸法界施設無
眼識界無眼識界施設無耳鼻舌身意識
界無耳鼻舌身意識界施設無眼觸無眼
觸施設無耳鼻舌身意觸無耳鼻舌身意
觸施設無眼觸為緣所生諸受無眼觸為
緣所生諸受施設無耳鼻舌身意觸為緣
所生諸受無耳鼻舌身意觸為緣所生諸受
施設無地界無地界施設無水火風空識
界無水火風空識界施設無因緣無因
緣施設無等無間緣所緣緣增上緣無等
無間緣所緣緣增上緣施設無從諸緣所
生諸法無從諸緣所生諸法施設無無明無
無明施設無行識名色六處觸受愛取有生
老死愁歎苦憂惱無行乃至老死愁歎苦
憂惱施設無布施波羅蜜多無布施波羅

BD05747 號　大般若波羅蜜多經卷三八一　（6–5）

界無水火風空識界施設無因緣無因
緣施設無等無間緣所緣緣增上緣無等
無間緣所緣緣增上緣施設無從諸緣所
生諸法無從諸緣所生諸法施設無無明無
無明施設無行識名色六處觸受愛取有生
老死愁歎苦憂惱無行乃至老死愁歎苦
憂惱施設無布施波羅蜜多無布施波羅
蜜多施設無淨戒安忍精進靜慮般若波
羅蜜多無淨戒乃至般若波羅蜜多施設
無四靜慮無四靜慮施設無四無量四無色
定無四無量四無色定施設無四念住無
四念住施設無四正斷四神足五根五力
七等覺支八聖道支無四正斷乃至八聖
道支施設無空解脫門無空解脫門施設
無無相無願解脫門無無相無願解脫門
施設無內空無內空施設無外空內外空
空勝義空有為空無為空畢竟空
本性空自相空

BD05747 號　大般若波羅蜜多經卷三八一　（6–6）

著　録　凡　例

本目錄採用條目式著錄法。諸條目意義如下：

1.1　著錄編號。用漢語拼音首字“BD”表示，意為“北京圖書館藏敦煌遺書”，簡稱“北敦號”。文獻寫在背面者，標註為“背”。一件遺書上抄有多個文獻者，用數字1、2、3等標示小號。一號中包括幾件遺書，且遺書形態各自獨立者，用字母A、B、C等區別。

1.2　著錄分類號。本條記目錄暫不分類，該項空缺。

1.3　著錄文獻的名稱、卷本、卷次。

1.4　著錄千字文編號。

1.5　著錄縮微膠卷號。

2.1　著錄遺書的總體數據。包括長度、寬度、紙數、正面抄寫總行數與每行字數、背面抄寫總行數與每行字數。如該遺書首尾有殘破，則對殘破部分單獨度量，用加號加在總長度上。凡屬這種情況，長度用括弧標註。

2.2　著錄每紙數據。包括每紙長度及抄寫行數或界欄數。

2.3　著錄遺書的外觀。包括：（1）裝幀形式。（2）首尾存況。（3）護首、軸、軸頭、天竿、縹帶，經名是書寫還是貼簽，有無經名號，扉頁、扉畫。（4）卷面殘破情況及其位置。（5）尾部情況。（6）有無附加物（蟲繭、油污、線繩及其他）。（7）有無裱補及其年代。（8）界欄。（9）修整。（10）其他需要交待的問題。

2.4　著錄一件遺書抄寫多個文獻的情況。

3.1　著錄文獻首部文字與對照本核對的結果。

3.2　著錄文獻尾部文字與對照本核對的結果。

3.3　著錄錄文。

3.4　著錄對文獻的說明。

4.1　著錄文獻首題。

4.2　著錄文獻尾題。

5　著錄本文獻與對照本的不同之處。

6.1　著錄本遺書首部可與另一遺書綴接的編號。

6.2　著錄本遺書尾部可與另一遺書綴接的編號。

7.1　著錄題記、題名、勘記等。

7.2　著錄印章。

7.3　著錄雜寫。

7.4　著錄護首及扉頁的內容。

8　著錄年代。

9.1　著錄字體。如有武周新字、合體字、避諱字等，予以說明。

9.2　著錄卷面二次加工的情況。包括句讀、點標、科分、間隔號、行間加行、行間加字、硃筆、墨塗、倒乙、刪除、兌廢等。

10　著錄敦煌遺書發現後，近現代人所加內容，裝裱、題記、印章等。

11　備註。著錄揭裱互見、圖版本出處及其他需要說明的問題。

上述諸條，有則著錄，無則空缺。

為避文繁，上述著錄中出現的各種參考、對照文獻，暫且不列版本說明。全目結束時，將統一編制本條記目錄出現的各種參考書目。

本條記目錄為農曆年份標註其公曆紀年時，未進行歲頭年末之換算，請讀者使用時注意自行換算。

條 記 目 錄

BD05637—BD05747

1.1 BD05637 號
1.3 金剛般若波羅蜜經
1.4 李 037
1.5 094:3863
2.1 (7 +447.3) ×25.5 厘米; 10 紙; 248 行, 行 17 字。
2.2 01: 7 +33.5, 23; 02: 50.5, 28; 03: 50.5, 28;
04: 50.3, 28; 05: 50.0, 28; 06: 50.5, 28;
07: 50.5, 28; 08: 50.0, 28; 09: 50.5, 28;
10: 11.0, 01。
2.3 卷軸裝。首殘尾全。經黄紙。卷前部有破裂, 有脱落殘片。背有古代裱補, 已脱落。有烏絲欄。
3.1 首 4 行下殘→大正 235, 8/749B24 ~29。
3.2 尾全→8/752C3。
4.2 金剛般若波羅蜜經 (尾)。
5 與《大正藏》本相比, 本卷經文無冥司偈, 參見《大正藏》, 8/751C16 ~19。
8 7 ~8 世紀。唐寫本。
9.1 楷書。
9.2 有硃筆斷句。
11 圖版:《敦煌寶藏》, 80/643A ~648B。

1.1 BD05638 號
1.3 正法念處經 (兑廢稿) 卷六二
1.4 李 038
1.5 420:8591
2.1 46 ×26.9 厘米; 1 紙; 24 行, 行 17 字。
2.3 卷軸裝。首尾均脱。尾有餘空。有烏絲欄。
3.1 首殘→大正 721, 17/368C15。
3.2 尾殘→17/369A17。
7.1 上邊有一個 "兑" 字。
8 8 世紀。唐寫本。
9.1 楷書。
11 圖版:《敦煌寶藏》, 110/639A ~B。

1.1 BD05639 號 A
1.3 大方廣入如來智德不思議經
1.4 李 039
1.5 461:8722
2.1 48.5 ×27 厘米; 1 紙; 28 行, 行 17 字。
2.3 卷軸裝。首尾均脱。有烏絲欄。
3.1 首殘→大正 304, 10/927A28。
3.2 尾殘→10/927B28。
8 8 世紀。唐寫本。
9.1 楷書。
9.2 有刮改。有行間校加字。
11 圖版:《敦煌寶藏》, 111/300A。

1.1 BD05639 號 B
1.3 新集藏經音義隨函錄 (兑廢稿)
1.4 李 039
1.5 461:8722
2.1 89.5 ×27 厘米; 4 紙; 47 行, 行字不等。
2.2 01: 27.5, 14; 02: 27.5, 16; 03: 14.0, 08;
04: 20.5, 09。
2.3 卷軸裝。首尾均殘。各紙接縫處均開脱, 斷爲 4 張。除末紙, 均有烏絲欄。
3.4 説明:
本號共為四個單張紙。第一紙 14 行, 為《大莊嚴論音義》; 第二紙 16 行, 為《菩薩瓔絡本業經音義》與《佛藏經音義》; 第三紙 8 行, 為《義足經音義》; 第四紙 9 行, 為《阿毗達磨顯宗論音義》。應為兑廢後剪下之殘紙。參見《敦煌音義匯考》, 第 1020 頁到 1027 頁。
7.1 首紙背有勘記 "一校"。
8 7 ~8 世紀。唐寫本。
9.1 楷書。
9.2 有刮改、校改及塗抹。有行間加行, 寫到下邊。

11　圖版：《敦煌寶藏》，111/300B～301B。

1.1　BD05640 號
1.3　金光明最勝王經卷二
1.4　李 040
1.5　083:1572
2.1　46.5×26.5 厘米；1 紙；28 行，行 14 字（偈頌）。
2.3　卷軸裝。首尾均脱。卷面多水漬。有烏絲欄。
3.1　首殘→大正 665，16/412C20。
3.2　尾殘→16/413A18。
8　8～9 世紀。吐蕃統治時期寫本。
9.1　楷書。
11　圖版：《敦煌寶藏》，68/409A。

1.1　BD05641 號
1.3　無量壽宗要經
1.4　李 041
1.5　275:8040
2.1　(9+200)×31.5 厘米；5 紙；138 行，行 30 餘字。
2.2　01：9+28，26；　02：43.0，30；　03：43.0，29；
　　04：43.0，30；　05：43.0，23。
2.3　卷軸裝。首殘尾全。卷面殘破，有水漬及火灼殘洞。有烏絲欄。
3.1　首全→大正 936，19/82A7～18。
3.2　尾全→19/84C29。
4.2　佛説無量壽宗要經（尾）。
8　8～9 世紀。吐蕃統治時期寫本。
9.1　行楷。
9.2　有刮改及校改。
11　圖版：《敦煌寶藏》，108/584A～586B。

1.1　BD05642 號
1.3　佛名經（十六卷本）卷四懺悔文鈔
1.4　李 042
1.5　064:0831
2.1　166.8×30.5 厘米；4 紙；73 行，行 19 字。
2.2　01：41.8，18；　02：42.0，19；　03：42.0，19；
　　04：41.0，17。
2.3　卷軸裝。首尾均全。卷首中部有破裂。
3.4　説明：
　　此文獻所寫為十六卷本《佛名經》卷四的懺悔文。按照《七寺古逸經典研究叢書》第 3 輯所載十六卷本《佛説佛名經》卷四考核。情況如下：
　　第 1 行："第四"；
　　第 2～13 行：3/186 頁第 272 行～187 頁 282 行；
　　第 14～46 行：3/188 頁第 288 行～190 頁 321 行；
　　第 47～52 行：3/212 頁第 607 行～213 頁 612 行；
　　第 52～74 行：3/213 頁第 618 行～215 頁 641 行；
　　第 74 行："第四懺悔"。
4.1　第四（首）。
4.2　第四懺悔（尾）。
8　9～10 世紀。歸義軍時期寫本。
9.1　楷書。
11　圖版：《敦煌寶藏》，62/601B～603B。

1.1　BD05643 號 1
1.3　述三藏聖教記
1.4　李 043
1.5　084:2007
2.1　50.3×27.9 厘米；1 紙；28 行，行 17 字。
2.3　卷軸裝。首尾均脱。下邊有殘破。有烏絲欄。
2.4　本遺書包括 2 個文獻：（一）《述三藏聖教記》，4 行，今編為 BD05643 號 1。（二）《大般若波羅蜜多經》卷一，24 行，今編為 BD05643 號 2。
3.1　首殘→昭和法寶總目錄 77，3/1421B3。
3.2　尾全→昭和法寶總目錄 77，3/1421B7。
8　8 世紀。唐寫本。
9.1　楷書。
11　圖版：《敦煌寶藏》，71/325。

1.1　BD05643 號 2
1.3　大般若波羅蜜多經卷一
1.4　李 043
1.5　084:2007
2.4　本遺書由 2 個文獻組成，本號為第 2 個，24 行。餘參見 BD05643 號 1 之第 2 項、第 11 項。
3.1　首全→大正 220，5/1B5。
3.2　尾殘→5/1C3。
4.1　初分緣起品第一之一，三藏法師玄奘奉詔譯（首）。
8　8 世紀。唐寫本。
9.1　楷書。
9.2　有行間加行，直寫到下邊。

1.1　BD05644 號
1.3　妙法蓮華經卷五
1.4　李 044
1.5　105:5649
2.1　(2+44.8)×26.4 厘米；1 紙；27 行，行 17 字。
2.3　卷軸裝。首尾均殘。有烏絲欄。
3.1　首行中殘→大正 262，9/44C26～27。
3.2　尾殘→9/45B15。
8　8 世紀。唐寫本。
9.1　楷書。
11　圖版：《敦煌寶藏》，93/498A～B。

1.1 BD05645 號
1.3 梵網經盧舍那佛說菩薩心地戒品第十卷下
1.4 李 045
1.5 143:6743
2.1 (34+2+28)×27.4 厘米；2 紙；33 行，行 21 字。
2.2 01：34+2，19； 02：28.0，14。
2.3 卷軸裝。首尾均殘。通卷殘破。背有古代裱補。有烏絲欄。已修整。
3.1 首 18 行下殘→大正 1484，24/1006C18。
3.2 尾 14 行上中殘→24/1007B13。
8 8～9 世紀。吐蕃統治時期寫本。
9.1 楷書。
11 圖版：《敦煌寶藏》，101/446A～B。

1.1 BD05646 號 A
1.3 金剛般若波羅蜜經
1.4 李 046
1.5 094:4176
2.1 (97+4)×25.5 厘米；2 紙；56 行，行 17 字。
2.2 01：51.0，28； 02：46+4，28。
2.3 卷軸裝。首脫尾殘。經黄紙。卷面有油污，紙張變脆，卷下邊多有破損。有烏絲欄。
3.1 首殘→大正 235，8/750C19。
3.2 尾 5 行上殘→8/751B14～19。
8 7～8 世紀。唐寫本。
9.1 楷書。
11 圖版：《敦煌寶藏》，82/317A～318A。

1.1 BD05646 號 B
1.3 妙法蓮華經卷四
1.4 李 046
1.5 105:5432
2.1 98.7×25.2 厘米；3 紙；55 行，行 17 字。
2.2 01：46.0，28； 02：45.0，27； 03：07.7，拖尾。
2.3 卷軸裝。首脫尾全。經黄紙。卷面有油污、水漬及破裂，通卷下邊殘損。有烏絲欄。已修整。
3.1 首殘→大正 262，9/36A14。
3.2 尾全→9/37A2。
4.2 妙法蓮華經卷第四（尾）。
8 7～8 世紀。唐寫本。
9.1 楷書。
11 圖版：《敦煌寶藏》，91/470A～471A。

1.1 BD05647 號
1.3 大般若波羅蜜多經卷二六九
1.4 李 047
1.5 084:2721
2.1 (2+772.9)×25.6 厘米；17 紙；440 行，行 17 字。
2.2 01：2+13.5，09； 02：48.5，28； 03：48.5，28；
04：48.5，28； 05：48.6，28； 06：48.9，28；
07：48.7，28； 08：49.0，28； 09：49.0，28；
10：49.0，28； 11：48.7，28； 12：48.4，28；
13：48.6，28； 14：48.4，28； 15：48.2，28；
16：48.4，28； 17：30.0，11。
2.3 卷軸裝。首殘尾全。首紙有破裂，下邊殘缺。接縫處有開裂；卷面有等距離油污，有水漬。卷尾有蟲繭。卷面有胡亂勾畫。有烏絲欄。
3.1 首行上殘→大正 220，6/361A23。
3.2 尾全→6/366A27。
4.2 大般若波羅蜜多經卷第二百六十九（尾）。
7.3 卷背有雜寫筆劃。
8 8～9 世紀。吐蕃統治時期寫本。
9.1 楷書。
9.2 有刮改。
11 圖版：《敦煌寶藏》，74/520A～530A。

1.1 BD05648 號
1.3 妙法蓮華經（八卷本）卷八
1.4 李 048
1.5 105:6120
2.1 298×25.5 厘米；7 紙；169 行，行 17 字。
2.2 01：47.0，28； 02：47.0，28； 03：47.0，28；
04：47.0，28； 05：47.0，28； 06：47.0，28；
07：16.0，01。
2.3 卷軸裝。首脫尾全。經黄打紙，砑光上蠟。第 5、6 紙接縫處下部開裂。有燕尾。有烏絲欄。
3.1 首殘→大正 262，9/60A24。
3.2 尾全→9/62B1。
4.2 妙法蓮華經卷第八（尾）。
8 7～8 世紀。唐寫本。
9.1 楷書。
11 圖版：《敦煌寶藏》，97/64A～68A。

1.1 BD05649 號
1.3 四分律比丘戒本
1.4 李 049
1.5 156:6888
2.1 (1+45.5+1)×27 厘米；1 紙；32 行，行字不等。
2.3 卷軸裝。首尾均殘。有烏絲欄。
3.1 首 1 行上殘→大正 1429，22/1021A6。
3.2 尾 1 行下殘→22/1021B9。
6.1 首→BD05392 號。
8 8～9 世紀。吐蕃統治時期寫本。
9.1 楷書。

11　圖版：《敦煌寶藏》，102/382A～B。

1.1　BD05650 號
1.3　大般涅槃經（北本）卷三六
1.4　李 050
1.5　115:6505
2.1　(1.5+894.8)×26 厘米；19 紙；498 行，行 17 字。
2.2　01：01.5，01；　02：49.5，28；　03：50.0，28；
04：50.0，28；　05：50.0，28；　06：50.0，28；
07：50.0，28；　08：49.8，28；　09：50.0，28；
10：49.8，28；　11：50.0，28；　12：49.8，28；
13：50.0，28；　14：49.8，28；　15：49.8，28；
16：50.0，28；　17：49.7，28；　18：49.6，28；
19：47.0，21。
2.3　卷軸裝。首殘尾全。卷首殘破，卷面有破裂及殘洞。尾有原軸，兩端塗黑漆，頂端點硃漆。有烏絲欄。
3.1　首一行殘→大正 374，12/575A8。
3.2　尾全→12/580C16。
4.2　大般涅槃經卷第卅六（尾）。
8　5～6 世紀。南北朝寫本。
9.1　楷書。
11　圖版：《敦煌寶藏》，99/643A～654B。

1.1　BD05651 號
1.3　維摩詰所說經卷中
1.4　李 051
1.5　070:1157
2.1　(3+72)×26.5 厘米；2 紙；43 行，行 17 字。
2.2　01：3+23，15；　02：49.0，28。
2.3　卷軸裝。首殘尾脱。有烏絲欄。
3.1　首 2 行下殘→大正 475，14/546B17～19。
3.2　尾殘→14/547A5。
6.1　首→BD05542 號。
8　8～9 世紀。吐蕃統治時期寫本。
9.1　楷書。
9.2　有硃筆斷句。
11　圖版：《敦煌寶藏》，65/493A～494A。

1.1　BD05652 號
1.3　七階佛名經
1.4　李 052
1.5　305:8321
2.1　(12.9+127.6)×27.7 厘米；2 紙；正面 72 行，行字不等；背面 25 行，行字不等。
2.2　01：12.9+54.7，37；　02：72.9，35。
2.3　卷軸裝。首殘尾脱。有折疊欄。已修整。
2.4　本遺書包括 2 個文獻：（一）《七階佛名經》，72 行，抄寫在正面，今編為 BD05652 號。（二）《沙彌濬智爲維那求布施歡喜文》（擬），25 行，抄寫在背面，今編為 BD05652 號背。
3.4　說明：
本文獻首 7 行上下殘，尾缺。為中國人所撰佛教禮懺文，未為歷代大藏經所收。敦煌遺書中收有多號，形態較爲複雜。
8　9～10 世紀。歸義軍時期寫本。
9.1　楷書。
9.2　有倒乙。有行間校加字。
11　圖版：《敦煌寶藏》，109/647A～650A。
從該件上揭下古代裱補紙 2 塊，今編爲 BD16288 號。

1.1　BD05652 號背
1.3　沙彌濬智為維那求布施歡喜文（擬）
1.4　李 052
1.5　305:8321
2.4　本遺書由 2 個文獻組成，本號為第 2 個，25 行，抄寫在背面。餘參見 BD05652 號之第 2 項、第 11 項。
3.3　錄文：
尊衆憶念我沙彌濬智，當爲十五日惟（維）那，於其中間名銓。夫時兼（檢）交不周，惱亂大衆，請願慈悲，布施歡喜。
尊衆憶念我沙彌濬智等，於其中間不具早知淨水佛土，掃佛塔僧地，參解去（起）居，不於時節，惱亂大衆，惟願慈悲，布施歡喜。
尊衆憶念我沙彌濬智，爲惱亂大衆，惟願慈悲，布施歡喜。
（錄文完）
7.3　卷背有 15 行“七階禮佛名經”雜抄。並有“時光千流轉”等雜寫多處，不一一錄文。
8　9～10 世紀。歸義軍時期寫本。
9.1　楷書。

1.1　BD05653 號
1.3　般若波羅蜜多心經（異本）
1.4　李 053
1.5　102:4486
2.1　56.5×25.4 厘米；2 紙；34 行，行 17 字。
2.2　01：14.5，07；　02：42.0，27。
2.3　卷軸裝。首尾均全。卷面有殘破。有烏絲欄。已修整。
3.1　首全→《般若心經譯註集成》，第 16 頁第 2 行。
3.2　尾全→《般若心經譯註集成》，第 17 頁第 4 行。
4.1　般若波羅蜜多心經（首）。
4.2　般若波羅蜜多心經一卷（尾）。
8　8～9 世紀。吐蕃統治時期寫本。
9.1　楷書。
11　圖版：《敦煌寶藏》，83/316A～B。

1.1　BD05654 號

1.3 大般若波羅蜜多經卷五六八
1.4 李054
1.5 084:3359
2.1 (8.7+44.8)×26.1厘米；2紙；26行，行17字。
2.2 01：08.7，護首；　　02：44.8，26。
2.3 卷軸裝。首殘尾脫。有護首，殘缺不全。卷面有破裂殘損，下部破損嚴重。背有古代裱補。有烏絲欄。
3.1 首全→大正220，7/931A24。
3.2 尾殘→7/931B24。
4.1 大般若波羅蜜多經卷第五百六十八，/第六分法界品第四之二，三藏法師玄奘奉詔譯/（首）。
8 8世紀。唐寫本。
9.1 楷書。
11 圖版：《敦煌寶藏》，77/372A～B。

1.1 BD05655號
1.3 瑜伽師地論卷一一
1.4 李055
1.5 201:7189
2.1 47.9×26.7厘米；1紙；26行，行17字。
2.3 卷軸裝。首全尾脫。有烏絲欄。
3.1 首全→大正1579，30/328C2。
3.2 尾殘→30/329A2。
4.1 瑜伽師地論卷第十一，彌勒菩薩說，沙門玄奘奉詔譯，/本地分中三摩呬多地第六之一。/（首）。
7.1 卷端背面有勘記“十一”。
8 9～10世紀。歸義軍時期寫本。
9.1 楷書。
11 圖版：《敦煌寶藏》，104/438B。

1.1 BD05656號
1.3 般若波羅蜜多心經
1.4 李056
1.5 102:4474
2.1 39.5×27.9厘米；1紙；正面21行，背面17行，行約17字。
2.3 卷軸裝。首尾均全。有烏絲欄。
2.4 本遺書包括2個文獻：(一)《般若波羅蜜多心經》，21行，抄寫在正面，今編為BD05656號。(二)《天請問經經文雜抄》，抄寫在背面，17行，今編為BD05656號背。
3.1 首全→大正251，8/848C4。
3.2 尾全→8/848C24。
4.1 般若波羅多心經（首）。
4.2 佛說多心經一卷（尾）。
7.3 首4行爲《般若波羅蜜多心經》經名及經文雜寫。
8 9～10世紀。歸義軍時期寫本。
9.1 楷書。
11 圖版：《敦煌寶藏》，83/307A～B。

1.1 BD05656號背
1.3 天請問經經文雜鈔
1.4 李056
1.5 102:4474
2.4 本遺書由2個文獻組成，本號為第2個，抄寫在背面，17行。餘參見BD05656號之第2項、第11項。
3.1 首全→大正592，15/124B12。
3.2 尾缺→15/124C5。
4.1 天請問經，三藏法師玄奘奉詔譯（首）。
5 與《大正藏》本對照，有缺文，參見大正592，15/124C4“天請問經”。屬於利用背面的紙張所作經文雜鈔。
7.1 卷首經名旁有雜寫“天”字
8 9～10世紀。歸義軍時期寫本。
9.1 楷書。

1.1 BD05657號
1.3 大般涅槃經（北本）卷一六
1.4 李057
1.5 115:6391
2.1 (4+86)×25.4厘米；2紙；50行，行17字。
2.2 01：4+36，22；　02：50.0，28。
2.3 卷軸裝。首殘尾脫。經黃紙。首紙下殘損，接縫上下有開裂。有烏絲欄。
3.1 首2行下殘→大正374，12/457B22～24。
3.2 尾殘→12/458A16。
8 7～8世紀。唐寫本。
9.1 楷書。
11 圖版：《敦煌寶藏》，98/529B～530B。

1.1 BD05658號1
1.3 佛頂尊勝陀羅尼經（佛陀波利本）序
1.4 李058
1.5 229:7333
2.1 (3+35.6)×25厘米；2紙；23行，行17字。
2.2 01：3+18，13；　02：17.6，10。
2.3 卷軸裝。首殘尾斷。通卷碎損。序及第2個文獻首題係後補。有烏絲欄。
2.4 本遺書包括2個文獻：(一)《佛頂尊勝陀羅尼經序》，12行，今編為BD05658號1。(二)《佛頂尊勝陀羅尼經》，11行，今編為BD05658號2。
3.1 首2行上下殘→大正967，19/349C7～9。
3.2 尾全→19/349C19。
8 9～10世紀。歸義軍時期寫本。
9.1 楷書。
11 圖版：《敦煌寶藏》，105/509B。

1.1　BD05658 號 2
1.3　佛頂尊勝陀羅尼經（佛陀波利本）
1.4　李 058
1.5　229:7333
2.4　本遺書由 2 個文獻組成，本號為第 2 個，11 行。餘參見 BD05658 號 1 之第 2 項、第 11 項。
3.1　首全→大正 967，19/349C23。
3.2　尾殘→19/350A6。
4.1　佛頂尊勝陀羅尼經，罽賓沙門佛陀波利奉詔譯（首）。
8　7～8 世紀。唐寫本。
9.1　楷書。

1.1　BD05659 號
1.3　金剛般若波羅蜜經
1.4　李 059
1.5　094:3972
2.1　(3+136.7+14.5)×24.5 厘米；4 紙；92 行，行 17 字。
2.2　01：3+23，16；　02：47.5，28；　03：47.2，28；
　　04：19+14.5，20。
2.3　卷軸裝。首脱尾殘。經黄紙。卷首右下殘缺，卷面有破裂，接縫處有開裂，尾紙脱落兩塊殘片，文可綴接。有烏絲欄。
3.1　首 2 行下殘→大正 235，8/750A2～4。
3.2　尾 9 行下殘→8/750C29～751A9。
8　7～8 世紀。唐寫本。
9.1　楷書。
11　圖版：《敦煌寶藏》，81/362B～364B。

1.1　BD05660 號
1.3　大般若波羅蜜多經卷二五〇
1.4　李 060
1.5　084:2655
2.1　(18.5+704.9)×25.7 厘米；16 紙；415 行，行 17 字。
2.2　01：18.5+20.3，23；　02：48.0，28；　03：47.7，28；
　　04：47.5，28；　05：47.3，28；　06：47.5，28；
　　07：47.7，28；　08：47.5，28；　09：47.6，27；
　　10：47.7，28；　11：47.6，28；　12：47.5，28；
　　13：47.7，28；　14：47.5，28；　15：47.3，28；
　　16：18.5，01。
2.3　卷軸裝。首殘尾全。卷首殘破嚴重，右下殘缺；卷面有殘破，卷背有鳥糞。有烏絲欄。
3.1　首 11 行下殘→大正 220，6/261C12～22。
3.2　尾全→6/266B20。
4.2　大般若波羅蜜多經卷第二百五十（尾）。
7.3　第 16 紙經名之後有雜寫“□神”。
8　8～9 世紀。吐蕃統治時期寫本。
9.1　楷書。
9.2　有刮改。有行間校加字。
11　圖版：《敦煌寶藏》，64/357B～366B。

1.1　BD05661 號
1.3　大般若波羅蜜多經卷三三八
1.4　李 061
1.5　084:2911
2.1　143.3×26.1 厘米；3 紙；84 行，行 17 字。
2.2　01：47.5，28；　02：47.8，28；　03：48.0，28。
2.3　卷軸裝。首尾均脱。有烏絲欄。
3.1　首殘→大正 220，6/734A25。
3.2　尾殘→6/735A21。
6.1　首→BD05465 號。
6.2　尾→BD05350 號。
8　8～9 世紀。吐蕃統治時期寫本。
9.1　楷書。
11　圖版：《敦煌寶藏》，75/442B～444A。

1.1　BD05662 號
1.3　妙法蓮華經卷四
1.4　李 062
1.5　105:5283
2.1　(4+308.8)×25.5 厘米；8 紙；184 行，行 17 字。
2.2　01：4+12，09；　02：42.3，25；　03：42.3，25；
　　04：42.3，25；　05：41.5，25；　06：42.8，25；
　　07：42.8，25；　08：42.8，25。
2.3　卷軸裝。首殘尾脱。打紙，研光上蠟。卷面污穢變色，殘破。有烏絲欄。
3.1　首 2 行中上殘→大正 262，9/29A24～25。
3.2　尾殘→9/31C28。
8　7～8 世紀。唐寫本。
9.1　楷書。
11　圖版：《敦煌寶藏》，90/470B～472A。
　　從該件上揭下古代裱補紙 7 塊，今編爲 BD16156 號、BD16157 號、BD16158 號、BD16159 號、BD15160 號等五號。

1.1　BD05663 號
1.3　妙法蓮華經卷二
1.4　李 063
1.5　105:4786
2.1　211.4×27.5 厘米；5 紙；126 行，行 17 字。
2.2　01：48.9，29；　02：48.2，29；　03：48.5，29；
　　04：48.4，29；　05：17.4，10。
2.3　卷軸裝。首脱尾殘。卷背多鳥糞。有烏絲欄。
3.1　首殘→大正 262，9/15C2。
3.2　尾行下殘→9/17B4。
8　7～8 世紀。唐寫本。
9.1　楷書。

11　圖版：《敦煌寶藏》，86/575A～577B。

1.1　BD05664 號
1.3　阿彌陀經
1.4　李 064
1.5　014:0183
2.1　98.5×25.8 厘米；2 紙；39 行，行 17 字。
2.2　01：50.0，28；　02：48.5，11。
2.3　卷軸裝。首脫尾全。卷首有破裂及殘洞，卷尾上邊下邊有殘洞。有燕尾。卷背多鳥糞。有烏絲欄。
3.1　首殘→大正 366，12/347C4。
3.2　尾全→12/348A29。
4.2　佛說阿彌陀經（尾）。
8　9～10 世紀。歸義軍時期寫本。
9.1　楷書。
9.2　有行間校加字。
11　圖版：《敦煌寶藏》，57/74A～75A。

1.1　BD05665 號
1.3　摩訶般若波羅蜜經卷一一
1.4　李 065
1.5　088:3439
2.1　(3.5+259.9+3.9)×25.5 厘米；6 紙；149 行，行 17 字。
2.2　01：3.5+31.5，20；　02：51.4，29；　03：51.7，28；
04：51.6，29；　05：51.4，29；　06：22.3+3.9，14。
2.3　卷軸裝。首尾均殘。首紙前部殘破嚴重，卷面多有殘洞，上下有破裂殘損。有烏絲欄。已修整。
3.1　首 2 行上殘→大正 223，8/302A24～25。
3.2　尾 2 行下殘→8/304A8～9。
8　5～6 世紀。南北朝寫本。
9.1　楷書。
11　圖版：《敦煌寶藏》，77/646A～649B。

1.1　BD05666 號
1.3　瑜伽師地論卷三九
1.4　李 066
1.5　201:7206
2.1　447.3×26.7 厘米；10 紙；277 行，行 22～24 字。
2.2　01：8+32.2，25；　02：45.3，28；　03：46.0，28；
04：46.1，28；　05：46.1，28；　06：46.1，28；
07：46.1，28；　08：46.1，28；　09：46.2，28；
10：47.1，28。
2.3　卷軸裝。首殘尾脫。首紙前半部碎損，通卷上部油污，卷面有破裂。卷尾有蟲繭。有烏絲欄。
3.1　首 5 行上下殘→大正 1579，30/506A3～11。
3.2　尾殘→30/510B24。
7.1　尾紙背有題記"此是福性論本"。
7.3　第 9 紙背面有雜寫"大乘百法百名"。
8　9～10 世紀。歸義軍時期寫本。
9.1　楷書。
9.2　有硃筆點標。有行間校加字。
11　圖版：《敦煌寶藏》，104/560A～565B。

1.1　BD05667 號
1.3　妙法蓮華經卷五
1.4　李 067
1.5　105:5520
2.1　(8.5+157.7+11.2)×25.3 厘米；4 紙；102 行，行 17 字。
2.2　01：8.5+30.5，23；　02：49.0，28；　03：48.5，28；
04：29.7+11.2，23。
2.3　卷軸裝。首尾均殘。首紙有 2 個殘洞，卷面多水漬。背有古代裱補。有烏絲欄。
3.1　首 5 行上殘→大正 262，9/37A13～17。
3.2　尾 6 行上殘→9/38B12～19。
8　8～9 世紀。吐蕃統治時期寫本。
9.1　楷書。
11　圖版：《敦煌寶藏》，92/616B～619A。

1.1　BD05668 號
1.3　大般若波羅蜜多經卷二二二
1.4　李 068
1.5　084:2573
2.1　142.9×25.7 厘米；3 紙；84 行，行 17 字。
2.2　01：48.0，28；　02：47.7，28；　03：47.2，28。
2.3　卷軸裝。首尾均脫。有烏絲欄。
3.1　首殘→大正 220，6/114A15。
3.2　尾殘→6/115A13。
8　8～9 世紀。吐蕃統治時期寫本。
9.1　楷書。
9.2　有行間校加字。
11　圖版：《敦煌寶藏》，74/110A～111B。

1.1　BD05669 號
1.3　金光明最勝王經卷二
1.4　李 069
1.5　083:1534
2.1　85.5×30 厘米；2 紙；52 行，行 17 字。
2.2　01：43.0，26；　02：42.5，26。
2.3　卷軸裝。首全尾脫。有烏絲欄。
3.1　首全→大正 665，16/408B2。
3.2　尾殘→16/409A2。
4.1　金光明最勝王經分別三身品第三，二，三藏法師義淨奉制譯（首）。
8　8～9 世紀。吐蕃統治時期寫本。

9.1 楷書。
11 圖版：《敦煌寶藏》，68/346B～347A。

1.1 BD05670號
1.3 妙法蓮華經卷四
1.4 李070
1.5 105:5413
2.1 149.8×25.8厘米；3紙；84行，行17字。
2.2 01：49.7，28； 02：50.1，28； 03：50.0，28。
2.3 卷軸裝。首尾均脱。經黄紙。卷下部殘破。有烏絲欄。
3.1 首殘→大正262，9/35A19。
3.2 尾殘→9/36A25。
8 7～8世紀。唐寫本。
9.1 楷書。
11 圖版：《敦煌寶藏》，91/425B～427B。

1.1 BD05671號1
1.3 妙法蓮華經度量天地品
1.4 李071
1.5 106:6190
2.1 330×28.4厘米；8紙；162行，行20餘字。
2.2 01：39.0，21； 02：75.5，40； 03：76.0，38；
04：23.5，05； 05：38.0，19； 06：38.0，19；
07：38.5，19； 08：01.5，01。
2.3 卷軸裝。首脱尾殘。卷前部下邊有等距離黴爛。
2.4 本遺書包括2個文獻：（一）《妙法蓮華經度量天地品》，104行，今編為BD05671號1。（二）《妙法蓮華經度量天地品》，58行，今編為BD05671號2。
3.4 説明：
本文獻首殘尾全。乃中國人所撰佛經，未為中國歷代大藏經所收。日本《大正藏》依據敦煌遺書收入，但文有缺漏。
4.2 妙法蓮華經卷第九（尾）。
7.1 卷尾有題記："天寶三載九月十七日，玉門行人在此襟。經廿日有餘，於獄寫了。有人受持讀誦，楚客除罪萬萬劫。記之。同襟人馬希晏，其人是河東郡、桑泉縣。上柱國樊客記。"
8 744年。唐寫本。
9.1 楷書。
9.2 有倒乙。有行間加行。
11 圖版：《敦煌寶藏》，97/221A～225A。

1.1 BD05671號2
1.3 妙法蓮華經度量天地品
1.4 李071
1.5 106:6190
2.4 本遺書由2個文獻組成，本號為第2個，58行。餘參見BD05671號1之第2項、第11項。
3.4 説明：
本文獻首殘尾全。乃中國人所撰佛經，未為中國歷代大藏經所收。日本《大正藏》依據敦煌遺書收入，但文有缺漏。
本號首23行與《大正藏》本2872，85/1355C10～1356A11相同，但品次不同。
4.1 妙法華經度量天地品第廿五（首）。
8 744年。唐寫本。
9.1 楷書。
9.2 有塗改、倒乙。有行間校加字。

1.1 BD05672號
1.3 維摩詰所說經卷上
1.4 李072
1.5 070:0955
2.1 （8.5+688.5+27.5）×25厘米；15紙；404行，行17字。
2.2 01：8.5+6，08； 02：50.0，28； 03：50.5，28；
04：50.5，28； 05：50.5，28； 06：51.0，28；
07：50.5，28； 08：50.5，28； 09：50.5，28；
10：50.5，28； 11：50.5，28； 12：50.5，28；
13：50.5，28； 14：50.5，28； 15：26+27.5，32。
2.3 卷軸裝。首殘尾全。卷下邊多有破裂，接縫處多有開裂，尾紙殘破嚴重，有横破裂。背有古代和近代裱補。有烏絲欄。
3.1 首5行中下殘→大正475，14/539A25～B1。
3.2 尾17行下殘→14/544A3～19。
4.2 維摩詰經卷上（尾）。
8 8世紀。唐寫本。
9.1 楷書。
10 第4紙背近代裱補紙騎縫處上下左右有4枚陰陽文硃印"白石☐記"，1.3×1.3厘米。
11 圖版：《敦煌寶藏》，64/146B～156B。

1.1 BD05673號
1.3 無量壽宗要經
1.4 李073
1.5 275:8041
2.1 （11+181.5）×32厘米；5紙；正面114行，行30餘字；背面80行，行字不等。
2.2 01：11+34，31； 02：46.5，32； 03：46.5，23；
04：46.5，23； 05：08.0，05。
2.3 卷軸裝。首殘尾全。第2紙上邊有破裂，第2、3紙接縫處上部開裂，第5紙尾有横向破裂。有烏絲欄。
2.4 本遺書包括4個文獻：（一）《無量壽宗要經》，114行，抄寫在正面，今編為BD05673號。（二）《九九歌鈔》（擬），抄寫在背面，4行，今編為BD05673號背1。（三）《乾寧三年（八九七）閏二月八日社人詮信母亡轉帖鈔》（擬），9行，抄寫在背面，今編為BD05673號背2。（四）《敦煌姓氏等習字雜寫》（擬），抄寫在背面，67行，今編為BD05673號背3。
3.1 首7行中上殘→大正936，19/82A6～18。

3.2 尾全→19/84C29。
4.2 佛說無量壽宗要經（尾）。
7.1 第5紙尾有題名“盧談”。
8 8～9世紀。吐蕃統治時期寫本。
9.1 行楷。
11 圖版：《敦煌寶藏》，108/587A～591B。

1.1 BD05673號背1
1.3 九九歌鈔（擬）
1.4 李073
1.5 275:8041
2.4 本遺書由4個文獻組成，本號為第2個，抄寫在背面，4行。餘參見BD05673號之第2項、第11項。
3.3 錄文：
九九八十一、八九七十二、七九六十三、六九五十/
四、五九四十五、四九三十六、三九二十七、二九一十八、/
八八六十四、七八五/
（錄文完）
3.4 說明：
本文獻從左向右書寫。尾缺未寫完。
7.3 卷首有雜寫1行10字。前5字為難雜字，後5字為“張袈裟、張友”。
8 9～10世紀。歸義軍時期寫本。
9.1 行書。

1.1 BD05673號背2
1.3 乾寧三年（八九七）閏二月八日社人詮信母亡轉帖鈔（擬）
1.4 李073
1.5 275:8041
2.4 本遺書由4個文獻組成，本號為第3個，抄寫在背面，9行。餘參見BD05673號之第2項、第11項。
3.3 錄文：
社司轉帖/
右緣詮信母亡，准合右（有）贈送，人各鮮淨色/
物羊（半）疋，粟一斗，收全。限今月二十日卯時/
於龍興寺門蒔後殿取斉（齊）。如有<後>/
後到者，罰麥三斗。全不來者，罰柒斗。/
其帖速遞，相分付，不得停滯。如滯者，/
准科罰。帖同（周）卻付（？）集，所（？）爲後憑。/
丙辰年潤（閏）二月八日錄事遞恩帖/
錄文完）
7.3 文獻末尾有雜寫“行人轉帖”。
8 897年。歸義軍時期寫本。
9.1 行書。

1.1 BD05673號背3
1.3 敦煌姓氏等習字雜寫（擬）
1.4 李073
1.5 275:8041
2.4 本遺書由4個文獻組成，本號為第4個，抄寫在背面，67行。餘參見BD05673號之第2項、第11項。
3.3 錄文：
張王李趙陰薛崔盧柳鄭唐劉杜范董荼（？）右蔣保黃康石必羅白米史曹何落（洛）陣（陳）斉（齊）白年（？）竹岳價（？）談尹麥郭汜羅何陽昌穆牛吳戌胡秦告同齋新高衛遊朱馬鄧合索欠士。
3.4 說明：
本文獻為習字雜寫。所寫內容大多為姓氏，且為敦煌地區流行之姓氏，亦夾雜其他雜字。其中第一字“張”已整行習寫，第二字“王”僅習寫數字，以下諸字僅寫首字，未寫習字。
7.3 文獻首部有雜寫1行：“以上弓箭槍排不得欠，限今月十二日卯。”
8 9～10世紀。歸義軍時期寫本。
9.1 行書。

1.1 BD05674號
1.3 妙法蓮華經卷四
1.4 李074
1.5 105:5324
2.1 93.2×26.3厘米；2紙；56行，行17字。
2.2 01：46.5，28； 02：46.7，28。
2.3 卷軸裝。首尾均脫。經黃紙。有烏絲欄。
3.1 首殘→大正262，9/29C2。
3.2 尾殘→9/30B13。
8 7～8世紀。唐寫本。
9.1 楷書。
11 圖版：《敦煌寶藏》，90/657A～658A。

1.1 BD05675號
1.3 妙法蓮華經卷六
1.4 李075
1.5 105:5686
2.1 （1.5+409.6+10.3）×26厘米；9紙；278行，行17字。
2.2 01：1.5+47，32； 02：47.0，31； 03：47.0，31；
04：47.0，31； 05：47.0，31； 06：46.8，31；
07：46.8，31； 08：47.0，31； 09：34+10.3，29。
2.3 卷軸裝。首尾均殘。經黃打紙，研光上蠟。卷首前部破裂，卷後部下邊有破裂。有烏絲欄。
3.1 首行中下殘→大正262，9/47A26～27。
3.2 尾6行下殘→9/51C1～7。
8 7～8世紀。唐寫本。
9.1 楷書。
11 圖版：《敦煌寶藏》，94/285A～291A。

1.1　BD05676 號
1.3　無量壽宗要經
1.4　李 076
1.5　275:8042
2.1　(3 +152.5) ×31.5 厘米；4 紙；105 行，行 30 餘字。
2.2　01：3 +20.5，16；　02：44.0，30；　03：44.0，30；
04：44.0，29。
2.3　卷軸裝。首殘尾全。第 1 紙上邊有殘缺。有烏絲欄。
3.1　首 2 行中上殘→大正 936，19/82B1 ~2。
3.2　尾全→19/84C29。
4.2　佛説無量壽宗要經（尾）。
7.1　第 4 紙尾有題名“盧談”。
8　8 ~9 世紀。吐蕃統治時期寫本。
9.1　行楷。
11　圖版：《敦煌寶藏》，108/592A ~594A。

1.1　BD05677 號
1.3　妙法蓮華經卷五
1.4　李 077
1.5　105:5572
2.1　(2.7 +501.8) ×25.3 厘米；12 紙；287 行，行 17 字。
2.2　01：02.7，01；　02：46.0，28；　03：46.2，28；
04：48.5，28；　05：48.9，28；　06：48.8，28；
07：48.7，28；　08：49.0，28；　09：49.0，28；
10：49.0，28；　11：48.7，28；　12：19.0，06。
2.3　卷軸裝。首殘尾全。經黄紙。卷面有油污，上邊有黴斑殘破，接縫處有開裂。有烏絲欄。
3.1　首行上殘→大正 262，9/41C22。
3.2　尾全→9/46B14。
4.2　妙法蓮華經卷第五（尾）。
8　7 ~8 世紀。唐寫本。
9.1　楷書。
11　圖版：《敦煌寶藏》，93/146A ~153B。

1.1　BD05678 號
1.3　金剛般若波羅蜜經
1.4　李 078
1.5　094:3977
2.1　(5 +125) ×25 厘米；3 紙；72 行，行 17 字。
2.2　01：5 +23.5，16；　02：51.0，28；　03：50.5，28。
2.3　卷軸裝。首殘尾脱。經黄紙。卷首殘破，卷後部油污。有烏絲欄。
3.1　首 3 行上殘→大正 235，8/750A5 ~7。
3.2　尾脱→8/750C21。
8　7 ~8 世紀。唐寫本。
9.1　楷書。
11　圖版：《敦煌寶藏》，81/382B ~384A。

1.1　BD05679 號
1.3　佛名經（十六卷本）卷一六
1.4　李 079
1.5　063:0817
2.1　1216.3 ×25.5 厘米；31 紙；660 行，行 17 字。
2.2　01：24.4，護首；　02：09.8，04；　03：31.0，18；
04：40.5，23；　05：41.2，23；　06：41.2，23；
07：41.2，23；　08：41.3，23；　09：41.2，23；
10：41.2，23；　11：40.7，23；　12：41.0，23；
13：41.2，23；　14：41.2，23；　15：41.2，24；
16：41.3，23；　17：41.5，23；　18：41.4，23；
19：41.2，24；　20：41.2，24；　21：41.2，23；
22：41.0，23；　23：41.0，23；　24：41.0，23；
25：41.0，24；　26：41.2，23；　27：41.0，23；
28：41.0，23；　29：41.0，23；　30：41.0，23；
31：41.0，13。
2.3　卷軸裝。首尾均全。有護首，竹製天竿。卷面多水漬，有蟲繭及鳥糞，卷下部有破裂。背有古代裱補。有烏絲欄。
3.1　首全→《七寺古逸經典研究叢書》，3/794 頁第 1 行。
3.2　尾全→《七寺古逸經典研究叢書》，3/839 頁第 595 行。
4.1　佛説佛名經卷第十六（首）。
4.2　佛名經卷第十六（尾）。
5　與《七寺古逸經典研究叢書》對照，卷中及卷尾各多一段《罪業報應教化地獄經》，前一段 15 行，後一段 19 行。
8　8 世紀。唐寫本。
9.1　楷書。
11　圖版：《敦煌寶藏》，62/481B ~498A。

1.1　BD05680 號
1.3　妙法蓮華經卷四
1.4　李 080
1.5　105:5259
2.1　188.7 ×26 厘米；4 紙；112 行，行 17 字。
2.2　01：47.5，28；　02：47.7，28；　03：47.5，28；
04：46.0，28。
2.3　卷軸裝。首尾均脱。經黄紙。首紙下有開裂，第 2、3 紙接縫處脱開，後 2 紙多有殘缺。有烏絲欄。已修整。
3.1　首缺→大正 262，9/29A18。
3.2　尾殘→9/30C18。
8　7 ~8 世紀。唐寫本。
9.1　楷書。
11　圖版：《敦煌寶藏》，90/399A ~402A。

1.1　BD05681 號
1.3　妙法蓮華經卷三
1.4　李 081
1.5　105:5032

2.1　(6.9+796.6)×25.2 厘米；16 紙；478 行，行 17 字。
2.2　01：6.9+44.9，31；　02：51.4，31；　03：51.0，30；
04：51.3，31；　05：51.4，31；　06：51.2，31；
07：51.4，31；　08：51.3，31；　09：51.4，31；
10：51.4，31；　11：51.5，31；　12：51.4，31；
13：51.3，31；　14：51.3，31；　15：51.3，31；
16：33.1，14。
2.3　卷軸裝。首殘尾全。卷首脫落 1 塊殘片，文可綴接。卷尾下部有殘損。有烏絲欄。有劃界欄針孔。
3.1　首 4 行上中殘→大正 262，9/20B6～10。
3.2　尾全→9/27B9。
4.2　妙法蓮華經卷第三（尾）。
8　5～6 世紀。南北朝寫本。
9.1　楷書。
11　圖版：《敦煌寶藏》，88/314B～326B。

1.1　BD05682 號
1.3　無量壽宗要經
1.4　李 082
1.5　275:7840
2.1　175.5×31 厘米；4 紙；120 行，行 30 餘字。
2.2　01：44.0，31；　02：44.0，32；　03：44.0，32；
04：43.5，25。
2.3　卷軸裝。首尾均全。第 1 紙下邊有破裂殘缺。有烏絲欄。
3.1　首全→大正 936，19/82A3。
3.2　尾全→19/84C29。
4.1　大乘無量壽經（首）。
4.2　佛說無量壽宗要經（尾）。
7.1　卷尾有題名“呂日興”。首紙背有敦煌寺院寺名勘記“修”。
8　8～9 世紀。吐蕃統治時期寫本。
9.1　楷書。
9.2　有行間校加字。
11　圖版：《敦煌寶藏》，108/93A～95A。

1.1　BD05683 號
1.3　大般若波羅蜜多經（兌廢稿）卷二六二
1.4　李 083
1.5　084:2703
2.1　45×27.8 厘米；1 紙；正面 25 行，行 17 字；背面 1 行，行 3 字。
2.3　卷軸裝。首尾均脫。尾有餘空。有烏絲欄。
2.4　本遺書包括 2 個文獻：（一）《大般若波羅蜜多經（兌廢稿）》卷二六二，25 行，今編為 BD05683 號。（二）《雜經束袟皮》（擬），1 行，今編為 BD05683 號背。
3.1　首殘→大正 220，6/328A6。
3.2　尾殘→6/328B3。
5　與《大正藏》對照，第 18 行第 2 字後缺行，相當於大正 220，6/328A24～25。
7.1　上邊有一“兌”字。
8　8～9 世紀。吐蕃統治時期寫本。
9.1　楷書。
11　圖版：《敦煌寶藏》，74/451B～452A。

1.1　BD05683 號背
1.3　雜經束袟皮（擬）
1.4　李 083
1.5　084:2703
2.4　本遺書由 2 個文獻組成，本號為第 2 個，1 行。餘參見 BD05683 號之第 2 項、第 11 項。
3.4　說明：
背面有“雜經束”三字，證明本遺書曾被利用作爲捆束雜經的袟皮。
8　9～10 世紀。歸義軍時期寫本。
9.1　楷書。

1.1　BD05684 號
1.3　延壽命經（小本）
1.4　李 084
1.5　284:8238
2.1　49×45.2 厘米；1 紙；21 行，16 字。
2.3　卷軸裝。首尾均全。有烏絲欄，上邊有雙欄。
3.4　說明：
本遺書首尾均全。傳統認爲乃中國人所撰佛經，未為歷代大藏經所收。
4.1　佛說延壽命經（首）。
4.2　佛說延壽命經（尾）。
5　與《大正藏》所收同名佛經內容不同。
7.1　卷首背有勘記“一紙”。
7.3　卷末有雜寫“雜阿含經卷第八”等字。
8　9～10 世紀。歸義軍時期寫本。
9.1　楷書。
11　圖版：《敦煌寶藏》，109/385A～386A。

1.1　BD05685 號
1.3　父母恩重經
1.4　李 085
1.5　276:8210
2.1　(8+78.5)×26.5 厘米；3 紙；41 行，行 17 字。
2.2　01：8+13，11；　02：51.0，28；　03：14.5，02。
2.3　卷軸裝。首殘尾全。經黄紙。首紙有一塊殘片脫落，文可綴接。卷面有黴爛，接縫處有開裂，卷尾有等距離蟲蛀殘洞。有烏絲欄。已修整。
3.4　說明：

本文獻首 4 行中下殘，尾全。為中國人所撰佛經，未為歷代大藏經所收。
4.2　佛說父母恩重經一卷（尾）。
7.1　首紙背有勘記"父母恩重經"，卷背接縫處有字符。
8　7～8 世紀。唐寫本。
9.1　楷書。
11　圖版：《敦煌寶藏》，109/238A～239B。

1.1　BD05686 號
1.3　七階佛名經（兑廢稿）
1.4　李 086
1.5　305:8322
2.1　(6.5+84.5)×26.2 厘米；2 紙；50 行，行 20 字。
2.2　01：6.5+39，28；　02：45.5，22。
2.3　卷軸裝。首殘尾脱。尾有餘空。有烏絲欄。
3.4　説明：
本文獻首 4 行下殘，尾缺。為中國人所撰佛教禮懺文。形態複雜，有待進一步整理。本遺書未抄完，乃錯抄後兑廢稿，或經文雜寫稿。
8　9～10 世紀。歸義軍時期寫本。
9.1　楷書。
11　圖版：《敦煌寶藏》，109/650B～651B。

1.1　BD05687 號
1.3　金剛般若波羅蜜經
1.4　李 087
1.5　094:3809
2.1　(12+397.3+5)×25.8 厘米；10 紙；238 行，行 17 字。
2.2　01：12+25.6，22；　02：41.6，24；　03：42.0，24；
04：41.8，24；　05：42.0，24；　06：42.0，24；
07：42.0，24；　08：42.0，24；　09：42.0，24；
10：36.3+5，24。
2.3　卷軸裝。首尾均殘。卷面有等距離黴爛。有烏絲欄。已修整。
3.1　首 8 行中下殘→大正 235，8/749B13～20。
3.2　尾 2 行中下殘→8/752B6～7。
5　與《大正藏》本相比，本卷經文無冥司偈，參見《大正藏》，8/751C16～19。
8　7～8 世紀。唐寫本。
9.1　楷書。
9.2　有行間校加字。
11　圖版：《敦煌寶藏》，80/420A～426A。

1.1　BD05688 號
1.3　金剛般若波羅蜜經
1.4　李 088
1.5　094:4166
2.1　(23.5+256.7)×26 厘米；6 紙；160 行，行 17 字。
2.2　01：23.5+14.5，22；　02：48.5，28；　03：48.2，28；
04：48.5，28；　05：48.5，28；　06：48.5，26。
2.3　卷軸裝。首殘尾全。經黄紙。卷首殘破嚴重。背有古代裱補。有烏絲欄。已修整。
3.1　首 15 行上下殘→大正 235，8/750B29～C16。
3.2　尾全→8/752C3。
4.2　金剛般若波羅蜜經（尾）。
5　與《大正藏》本相比，本卷經文無冥司偈，參見《大正藏》，8/751C16～19。
8　7～8 世紀。唐寫本。
9.1　楷書。
9.2　有硃筆校改。
11　圖版：《敦煌寶藏》，82/290A～293B。

1.1　BD05689 號
1.3　諸星母陀羅尼經
1.4　李 089
1.5　253:7534
2.1　182.3×25.7 厘米；5 紙；97 行，行 17 字。
2.2　01：20.3，護首；　02：43.0，26；　03：43.3，28；
04：43.2，28；　05：32.5，15。
2.3　卷軸裝。首尾均全。有護首，有芨芨草天竿。有烏絲欄。
3.1　首全→大正 1302，21/420A3。
3.2　尾全→21/421A14。
4.1　諸星母陀羅尼經，沙門法成於甘肅修多寺譯（首）。
4.2　諸星母陀羅尼經一卷（尾）。
5　尾有音義。
8　9～10 世紀。歸義軍時期寫本。
9.1　楷書。
11　圖版：《敦煌寶藏》，106/606B～608B。

1.1　BD05690 號
1.3　金剛般若波羅蜜經
1.4　李 090
1.5　094:3638
2.1　(21+492.5)×25.5 厘米；11 紙；297 行，行 17 字。
2.2　01：21+10，19；　02：48.5，29；　03：49.2，28；
04：49.1，28；　05：48.5，28；　06：48.5，28；
07：48.0，28；　08：48.5，28；　09：48.7，28；
10：47.0，27；　11：46.5，26。
2.3　卷軸裝。首殘尾全。卷面多水漬，有破裂。背有古代裱補。有烏絲欄。
3.1　首 13 行下殘→大正 235，8/748C29～749A12。
3.2　尾全→8/752C3。
4.2　金剛般若波羅蜜經（尾）。
5　與《大正藏》本相比，本卷經文無冥司偈，參見《大正

藏》，8/751C16～19。
8　7～8 世紀。唐寫本。
9.1　楷書。
11　圖版：《敦煌寶藏》，79/279A～285B。

1.1　BD05691 號
1.3　妙法蓮華經卷四
1.4　李 091
1.5　105:5304
2.1　49.8×25.5 厘米；1 紙；28 行，行 17 字。
2.3　卷軸裝。首尾均脫。經黄紙。卷背有鳥糞及紅色污漬。有烏絲欄。
3.1　首殘→大正 262，9/28A23。
3.2　尾殘→9/28C7。
8　7～8 世紀。唐寫本。
9.1　楷書。
11　圖版：《敦煌寶藏》，90/506A～B。

1.1　BD05692 號
1.3　妙法蓮華經卷二
1.4　李 092
1.5　105:4862
2.1　195.4×26.3 厘米；4 紙；112 行，行 17 字。
2.2　01：49.0，28；　02：48.9，28；　03：48.8，28；
04：48.7，28。
2.3　卷軸裝。首尾均脫。卷尾有蟲繭。有烏絲欄。
3.1　首殘→大正 262，9/11C29。
3.2　尾殘→9/13B10。
8　7～8 世紀。唐寫本。
9.1　楷書。
11　圖版：《敦煌寶藏》，87/110B～113A。

1.1　BD05693 號
1.3　妙法蓮華經卷六
1.4　李 093
1.5　105:5848
2.1　101.5×25.5 厘米；2 紙；56 行，行 17 字。
2.2　01：51.0，28；　02：50.5，28。
2.3　卷軸裝。首尾均脫。經黄紙。接縫處上部開裂。有烏絲欄。
3.1　首殘→大正 262，9/53A11。
3.2　尾殘→9/53C14。
8　7～8 世紀。唐寫本。
9.1　楷書。
11　圖版：《敦煌寶藏》，95/365B～366B。

1.1　BD05694 號
1.3　妙法蓮華經卷二
1.4　李 094
1.5　105:4900
2.1　97.2×25.7 厘米；2 紙；53 行，行 17 字。
2.2　01：46.2，25；　02：51.0，28。
2.3　卷軸裝。首殘尾脫。經黄紙。接縫處上開裂。有烏絲欄。
3.1　首行殘→大正 262，9/13A13～14。
3.2　尾殘→9/13C10～11。
8　7～8 世紀。唐寫本。
9.1　楷書。
11　圖版：《敦煌寶藏》，87/188B～189B。

1.1　BD05695 號
1.3　無量壽宗要經
1.4　李 095
1.5　275:7841
2.1　213×31 厘米；5 紙；137 行，行 30 餘字。
2.2　01：43.0，27；　02：42.5，28；　03：42.5，28；
04：42.5，28；　05：42.5，26。
2.3　卷軸裝。首尾均全。第 3、4 紙接縫處上下端開裂。有烏絲欄。
3.1　首全→大正 936，19/82A3。
3.2　尾全→19/84C29。
4.1　大乘無量壽經（首）。
4.2　佛說無量壽宗要經（尾）。
8　8～9 世紀。吐蕃統治時期寫本。
9.1　行楷。
11　圖版：《敦煌寶藏》，108/95B～98A。

1.1　BD05696 號
1.3　金剛般若波羅蜜經
1.4　李 096
1.5　094:3606
2.1　（16＋261）×27.5 厘米；6 紙；159 行，行 17 字。
2.2　01：16＋17.6，19；　02：48.7，28；　03：48.7，28；
04：48.7，28；　05：48.7，28；　06：48.6，28。
2.3　卷軸裝。首殘尾脫。第 5、6 紙接縫處開裂。有烏絲欄。已修整。
3.1　首 9 行上殘→大正 235，8/748C27～749A6。
3.2　尾殘→8/750C24。
8　9～10 世紀。歸義軍時期寫本。
9.1　楷書。
11　圖版：《敦煌寶藏》，79/102A～105B。

1.1　BD05697 號
1.3　金剛般若波羅蜜經
1.4　李 097
1.5　094:3525

2.1　191.3×25.5 厘米；5 紙；113 行，行 17 字。
2.2　01：46.5，27；　02：13.8，8；　03：37.0，22；
04：47.0，28；　05：47.0，28。
2.3　卷軸裝。首全尾脫。經黄紙。卷自第 3 紙中部斷開。背有古代裱補。前 3 紙為歸義軍時期後補。有烏絲欄。已修整。
3.1　首全→大正 235，8/748C17。
3.2　尾殘→8/750A21。
4.1　金剛般若波羅蜜經（首）。
8　7～8 世紀。唐寫本。
9.1　楷書。
9.2　有塗抹、刪除、校改及刮改。
11　圖版：《敦煌寶藏》，78/427B～430A。

1.1　BD05698 號
1.3　無量壽宗要經
1.4　李 098
1.5　275:7842
2.1　168.5×31.5 厘米；4 紙；113 行，行 30 餘字。
2.2　01：42.5，28；　02：42.0，29；　03：42.0，29；
04：42.0，27。
2.3　卷軸裝。首尾均全。首紙上邊有破裂。有烏絲欄。
3.1　首全→大正 936，19/82A3。
3.2　尾全→19/84C29。
4.1　大乘無量壽經（首）。
4.2　佛說無量壽宗要經（尾）。
7.1　尾紙有題名"裴文達"。
8　8～9 世紀。吐蕃統治時期寫本。
9.1　楷書。
9.2　有行間校加字。
11　圖版：《敦煌寶藏》，108/98B～100B。

1.1　BD05699 號
1.3　金有陀羅尼經
1.4　李 099
1.5　254:7563
2.1　135.6×26.9 厘米；3 紙；80 行，行 16～19 字。
2.2　01：45.0，27；　02：45.4，28；　03：45.2，25。
2.3　卷軸裝。首全尾均全。有烏絲欄。
3.1　首全→大正 2910，85/1455C16。
3.2　尾全→85/1456C10。
4.1　金有陀羅尼經（首）。
4.2　金有陀羅尼經一卷（尾）。
7.1　卷首背有藏文題名。
8　8～9 世紀。吐蕃統治時期寫本。
9.1　楷書。
11　圖版：《敦煌寶藏》，107/6B～8A。

1.1　BD05700 號
1.3　道行般若經（宮本）卷六
1.4　李 100
1.5　461:8723
2.1　(2+197)×23.7 厘米；5 紙；122 行，行 18 字。
2.2　01：2+40，27；　02：41.0，27；　03：41.0，26；
04：41.0，27；　05：34.0，15。
2.3　卷軸裝。首殘尾全。有烏絲欄。近代已通卷托裱，有織錦護首。
3.1　首行中殘→大正 224，8/457B12～13。
3.2　尾全→8/459B3。
5　與《大正藏》本對照，分卷不同。相當《大正藏》卷第六第十六品後部分和卷第七第十七品。與日本宮内寮本、《聖語藏》本乃至中國《思溪藏》、《普寧藏》、《嘉興藏》分卷均相同。
7.1　卷尾有勘記"用紙十五枚"。
8　5 世紀。東晉寫本。
9.1　隸書。
9.2　有刮改、倒乙及重文符號。有行間校加字。有硃筆點標及綠色塗改。
10　有近代托裱，黑白色花紋織錦護首，接出玉池、拖尾。有天竿和尾軸。背面有托裱時注記"李一百，水三"，乃本遺書編號及皮藏櫃號。
11　圖版：《敦煌寶藏》，111/302A～305A。

1.1　BD05701 號
1.3　無量壽宗要經
1.4　柰 001
1.5　275:7843
2.1　171×32 厘米；4 紙；112 行，行 30 餘字。
2.2　01：43.0，30；　02：43.0，32；　03：42.5，31；
04：42.5，19。
2.3　卷軸裝。首尾均全。前 2 紙有殘損破裂，卷上部有油污。有烏絲欄。已修整。
3.1　首全→大正 936，19/82A3。
3.2　尾全→19/84C29。
4.1　大乘無量壽經（首）。
4.2　佛說無量壽宗要經（尾）。
7.1　尾紙有題記"令狐晏兒寫"。首紙背有敦煌寺院寺名勘記"普"。
8　8～9 世紀。吐蕃統治時期寫本。
9.1　行楷。
9.2　有校改。
11　圖版：《敦煌寶藏》，108/101A～103A。

1.1　BD05702 號
1.3　灌頂章句拔除過罪生死得度經
1.4　柰 002

1.5　250:7510
2.1　(8.6+283.4)×26.3 厘米；7 紙；163 行，行 17 字。
2.2　01：8.6+36.7，25；　02：48.2，27；　03：49.0，28；
04：48.8，28；　05：48.9，28；　06：46.7，26；
07：05.1，01。
2.3　卷軸裝。首殘尾全。首紙上下邊沿有殘損；尾 2 紙接縫處下開裂。
3.1　首 4 行上殘→大正 1331，21/534B8～11。
3.2　尾全→21/536B5。
4.2　藥師琉璃光經一卷（尾）。
8　9～10 世紀。歸義軍時期寫本。
9.1　楷書。
11　圖版：《敦煌寶藏》，106/533A～536B。

1.1　BD05703 號
1.3　金光明最勝王經卷九
1.4　柰 003
1.5　083:1940
2.1　144×25.5 厘米；3 紙；84 行，行 17 字。
2.2　01：47.9，28；　02：48.3，28；　03：47.8，28。
2.3　卷軸裝。首尾均脫。經黄紙。卷面有水漬。背有古代裱補。有烏絲欄。
3.1　首殘→大正 665，16/447A8。
3.2　尾殘→16/448A26。
8　7～8 世紀。唐寫本。
9.1　楷書。
11　圖版：《敦煌寶藏》，71/59A～60B。

1.1　BD05704 號
1.3　大般若波羅蜜多經（兑廢稿）卷二一〇
1.4　柰 004
1.5　084:2532
2.1　44.5×27.1 厘米；1 紙；25 行，行 17 字。
2.3　卷軸裝。首尾均脫。卷面有殘洞，下邊殘缺。尾有餘空。有烏絲欄。
3.1　首殘→大正 220，6/52C7。
3.2　尾殘→6/53A5。
5　與《大正藏》本對照，卷中尾行漏抄“一切智智”四字。
8　8～9 世紀。吐蕃統治時期寫本。
9.1　楷書。
11　圖版：《敦煌寶藏》，73/657B。

1.1　BD05705 號
1.3　大般若波羅蜜多經（兑廢稿）卷三〇〇
1.4　柰 005
1.5　084:2830
2.1　46.5×26.8 厘米；1 紙；26 行，行 17 字。
2.3　卷軸裝。首尾均脫。上下邊殘破。尾有餘空。有烏絲欄。已修整。
3.1　首殘→大正 220，6/527A19。
3.2　尾殘→6/527B16。
8　9～10 世紀。歸義軍時期寫本。
9.1　楷書。
11　圖版：《敦煌寶藏》，75/199A。

1.1　BD05706 號
1.3　金剛般若波羅蜜經
1.4　柰 006
1.5　094:3769
2.1　126×27 厘米；3 紙；69 行，行 17 字。
2.2　01：42.0，23；　02：42.0，23；　03：42.0，23。
2.3　卷軸裝。首斷尾脫。通卷破爛，卷面有鳥糞。第 1、2 紙脫開，第 1、3 紙各有一小殘片脫落，已綴接。有烏絲欄。已修整。
3.1　首殘→大正 235，8/749B9。
3.2　尾殘→8/750A25。
8　9～10 世紀。歸義軍時期寫本。
9.1　楷書。
9.2　有行間校加字。
11　圖版：《敦煌寶藏》，80/257A～258B。

1.1　BD05707 號
1.3　妙法蓮華經卷三
1.4　柰 007
1.5　105:5109
2.1　(1.9+63.7)×25.7 厘米；2 紙；36 行，行 17 字。
2.2　01：1.9+13.2，08；　02：50.5，28。
2.3　卷軸裝。首殘尾脫。經黄打紙。卷首殘破，上邊殘缺。卷面有水漬及等距離黴爛。有烏絲欄。
3.1　首行上殘→大正 262，9/20B24。
3.2　尾殘→9/21A11。
8　7～8 世紀。唐寫本。
9.1　楷書。
11　圖版：《敦煌寶藏》，89/37A～B。

1.1　BD05708 號
1.3　金有陀羅尼經
1.4　柰 008
1.5　254:7570
2.1　139.8×26.5 厘米；3 紙；74 行，行 18 字。
2.2　01：46.8，22；　02：46.5，28；　03：46.5，24。
2.3　卷軸裝。首尾均全。有烏絲欄。
3.1　首全→大正 2910，85/1455C16。
3.2　尾全→85/1456C10。
4.1　金有陀羅尼經（首）。

4.2 金有陀羅尼經一卷（尾）。
8 8～9世紀。吐蕃統治時期寫本。
9.1 楷書。
11 圖版：《敦煌寶藏》，107/20B～22A。

1.1 BD05709號
1.3 妙法蓮華經卷二
1.4 柰009
1.5 105:4716
2.1 （804.3＋3.5）×26.6厘米；20紙；468行，行17字。
2.2 01：19.0，11； 02：41.2，24； 03：41.3，24；
04：41.4，24； 05：41.3，24； 06：41.5，24；
07：41.5，24； 08：41.5，24； 09：41.6，24；
10：41.3，24； 11：41.5，24； 12：41.5，24；
13：42.4，25； 14：41.6，24； 15：41.4，24；
16：41.7，24； 17：41.7，24； 18：41.6，24；
19：41.6，24； 20：37.7＋3.5，24。
2.3 卷軸裝。首殘尾脫。紙張砑光上蠟。卷面油污，有破裂，第1、2紙接縫處有開裂，卷尾左上殘缺。背有古代裱補。有烏絲欄。
3.1 首行殘→大正262，9/10C10。
3.2 尾2行上殘→9/17B9～11。
8 7～8世紀。唐寫本。
9.1 楷書。
11 圖版：《敦煌寶藏》，85/488B～499B。

1.1 BD05710號
1.3 妙法蓮華經卷一
1.4 柰010
1.5 105:4691
2.1 48.4×25.6厘米；1紙；28行，行20字（偈）。
2.3 卷軸裝。首尾均脫。經黃紙。有烏絲欄。
3.1 首殘→大正262，9/8C15。
3.2 尾殘→9/9B7。
8 7～8世紀。唐寫本。
9.1 楷書。
11 圖版：《敦煌寶藏》，85/291A～B。

1.1 BD05711號
1.3 維摩詰所說經卷下
1.4 柰011
1.5 070:1258
2.1 （11＋41.5）×26厘米；2紙；31行，行17字。
2.2 01：06.0，03； 02：5＋41.5，28。
2.3 卷軸裝。首殘尾脫。紙張砑光上蠟。卷面有破裂，尾紙下邊殘缺。有烏絲欄。已修整。
3.1 首6行中下殘→大正475，14/552A29～B6。
3.2 尾殘→14/552C4。
8 7～8世紀。唐寫本。
9.1 楷書。
9.2 有硃筆校改、斷句及行間校加字。
11 圖版：《敦煌寶藏》，66/339B～340A。

1.1 BD05712號
1.3 金剛般若波羅蜜經
1.4 柰012
1.5 094:4180
2.1 （3.5＋45）×26厘米；1紙；28行，行17字。
2.3 卷軸裝。首尾均脫。經黃紙。卷面有殘洞，上下邊有破損。有烏絲欄。
3.1 首2行下殘→大正235，8/750C20～22。
3.2 尾殘→8/751A20。
8 7～8世紀。唐寫本。
9.1 楷書。
11 圖版：《敦煌寶藏》，82/326B～327A。

1.1 BD05713號
1.3 薩婆多毗尼毗婆沙卷六
1.4 柰013
1.5 181:7126
2.1 （1＋172）×26.8厘米；5紙；正面108行，行30字；背面20行，行30餘字。
2.2 01：1＋12，08； 02：40.0，25； 03：40.0，25；
04：40.0，25； 05：40.0，25。
2.3 卷軸裝。首尾均殘。首紙上下邊破損，卷面有油污。有烏絲欄。
2.4 本遺書包括2個文獻：（一）《薩婆多毗尼毗婆沙》卷六，108行，抄寫在正面，今編為BD05713號。（二）《四分律刪繁補闕行事鈔節鈔》（擬），抄寫在背面，20行，今編為BD05713號背。
3.1 首1行下殘→大正1440，23/542B13。
3.2 尾殘→23/544C6。
8 5世紀。東晉寫本。
9.1 隸書。
9.2 有重文符號。有行間校加字。
11 圖版：《敦煌寶藏》，104/236B～239A。

1.1 BD05713號背
1.3 四分律刪繁補闕行事鈔節鈔（擬）
1.4 柰013
1.5 181:7126
2.4 本遺書由2個文獻組成，本號為第2個，20行，抄寫在背面。餘參見BD05713號之第2項、第11項。
3.4 說明：

本遺書節鈔《四分律刪繁補闕行事鈔》卷下之“僧像致敬篇廿六”。內容如下：

第1行篇名：僧像致敬篇廿六；

第2～5行：大正1804，40/132B13～19；

第6～11行上：40/133A1～10；

第11中～14行：40/133C25～40/134A1；

第15～20：40/138B17～28。

但本文獻篇名排序與《四分律刪繁補闕行事鈔》不同，作“廿六”。

7.3 首題下有雜寫2行：“日月有四患，修羅、煙、霧、塵；不明不淨，不能有存（?）照。比丘有四患，亦復如是：飲酒、行婬、手捉金銀、邪命自活。”

8 7～8世紀。唐寫本。

9.1 楷書。

9.2 有行間校加字。

1.1 BD05714號

1.3 天地八陽神咒經

1.4 柰014

1.5 256:7659

2.1 (16+62)×25厘米；2紙；42行，行17字。

2.2 01：16+25，23； 02：37.0，19。

2.3 卷軸裝。首殘尾全。經黄紙。卷面有殘洞及破裂，上邊下邊有殘破。有烏絲欄。

3.1 首9行上下殘→大正2897，85/1424C13～1425A6。

3.2 尾全→85/1425B3。

4.2 佛說八陽神咒經（尾）。

5 與《大正藏》本對照，尾題之前多12行，其中5行20句爲偈言。

7.1 尾題後有題記“馮優婆夷”。

8 7～8世紀。唐寫本。

9.1 楷書。

11 圖版：《敦煌寶藏》，107/232A～233A。

1.1 BD05715號

1.3 長阿含經卷一八

1.4 柰015

1.5 461:8724

2.1 (10+151.5+2)×26厘米；5紙；96行，行17字。

2.2 01：10+25.5，21； 02：36.0，21； 03：36.0，21； 04：36.0，21； 05：18+2，12。

2.3 卷軸裝。首脫尾殘。上下邊有破裂。背有古代裱補。有烏絲欄。有劃界欄針孔。已修整。

3.1 首6行上下殘→大正1，1/120A11～17。

3.2 尾行上殘→1/121A24～25。

7.3 第4紙背有回鶻文（粟特文?）1行。

8 5～6世紀。南北朝寫本。

9.1 隸書。

9.2 有重文符號。有行間校加字。

11 圖版：《敦煌寶藏》，111/305B～308A。

1.1 BD05716號

1.3 妙法蓮華經卷一

1.4 柰016

1.5 105:4684

2.1 48.5×25.5厘米；1紙；28行，行20字（偈）。

2.3 卷軸裝。首尾均脫。經黄紙。有烏絲欄。

3.1 首殘→大正262，9/8A20。

3.2 尾殘→9/8C14。

8 7～8世紀。唐寫本。

9.1 楷書。

11 圖版：《敦煌寶藏》，85/276A～B。

1.1 BD05717號

1.3 妙法蓮華經卷六

1.4 柰017

1.5 105:5801

2.1 249.3×25.5厘米；6紙；151行，行17字。

2.2 01：09.3，11； 02：48.0，28； 03：48.0，28； 04：48.0，28； 05：48.0，28； 06：48.0，28。

2.3 卷軸裝。首斷尾脫。經黄紙。卷面多水漬。有烏絲欄。

3.1 首殘→大正262，9/50C9。

3.2 尾殘→9/52C11。

8 7～8世紀。唐寫本。

9.1 楷書。

11 圖版：《敦煌寶藏》，95/192A～195B。

1.1 BD05718號

1.3 金剛般若波羅蜜經

1.4 柰018

1.5 094:4247

2.1 97.4×25.9厘米；2紙；56行，行17字。

2.2 01：49.0，28； 02：48.4，28。

2.3 卷軸裝。首尾均脫。經黄打紙。兩紙均有殘洞，上下邊有破裂。有烏絲欄。已修整。

3.1 首殘→大正235，8/751A20。

3.2 尾殘→8/751C28。

5 與《大正藏》本相比，本卷經文無冥司偈，參見《大正藏》，8/751C16～19。

8 7～8世紀。唐寫本。

9.1 楷書。

11 圖版：《敦煌寶藏》，82/502B～503B。

1.1 BD05719號1

1.3　毗尼母經卷二
1.4　柰 019
1.5　182:7128
2.1　54.5×34 厘米；1 紙；43 行，行 37 字。
2.3　卷軸裝。首尾均脱。有烏絲欄。
2.4　本遺書包括 2 個文獻：(一)《毗尼母經》卷二，20 行，今編為 BD05719 號 1。(二)《毗尼母經》卷三，24 行，今編為 BD05719 號 2。
3.1　首殘→大正 1463，24/812B3。
3.2　尾全→24/812C14。
4.2　毗尼母經卷第二（尾）。
8　8 世紀。唐寫本。
9.1　楷書。
11　圖版：《敦煌寶藏》，104/249B～250A。

1.1　BD05719 號 2
1.3　毗尼母經卷三
1.4　柰 019
1.5　182:7128
2.4　本遺書由 2 個文獻組成，本號為第 2 個，24 行。餘參見 BD05719 號 1 之第 2 項、第 11 項。
3.1　首全→大正 1463，24/812C17。
3.2　尾殘→24/813B15。
4.1　毗尼母經卷第三（首）。
8　8 世紀。唐寫本。
9.1　楷書。

1.1　BD05720 號
1.3　摩訶般若波羅蜜經卷二
1.4　柰 020
1.5　088:3425
2.1　93.5×26.3 厘米；2 紙；56 行，行 17 字。
2.2　01：46.8，28；　02：46.7，28。
2.3　卷軸裝。首尾均脱。紙張砑光上蠟。通卷上下及尾部有破裂殘損。背有古代裱補。有烏絲欄。已修整。
3.1　首殘→大正 223，8/227C6。
3.2　尾殘→8/228B6。
5　與《大正藏》本對照，卷首文字略有不同。
8　7～8 世紀。唐寫本。
9.1　楷書。
11　圖版：《敦煌寶藏》，77/567B～568B。

1.1　BD05721 號
1.3　小抄
1.4　柰 021
1.5　178:7098
2.1　(9+171)×29 厘米；5 紙；117 行，行 27 字。
2.2　01：9+17.5，18；　02：42.5，28；　03：42.5，28；
04：42.5，27；　05：26.0，16。
2.3　卷軸裝。首尾均殘。首紙殘破，第 2 紙上部有殘洞，中部有破裂。有折疊欄。已修整。
3.1　首 7 行中下殘→《敦煌出土律典<略抄>の研究》(二)，第 89 頁第 4 行～第 6 行。
3.2　尾殘→《敦煌出土律典<略抄>の研究》(二)，第 100 頁第 8 行。
8　9～10 世紀。歸義軍時期寫本。
9.1　楷書。
11　圖版：《敦煌寶藏》，104/151B～153B。

1.1　BD05722 號
1.3　妙法蓮華經卷一
1.4　柰 022
1.5　105:4653
2.1　(2.4+102.4)×26 厘米；3 紙；58 行，行 17 字。
2.2　01：2.4+1.9，02；　02：50.3，28；　03：50.2，28。
2.3　卷軸裝。首殘尾脱。經黄打紙。卷面多水漬。卷背有鳥糞。有烏絲欄。
3.1　首行中殘→大正 262，9/2B16。
3.2　尾殘→9/3B6。
8　7～8 世紀。唐寫本。
9.1　楷書。
11　圖版：《敦煌寶藏》，85/163B～164B。

1.1　BD05723 號
1.3　大方廣十輪經卷八
1.4　柰 023
1.5　020:0230
2.1　(8+481.5)×25.5 厘米；10 紙；257 行，行 17 字。
2.2　01：8+16.5，13；　02：52.0，28；　03：52.0，28；
04：52.0，28；　05：52.0，28；　06：52.0，28；
07：52.0，28；　08：52.0，28；　09：52.0，28；
10：49.0，20。
2.3　卷軸裝。首殘尾全。下邊有等距離殘缺及殘洞。有烏絲欄。偈頌用界欄隔開。已修整。
3.1　首 4 行上下殘→大正 410，13/716B29～C5。
3.2　尾全→13/720A14。
4.2　十輪經卷第八（尾）。
5　與《大正藏》本對照，分品不同。本卷“佛説大方廣十輪經禪相品之十四”，《大正藏》作“大方廣十輪經智相品第十五”。
8　5～6 世紀。南北朝寫本。
9.1　隸楷。
11　圖版：《敦煌寶藏》，57/320B～327B。

1.1　BD05724 號
1.3　無量壽宗要經
1.4　柰 024
1.5　275:7844
2.1　180×31 厘米；5 紙；111 行，行 30 餘字。
2.2　01：03.0，素紙；　02：45.5，28；　03：45.5，29；
04：45.0，30；　05：41.0，24。
2.3　卷軸裝。首尾均全。上下邊有破裂殘損。有烏絲欄。
3.1　首全→大正 936，19/82A3。
3.2　尾全→19/84C29。
4.1　□乘無量壽經（首）。
4.2　佛說無量壽宗要經（尾）。
7.1　尾紙有題名，因殘缺難以辨認。
8　8～9 世紀。吐蕃統治時期寫本。
9.1　楷書。
11　圖版：《敦煌寶藏》，108/103B～105B。

1.1　BD05725 號
1.3　妙法蓮華經卷四
1.4　柰 025
1.5　105:5353
2.1　128.8×27.4 厘米；4 紙；78 行，行 17 字。
2.2　01：12.3，13；　02：48.5，28；　03：48.5，27；
04：19.5，10。
2.3　卷軸裝。首尾均殘。卷面多水漬，有破裂，第 1、2 紙接縫處上開裂。有烏絲欄。
3.1　首殘→大正 262，9/31A4。
3.2　尾殘→9/32A21。
8　8～9 世紀。吐蕃統治時期寫本。
9.1　楷書。
11　圖版：《敦煌寶藏》，91/119A～121A。

1.1　BD05726 號
1.3　金剛般若波羅蜜經
1.4　柰 026
1.5　094:3954
2.1　(1.6+247+10)×26 厘米；7 紙；172 行，行 17 字。
2.2　01：1.6+7，06；　02：46.5，31；　03：46.5，31；
04：46.5，31；　05：46.5，31；　06：46.5，31；
07：7.5+10，11。
2.3　卷軸裝。首尾均殘。紙張研光上蠟。第 2、3 紙有破裂。背有古代裱補。有烏絲欄。
3.1　首行上下殘→大正 235，8/749C25。
3.2　尾 6 行上殘→8/752A1～7。
5　與《大正藏》本相比，本卷經文無冥司偈，參見《大正藏》，8/751C16～19。
8　7～8 世紀。唐寫本。
9.1　楷書。
9.2　有行間校加字。
11　圖版：《敦煌寶藏》，81/309B～313A。

1.1　BD05727 號
1.3　禮懺文（擬）
1.4　柰 027
1.5　198:7158
2.1　(20+40)×29 厘米；2 紙；25 行，行 19 字。
2.2　01：20+12，16；　02：28.0，09。
2.3　卷軸裝。首殘尾全。卷首橫向破裂，下部破損，接縫上中部開裂。已修整。
3.4　說明：
本文獻首 10 行中下殘，尾全。為敦煌僧人所撰寫的禮懺文。
7.1　卷尾有題記 2 行："信子訟（誦）過。/長興五年甲午歲(934) 十月廿十五日，淨土寺沙彌手寫之耳。/"
8　934 年。歸義軍時期寫本。
9.1　楷書。
9.2　有行間校加字。
11　圖版：《敦煌寶藏》，104/347A～B。

1.1　BD05728 號
1.3　父母恩重經
1.4　柰 028
1.5　276:8208
2.1　(11+72.5)×25.8 厘米；3 紙；49 行，行 17 字。
2.2　01：11+16，16；　02：45.0，28；　03：11.5，05。
2.3　卷軸裝。首殘尾全。通卷下部有等距離殘缺。有烏絲欄。
3.1　首 6 行下殘→大正 2887，85/1403C3～9。
3.2　尾全→85/1404A23。
4.2　佛說父母恩重經（尾）。
8　8 世紀。唐寫本。
9.1　楷書。
11　圖版：《敦煌寶藏》，109/235A～236A。

1.1　BD05729 號
1.3　太子慕魄經
1.4　柰 029
1.5　054:0458
2.1　(152.5+6.5)×26 厘米；4 紙；89 行，行 17 字。
2.2　01：49.5，27；　02：51.5，29；　03：51.5，29；
04：06.5，04。
2.3　卷軸裝。首全尾殘。有後接護首，有芨芨草天竿。背有古代裱補。有烏絲欄。已修整。
3.1　首全→大正 167，3/408B5。
3.2　尾 4 行上中殘→3/409B8～12。

4.1　佛說太子慕魄經（首）。
8　6～7世紀。隋寫本。
9.1　楷書。
11　圖版：《敦煌寶藏》，59/245A～247A。

1.1　BD05730號
1.3　妙法蓮華經卷三
1.4　柰030
1.5　105:5066
2.1　50.3×25.8厘米；1紙；28行，行16～18字。
2.3　卷軸裝。首尾均脫。經黃紙。卷面多水漬，有殘洞。有烏絲欄。
3.1　首殘→大正262，9/19B17。
3.2　尾殘→9/19C19。
8　7～8世紀。唐寫本。
9.1　楷書。
11　圖版：《敦煌寶藏》，88/420B～421A。

1.1　BD05731號
1.3　妙法蓮華經（八卷本）卷四
1.4　柰031
1.5　105:5387
2.1　190×26.7厘米；4紙；94行，行17字。
2.2　01：52.5，28；　02：52.5，28；　03：52.5，28；
　　04：32.5，10。
2.3　卷軸裝。首脫尾全。經黃紙。卷上部油污。有燕尾。有烏絲欄。
3.1　首殘→大正262，9/33A27。
3.2　尾全→9/34B22。
4.2　妙法蓮華經卷第四（尾）。
5　與《大正藏》本對照，分卷不同，卷尾結束於“見寶塔品第十一”，屬於八卷本。
8　7～8世紀。唐寫本。
9.1　楷書。
11　圖版：《敦煌寶藏》，91/262B～265A。

1.1　BD05732號
1.3　大般若波羅蜜多經卷四六六
1.4　柰032
1.5　084:3176
2.1　(42.3+195.9)×25.4厘米；5紙；140行，行17字。
2.2　01：42.3+5.4，28；　02：47.3，28；　03：48.0，28；
　　04：47.8，28；　05：47.4，28。
2.3　卷軸裝。首尾均脫。卷首下部殘缺，尾紙有破裂，各紙接縫處上下有開裂，尾2紙接縫處脫開。有烏絲欄。
3.1　首25行下殘→大正220，7/355A15～B10。
3.2　尾殘→7/356C9。
8　8～9世紀。吐蕃統治時期寫本。
9.1　楷書。
11　圖版：《敦煌寶藏》，76/558B～561B。

1.1　BD05733號
1.3　大般涅槃經（北本　異卷）卷五
1.4　柰033
1.5　115:6319
2.1　(2+284)×26.5厘米；8紙；173行，行17字。
2.2　01：21+9，06；　02：39.5，24；　03：39.5，24；
　　04：39.5，24；　05：38.5，24；　06：39.5，24；
　　07：39.5，24；　08：39.0，23。
2.3　卷軸裝。首殘尾全。首紙上下有碎裂，上下邊多處破損。有烏絲欄。已修整。
3.1　首行上殘→大正374，12/395C27。
3.2　尾全→12/398A12。
5　與《大正藏》本對照，分卷不同，且本件不分品。經文相當於《大正藏》本卷五如來性品第四之二的後部至卷六如來性品第四之三的前部。與歷代大藏經本分卷均不相同。
7.1　尾紙有勘記“五”。
8　5～6世紀。南北朝寫本。
9.1　隸書。
11　圖版：《敦煌寶藏》，98/127A～130B。

1.1　BD05734號
1.3　善惡因果經
1.4　柰034
1.5　453:8658
2.1　47.5×26厘米；1紙；28行，行17字。
2.3　卷軸裝。首尾均脫。經黃紙。卷面黴爛殘破，有殘洞。有烏絲欄。已修整。
3.1　首殘→大正2881，85/1381C8。
3.2　尾殘→85/1382A7。
6.1　首→BD05490號。
8　7～8世紀。唐寫本。
9.1　楷書。
11　圖版：《敦煌寶藏》，111/108A～B。

1.1　BD05735號
1.3　阿彌陀經
1.4　柰035
1.5　014:0161
2.1　(2.2+165.8)×26厘米；4紙；87行，行17字。
2.2　01：2.2+47.3，28；　02：49.0，28；　03：49.0，28；
　　04：20.5，03。
2.3　卷軸裝。首脫尾全。卷首上部殘缺，通卷下部油污，有水漬及破損，各紙接縫處均有開裂。有燕尾。有烏絲欄。已修整。

3.1　首1行上殘→大正366，12/347A11。
3.2　尾全→12/348A29。
4.2　佛說阿彌陀經（尾）。
8　8世紀。唐寫本。
9.1　楷書。
11　圖版：《敦煌寶藏》，57/25B～27B。

1.1　BD05736號
1.3　妙法蓮華經卷三
1.4　柰036
1.5　105:5137
2.1　(41+113.9)×24.9厘米；3紙；67行，行17字。
2.2　01：4.1+29.8，19；　02：42.1，24；　03：42.0，24。
2.3　卷軸裝。首殘尾脫。卷面有水漬，首紙有破裂。背有古代裱補。有烏絲欄。
3.1　首2行下殘→大正262，9/22B24～26。
3.2　尾殘→9/23B24。
8　7～8世紀。唐寫本。
9.1　楷書。
11　圖版：《敦煌寶藏》，89/143A～144B。

1.1　BD05737號
1.3　無量壽宗要經
1.4　柰037
1.5　275:8043
2.1　(15+189)×31厘米；5紙；134行，行30餘字。
2.2　01：15+21，24；　02：42.0，28；　03：42.0，28；
04：42.0，28；　05：42.0，26。
2.3　卷軸裝。首殘尾全。通卷殘破。有烏絲欄。已修整。
3.1　首11行中下殘→大正936，19/82A9～82B2。
3.2　尾全→19/84C29。
4.2　佛說無量壽宗要經（尾）。
7.1　尾題後有題記"唐文英寫"。
8　8～9世紀。吐蕃統治時期寫本。
9.1　楷書。
11　圖版：《敦煌寶藏》，108/594B～597A。

1.1　BD05738號
1.3　妙法蓮華經卷三
1.4　柰038
1.5　105:5117
2.1　49.4×25.8厘米；1紙；30行，行16～18字。
2.3　卷軸裝。首尾均脫。卷面多水漬。有烏絲欄。
3.1　首殘→大正262，9/21A26。
3.2　尾殘→9/21C2。
6.1　首→BD05741號。
8　8～9世紀。吐蕃統治時期寫本。
9.1　楷書。
11　圖版：《敦煌寶藏》，89/48B～49A。

1.1　BD05739號
1.3　妙法蓮華經卷三
1.4　柰039
1.5　105:5064
2.1　(2.2+104.4+4.3)×25.9厘米；3紙；65行，行16～18字。
2.2　01：2.2+38.2，23；　02：40.4，24；
03：25.8+4.3，18。
2.3　卷軸裝。首尾均殘。首尾紙有破裂。背有古代裱補。有烏絲欄。
3.1　首行下殘→大正262，9/19B11～12。
3.2　尾2行下殘→9/20B2～3。
8　7～8世紀。唐寫本。
9.1　楷書。
11　圖版：《敦煌寶藏》，88/416B～418A。

1.1　BD05740號
1.3　阿彌陀經
1.4　柰040
1.5　014:0185
2.1　71×26厘米；2紙；38行，行17字。
2.2　01：49.0，27；　02：22.0，11。
2.3　卷軸裝。首脫尾全。卷首有破裂，兩紙接縫處上方開裂。卷尾有蟲繭。有烏絲欄。
3.1　首殘→大正366，12/347C7。
3.2　尾全→12/348A29。
4.2　佛說阿彌陀經（尾）。
8　9～10世紀。歸義軍時期寫本。
9.1　楷書。
11　圖版：《敦煌寶藏》，57/77A～78A。

1.1　BD05741號
1.3　妙法蓮華經卷三
1.4　柰041
1.5　105:5114
2.1　49.6×25.8厘米；1紙；30行，行17字。
2.3　卷軸裝。首尾均脫。有烏絲欄。
3.1　首2行上殘→大正262，9/20C15。
3.2　尾殘→9/21A26。
6.2　尾→BD05738號。
8　8～9世紀。吐蕃統治時期寫本。
9.1　楷書。
11　圖版：《敦煌寶藏》，89/44B～45A。

1.1 BD05742 號 1
1.3 金剛般若波羅蜜經
1.4 柰 042
1.5 094:3901
2.1 (19+462.4)×25 厘米；11 紙；274 行，行 17 字。
2.2 01：19+5.5，14； 02：48.6，28； 03：48.8，28；
04：48.8，28； 05：48.8，28； 06：48.5，28；
07：48.7，28； 08：48.7，28； 09：48.5，28；
10：48.5，24； 11：19.0，12。
2.3 卷軸裝。首殘尾斷。卷首上部殘缺，卷上部有等距離紅色水漬，有油污，有破裂及殘洞。有烏絲欄。用《妙法蓮華經》殘卷做拖尾。已修整。
2.4 本遺書包括 3 個文獻：（一）《金剛般若波羅蜜經》，250 行，今編為 BD05742 號 1。（二）《金剛經陀羅尼咒》，12 行，今編為 BD05742 號 2。（三）《妙法蓮華經》卷七，12 行，今編為 BD05742 號 3。
3.1 首 11 行上殘→大正 235，8/749C2～13。
3.2 尾全→8/752C2。
4.2 金剛般若波羅蜜經（尾）。
5 與《大正藏》本相比，本卷經文無冥司偈，參見《大正藏》，8/751C16～19。
8 7～8 世紀。唐寫本。
9.1 楷書。
11 圖版：《敦煌寶藏》，81/126B～132B。

1.1 BD05742 號 2
1.3 金剛經陀羅尼咒
1.4 柰 042
1.5 094:3901
2.4 本遺書由 3 個文獻組成，本號為第 2 個，12 行。餘參見 BD05742 號 1 之第 2 項、第 11 項。
3.4 說明：
本文獻首尾均全。屬於念誦《金剛經》後儀。
4.1 金剛經陀羅尼咒（首）。
7.1 尾有題記 7 行："爲亡比丘尼常悟寫《法華經》一部，寫《金光明經》一部，《金剛經》/一卷。已上寫經功德，迴施亡比丘尼。承此功德，願/生西方。見諸佛，聞正法，悟無生。又願現在合家平安，/無諸災鄣。未離苦者，願令離苦；未得樂者，願令/得樂；未發菩提心者，願早發心；未成佛者，願早/成佛。/巳年六月廿三日寫訖。/"
8 8～9 世紀。吐蕃統治時期寫本。
9.1 楷書。

1.1 BD05742 號 3
1.3 妙法蓮華經卷七
1.4 柰 042
1.5 094:3901
2.4 本遺書由 3 個文獻組成，本號為第 3 個，12 行，被用作拖尾。餘參見 BD05742 號 1 之第 2 項、第 11 項。
3.1 首殘→大正 262，9/56B17～18。
3.2 尾殘→9/56C1。
8 8～9 世紀。吐蕃統治時期寫本。
9.1 楷書。
9.2 有倒乙。

1.1 BD05743 號
1.3 妙法蓮華經卷一
1.4 柰 043
1.5 105:4570
2.1 (5.9+673.8)×26 厘米；14 紙；369 行，行 17 字。
2.2 01：5.9+45.7，28； 02：51.2，28； 03：51.2，28；
04：51.7，28； 05：51.9，28； 06：51.5，28；
07：51.4，28； 08：51.6，28； 09：51.4，28；
10：51.4，28； 11：51.4，28； 12：51.5，28；
13：51.3，28； 14：10.6，05。
2.3 卷軸裝。首殘尾全。有等距離紅色水漬，第 8 紙下邊有殘損。有烏絲欄。
3.1 首 3 行上中殘→大正 262，9/3C15～18。
3.2 尾全→9/10B21。
4.2 妙法蓮華經卷第一（尾）。
8 9～10 世紀。歸義軍時期寫本。
9.1 楷書。
11 圖版：《敦煌寶藏》，84/533A～542A。

1.1 BD05744 號
1.3 妙法蓮華經卷三
1.4 柰 044
1.5 105:5187
2.1 (135.3+5.6)×26.8 厘米；3 紙；84 行，行 17 字。
2.2 01：47.1，28； 02：46.9，28； 03：41.3+5.6，28。
2.3 卷軸裝。首尾均殘。經黄紙。卷面粘有紅色顏料，尾紙有 1 個殘洞。背有古代裱補。有烏絲欄。
3.1 首殘→大正 262，9/25A21。
3.2 尾 3 行上中殘→9/26A19～23。
8 7～8 世紀。唐寫本。
9.1 楷書。
11 圖版：《敦煌寶藏》，89/368B～370B。

1.1 BD05745 號
1.3 妙法蓮華經卷二
1.4 柰 045
1.5 105:4940
2.1 101.3×25.7 厘米；2 紙；56 行，行 16 字（偈）。
2.2 01：50.8，28； 02：50.5，28。

2.3　卷軸裝。首殘尾脫。經黄紙。首紙前部上下有破裂殘損。背有古代裱補。有烏絲欄。
3.1　首殘→大正 262，9/15B8。
3.2　尾殘→9/16A25。
8　7~8 世紀。唐寫本。
9.1　楷書。
11　圖版:《敦煌寶藏》，87/268A~269B。

1.1　BD05746 號
1.3　無量壽宗要經
1.4　柰 046
1.5　275:7845
2.1　(13.5+151.7)×30.7 厘米；4 紙；正面 118 行，背面 90 行，行 37 字。
2.2　01：13.5+31，32；　02：44.8，33；　03：44.9，33；
04：31.0，20。
2.3　卷軸裝。首尾均全。卷首右下殘缺，通卷上方有破裂。有烏絲欄。已修整。
2.4　本遺書包括 3 個文獻:(一)《無量壽宗要經》，118 行，抄寫在正面，今編為 BD05746 號。(二)《因緣故事集》(擬)，抄寫在背面，76 行，今編為 BD05746 號背 1。(三)《辭場道讚》，抄寫在背面，14 行，今編為 BD05746 號背 2。
3.1　首全→大正 936，19/82A1~21。
3.2　尾全→19/84C29。
4.1　大乘無量壽宗要經(首)。
4.2　佛說無量壽宗要經(尾)。
7.1　卷尾經名下有題記“令狐晏兒寫”。
8　8~9 世紀。吐蕃統治時期寫本。
9.1　楷書。
11　圖版:《敦煌寶藏》，108/106A~110B。

1.1　BD05746 號背 1
1.3　因緣故事集(擬)
1.4　柰 046
1.5　275:7845
2.4　本遺書由 3 個文獻組成，本號為第 2 個，76 行。餘參見 BD05746 號之第 2 項、第 11 項。
3.4　說明:

本文獻首殘尾缺。所抄乃各種因緣故事，其中有未為歷代大藏經所收者。應屬已佚古代佛教文獻，詳情待考。
8　9~10 世紀。歸義軍時期寫本。
9.1　楷書。
9.2　有倒乙及刪除符號。

1.1　BD05746 號背 2
1.3　辭道場讚
1.4　柰 046
1.5　275:7845
2.4　本遺書由 3 個文獻組成，本號為第 3 個，14 行。餘參見 BD05746 號之第 2 項、第 11 項。
3.1　首全→《敦煌雜錄》，下輯/83A1。
3.2　尾全→《敦煌雜錄》，下輯/83A8。
4.1　辭場道讚(首)。
4.2　辭道場文一本(尾)。
7.3　前 5 行除標題外，其他文字均為錯抄後廢棄。後 9 行乃正文。

同卷有雜寫:“開元寺戒□”、“佛在姓衣舍誰國”、“以何釋迦牟尼成佛”、“釋牟尼佛本釋釋”等。
8　9~10 世紀。歸義軍時期寫本。
9.1　楷書。

1.1　BD05747 號
1.3　大般若波羅蜜多經卷三八一
1.4　柰 047
1.5　084:3037
2.1　(13.5+164.3)×26 厘米；5 紙；112 行，行 16~17 字。
2.2　01：13.5+18.5，19；　02：46.5，28；　03：46.6，28；
04：46.2，28；　05：6.5+8，09。
2.3　卷軸裝。首尾均殘。卷面有殘洞，上下邊多有殘破，有水浸皺蹙。有烏絲欄。已修整。
3.1　首 8 行下殘→大正 220，6/969C12~19。
3.2　尾 5 行上殘→6/970C28~971A5。
8　7~8 世紀。唐寫本。
9.1　楷書。
11　圖版:《敦煌寶藏》，76/157A~159A。

新舊編號對照表

一、千字文號與北敦號、縮微膠卷號對照表

千字文號	北敦號	縮微膠卷號
李 037	BD05637 號	094: 3863
李 038	BD05638 號	420: 8591
李 039	BD05639 號 A	461: 8722
李 039	BD05639 號 B	461: 8722
李 040	BD05640 號	083: 1572
李 041	BD05641 號	275: 8040
李 042	BD05642 號	064: 0831
李 043	BD05643 號 1	084: 2007
李 043	BD05643 號 2	084: 2007
李 044	BD05644 號	105: 5649
李 045	BD05645 號	143: 6743
李 046	BD05646 號 A	094: 4176
李 046	BD05646 號 B	105: 5432
李 047	BD05647 號	084: 2721
李 048	BD05648 號	105: 6120
李 049	BD05649 號	156: 6888
李 050	BD05650 號	115: 6505
李 051	BD05651 號	070: 1157
李 052	BD05652 號	305: 8321
李 052	BD05652 號背	305: 8321
李 053	BD05653 號	102: 4486
李 054	BD05654 號	084: 3359
李 055	BD05655 號	201: 7189
李 056	BD05656 號	102: 4474
李 056	BD05656 號背	102: 4474
李 057	BD05657 號	115: 6391
李 058	BD05658 號 1	229: 7333
李 058	BD05658 號 2	229: 7333
李 059	BD05659 號	094: 3972
李 060	BD05660 號	084: 2655
李 061	BD05661 號	084: 2911
李 062	BD05662 號	105: 5283
李 063	BD05663 號	105: 4786
李 064	BD05664 號	014: 0183
李 065	BD05665 號	088: 3439
李 066	BD05666 號	201: 7206
李 067	BD05667 號	105: 5520
李 068	BD05668 號	084: 2573
李 069	BD05669 號	083: 1534
李 070	BD05670 號	105: 5413
李 071	BD05671 號 1	106: 6190
李 071	BD05671 號 2	106: 6190
李 072	BD05672 號	070: 0955
李 073	BD05673 號	275: 8041
李 073	BD05673 號背 1	275: 8041
李 073	BD05673 號背 2	275: 8041
李 073	BD05673 號背 3	275: 8041
李 074	BD05674 號	105: 5324
李 075	BD05675 號	105: 5686
李 076	BD05676 號	275: 8042
李 077	BD05677 號	105: 5572
李 078	BD05678 號	094: 3977
李 079	BD05679 號	063: 0817
李 080	BD05680 號	105: 5259
李 081	BD05681 號	105: 5032
李 082	BD05682 號	275: 7840
李 083	BD05683 號	084: 2703
李 083	BD05683 號背	084: 2703
李 084	BD05684 號	284: 8238
李 085	BD05685 號	276: 8210
李 086	BD05686 號	305: 8322
李 087	BD05687 號	094: 3809
李 088	BD05688 號	094: 4166
李 089	BD05689 號	253: 7534
李 090	BD05690 號	094: 3638
李 091	BD05691 號	105: 5304
李 092	BD05692 號	105: 4862
李 093	BD05693 號	105: 5848

李 094	BD05694 號	105：4900
李 095	BD05695 號	275：7841
李 096	BD05696 號	094：3606
李 097	BD05697 號	094：3525
李 098	BD05698 號	275：7842
李 099	BD05699 號	254：7563
李 100	BD05700 號	461：8723
柰 001	BD05701 號	275：7843
柰 002	BD05702 號	250：7510
柰 003	BD05703 號	083：1940
柰 004	BD05704 號	084：2532
柰 005	BD05705 號	084：2830
柰 006	BD05706 號	094：3769
柰 007	BD05707 號	105：5109
柰 008	BD05708 號	254：7570
柰 009	BD05709 號	105：4716
柰 010	BD05710 號	105：4691
柰 011	BD05711 號	070：1258
柰 012	BD05712 號	094：4180
柰 013	BD05713 號	181：7126
柰 013	BD05713 號背	181：7126
柰 014	BD05714 號	256：7659
柰 015	BD05715 號	461：8724
柰 016	BD05716 號	105：4684
柰 017	BD05717 號	105：5801
柰 018	BD05718 號	094：4247
柰 019	BD05719 號 1	182：7128
柰 019	BD05719 號 2	182：7128
柰 020	BD05720 號	088：3425
柰 021	BD05721 號	178：7098
柰 022	BD05722 號	105：4653
柰 023	BD05723 號	020：0230
柰 024	BD05724 號	275：7844
柰 025	BD05725 號	105：5353
柰 026	BD05726 號	094：3954
柰 027	BD05727 號	198：7158
柰 028	BD05728 號	276：8208
柰 029	BD05729 號	054：0458
柰 030	BD05730 號	105：5066
柰 031	BD05731 號	105：5387
柰 032	BD05732 號	084：3176
柰 033	BD05733 號	115：6319
柰 034	BD05734 號	453：8658
柰 035	BD05735 號	014：0161
柰 036	BD05736 號	105：5137
柰 037	BD05737 號	275：8043
柰 038	BD05738 號	105：5117
柰 039	BD05739 號	105：5064
柰 040	BD05740 號	014：0185
柰 041	BD05741 號	105：5114
柰 042	BD05742 號 1	094：3901
柰 042	BD05742 號 2	094：3901
柰 042	BD05742 號 3	094：3901
柰 043	BD05743 號	105：4570
柰 044	BD05744 號	105：5187
柰 045	BD05745 號	105：4940
柰 046	BD05746 號	275：7845
柰 046	BD05746 號背 1	275：7845
柰 046	BD05746 號背 2	275：7845
柰 047	BD05747 號	084：3037

二、縮微膠卷號與北敦號、千字文號對照表

縮微膠卷號	北敦號	千字文號
014：0161	BD05735 號	柰 035
014：0183	BD05664 號	李 064
014：0185	BD05740 號	柰 040
020：0230	BD05723 號	柰 023
054：0458	BD05729 號	柰 029
063：0817	BD05679 號	李 079
064：0831	BD05642 號	李 042
070：0955	BD05672 號	李 072
070：1157	BD05651 號	李 051
070：1258	BD05711 號	柰 011
083：1534	BD05669 號	李 069
083：1572	BD05640 號	李 040
083：1940	BD05703 號	柰 003
084：2007	BD05643 號 1	李 043
084：2007	BD05643 號 2	李 043
084：2532	BD05704 號	柰 004
084：2573	BD05668 號	李 068
084：2655	BD05660 號	李 060
084：2703	BD05683 號	李 083
084：2703	BD05683 號背	李 083
084：2721	BD05647 號	李 047
084：2830	BD05705 號	柰 005

084：2911	BD05661 號	李 061
084：3037	BD05747 號	柰 047
084：3176	BD05732 號	柰 032
084：3359	BD05654 號	李 054
088：3425	BD05720 號	柰 020
088：3439	BD05665 號	李 065
094：3525	BD05697 號	李 097
094：3606	BD05696 號	李 096
094：3638	BD05690 號	李 090
094：3769	BD05706 號	柰 006
094：3809	BD05687 號	李 087
094：3863	BD05637 號	李 037
094：3901	BD05742 號 1	柰 042
094：3901	BD05742 號 2	柰 042
094：3901	BD05742 號 3	柰 042
094：3954	BD05726 號	柰 026
094：3972	BD05659 號	李 059
094：3977	BD05678 號	李 078
094：4166	BD05688 號	李 088
094：4176	BD05646 號 A	李 046
094：4180	BD05712 號	柰 012
094：4247	BD05718 號	柰 018
102：4474	BD05656 號	李 056
102：4474	BD05656 號背	李 056
102：4486	BD05653 號	李 053
105：4570	BD05743 號	柰 043
105：4653	BD05722 號	柰 022
105：4684	BD05716 號	柰 016
105：4691	BD05710 號	柰 010
105：4716	BD05709 號	柰 009
105：4786	BD05663 號	李 063
105：4862	BD05692 號	李 092
105：4900	BD05694 號	李 094
105：4940	BD05745 號	柰 045
105：5032	BD05681 號	李 081
105：5064	BD05739 號	柰 039
105：5066	BD05730 號	柰 030
105：5109	BD05707 號	柰 007
105：5114	BD05741 號	柰 041
105：5117	BD05738 號	柰 038
105：5137	BD05736 號	柰 036
105：5187	BD05744 號	柰 044
105：5259	BD05680 號	李 080
105：5283	BD05662 號	李 062
105：5304	BD05691 號	李 091
105：5324	BD05674 號	李 074
105：5353	BD05725 號	柰 025
105：5387	BD05731 號	柰 031
105：5413	BD05670 號	李 070
105：5432	BD05646 號 B	李 046
105：5520	BD05667 號	李 067
105：5572	BD05677 號	李 077
105：5649	BD05644 號	李 044
105：5686	BD05675 號	李 075
105：5801	BD05717 號	柰 017
105：5848	BD05693 號	李 093
105：6120	BD05648 號	李 048
106：6190	BD05671 號 1	李 071
106：6190	BD05671 號 2	李 071
115：6319	BD05733 號	柰 033
115：6391	BD05657 號	李 057
115：6505	BD05650 號	李 050
143：6743	BD05645 號	李 045
156：6888	BD05649 號	李 049
178：7098	BD05721 號	柰 021
181：7126	BD05713 號	柰 013
181：7126	BD05713 號背	柰 013
182：7128	BD05719 號 1	柰 019
182：7128	BD05719 號 2	柰 019
198：7158	BD05727 號	柰 027
201：7189	BD05655 號	李 055
201：7206	BD05666 號	李 066
229：7333	BD05658 號 1	李 058
229：7333	BD05658 號 2	李 058
250：7510	BD05702 號	柰 002
253：7534	BD05689 號	李 089
254：7563	BD05699 號	李 099
254：7570	BD05708 號	柰 008
256：7659	BD05714 號	柰 014
275：7840	BD05682 號	李 082
275：7841	BD05695 號	李 095
275：7842	BD05698 號	李 098
275：7843	BD05701 號	柰 001
275：7844	BD05724 號	柰 024
275：7845	BD05746 號	柰 046
275：7845	BD05746 號背 1	柰 046
275：7845	BD05746 號背 2	柰 046
275：8040	BD05641 號	李 041
275：8041	BD05673 號	李 073
275：8041	BD05673 號背 1	李 073
275：8041	BD05673 號背 2	李 073
275：8041	BD05673 號背 3	李 073
275：8042	BD05676 號	李 076
275：8043	BD05737 號	柰 037

276：8208	BD05728 號	柰 028	420：8591	BD05638 號	李 038
276：8210	BD05685 號	李 085	453：8658	BD05734 號	柰 034
284：8238	BD05684 號	李 084	461：8722	BD05639 號 A	李 039
305：8321	BD05652 號	李 052	461：8722	BD05639 號 B	李 039
305：8321	BD05652 號背	李 052	461：8723	BD05700 號	李 100
305：8322	BD05686 號	李 086	461：8724	BD05715 號	柰 015